资治通鉴纲目

二

〔宋〕朱 熹 编 撰

孙通海 王景桐 主 编

王秀梅 朱振华 副主编

中华书局

目录

第二册

資治通鑒綱目

资治通鉴纲目卷六

起庚申(前61)汉宣帝神爵元年,尽庚子(前21)汉成帝阳朔四年。凡四十一年。

庚申(前61)　神爵元年

春正月,帝如甘泉,郊泰畤。三月,如河东,祠后土。遣谏大夫王褒,求金马、碧鸡之神。

上颇修武帝故事,谨斋祀之礼,以方士言,增置神祠。闻益州有金马、碧鸡之神,遣褒持节求之。

初,上闻褒有俊才,召见,使为《圣主得贤臣颂》。其辞曰:"夫贤者,国家之器用也。所任贤,则趋舍省而功施普;器用利,则用力少而就效众。故工人之用钝器也,劳筋苦骨,终日矻矻;及至巧冶铸干将,使离娄督绳,公输削墨,虽崇台五层、延袤百丈而不溷者,工用相得也。庸人之御驽马,亦伤吻敝策而不进;及王良执靶,韩哀附舆,周流八极,万里一息,人马相得也。服絺绤之凉者,不苦盛暑之郁燠;袭貂狐之暖者,不忧至寒之凄怆。何则?有其具者易其备。贤人君子亦圣王所以易海内也。故君人者勤于求贤,而逸于得人。人臣亦然。昔贤者之未遭遇也,图事揆策,则君不用其谋;陈见悃诚,则上不然其信。进仕不得施效,斥逐又非其愆。及其遇明君也,运筹合上意,谏净即见听。

庚申（前61）　汉宣帝神爵元年

春正月，宣帝到了甘泉，在泰畤进行郊祭。三月，前往河东祭祀后土。派谏大夫王褒去寻求金马神和碧鸡神。

宣帝很愿按武帝的事例，谨遵斋戒祭祀之礼，采纳方士的建议，增建神祠。听到益州有金马和碧鸡神后，就派遣谏大夫王褒带着符节前去寻找。

起初，宣帝听说王褒很有才能，便召见他，叫他作《圣主得贤臣颂》。颂文说："贤才，是国家的用具。任用了贤才，就会事简而功倍；用具锋利，就会用力少而成效多。所以，工人用了不锋利的工具，就只有劳筋苦骨，整天劳累；等到精于冶炼的人铸造出干将宝剑，派出眼力好的离娄测量，最巧的公输班削制木活，就会虽修建五层高台，延伸百丈也不出差错，因为工作用人配合得当。平庸的人骑劣马，即使勒坏马嚼，抽坏马鞭，还是不能前进；等到了精通骑术的王良拿起缰绳，巧于制造车辆的韩哀侯驾车，去周游天下，不过万里一息，因为人与马配合得当。穿着凉爽麻布衣的人，不发愁盛夏的闷热；穿着柔暖貂狐皮衣的人，不担心严冬的寒冷。为什么？有这种器用的就容易做好相应的防备。贤人、君子也是圣明之主易于治国的器具。所以，君主致力于求得贤者，贤者自会前来。作为人臣也同样。当贤者尚未遇上明君之时，贡献方略，君主也不会采纳；陈述意见，君主也不会听从。力图上进而无效果，遭到斥逐也并非有什么差错。可一旦遇到明君，出谋划策都会迎合上意，规劝进谏也能立即被接受。

进退得关其忠,任职得行其术。故世必有圣知之君,而后有贤明之臣。故虎啸而风冽,龙兴而致云,蟋蟀俟秋吟,蜉蝣出以阴。明明在朝,穆穆布列,聚精会神,相得益彰。故圣主必待贤臣而弘功业,俊士亦俟明主以显其德。上下俱欲,欢然交欣,千载壹合,论说无疑。翼乎如鸿毛遇顺风,沛乎如巨鱼纵大壑,化溢四表,横被无穷,休徵自至,寿考无疆,何必偃仰屈伸若彭祖,呴嘘呼吸如侨、松,眇然绝俗离世哉!"上颇好神仙,故褒对及之。

后京兆尹张敞亦劝上斥远方士,游心帝王之术。由是悉罢尚方待诏。

谏大夫王吉谢病归。

上颇修饰宫室车服,外戚许、史、王氏贵宠。谏大夫王吉上疏曰:"陛下惟思世务,将兴太平,诏书每下,民欣然若更生。臣伏思之,可谓至恩,未可谓本务也。欲治之主不世出,公卿幸得遭遇其时,言听谏从,然未有建万世之长策,举明主于三代之隆也。其务在于期会、簿书、断狱听讼而已,此非太平之基也。臣闻宣德流化,必自近始,朝廷不备,难以言治,左右不正,难以化远。民者,弱而不可胜,愚而不可欺也。圣主独行于深宫,得则天下称颂之,失则天下咸言之。故宜谨选左右,审择所使,左右所以正身,所使所以宣德,此其本也。安上治民莫善于礼,故王者未制礼之时,引先王礼宜于世者而用之。愿陛下述旧礼,明王制,驱一世之民,跻之仁寿之域,则俗何以不若成、康,寿何

进退都能显示他的忠心，负责政事也会施展自己的才干。所以，世上必须先有圣明之君，而后才有贤能之臣。所以，虎啸而风冽，龙起而生云，蟋蟀到了秋天才会鸣叫，蜉蝣在阴暗中才会出现。君主致力于上，贤臣共勉于下，聚精会神，则上下相得而益彰。所以，圣主必须等待贤臣来宏大他的功业，而才能之士也必须等待明主赏识来显示才德。上下共需，彼此欢欣，千载一合，论说无疑。如同羽毛碰上顺风、大鱼纵游大海那样迅疾，教化遍布四方，这时祥瑞自然来临，寿命亦将无疆，又何必像彭祖那样屈伸俯仰，像王侨、赤松那样吐纳呼吸，去寻觅绝俗离世的缥缈之境呢！"宣帝很喜好神仙之术，所以王褒才特别提到了这些。

后来京兆尹张敞也劝宣帝斥退疏远方士，致力于帝王之术。于是便将担任待诏的方士尽皆免除。

谏大夫王吉以病为借口，辞职返乡。

宣帝很喜欢修饰宫室、车马、服饰，外戚许氏、史氏、王氏受宠尊贵。谏大夫王吉上疏说："陛下专一思虑世务，以实现太平，每次颁下诏书，百姓都高兴得如获新生。臣想这可以说是皇帝最高的恩惠，但还够不上为政之本。一心想治好国家的君主并非代代都有，如今公卿们幸遇明主出现，言听计从，可是却不曾有个建立万世的长远计划，辅佐明主像三代那样隆盛。推求它的原因就在于只着重在朝会、财政、审理案件上，这不是太平之治的根本。臣听说宣扬德治，教化万民，必须从近处开始，上面礼制不完备，难以谈到国家治理，君主左右之人不正，难以教化远方百姓。百姓就是这样，弱不能战胜他，愚不能欺骗他。圣主自身处在深宫，如果政令得当，天下就会称颂；如有偏失，天下就会议论。所以应该慎重地选择身边助手和使用手下，前者为了有益君主自身端正，后者为了宣扬圣德，这才是为政之本。孔子说过：'安上治民莫善于礼。'因此，帝王在没有制礼之时，应该采用古代明君所制之礼而又合于当今时代的内容加以实行。希望陛下能够引用旧礼，阐明王者之制，使今世的百姓进入仁寿的理想境界，这样，风俗又怎么会不像成、康之时，寿命又怎么会

以不若高宗！窃见世俗聘妻送女无节，贫人不及，故不举子。又，汉家列侯尚公主，诸侯则国人承翁主，使男事女，夫屈于妇，逆阴阳之位，故多女乱。古者衣服车马，贵贱有章，今上下僭差，人人自制，是以贪财诛利，不畏死亡。舜、汤不用三公九卿之世，而举皋陶、伊尹，今使俗吏得任子弟，率多骄骜，不通古今，无益于民。宜明选求贤，除任子之令。外家及故人，可厚以财，不宜居位。去角抵，减乐府，省尚方，明示天下以俭。古者工不造雕琢，商不通侈靡，非工商独贤，政教使之然也。"上以其言为迂阔，吉遂谢病归。

先零羌杨玉叛。夏四月，遣后将军赵充国将兵击之。

义渠安国至羌中，召先零诸豪尤桀黠者斩之，纵兵击，斩千余级。于是羌侯杨玉等怨怒，背畔，攻城邑，杀长吏。安国失亡车重兵器甚众，引还以闻。

赵充国年七十余，上老之，使丙吉问谁可将者。对曰："无逾于老臣者矣。"上问："度当用几人？"充国曰："百闻不如一见，兵难遥度，臣愿驰至金城，图上方略。羌戎小夷，逆天背畔，灭亡不久，愿陛下以属老臣，勿以为忧。"上笑曰："诺。"大发兵，遣赵充国将之，以击西羌。

六月，有星孛于东方。　秋七月，充国引兵击叛羌，叛羌多降。诏复遣将军辛武贤等将兵击之。寻诏罢兵，留充国屯田湟中。

六月，赵充国至金城，须兵满万骑，欲度河，恐为虏所

不像殷王武丁那样？我觉得目前世俗娶嫁费用没有节制，这样穷人就没办法，以致不愿生孩子。再有，列侯们迎娶公主称"尚公主"，诸侯之女嫁给一般人则称"承翁主"，叫男人侍奉女人，丈夫屈从妻子，这就颠倒阴阳的位置，所以现在才不断出现女人为乱。古时候衣服车马，贵贱有所区分，现在则上下僭越失度，人们随意制作，所以造成贪财逐利，不惧死亡。舜、汤之时不使用权贵后代，而挑选了皋陶、伊尹，现在官吏则任用他们的子弟，而他们大多骄横跋扈，不懂古今事理，对百姓没有好处。所以，应该公开地选求贤才，废去任用官员后代的任子之令。帝王的亲戚故旧，可以赏以丰厚财物，却不宜居要位。要废除角抵之戏，减省乐府开支，节约尚方用度，以节俭明示天下。古时，工匠不进行器用的雕饰，商人不流通奢侈物品，这并非工商们贤明，而是政令教化的结果。"宣帝认为这些话十分迂腐，于是王吉便借口有病，辞官返乡。

先零羌人杨玉叛乱。夏四月，派遣后将军赵充国率军攻打杨玉。

义渠安国到羌中后，召集先零的富贵要人，将其中特别狡黠跋扈的杀掉，又进军攻杀，斩首一千多个。于是羌侯杨玉等被激怒，背叛朝廷，攻打城镇，杀死官吏。安国损失不少辎重兵器，便带兵退回，报告朝廷。

这时赵充国已七十多岁，宣帝觉得他年老，叫丙吉问他有谁可以领兵征讨。他回答说："没有能超过老臣的了。"宣帝问："估计要派多少兵？"赵充国说："百闻不如一见，用兵很难凭空测度，我愿赶往金城，画图定略，再奏明陛下。羌戎不过是小小外族，逆天背叛，将很快灭亡，请陛下将此事交付老臣，不必担忧。"宣帝笑着说："好。"于是大发兵，派赵充国统率，以击西羌。

六月，东方出现彗星。　秋七月，赵充国领兵攻击背叛的羌人，许多羌人投降。宣帝下诏又派遣将军辛武贤等人率兵攻击。随后又下诏停止进攻，令赵充国留在湟中屯田。

六月，赵充国到达金城，待兵满一万，打算渡河，怕遭到敌人

遮,夜遣三校衔枚先度,营陈毕,乃尽度。虏数百骑来出入军傍,充国曰:"吾士马倦,不可驰逐,而此皆精骑,又恐其为诱兵也,击虏以殄灭为期,小利不足贪。"令军勿击,遣骑候四望峡中无虏,乃引兵进。召诸校谓曰:"吾知羌虏不能为兵矣,使虏发数千人守杜四望峡中,兵岂得入哉!"

充国常以远斥候为务,行必为战备,止必坚营壁,尤能持重,爱士卒,先计而后战。至西部都尉府,日飨军士,士皆欲为用。虏数挑战,充国坚守。初,罕、开豪靡当兒使弟雕库来告都尉曰:"先零欲反。"后数日,果反。都尉欲留雕库为质,充国以为无罪,遣归告种豪:"大兵诛有罪者,明白自别,毋取并灭。能相捕斩,除罪,赐钱有差。"充国欲以威信招降罕、开及劫略者,解散虏谋,徼其疲剧,乃击之。

时内郡兵屯边者合六万人。酒泉太守辛武贤奏言:"以七月上旬,赍三十日粮,分兵出击罕、开,夺其畜产,虏其妻子,冬复击之,虏必震坏。"天子下其书,充国以为:"一马自负三十日食,为米二斛四斗,麦八斛,又有衣装兵器,难以追逐。虏必商军进退,稍引去,逐水草,入山林。随而深入,虏即据前险,守后厄,以绝粮道,必有伤危之忧,非至计也。先零首为畔逆,他种劫略,故臣愚册,欲捐罕、开暗昧之过,先行先零之诛以震动之,宜悔过反善,因赦其罪,选择良吏知其俗者,抚循和辑,此全师保胜安边之册。"

阻截，便在夜里派出三名军校口中含枚悄悄地先渡，将营阵先设置好，才全部过河。这时有一百多敌人骑兵出现在大军左右，赵充国便说："我们的士兵马匹都已困乏，不可驰逐，而这些都是精锐之骑，又恐怕是敌人的诱兵，我们攻敌应以全歼为目的，不要贪小便宜。"叫士兵不要攻击，派侦骑到峡中探视确无敌兵，这才带兵前进。赵充国召集各军校说："我已知羌人不会用兵了，假若他们派几千人守堵在四望峡中，我们的兵怎么能进入呢！"

赵充国常常派人到远处侦察，在行进中做好应战准备，休止时一定坚固营垒，尤为谨慎持重，爱护士卒，先有计划而后战斗。向西到达西部都尉府后，每天都款待军士，士兵们都愿为他卖力。羌敌多次挑战，赵充国只是坚守不出。起初，罕、开两部的头领靡当兒叫他弟弟雕库前来报告西部都尉说："先零羌人要造反。"过几日，果然反了。都尉打算将雕库扣留为人质，赵充国认为他无罪，将他遣送回去，让他告诉羌人各头领说："大军只杀有罪之人，你们要自己与有罪的人区别开，不要一同被消灭。只要能够捕杀坏人，有罪的可免除其罪，按功行赏。"赵充国想用威信招降罕、开和其他被先零部胁迫的羌人，粉碎敌人的阴谋，等到他们十分疲惫时，再进行攻击。

当时内地军队征调来的已达六万人。酒泉太守辛武贤便上奏说："如在七月上旬，带三十天口粮，分兵出击罕、开两部，夺其畜产，掳其妻儿，到冬天再加以攻击，一定能够消灭他们。"宣帝将此奏书下交赵充国，充国以为："一匹马自带三十天的食粮，也就是米二斛四斗，麦八斛，再加衣装武器，是难以追逐敌人的。而羌敌就会按着我军的行进速度，不慌不忙地退走，追逐水草，退入山林。若我军跟随深入，敌人就会据前险，守后厄，来截断我军粮道，必有伤亡危险之忧虑，这并非好计。先零部落是叛逆之首，其他部落乃是被劫迫，所以臣的办法是，饶恕罕、开两部浑昧之过，首先征伐先零，以震动其他，叫他们悔过从善，借以赦免其罪过，然后选择了解当地风俗的优秀官吏，加以安抚引导，和睦相处，这才是全师保胜和安定边塞的良策。"

天子下其书。议者咸以为先零兵盛,而负罕、开之助,不先破罕、开,则先零未可图也。上乃拜许延寿强弩将军、武贤破羌将军,嘉纳其册。以书敕让充国曰:"今转输并起,百姓烦扰,将军不早共水草之利,争其畜食,至冬,虏藏匿山中,依险阻,将军士寒,手足皲瘃,宁有利哉! 今诏武贤等以七月击罕、开,将军其引兵并进。"

充国上书曰:"陛下前幸赐书,欲不诛罕以解其谋,臣故遣开豪雕库,宣天了至德,罕、丌之属,皆闻知明诏。今先零为寇,罕羌未有犯,乃释有罪,诛无辜,起壹难,就两害,诚非陛下本计也。臣闻兵法:'攻不足者守有余。'又曰:'善战者致人,不致于人。'今罕羌欲为寇,宜饬兵马,练战士,以须其至,以逸击劳,取胜之道也。今恐二郡兵少,不足以守,而发之行攻,释致虏之术,而从为虏所致之道,臣愚以为不便。先零欲畔,故与罕、开解仇,常欲先赴罕、开之急,以坚其约。今虏马肥食足,击之恐不能伤,适使先零得施德于罕羌,坚其约,合其党,迫胁诸小种。虏兵寖多,诛之用力数倍。臣恐国家忧累由十年数,不二三岁而已。先诛先零则罕、开之属不烦兵而服,不服,涉正月击之,得计之理,又其时也。以今进兵,诚不见其利。"七月,玺书报从充国计。

充国乃引兵至先零所在。虏久屯聚,懈弛,望见大军,弃车重,欲度湟水。道厄狭,充国徐行驱之。或曰:"逐利行迟。"充国曰:"此穷寇不可迫也,缓之则走不顾,急之则还

宣帝将此书下发大臣。人们都以为先零部兵盛，又得到罕、开的帮助，不先去破罕、开，难以进取先零。宣帝于是任命许延寿为强弩将军、辛武贤为破羌将军，嘉勉辛武贤的计划。并寄信责备赵充国说："如今军粮转输并起，百姓受到烦扰，将军如不及早趁目前水草繁盛的良机，争夺羌敌的牲畜和粮食，等到严冬，敌人躲藏在山中，依赖险阻，那时将军士兵遭受寒冻，手足伤裂，还有什么利益可言！现在诏令辛武贤等于七月间进击罕、开部，将军你应当率兵配合前进！"

　　于是赵充国又上书说："陛下先前赐给我的书信，曾同意不征讨罕部，以粉碎先零羌敌的整个计划，所以臣才派开部的头领雕库，宣示大汉天子的最高美德，这两个部落的羌人，都已听到了陛下这个诏告。现在先零为首反叛，罕羌并不曾侵犯边疆，而这样一来，就是释放有罪，诛杀无辜，一部发起叛乱，却两部遭受损害，实在违背陛下原本之意。臣听兵法说：'攻击之力不足的，防守却可有余。'又说：'善于用兵的使敌人被动，而不被动于敌人。'现在罕羌企图入侵，应该整理兵马，训练战士，等敌前来，以逸击劳，这才是取胜之道。今恐两郡兵少不够防守，却发动进攻，放弃胜敌之术，反为敌人所利用，臣认为是不妥的。先零想要反叛，才同罕、开两部化解冤仇，他们非常希望我们先攻击罕、开，来坚固他们的联盟。现在敌人是马肥食饱，进击他恐难挫伤，反倒使先零部借此帮助罕、开，施加恩惠，进一步巩固其联盟，团结其同党，胁迫其他小的部落。其兵力更多，征讨则用力几倍于前。臣恐怕国家的忧累就不只目前二三年，而以十年为数了。先征讨先零，罕、开等部就会不用兵而降服，若不降服，待明年正月再进攻，这样既得其理，又得其时。如现在进兵，实在看不出有什么好处。"七月，宣帝诏告听从充国计划。

　　赵充国于是率兵到先零住地。敌人因屯兵已久，懈怠松弛，见大军到来，便丢弃车马辎重，打算渡过湟水。因道路狭险，赵充国军便缓缓行进以驱逐。有人说："逐利行太慢。"赵充国说："穷途之寇不可逼迫，放缓了他们就只顾前进，追急了就会返身

致死。"虏溺死者数百,降斩五百余人,虏马牛羊十万余头,车四千余两。兵至罕地,令军毋燔聚落,及刍牧田中。罕羌闻之,喜曰:"汉果不击我矣!"豪靡忘使人来言:"愿得还复故地。"充国以闻,未报。靡忘来自归,充国赐饮食,遣还谕种人。护军以下皆争之曰:"此反虏不可擅遣。"充国曰:"诸君但欲便文自营,非为公家忠计也。"语未卒,玺书报以赎论,后罕竟不烦兵而下。

　　上诏武贤等,以十二月与充国合击先零。时羌降者万余人矣,充国度其必坏,欲罢骑兵,屯田以待其敝。作奏未上,会得进兵玺书。其子卬使客谏曰:"诚令兵出,破军杀将,以倾国家,将军守之,可也。即利与病,又何足争! 一旦不合上意,遣绣衣来责将军,将军之身不能自保,何国家之安!"充国叹曰:"是何言之不忠也! 本用吾言,羌虏得至是邪! 往者举可先行羌者,吾举辛武贤,丞相御史复白遣义渠安国,竟沮败羌。金城、湟中,谷斛八钱,吾谓耿中丞:'籴三百余万斛谷,羌人不敢动矣!'耿中丞请籴百万斛,乃得四十万斛耳,义渠再使,且费其半。失此二册,羌人致敢为逆,失之毫厘,差以千里,是既然矣。今兵久不决,四夷卒有动摇,相因而起,虽有知者,不能善其后,羌独足忧邪! 吾固以死守之,明主可为忠言。"遂上屯田奏曰:"臣所将吏士、马牛食,所用粮谷䅲稿,调度甚广,难久不解,徭役不息,恐生他变,为明主忧,诚非素定庙胜之册。且羌易以计破,难用兵碎也,故臣愚心以为击之不便。计度临羌,东

死拼。"故人淹死的有数百,被杀的投降的有五百多人,掳获马牛羊十万多头,车四千多辆。大军到了罕部之地,命令军队不得焚烧村落和在牧田里放马。罕羌听到后高兴地说:"汉人果然不向我们进攻!"头领靡忘便派人来说:"我们情愿回到故地安居。"赵充国上报,未收到回话。靡忘亲自来归顺,赵充国赐给饮食,叫他回去晓谕羌人。护军以下将领都争着说:"这个造反的羌人不应随便放走。"赵充国说:"各位只求取文墨之便而自保,不是忠心为国家设想。"话未完,诏书到来,同意靡忘以功赎罪,以后罕羌终究未用兵而得到平定。

宣帝诏令辛武贤等,在十二月与赵充国合击先零。当时羌人归降的已有一万多人,赵充国断定他必败,打算撤掉骑兵,以步兵屯田于当地,等待他的疲惫衰亡。未及上奏,就收到宣帝令其进军的诏书。赵充国的儿子赵卬便请他的幕僚去劝说:"如果出兵会损兵折将,造成国家危害,将军坚持己见防守是可以的。如果只是或有利或有弊,将军又何必力争!万一违背皇帝意愿,派御史前来责问,将军您自身都不能保全,又哪里还谈得上国家的安全!"赵充国叹息着说:"这是什么话,如此不忠!如原采纳我的意见,敌人会到了这个地步吗?以前,我举荐辛武贤先去西羌巡视,丞相御史又奏请派义渠安国,最终败坏大事。在金城、湟中,谷一斛八钱,我曾对耿中丞说:'如果收购三百余万斛谷,羌人不敢妄动!'耿中丞请求收购百万斛,只购进四十万斛,义渠再去出任,又用了一半。失此二策,羌人才敢谋反,这就是'失之毫厘,差之千里'!现在用兵已久,未能结束,如果周边异族有所动摇,相继起来闹事,就是明智之人,也不能妥善地予以处理,又哪里只是羌人一处的忧虑!我誓死坚持自己意见,相信可以向明主进奏忠言。"于是上了屯田的奏言,说:"臣所率领的官吏、士兵和牛马所用食粮草料,征用调度涉及地域太大,战事持久不断,徭役没完,恐怕发生其他变故,为圣上忧虑,这实在不是朝廷预先确定的制胜方略。而且对付羌人容易用计谋击破,却难以以军力压服,所以,臣以为攻击并非好办法。估计从临羌向东

至浩亹,羌虏故田及公田,民所未垦,可二千顷以上,其间邮亭,多败坏者。臣前部士入山,伐林木在水次。臣愿罢骑兵,留步兵,分屯要害处。冰解漕下,缮乡亭,浚沟渠,治湟峡以西道桥,令可至鲜水左右。田事出赋,人二十亩,至四月草生,发郡骑及属国胡骑各千,就草为田者游兵,以充入金城郡,益积畜,省大费。今大司农所转谷至者,足支万人一岁食,谨上田处及器用簿。"

上报曰:"即如将军之计,虏当何时伏诛,兵当何时得决?孰计其便,复奏。"

充国上状曰:"臣闻帝之兵以全取胜,是以贵谋而贱战。'百战而百胜,非善之善者,故先为不可胜,以待敌之可胜'。蛮夷习俗虽殊于礼义之国,然其欲避害就利,爱亲戚,畏死亡,一也。今虏亡其美地荐草,愁于寄托,远遁,骨肉心离,人有畔志。而明主班师罢兵,万人留田,顺天时,因地利,以待可胜之虏,虽未即伏辜,兵决可期月而望。羌虏瓦解,前后降者万七百余人,及受言去者凡七十辈,此坐支解羌虏之具也。臣谨条不出兵留田便宜十二事:步兵九校,吏士万人,留屯以为武备,因田致谷,威德并行,一也。又因排折羌虏,令不得归肥饶之地,贫破其众,以成羌虏相畔之渐,二也。居民得并田作,不失农业,三也。军马一月之食,度支田士一岁,罢骑兵以省大费,四也。至春,省甲士卒,循河、湟漕谷至临羌,以示羌虏,扬威武,传世折冲之具,五也。以闲暇时下先所伐材,缮治邮亭,充入金城,六也。兵出乘危徼幸,不出令反畔之虏窜于风寒之地,离

到浩亹,羌人的旧田和公田,民众还没有开垦的约在两千顷以上,中间的驿站大多败坏。臣前部士兵入山砍伐的林木,存留在了水边。臣请撤骑兵,留步兵,分别屯田在要害之处。待河水解冻,木材顺流而下,以修整乡亭,疏浚沟渠,于湟峡以西建造桥梁,使道路畅延到鲜水附近。待春耕之时,每人二十亩地,到四月草长,征派郡内和属国骑兵各一千,就草地为屯田者警戒,将收获之粮草运入金城郡,增加积蓄,大大节省费用。现在大司农转运来的粮食,足够一万人全年食用。谨上呈屯田图和器用表册。"

宣帝下诏说:"如果按照将军的计划,敌人什么时候才能征服,用兵什么时候可以结束?考虑出适当方案,再来上奏。"

赵充国便再次回奏说:"臣听说帝王用兵以计划全面而取胜,所以贵在谋略而不看重实战。'即使百战百胜,也不能算是最会用兵的,因此,先使自己达到不可战胜,用来等待敌人的可以战胜'。蛮夷的风俗习惯虽然与我们礼仪之邦不同,但他们愿意避开危害而追逐利益,爱护亲戚,害怕死亡,则是一样的。现在敌人丧失良田茂草,担心吃住,逃向远方,骨肉心离,人们都有了背叛的心意。而皇上如果撤兵,以万人留下屯田,顺应天时,依据地利,来等待可以战胜的敌人,现在虽说尚未消灭敌人,但战胜他们已经可以按月计算了。羌敌现在瓦解,先后投降的有一万七百多人,以及接受劝谕要离开的有七十批,这就是造成羌敌支离瓦解的工具。臣谨慎地奏明屯田而不出兵的十二项好处:步兵九部指挥官和上万的官吏士兵,留守屯田,用作武力准备,借种地得到粮食,威力和恩德同时实行,这是一。将羌敌赶出肥饶土地以外,使他们贫困,就造成敌人的内部矛盾逐渐加深,这是二。当地百姓得到田地耕种,不丧失农业,这是三。军队马匹一个月的食粮,相当于士兵一年的费用,撤掉了骑兵就可节省很大花费,这是四。到了春天,检阅士兵,沿着黄河、湟水的河谷到临羌,显耀威武于羌敌,为后世御敌之本,这是五。利用闲暇时间,运来先前伐取的木材,修理驿站,以充实金城,这是六。如果出兵就趁敌危机,不出兵就叫反叛的敌人在风寒之地流窜,使自己脱离

霜露疾疫瘃堕之患,坐得必胜之道,七也。无经阻远追死伤之害,八也。内不损威武之重,外不令虏得乘间之势,九也。又亡惊动河南大开,使生他变之忧,十也。治湟峡中道桥,令可至鲜水,以制西域,伸威千里,从枕席上过师,十一也。大费既省,徭役豫息,以戒不虞,十二也。留屯田得十二便,出兵失十二利,唯明诏采择!"

上复赐报曰:"兵决可期月而望者,谓今冬邪?谓何时也?将军独不计虏闻兵颇罢,且丁壮相聚,攻扰田者,杀略人民,将何以止之?将军孰计复奏。"

充国奏曰:"臣闻兵以计为本,故多算胜少算。先零羌精兵,今余不过七八千人,失地远客,分散饥冻,畔还者不绝。臣愚以为虏破坏可日月冀,远在来春,故曰:兵决可期月而望。窃见北边,自敦煌至辽东,万一千五百余里,乘塞列地,有吏卒数千人,虏数以大众攻之而不能害。今骑兵虽罢,虏见屯田之士,精兵万人。从今尽三月,虏马羸瘦,必不敢捐其妻子于他种中,远涉河山而来为寇,亦不敢将其累重还归故地。是臣之愚计所以度虏,且必瓦解其处,不战而自破之策也。至于虏小寇盗,时杀人民,其原未可卒禁。臣闻:'战不必胜,不苟接刃;攻不必取,不苟劳众。'诚令兵出,虽不能灭先零,但能令虏绝不为小寇,则出兵可也。即今同是,而释坐胜之道,从乘危之势,往终不见利,空内自罢敝,贬重而自损,非所以示蛮夷也。又大兵一出,还不可复留,湟中亦未可空,如是,徭役复更发也。臣愚以为不便。臣窃自惟念,奉诏出塞,引军远击,穷天子之精

霜露瘟疫冻伤之苦,坐得必胜之道,这是七。无阻截远追死伤之害,这是八。内不损害朝廷的雄威,外不给敌人可乘之机,这是九。不惊动河南大开,避免发生其他变乱的忧虑,这是十。修建湟峡中的桥梁,从而可以到达鲜水,借以制约西域,伸威千里,军队运行方便如过枕席,这是十一。既省下大笔开销,又事先去掉徭役,就可用来戒备其他难以预料之事的发生,这是十二。留兵屯田有十二项好处,出兵攻击会丢掉十二项好处,请明主下诏决定!"

宣帝便又回复说:"你说的结束战争可以月计算,是说今冬,还是别的什么时节?将军你怎么就没考虑敌人知道我们撤掉骑兵,他们会聚结兵丁,进攻骚扰屯田军士,杀掠百姓,对此怎么防止?将军考虑好后再上奏。"

赵充国上奏说:"臣听说用兵以计谋为根本,所以多算计胜过少算计。先零羌人的精兵,现在所剩不过七八千人,丧失原来住地,远居外地,分散饥冻,背离逃还的不断。臣以为敌人的失败可以按日月计算,最远也就是明春,所以说:结束战争可以按月计算。我看到北部边境,从敦煌到辽东这一万一千五百多里,防卫边塞的有官兵几千,羌敌即使以大兵进攻也不能为害。现在骑兵虽然撤除,敌人仍看到屯田的精兵万人。从现在到明春三月,敌人马匹消瘦,必然不敢将他们的妻子儿女丢放在其他部族,远涉山河,前来侵犯,也不敢将他们的妻儿子女送还原地。臣所以估计敌人必然就地瓦解,不战而自败的道理也就在这里。至于敌人小规模侵扰,时而掠杀人民,这原本就难以立刻禁除。臣听说:'为战没有必胜的把握,就不轻易交兵;进攻如果不能攻取,就不随便劳师动众。'如果发兵出击,虽然不能灭掉先零,但是可使敌人小股侵扰被禁绝,这样出兵也是可以的。如和现在一样难绝侵扰,反倒丢弃坐而取胜的途径,依从冒险的行动,最终仍不见利益,白白使自己疲惫,降低威严而损害自己,这不是对付蛮夷的办法。再者大军一出动,归还时就不能再留守,而湟中又不能空虚不守,这样,徭役就要重新征调。臣以为这没好处。臣自己想,奉君主诏令出塞,带兵远征,尽发天子的精锐之

兵,散车甲于山野,虽亡尺寸之功,偷得避嫌之便,而亡后咎余责,此人臣不忠之利,非明主社稷之福也。"

充国奏每上,辄下公卿议臣。初是充国计者什三,中什五,最后什八。有诏诘前言不便者,皆顿首服。魏相曰:"臣愚,不习兵事利害,后将军数画军策,其言常是,臣任其计可必用也。"上于是报充国,嘉纳之。亦以武贤、延寿数言当击,于是两从其计,诏两将军与中郎将印出击,降斩各数千人。而充国所降复得五千余人。诏罢兵,独充国留屯田。

以张敞为京兆尹。

初,敞为山阳太守,时胶东盗贼起,敞自请治之,拜胶东相。明设购赏,传相斩捕,国中遂平。王太后数出游猎,敞谏曰:"礼,君母出门则乘辎軿,下堂则从傅母,今以田猎纵欲为名,于以上闻,亦未宜也。"太后乃不复出。京兆自赵广汉诛后,更黄霸等数人,不称职。长安多盗,上以问敞,敞以为可禁,乃以为京兆尹。敞求得偷盗首长数人,召见责问,令致诸偷以自赎,一日得数百人,穷治行法,由是市无偷盗。敞赏罚分明,而时时越法,有所纵舍。本治《春秋》,以经术自辅,不醇用诛罚,以此能自全。朝廷有大议,引古今处便宜,公卿皆服。会西羌兵起,敞以羌虏虽破,民无余积,请令有罪者入谷边郡赎罪。萧望之等议以为:"民函阴阳之气,有仁义欲利之心,在教化之所助。尧不能去

兵,将装备丢弃于山野之中,即使没有尺寸的功劳,也可逃避嫌疑,不会被追责。但这只对个人有利而对君不忠,不是明主和国家之福。"

赵充国每次上奏,宣帝都将奏书下交大臣讨论。起初,认为充国意见对的十之有三,中间十之有五,最后十之有八。宣帝下诏质问起初反对者,他们都叩头承认原来的错误。丞相魏相说:"臣愚笨,不懂军事利害,后将军多次谋划军事策略,他说的经常是正确的,于是就相信他的计策必然可用。"宣帝于是回复赵充国,采纳和嘉勉他的计划。又因辛武贤、许延寿几次陈述应当进攻,于是两种计划都依从了,下诏令两位将军同中郎将赵卬领兵出击,招降斩杀各有几千人。而赵充国所招降的又有五千多人。宣帝便下诏罢兵,只留赵充国负责屯田事宜。

任命张敞为京兆尹

起初,张敞任山阳太守,当时胶东盗贼兴起,张敞自行申请前去治理,因而被委任为胶东相。他公开悬赏,传相斩捕,胶东贼盗遂即平息。王太后几次出游行猎,张敞便劝说:"礼制规定,君主之母出门时要乘有帷的车,下堂要有傅母侍从,现在以满足田猎的欲望为名出游,要是皇上听到,恐不合适。"太后于是不再出游。京兆尹自从赵广汉被处死以后,先后更换过黄霸等几人,均不称职。长安盗贼多,宣帝问张敞,张敞认为可以禁止,于是就任命他为京兆尹。张敞设法找到几名偷盗首领,召见后加以斥责,叫他们供出其他偷盗为自己赎罪,一天之内就抓到了几百名,依法治罪,从此长安再无偷盗。张敞赏罚分明,但是常常越出法外,有所宽赦。他的治理之本来自《春秋》,用"五经"之术自行辅助,不单纯采用惩治手段,因此他能够保全自己。凡朝廷有大的政事讨论,张敞引征古往今来之事适当处置,公卿们都十分信服。等到西羌的兵事开始,张敞认为羌敌虽被击败,百姓们没有积蓄,便请求下令,叫犯罪之人出粮给边疆郡县,借以赎罪。萧望之等人讨论认为:"百姓含有阴阳两种气质,具有仁义和欲利的不同情思,关键在于用教化进行帮助。即使唐尧也不能去

民欲利之心，而能令其不胜好义也；桀不能去民好义之心，而能令其不胜好利也。尧、桀之分，在于义利而已，道民不可不慎也。今令民以粟赎罪，是贫富异刑，而法不一也。贫人父兄囚执，为弟子者将不顾死亡以赴财利，以求救之。一人得生，十人以丧，政教一倾，恐不可复。古者藏于民，不足则取，有余则与。今有边役，民失作业，虽户赋口敛以赡其困乏，百姓莫以为非，故《金、布令甲》曰'边郡数被兵，离饥寒，夭绝天年，父子相失，令天下共给其费'，固为军旅卒暴之事也。天汉四年，尝使死罪入钱减罪一等，豪强请夺，至为盗贼，吏不能禁，故曰不便。"时亦以转输略足相给，遂不施敞议。

辛酉（前60） 二年

春二月，凤皇、甘露降集京师，赦。 夏五月，赵充国振旅而还。秋，羌斩杨玉以降。置金城属国以处之。

赵充国奏言："羌本可五万人，除斩降溺饥死，定计遗脱不过四千人。羌靡忘等自诡必得，请罢屯兵。"奏可。充国振旅而还。

所善浩星赐迎说曰："众人皆以破羌、强弩出击，虏以破坏，然有识者以为虏势穷困，兵虽不出，必自服矣。将军即见，宜归功于二将军，如此，计未失也。"充国曰："吾年老矣，爵位已极，岂嫌伐一时事以欺明主哉！兵势，国之大事，当为后法，老臣不以余命，壹为陛下明言兵之利害，卒

掉百姓的欲利之心,但可以叫他们不超过好义之心;即使夏桀也不能去掉百姓的好义之心,而能叫他们胜不过自己的好利之心。尧、桀的区分,就在于义和利,引导百姓不能不慎重。现在叫百姓拿出粮食赎罪,这是贫富刑罚不同,法律面前不平等。穷人的父兄因罪囚禁,作为子弟将不顾死亡追求财利,用来救他们。这样,一个人得以生存,十个人因之丧命,政教一倾斜,恐怕就没法恢复。古时候财富藏之于百姓,朝廷不足,就从那里取,有了富余就给他们。现在边防有劳役,百姓丧失耕作,虽然有户口赋税来解决他们的困难疲惫,百姓没有以为不对,所以《金、布令甲》说'边疆郡县多次受到兵灾,遭遇饥寒,短命而死,父子离散,叫天下共同供给他们的花费',原是因为军事行动带来的破坏。在天汉四年,曾经叫死刑者出钱,使其罪减一等,致使豪强争取得到,成为盗贼,官吏无法禁止,所以说这样做是不利的。"加以当时转运输送大抵足够供应,所以就决定不实施张敞的建议。

辛酉(前60)　汉宣帝神爵二年

春二月,凤凰和甘露在长安降落,大赦天下。　夏五月,赵充国整顿军队返回。秋季,羌人斩杀了先零首领杨玉后,向汉朝投降。朝廷设置了金城属国,安置归降的羌人。

赵充国上奏说:"羌人原有五万人,除掉杀死、投降、淹死、饿死的外,计算起来剩下的不过四千人。羌人首领靡忘等自认为可以收服这些人,所以请求撤除屯田之兵。"宣帝批准了赵充国所奏。赵充国就整顿军队返还。

赵充国的好友浩星赐迎接劝告他说:"大家都认为是破羌与强弩两将军的出击,才击溃了羌敌,但是有见识的人却认为是羌敌穷途没路,就是不出兵,也必定会降服。将军见到皇上,也应该把功劳归于两位将军,这样,对自己并没什么损失。"赵充国说:"我年纪已老,官位到了顶点,怎能为避免夸耀自己一时功劳的嫌疑而欺骗皇上呢?军事部署,是国家大事,应当为后代做出榜样,我如果不利用余生,专为皇上说明军事上的利害关系,一旦

死,谁当复言之者!"卒以其意对。上然其计,罢遣辛武贤归酒泉,充国复为后将军。

秋,羌若零等共斩杨玉首,帅四千余人降。初置金城属国,以处降羌。

秋九月,司隶校尉盖宽饶自刭北阙下。

初,宽饶为卫司马。故事,卫司马见卫尉拜谒,常为卫官徭使市买,宽饶案旧令,揖官属,不受私使。躬行士卒庐舍,视其起居饮食,病者拊循临问,甚有恩。及岁代,数千人请复留一年,以报宽饶厚德。上嘉之,擢司隶校尉。宽饶刚直公清,刺举无所避,然深刻好刺讥,数犯上意。时方用刑法,任中书官。宽饶奏封事曰:"方今圣道浸微,儒术不行,以刑余为周、召,以法律为《诗》《书》。"又引《易传》言:"五帝官天下,三王家天下。家以传子孙,官以传贤圣。"书奏,上以为宽饶怨谤,下其书。执金吾议以为宽饶旨意欲求禅,大逆不道。谏大夫郑昌上书讼宽饶曰:"臣闻山有猛兽,藜藿为之不采;国有忠臣,奸邪为之不起。宽饶居不求安,食不求饱,进有忧国之心,退有死节之义。上无许、史之属,下无金、张之托,直道而行,多仇少与。上书陈事,有司劾以大辟。臣幸得从大夫之后,官以谏为名,不敢不言。"上竟下宽饶吏,宽饶引佩刀自刭北阙下,众庶莫不怜之。

匈奴虚闾权渠单于死,握衍朐鞮单于立。日逐王先贤掸来降。以郑吉为西域都护。

匈奴虚闾权渠单于始立,黜颛渠阏氏,阏氏即与右贤王屠耆堂私通。单于死,阏氏立右贤王为握衍朐鞮单于。

死掉，还有谁再陈述它！"最终按自己意见应对。宣帝认可他的意见，免除辛武贤的职务，让他返回酒泉，赵充国复任后将军。

秋天，羌人若零等部共同将杨玉斩杀，率领四千多人投降汉朝。开始设置金城属国，用来安置归顺的羌人。

秋九月，司隶校尉盖宽饶在未央宫北门外自杀。

起初，盖宽饶担任卫司马。按过去事例，卫司马进见卫尉要礼拜，经常被卫官役使采购，宽饶依据过去法令，向官属行拱手礼，不接受私下役使。盖宽饶亲自到士卒的住地，察看他们的起居饮食，对病人加以安抚慰问，非常有恩。等到年终更换时，有几千人请求再留任一年，用来报答他深厚的恩德。宣帝嘉奖他，升任为司隶校尉。宽饶刚直清正，批评举荐毫无避讳，可就是好刺讥不留余地，多次违犯宣帝旨意。当时正在实行刑法，由宦官任中书官。宽饶便送上密封奏章说："当今圣人之道衰微，儒家经术不能通行，把宦官当作周公、召公，把法律看成《诗经》《书经》。"他又征引《易传》说："五帝以天下为公，三王以天下为家。视为家者传给自己的子孙，视为公者就传给圣贤之人。"奏书呈上，宣帝认为宽饶怨恨诽谤，将其奏书下发臣下。执金吾认为宽饶的意思是叫皇上让位，为大逆不道。谏大夫郑昌上书为宽饶辩护说："我听说山里有了猛兽，就连野菜也没人敢采摘；国家有了忠臣，奸邪之人就不敢抬头。宽饶居不求安，食不求饱，进有忧国之心，退有死节之义。他在上面没有陛下亲属许广汉、史高作为靠山，在下面又没有金日䃅、张安世的维护，只是按正道行事，所以仇家多而朋友少。他上书陈述国事，被有关官员弹劾以死刑。我有幸跟从于各大夫之后，身为谏官，不敢不说。"宣帝终将宽饶下交狱吏，宽饶便拔出佩刀，自刎在未央宫北门之外，庶民百姓无不怜惜。

匈奴虚闾权渠单于去世，握衍朐鞮单于即位。日逐王先贤掸前来归顺。任命郑吉担任西域都护。

匈奴虚闾权渠单于始立，贬废颛渠阏氏，颛渠阏氏即和右贤王屠耆堂私通。单于一死，阏氏便立右贤王为握衍朐鞮单于。

虚闾权渠子稽侯狦既不得立,亡归妻父乌禅幕。日逐王先贤掸素与握衍朐鞮有隙,即率其众降汉,使人至渠犁与郑吉相闻,吉发诸国五万人迎之,将诣京师。吉威震西域,遂并护车师以西北道,故号都护。都护之置自吉始。于是中西域而立莫府,治乌垒城,去阳关二千七百余里,督察乌孙、康居等三十六国,动静有变以闻。汉之号令班西域矣。

乌孙昆弥翁归靡死,狂王泥靡立。

初,翁归靡愿以汉外孙元贵靡为嗣,复尚主,诏下其议。萧望之以为乌孙绝域,变故难保,不可许。天子重绝故业,许之,使常惠送公主。未出塞,翁归靡死,其兄子泥靡自立。惠上书愿留少主敦煌,自至乌孙,责让不立元贵靡,还迎少主。事下公卿,望之复以为:"乌孙持两端,无坚约,令少主以元贵靡不立而还,信无负于四夷。少主不止,徭役将兴。"天子从之。

壬戌(前59) 三年

春三月,丞相高平侯魏相卒。

谥曰宪。

夏四月,以丙吉为丞相。

吉上宽大,好礼让,掾吏有罪辄与长休告,务掩过扬善,终无所案。曰:"以公府而有案吏之名,吾窃陋焉。"后人因以为故事。尝出逢群斗死伤,不问;逢牛喘,使问,逐牛行几里矣。或讥吉失问,吉曰:"民斗,京兆所当禁,宰相不亲小事,非所当问也。方春未可热,恐牛近行,用暑故

虚闾权渠的儿子稽侯狦没有即位，便逃回到岳父乌禅幕那里。日逐王先贤掸同握衍朐鞮本来就不和，遂即率领他的部落归顺汉朝，派人到渠犁和骑都尉郑吉取得联系，郑吉便发动附近各国五万多人去迎接，将日逐王带到长安。郑吉的声威震动了西域，遂即兼并保护车师以西的西域北道，所以号称都护。都护的设立就从郑吉开始。于是中部西域建立了幕府，修建乌垒城，到阳关有二千七百余里，负责督察乌孙、康居等三十六国，有了动静变化即可知道。汉朝的号令因此颁布全西域了。

乌孙昆弥翁归靡去世，狂王泥靡即位。

起初，翁归靡愿让汉朝外孙元贵靡当继承人，打算再娶汉公主，宣帝便下诏叫大臣讨论。萧望之认为，乌孙地处极远，难保不发生变故，不能答应。宣帝觉得难以断绝过去的联姻，便应允，派常惠去送公主。还没出边塞，翁归靡就死了，他的侄子泥靡自立为王。常惠便上书宣帝，愿意让公主暂留敦煌，而常惠自己去到乌孙，责问为何不立元贵靡，迎还公主。事情下交大臣讨论，萧望之仍然认为："乌孙脚踏两船，没有牢固的约束，可叫公主以元贵靡未被立为理由回汉，这并没有什么对不起夷狄之处。公主不回来，那徭役可就要兴起了。"宣帝听从了这个意见。

壬戌（前59）　**汉宣帝神爵三年**
春三月，丞相高平侯魏相去世。

谥号为宪。

夏四月，任命丙吉为丞相。

丙吉主张宽大，喜好礼让，下属官吏犯了罪，就让他请长假休息，力求掩过扬善，因此始终没有人被查办。他说："公府里如果有了官吏犯罪的名声，就是我的错误。"后人就把它当成榜样。他曾外出遇到群斗有死伤，他不过问；遇到耕牛喘息，便派人跟着牛走几里加以盘问。有人讥笑丙吉失于过问，丙吉说："百姓相斗，那是京兆尹应当禁止之事，宰相不亲自处理小事，不过问。现在正当春季未热之时，恐怕牛走得并不远，大概是暑

喘,此时气失节。三公调阴阳,职当忧。"时人以为知大体。

秋七月,以萧望之为御史大夫。 **八月**,益小吏俸。

诏曰:"吏不廉平则治道衰,今小吏皆勤事而俸禄薄,欲无侵渔百姓难矣。其益吏百石已下俸十五。"

以韩延寿为左冯翊。

始,延寿为颍川太守,承赵广汉之后。俗多怨仇,延寿教以礼让。召故老与议定嫁娶丧祭仪品,略依古礼,不得过法。百姓遵用其教,卖偶车马、下甲伪物者,弃之市道。黄霸代之,因其迹而大治。延寿所至,必聘其贤士,以礼待用,广谋议,纳谏争。表孝弟有行,修治学官。春秋乡射,陈钟鼓管弦,盛升降揖让。及都试讲武,设斧钺、旌旗,习射御之事。治城郭,收赋租,先明布告其日,以期会为大事,吏民敬畏趋乡之。又置正、五长,相率以孝弟,不得舍奸人,闾里阡陌有非常,吏辄闻知,奸人莫敢入界。其始若烦,后吏无追捕之苦,民无箠楚之忧,皆便安之。接待下吏,恩施甚厚而约誓明。或欺负之者,延寿痛自刻责,吏闻者自伤悔,或自刺死。为东郡太守三岁,令行禁止,断狱大减,由是入为冯翊。

行县至高陵,民有昆弟讼田,延寿大伤之,曰:"幸得备位,为郡表率,不能宣明教化,至令民有骨肉争讼,使贤长吏、啬夫、三老、孝弟受其耻,咎在冯翊,当先退。"是日,

热造成的喘息,这是时令节气失调了。三公调理阴阳,这是职责本身应当牵挂的。"当时人们都认为他知晓大体。

秋七月,任命萧望之为御史大夫。 **八月,增加小吏的薪水。**

宣帝下诏说:"官吏不廉洁公正,治国的大道就衰微,现在下层官吏都辛勤工作,可薪水微薄,这样,想叫他们不侵夺百姓是困难的。应使百石以下的官吏增加十分之五的薪水。"

任命韩延寿为左冯翊。

开始,韩延寿担任颍川太守,承继在赵广汉前任太守之后。当时民间习俗,多为怨仇,韩延寿便教导民众礼让。他召集长者共同议定嫁娶丧祭各种礼仪,大略依据古时礼仪,不能超越规定。百姓遵照采用了他的教导,凡是贩卖陪葬用的假车马物件的,都丢弃在街道上。后来黄霸代替他,遵循其法,因而得到显著的成效。韩延寿所到的地方,必定聘请贤明之士,以礼相待并广泛听取建议,采纳各种批评意见。他还表彰孝悌有品行之人,修建公立学堂。到春秋乡射之时,陈列钟鼓管弦,隆重实行上下赛场时的礼让仪式。等到都试阅兵,设置斧钺、旌旗,演习骑马射箭。凡修筑城池,征收赋税,都事先布告日期,将按期集会当成一件大事,官吏百姓到时敬畏地前往。又设立正、五长,带领百姓孝顺双亲、友爱弟兄,不可收容坏人,街巷村落一有非常之事,官吏会立即知晓,坏人因此不敢进入他的管界。刚开始时似乎烦琐不便,后来官吏没有追捕的劳累,百姓没有杖责的忧虑,就都感到安心受益。他结交对待下属官吏,既给他们深厚的恩德,而又有明确严格的要求。如有欺骗辜负他的,韩延寿就沉痛地责备自己,官吏们听到后,有的自己痛心悔改,有的甚至痛心自杀。担任东郡太守三年,做到令行禁止,罪案大为减少,因此调入京师任左冯翊之职。

韩延寿巡县到达高陵时,百姓中有兄弟为争田而上告,韩延寿深为悲伤,说:"我有幸担任长官,成为全郡表率,却不能宣明教化,致使百姓中发生骨肉争讼之事,使得县令、县丞、啬夫、三老、孝悌之人都蒙受耻辱,过错在我,我该首先改悔。"这天,

移病入卧传舍,闭阁思过。一县莫知所为,令、丞以下,亦皆自系待罪。于是讼者宗族传相责让,此两昆弟深自悔,自髡肉袒谢,愿以田相移,终死不敢争。郡中翕然,传相敕厉,恩信周遍二十四县,莫复以辞讼自言者。推其至诚,吏民不忍欺绐。

癸亥(前58) **四年**
春二月,赦。
亦以凤皇、甘露降集京师也。
夏四月,赐颍川太守黄霸爵关内侯。
霸在郡八年,政事愈治。是时凤凰、神爵数集郡国,颍川尤多,于是赐爵关内侯,黄金百斤,秩中二千石。而颍川孝弟、有行义民,三老、力田,皆以差赐爵及帛。后数月,征霸为太子太傅。

冬十月,凤皇集杜陵。　河南太守严延年弃市。
延年阴鸷酷烈,冬月传属县囚会论府上,流血数里,河南号曰"屠伯"。延年素轻黄霸,见其以凤皇被褒赏,心内不服。郡界有蝗,府丞义出行蝗。延年曰:"此蝗岂凤皇食邪!"义恐见中伤,乃上书言延年罪,因自杀以明不欺。事下按验,得其怨望诽谤数事,坐不道,弃市。

初,延年母从东海来,适见报囚,大惊,便止都亭,不肯入府。因数责延年:"幸得备郡守,专治千里,不闻仁爱教化,有以全安愚民,顾乘刑罚,多刑杀人,欲以立威,岂为民

他就称病卧床于驿站房舍,闭门思过。全县不知如何是好,县令、县丞以下,也都把自己关起来等候处置。于是告状的宗族内相互责备,这两兄弟也十分悔恨,自行剃除头发,光着身子,前往认罪,情愿将田地让给对方,到死绝不相争。全郡顿时一片和气,互相传布诫勉,韩延寿的威信遍及二十四县,再没有自己公开挑起争讼的。因为韩延寿的至诚推及官吏百姓,官吏百姓就不忍欺骗他。

癸亥(前58)　**汉宣帝神爵四年**

春二月,大赦天下。

因为凤凰和甘露降集到长安,所以实行大赦。

夏四月,赐给颍川太守黄霸关内侯的爵位。

黄霸在颍川郡八年,政事更加得到治理。这时,凤凰、神雀多次飞聚各郡国,而以颍川最多,于是赐给黄霸关内侯的爵位,黄金一百斤,中两千石俸禄。颍川郡内孝悌之人和有行义民,以及三老、力田等乡官,都分别赐予不同爵位和财帛。几个月以后,便征调黄霸担任太子太傅。

冬十月,凤凰飞聚杜陵。　河南太守严延年被斩首示众。

严延年阴狠毒辣,到了冬季就传令将所辖各县的囚犯集中到府衙进行审理,血流好几里,河南送他绰号为"屠伯"。严延年平常就轻视黄霸,见到他因凤凰飞聚而受到圣上嘉奖,心里不服。郡界内出现蝗虫,一位名叫义的府丞出外巡察蝗情。严延年说:"这蝗虫岂是凤凰的食物啊!"义唯恐受到严延年的陷害,便上书叙说严延年的罪过,并以自杀来表白个人对朝廷的忠实。宣帝将这事下交核实,查出严延年怨恨诽谤朝廷的几件事,便以大逆不道之罪,将他斩首示众。

起初,严延年的母亲从东海郡来,正遇上报决囚犯,大惊,便停在驿站,不肯入府。对此一再斥责严延年说:"你有幸担任太守,独立治理千里之地,可是听不到你以仁爱教化来安定保全百姓,反而借用刑罚大量杀人,用来树立自己威信,这哪是做百姓

父母意哉！天道神明，人不可独杀。我不意当老见壮子被刑戮也！行矣，去汝东归，扫除墓地耳！"遂去归。后岁余果败。东海莫不贤智其母。

甲子（前57） 五凤元年

秋，匈奴乱，五单于争立。

匈奴握衍朐鞮单于暴虐，好杀伐，国中不附。乌禅幕及左地贵人，共立稽侯狦为呼韩邪单于，发兵西击握衍朐鞮，握衍朐鞮败走自杀，其民众尽降呼韩邪。握衍朐鞮弟右贤王立日逐王薄胥堂为屠耆单于，发兵袭呼韩邪，呼韩邪败走。于是呼揭王自立为呼揭单于，右奥鞬王自立为车犁单于，乌藉都尉亦自立为乌藉单于，凡五单于。屠耆击车犁、乌藉，皆败走之。乌藉、呼揭皆去单于号，共并力尊辅车犁。屠耆西击车犁，又败走之。

汉议者多曰："匈奴为害日久，可因其坏乱，举兵灭之。"萧望之曰："《春秋》：晋士匄帅师侵齐，闻齐侯卒，引师而还。君子大其不伐丧，以为恩足以服孝子，谊足以动诸侯。前单于慕化乡善，请求和亲，未终奉约，不幸为贼臣所杀，今而伐之，是乘乱而幸灾也。不以义动，恐劳而无功，宜遣使吊问，辅其微弱，救其灾患，四夷闻之，咸贵中国之仁义。如遂蒙恩复其位，必称臣服从，此德之盛也。"上从其议。

冬十二月朔，日食。 杀左冯翊韩延寿。

韩延寿代萧望之为左冯翊。望之闻延寿在东郡时，

的父母官！要知道，天道有神明主宰，杀人者也要为人所杀。我想不到在我临到老年时，却看到自己的儿子将遭到刑戮！我走了，我要离开你回归东海，为你清扫墓地去！"遂即回去了。过了一年多，严延年果然被斩。东海官民没有不赞叹他母亲贤明智慧的。

甲子（前57）　汉宣帝五凤元年

秋季，匈奴内乱，五个单于争立。

匈奴握衍朐鞮单于暴虐无道，喜爱杀人，国中之人与其离心。乌禅幕和左地贵族，便拥立稽侯狦为呼韩邪单于，发兵向西进攻握衍朐鞮，握衍朐鞮败走自杀，他的下属民众全都归降了呼韩邪。握衍朐鞮的弟弟右贤王便拥立日逐王薄胥堂为屠耆单于，发兵攻打呼韩邪，呼韩邪被打败逃走。于是呼揭王便自立为呼揭单于，右奥鞬王自立为车犁单于，乌藉都尉也自立为乌藉单于，一共五个单于。后来屠耆攻击车犁、乌藉，都被打败逃走。乌藉、呼揭都去掉了单于称号，共同辅助车犁单于。屠耆又向西攻击车犁，将其打败，车犁逃走。

汉朝廷讨论中大多说："匈奴为害日久，可以借它内乱，发兵灭掉。"萧望之说："《春秋》上记载：晋国士匄带兵攻打齐国，听到齐侯去世，便领兵返回。君子以不乘敌君侯病故进攻为贵，因为这种恩惠足以使孝子心服，这种情谊足以感动其他诸侯。以前的单于仰慕汉人的教化向善，请求和亲，还没最后缔结和约，就不幸被贼臣杀害，现在对他进攻，等于借其内乱而幸灾乐祸。不因为大义而兴师动众，恐怕是劳而无功，应该派使臣前去吊丧慰问，帮助他们于微弱之中，解救他们的灾患，其他四处蛮夷听到，都会尊重中国的仁义行为。如果使他们因我们的恩惠恢复单于之位，那必定向我们称臣服从，这才是圣德的兴旺！"宣帝依从了这个建议。

冬十二月初一，出现日食。　斩杀左冯翊韩延寿。

韩延寿代萧望之任左冯翊。萧望之听说韩延寿在东郡时，

放散官钱千余万,使御史案之。延寿即部吏案校望之在冯翊时廩牺官钱放散百余万。望之自奏:"职在总领天下,闻事不敢不问,而为延寿所拘持。"上由是不直延寿,各令穷竟所考。望之卒无事实。而望之遣御史案东郡者,得其试骑士日车服侍卫奢僭逾制等数事,延寿竟坐狡猾不道,弃市。吏民数千人送至渭城,扶持车毂,争奏酒炙。延寿使掾史分谢送者,百姓莫不流涕。

乙丑(前56)　二年

秋八月,左迁萧望之为太子太傅。

丞相丙吉年老,上重之。望之尝奏言:"三公非其人,则三光为之不明,今日月少光,咎在臣等。"上以其意轻吉。会司直奏望之遇丞相礼节倨慢,又使吏私买卖,有所附益,请逮捕系治。诏左迁为太子太傅。

匈奴呼韩邪单于击杀屠耆单于。呼屠吾斯自立为郅支单于。

呼韩邪袭屠耆屯兵,屠耆自将击之,兵败自杀。车犁亦东降呼韩邪。呼韩邪复都单于庭,然众裁数万,其兄左贤王呼屠吾斯亦自立为郅支骨都侯单于。

免光禄勋平通侯杨恽为庶人。

恽,廉洁无私,为中郎将。故事,令郎出钱,乃得出沐,名曰山郎。恽罢之,休沐皆以法令从事。有过辄奏免,荐其有行能者,郎官化之,莫不自厉。由是擢为诸吏光禄勋。恽轻财好义,殿中称其公平,然伐其行能,又性刻害,好发人阴伏,由是多怨。与太仆戴长乐相失,长乐上书告恽

曾发放官钱一千余万，便派御史查验。韩延寿听到后，也派人调查萧望之任冯翊之职时，发放廪牺官钱一百余万的事。萧望之上奏说："我的职责是总管天下事务，听到检举，不敢不问，却受到韩延寿的束缚。"宣帝因此不以韩延寿为正确，下令分头追究到底。萧望之的事没有查出实据。而萧望之派御史到东郡，却查出韩延寿考试骑士时车服侍卫奢僭逾制等几件事，韩延寿终因犯狡猾不道之罪被处斩示众。行刑前，官吏百姓们有几千人送他去渭城，人们扶着车轮，争着送上酒肉。韩延寿叫原属官吏分别向送他的人道谢，百姓无不痛哭。

乙丑（前56） 汉宣帝五凤二年

秋八月，下诏将萧望之降为太子太傅。

丞相丙吉年寿已高，宣帝十分器重他。萧望之曾上奏说："朝内三公若不称职，那日、月、星三光都不明亮，现在日月都不光亮，罪过在我们这些人。"宣帝认为这意思是对丙吉的轻视。赶上司直奏说萧望之遇到丞相时傲慢无礼，又派官吏私为其家买卖，对其家有所补贴，请求将他逮捕治罪。宣帝下诏将萧望之降为太子太傅。

匈奴呼韩邪单于进攻并杀掉屠耆单于。呼屠吾斯自立为郅支单于。

呼韩邪袭击屠耆的驻军，屠耆亲自率兵进攻呼韩邪，兵败自杀。车犁也向东归顺呼韩邪。呼韩邪重又建都单于庭，但部众只有几万，他兄长左贤王呼屠吾斯也自立为郅支骨都侯单于。

免去光禄勋平通侯杨恽的官职，贬为平民。

杨恽廉洁无私，为中郎将。按惯例，令郎出钱才能休假，称作山郎。杨恽废除了这种做法，休假都按法令办事。有了过错的就上奏免其官职，推荐有品行才能的，郎官受到教化，没有不自强自厉的。因此杨恽被提升为诸吏光禄勋。杨恽轻财好义，殿中说他公正，但喜欢显示自己有才，生性又刻薄，好揭发人的隐私，从而结怨甚多。他和太仆戴长乐不和，戴长乐上书控告杨

以主上为戏,语尤悖逆。事下廷尉。廷尉定国奏恽怨望为妖恶言,大逆不道。诏免为庶人。

丙寅(前55)　三年
春正月,丞相博阳侯丙吉卒。
　　吉病,上临问,以谁可以自代者,吉荐杜延年、于定国、陈万年。薨,谥曰定。后三人居位,皆称职。上称吉为知人。

　　二月,以黄霸为丞相。
　　霸材长于治民,及为丞相,功名损于治郡。时京兆尹舍鹖雀飞集丞相府,霸以为神雀,议欲以闻。张敞奏曰:"窃见丞相请与中二千石、博士杂问郡、国上计长史、守丞,为民兴利除害,成大化,条其对。有耕者让畔,男女异路,道不拾遗,及孝子贞妇者为一辈,先上殿;不为条教者,在后叩头谢。丞相虽口不言,而心欲其为之也。长史、守丞对时,臣敞舍有鹖雀飞止丞相府,吏多知鹖雀者,问之,皆阳不知。丞相图议上奏曰:'臣问上计长史、守丞以兴化条,皇天报下神雀。'后知从臣敞舍来,乃止。臣敞非敢毁丞相也,诚恐群臣莫白,而长史、守丞畏丞相指归,舍法令各为私教,务相增加,浇淳散朴,并行伪貌,有名亡实,倾摇懈怠,甚者为妖。假令京师先行让畔、异路、道不拾遗,其实亡益廉贪贞淫之行,而以伪先天下,固未可也。即诸侯先行之,伪声轶于京师,非细事也。汉家承敝通变,造起

恽，说他拿皇帝开玩笑，说话特别犯上。这事下交廷尉。廷尉于定国上奏杨恽心怀不满，口出恶言，大逆不道。宣帝便下诏将杨恽贬为平民。

丙寅（前55）　**汉宣帝五凤三年**
春正月，丞相博阳侯丙吉去世。

丙吉病中，宣帝亲临问视，问有谁可以代替他，丙吉就推荐杜延年、于定国、陈万年。死后，谥号为定。后来上述三人担任职务，都很称职。所以宣帝夸奖丙吉是个能够识别人的人。

二月，任命黄霸担任丞相。

黄霸的长处在于治理百姓，等到当了丞相以后，他的功名就不如治理地方之时。当时京兆尹张敞家的鹖雀飞聚到丞相府，黄霸以为是神雀，便与人商量，打算上奏。张敞上奏说："我看丞相要求与中二千石大臣及博士向来京的各郡、国的上计长史、守丞询问为民兴利除害、推行教化的情况，让他们逐条回答。有回答耕者谦让田界、男女不走一路、道不拾遗，以及有孝子、贞节妇女的，定为一类，可首先上殿；那些没有这些法规教令的，排在后面，叩头请罪。丞相虽然不说话，可心里也是愿意后者向前者一样。在长史、守丞和丞相对答时，正好我家中的鹖雀飞到丞相府，这些官吏们大多知道这种鸟，但丞相问时，却都假装不知道。丞相图谋上奏说：'我让上计长史、守丞报告各地大兴教化的情况，上天派神雀降临以应报。'后来得知它们是从我家飞来的，才中止。我张敞不是敢诋毁丞相，而是怕群臣不说清楚这事，而各郡的长史、守丞都畏惧丞相指责，回去后丢弃法令，各自推行自己的教令，竞相增益，这样一来，原本淳朴的民风就会遭到破坏，形成言行不一，名实不符，动摇懈怠，甚至有的成为奸邪。如果长安率先倡导互让田界、男女异路、道不拾遗，实际上无助于倡导廉洁、贞节与禁除贪污、淫乱，反而会虚伪先行于天下，这当然是不可以的。即使各诸侯国先实行，以虚伪的名声传播到长安，这也不是小事。汉朝在承接秦朝的弊政之上，加以变通，制造

律令,所以劝善禁奸,条贯详备,不可复加。宜令贵臣明饬
长史、守丞,归告二千石,举三老、孝弟、力田、孝廉、廉吏,
务得其人,郡事皆以法令检式,毋得擅为条教,敢挟诈伪以
奸名誉者,必先受戮,以正明好恶。"天子嘉纳,召上计吏,
使侍中临饬,如敞指意。霸甚惭。

时史高以外属贵重,霸荐高可太尉。天子使尚书召问
霸:"太尉官罢久矣,夫宣明教化,通达幽隐,使狱无冤刑,
邑无盗贼,君之职也。将相之官,朕之任焉。高帷幄近臣,
朕所自亲,君何越职而举之!"霸免冠谢罪,数日乃决。自
是后不敢复有所请。然自汉兴,言治民吏,以霸为首。

三月,减天下口钱。 置西河、北地属国,以处匈奴降者。

丁卯(前54) 四年
春,匈奴呼韩邪单于称臣,遣弟入侍。减戍卒什二。
籴三辅近郡谷供京师。初置常平仓。

自元康以来,比年丰稔,谷石五钱。大司农中丞耿寿
昌奏言:"岁丰谷贱,农人少利。故事:岁漕关东谷四百万
斛,用卒六万人。宜籴三辅、弘农、河东、上党、太原郡谷
供京师,可省漕卒过半。"又白:"令边郡皆筑仓,以谷贱增
其贾而籴以利农,谷贵时减贾而粜,名曰常平仓。"民便之。
诏赐寿昌爵关内侯。

夏四月朔,日食。 杀故平通侯杨恽。
恽既失爵位,家居治产业,以财自娱。其友人孙会宗

新的法律条令，就是为了劝善惩恶，条理详细完备到无以复加。应该叫权贵重臣明确指示长史、守丞，回后转告二千石官员，在举荐三老、孝悌、力田、孝廉及廉吏时，务必人选适当，郡国地方事情都应按法令实行，不得随便改动，凡是有敢于弄虚作假窃取名声的，必须先受到杀戮，以正确显示什么是好什么是恶。"宣帝对此赞赏并予以采纳，召集上计吏，派侍中按张敞的建议加以训示。黄霸深感羞愧。

当时史高因外戚身份显赫尊贵，黄霸举荐史高可以担任太尉。宣帝便派尚书召见黄霸问："太尉这个官职撤除很久了，你的职责是宣明教化，使下面隐情上通，没有冤案，城乡没有盗贼。至于将相之官，都由我任命。史高他是近臣，我自对他知晓，你为什么越权来荐举他呢！"黄霸摘下帽子请罪，过了几天，才得免罪。从此以后，黄霸再不敢有所请示。但从汉代兴起，谈到治理百姓，应说黄霸是第一名。

三月，减少天下人头税额。 设立西河、北地属国，用来安置降服的匈奴人。

丁卯（前54） **汉宣帝五凤四年**

春季，匈奴呼韩邪单于向汉朝称臣，派其弟到长安做人质。汉朝因此减少了十分之二的卫戍士卒。 从三辅等近京各郡购运粮食供应长安。开始设立常平仓。

自从元康以来，连年丰收，谷一石价五钱。大司农中丞耿寿昌上奏说："丰年谷贱，农民少利。按过去惯例：每年从关东运谷四百万斛，要用兵卒六万人。应该从三辅、弘农、河东、上党、太原等郡购买粮食供应长安，可以节省漕运兵卒一半以上。"又说："应下令沿边各郡都建筑粮仓，在粮价低时加价买进以有利于农民，粮价高时降价卖出，名为常平仓。"百姓因而受益。宣帝便下诏赐给耿寿昌关内侯爵位。

夏四月初一，出现日食。 杀原平通侯杨恽。

杨恽失掉爵位后，居家治产业，以财自娱。他的友人孙会宗

与恽书，为言"大臣废退，当阖门惶惧，为可怜之意；不当治产业，通宾客，有称誉"。恽，宰相子，有材能，少显朝廷，一朝以暗昧语言见废，内怀不服，报书曰："窃自思念，过已大矣，行已亏矣，常为农夫以没世矣。田家作苦，岁时伏腊，烹羊炰羔，斗酒自劳，酒后耳热，仰天拊缶而呼乌乌。其诗曰：'田彼南山，芜秽不治；种一顷豆，落而为萁。人生行乐耳，须富贵何时！'是日也，拂衣而喜，奋袖低卬，顿足起舞，诚淫荒无度，不知其不可也。"又，恽兄子谭谓恽曰："侯罪薄，又有功，且复用。"恽曰："有功何益！县官不足为尽力。"谭曰："县官实然。盖司隶、韩冯翊皆尽力吏也，俱坐事诛。"或上书告："恽骄奢不悔过，日食之咎，此人所致。"章下廷尉，当恽大逆无道，要斩。妻子徙酒泉，诸在位与恽厚善者皆免官。

匈奴郅支单于攻呼韩邪单于，走之，遂都单于庭。

戊辰（前53） 甘露元年

春，免京兆尹张敞官，复以为冀州刺史。

杨恽之诛，公卿奏敞，恽之党友，不宜处位。上惜敞材，独寝其奏，不下。敞使掾絮舜案事，舜私归其家曰："五日京兆耳，安能复案事！"敞闻，即收舜系狱验治，竟致其死事。会立春，行冤狱使者出，舜家载尸自言，使者奏敞贼杀不辜。上欲令敞得自便，即先下前奏，免为庶人。敞诣阙上印绶，便从阙下亡命。数月，京师吏民解弛，枹鼓数起，

给他写了一封信，说"大臣贬废，应该闭门在家，惶恐不安，表现出可怜的样子；而不该营治家产，与宾客交往，叫人们赞扬"。杨恽本是宰相杨敞之子，有才能，年轻时在朝廷中就有名声，一时因为暗昧语言而被废，内心不服，便回信说："我私下思量，过错已经够大了，品行已经有缺损了，应该就做个农夫了此一生。所以，我才致力农事，每年三伏、腊月，烹羊烤羔，以酒自我犒劳，酒后耳热，便仰面对天，敲打瓦盆，高声吟咏。诗中说：'南山种田，荒芜不加治理；种一顷豆，落地剩下豆杆。人生及时行乐，富贵须待何时！'逢到这种日子，拂衣而喜，甩袖俯仰，顿足起舞，就真算是荒淫无度，不知道有什么不可。"再有，杨恽哥哥的儿子杨谭对杨恽说："侯爷的罪过轻，又有过功劳，还会被重新起用的。"杨恽说："有功有什么用！天子不足以为尽力。"杨谭说："天子确实这样。司隶校尉盖宽饶、左冯翊韩延寿都是尽心竭力的官吏，可都因事被处死。"有人上书奏告："杨恽骄奢淫逸，拒不悔过，出现日食，原因就在这个人。"宣帝将奏章下交廷尉，判杨恽大逆不道之罪，将他腰斩。杨恽的妻子儿女被放逐到酒泉，凡在职而同杨恽交往甚厚的都被免职。

匈奴郅支单于进攻呼韩邪单于，呼韩邪败走，郅支单于遂即建都单于庭。

戊辰（前53） 汉宣帝甘露元年

春季，免除京兆尹张敞的官职，重新任命为冀州刺史。

杨恽被斩后，公卿们上奏张敞，说他是杨恽的朋党，不应再任官。宣帝爱惜张敞的才能，特地压下奏章不下发。张敞差使下属絮舜办案，絮舜私自回家说："只能做五天京兆尹了，哪里能再办案！"张敞听后，即把絮舜逮捕追查，最后将他处死。正当立春，调查冤狱的使者出巡，絮舜家属抬着他的尸首向使者告状，使者上奏张敞残杀无辜。宣帝打算让他自由行动，当即先将以前的奏章下发，免为平民。张敞去宫廷呈上印绶，便从宫门前逃走。几月后，长安官吏百姓懈怠松弛，报警鼓声接连响起，

而冀州部中有大贼。天子使使者即家召敞,妻子皆泣,敞
独笑曰:"吾身亡命为民,郡吏当就捕。今使者来,此天子
欲用我也。"装随使者诣公车。上引见,拜冀州刺史。到
部,盗贼屏迹。

以韦玄成为淮阳中尉。

皇太子柔仁好儒,见上所用多文法吏,以刑绳下,尝侍
燕从容言:"陛下持刑太深,宜用儒生。"帝作色曰:"汉家自
有制度,本以霸王道杂之,奈何纯任德教,用周政乎!且俗
儒不达时宜,好是古非今,使人眩于名实,不知所守,何足
委任!"乃叹曰:"乱我家者,太子也!"

上次子淮阳宪王钦好法律,聪达有材,王母张婕伃尤
幸。上由是疏太子而爱宪王,数嗟叹宪王曰:"真我子也!"
常欲立之。然因太子起于微细,上少依许氏,及即位而许
后以弑死,故弗忍也。久之,上拜韦玄成为淮阳中尉,以玄
成尝让爵于兄,欲以感谕宪王,由是太子遂安。

匈奴两单于皆遣子入侍。

匈奴左伊秩訾王为呼韩邪计,劝令称臣,入朝事汉
求助。诸大臣皆曰:"不可。匈奴之俗,本上气力而下服
役,以马上战斗为国,故有威名于百蛮。且战死,壮士所
有。今兄弟争国,不在兄则在弟,奈何乱先古之制,臣事于
汉,卑辱先单于,为诸国所笑!"左伊秩訾曰:"不然。强弱
有时,今汉方盛,匈奴日削,虽屈强于此,未尝一日安也。

而冀州内也出现大贼。宣帝便派使者到张敞家征召张敞，他妻子儿女一听使者到来，全都哭泣起来，唯独张敞笑着说："我已是个逃命的百姓，应由郡中官吏逮捕。现派使者来，这是皇上要起用我。"遂即整装跟使者去公车府。宣帝召见了他，任命为冀州刺史。到任，盗贼就不敢再活动了。

任命韦玄成为淮阳中尉。

皇太子温和仁厚，喜好儒家经术，看见宣帝任用之人大多是文法吏，靠刑法来控制下属，在陪侍宣帝吃饭时，便从容建议说："陛下过于依靠刑法，应该任用儒生。"宣帝变了脸色说："汉家有自己的制度，本来就是将王道与霸道结合，怎么能单纯采用德教，像周代那样搞政治呢！况且俗儒不通达时务，喜欢赞扬古代，抨击今天，叫人们辨不清名与实，不知道应该坚持什么，这怎么能加以委任！"于是叹息说："变乱我汉家根业的将是太子！"

宣帝的次子淮阳宪王刘钦喜好法律，聪慧通达而有才能，他母亲张健伃尤其受到宠幸。宣帝因此对太子疏远而喜爱阳宪王，多次赞誉宪王刘钦说："真正是我的儿子！"经常想立刘钦为太子。但由于太子生于自身轻微之时，宣帝年轻时依靠于许氏，等自己做了皇帝，许后又被害死，所以不忍心这样做。过了很长一段时间，宣帝任命韦玄成为淮阳中尉，因为韦玄成曾把自己的爵位让给兄长，宣帝打算用这种办法感动晓谕宪王，这样太子的位置才稳定下来。

匈奴的两个单于都派子进京充当人质。

匈奴左伊秩訾王给呼韩邪献计，劝他对汉朝称臣，入朝事汉求助。各大臣都说："不能这样做。匈奴的风俗，本来是崇尚气力而以臣服他人为耻辱，为国家而马上战斗，故而在百蛮中有威名。况且战斗而死本为壮士的本色。现在我们自己兄弟争夺国家，不落在兄长身上，就落在弟弟身上，怎么能改变我们匈奴的先祖制度，向汉朝称臣，让以往单于受到侮辱，让别的国家耻笑！"左伊秩訾说："不对。强弱之势经常变化，现在汉朝正处盛世，匈奴日益削弱，虽然倔强忍到这地步，却不曾有一天安宁。

今事汉则安存,不事则危亡,计何以过此!"呼韩邪从其计,引众南近塞,遣子入侍。郅支亦遣子入侍。

夏四月,黄龙见。 太上皇太宗庙火,帝素服五日。乌孙国乱,遣使分立两昆弥。

乌孙狂王暴恶失众,肥王翁归靡胡妇子乌就屠袭杀狂王自立。汉欲讨之,乌就屠恐,愿得小号以自处。帝遣谒者立元贵靡为大昆弥,乌就屠为小昆弥,皆赐印绶。大昆弥户六万余,小昆弥户四万余,然众心皆附小昆弥。

己巳(前52) 二年

春正月,赦。减民筭三十。 珠崖郡反。夏四月,遣兵击之。 营平侯赵充国卒。

先是,充国以老乞骸骨,赐安车、驷马、黄金,罢就第。朝廷每有四夷大议,常与参兵谋,问筹策焉。薨,谥曰壮。

匈奴款塞请朝。

匈奴呼韩邪单于款五原塞,愿奉国珍,朝三年正月。诏有司议其仪。丞相、御史曰:"圣王之制,先京师而后诸夏,先诸夏而后夷狄。单于朝贺,宜如诸侯王,位次在下。"萧望之以为:"单于非正朔所加,故称敌国,宜待以不臣之礼,位在诸侯王上。外夷稽首称藩,中国让而不臣,此则羁縻之谊,谦亨之福也。《书》曰:'戎狄荒服。'言其来服荒忽亡常。如使匈奴后嗣卒有鸟窜鼠伏,阙于朝享,不为畔臣,

现在,称臣于汉朝就安全存在,不称臣于汉朝就会陷入危亡,还有什么计策比这个更好呢!"呼韩邪依从了这个计策,率领民众向南靠近边塞,派他儿子到长安做人质。郅支单于也派了他的儿子到长安做人质。

夏四月,出现黄龙。 太上皇太宗庙着火,宣帝为此素服五天。 乌孙国发生内乱,宣帝派使臣分别立了两个昆弥。

乌孙狂王凶暴丧失人心,肥王翁归靡与匈奴妻子所生的儿子乌就屠袭击狂王,将其杀死,自立为王。汉朝打算去讨伐他,乌就屠害怕,表示愿意得到一个小的封号使自己安身。宣帝派遣谒者立元贵靡为大昆弥,乌就屠为小昆弥,分别赐给了印信绶带。大昆弥管辖六万余户,小昆弥管辖四万余户,但民众从内心里都归向小昆弥。

己巳(前52) 汉宣帝甘露二年

春正月,大赦天下。削减人头税三十钱。 珠崖郡叛乱。夏四月,派兵去镇压。 营平侯赵充国去世。

先时,赵充国以年老请求归家休养,宣帝赐给他安车、驷马、黄金,免职归家。朝廷每当有关于外夷的大事商讨,赵充国还常常参与谋划,接受问询。死后谥号为壮。

匈奴单于抵达边塞,请求朝贺。

匈奴呼韩邪单于抵达五原边塞,表示愿意献上国宝,在甘露三年正月朝见汉宣帝。宣帝下诏让有关部门商议朝见时的仪式。丞相、御史们说:"按圣王的制度,应该是京师在先而诸夏之国在后,诸夏之国在先而夷狄在后。匈奴单于前来朝贺,应该和诸侯王国等待遇相同,位次要在诸侯王之下。"萧望之认为:"单于不使用我朝的历法,所以称为敌国,应该待以不臣之礼,位次放在诸侯王之上。外夷向我们叩首称臣,我们谦让,不以臣属之礼相待,这是为了联络友谊,宣明谦逊之德。《尚书》说:'戎狄处于边远之地。'说明外夷的归附反复无常。如果匈奴的后代突然像鸟窜鼠伏那样不再来朝拜,也不认为他们是我国之叛臣,

万事之长策也。"天子采之,诏曰:"匈奴单于称北蕃,朝正
朔,朕之不德,不能弘覆,其以客礼待之,令单于位在诸侯
王上,赞谒称臣而不名。"

庚午(前51) **三年**
春正月,匈奴呼韩邪单于来朝,还,居幕南塞下。

上幸甘泉,郊泰畤。匈奴呼韩邪单于来朝,赐以冠带、
衣裳,金玺、盭绶,玉具剑、佩刀,弓、矢、棨、戟,安车、鞍马,
金、钱、衣被,锦绣、绮縠、帛、絮。礼毕,使使者道单于先
行宿长平。上还登长平阪,诏单于毋谒,其群臣皆得列观,
及诸蛮夷君长数万,咸迎于渭桥下,夹道陈。上登渭桥,咸
称万岁。单于就邸长安,置酒建章宫,飨赐之。二月,遣归
国,发边郡士马,送出塞。又转边谷米糒,前后三万四千斛
给之。单于请居光禄塞下,有急,保受降城。自是,乌孙以
西至安息诸国近匈奴者,咸尊汉矣。

画功臣于麒麟阁。
上以戎狄宾服,思股肱之美,乃图画其人于麒麟阁,署
其官爵姓名。惟霍光不名,曰:"大司马、大将军博陆侯,姓
霍氏。"其次张安世、韩增、赵充国、魏相、丙吉、杜延年、刘
德梁、丘贺、萧望之、苏武,凡十一人,皆有功德,知名当世。

凤皇集新蔡。 **丞相霸卒,以于定国为丞相。** **诏诸
儒讲"五经"异同于石渠阁。**
诏诸儒论"五经"异同,萧望之等平奏,上亲称制临决。
立梁丘《易》、夏侯《尚书》、穀梁《春秋》博士。

这才是长远的国策。"宣帝采纳他的建议,下诏说:"匈奴单于自称为汉之北藩,于正月初一来朝见,我的恩德不足,不能广施天下,可以国宾之礼接待,叫单于的位次排在诸侯王之上,拜见时只称臣不提姓名。"

庚午(前51) 汉宣帝甘露三年

春正月,匈奴呼韩邪单于前来朝贺,回去后,部落屯居大漠之南的塞下。

宣帝前往甘泉,在泰畤举办郊祀。匈奴呼韩邪单于前来朝贺,汉宣帝赐给他冠带、衣服、金玺、绿绶带、玉饰宝剑、佩刀、弓、箭、棨、戟、安车、鞍马、金、钱、衣被、锦绣、绮縠、帛、絮。典礼结束,叫使者引导单于先到长平阪住宿。宣帝归还,登上了长平阪,下诏叫单于不必参拜,他的随臣都可列队观瞻,各蛮夷之君长等几万人,夹道迎接在渭桥之下。宣帝登上渭桥,大家高呼万岁。单于住在长安,宣帝在建章宫设酒宴款待。二月,遣送回国,征派边塞兵马将单于送出塞外。又运输边疆粮食前后有三万四千斛,供给匈奴。单于请求留居在光禄塞下,有紧急情况,入受降城自保。从此以后,乌孙以西到安息各国接近匈奴的国家,全都尊从汉朝了。

在麒麟阁上,绘画功臣图像。

宣帝因为外族臣服,感念大臣的功劳,于是命人在麒麟阁上画像,注明官职爵位姓名。只有霍光不写名字,只写:"大司马、大将军博陆侯,姓霍氏。"其次是张安世、韩增、赵充国、魏相、丙吉、杜延年、刘德梁、丘贺、萧望之、苏武,一共十一人,都因功德而闻名于世。

凤凰飞集新蔡。 丞相黄霸去世,任命于定国为丞相。
下诏命儒家学者在石渠阁讲解"五经"的同与不同。

宣帝下诏诸儒生讲论"五经"的同与不同,萧望之等人辨析明白而上奏,由宣帝亲自权衡加以裁决。决定设置梁丘贺《易经》、夏侯胜和夏侯建《尚书》、穀梁赤《春秋》博士。

皇孙骜生。

皇太子所幸司马良娣病死,太子忽忽不乐。帝令皇后择后宫家人子,得元城王政君,送太子宫。政君,故绣衣御史贺之孙女也。是岁,生成帝于甲馆画堂,为世适皇孙。帝爱之,自名曰骜,字太孙,常置左右。

乌孙公主来归。

公主上书,言年老土思,愿归葬汉地。天子闵而迎之,待之如公主之制。后二岁卒。

辛未(前50)　四年

冬,匈奴两单于俱遣使朝献。

汉待呼韩邪使有加。

壬申(前49)　黄龙元年

春,匈奴呼韩邪单于来朝。郅支徙居坚昆。

郅支闻汉助呼韩邪,自度力不能定匈奴,欲与乌孙并力。乌孙杀其使,遣骑迎之。郅支觉其谋,击破乌孙,因北击乌揭、丁令、坚昆而并之。留都坚昆,去单于庭七千里。

三月,有星孛于王良、阁道,入紫微宫。　帝寝疾,以史高为大司马、车骑将军,萧望之为前将军、光禄勋,周堪为光禄大夫,受遗诏辅政,领尚书事。冬十二月,帝崩。太子奭即位,尊皇太后曰太皇太后,皇后曰皇太后。

癸酉(前48)　孝元皇帝初元元年

春正月,葬杜陵。　赦。　三月,立倢伃王氏为皇后。

皇孙刘骜出生。

皇太子所宠爱的司马良娣病故,太子闷闷不乐。宣帝便叫皇后选择后宫女,挑选到元城的王政君,送到太子宫室。王政君,是故绣衣御史王贺的孙女。这年就在甲馆画堂生下成帝,是又一个正统继世的皇孙。宣帝十分喜爱,亲自取名叫骜,字太孙,时常将他带到身旁。

乌孙公主回归长安。

公主上书说年老思念故土,希望能回葬到汉朝土地。宣帝怜悯而派人迎回,用真公主礼仪待她。两年后去世。

辛未(前50) **汉宣帝甘露四年**
冬季,匈奴的两位单于都派遣使节前来朝贺进贡。
汉朝廷对呼韩邪的使臣优于郅支单于的使臣。

壬申(前49) **汉宣帝黄龙元年**
春季,匈奴呼韩邪单于前来朝贺。郅支单于迁居到坚昆。

郅支单于听说汉朝帮助呼韩邪,自量兵力不能平定匈奴,想和乌孙联合。乌孙杀死郅支单于派去的使节,派骑兵前往迎击。郅支单于发觉了乌孙的阴谋,打败乌孙,并北击乌揭、丁令、坚昆而兼并了他们。留于坚昆建都,距单于王庭七千里。

三月,有彗星出现在王良星、阁道星座,进入紫微星座。宣帝卧病在床,任命史高为大司马、车骑将军,萧望之为前将军、光禄勋,周堪为光禄大夫,共同接受遗诏,辅佐朝政,主管尚书事务。冬十二月,宣帝去世。 皇太子刘奭即位,尊奉皇太后为太皇太后,皇后为皇太后。

汉元帝

癸酉(前48) **汉元帝初元元年**
春正月,葬宣帝于杜陵。 大赦。 三月,立王倢伃为皇后。

以公田及苑振业贫民,赋贷种食。 夏六月,大疫。诏损膳,减乐府员,省苑马以振困乏。 秋九月,关东大水,饥。 以贡禹为谏大夫,罢宫馆希幸者,减谷食马、肉食兽。

上素闻王吉、贡禹皆明经洁行,遣使者征之。吉,道病卒。禹至,拜为谏大夫。问以政事,禹言:"古者人君节俭,什一而税,亡他赋役,故家给人足。高祖、文、景,宫女不过十余,厩马百余匹。故时齐三服官,输物不过十笥。今作工数千,岁费巨万,厩马食粟将万匹。武帝多取好女至数千人以填后宫。及弃天下,多藏金钱、财物,又以后宫女置于园陵,使天下承化,取女过度,内多怨女,外多旷夫。及众庶葬埋,皆虚地上以实地下。其过自上生。唯陛下深察古道,从其俭者。天生圣人,盖为万民,非独使自娱乐而已也。"天子善其言,下诏,令诸宫馆希御幸者勿缮治,太仆减谷食马,水衡省肉食兽。

置戊己校尉,屯田车师故地。

甲戌(前47) 二年

春正月,帝如甘泉,郊泰畤。 下萧望之、周堪及宗正刘更生狱,皆免为庶人。

史高以外属领尚书事,萧望之、周堪为之副。望之、堪皆以师傅旧恩,天子任之。数言治乱,陈王事,选白宗室

用公田和苑囿中的物资金钱赈济贫民,借贷和发放粮食、种子。 夏六月,出现了严重的瘟疫。下诏削减膳食,减少乐府成员,节省皇家用马,用以赈济难民。 秋九月,关东一带大水成灾,出现饥荒。 朝廷任命贡禹为谏大夫,停止对皇帝很少临幸的宫馆的修缮,并削减太仆用粮食喂养的马匹和用肉食喂养的野兽。

元帝平常就听说王吉、贡禹两人都通晓儒家经典,品行廉洁,便派使者去征召。王吉病死在途中。贡禹到后,被任命为谏大夫。元帝向贡禹询问为政之事,贡禹说:"古时的君王都节俭,征十分之一的赋税,没有其他捐税徭役,所以家家衣食充裕,人人生活富足。高祖和文帝、景帝时,宫女不过十多名,皇室用马一百多匹。从前,设置于齐郡的三服之官,每年给皇室制作的服装,不过十竹箱。现在,工人就有数千,年耗费上亿,吃粮食的皇室用马将近一万匹。武帝广征美女几千人充满后宫。等他去世,又有很多陪葬的金钱财物,又把不少后宫宫女安置在园陵,这就造成天下风气不正,娶妻纳妾超过限度,以致公侯之家内多怨女,而平民百姓则多独身男子。至于黎民百姓的葬埋也是耗尽地上财物来充实地下随葬之品。这种过失来自上面。希望陛下深察古代的道理,依从节俭之法。天子是上天降生的圣人,是为万民谋幸福,不只是为了自己娱乐。"元帝赞赏贡禹的建议,便下诏,对自己不常去的宫馆不必修缮,太仆削减吃粮的马匹,水衡削减吃肉的野兽。

设置戊己校尉官,在原车师地区屯田。

甲戌(前47) 汉元帝初元二年

春正月,元帝前往甘泉,在泰畤举办郊祭。 将萧望之、周堪和宗正刘更生逮捕入狱,全都免职为平民。

史高因为外戚的缘故主管尚书事宜,萧望之、周堪为副手。萧望之和周堪都因为做过元帝的老师,有旧恩,因而受到天子的任使。他们经常对元帝谈论治乱,陈述朝廷大事,还推荐皇族

明经有行、谏大夫更生给事中,与侍中金敞并拾遗左右。四人同心谋议,劝导上以古制,多所欲匡正。上甚乡纳之。史高充位而已,由此与望之有隙。

中书令弘恭、仆射石显,自宣帝时久典枢机。帝即位多疾,以显中人无外党,遂委以政,事无大小,因显白决,贵幸倾朝,百僚皆敬事显。显为人巧慧习事,能深得人主微指,内深贼,持诡辨,以中伤人,忤恨睚眦,辄被以危法。与高为表里,论议常持故事,不从望之等。

望之等患苦许、史放纵,又疾恭、显擅权,建白以为:"中书政本,国家枢机,宜以通明公正处之。武帝游宴后庭,故用宦者,非古制也。宜罢中书宦官,应古不近刑人之义。"上初即位,谦让,重改作,议久不定,出更生为宗正。

望之、堪数荐名儒,以备谏官。郑朋阴欲附望之,上疏言高为奸利,及许、史子弟罪过。章示周堪,堪白:"令朋待诏金马门。"望之始见朋,接待以意,后知其倾邪,绝不与通。朋怨恨,更求入许、史,推所言事,曰:"皆堪、更生教我。"待诏华龙行污秽,欲入堪等,堪等不纳,亦与朋相结。

恭、显令二人告望之等欲疏退许、史状,候望之出休日上之。事下弘恭问状,望之对曰:"外戚在位多奢淫,欲以

出身而又通晓儒经、品行端正的刘更生担任给事中,与侍中金敞同处元帝身旁补正元帝的缺点过失。他们四人同心谋划,劝导元帝采用古制,打算多方纠正失误。元帝对此十分向往,采纳他们的意见。史高不过空有其位罢了,因此和萧望之有了矛盾。

中书令弘恭、仆射石显,从宣帝时就长期掌握机要。元帝即位后就多病,因石显是宦官,朝外又没有党羽,于是将政事委托给他。事不分大小,都经过石显转奏后,由皇帝裁断。因此,石显尊贵宠幸压倒朝臣,百官都对石显恭敬侍奉。石显为人灵巧聪明,通晓事理,能深察皇帝内心的意旨。他内心阴毒,善于诡辩,以诬陷他人,若有人违逆不和,都会被他以严酷之法加害。他和史高内外结合,在讨论国家大事时,经常坚持过去的惯例,不接受萧望之等人的建议。

萧望之等人十分忧虑许、史两大家族的放纵,又痛恨弘恭、石显擅权,于是向元帝建议:"中书是政治之本,国家的中枢机要,应该任命通达、公正、光明的人去掌握。武帝由于时常游乐欢宴在后宫,所以才任用了宦官,这不是古来就有的制度。应该撤除中书宦官的任职,这才符合古代君主不接近受刑人的义理。"元帝刚刚即位,谦让,不肯轻易改换人选,讨论了很久没有结果,反而把刘更生调出,改任宗正之职。

萧望之、周堪多次推荐著名儒者为谏官人选。郑朋暗地里打算投靠萧望之,于是上书元帝,说史高为奸谋利,以及许、史外戚子弟的罪过。元帝将它给周堪过目,周堪建议说:"命令郑朋于金马门等候召见。"萧望之开始见到郑朋时,还以真意接待,后来知道他是邪僻不正之人,就断绝来往。郑朋怨恨萧望之,便改投许、史门下,推卸过去所奏之事,说:"都是周堪、刘更生教我这样做的。"待诏华龙品行污秽,打算加入周堪等人一伙,周堪等人拒不接纳,于是也同郑朋勾结在一起。

弘恭、石显令郑朋、华龙二人控告萧望之等打算使宣帝疏远许、史家族的罪状,于萧望之休假日上奏章。元帝交付弘恭查办,萧望之回答说:"外戚占居高位,大多骄奢淫逸,我们是为了

匡正国家,非为邪也。"恭、显奏:"望之、堪、更生朋党相称举,数潜诉大臣,毁离亲戚,欲以专擅权势,为臣不忠,诬上不道,请谒者召致廷尉。"时,上初即位,不省召致廷尉为下狱也,可其奏。后上召堪、更生,曰:"系狱。"上大惊曰:"非但廷尉问邪!"以责恭、显,皆叩头谢。上曰:"令出视事。"恭、显使高言:"上新即位,未以德化闻于天下,而先验师傅。既下狱,宜因决免。"于是赦望之罪,收印绶,及堪、更生皆免为庶人。

陇西地震。
败城郭、屋室,压杀人。
罢黄门狗马,以禁囿假贫民。举直言极谏之士。　夏四月,立子骜为皇太子。

待诏郑朋荐太原太守张敞,先帝名臣,宜傅辅皇太子。上以问萧望之,望之以为敞能吏,任治烦乱,材轻,非师傅之器。上欲以为左冯翊,会敞病卒。

赐萧望之爵关内侯、给事中,朝朔望。　关东饥。秋七月,地复震。　以周堪、刘更生为中郎,寻系狱免。冬十二月,萧望之自杀。以宦者石显为中书令。

上复征周堪、刘更生,欲以为谏大夫,恭、显白以为中郎。上器重萧望之不已,欲倚以为相,恭、显、许、史皆侧目。更生乃使其外亲上变事,言:"地震殆为恭等,宜退恭、显以章蔽善之罚,进望之等以通贤者之路。"恭、显疑其更生所为,白请考奸诈,辞服。遂逮系狱,免为庶人。

使国家走正道,不是出自个人私念。"弘恭、石显上奏说:"萧望
之、周堪、刘更生结党,互相吹捧推举,多次诬蔑控告大臣,离间
皇亲,企图独揽朝权,作为臣子是不忠,诬蔑皇上是不道,请令谒
者把他们召至廷尉。"那时元帝刚刚即位,不知道召至廷尉就是
关进牢房,就批准了奏请。后来元帝要召见周堪、刘更生,回答
说:"关在监牢。"元帝大惊说:"不是只叫廷尉问问吗!"因而责
备弘恭、石显,二人都叩头请罪。元帝说:"叫他们出来办事。"弘
恭、石显叫史高说:"皇上刚即位,还没有因德化闻名天下,却先
核察师傅。既已下狱,应就此将他们免职。"于是元帝赦免萧望
之的罪,收回爵位印绶,和周堪、刘更生一起免职为平民。

陇西郡发生地震。

毁坏城墙、房屋,压死了百姓。

撤掉黄门寺的御用狗马,把皇家园林的田地租给贫民。下令
推荐敢于直言进谏的人士。 夏四月,元帝封其子刘骜为皇太子。

待诏郑朋举荐太原太守张敞,因为他是宣帝时的名臣,可以
做皇太子的师傅辅佐皇太子。元帝询问萧望之,萧望之认为张
敞是个能干的官员,可胜任治理烦乱的政事,但不重小节,没有
做太子师傅的器质。元帝打算任命为左冯翊,正巧张敞病故了。

赐给萧望之关内侯的爵位,兼给事中之职,每月初一、十五
朝见皇帝。 关东发生饥荒。 秋七月,再次发生地震。 任
用周堪、刘更生为中郎,不久因刘更生入狱免职。冬十二月,萧
望之自杀。任用宦官石显为中书令。

元帝重新起用周堪、刘更生,打算任他们为谏大夫,由于弘
恭、石显进言,任命为中郎。元帝一直器重萧望之,打算依靠他
任他为丞相,弘恭、石显与许、史外戚都十分怀恨。刘更生就指
示他的母家亲戚上书奏灾变之事,说:"地震不断发生是因为弘
恭等人,应该黜退他们,以表示对其打压善行的惩罚,提升萧望
之等人,以通畅贤者的道路。"弘恭、石显怀疑是刘更生所做,奏
请元帝予以追究审核,上书人承认是刘更生指使。于是将刘更
生逮捕下狱,免为平民。

会望之子伋亦上书讼望之前事,事下有司,复奏"望之教子上书,失大臣体,不敬,请逮捕"。恭、显等知望之素高节,不诎辱,建白:"望之前幸不坐,复赐爵邑,不悔过服罪,深怀怨望,自以托师傅,终必不坐,非颇屈望之于牢狱,塞其怏怏心,则圣朝无以施恩厚!"上曰:"太傅素刚,安肯就吏!"显等曰:"人命至重,望之所坐,语言薄罪,必无所忧。"上乃可其奏。显等令谒者召望之,因急发执金吾车骑,驰围其第。望之以问门下生朱云,云好节士,劝望之自裁。望之仰天叹曰:"吾尝备位将相,年逾六十矣,老入牢狱,苟求生活,不亦鄙乎!"饮鸩自杀。天子闻之,惊拊手曰:"曩固疑其不就牢狱,果然杀吾贤傅!"却食涕泣,哀动左右。召显等责问,以议不详,皆免冠谢,良久然后已。上追念望之不忘,每岁时遣使者祠祭其冢,终帝之世。

是岁,恭死,遂以显为中书令。

乙亥(前46) **三年**
春,罢珠崖郡。
珠崖、儋耳郡在海中洲上。吏卒皆中国人,多侵陵之。其民亦暴恶,自以阻绝,数犯吏禁,率数年一反,杀吏,汉辄发兵击定之。至是,诸县叛,连年不定。上谋于群臣,欲大发军,待诏贾捐之曰:"臣闻尧、舜圣之盛,禹入圣域而不优。以三圣之德,地方不过数千里,西被流沙,东渐于海,

正巧萧望之的儿子萧伋也上书为其父以前的冤案鸣冤,就把这事也下交有关部门。弘恭又上奏说:"萧望之教唆其子上书,有失大臣体统,是对皇上的不敬,请求予以逮捕。"弘恭、石显知道萧望之平时气节高尚,不会接受屈辱,便建议说:"萧望之先前侥幸没有受到处理,重又赐给了爵位封邑,他不但不悔过服罪,还深怀抱怨,自以为是皇上师傅,怎么也不会治罪,如不用牢狱使他屈服,阻止他的怨恨,那圣朝就难以对大臣施恩了!"元帝说:"太傅一向刚烈,哪能屈服被捕。"石显等人说:"人的性命至关重要,萧望之被指控,不过是言语上轻微的过失,必定不会发生圣上忧虑的事。"元帝这才准许这个奏请。石显等人命令谒者召来萧望之,并急速派执金吾飞快包围他的住宅。萧望之就此事问他的学生朱云,朱云是崇尚气节之人,便劝说萧望之自杀。萧望之仰天叹道:"我曾经居于将相之位,年过六十了,年老入狱,苟且求生,这不是很卑鄙吗!"于是饮了鸩酒自杀。元帝听到后,惊得拍手说:"我本来就怀疑他不会屈服下牢,果然杀了我的贤傅!"哭泣不肯进食,悲哀之情感动了身旁之人。于是召石显等人责问,石显等人承认没有审查对,都摘掉帽子请罪,过了很久,事才算完。元帝追念萧望之难以忘怀,每年都按时派使者到望之坟前祭奠,直到自己去世。

这一年,弘恭去世,便任命石显为中书令。

乙亥(前46) 汉元帝初元三年

春季,撤销珠崖郡。

珠崖、儋耳郡在海中岛上。官吏士兵都是中原人,经常侵犯欺辱当地民众。民众也强悍凶恶,自以为阻绝于海外,多次触犯禁令,大抵隔几年就叛乱一次,杀害汉朝官吏,汉朝就派兵去讨伐平定。到了这时,各县都反叛,连年不能平定。元帝和群臣谋划,打算派出大量军队,待诏贾捐之说:"我听说尧、舜是圣人中最杰出的,大禹进入这圣人之域也不为优越。就以尧、舜、禹三圣的德治教化来说,地方也不过几千里,西接流沙,东濒大海,

朔南暨声教，言欲与声教则治之，不欲与者不强治也。殷、周之地，东不过江、黄，西不过氐、羌，南不过蛮荆，北不过朔方，是以颂声并作，人乐其生，越裳氏重九译而献，此非兵革之所能致也。以至于秦，兴兵远攻，贪外虚内，而天下溃畔。孝武皇帝，厉兵马以攘四夷，赋烦役重，寇贼并起，是皆廓地泰大，征伐不休之故也。今关东民困，流离道路，至嫁妻卖子，法不能禁，义不能止，此社稷之忧也。骆越之人，父子同川而浴，与禽兽无异，本不足郡县置也。雾露气湿，多毒草、虫蛇、水土之害，人未见虏，战士自死，弃之不足惜，不击不损威。今陛下不忍悁悁之忿，欲驱士众挤之大海之中，快心幽冥之地，非所以救饥馑保元元也。且以往者羌军言之，暴师曾未一年，兵出不逾千里，费四十余万万。大司农钱尽，乃以少府禁钱续之。夫一隅为不善，费尚如此，况于劳师远攻，亡士毋功乎！臣愚以为，非冠带之国，《禹贡》所及、《春秋》所治，皆可且无以为。愿遂弃珠崖，专用恤关东为忧。”上以问大臣，丞相于定国以为："前击珠崖，兴兵连年，校尉十一人，还者二人，卒士及转输死者万人，费用三万万余，尚未能尽降。今关东困乏，民难摇动，捐之议是。"诏罢珠崖郡。民有慕义欲内属，便处之，不欲勿强。捐之，谊曾孙也。

夏，赦。　旱。罢甘泉、建章宫卫，令就农。百官各省费，条奏。　以周堪为光禄勋，张猛为光禄大夫、给事中。

朔方以南，都是受到教化的地区，说愿意接受声威教化的就予以治理，不愿意的也不强行实施。殷、周时的地域，东不超过江、黄，西不超过氐、羌，南不超过蛮荆，北不超过朔方，所以赞颂声遍地而起，百姓乐于生活，越裳外夷通过多层翻译向中国进贡，这并不是靠武力所能得到的。到了秦朝，兴兵远攻，贪图外功，而使内部空虚，造成天下背叛溃散。到了孝武皇帝时，厉兵秣马，以便攻击四方夷狄，赋税繁多，差役沉重，盗贼并起，这都是因为大开疆土，征战不休的缘故。现在关东百姓贫困，流转离散在道路上，甚至卖妻卖子，法不能禁，义不能止，这是国家的忧患。骆越那里的人，父亲和儿子在河里一起洗澡，和禽兽没有什么两样，本来就不必设置郡县。那里多雾露空气潮湿，多有毒草、虫蛇、水土等灾害，战士还没看到敌人，就已经受毒病而死，抛弃它没什么可惜的，不进去也不损害自己的声威。现在陛下不能忍受忧闷忿怒，想把士兵驱赶到大海之中，在那幽冥之地宣耀武力，这不是救济饥馑和保护黎民的办法。就拿过去平定羌人来说，作战不到一年，兵出不过千里，就耗费掉四十余亿钱。大司农所辖国库钱财用净，又用少府的供养天子的钱财来填补。解决不好一个角落的问题，尚且耗费如此之多，更何况劳师远征，伤亡士兵而无功呢！我愚以为，凡不是礼仪之邦、《禹贡》谈到、《春秋》记载的地方，都可以不用管它。希望就此放弃珠崖郡，专心救济关东令人忧患的灾难。"元帝以此事询问各位大臣，丞相于定国认为："先前攻打珠崖郡，连年用兵，去了校尉十一人，只回来了两人，士兵和后勤运输者死亡有万人，耗费三亿多钱，还是没有使他们全部降顺。现在关东贫困疲惫，民心动荡，贾捐之的建议是对的。"于是下诏撤销珠崖郡建制。当地土著之人若有美慕礼义想归服的，随处安置，不愿者不必勉强。贾捐之是贾谊的曾孙。

夏季，大赦。　旱灾。撤销甘泉宫和建章宫的卫队，命令他们回乡务农。朝廷百官都应在节约经费上，提出方案上奏。任命周堪为光禄勋，张猛为光禄大夫、给事中。

猛,堪弟子也。

丙子(前45) **四年**
春三月,帝如河东,祠后土。

丁丑(前44) **五年**
春正月,以周子南君为周承休侯。 三月,帝如雍,祠五畤。 夏四月,有星孛于参。 六月,以贡禹为御史大夫,罢盐铁官、常平仓及博士弟子员数。

用禹言,诏太官毋日杀,所具各减半。罢角抵、齐三服官、北假田官、盐铁官、常平仓。博士弟子毋置员。民有通一经者,皆复。省刑罚七十余事。禹寻卒。

匈奴郅支单于杀汉使者,西走康居。
郅支单于自以道远,又恐汉拥护呼韩邪而不助己,困辱汉使者江乃始等,遣使求侍子。汉议遣卫司马谷吉送之。贡禹、匡衡以为郅支乡化未醇,所在绝远,宜令使者送其子,至塞而还。吉愿送至庭,许之。既至,郅支杀之。自知负汉,又闻呼韩邪益强,恐见袭击,会康居王数为乌孙所困,遣使迎郅支,欲与合兵取乌孙。郅支素怨乌孙,遂引兵西,中寒道死,余三千人。康居王以女妻郅支,甚尊敬之,欲倚其威以胁诸国。郅支数击乌孙,至赤谷城。乌孙西边空虚,不居者五千里。

戊寅(前43) **永光元年**
春,郊泰畤。

张猛是周堪的学生。

丙子（前45） 汉元帝初元四年
春三月，元帝前往河东，在后土祠举行祭祀。

丁丑（前44） 汉元帝初元五年
春正月，将周子南君升为周承休侯。 三月，元帝去雍城，祭祀五帝。 夏四月，参宿附近出现彗星。 六月，任命贡禹为御史大夫，撤销盐铁官、常平仓，决定对博士弟子人数不加限额。

采用贡禹的建议，下诏给太官，不要每天都宰杀牲畜，所供应的饮食，各减少一半。撤销角抵游戏，撤销齐郡的三个御用服饰制作官署，放弃北假的皇田，撤销盐铁官、常平仓。博士弟子的名额不加限制。平民中有精通儒家一部经典的都可免除赋税徭役。废除刑罚七十余条款。不久，贡禹去世。

匈奴郅支单于杀死汉朝使者，率部落向西远走康居。

郅支单于自认为远离汉土，又怕汉朝拥护呼韩邪不帮助自己，便困辱汉使江乃始等人，又派使者要求送回在汉朝充当人质的儿子。汉朝商议派卫司马谷吉送回他的儿子。贡禹、匡衡认为郅支受汉朝的感化还不够，住地又极远，应该叫使者将他儿子送到边塞就回来。谷吉情愿送到王庭，元帝允许。等到了王庭，郅支就将谷吉杀死。郅支自知对不住汉朝，又听说呼韩邪日益强盛，担心受到他的袭击，正巧康居国王多次被乌孙围困，派使者来迎接郅支，打算同郅支军队联合夺取乌孙。郅支一向怨恨乌孙，遂即领兵西进，不少人受冻死去，剩下三千人。康居国王把女儿嫁给郅支，对他很尊敬，打算依赖他的声威来威胁附近各国。郅支多次攻打乌孙，直到赤谷城。乌孙西部地区空虚，无人居住的地方达到五千里。

戊寅（前43） 汉元帝永光元年
春季，元帝在泰畤举行祭祀。

上郊泰畤，礼毕，因留射猎。御史大夫薛广德曰："关东困极，人民流离，陛下日撞亡秦之钟，听郑、卫之乐，臣诚悼之。今士卒暴露，从官劳倦，陛下亟反宫，思与百姓同忧乐，天下幸甚。"上即日还。

诏举质朴、敦厚、逊让、有行者。

仍诏光禄，岁以此科第郎、从官。

三月，赦。　雨雪、陨霜，杀桑。　秋，上酎祭宗庙。

上出便门，欲御楼船，薛广德当乘舆车，免冠顿首曰："宜从桥。"诏曰："大夫冠。"广德曰："陛下不听臣，臣自刎，以血污车轮，陛下不得入庙矣。"上不说。先驱张猛进曰："臣闻主圣臣直。乘船危，就桥安，圣主不乘危。御史大夫言可听。"上曰："晓人不当如是邪！"遂从桥。

大饥。　丞相定国、御史大夫广德罢。

上始即位，连年灾害，言者归咎大臣，于是上以朝日引见丞相，责以职事。定国等皇恐，上书自劾，乞骸骨。乃赐安车、驷马、黄金，罢就第。

城门校尉诸葛丰有罪免。左迁周堪为河东太守、张猛为槐里令。

石显惮堪、猛等，数谮毁之。刘更生惧其倾危，上书曰："臣闻舜命九官，济济相让，和之至也。众臣和于朝，则万物和于野，故萧《韶》九成而凤皇来仪。周文开基，崇推让之风，销分争之讼。武王继政，诸侯和于下，天应报于上。下至幽、厉之际，朝廷不和，转相非怨，则日月薄食，水泉沸腾，山谷易处，霜降失节。由此观之，和气致祥，

元帝在泰畤举行郊祭,礼毕,就留下来射猎。御史大夫薛广德上奏说:"关东郡贫困到极点,百姓流离失所,陛下还每天撞着亡秦的大钟,听着郑、卫的俗乐,我实在感到悲哀。如今跟来的士兵暴露在外,随从官员疲倦不堪,陛下应急速回宫,考虑与百姓一起忧乐,那将是天下的幸福。"元帝当天返回。

下诏举荐质朴、敦厚、逊让、有品行的四类人士。

依旧下诏给光禄勋,每年按此四项考核郎和从官。

三月,大赦天下。   下雪、落霜,冻落桑叶。   秋季,元帝在宗庙举办酎祭。

元帝从便门走出,打算乘坐楼船,薛广德拦住宣帝的车,摘下官帽叩头说:"应该从桥上走过。"元帝下诏说:"请大夫把帽子戴上。"薛广德说:"陛下要不听从我的意见,我就自刎,用我的鲜血溅污车轮,那陛下就不能进祖庙了!"元帝不高兴。开道的大夫张猛进言:"我听说皇上圣明臣子就刚直。乘船有危险,从桥上走安全,圣明的皇上不冒险。御史大夫的话可以接受。"元帝说:"劝人难道不应该像这样讲清道理吗?"便由桥上走过去。

大饥荒。   丞相于定国、御史大夫薛广德被罢免官职。

元帝即位后,连年灾害,有人归罪于大臣,于是元帝在上朝日召见丞相,责问职事。于定国等惶恐,便上书检举自己的过失,请求辞职。元帝便赏赐安车、驷马和黄金,免官回家。

城门校尉诸葛丰有罪免职。贬周堪为河东太守、张猛为槐里县令。

石显惧怕周堪、张猛等人,多次暗中诋毁他们。刘更生害怕他的险诈,上书说:"我听说舜任命九官,彼此互相谦让,极其团结和睦。众位贤臣在朝内和睦,那么万物也就欣欣向荣而和于田野,所以《韶》乐演奏九回,凤凰便飞来朝拜。周文王开创建业,崇尚谦让的风气,消除了分争的讼告。武王继任,诸侯和睦在下,皇天就报应在上。往后到周幽王、周厉王的时候,朝廷内部不团结,互相诽谤怨恨,就出现了日蚀、月蚀,水泉沸腾翻涌,山谷变换位置,霜降不守节令。从这来看,和顺之气就导致祥瑞,

乖气致异。祥多者其国安,异众者其国危,天地之常经,古今之通义也。陛下开三代之业,招文学之士,优游宽容,使得并进。今邪正杂糅,忠谗并进。章交公车,人满北军,更相谗愬,转相是非。所以荧惑耳目,感移心意,不可胜载。分曹为党,往往群朋将同心以陷正臣。正臣进者,治之表也,正臣陷者,乱之机也。乘治乱之机,未知孰任,而灾异数见,此臣所以寒心者也。初元以来六年矣,按《春秋》六年之中,灾异未有稠如今者也。原其所以,由谗邪并进也。谗邪之所以并进,由上多疑心,既已用贤人而行善政,如或谮之,则贤人退而善政还。夫执狐疑之心者,来谗贼之口;持不断之意者,开群枉之门。谗邪进则众贤退,群枉盛则正士消。治乱荣辱之端在所信任,信任既贤,在于坚固而不移。今出善令未能逾时而反,用贤未能三旬而退。二府奏佞谄不当在位,历年而不去。出令则如反汗,用贤则如转石,去佞则如拔山,如此望阴阳之调,不亦难乎!是以群小窥见间隙,巧言丑诋,流言飞文,哗于民间。昔孔子与颜渊、子贡更相称誉,不为朋党;禹、稷与皋陶传相汲引,不为比周。何则?忠于为国,无邪心也。今佞邪共谋,违善依恶,数设危险之言,欲以倾移主上。如忽然用之,此天地之

乖逆之气就导致怪异。祥瑞出现多的,他的国家就安定,怪异之状多的,他的国家就危险,这是天地自然的正常规律,古今一贯的道理。陛下开辟了三代的盛业,招来文学之士,对他们优待宽厚,使得人人争取上进。现在好坏混淆,忠奸并存。奏章上交到公车,如有不法者,就交付北军尉处置,因而塞满了北军监狱。大臣之间意见不合,互相拆台,谗言相害,惹出许多是非。这些迷惑人心,掩人耳目,移人心意的事情,不可胜数。他们分群结党,往往朋比为奸来陷害正直的大臣。而正直大臣的不断提拔,是为政得到治理的象征,正直大臣的不断受陷害,则是政治混乱的来源。面对治乱的时机变化,却不知道重用谁,而灾难怪异又多次出现,这是我所以寒心的原因。初元以来至今已有六年了,按《春秋》所记的六年之中,灾难怪异的出现却没有像现在这么密集。追查根源,是因为挑拨离间的谗毁之人和邪恶之人同时得到任用。谗毁之人和邪恶之人之所以同时被任用,在于圣上疑心太重,既然已经任用贤明之人推行好的政治措施,如果受到谗佞邪恶之人的陷害,那自然贤明之臣就要被排斥,好的政治措施也就终止。应该说,执有怀疑之心,就会招来谗毁邪恶之人的话头;执有犹豫不决之心,就会给群邪打开大门。谗毁邪恶之人得到进用,那么众位贤臣就要被黜退;群邪不正之人盛多,那么正直之人就会消失。所以治或乱、荣或辱,它的开始就在于信任什么人,信任的既然贤明,那就在于对他坚信不疑。现在好的政令发出没到三个月就要撤销,任命贤臣没过三十天就要撤职。现在两府所弹劾的谄佞之人,不应再留在朝廷,但是历经几年,也没有赶走。如果发出政令好比汗出反回,使用贤臣好比转动石块,清除谗佞如同拔山,这样,希望阴阳调和,不是很困难吗!所以这伙小人窥伺空隙,巧言诡辩,丑化诋毁,流言匿信,播乱民间。从前孔子与颜渊、子贡相互赞誉优点,却不结为朋党;禹、稷同皋陶相互举荐,却不私结。为什么呢?他们忠心为国,没有坏心。现在谄佞奸邪之人共同搞阴谋,违善行恶,多次发布险恶言论,打算用来动摇皇上的心意。假如一旦采用它,这正是天地

所以先戒，灾异之所以重至者也。今以陛下明知，诚深思天地之心，考祥应之福，灾异之祸，以揆当世之变，放远佞邪之党，坏散险陂之聚，杜闭群枉之门，广开众正之路，决断狐疑，分别犹豫，使是非炳然可知，则百异消灭，而众祥并至，太平之基，万世之利也。"

是岁，夏寒日青，显及许、史皆言堪、猛用事之咎。上内重堪，又患众口之浸润，无所取信。时长安令杨兴以材能幸，常称誉堪，上欲以为助，乃问兴："朝臣断断不可光禄勋，何邪？"兴倾巧，谓上疑堪，因顺指曰："堪非独不可于朝廷，自州里亦不可也。臣见众人，前以堪为当诛，故言堪不可诛伤，为国养恩也。"上曰："然。今宜奈何？"兴曰："臣愚以为可赐爵食邑，勿令典事，明主不失师傅之恩，此最策之得也。"上于是疑之。

城门校尉诸葛丰以刚直著名，上书告堪、猛罪，上不直丰，乃诏御史："丰前数称言堪、猛之美。为司隶校尉，不顺四时，专作苛暴，朕不忍下吏，以为城门校尉。不内省诸己，而反怨堪、猛，告按无证之辞，暴扬难验之罪，毁誉恣意，不顾前言，其免为庶人！丰言堪、猛贞信不立，朕闵而不治，又惜其材能未有所效，其左迁堪为河东太守，猛槐里令。"

待诏贾捐之弃市。
贾捐之与杨兴善，捐之数短石显，以故不得官，希复进见。兴新以材能得幸，捐之谓曰："使我得见言君兰，京兆

所以事先发出警告，灾难怪异所以不断到来的缘故。现以陛下的圣明大智，真正深刻思考天地的用心，察鉴祥瑞之福和灾异之祸的根源，来把持现今世事的变化，驱逐远离谄佞奸邪的党徒，毁掉阴险团伙，闭塞群邪晋升的大门，广开正直之士的上升途径，坚决果断，使是非分明可见，那么百般怪异都会消灭，众多祥瑞就会齐来，这是太平的基础，万世的利益。"

这年，夏天寒冷，太阳发青，石显和许、史家族都说是周堪、张猛执政有错引起的。元帝从内心器重周堪，可又经不住这些人的不断言说，不知该相信谁。当时长安令杨兴因有才干取幸于元帝，他经常夸奖周堪，元帝想用周堪为辅佐，就问杨兴："朝臣忌嫉不能容忍光禄勋周堪，为什么呢？"杨兴为人狡诈，以为元帝怀疑周堪，便曲意逢迎说："周堪不仅不能胜任于朝廷内的职务，就是州里的事也担负不了。我看到大家在以前认为周堪该杀，所以说周堪不能杀，为的是给朝廷培育恩德！"元帝说："对。现在应该怎样呢？"杨兴说："我认为可以赐给周堪爵位和食邑，不要叫他再管事，这样，圣明之主也不会失去对师傅的恩德，可以说是最合适的策略。"元帝于是开始怀疑周堪。

城门校尉诸葛丰因刚正不阿而著名，他上书控告周堪、张猛的罪过，元帝认为诸葛丰不正直，就诏问御史说："诸葛丰以前多次称赞周堪和张猛的美德。他任司隶校尉时，不顺应天时，专行苛刻残暴之事，我不忍心将他治罪，令他做了城门校尉。在这之后，他不但不反省自己，反倒怨恨周堪、张猛，控告的都是不能验实的话，揭发的都是难以验证的罪行，恣意诋毁，不顾前言，将他免官为平民！诸葛丰奏言周堪、张猛没有忠贞信守，我怜悯他们不予治罪，又惋惜他们的才干无法报效国家，特将周堪降职为河东太守，张猛降为槐里县令。"

待诏贾捐之被斩首示众。

贾捐之同杨兴关系好，因为贾捐之多次谈论石显的短处，所以得不到提拔，很难见到元帝。杨兴近来因为有才干受到元帝的宠幸，贾捐之就对杨兴说："如果我能见到皇上，推荐你，那京兆

尹可立得。"兴曰:"君房下笔,言语妙天下。使君房为尚书令,胜五鹿充宗远甚。"捐之曰:"令我得代充宗,君兰为京兆,京兆郡国首,尚书百官本,天下真大治,士则不隔矣!"捐之复短显,兴曰:"显方信用。今欲进,且与合意,即得入矣!"即共为荐显奏,称誉其美,又共为荐兴奏,以为可试守京兆尹。显闻,白之上,乃下兴、捐之狱,令显治之。捐之竟坐罔上不道,弃市;兴髡钳为城旦。

匈奴呼韩邪单于北归庭。

己卯(前42) 二年

春二月,赦。　以韦玄成为丞相。　三月朔,日食。夏六月,赦。　以匡衡为光禄大夫。

上问给事中匡衡以地震、日食之变,衡上疏曰:"陛下闵愚民触法抵禁,比年大赦,使得自新,天下幸甚。臣窃见大赦之后,奸邪不为衰止,今日大赦,明日犯法,相随入狱,此殆导之未得其务也。今天下俗,贪财贱义,好声色,上侈靡,廉耻之节薄,淫辟之意纵,纪纲失序,疏者逾内,亲戚之恩薄,婚姻之党隆,苟合徼幸,以身设利。不改其原,虽岁赦之,刑犹难使错而不用也。臣愚以为宜壹旷然大变其俗。夫朝廷者,天下之桢干也,公卿相与循礼恭让则民不争,好仁乐施则下不暴。上义高节则民兴行,宽柔和惠则众相爱。此四者明王之所以不严而成化也。朝有变色之言,则下有争斗之患;上有自专之士,则下有不让之人;

尹就可以马上到手。"杨兴说:"你下笔,真是言语妙绝天下。要让你当尚书令,比五鹿充宗强多了。"贾捐之说:"我如果能够替换充宗,你当京兆尹,京兆是郡国的首都,尚书是百官的根本,那时天下真正得到大治,士人与皇上就没有阻隔了。"贾捐之又谈论石显的短处,杨兴说:"石显正处显贵,得到皇上的信任。现在如要谋求上进,暂且迎合他的心意,那就即刻能实现了!"贾捐之当即同杨兴一起上奏举荐石显,称赞他的美德,同时又共同起草奏章,举荐杨兴,认为他可以试做京兆尹。石显听到这事后,向元帝报告,于是把杨兴、贾捐之关入监狱,命令石显审理。最终,贾捐之以欺上不道之罪,被处斩示众;杨兴被剃了发,带上刑具,罚做苦役。

匈奴呼韩邪单于北返王庭。

己卯(前42) 汉元帝永光二年

春二月,大赦天下。　任命韦玄成为丞相。　三月初一,出现日食。　夏六月,大赦天下。　任命匡衡为光禄大夫。

元帝向给事中匡衡询问地震、日食等变异出现的缘故,匡衡上书说:"陛下怜悯无知百姓触犯法令,连年大赦,使他们得以自新,实在是天下的大幸。我私下观察大赦以后,奸邪并没有减少停止,今天大赦,明天就犯法,又接着入狱,这是因为引导不得其法。现在天下风气,贪财贱义,好声色,崇尚奢侈浪费,轻视廉耻气节,放纵淫欲邪念,纲纪失序,疏远的越过内亲,亲戚关系淡薄,裙带关系厚重,苟合求幸,不顾身家性命来追求利益。如果不从根本上改变这种状态,就是每年大赦,仍旧难以使刑法搁置不用。我愚昧地认为,应该全面彻底地改变社会风气。朝廷是国家的基础,如公卿一起遵循礼义,恭敬谦让,百姓就不会相争;喜好仁爱,乐于施恩,下边的人就不会残暴。朝廷崇尚义节,百姓就跟着做;宽柔和惠,民众就彼此相爱。这四点是圣明帝王不施严威而化育万民的方法。朝廷内如愤怒争辩,那下面也就会产生争斗的祸害;上面有了专横之人,下面就产生不让之人;

上有克胜之佐，则下有伤害之心；上有好利之臣，则下有盗窃之民，此其本也。治天下者，审所上而已。教化之流，非家至而人说之也。贤者在位，能者布职，朝廷崇礼，百僚敬让，道德之行，由内及外，自近者始，然后民知所法，迁善日进而不自知也。今长安天子之都，亲承圣化，然其习俗无以异于远方，郡国来者无所法则，或见侈靡而仿效之。此教化之原本，风俗之枢机，宜先正者也。臣闻天人之际，精祲有以相荡，善恶有以相推，事作乎下者，象动乎上，阴变则静者动，阳蔽则明者暗，水旱之灾，随类而至。陛下祗畏天戒，哀闵元元，宜省靡丽，考制度，近忠正，远巧佞，以崇至仁，匡失俗，道德弘于京师，淑问扬乎疆外，然后大化可成，礼让可兴也。"上说其言，迁衡为光禄大夫。

秋七月，陇西羌反，遣右将军冯奉世将兵击之。冬十一月，大破之。

上以陇西羌反，诏丞相玄成等入议。是时岁比不登，朝廷方以为忧，而遭羌变，玄成等漠然莫有对者。右将军冯奉世曰："羌虏近在竟内，背畔不以时诛，无以威制远蛮，臣愿帅师讨之。"上问用兵之数，对曰："臣闻善用兵者，役不再兴，粮不三载，故师不久暴，而天诛亟决。今反虏无虑三万人，法当倍用六万人，然羌戎弓矛之兵，器不犀利，可用四万人，一月足以决。"丞相、御史皆以为民方收敛，未可多发，发万人屯守之且足。奉世曰："不可。天下饥馑，士马羸耗，夷狄皆有轻边吏之心。今以万人，分屯数处，

上面有了刻忌好胜的臣佐，下面就会产生伤害他人之心；上面有了贪财好利的臣子，下面就会产生偷盗的百姓，这便是朝廷为根本的道理。治理天下的人，无非是审慎所应崇尚的罢了！教化的事，并非挨家逢人去说教。只要贤明之人在位，有才能的人尽其职守，朝廷崇尚礼义，百官互敬互让，道德的推行，从内向外，由近处开始，然后百姓就知道如何去做，一天天走向善良而自己没有觉察。现在长安是天子的都城，直接承受圣上教化，可它的风俗习惯却和边远之地相同，各郡国来京的，没有什么可以效法的，有的看到奢侈浪费而加以效仿。京城这里乃是教化的基地，风俗的关键，应该首先使它得以矫正！我听说天与人之间，精气交相游荡，善恶彼此推移，事情发生在下面，迹象显示在上面。太阴变化，大地就震动，太阳遮蔽，就出现日食，水旱的灾祸，随其相类而发生。陛下敬畏上天的警戒，悲悯百姓，应当减少奢侈浪费，考察国家制度，接近忠正之人，疏远巧佞小人，崇尚最高的仁爱，纠正败坏的风气，将道德弘扬京师，美誉扩散于国外，然后深入广远的教化就可形成，礼让之风就能兴起了！"元帝赞赏匡衡的话，提升他为光禄大夫。

秋七月，陇西羌人造反，派遣右将军冯奉世率兵进击。冬十一月，大败羌敌。

元帝因陇西羌人叛乱，下诏丞相韦玄成等入朝商议。这时连年不收，朝廷正因此忧虑，又遇上羌人叛变，韦玄成等人默默无声，没有人回答。右将军冯奉世说："羌敌近在边境以内，如不及时平息叛乱，就不能威震边远蛮夷，我情愿领兵去征讨。"元帝询问用兵之数，他回答说："我听说善于用兵的人，兵役不需要两次征调，粮草不需要运送三次，所以大军不能长期留在外面，而应速战速决。现在叛敌大约三万人，按兵法应加倍，用六万人，但羌敌不过是弓箭长矛之兵，兵器不坚锐，可以使用四万人，一个月解决问题。"丞相、御史都以为百姓正收割庄稼，不能多发兵，征发一万人屯守就行了。冯奉世说："不可。天下饥荒，兵马瘦弱，羌敌都有看轻边疆官吏之心。现在用一万人，分屯数处，

战则挫兵病师,守则百姓不救,如此,怯弱之形见。羌人乘利,诸种并和,相扇而起,臣恐中国之役,不得止于四万,非财币所能解也。故少发师而旷日,与一举而疾决,利害相万也。"固争之,不能得。有诏,益二千人。于是遣奉世到陇西,分屯三处,先遣两校尉与羌战,为所破杀。奉世具上地形部众多少之计,愿益三万六千人,上为发六万余人。十一月,羌虏大破,斩首数千级,余皆走出塞。诏罢吏士,颇留屯田备要害处。赐奉世爵关内侯。

庚辰(前41) 三年
春三月,立子康为济阳王。　冬十一月,地震,雨水。复盐铁官。置博士弟子员千人。

以用度不足,民多复除,无以给中外徭役故也。

辛巳(前40) 四年
夏六月晦,日食。以周堪为光禄大夫,张猛为太中大夫。堪卒。猛自杀。

上以日食,召诸前言日变在周堪、张猛者责问,皆稽首谢。因下诏称堪、猛之美,征拜光禄大夫,领尚书事。猛复为太中大夫、给事中。石显管尚书,尚书五人皆其党。堪希得见,常因显白事,事决显口。会堪疾瘖,不能言而卒。显诬谮猛,令自杀于公车。

冬十月,罢祖宗庙在郡国者。

初,贡禹奏言:"孝惠、孝景庙,皆亲尽宜毁,及郡国庙不应古礼,宜正定。"天子是其议,至是行之。

攻战就会受到挫折,防守就无法救援百姓,这样,胆怯软弱的形势就暴露出来。羌人就会趁有利之机,联合各族,连连叛乱,那时,我担心战事用兵就不止需要四万人,不是一般花费就可以解决的。所以少发兵而拖延时间,同一举速决,利害相差万倍。"冯奉世坚持相争,没有得到赞同。于是元帝下诏,增派两千人。冯奉世被派遣到陇西,士兵分别屯驻三处,他先派两名校尉与羌敌作战,被敌人打败杀死。冯奉世便上了地形图及部队部署计划,请求增兵三万六千人,元帝为他发兵六万多人。十一月,大败羌敌,斩杀几千人,其余都逃出塞外。元帝下诏兵士复员,留下很多屯田,防备险要之地。赐给冯奉世关内侯的爵位。

庚辰(前41) 汉元帝永光三年

春正月,立皇子刘康为济阳王。 冬十一月,地震,降雨。恢复设置盐铁官。确定博士弟子定员为一千人。

这是因为朝廷用费不够,平民中又多有免除赋税劳役的,难以供给朝廷内外劳役的缘故。

辛巳(前40) 汉元帝永光四年

夏六月最后一天,出现日食。任命周堪为光禄大夫,张猛为太中大夫。周堪去世。张猛自杀。

元帝因为日食,召先前那些说灾变在于周堪、张猛的人责问,大家都跪拜请罪。于是下诏表彰周堪、张猛的美德,征拜周堪为光禄大夫,负责尚书事。张猛复任太中大夫、给事中。石显管尚书,尚书五人都是他的党羽。周堪很难见到元帝,经常通过石显向元帝转达事宜,事宜都由石显决定。赶巧周堪患哑子哑的病,不能说话而去世。石显诬陷张猛,让他在公车官署自杀。

冬十月,撤除设在各郡国的祖宗祭庙。

起初,贡禹上奏说:"孝惠、孝景帝的祭庙,都亲情已尽,应该拆毁,各郡各封国的皇帝祭庙不合古礼,应改正。"元帝赞成这个建议,此时便实行。

作初陵，不置邑徙民。

壬午（前39） 五年
秋，颍川大水。 冬十二月，毁太上皇、孝惠帝寝庙园。

从韦玄成之议也。
以匡衡为太子少傅。
上好儒术文辞，颇改宣帝之政，言事者多进见，人人自以为得上意。又傅昭仪及济阳王康爱幸，逾于皇后、太子。衡上疏曰："臣闻治乱安危之机，在乎审所用心。盖受命之王，务在创业传之无穷；继体之君，心存于承宣先王之德而褒大其功。昔者成王之嗣位，思述文、武之道以养其心，休烈盛美皆归之二后，而不敢专其名，是以上天歆享，鬼神祐焉。陛下圣德天覆，子爱海内，然阴阳未和，奸邪未禁者，殆论议者未丕扬先帝之盛功，争言制度不可用也，务变更之，所更或不可行而复复之，是以群下更相是非，吏民无所信。臣窃恨国家释乐成之业，而虚为此纷纷也！愿陛下详览统业之事，留神于遵制扬功，以定群下之心。《传》曰：'审好恶，理情性，而王道毕矣。'治性之道，必审己之所有余，而强其所不足，盖聪明疏通者戒于太察，寡闻少见者戒于壅蔽，勇猛刚强者戒于大暴，仁爱温良者戒于无断，湛静安舒者戒于后时，广心浩大者戒于遗忘。必审己之所当戒，而齐之以义，然后中和之化应，而巧伪之徒不敢比周而望进。唯陛下戒之，以崇圣德。臣又闻室家之道修

建造陵园,不建立县,不移民。

壬午(前39)　汉元帝永光五年

秋季,颍川郡发生大水灾。　**冬十二月,拆毁太上皇、孝惠帝的祭庙。**

采用了韦玄成的建议。

任命匡衡为太子少傅。

元帝喜爱儒家经术和文辞,对宣帝的法制多有改动,奏事的人大多被召见,个个自以为得到皇上留意。这时又有傅昭仪和她的儿子济阳王刘康,他们所受到的宠幸超过了皇后和太子。匡衡上书说:"我听说治乱安危的要害,在于审慎自己的用心。凡是承受天命之王,务必要创大业使它流传不断;继任的君主,要一心承受和宣扬先王的德治,弘扬扩大先王的功业。从前周成王继位后,思念文王、武王创业之路,来培养自己的心性,盛誉和显赫都归功于两位先君,而自己从不居功,因此上天享祀,鬼神佑护。陛下圣明之德如天覆盖,像疼爱儿子一样对待海内百姓,然而阴阳失调,奸邪没能禁绝,这是因为臣子们未能光大先帝的盛大事业,反而争先恐后谈论制度的不能继续使用,务必将它改变,而更改的则不能实现,只好恢复原状,这就使群臣下属认识分歧,官民没有依赖和遵循的标准。我私下痛恨国家丢掉成功的大业,而空空地弄此纷乱之事!希望陛下详细回顾大汉创业的事迹,留心于遵循古制和发扬功业,来安定群臣下属之心。《诗传》说:'审慎地对待爱与恨,理顺情性,圣王之道也就做到了。'治理心性的途径,必须了解自己的长处,加强自己不足之处。大体来讲:聪明通达的人在于警惕疏漏,少听少见的人警惕蒙蔽,勇猛刚强的人警惕过于暴烈,仁爱温良的人警惕缺乏决断,平静安舒的人警惕错过良机,心胸阔大的人警惕粗心大意。必须审视自己所应当警惕的不足之处,以义来充实,然后中和境界就相应出现,虚伪巧佞之人就不敢结党营私而希图进入。务请陛下加以戒惕,来崇扬圣明之德。我又听说治家的途径和顺,

则天下之理得，故《诗》始《国风》，《礼》本冠、婚，所以原情性而明人伦，正基兆而防未然也。故圣王必慎后妃之际，别适长之位，卑不逾尊，新不先故，所以统人情而理阴气也。适子冠乎阼，礼之用醴，众子不得与列，所以贵正体而明嫌疑也，非虚加其礼文而已，乃中心与之殊异。故礼探其情而见之外也。圣人动静游燕所亲，物得其序，则海内自修，百姓从化。如当亲者疏，当尊者卑，则巧佞之奸因时而动，以乱国家。故圣人慎防其端，禁于未然，不以私恩害公义。《传》曰：'正家而天下定矣。'"

河决。

初，武帝既塞宣房，后河复北决于馆陶，分为屯氏河，东北入海，广深与大河等，故因其自然，不堤塞也。是岁，河决清河灵鸣犊口，而屯氏河绝。

癸未（前38） 建昭元年
春正月，陨石于梁。 罢孝文太后寝祠园。

甲申（前37） 二年
夏六月，立子兴为信都王。 秋，杀魏郡太守京房。
房学《易》于焦延寿。延寿常曰："得我道以亡身者京生也。"其说长于灾变，分六十卦，更直日用事，以风雨寒温为候，各有占验。以孝廉为郎，屡言灾异有验。天子说之，

则治天下的道理自然得到,所以《诗经》开始于《国风》,《礼》开始于冠礼、婚礼,就为了探索情性之本而明确人间伦理,摆正家庭基本,防范于未来。所以圣王必须审慎地对待皇后与妃嫔间的关系,区别嫡长子的地位,卑下者不能越过尊贵者,新的不能列在故旧之前,就是为了统领人之情性,理顺阴气。嫡子加冠于高台,用甜酒庆祝,其余儿子就不能与列,为的是尊贵嫡子,明确地位的无疑,并不是徒有虚的形式,而是显示内在的差别。所以,礼是源于情性而表露在外的。圣人的言行动静,不论是游宴,还是亲近何人,都要使事物的尊卑贵贱显示出一定的次序,这样,海内百姓就自然得到修养,顺从教化。反之,如果应当亲近的受到疏远,应当尊贵的反而卑下,那么巧佞奸邪就会借机而动,来危害国家。所以圣人小心防止有不好的开头,防范于祸乱发起之前,不因个人恩怨而损害公正大义。正如《易传》所说:'端正了家室,天下就安定了。'"

黄河决口。

起初,汉武帝曾经在宣房堵塞了黄河决口,随后黄河重又在北面馆陶决口,分流为屯氏河,从东北面入大海,它的深与宽都同黄河相同。所以,这才因其自然,不加堵塞。这年,黄河在清河郡灵县鸣犊处决口,原来的屯氏河就干涸无水了。

癸未(前38)   **汉元帝建昭元年**
春正月,陨石坠落在梁国境内。   撤除文帝母亲薄太后的陵园。

甲申(前37)   **汉元帝建昭二年**
夏六月,封皇子刘兴为信都王。   秋季,杀了魏郡太守京房。
京房随焦延寿学习《易经》。焦延寿曾说:"得到我的学问精华却丢掉性命的就是京房。"他的学说长于灾变,共分六十卦,按不同时日更换,以风雨寒温气候变化为验证,都很准确。因举荐孝廉任用为郎,屡次谈到灾变都得到验证。元帝喜欢京房,

数召见问。房对曰:"古帝王以功举贤,则万化成,瑞应著,末世以毁誉取人,故功业废而致灾异。宜令百官各试其功,灾异可息。"诏使房作其事,房奏考功课吏法。上令群臣议,皆以房言烦碎,令上下相司,不可许。上意乡之。

时石显颛权,五鹿充宗为尚书令用事。房尝宴见,问上曰:"幽、厉之君何以危,所任者何人也?"上曰:"君不明而所任者巧佞。"房曰:"知其巧佞而用之邪,将以为贤也?"上曰:"贤之。"房曰:"然则今何以知其不贤也?"上曰:"以其时乱而君危知之。"房曰:"若是,任贤必治,任不肖必乱,必然之道也。幽、厉何不觉悟而更求贤,曷为卒任不肖以至于是?"上曰:"临乱之君,各贤其臣,令皆觉悟,天下安得危亡之君?"房曰:"齐桓公、秦二世亦尝闻此君而非笑之,然则任竖刁、赵高,政治日乱,盗贼满山,何不以幽、厉卜之而觉寤乎?"上曰:"唯有道者能以往知来耳。"房因免冠顿首曰:"《春秋》纪二百四十二年灾异,以示万世之君。今陛下即位已来,日月失明,星辰逆行,山崩泉涌,地震石陨,夏霜冬雷,春凋秋荣,水旱螟虫,民人饥疫,盗贼不禁,刑人满市,《春秋》所纪灾异尽备,陛下视今为治邪乱邪?"上曰:"亦极乱耳,尚何道!"房曰:"今所任用者谁与?"上曰:"然,幸其愈于彼,又以为不在此人也!"房曰:"夫前世之君亦皆然矣,臣恐后之视今,犹今之视前也。"上良久乃曰:"今为

多次召见询问。京房回答说:"古代帝王以功举贤,则事事成功,祥瑞应运而出,乱世根据诋毁吹捧任用人,所以功业废弃而招来天灾怪异。应该下令百官,分别核察他们的功业成果,灾异就可以平息。"元帝便下诏叫京房负责此事,京房将考核功课的具体措施上奏。元帝叫群臣讨论,都认为京房说得太琐碎烦多,会形成上下之间相互监察,不应同意。元帝心里是同意的。

当时石显专权,五鹿充宗任尚书令掌权。京房有一次在宴饮时会见天子,问元帝说:"周幽王、周厉王为什么会招致危乱,他任用的是哪些人?"元帝说:"国君昏庸不明,所信任的都是奸巧之人。"京房说:"是知道他们奸巧才重用呢,还是认为他们都是贤明之臣?"元帝说:"是认为贤明。"京房说:"那么现在怎么知道他们不是贤明的呢?"元帝说:"因为当时政治混乱而君主面临危机,于是就清楚了。"京房说:"真若这样,任用贤能必然天下大治,任用坏人天下必乱,这是必然的规律。那么幽、厉二王为什么不觉悟而寻求贤能,为什么始终任用坏人直至危亡?"元帝说:"面临乱世的君主,各自认定重用的是贤明之臣,假如他们都觉悟,天下怎会有危亡的君主?"京房说:"齐桓公、秦二世他们也曾听说过这幽、厉二王的错误而讥笑,可是仍然重用竖刁、赵高,以致政治日益混乱,遍地出现盗贼,为什么他们不因幽、厉二王的事例卜测自己的未来而觉悟呢?"元帝说:"只是有道之君才能据往知来。"京房于是摘下帽子叩头说:"《春秋》记载二百四十二年的灾异,以警示给后来的国君。现今陛下即位以来,日食月食出现,星辰逆反而行,山崩水涌,地震发生,陨石降落,夏天下霜,冬天打雷,春季凋零,秋季荣华,水旱虫灾,百姓遭受饥饿瘟疫,盗贼不能禁止,坐过牢的充满街市,可以说《春秋》所记载的灾异全都有了,那陛下看看现今,认为是治还是乱?"元帝说:"已是极其混乱了,这还用说吗?"京房说:"现在皇上所重用的是谁?"元帝说:"是啊,灾异之变侥幸没有以前多,又以为责任不在这些人身上。"京房说:"从前的那些君王也是这种想法,我恐怕后代人看今日,就像今日看前代那样。"元帝过了好久才说:"现今为

乱者谁哉?"房曰:"明主宜自知之。"上曰:"不知也,如知,何故用之?"房曰:"上最所信任与图事帷幄之中,进退天下之士者是矣。"房指谓石显,上亦知之,谓房曰:"已谕。"房罢出,后上亦不能退显也。

上令房上弟子晓知考功课吏事者,欲试用之。房上:"中郎任良、姚平,愿以为刺史,试考功法。臣得通籍殿中,为奏事,以防壅塞。"显、充宗疾房,欲远之,建言,以房为魏郡太守,得以考功法治郡。

房自请:"岁竟,乘传奏事。"许之。未发,复诏止之。房去至新丰,上封事曰:"臣前六月中言《遁卦》不效,法曰:'道人始去,寒涌水为灾。'至七月,涌水出,臣弟子姚平谓臣曰:'涌水已出,道人当逐死,尚复何言!且房可谓知道,未可谓信道,可谓小忠,未可谓大忠也。昔秦时赵高用事,有正先者,非刺高而死,高威自此成,故秦之乱,正先趣之。'今臣得出守郡,自诡效功,恐未效而死,唯陛下毋使臣塞涌水之异,当正先之死,为姚平所笑。"

至陕,又言:"议者欲隔绝臣,而陛下听之,此蒙气所以不解而太阳无色者也,唯陛下毋难还臣而易逆天意!"

房去月余,竟征下狱。初,淮阳宪王舅张博倾巧无行,从房学,以女妻房。房每朝见,退,辄为博道其语,博因记房所说密语,令房为王作求朝奏草,皆持东与王,以为

乱的是谁呀?"京房说:"贤明君主应该心里明白。"元帝说:"不知道啊,真要知道,我为什么还用他?"京房说:"皇上最为器重并同他在宫中商定国事、决定天下之士升降的人就是了。"京房的意思是指石显,元帝也知道,便对京房说:"我明白了。"京房退出,后来元帝还是没有黜退石显。

元帝下令叫京房推荐他的弟子中能了解考核检验官吏政绩的人,准备试用。京房上奏:"中郎任良、姚平,希望能任命为刺史,在各地试行考察官吏政绩。我在宫廷可为他们转报他们的奏章,以防止中间阻塞。"石显、充宗厌恨京房,打算将他调得远离元帝,便建议任命京房为魏郡太守,这样就可以更好地考察官吏政绩治理该郡。

京房自请:"到年终,允许我乘驿车回京奏事。"元帝允许了。京房还没有出发,元帝又下诏制止他返京。京房到了新丰,上了密封奏章说:"我以前六月里所说《遁卦》未曾应验,可占卜之法谓:'有道法的人方将离去,就会天寒水涌为灾。'到了七月,大水涌出,我的弟子姚平对我说:'涌水已经出现,有道法的人当被放逐死掉,还有什么话可说! 你可以称得上知晓道法,却不能说遵信道法,可以够得上小忠,算不上大忠。从前秦朝赵高掌权,有叫正先的人,因讽刺赵高被杀,赵高的权威从此形成,所以说秦朝的乱亡,正先起了促进作用。'现今我外出担任郡守,责成自己立功,恐怕还未立功就要被诛杀,请求陛下不要叫我应了涌水变异的预言,像正先那样死掉,让姚平耻笑。"

到达陕县,京房又奏言:"议论者打算把臣下和皇上隔绝开来,而陛下听从了,这是阴气蒙蔽不散使太阳无光的原因,希望陛下不要难于征我回京而轻易背离天意!"

京房外出一个多月,竟被征召回京,关入牢房。起初,淮阳宪王刘钦的舅父张博是个奸诈而品行不好的人,曾跟京房学习《易经》,将女儿嫁给了京房。京房每次朝见回家,就对张博说同元帝的谈话,张博就把京房所说的密谈记下来,还叫京房为宪王起草请求入朝的奏章,张博把这些密谈和草稿一齐交给宪王,作

信验。显知之,告"房、博非谤天子,违误诸侯王"。皆下狱,弃市,妻子徙边。

下御史中丞陈咸狱,髡为城旦。

陈咸数毁石显,久之,坐与槐里令朱云善,漏泄省中语,与云皆下狱,髡为城旦。

显威权日盛,与中书仆射牢梁、少府五鹿充宗结为党友,诸附倚者皆得宠位。民歌之曰:"牢邪石邪,五鹿客邪,印何累累,绶若若邪!"

显恐天子一旦纳用左右耳目以间己,乃时归诚,取一信以为验。尝使至诸官有所征发,先自白:"恐后漏尽,宫门闭,请使诏吏开门。"上许之。显故投夜还,称诏开门入。后果有告显矫诏开宫门。上笑,以其书示显。显因泣曰:"陛下过私小臣,属任以事,群下无不嫉妒,欲陷害臣者,事类如此非一,愿归枢机职,受后宫扫除之役,死无所恨。惟陛下哀怜裁幸,以此全活小臣。"上怜之,数劳勉显,加厚赏赐。显闻众人匈匈言己杀萧望之,恐天下学士讪己,以贡禹明经著节,乃使人致意,深自结纳,因荐禹历位九卿,礼事之甚备。议者于是或称显以为不妒谮望之矣。显之设变诈以自解免,取信人主者,皆此类也。

秋,闰八月,太皇太后上官氏崩。　冬,齐、楚地震,大雨雪。

为证据。石显得知后,便控告说"京房跟张博一起诽谤天子,连累诸侯王"。于是,京房、张博都被下狱处斩,他们的妻子儿女被放逐到边境。

御史中丞陈咸入狱,判处髡刑,罚做苦工。

陈咸多次诋毁石显,过了很久,石显指控他与槐里县令朱云关系好,泄露朝廷机密,陈咸和朱云都被逮捕入狱,被判为髡刑,罚做苦工。

石显的权威日益强盛,他同中书仆射牢梁、少府五鹿充宗结成一伙,那些依附他们的人都得到了高官厚禄。百姓编了歌谣说:"是姓牢的、姓石的人那,还有五鹿的门客,他们的官印怎么这样多,绶带怎么这样长啊!"

石显唯恐天子一旦任用左右耳目来疏远自己,就时时表白自己的诚心,用一次的诚信以证实自己的忠心。他曾经奉命到各官府征发财物,事先对元帝表白说:"恐怕有时回宫太晚,漏壶滴尽,宫门关闭,请求以奉陛下之命的名义叫官吏开门。"元帝答应了。一天,石显故意深夜回来,宣称元帝之命叫开门。后来果然有人控告石显假传圣旨,私开宫门。元帝听后一笑,将奏书叫石显看。石显借机哭泣说:"陛下过于宠爱小臣,委任我众事,下面群臣无不嫉妒,打算陷害我的,像这样的事例不止一个,我恳请交回中枢要职,去担当后宫清扫的差事,死而无恨。只求陛下怜悯裁夺,再给我一次荣幸,以此保全我的性命。"元帝怜悯石显,多次安慰勉励,加重赏赐。石显听说大家议论纷纷,说是他杀死的萧望之,担心天下的学士诽谤自己,因为贡禹深明儒经,节操高尚,便托人致意深为结交,并举荐贡禹升任九卿,以礼相待,十分周到。于是,议论的人也有赞扬石显的,认为他不曾妒忌陷害过萧望之。石显的谋略变诈,善于为自己解脱和取得皇帝信任,都采用了这类手法。

秋季,闰八月,太皇太后上官氏去世。冬季,齐、楚一带发生地震,下大雪。

乙酉（前36） 三年

夏六月，丞相玄成卒。秋七月，以匡衡为丞相。 冬，西域副校尉陈汤矫制发兵，与都护甘延寿袭击匈奴郅支单于于康居，斩之。

始，郅支单于自以大国，又乘胜骄，不为康居王礼。发民作城，遣使责诸国岁遗。汉遣使三辈至康居，求谷吉等死，郅支困辱使者不奉诏。

陈汤为人沉勇，有大虑，多策谋，喜奇功，与甘延寿谋曰：“夷狄畏服大种，西域本属匈奴，今郅支威名远闻，侵陵乌孙、大宛，欲降服之，如得此二国，数年之间，城郭诸国危矣。且其人剽悍，好战伐，数取胜，久畜之，必为西域患。如发屯田吏士，驱乌孙众兵，直指其城下，彼亡无所之，守不自保，千岁之功可一朝而成也。”延寿欲奏请之。汤曰：“国家与公卿议，大策非凡所见，事必不从。”会延寿病，汤独矫制发诸国兵及屯田吏士。延寿惊起，欲止焉。汤怒，按剑叱曰：“大众已集会，竖子欲沮众邪！”延寿从之。部勒行陈，合四万余人，上疏自劾矫制，陈言兵状。即日引行，未至城三十里，止营。

郅支遣使问：“汉兵何以来？”应曰：“单于上书，言居困厄，愿入朝见。天子哀闵单于弃大国，屈意康居，故使都护将军来迎，恐左右惊动，故未敢至城下。”使数往来相答报。延寿、汤因让之“我为单于远来，而至今无名王、大人见将军受事者，何单于忽大计，失客主之礼也！兵来道远，人畜

乙酉(前36) 汉元帝建昭三年

夏六月,丞相韦玄成去世。秋七月,以匡衡为丞相。 冬季,西域副校尉陈汤假传圣旨发兵,同都护甘延寿一起出击匈奴,在康居将郅支单于斩杀。

起初,郅支单于自以为是个大国,又乘军事胜利而骄傲,不为康居王所敬重。他征派康居百姓为他建筑城池,派遣使节责令各国每年进贡。汉朝派遣三批使臣到康居,要求返还谷吉等人的遗体,郅支便困窘屈辱使者,拒不接受汉朝的诏命。

陈汤为人深沉勇敢,有深远的考虑,富有计谋,喜欢出奇制胜,他和甘延寿谋划说:"夷狄们害怕大的民族,西域本来归属匈奴,现在郅支威名远扬,侵略乌孙、大宛,想降服他们,真要是叫他得到这两个国家,几年的时间,西域诸国城邦就危险了。而且郅支这人性情剽悍好战,多次取胜,长久将他畜养,必然成为西域的祸害。如果征发屯田官吏兵士,率领乌孙军队,突然直捣其城下,他逃没处逃,守不能自保,千载难逢的功业,就可一朝一夕迅速建成。"甘延寿打算上奏请示。陈汤说:"朝廷必然让大臣们讨论,深谋大策并不是平庸之人所能识别的,此事必然不会被批准。"正巧甘延寿闹病,陈汤便自己假传圣旨,征发各国的军队和屯田的官吏士兵。甘延寿听到后大惊而起,想要制止。陈汤大怒,手按宝剑叱责说:"大军已经集会,小子你想阻止大众吗?"甘延寿便依从了。部署集结了共有四万多军兵,两人给元帝上书自行弹劾假传圣旨的罪过,陈述军队聚集部署状况。当天引兵前进,距单于城三十里,驻军扎营。

郅支派使者来问:"汉兵为什么来到这里?"回答说:"单于曾上书,说居住困厄,希望朝见归顺。天子怜悯单于丢掉了广大国土,心里委屈地住在康居,所以派都护将军前来迎接您,怕惊动左右人员,才没敢直接到达城下。"双方使节多次往返传话。甘延寿、陈汤便指责说:"我们为了单于远来,可现在却没有一位匈奴名王、显贵前来进见我们将军接受供事,单于为什么对这种大事如此大意,忘掉了主人待客的礼节!我们远道而来,人马都

罢极,食度且尽,恐无以自还,愿单于与大臣审计策。"

明日,进薄城下,四面围城,发薪烧木城,四面火起,吏士喜,大呼乘之,钲鼓声动地。康居兵引却,汉兵四面推卤楯并入。单于被创死,斩其首。得汉使节二,及谷吉等所赍帛书。诸卤获以畀得者。

丙戌(前35)　四年
春正月,传首至京师,悬槁街十日。

延寿、汤上疏曰:"臣闻天下之大义当混为一。昔有唐虞,今有强汉。匈奴郅支单于叛逆,未伏其辜,惨毒行于民,大恶通于天。臣延寿、臣汤将义兵行天诛,赖陛下神灵,阴阳并应,天气精明,陷陈克敌,斩郅支首及名王以下,宜县头槁街蛮夷邸间,以示万里。"丞相匡衡等以为"方春掩骼埋胔之时,宜勿县"。诏县十日,乃埋之。仍告祠郊庙,赦天下。群臣上寿,置酒。

蓝田地震,山崩,雍霸水。安陵岸崩,雍泾水,逆流。

丁亥(前34)　五年
夏六月晦,日食。　秋七月,复诸寝庙园。
上寝疾,久不平,以为祖宗谴怒,故尽复之,唯郡国庙遂废。
徙济阳王康为山阳王。

疲惫到了极点,粮草即将用完,恐怕难以返回,希望单于和大臣们审慎考虑。"

第二天,汉朝大军进逼城下,从四面包围了城池,放火焚烧木城,木城四面火起,官兵兴高采烈,趁火势大喊,钲鼓声震动天地。康居军兵退却,汉兵便从四面推举大盾一起攻入城池。单于受重伤而死,汉军斩掉他的首级。汉军找到了汉使臣所用的两个符节,以及谷吉等人携带的帛书。凡是掠获的物品,都归掠夺者所有。

丙戌(前35) 汉元帝建昭四年

春正月,郅支单于的人头被传送到了京师,在长安槀街悬挂了十天。

甘延寿、陈汤上书说:"我们曾经听说,天下的大道在于统一。过去有唐尧、虞舜,现在有强大的汉朝。匈奴郅支单于叛逆,不曾伏罪,残忍狠毒地对待平民百姓,罪恶巨大可说上通于天。臣甘延寿、陈汤统领仁义之军,替天征讨,多亏圣上圣明,阴阳谐调,天气晴明,才能破毁敌阵,战胜敌人,斩杀郅支单于和名王以下,应该将他们的人头悬挂在长安城槀街蛮夷的馆舍住地,以显示汉威于万里之远。"丞相匡衡等人认为"正值春天掩埋尸骨的时节,不适于悬挂"。于是,下诏悬挂十天,然后掩埋。依旧像过去那样祭告祖庙,大赦天下。满朝文武向元帝祝贺,举行酒宴。

蓝田发生地震,山崩,霸水被壅塞。安陵堤岸崩塌,泾水被壅塞,逆流而上。

丁亥(前34) 汉元帝建昭五年

夏六月最后一天,出现日食。　秋七月,恢复各陵园祭庙。

元帝卧病在床,长期不能恢复,以为是祖宗发怒谴责,所以全部恢复祭祀、陵园,但各郡、各封国的祭庙则废弃了。

改封济阳王刘康为山阳王。

戊子（前33）　竟宁元年

春正月，匈奴单于来朝。

匈奴呼韩邪单于闻郅支既诛，且喜且惧，入朝自言愿婿汉氏以自亲。帝以后宫良家子王嫱字昭君，赐之。单于骧喜，上书：“愿保塞上谷以西至敦煌，请罢边备塞吏卒，以休天子人民。”议者皆以为便。郎中侯应习边事，以为不可许。上问状，应曰：“臣闻北边塞至辽东，外有阴山，东西千余里，草木茂盛，多禽兽，本冒顿依阻其中，治作弓矢。至孝武世，斥夺此地，攘之于幕北，建塞徼，起亭隧，筑外城，设屯戍以守之，然后边境得用少安。幕北地平，少草木，多大沙，匈奴来寇，少所蔽隐。从塞以南，径深山谷，往来差难。边长老言：‘匈奴失阴山之后，过之未尝不哭也。’如罢备塞戍卒，示夷狄之大利，不可一也。夷狄之情，困则卑顺，强则骄逆，前已罢外城，省亭隧，安不忘危，不可复罢，二也。中国有礼义之教，刑罚之诛，愚民犹尚犯禁，又况单于能必其众不犯约哉！三也。中国尚建关梁，设塞徼，置屯戍，非独为匈奴而已，亦为诸属国降民思旧逃亡，四也。近西羌保塞，汉吏民贪利，侵盗其畜产妻子，以此怨恨，起而背畔。今罢乘塞，则生嫚易分争之渐，五也。往者从军多没不还者，子孙亡出从之，六也。边人奴婢愁苦，闻匈奴中乐，欲亡者多，七也。盗贼桀黠，亡走北出，八也。

戊子(前33)　汉元帝竟宁元年

春正月,匈奴呼韩邪单于前来朝贺。

匈奴呼韩邪单于听到郅支单于被杀,又喜又怕,便入朝自称希望能做汉家的女婿,借以亲近汉朝。元帝把后宫的良家女子王嫱字昭君赐给了他。呼韩邪欢喜,上书说:"愿意居边守塞,从上谷西至敦煌,请撤回守卫边塞的军兵,使天子之民得以休养生息。"讨论者都认为有利。郎中侯应熟知边事,以为不能应允。元帝问他原因,侯应说:"我听说北部边塞至辽东,外面有阴山,东西长一千多里,草木茂盛,多栖禽兽,原本是冒顿单于依险屯居这里,制造弓箭。到武帝时,夺取了这里,将匈奴赶至大漠以北,在这里建起要塞,修筑了亭燧,垒起外城,设置屯田卫戍之兵,以后边境才稍得安宁。大漠以北地势平缓,草木稀少,多大沙漠,匈奴如来侵犯,没有隐蔽之处。边塞以南,路远多山谷,来往十分不便。边塞的老人们说:'匈奴丢失阴山以后,从阴山过往时没有不痛哭的。'如果撤除守备边塞卫戍之兵,对夷狄大为有利,这是不能允许的道理之一。夷狄之性情,贫困之时就卑下顺从,强盛之时就骄狂叛逆,以前已经撤除了外城,减去了亭燧设施,平安时不能忘掉危险,边防不能再撤除,这是理由之二。中国有着礼义的教化,刑罚的惩治,愚昧百姓还会违犯禁令,又何况匈奴单于,他能使他的部众不违犯规定吗?这是理由之三。中国注重建立水陆关卡,设置要塞,派军队屯田戍守,并不只是为对付匈奴,也是为了防止各属国归降而来的夷狄之人思旧逃亡,这是理由之四。靠近西羌边塞,我朝一些官吏、平民贪图财利,侵害偷盗他们的牲畜财产,甚至强占他们的妻室子女。由此,他们产生怨恨,进而激发叛乱。现在撤除边塞守卫,就会滋生这些因受欺侮而引起的纠纷,这是理由之五。过去从军的战士有不少人没有回来,还留在匈奴,他们的子孙可能逃亡出塞依从他们,这是理由之六。边境一带奴婢之人由于处境愁苦,听说匈奴那里快乐,打算向那里逃亡的人不少,这是理由之七。国内盗贼狡黠残横,无法躲藏时就会向北逃亡出塞,这是理由之八。

起塞以来，百有余年，非皆以土垣也，或因山岩石木，溪谷水门，稍稍平之，卒徒筑治，功费久远，不可胜计。议者不深虑其终始，卒有他变，当更缮治，累世之功，不可卒复，九也。单于自以保塞守御，请求无已，小失其意则不可测。开夷狄之隙，亏中国之固，十也。"对奏，天子使车骑将军嘉口谕单于曰："单于上书，乡慕礼义，所以为民计者甚厚，朕甚嘉之。中国四方皆有关梁障塞，非独以备塞外也，亦以防中国奸邪放纵，出为寇害，故明法度以专众心也。敬谕单于之意，朕无疑焉。为单于怪其不罢，故使嘉晓单于。"单于谢口："愚不知大计，天子幸使大臣告语，甚厚！"归，号昭君为宁胡阏氏。

三月，以张谭为御史大夫。

初，石显见冯奉世父子为公卿著名，女又为昭仪，心欲附之，荐昭仪兄逡修敕宜侍帷幄。天子召见逡，因言显专权。上怒，罢逡。及御史大夫缺，在位多举逡兄大鸿胪野王。使尚书选第中二千石，而野王行能第一。上以问显，显曰："九卿无出野王者，然亲昭仪兄，臣恐后世必以陛下度越众贤，私后宫亲以为三公。"上曰："善。吾不见是！"因诏曰："刚强坚固，确然亡欲，大鸿胪野王是也。心辨善辞，可使四方，少府五鹿充宗是也。廉洁节俭，太子少傅张谭是也。其以少傅为御史大夫。"

建立边塞至今已有一百多年,并不完全是建筑的土墙,有的利用山岩石木,有的利用溪谷水峡,大都因地势稍加治理,征发兵役修建整理,用掉的劳役费用,时间久远,难以计算。讨论之人没有深入考虑事情的始末,如突然发生变化,那时再重新修建,那几世之功,不是很容易恢复的,这是理由之九。呼韩邪单于自以为保卫边塞,将会不断对汉朝有所要求,如稍稍不能满足他的心意,那后果难以预料。结果将会造成双方嫌隙矛盾,不利中国的坚固防卫,这是理由之十。"书上奏后,元帝派车骑将军许嘉向单于传达口谕说:"单于上书,向往羡慕中国礼义,对如何为百姓谋利想得很多,朕非常赞赏。中国东西南北边疆都设有水陆关卡和要塞,不是单独为了防备北部塞外,也是为了防止中国的坏人为非作歹,出外危害,所以借此明确国家法度,使百姓不生邪念。我尊敬理解单于的心意,不会怀有疑虑。怕单于对不撤除边塞防戍发生误解,特地派许嘉向单于解释。"单于道歉:"我愚昧,不了解这些重大的谋划,幸亏天子派大臣转告我,待我如此厚爱!"回去后,呼韩邪单于称王昭君为宁胡阏氏。

三月,任命张谭为御史大夫。

起初,石显看到冯奉世父子在朝里当公卿,声名显赫,女儿又在后宫做元帝的昭仪,一心想要攀附,便举荐昭仪的哥哥冯逡,说他谨慎不逾矩,适于侍奉在皇帝身边。元帝召见冯逡,冯逡向元帝说起石显专权。元帝大怒,就罢免了冯逡。等到御史大夫缺人,许多在位大臣举荐冯逡的哥哥大鸿胪冯野王。让尚书在中二千石官员中挑选,野王的品德才学列为第一。元帝将此事询问石显,石显说:"九卿以内没有超越野王的,可是他为昭仪的哥哥,为臣恐怕后世之人必定认为陛下不顾众多贤能,偏私后宫的亲戚来委任三公。"元帝说:"对。我没看到这方面!"于是下诏说:"刚强坚毅,信实无欲,那就是大鸿胪冯野王这种人。明辨是非,善于辞令,可以为使者出使四方,少府五鹿充宗就是这种人。廉洁节俭,太子少傅张谭就是这种人。现任命少傅张谭为御史大夫。"

以召信臣为少府。

信臣先为南阳太守,后迁河南,治行常第一。视民如子,好为民兴利,躬劝耕稼,出入阡陌,稀有安居。开通沟渎,以广灌溉,岁岁增加。禁止奢靡,务于俭约,案其不法,以视好恶。其化大行,户口增倍,吏民亲爱,号曰"召父"。征为少府。请诸离宫稀幸者,勿复治,省乐府诸戏,及太官不时非法之物,岁省费数千万。

夏,封甘延寿为义成侯,赐陈汤爵关内侯。

初,石显尝欲以姊妻甘延寿,延寿不取。而陈汤素贪,所卤获财物入塞多不法,司隶校尉移书道上,系吏士,按验之。汤上疏言:"臣与吏士共诛郅支单于,幸得禽灭,万里振旅,宜有使者迎劳道路。今司隶反逆收系按验,是为郅支报仇也。"上立出吏士,令县、道具酒食以过军。既至,论功,石显、匡衡以为延寿、汤擅兴师矫制,幸得不诛,如复加爵土,则后奉使者,争欲乘危徼幸,生事于蛮夷,为国招难。帝内嘉延寿、汤功,而重违衡、显之议,久之不决。

刘向上疏曰:"郅支单于囚杀使者,暴扬外国,伤威毁重,陛下赫然欲诛之意未尝有忘。都护延寿、副校尉汤,承圣指,倚神灵,出百死,入绝域,遂蹈康居,屠三重城,斩郅支之首,扫谷吉之耻,且使呼韩喜惧,稽首来宾,愿守北藩,

任命召信臣为少府。

召信臣以前任南阳太守，后来调到河南郡，治理郡县的政绩常常列为第一。他视民如子，喜爱为百姓做有利之事，亲自劝导百姓务农耕稼，经常出入于田间，很少居家休息。他领导开通沟渠，用来扩大灌溉，年年粮食增收。他还禁止奢侈浪费，提倡勤俭节约，惩治不法，以明好坏。于是，礼义教化得到倡行，户口成倍增加，官吏百姓都对他十分亲爱，称他为"召父"。这次被征召任命为少府。召信臣调任少府后，他又请求，凡是皇帝很少去的离宫，不要再修缮，减省乐府里各种表演和太官那里不适时又不合法的东西，这样，每年节省费用数千万。

夏季，封甘延寿为义成侯，赐给陈汤关内侯的爵位。

起初，石显曾打算把自己的姐姐嫁给甘延寿做妻子，甘延寿拒绝了。而陈汤平常就贪财，作战掠获的财物有不少违犯法令运进了塞内，司隶校尉以公文通知沿途，逮捕陈汤的下属人员，加以查检。陈汤上书说："臣与下属官吏士兵一起歼灭郅支单于，幸而将他擒捉消灭，从万里之外凯旋，应该有朝廷派出的使者在路上迎接慰劳。可是今天司隶校尉反倒逮捕审问臣的下属官兵，这简直是为郅支报仇。"元帝叫立即释放那些被捕官兵，命沿途各县、道备酒饭款待过军。回长安后论功，石显、匡衡认为甘延寿、陈汤擅自假传圣旨发兵，不杀他们已是幸运，如果再封给爵位、土地，那以后奉使外出之人就会争先用冒险行动企图侥幸成功，在蛮夷中制造事端，给国家招来危难。元帝从内心赞赏甘延寿、陈汤的功劳，而又很难反对匡衡、石显的建议，长久对此不能决断。

刘向便上书说："郅支单于囚禁杀害了大汉使臣，这事飞快传扬在外国，严重地损害了国威，陛下忿怒而想诛杀郅支单于的心情不曾忘怀。都护甘延寿、副校尉陈汤，秉承皇上旨意，倚赖陛下的圣明，出生入死，深入绝远之地，终于打败康居，攻克单于城三重防御，斩下郅支单于的首级，洗刷谷吉被杀的耻辱，而且使呼韩邪单于又喜又怕，前来叩头归附，表示愿意守卫北疆，

累世称臣,勋莫大焉。论大功者不录小过,举大美者不疵细瑕。《司马法》曰:'军赏不逾月。'欲民速得为善之利也。李广利捐五万之师,靡亿万之费,经四年之劳,而仅获骏马三十匹,虽斩宛王,其私罪恶甚多,孝武以为万里征伐,不录其过,遂封拜两侯、三卿、二千石百有余人。今康居之国强于大宛,郅支之号重于宛王,杀使者罪甚于留马,而延寿、汤不烦汉士,不费斗粮,比于贰师,功德百之。且常惠随欲击之乌孙,郑吉迎自来之日逐,犹皆裂土受爵,今二人功高于安远、长罗,而大功未著,小恶数布,臣窃痛之!宜以时解县,通籍,除过勿治,尊宠爵位,以劝有功。"于是诏赦延寿、汤,令公卿议封焉。议者以为宜如军法捕斩单于令。衡、显以为郅支本亡逃失国,窃号绝域,非真单于。帝取郑吉故事封千户,衡、显复争。封延寿为义成侯,赐汤爵关内侯,食邑各三百户。

于是杜钦上疏,追讼冯奉世前破莎车功,上以先帝时事不复录。

五月,帝崩。 复罢诸寝庙园。

匡衡奏言:"前以上体不平,故复诸所罢祠,卒不蒙福,请悉罢勿奉。"奏可。

六月,太子骜即位。

太子少好经书,宽博谨慎,其后幸酒,乐燕乐。而山阳王康有材艺,母又爱幸。上好音乐,或置鼙鼓殿下,自临轩

世世称臣，没有比这更大的功勋了。评定重大功劳不计较小的过失，推举杰出的美德不挑剔小的不足。《司马法》说：'军事奖赏不超过一个月。'是为了叫百姓很快得到行善之利益。李广利丧失五万军兵，耗费亿万的费用，经过四年的劳苦，而只是获得好马三十四，虽然斩杀了大宛国王，他自己的罪恶也很多，但武帝认为万里征战，不计他的过错，于是赐封了两个侯爵、三位卿和一百多二千石的官员。现今康居国强过大宛，郅支单于的地位重于大宛国王，杀我使者的罪过远超过不献血汗马，而甘延寿、陈汤并没动用汉地的人马，没有动用一斗粮米，比起贰师将军李广利，功德远超百倍。而且常惠凭己见从乌孙进攻龟兹，郑吉随意接受日逐王的投降，还都享有采邑，受封为侯，现在甘延寿、陈汤二人的功劳高出郑吉、常惠，然而大功没得到宣扬，微小过错却不断被传播，我内心深感沉痛！应该撤销对他们的审查，恢复人身自由，不要计较小的过错，尊宠爵位，用来奖励建立功勋的人。"元帝于是下诏赦免甘延寿、陈汤，下令公卿讨论封爵的事宜。大家认为应当依据军法捕斩单于令。匡衡、石显认为郅支本来就是丢失国土逃亡在外，在极远地方盗用单于之号，并不是真单于。元帝依照郑吉的旧例封千户采邑，匡衡、石显又来争执。结果封甘延寿为义成侯，赐给陈汤关内侯的爵位，食邑都是三百户。

于是，杜钦也上书，追告冯奉世以前大破莎车的功劳，元帝认为那是宣帝时的事情，不重新受理。

五月，元帝去世。 重新撤除祖庙陵园。

匡衡上奏说："先前因先帝身体不舒适，所以恢复以前废除的陵园祭庙，结果还是没有蒙受祖先的赐福，请求一并撤除不再祭祀。"依准。

六月，太子刘骜即皇帝位。

太子小时喜爱儒家经书，宽厚、博大、谨慎。后来，太子爱饮酒，喜欢宴乐。而山阳王刘康具有艺术才能，他母亲傅昭仪又深受元帝宠爱。元帝喜爱音乐，有时将鼙鼓放在殿下，自己登临轩

槛上，陨铜丸以槵鼓，中严鼓之节，后宫及左右习知音者莫能为，而山阳王亦能之，上数称其材。驸马都尉史丹进曰："凡所谓材者，敏而好学，温故知新，皇太子是也。若乃器人于丝竹鼓鼙之间，则是陈惠、李微高于匡衡，可相国也。"于是上嘿然而笑。

其后中山哀王薨，太子前吊。王，帝少弟，与太子游学相长大。上悲不能自止，而太子不哀。上大恨曰："安有人不慈仁，而可奉宗庙，为民父母者乎！"以责谓丹。丹免冠谢曰："臣诚见陛下哀痛感损，切戒太子，毋涕泣感伤陛下。臣罪当死。"上意乃解。

及寝疾，数问尚书以景帝时立胶东王故事。史丹以亲密臣得侍疾，候上间独寝时，直入卧内，顿首伏青蒲上，涕泣言曰："皇太子以适长立，积十余年，名号系于百姓，天下莫不归心臣子。今者道路流言，为国生意，以为太子有动摇之议。审若此，公卿以下必以死争，不奉诏。臣愿先赐死，以示群臣！"上意感寤，喟然太息曰："无有此议，且皇后谨慎，先帝又爱太子，吾岂可违指！驸马都尉安所受此语？"丹即却，顿首曰："臣愚妄闻，罪当死！"上因纳，谓丹曰："吾病寝加，不能自还，善辅道太子，毋违我意。"丹嘘唏而起。太子由是遂定，至是即位。

后数月，匡衡上疏曰："陛下秉至孝，哀伤思慕，不绝于心，未有游虞弋射之宴，诚隆于慎终追远无穷已也。窃愿陛下虽圣性得之，犹复加圣心焉。臣又闻之师曰：'妃匹

上依栏，丢下铜丸来击鼓，合于迅急的节奏，后宫妃嫔和近侍对音乐有些修养的都做不到，可山阳王刘康也能做到，元帝常常称赞他的才能。驸马都尉史丹进言说：“所谓的才能，就是聪明而好学，温习旧知识而有新收获，皇太子骜就是这样的人。如果以在音乐演奏上的才能衡量人，那陈惠、李微将高于匡衡，就可以当丞相了。”于是元帝不语而笑。

后来中山哀王去世，太子骜随往吊唁。中山哀王是元帝的小弟弟，和太子骜一起游玩学习长大。元帝伤心得难以克制，可太子骜却不悲伤。元帝非常忿恨地说：“哪有为人没有仁慈之心，而可以侍奉宗庙，做天下百姓父母的！”元帝拿这事责问史丹。史丹脱下帽子请罪说：“因为臣下看到陛下实在哀痛过度，一再告诫太子，不得哭泣落泪再使陛下感伤。臣有罪该死。”这时元帝的忿意才得以化解。

到了元帝卧病床上，几次拿汉景帝废太子而立胶东王刘彻的事例问尚书。史丹因是元帝亲密之臣得以在旁侍候，他等到元帝一人卧床时，便直入卧室，伏在地面青蒲上，流着泪说：“皇太子骜以嫡长子身份被立为太子，已经十几年了，太子尊号百姓都知道，天下之人无不归心，愿做他的臣子。如今道路上纷纷传言，为国家考虑，认为太子地位可能发生了动摇。如果真是这样，公卿以下官员，必然以死相争，拒不接受这样的诏令。我情愿皇上先赐我一死，以向群臣表明！”元帝受到感动而有所醒悟，喟然长叹说：“没有这种考虑，而且皇后小心谨慎，先帝又喜爱太子，我怎么可以违背他的意志！驸马都尉从哪里听到这种话？”史丹当即后退，叩头说：“臣愚昧，妄听传闻，有罪该死！”元帝于是接受劝谏，对史丹说：“我的病日益加重，不能好转，你要妥善辅导太子，不要违背我的心意。”史丹唏嘘着起身告退。太子地位从此稳定下来，到这时即位皇帝。

数月后，匡衡上书说：“陛下秉性至孝，对先帝哀伤思慕不绝于心，没有游乐射猎之宴，始终追念先人，无有穷尽。我私下希望陛下虽有圣人之性，还应加以圣心。我又听老师说：‘夫妻婚配

之际,生民之始,万福之原。婚姻之礼正,然后品物遂而天命全。'孔子论《诗》以《关雎》为始,此纪纲之首,王教之端。自上世已来,三代兴废,未有不由此者也。愿陛下详览得失盛衰之效,采有德,戒声色,近严敬,远技能,以定大基。臣闻"六经"者,圣人所以统天地之心,著善恶之归,明吉凶之分,通人道之正,使不悖于其本性者也。及《论语》《孝经》,圣人言行之要,宜究其意。臣又闻圣王之自为,动静周旋,物有节文。盖钦翼祗栗,事天之容也;温恭敬逊,承亲之礼也;正躬严恪,临众之仪也;嘉惠和悦,飨下之颜也。举错动作,物遵其仪,故形为仁义,动为法则。今正月初,幸路寝,临朝置酒,以飨万方。《传》曰:'君子慎始。'愿陛下留神动静之节,使群下得望盛德休光,以立基桢,天下幸甚!"

尊皇太后曰太皇太后,皇后曰皇太后。 以元舅王凤为大司马、大将军,领尚书事。 秋七月,葬渭陵。

己丑(前32) 孝成皇帝建始元年

春正月,石显以罪免归故郡,道死。

丞相、御史奏显旧恶,免官,徙归故郡,忧懑道死。五鹿充宗左迁玄菟太守。司隶校尉王尊劾奏:"丞相衡、御史大夫谭,知显等颛权擅势,大作威福,为海内患害,不以时

之际,为人生的开端,各种福气的源头。婚姻之礼严肃端正,然后万物有成,天命齐备。'孔子论《诗经》所以从《关雎》开始,这是因为婚配是伦理纲常的开头,进行王教的起点。自上古以来,三代的兴衰,没有不是由于这一点的。希望陛下仔细考虑过去的得失兴亡的教训,采纳有德之人,戒掉声色之好,接近严肃敬慎之人,疏远虽有才能却无德之人,以奠定伟大的基础。我听说,"六经"是圣人统率天地万物的中心,显示善恶的指归,明确吉凶的区分,通向人道的正途,使人类不违背其本来的天性。还有《论语》《孝经》,它是圣人言行的纪要,应该探求它的意旨。我又听说,圣王的自身作为,一举一动都合于周旋之礼,一事一物都有节度。恭敬慎惧,是侍奉上天的容颜;温良、恭敬、谦逊,这是侍奉祖先的礼节;正直、严己、力行,这是面对群臣的仪表;嘉奖、恩惠、平和、喜悦,这是待下的态度。举止动作,凡事都要遵循一定的仪规,这样在形态上才合乎仁义,在行为上成为效法的楷模。今年正月初,陛下要驾临正殿,接受百官朝贺,设置酒宴,以慰天下。《易传》上说:'君子谨慎于开始。'希望陛下注意一举一动的仪节,使群臣能够仰望盛德的光辉,以建立牢固基础,那天下就万分荣幸!"

尊皇太后为太皇太后,皇后为皇太后。　任命大舅父王凤担当大司马、大将军之职,主管尚书事务。　秋七月,安葬元帝于渭陵。

汉成帝

己丑（前32）　汉成帝建始元年
春正月,石显因有罪免官回原籍,中途去世。

丞相、御史上奏陈述石显过去的罪恶,石显被免去官职,迁回原郡,石显心中忧怨,死在道上。五鹿充宗降职为玄菟郡太守。司隶校尉王尊上书弹劾道:"丞相匡衡、御史大夫张谭,明知石显等人专权跋扈,肆意作威作福,成了天下的祸害,却不能及时

白奏行罚,而阿谀曲从,附下罔上,怀邪迷国,无大臣辅政之义,皆不道,在赦令前。赦后,衡、谭举奏显,不自陈不忠之罪,而反扬著先帝任用倾覆之徒,妄言'百官畏之,甚于主上'。卑君尊臣,非所宜称,失大臣体。"于是衡惭惧,免冠谢罪,上丞相、侯印绶。天子以新即位,重伤大臣,乃左迁尊为高陵令。然群下多是尊者,衡由是嘿嘿不自安。

有星孛于营室。 封舅王崇为安成侯,赐谭、商、立、根、逢时爵关内侯。 夏四月,黄雾四塞。

诏博问公卿大夫,无有所讳。谏大夫杨兴等对,皆以为:"阴盛侵阳之气也。高祖之约,非功臣不侯。今太后诸弟,皆以无功为侯,外戚未曾有也。"大将军凤惧,上书辞职,优诏不许。

秋八月,有两月相承,晨见东方。 冬,作南北郊,罢甘泉、汾阴祠。
又罢紫坛伪饰、女乐、鸾路、驿驹、龙马、石坛之属。皆从匡衡之请也。

庚寅(前31) 二年
春正月,罢雍五畤及陈宝祠。 始亲祠南郊。减天下赋钱,算四十。 以渭城延陵亭部为初陵。 三月,始祠后土于北郊。 立皇后许氏。

后,车骑将军嘉之女也。元帝伤母恭哀后居位日浅,而遭霍氏之辜,故选嘉女以配太子。

奏明皇上,给以严惩,反而阿谀奉承,依附于下,欺骗于上,心怀不正,迷乱国家,丧尽大臣辅政的准则,这都是在大赦之前发生的大逆不道。大赦之后,匡衡、张谭检举石显时,不但没有陈述自己为臣不忠之罪,反而宣扬是先帝任用了倾覆小人,妄言'百官害怕石显,超过了皇上'。这种视君为卑下、以臣为尊上的话,不是应该说的,丧失了大臣应有的体统。"于是,匡衡惭愧恐惧,脱帽请罪,交上丞相、侯位的印信绶带。成帝因为刚刚即位,不愿过于伤害大臣,就下令将王尊降职为高陵令。可是群臣却大多数认为王尊言论正确,匡衡因此沉默而心中不安。

有彗星出现在营室星宿旁。　成帝封舅父王崇为安成侯,赐给舅父王谭、王商、王立、王根、王逢时关内侯的爵位。　夏四月,黄色大雾四起,遮天蔽日。

成帝下诏广泛询问公卿大夫,令不必隐讳。谏大夫杨兴等人回答,都认为:"阴气太盛,侵蚀阳气的缘故。过去高祖有约法,不是功臣不得封侯。现今太后的各位弟弟,都无功而封侯,施恩外戚,从未有过这种情况。"大将军王凤心中恐惧,便上书请求辞职,成帝下诏不允,并加安慰。

秋八月,清晨时,在东方天空中,有两个月亮上下相应。冬季,在长安南北举办郊祭,撤除甘泉、汾阴两地的祭庙。

又撤除甘泉泰畤紫坛的装饰、女乐、鸾路、骍驹、龙马、石坛等物。这都是依从匡衡的请求。

庚寅(前31)　汉成帝建始二年

春正月,撤除雍城的五帝祭坛和陈宝的祭祠。　成帝首次去南郊祭天。减免天下赋税,每算减少四十钱。　下令在渭城延陵亭兴建成帝陵。　三月,首次在北郊祭祀后土。　立许氏为皇后。

许后是车骑将军许嘉的女儿。元帝哀伤母亲恭哀后在位的时间很短而遭到霍氏的毒害,所以挑选了许嘉的女儿婚配给太子。

上自为太子时，以好色闻。及即位，皇太后诏采良家女以备后宫。杜钦说王凤曰："礼，一娶九女，所以广嗣重祖也。举求窈窕，不问华色，所以助德理内也。娣侄虽缺，不复补，所以养寿塞争也。故后妃有贞淑之行，则胤嗣有贤圣之君。制度有威仪之节，则人君有寿考之福。废而不由，则女德不厌；女德不厌，则寿命不究于高年。男子五十，好色未衰；妇人四十，容貌改前；以改前之容，侍于未衰之年，而不以礼为制，则其原不可救，而后徕异态；后徕异态，则正后自疑而支庶有间適之心。是以晋献纳谗，申生蒙辜。今圣主富于春秋，未有適嗣，方乡术入学，未亲后妃之议。将军宜因始初之隆，建九女之制，详择行义之家，求淑女之质，毋必有声色技能，为万世大法。夫少戒之在色，《小卞》之作，可为寒心。唯将军常以为忧！"凤白之太后，太后以为故事无有。凤不能自立法度，循故事而已。

夏，大旱。 **匈奴呼韩邪单于死，子复株累若鞮单于立。**

呼韩邪娶呼衍王二女，长曰颛渠阏氏，生二子，曰且莫车，曰囊知牙斯。少曰大阏氏，生四子，曰雕陶莫皋，曰且麋胥，皆长于且莫车。呼韩邪欲立且莫车，颛渠阏氏曰："匈奴乱十年，今平定未久，且莫车年少，百姓未附，不如立雕陶莫皋。"大阏氏曰："舍贵立贱，后世必乱。"单于卒，立雕陶莫皋，约令传国与弟。

成帝从当太子时，就以好色闻名。等到即位，皇太后诏令挑选良家女子来充填后宫。杜钦劝王凤说："按照传统之礼，天子一次就娶九个女子，为的是多生儿子，对得住祖先。举荐娴静的淑女，不追求美貌，为的是以仁德治理后宫。后宫虽有空缺也不补充，为的是君王年寿有所保养和避免互相争宠。所以后妃如果有着贞淑的德行，子孙后代就会出现贤圣的君主。制度如果有严格的威仪规范，君主就会有很高的寿福。废弃而不依从古礼，君王就会沉湎女色；沉湎女色，就不会享有高寿。男子到了五十岁，好色之心还不曾衰减；女子到了四十，容颜就发生变化；用变衰了的容颜，去侍奉色心未衰的男子，如果不用礼加以约束，就难以解救原本的好色，而后还会出现不正常的表现；出现不正常的表现，那皇后就会多心，而庶妻宠妃就会产生争嫡的野心。这正是晋献公被人指责听信谗言，使申生无罪而蒙受冤死的原因。现在圣明之君正年轻，没有嫡子，刚刚开始深入学习，不曾因亲近后妃受到议论。将军应该借着祖先初期的隆盛，建立九妻制度，精心挑选奉行仁义的家室，物色贤淑的女子，不必要求她们具有声、色技艺之能，使此制度成为万世遵从之法。年轻之人重在戒色，《诗经·小卞》的内容，人们听了就会觉得寒心。请将军时常以此为忧！"王凤将杜钦的话告诉了太后，太后认为汉代无此先例。王凤自己又不能自立法度，只能遵照旧例。

　　夏季，大旱。　匈奴呼韩邪单于去世，其子复株累若鞮即位单于。

　　呼韩邪宠爱呼衍王的两个女儿，大的叫颛渠阏氏，生了两个儿子，一个叫且莫车，一个叫囊知牙斯。小的叫大阏氏，生了四个儿子，一个叫雕陶莫皋，一个叫且麋胥，都比且莫车年长。呼韩邪打算立且莫车，颛渠阏氏说："匈奴内乱了十年，现今平定不久，且莫车年轻，老百姓还没有从心里归附，不如立雕陶莫皋。"大阏氏说："丢掉了尊贵的嫡子，立低贱的庶子，后世必然发生内乱。"呼韩邪死，立雕陶莫皋为单于，并约定将来传位给他弟弟且莫车。

辛卯（前30） 三年

春三月，赦天下徒。 秋，大雨，京师民讹言大水至。

关内大雨四十余日，京师民相惊言大水至，奔走相蹂躏，老弱号呼，长安中大乱。大将军凤以为太后与上及后宫可御船，令吏民上城避水。群臣皆从凤议，左将军王商独曰："自古无道之国，水犹不冒城郭，今何因当有大水一日暴至？此必讹言，不宜令上城，重惊百姓。"上乃止。有顷稍定，问之，果讹言。上于是美壮商之固守，数称其议，而凤大惭恨。

八月，策免大司马、车骑将军许嘉。

上欲专委任王凤，故策免嘉。

冬十二月朔，日食。夜地震未央宫殿中。诏举直言极谏之士。

杜钦、谷永上对，皆以为女宠太盛，嫉妒专上，将害继嗣之咎。

越巂山崩。 丞相乐安侯匡衡有罪，免为庶人。

坐多取封邑四百顷，监临盗所主守直十金以上，免为庶人。

壬辰（前29） 四年

春正月，陨石于亳四，于肥累二。 罢中书宦官，初置尚书员五人。 以王商为丞相。 夏四月，雨雪，复召直言极谏之士，诣白虎殿对策。

是时上委政王凤，议者多归咎焉。谷永知凤方见柄用，阴欲自托，乃曰："方今四夷宾服，皆为臣妾。诸侯大者

辛卯（前30） 汉成帝建始三年

春三月,大赦天下囚徒。 秋季,大雨,长安百姓谣传洪水将到。

关内大雨连降四十多天,京师百姓惊恐相告,传言洪水就要来到。人们奔走,互相践踏,老弱呼号,长安城内顿时大乱。大将军王凤认为太后、皇上和后宫嫔妃可以乘船,便叫官吏、百姓登上城墙躲避。群臣都附和王凤的建议,只有左将军王商说:"自古以来,即使无道之国,大水都不会淹没城郭,现在怎么会有大水一日之间就暴发而到呢?这必定是谣言,不应命令大家登城,增加百姓的惊恐不安。"成帝这才下令停止。不久,京城渐渐安定下来,经查问,果然是谣言。成帝于是赞美王商的固守不动,多次称赞他的建议,王凤则深感惭愧,悔恨自己失言。

八月,下书免去大司马、车骑将军许嘉的官职。

成帝打算将政事都委任王凤,所以免去许嘉的职务。

冬十二月初一,出现日食。夜里,未央宫中发生地震。成帝下诏,要求举荐能够直言进谏的人士。

杜钦、谷永上书回答策问,都认为后宫受宠之女太多,人人心怀嫉妒,力求使自己获得皇帝的独宠,这样下去,势必出现对皇帝继嗣之人的危害。

越巂发生山崩。 丞相乐安侯匡衡获罪,被免职贬为平民。

因为匡衡多取了四百顷封邑土地,下属监临官吏盗走监守财物价值十金以上,所以将他免职,贬为平民。

壬辰（前29） 汉成帝建始四年

春正月,有四颗陨石落在亳县,有两颗陨石落在肥累。 撤销中书宦官,初次设置尚书员五人。 任命王商为丞相。 夏四月,下雪,成帝又召见直言进谏的人士,让他们在白虎殿回答策问。

当时成帝将朝廷政务交给王凤处置,很多人都将自然灾变归罪于王凤。谷永深知王凤正手握大权,想暗中投靠他,于是上书说:"现在四方夷狄都已归服,都成了汉朝的臣属。大的诸侯

乃食数县，汉吏制其权柄。百官盘互，亲疏相错。骨肉大臣小心畏忌，有申伯之忠，无重合、安阳、博陆之乱。三者无毛发之辜，窃恐陛下舍昭昭之白过，听暗昧之瞽说，归咎无辜，倚异政事，重失天心，不可之大者也。陛下诚深察愚言，抗湛溺之意，解偏驳之爱，奋乾刚之威，平天覆之施，使列妾得人人更进，益纳宜子妇人，毋择好丑，毋避尝字，以慰释皇太后之忧愠，解谢上帝之谴怒，则继嗣蕃滋，灾异讫息矣！"杜钦亦仿此意。上皆以其书示后宫，以永为光禄大夫。

秋，桃、李实。

御史中丞薛宣上疏曰："陛下至德仁厚，而嘉气尚凝，阴阳不和，殆吏多苛政，部刺史或不循守条职，举错各以其意，多与郡县事，至开私门。听谗佞以求吏民过失，谴呵及细微，责义不量力。郡县相迫促，亦内相刻，流至众庶。是故乡党阙于嘉宾之欢，九族忘其亲亲之恩，饮食周急之厚弥衰，送往劳来之礼不行。夫人道不通，则阴阳否隔，和气不兴，未必不由此也。方刺史奏事时，宜明申饬，使昭然知本朝之要务。"上嘉纳之。

河决。

先是清河都尉冯逡奏言："郡承河下流，土壤轻脆易伤，顷所以阔无大害者，以屯氏河通两川分流也。今屯氏河塞，灵鸣犊口又益不利，独一川兼受数河之任，虽高增堤防，终不能泄。如有霖雨，旬日不霁，必盈溢。九河今既难明，屯氏河绝未久，其处易浚。又其口所居高，于以分杀水

食邑几个县，有朝廷派官员控制那里的大权。各类官员彼此相互制约，与皇上有亲属关系的与无亲属关系的官员互相交错。骨肉大臣小心畏忌，有申伯那样的忠诚，没有重合侯、安阳侯、博陆侯那样的阴谋。以上三种人都没有丝毫罪过，我恐怕陛下放过明显的过失，而听信不明不白的瞎说，归罪于无辜之人，在政事上信从异说，大失上天之心，这是最大的不应该。陛下如真正深察我愚昧之言，抗拒沉溺之意，解除偏爱，奋起阳刚之威，平均施行天子的恩爱，使嫔妃个个轮流侍奉，增加能够生育男孩的女人，不论美丑，不计较是否嫁过人，以此宽慰解除皇太后的忧愁烦恼，平息上帝的怒意谴责，这样就会子孙繁衍，灾异消失了！"杜钦也按这种意思上书。成帝都把这些奏书让后宫看，并任命谷永为光禄大夫。

秋季，桃树、李树结果。

御史中丞薛宣上奏说："陛下至德，心性仁厚，但因美好之气刚刚凝结，阴阳未能谐和，原因在于官吏施政苛刻，部刺史有的不遵守职责，举动措施各依自己心意，经常干涉郡县的事务，以致结党营私。他们听信谄媚小人的虚言，来寻求官吏百姓的过失，吹毛求疵，无所不至，责义则不量力。郡县间相互强迫催促，在内也彼此刻薄，坏风气流行于百姓中。因此，乡党中缺少嘉宾的欢乐，九族间忘掉宗亲的恩爱，饮食周济的厚道日渐衰微，送往迎来的礼节不再通行。如果人道不通畅，那阴阳就隔断，和气不能兴旺，未必不是根源于此。正当刺史奏事之时，应该明确加以告诫，使他们清晰地知晓本朝首要之务。"成帝嘉奖采纳了这个建议。

黄河决口。

之前，清河都尉冯逡上奏说："我郡处于黄河下流，土壤松脆，容易倒塌。以前没怎么造成大害，是由于屯氏河通畅，水大时可以两河分流。如今屯氏河淤塞，灵鸣犊口也越来越不通畅，只有这一条河承受几条河的负担，即使增高堤防，终究不得宣泄。一旦连雨十日不停，必然漫溢。夏禹九河现今既难以寻找，屯氏河淤塞不久，容易疏浚。加上河口位置较高，对于分减水

力,道里便宜,可复浚以助大河,泄暴水,备非常。不豫修治,北决病四五郡,南决病十余郡,然后忧之晚矣!"事下丞相、御史,以为:"方用度不足,可且勿浚。"至是大雨水十余日,河果决东郡金堤,凡灌四郡三十二县,水居地十五万余顷,深者三丈,坏败官亭室庐且四万所。

以王尊为京兆尹。

南山群盗数百人为吏民害。诏逐捕,岁余不能禽。或说大将军凤,选贤京兆尹。于是凤荐尊为京辅都尉,行尹事。旬月间,盗贼清,拜京兆尹。

大将军凤奏以陈汤为从事中郎。

上即位之初,丞相匡衡复奏:"陈汤奉使颛命,盗所收康居财物。"汤坐免。

后以言事不实,下狱当死。谷永上疏讼汤曰:"战克之将,国之爪牙,不可不重。故君子闻鼓鼙之声则思将帅之臣。汤前斩郅支,威震百蛮,武畅四海。今坐言事非是,幽囚久系,执宪之吏欲致之大辟。《周书》曰:'记人之功,忘人之过,宜为君者也。'夫犬马有劳于人,尚加帷盖之报,况国之功臣者哉!窃恐陛下忽于鼓鼙之声,不察《周书》之意,而忘帷盖之施,庸臣遇汤,卒从吏议,非所以厉死难之臣也。"书奏,诏出汤,夺爵为士伍。

会西域都护段会宗为乌孙所围,驿骑上书,愿发城郭、敦煌兵以自救。大将军凤言:"汤多筹策,习外国事,可

力,疏导起来也方便,可重新疏通屯氏河,以助黄河宣泄突发大水,防备于非常。如果不加修治,黄河北边一旦决口,将会危害四五个郡;如果南面决口,就会使十几个郡受害,那时再忧愁可就晚了!"奏事下交丞相、御史,他们认为:"方今国家财政困难,可暂且不疏通。"到现在,连降十余日大雨,黄河果然在东郡金堤决口,一共淹了四个郡三十二个县,大水淹没了土地十五万多顷,深处达三丈,冲毁倒塌官亭、民舍四万多所。

任命王尊为京兆尹。

南山有成群盗匪几百人,为害官吏、百姓。成帝下诏追捕,一年多没能捉到。有人建议大将军王凤,选任贤能担任京兆尹。于是王凤举荐王尊任京辅都尉,代行京兆尹的职务。一个月时间,王尊便清除了盗贼,被正式任命为京兆尹。

大将军王凤上奏任命陈汤为从事中郎。

成帝刚即位时,丞相匡衡多次上奏说:"陈汤奉命出使西域,不奉上命而自由行事,盗取了没收康居国的财物。"陈汤因而获罪免官。

后来又因为他上书讲的不符事实,被捕下狱,依罪应判死刑。谷永便上书为陈汤辩护说:"克敌善战的将军,是国家的爪牙,不能不重视他们。所以,君子听到战鼓之声就思念将帅之臣。陈汤以前斩杀郅支单于,声威震动百蛮,威武畅通四海。现今陈汤因所奏不实获罪,久禁监狱,执刑官吏打算将他处斩。《周书》说:'记人之功,忘人之过,这是应该为君主所具备的。'即使犬马有劳于人,死后还要用车帷伞盖将它埋葬,回报它们的效劳,更何况国家的功臣呢!我恐怕皇上疏略了战鼓之声,不曾明察《周书》之意,忘掉报答功臣的效劳,像对待平庸之臣那样对待陈汤,最后听从官吏的建议,这并非是鼓励臣子为国捐躯的做法。"奏章呈上,诏令放出陈汤,夺去爵位,贬为士伍。

这时正巧西域都护段会宗被乌孙军队围困,派来驿骑上书,请求同意征发西域各国军队和敦煌的汉朝守军以自救。大将军王凤说:"陈汤富于谋略,熟悉西域外国之事,可以召他前来

问。"上召汤见宣室。汤击郚支时中寒病，两臂不屈申，有诏毋拜，示以会宗奏。汤对曰："臣以为此必无可忧也。"上曰："何以言之？"汤曰："夫胡兵五而当汉兵一，何者？兵刃朴钝，弓弩不利。今闻颇得汉巧，然犹三而当一。又《兵法》曰：'客倍而主人半，然后敌。'今围会宗者，人众不足以胜会宗，唯陛下勿忧。且兵，轻行五十里，重行三十里，今发城郭、敦煌，历时乃至，所谓报仇之兵，非救急之用也。"上曰："度何时解？"汤知乌孙瓦合，不能久攻，故事不过数日，因对曰："已解矣。"屈指计其日，曰："不出五日，当有吉语闻。"居四日，军书到，言已解。大将军凤奏以为从事中郎，莫府事壹决于汤。

癸巳（前28）　**河平元年**

春，以王延世为河堤使者，塞决河。

杜钦荐王延世为河堤使者。延世以竹落长四丈，大九围，盛以小石，两船夹载而下之。三十六日堤成。赐延世爵关内侯。

夏四月晦，日食。诏百官陈过失。

时许皇后专宠，后宫希得进见，中外皆忧上无继嗣，故刘向、杜钦、谷永皆以为言。上于是减省椒房、掖廷用度，皆如竟宁以前故事。皇后上疏自陈，以为："时世异制，长短相补，不出汉制而已，纤微之间未必可同也。今家吏不晓，壹受诏如此，且使妾摇手不得。唯陛下察焉！"上于是采谷

询问。"成帝便在宣室殿召见陈汤。陈汤攻打郅支时因中寒两臂不能屈伸，成帝诏许不必跪拜，拿会宗的奏书给他看。陈汤回答说："我认为这件事根本不必担忧。"成帝说："你为什么这么说呢？"陈汤说："胡兵五人才顶得上汉兵一人，为什么呢？他们的刀刃不锋利，弓箭也不便利。现在听说学到汉人的技巧，但也只能三顶一。而且《兵法》也说：'攻击的客军必须是守军的两倍，然后才可进攻。'如今围困段会宗的敌人数目尚不足战胜他，请陛下不必担忧。况且部队轻装日行可达五十里，重装日行可达三十里，现在如派发诸国和敦煌的军队，要长时间才能到达，这只能是报仇之兵，非救急之用。"成帝说："你估计什么时候可以解除围困？"陈汤知道乌孙兵是乌合之众，不能长期坚持攻战，所以事情不过几天，因而回答说："已经解围了。"又屈指计算天数，说："不出五天，当能听到好消息。"过了四天，军书到来，说围困已解除。大将军王凤上奏，任命陈汤为从事中郎，从此，大将军幕府的大事均由陈汤一人决定。

癸巳（前28） 汉成帝河平元年

春季，任命王延世为河堤使者，负责堵塞黄河决口。

杜钦举荐王延世任河堤使者。王延世用长四丈、大九围的竹编笼网盛满小石，再用两条船夹着载运，沉入决口处。经过三十六天就修好了河堤。成帝赐给王延世关内侯的爵位。

夏四月最后一天，出现日食。成帝下诏要求百官陈述朝廷的过失。

当时，许皇后受专宠，后宫其他嫔妃难得亲近成帝，朝廷内外都为皇帝无子而担忧，所以刘向、杜钦、谷永都上书说此事。成帝于是削减皇后椒房殿和嫔妃掖廷的用费，一切按竟宁以前的旧例。许皇后上书为自己辩解说："我认为不同时代不同制度，取长补短，不超越汉制就行了，细微的方面不一定要求一样。现在主管后宫的官吏不了解这个道理，如果一旦接受这样的诏书，恐怕我连摇摇手都办不到。还请陛下明察！"成帝于是将谷

永等言报之,且曰:"吏拘于法,亦安足过,盖矫枉者过直,古今同之。且财币之省,其于皇后所以扶助德美,为华宠也。传不云乎:'以约失之者鲜。'孝文皇帝,朕之师也;皇太后,皇后成法也。皇后其刻心秉德,谦约为右,垂则列妾,使有法焉。"

秋,复太上皇寝庙园。

给事中平当言:"太上皇,汉之始祖,废其寝庙园,非是。"上亦以无继嗣,遂纳当言。

减死刑,省律令。

诏曰:"今大辟之刑,千有余条,律令烦多,百有余万言。奇请、他比,日以益滋。自明习者不知所由,欲以晓谕众庶,不亦难乎!其议减死刑及可蠲除约省者,令较然易知,条奏。"时有司不能广宣上意,徒钩撼微细,毛举数事,以塞诏而已。

甲午(前27) 二年

春正月,匈奴遣使朝献。

匈奴遣右皋林王伊邪莫演奉献,罢归,自言欲降,"即不受我,我自杀,终不敢还"。使者以闻,下公卿议。议者或言:"宜如故事,受其降。"谷永、杜钦以为:"汉兴,匈奴数为边害,故设金爵之赏以待降者。今单于称臣朝贺,无有二心,接之宜异于往时。今既享其聘贡之质,而更受其逋逃之臣,是贪一夫之得而失一国之心,拥有罪之臣而绝慕义之君也。假令单于初立,欲委身中国,未知利害,使之诈降以卜吉凶,受之,亏德沮善,令单于自疏,不亲边吏;

永等人奏章所说灾变原因出于后宫的意思转告皇后,并且说:"官吏拘于法令规定,也算不上过错,矫枉过正,古今如此。况且后宫开支的节省,正有助于扶助皇后美德,博得更多赞誉。经传上不是说过:'因为节约而犯过失的人非常少。'孝文帝在这方面是我的老师,皇太后也是皇后现成的榜样。皇后要尽心养德,以勤俭节约为上,为下面嫔妃示范,使他们有榜样可遵循。"

秋季,恢复了太上皇的墓园、祭庙。

给事中平当上奏说:"太上皇乃是汉朝的始祖,废除他的陵园、祭庙没有道理。"成帝也因为后继无人,便采纳了他的意见。

减少死刑,减省律令条文。

成帝下诏说:"现在关于死刑的规定就有一千余条,律令繁多有一百多万言。此外,还有奇请、他比等附加规定,日益增多。连专门研究运用法律的官吏都搞不清头绪,要用它晓谕百姓,不更难吗! 应讨论减少死刑和可取销、简化的条规,让它简单易懂。研究后,具体回奏。"当时主管部门不能对成帝的意图广为宣传,只是摘取细微小事,来敷衍诏书罢了。

甲午(前27) 汉成帝河平二年
春正月,匈奴派遣使臣来汉朝进贡。

匈奴派遣右皋林王伊邪莫演来朝进贡,公事办完,准备回国时,自己说愿意归降汉朝,还说:"如果不接受我,那我就自杀,反正不敢回匈奴。"使者报告朝廷,成帝下交公卿讨论。有的说:"可以依据旧例,接受他归降。"谷永、杜钦却认为:"汉朝兴盛,匈奴多次为害边疆,所以设置了黄金和爵位的奖赏,用来对待归降者。现在单于称臣朝贺,没有二心,接待就应不同于以往。如今既然接受他的朝贺进贡,反而收留他的逃亡之臣,这是贪图收获一人,而失掉匈奴一国的诚心,拥有一个有罪之臣,反而同仰慕仁义的君主断绝关系。假如单于因为新即位,打算投靠中国,却不知利害如何,派他假投降,用来观测这样做是吉是凶,我们如接受,便损害了善德,叫单于同中国疏远,不与边疆官吏友善;

或者设为反间,欲因而生隙,受之,适合其策,使得归曲而责直。此诚边境安危之原,师旅动静之首,不可不详也。不如勿受,以昭日月之信,抑诈谖之谋,怀附亲之心,便!"上从之。遣问降状,伊邪莫演曰:"我病狂妄言耳。"遣去。归到,官位如故,不肯令见汉使。

沛郡铁官冶铁飞。　夏,楚国雨雹。

大如釜。

徙山阳王康为定陶王。　悉封诸舅为列侯。

王谭为平阿侯,商为成都侯,立为红阳侯,根为曲阳侯,逢时为高平侯。五人同日封,故世谓之五侯。

免京兆尹王尊官,复以为徐州刺史。

御史大夫张忠奏京兆尹王尊罪,尊坐免官,吏民多称惜之。湖三老公乘兴等上书讼:"尊治京兆,尽节劳心,夙夜思职,拨剧整乱,诛暴禁邪,皆前所稀有。今御史奏尊'伤害阴阳,为国家忧;靖言庸违,象恭滔天'。原其所以,出御史丞杨辅。素与尊有私怨,外依公事,傅致奏文。臣等窃痛伤。尊修身洁己,砥节首公,刺讥不惮将相,诛恶不避豪强,功著职修,威信不废。昨以京师废乱,选用为卿,贼乱既除,即以佞巧废黜。一尊之身,三期之间,乍贤乍佞,岂不甚哉!愿下公卿、大夫、博士、议郎定尊素行!审如御史章,尊乃当伏观阙之诛,放于无人之域,不得苟免;及任举尊者,当获选举之辜,不可但已。即不如章,饰文深诋以愬无罪,亦宜有诛,以惩谗贼之口,绝诈欺之路。"于是复以

或者是单于故意设下的反间之计,打算借此寻找把柄,这样,接受了就恰巧中了他的计谋,使他把错误推给我们而用正理指责。这实在是边境安危的根源,战与和的关键,不能不仔细对待。所以,不如不接受,以显示我们的信义如日月之明,扼制他诈骗的阴谋,怀柔单于归顺亲和之心。"成帝依从了他们的建议。派人去查询归降者的状况,伊邪莫演说:"我那是有病说疯话呢。"便将他遣送回国。伊邪莫演回匈奴后,官职照常,但单于却不肯叫他再见到汉朝的使者。

沛郡铁官炼铁时铁飞走。　　夏季,楚国下冰雹。

冰雹大如釜。

改封山阳王刘康为定陶王。　　将成帝诸舅都封为列侯。

封王谭为平阿侯,王商为成都侯,王立为红阳侯,王根为曲阳侯,王逢时为高平侯。五个人同日受封,所以世称五侯。

撤销王尊京兆尹官职,重新任命为徐州刺史。

御史大夫张忠奏告京兆尹王尊的罪过,王尊因罪免职,京师官吏百姓大多表示惋惜。湖县三老公乘兴等人上书为王尊辩护说:"王尊治理京兆尽心尽力,日夜不忘职守,拨乱反正,除暴禁邪,都是以前少有的。现在御史上奏王尊'伤害阴阳,成了国家的忧患;托言治理,实是违职;表面恭敬,过恶漫天'。追究根源,出自御史丞杨辅。杨辅平时与王尊有私怨,外依公事,罗织罪状,以成奏文。臣等实感痛心。王尊修身廉洁,守节为公,揭露弊端不怕将相,除恶去害不避豪强,功绩显著,尽心尽职,不损害朝廷威信。过去因为京师混乱,选用为京兆尹,贼乱一旦清除,他却因奸佞小人的谗言而遭受罢免。一个王尊,三年之间,一会儿称为贤臣,一会儿称为奸邪,这不是太过分了吗!请圣上下令公卿、大夫、博士、议郎一起审定王尊日常的言行!真若像御史奏章那样,王尊应伏法示众,或流放到无人的边疆,不能使他幸免;至于举荐王尊的人,也应责以举荐不实之罪,不能原谅。如果事实不像奏章那样,而是巧言诬蔑,陷害无罪之人,也应加以处治,以惩治谗言害人者,杜绝欺诈的途径。"于是成帝重新

尊为徐州刺史。

西夷相攻，以陈立为牂柯太守，讨平之。

　　夜郎王兴、钩町王禹、漏卧侯俞更举兵相攻。议者以为道远不可击，乃遣太中大夫张匡持节和解。兴等不从命。杜钦说大将军凤曰："蛮夷轻易汉使，不惮国威，恐议者选耎，复守和解。则复旷一时，使彼得收猎其众以相殄灭。自知罪成，狂犯守尉，远臧温暑毒草之地，虽有孙、吴将，贲、育士，若入水火，往必焦没，智勇亡所施。宜因其罪恶未成，未疑汉家加诛，阴敕旁郡守尉练士马，大司农豫调谷积要害处，选任职太守往，以秋凉时入，诛其王侯尤不轨者。即以为不毛之地，无用之民，不以劳中国，宜罢郡放弃其民，绝其王侯，勿复通。如以先帝所立累世之功不可堕坏，亦宜因其萌牙，早断绝之。及已成形，然后战师，则万姓被害。"凤于是荐陈立为牂柯太守。立至，谕告兴，兴又不从。立乃从吏数十人出行县，至兴国，召兴至。立数责，因断头。出晓士众，以兴头示之，皆释兵降。禹、俞震恐，入粟、牛羊劳吏士。西夷遂平。

乙未（前26）　三年

春正月，楚王嚣来朝。

　　楚孝王嚣，宣帝子，上叔父也。诏以其素行纯茂，特加显异，封其子勋为广戚侯。

任命王尊为徐州刺史。

西夷互相攻战,任命陈立为牂柯太守,将其讨平。

夜郎王兴、钩町王禹、漏卧侯俞,先后起兵互相进攻。朝廷讨论时,有人认为路途太远,不能派兵征讨,于是派太中大夫张匡拿着皇帝的符节前往,进行调和。王兴等人不依从命令。杜钦便向大将军王凤献策说:"蛮夷轻视汉朝使臣,不怕中国的国威,只怕讨论的人胆怯不前,重又坚持调解。这样一来,又要搁置三个月时间,使他们乘机集结人众,进行攻杀。他们自知罪恶已经造成,便会疯狂地向郡守尉进犯,远藏在酷暑毒草之地,就是以孙武、吴起为将,率领孟贲、夏育这样的猛士,也如同进入水火之中,必被淹没烧焦,再大的智慧和勇敢都无法施展。现在应该趁着他们罪恶还没造成,不曾怀疑汉朝会对它征讨,暗中命令边防郡的守尉操练兵马,大司农预先征调粮草,屯集要害处,然后挑选胜任的太守前去,于秋凉之时进军,诛杀最为残暴不轨的蛮夷王侯。如果认为那里都是不毛之地,无用之民,用不着劳师动众,应该撤掉郡置,放弃该地百姓,与蛮夷王侯断交,不再往来。如果认为那里是先帝累世所建的功业,不应毁掉,也应该趁着变乱还处于萌芽之时及早平定。等到变乱一旦形成,然后兴师征讨,那百姓就要蒙受灾难。"王凤于是推荐陈立为牂柯太守。陈立到那里,就传谕告知王兴,王兴又不服从。陈立于是带领随从几十人,外出巡视所属各县,到了王兴控制的地方,召王兴会见。陈立谴责王兴,历数罪恶,并趁机将王兴砍头。陈立拿着王兴头颅晓谕兵众,结果都放下兵刃归降。钩町王禹和漏卧侯俞因而震惊恐惧,于是献上粮食、牛羊慰劳官吏将士。西夷于是平定。

乙未(前26) 汉成帝河平三年
春正月,楚王刘嚣前来朝见。

楚孝王刘嚣是汉宣帝的儿子,汉成帝的叔父。成帝下诏,因刘嚣一向品行高洁纯厚,特地给予特殊的奖励,封他的儿子刘勋为广戚侯。

二月,犍为地震,山崩,壅江水逆流。 秋八月晦,日食。 求遗书。

上以中秘书颇散亡,使谒者陈农求遗书于天下,诏光禄大夫刘向校之。向以王氏权位太盛,而上方向《诗》《书》、古文,乃因《尚书·洪范》,集合上古以至秦、汉符瑞、灾异之记,推迹行事,连传祸福,著其占验,比类相从,各有条目,凡十一篇,号曰《洪范五行传论》,奏之。天子心知向忠精,故为凤兄弟起此论也,然终不能夺王氏权。

河复决,复命王延世塞之。

河复决平原,流入济南、千乘,所坏败者半建始时。复遣王延世作治,六月乃成。

丙申(前25) 四年
春正月,匈奴单于来朝。

丞相王商多质有威重,容貌绝人。单于来朝,拜谒商,仰视大畏之,迁延却退。上闻而叹曰:"真汉相矣!"

三月朔,日食。 夏四月,诏收丞相乐昌侯王商印绶。商以忧卒。

琅邪太守杨肜与王凤连昏,其郡有灾害,商按问之。凤以为请,商不听,竟奏免肜。奏寝不下。凤以是怨商,阴求其短,使人告商淫乱事。天子以为暗昧之过,不足以伤大臣。凤固争,下其事司隶。太中大夫张匡素佞巧,复上书极言诋商,有司奏请,召诣诏狱。上素重商,知匡言多

二月,犍为发生地震,山体崩塌,堵塞了长江,使江水逆流。
秋八月最后一天,出现日食。　寻求散失的书籍。

　　成帝因为宫内藏书散失很多,派谒者陈农到各地寻求散失的书籍,诏令光禄大夫刘向校正。刘向因为外戚王氏权位太盛,而成帝正当留意于《诗》《书》、古文,于是就依据《尚书·洪范》,结合上古直到秦汉以来的祥瑞灾异的记录,推断迹象变化,联系人间祸福变化,显著它的占卜应验,分门别类,形成条目,共计十一篇,书名为《洪范五行传论》,献呈成帝。成帝心里知道刘向精忠爱国,因为王凤兄弟权势太盛,才有意著作此书,但是他终究不能剥夺王氏的大权。

黄河再次决口,重新命令王延世堵塞河堤。

　　黄河又在平原郡决口,洪水流入济南、千乘,所造成的损失,相当于建始年决口的一半。朝廷再次派王延世负责治理,六个月后完工。

　　丙申(前25)　汉成帝河平四年
　　春正月,匈奴单于前来朝贺。

　　丞相王商素质纯朴,有威严持重的气度,容貌过人。匈奴单于前来朝贺时,拜谒王商,当他向上仰视王商时,不禁非常敬畏,连续后退了好几步。成帝听说后,感叹道:“这真正是我大汉的丞相!”

　　三月初一,出现日食。　夏四月,成帝下诏收回丞相乐昌侯王商的印信绶带。王商因忧愁去世。

　　琅邪太守杨肜与王凤是姻亲,他的郡里发生灾害,由王商查办。王凤为杨肜说情,王商不听,反而上奏请求罢免杨肜。奏书送上去迟迟没有批复。王凤因此怨恨王商,暗中找他的短处,派人告发王商淫乱之事。成帝认为这是暗昧的小过失,不足以伤害大臣。王凤坚持要追究,于是将此事下交司隶。太中大夫张匡平时奸佞乖巧,趁机又上书极力诋毁王商,主管部门上奏要求召王商到诏狱进行审讯。成帝一向敬重王商,知道张匡的话多

险,制曰:"勿治!"凤固争之。诏收商丞相印绶。商免相三日,发病,欧血薨,谥戾侯。子弟亲属皆出补吏,莫得留给事、宿卫者。有司奏请除国邑,诏子安嗣侯。

以张禹为丞相。

上为太子,受《论语》于禹,及即位,赐爵关内侯,拜光禄大夫、给事中,与王凤并领尚书。禹内不自安,数病,上书欲退避凤。上不许,抚待愈厚,遂以为相。

罽宾遣使来献。

初,武帝通西域,罽宾自以绝远,汉兵不能至,独不服,数剽杀汉使。遣使来谢,孝元以绝域不录,绝而不通。

及帝即位,复遣使献谢罪。汉欲遣使者报送其使,杜钦说王凤曰:"中国所以为通厚蛮夷,恔快其求者,为壤比而为寇也。今县度之厄,非罽宾所能越也。其乡慕不足以安西域,虽不附不能危城郭。前亲逆节,恶暴西域,故绝而不通。今悔过来,而无亲属、贵人,奉献者皆行贾贱人,欲通货市买,以献为名。故烦使者送至县度,恐失实见欺。起皮山,南更不属汉之国四五,时为所侵盗。又历大、小头痛之山,赤土、身热之阪,令人身热无色,头痛呕吐。又有三池磐、石阪道,狭者尺六七寸,长者径三十里,临峥嵘不测之深。行者骑步相持,绳索相引,二千余里,乃到县度。

是奸险之词，于是批示："不许究治！"后来，王凤又坚持追究。成帝下诏收回王商的丞相印信、绶带。王商被免去丞相三天后，发病吐血而死，谥号为庚侯。王商的子弟亲属，凡在宫廷内任职的都被调出，补任其他管职，不许留在给事、宿卫等职位上。主管部门奏请撤销王商的封地，成帝下诏令王商的儿子王安继承乐昌侯爵位。

任命张禹为丞相。

成帝当太子时，由张禹教授《论语》，即位后，赐张禹为关内侯，拜为光禄大夫、给事中，和王凤一起主管尚书事务。张禹内心不安，多次称病，上书请求退休，想避开王凤。成帝不准，对他安抚更为优厚，于是被任命为丞相。

罽宾国派遣使者前来献礼。

起初，汉武帝打通西域，罽宾国自以为地处绝远，汉军不可能到达，因此不顺服，多次劫杀汉使。后来，罽宾国派使臣赴长安上书请罪，元帝认为其国地处绝远，不与来往。

等到成帝即位，罽宾王又派使者献礼谢罪。汉朝打算派使者护送作为礼节回报，杜钦对王凤说："中国之所以厚待蛮夷，满足他们的要求，因为疆土相连，容易侵犯边境。现今县度的险要，不是罽宾军队可以越过的。他们即使归附，也不足以安定西域，虽然不归附，也不能危害我们的城池。从前，罽宾王亲自冒犯汉朝使节，罪恶暴露在西域各国面前，所以中国与他断交。现在他们宣称悔悟过来，但是前来奉献的都是低贱的买卖人，没有王者亲属、显贵，可见他们是以献礼为名，打算通商做买卖。所以，如果劳烦使者将他们护送到县度险阻之处，就怕受了他们的欺骗。从皮山国南去，要经过非汉朝管辖的四五个国家，这里时常有沿路抢劫的事件发生。此外还要经过大、小头痛山和赤土阪、身热阪。走到这里，会叫人浑身发烧，面无人色，头痛呕吐。又有三池磐、石阪道，窄的地方只有一尺六七寸，而长的可达三十里，旁边是陡峭不测的深谷。行走的人要跨坐在岩上，用绳索连在一起，一点一点向前移动。要走两千多里，才能到达县度。

险阻危害,不可胜言。圣王分九州,制五服,务盛内,不求外。今遣使者承至尊之命,送蛮夷之贾,劳吏士,涉危难,罢敝所恃以事无用,非久长计也。使者业已受节,可至皮山而还。"于是凤白,从钦言。罽宾实利赏赐贾市,其使数年而壹至云。

山阳火生石中。
诏改明年元日阳朔。

丁酉(前24)　**阳朔元年**
春二月晦,日食。　冬,下京兆尹王章狱,杀之。

时大将军凤用事,上谦让无所颛。左右尝荐刘向少子歆,召见,说之,欲以为中常侍。召取衣冠,临当拜,左右皆曰:"未晓大将军!"上曰:"此小事,何须关大将军!"左右叩头争之,上于是语凤,凤以为不可,乃止。

王氏子弟分据势官,满朝廷。杜钦见凤专政泰重,戒之曰:"愿将军由周公之谦惧,损穰侯之威,放武安之欲,毋使范雎之徒得间其说。"凤不听。

时上无继嗣,体常不平。定陶共王来朝,太后与上承先帝意,遇共王甚厚,不以往事为纤介,留之京师。上谓共王:"我未有子,人命不讳,一朝有他,且不复相见,尔长留侍我矣。"后疾有瘳,共王因留国邸,上甚亲重之。凤心

这里的种种险阻危害,难以描述。古代圣王将天下分为九州,又制定甸、侯、绥、要、荒五服,是为了追求国内兴盛,而不是追求域外之事。现在派遣使者,秉承皇上的命令,护送外族的商人,烦劳官兵,远涉险阻,使我们自己依赖的人疲惫,来为无用之邦效劳,不是长久大计。既然使者已经派定,可以护送到皮山国就回来。"于是,王凤将杜钦的话报告给成帝,被成帝采纳。罽宾国实际上是贪图汉朝的赏赐,并想和汉朝做买卖,他们的使节几年才来一次。

在山阳的石头中冒出火花。

下诏,明年的纪元改称阳朔。

丁酉(前24) 汉成帝阳朔元年

春二月最后一天,出现日食。 冬季,将京兆尹王章逮捕入狱,处死。

当时大将军王凤掌权,成帝一味谦让,致使大权旁落。成帝身边的侍臣曾经举荐刘向的小儿子刘歆,成帝召见,十分喜欢,便打算任命他为中常侍。成帝命左右拿来衣冠,正准备拜官,身边的人都说:"还不曾叫大将军知道!"成帝说:"这是件小事,何须通知大将军!"身边的人都叩头力争,成帝于是告诉了王凤,王凤认为不可以,于是没有任用。

王家的子弟分别占据要职,达官显贵充满朝廷。杜钦看到王凤过于专权,就告诫他说:"希望将军依照周公谦逊谨慎的态度,减少穰侯魏冉那种威风,去掉武安侯田蚡的贪欲,不要叫范雎这类人从中得以挑拨离间!"王凤不听。

当时成帝没有继嗣,又常患病。定陶共王前来朝拜,太后与成帝秉承元帝的意愿,对待他十分优厚,不因过去争嫡的事心存丝毫芥蒂,让他留在京师。成帝对定陶共王说:"我没有儿子,人命长短也用不着避讳,一旦有个变化,我们就不能再相见,你就长期留下,随侍在我身边吧。"后来,成帝病情减轻,定陶共王就留在封国在京师的府邸,成帝十分看重和亲近他。王凤心里

不便，会日食，因言："日食，阴盛之象。定陶王当奉藩在国。今留侍京师，诡正非常，故天见戒，宜遣之国。"上不得已于凤而许之。王辞去，上与涕泣而决。

王章素刚直敢言，虽为凤所举，非凤专权，不亲附凤，乃奏封事，言："日食之咎，皆凤专权蔽主之过！"召见延问，对曰："天道聪明，佑善而灾恶，以瑞异为符效。陛下以未有继嗣，引近定陶王，所以承宗庙，重社稷，上顺天心，下安百姓，此正议善事，当有祥瑞，何故致异灾？异灾之发，为大臣颛政者也。今闻大将军猥归日食之咎于定陶王，建遣之国，苟欲使天子孤立于上，颛擅朝事，以便其私，非忠臣也。且日食阴侵阳，臣颛君之咎。今政事大小皆自凤出，天子曾不壹举手，凤不内省责，反归咎善人，推远定陶王。且凤诬罔不忠，非一事也。前丞相商，内行笃有威重，位历将相，国家柱石臣也。守正不随，为凤所罢，身以忧死，众庶愍之。又凤知其小妇弟张美人已尝适人，于礼不宜配御至尊，托以为宜子，内之后宫，苟以私其妻弟。且羌、胡尚杀首子以荡肠正世，况于天子而近已出之女也！此三者皆大事，陛下所自见，足以知其余及他所不见者。凤不可令久典事，宜退使就第，选忠贤以代之。"

自凤之白罢商，后遣定陶王也，上不能平，及闻章言，感寤纳之，谓章曰："微京兆尹直言，吾不闻社稷计。且唯

对此很感不便,正巧发生日食,便说:"日食是阴气太盛的象征。定陶王应该留在自己封国当藩王。现在让他留在京师,是不正常的,所以上天显示告诫,应该遣送回国。"成帝对王凤没办法,只好同意。定陶王辞别,成帝与他流泪而别。

王章一贯刚正,敢于直言,他虽然是王凤举荐的,但反对王凤专权,不亲近依附王凤,于是上密奏说:"发生日食的原因,都是王凤专权蒙蔽皇上的罪过!"成帝召见王章,进一步询问,他回答说:"上天是心明眼亮的,他总是保佑良善,降灾给邪恶,用祥瑞与灾变显示效验。陛下因为没有亲生儿子,因而接来定陶王,这是为了承继宗庙,保重国家,对上顺从天意,对下安定百姓,这是正当的决定和大好的事情,应该有祥瑞出现,怎么会招来灾异呢?灾异之所以发生,是因为有大臣专权。现在听说大将军错将日食之因归到定陶王身上,建议遣送回国,这是大将军打算将天子孤立在上面,自己专权,以满足私心,这不是忠臣。而且日食表现的阴气侵犯阳气,正是臣下专权压抑君上的表现。现在政事不论大小都由王凤决断,天子连手都没举过一次,王凤自己不深责反省,反而归罪于好人,将定陶王从皇上身边赶走。况且王凤诬陷不忠,并非一件事。前丞相王商品行敦厚,威望很高,历任将相,乃是国家柱石之臣。只因为他坚持正义而不依附,被王凤撤免,忧愤而死,百姓对他十分怜惜。还有,王凤明知道他小妾的妹妹张美人已嫁过人,按礼不应该上配至尊的皇上,但却借口张美人能生男孩,送到后宫,以不光明的手段为他小妾的妹妹谋求私利。而且,就是羌、胡夷人还要杀死头胎婴儿,以此洗洁肠腑,保证血统的纯正,更何况是天子,怎能亲近已经嫁人的女子!这三件都是大事,是陛下亲自看到的,这就足以知道其他那些看不见的事了。不能让王凤长期掌握朝政,应该让他退职回家,选举忠良之臣来代替他!"

自从因为王凤的奏请罢免王商,后来又送走定陶王,成帝始终不能平静,等听到王章的话,心中感悟,打算采纳,对王章说:"多亏京兆尹直言相告,不然我就听不到国家大计。但只有

贤知贤，君试为朕求可以自辅者。"于是章荐琅邪太守冯野王，忠信质直，智谋有余。上自为太子时，数闻野王名，方倚欲以代凤。章每召见，上辄辟左右。时凤从弟子音侍中，独侧听，闻章言，以语凤，凤甚忧惧。杜钦令凤称病去就第，上疏乞骸骨，辞指甚哀。太后闻之，垂涕不食。上少时亲倚凤，弗忍废，乃优诏报凤，强起之。于是凤起视事。

上使尚书劾章："知野王前以王舅出补吏，而私荐之，阿附诸侯。又知张美人体御至尊，而妄称引羌、胡杀子荡肠，非所宜言。"下章吏。廷尉致其大逆罪，章竟死狱中，妻子徙合浦。自是公卿见凤，侧目而视。

野王惧不自安，遂病。满三月，赐告，归杜陵就医药。凤风御史劾奏："野王赐告养病而私自便，持虎符出界归家，奉诏不敬。"杜钦曰："二千石病，赐告得归，有故事；不得去郡，亡著令。传曰：'赏疑从予。'所以广恩劝功也。'罚疑从去。'所以慎刑，阙难知也。今释令与故事而假不敬之法，甚违'阙疑从去'之意。即以二千石守千里之地，任兵马之重，不宜去郡，将以制刑为后法者，则野王之罪在未制令前。刑赏大信，不可不慎。"凤不听，竟免野王官。

时众庶多冤王章讥朝廷者，钦欲救其过，复说凤："举直言极谏，并见郎从官，展尽其意，加于往前，以明示四方，

贤者能识别贤者，你试着为我找一位能够辅政的人。"于是王章举荐琅邪太守冯野王，说他忠诚正直而又富于智谋。成帝做太子的时候，多次听到野王的名声，于是准备倚靠他来代替王凤。王章每次被成帝召见，成帝都命左右之人退出。当时有王凤的侄子王音为侍中，独自偷听，听到王章的话就告诉王凤，王凤十分忧愁恐慌。杜钦就出主意叫王凤称自己有病回家，上书请求退休，言语很是哀痛。太后听到后，流泪不吃饭。成帝小时就亲近依赖王凤，不忍将他废黜，于是下诏安抚，勉强王凤继续任职。于是王凤重新治事。

成帝叫尚书弹劾王章，说："王章明知冯野王是诸侯王的舅父而外放补官，而却私心举荐，以此阿谀依附诸侯。又明知张美人侍奉至尊的皇帝，而狂妄地引用羌、胡杀子正血统的风俗，不是应说的话。"于是将王章下交司法官吏。廷尉判为大逆不道之罪，王章最终死在牢狱中，妻子儿女流放到合浦。从此，公卿们看见王凤，都侧目而视。

冯野王恐惧不安，于是得了病。三个月病假期满，成帝批准他回杜陵养病。王凤暗示御史弹劾说："冯野王赐告养病，却私自拿着虎符越界回家，这是奉诏不敬。"杜钦说："二千石的官员有病，赐准归养有前例可循；不能离郡的条文律令上没有。经传上说：'该不该赏赐有疑虑，姑且给予赏赐。'用意在于广施恩泽，劝励建功。还说：'该不该处罚有疑虑，姑且不予处罚。'目的就在于谨慎刑罚，避免差错。现在不顾法令与前例，而以奉诏不敬的条文治罪，是违背了经传所说'有疑问则暂时搁置，不去处罚'的意旨。即使认为二千石官员守卫千里之地，军事上身负重责，不宜离开本郡，准备制定律条作为以后的法令，那冯野王的罪过也是在未曾制定刑律之前。刑罚与奖赏都关系国家的信誉，不能不慎重从事！"王凤不听，最终撤销了冯野王的官职。

当时众人大多认为王章冤枉而讥讽朝廷，杜钦打算补救这个过错，又劝王凤说："举荐敢于直言规劝之士，加上现在的郎、从官，让他们尽量发表意见，超过以往的言路，以此向四方显示，

使天下咸知主上圣明,不以言罪下也。"风行其策。

以薛宣为左冯翊。

宣为郡,所至有声迹。宣子惠为彭城令,宣尝过其县,心知惠不能,不问以吏事。或问宣:"何不教戒惠以吏职?"宣笑曰:"吏道以法令为师,可问而知。及能与不能,自有资材,何可学也?"宣为冯翊,属令有杨湛、谢游,皆贪猾不逊。宣察湛有改过之效,乃密书晓之。游自以大儒轻宣,乃独移书显责之。二人得檄,皆解印绶去。又频阳多盗,令薛恭本孝者,职不办;粟邑僻小易治,令尹赏久用事吏,宣即奏二人换县。数月,两县皆治。宣得吏民罪名,即告其县长吏,使自行罚。曰:"不欲代县治,夺贤令长名也。"宣赏罚明,用法平而必行,所居皆有条教可纪。性密静有思,下至财用笔研,皆为设方略,利用而省费。

戊戌(前23) 二年
夏四月,以王音为御史大夫。

于是王氏愈盛,郡国守相、刺史,皆出其门。五侯群弟争为奢侈,赂遗珍宝,四面而至,皆通敏人事,好士养贤,倾财施予,以相高尚,宾客竞为之声誉。刘向谓陈汤曰:"今灾异如此,而外家日盛,其渐必危刘氏。吾幸得以同姓末属,累世蒙汉厚恩,身为宗室遗老,历事三主。上以我先帝

使天下都知皇上圣明,不会因为敢于说真话而处罚臣下。"王凤施行了这个计策。

任命薛宣为左冯翊。

薛宣任郡守时,所到之处都留下好的政绩和名声。他的儿子薛惠当彭城令,薛宣曾经到过那里,心里知道薛惠缺乏行政能力,就不问他当官的事。有人问薛宣:"为什么不告诫薛惠如何尽到县令的职责呢?"薛宣笑着说:"为吏之道,以法令为师,一问就知道了。至于能干不能干,那自有天资,怎么能学呢?"薛宣出任冯翊后,下属县令中有杨湛、谢游两个人,都是贪图钱财、狡猾不逊的人。薛宣观察杨湛还有改正过错的表现,就给他写密信,晓以道理。谢游自以为是大儒看不起薛宣,就单独去信公开责备他。两人得到书信,都交出符印、绶带,辞职而去。另外,频阳多有盗贼,县令薛恭本是个孝顺之人,但不能任其职;粟邑偏僻而地小,容易治理,县令尹赏是个干了很多年的官吏,薛宣当即奏请调换两人的治县。几个月后,两个县都得到了很好的治理。薛宣如果得知官吏平民的罪过,就告诉该县的长吏,叫他自行处罚。他说:"不想代替县令治理,否则就会夺了贤明县令的名声。"薛宣赏罚分明,对法令的运用公平而且必定实行,所居处都有条文可纪。他秉性周密静穆而爱思考,下至笔砚财用具体之事,都为之设计规划,使之便于使用而节省费用。

戊戌(前23)　**汉成帝阳朔二年**
夏四月,任命王音为御史大夫。

王氏家族的势利越来越盛,郡、封国的太守、国相及各州刺史,都出自王氏的门下。王氏五侯的弟弟们,竞争奢侈,贿赂他们的珍宝,从四面而来。五侯各门都通达人事,好士养贤,倾财施予,以争高尚之名,宾客们竞相为其主制造好名声。刘向对陈汤说:"现在灾异严重到如此地步,外戚家势日益盛大,发展下去必定危害刘氏天下。我有幸能以同姓支属,世世蒙受汉朝厚恩,自身作为汉室遗老,先后侍奉过三位皇帝。皇上把我看作先帝

旧臣，每进见常加优礼，吾而不言，孰当言者！"遂上封事极谏曰："臣闻人君莫不欲安，然而常危；莫不欲存，然而常亡；失御臣之术也。夫大臣操权柄，持国政，未有不为害者也。今王氏一姓，乘朱轮华毂者二十三人。大将军秉事用权，五侯骄奢僭盛，并作威福，击断自恣，行污而寄治，身私而托公，依东宫之尊，假甥舅之亲，以为威重。尚书、九卿、州牧、郡守，皆出其门，管执枢机，朋党比周，称誉者登进，忤恨者诛伤，游谈者助之说，执政者为之言。排摈宗室，孤弱公族，其有智能者，尤非毁而不进，不令得给事朝省，恐其与己分权。数称燕王、盖主以疑上心，避讳吕、霍而弗肯称。内有管、蔡之萌，外假周公之论。兄弟据重，宗族磐互，外戚僭贵，未有如王氏者也。物盛必有非常之变先见，为其人微象。王氏先祖坟墓在济南者，其梓柱生枝叶，扶疏上出屋，根盠地中。事势不两大，王氏与刘氏亦且不并立，如下有泰山之安，则上有累卵之危。陛下为人子孙，守持宗庙，而令国祚移于外亲，降为皂隶，纵不为身，奈宗庙何！妇人内夫家而外父母家，此亦非皇太后之福也。宜发明诏，援近宗室，黜远外戚。王氏永存，保其爵禄；刘氏长安，不失社稷，所以褒睦外内之姓，子子孙孙无疆之计也。如不行此策，田氏复见于今，六卿必起于汉，为后嗣忧，

的老臣，每次进见都给以优厚礼遇，我要不说，谁该说呢！"便上密封奏书，极力规劝成帝说："我听说，当皇帝的没有不愿平安的，然而却常有危机；没有不愿意长存的，然而却常常灭亡；这是因为丢掉了驾驭臣属的手段。如果大臣把持大权，掌握国家政事，就没有不为害国家的。如今王氏一姓，乘坐红轮彩毂华贵之车的就有二十三人。大将军王凤专权主事，王氏五侯骄傲奢侈，超出制度上的规定。他们一起作威作福，专断而放纵自己。他们行为污浊，却声称为了治国；身怀私心，却借口一切为公。他们依赖东宫太后的尊位，凭借皇帝甥舅的亲宠，以树立权威。尚书、九卿、州牧、郡守，都出自王氏之门，把持中枢机要，结党营私。吹捧他们的升官晋爵，抵制他们的诛杀残害。游说的帮助他们宣传，掌权的为他们说话。他们排斥刘家宗室，使皇族孤立削弱，对皇族中有智慧才干的人，尤其非要诋毁不可，使他们不能晋升，不能在朝廷内任职，害怕他们同自己分享权力。他们多次提到过去燕王、盖主之乱，用来疑惑皇上对宗室的信任，然而却避讳不提吕氏、霍光的专权。他们内心已有管叔、蔡叔谋叛的萌芽，外表却借用周公忠诚的言论。王家兄弟占据重位，家族间盘根错节，外戚尊贵超越规定，从来没有像王氏这样的。物极必反，物盛必然有非同一般的变异先行显现，成为其人衰败的幽微征兆。王氏在济南的先祖坟墓，其梓木柱子生出了枝叶，枝叶茂盛穿透屋顶，根扎地中。事物发展不两大，王氏与刘氏也不能并立，如果王氏在下有泰山那样的安稳，那么刘氏在上就会出现累卵那样的危险。陛下为刘姓子孙，有守持宗庙的重任，反而把国统转移给外戚，自己降为奴仆，就是不为自身着想，可拿宗庙怎么办！妇人本应以夫家为内，以父母家为外，像现在这样也并非皇太后的幸福。应该公开下诏，援用亲近宗室，废黜外戚。让王氏家族永存，保留他们的爵位俸禄；让刘氏天下长安，永保社稷不失，这是褒美和睦刘、王内外两姓，使刘氏子孙永坐江山的大计。如果不实行这个计策，田氏篡齐之事就会重新在今天出现，过去六卿之兴必在汉代重新崛起，为后代带来忧患，

昭昭甚明。唯陛下深留圣思。"书奏,天子召见向,叹息悲伤其意,曰:"君且休矣,吾将思之。"然终不能用其言。

秋,关东大水。　定陶王康卒。
谥曰恭。
徙信都王兴为中山王。

己亥(前22)　**三年**
春三月,陨石东郡八。　夏六月,颍川铁官徒作乱,讨平之。
颍川铁官徒申屠圣等百八十人,杀长吏,盗库兵,自称将军,经历九郡。遣丞相长史、御史中丞逐捕,以军兴从事,皆伏辜。
秋八月,大司马、大将军凤卒。九月,以王音为大司马、车骑将军。诏王谭位特进,领城门兵。
凤疾病,上临问之,执手涕泣曰:"将军病,如有不可言,平阿侯谭次将军矣。"凤顿首泣曰:"谭等虽至亲,行皆奢僭,不如御史大夫音谨敕,臣敢以死保之。"初,谭倨不肯事凤,而音敬凤,卑恭如子,故凤荐之。凤薨,上以音代凤,而诏谭领城门兵。由是谭、音相与不平。

庚子(前21)　**四年**
夏四月,雨雪。　以王骏为京兆尹。
先是京兆有赵广汉、张敞、王尊、王章,至骏,皆有能名,故京师称曰:"前有赵、张,后有三王。"

可说非常昭显。请陛下深思熟虑。"书奏上，成帝召见刘向，为刘向之意叹息悲伤，对刘向说："你暂且不必说了，我会考虑的。"然而终究不能采用刘向的意见。

秋季，关东郡大水灾。　定陶王刘康去世。

谥号为恭。

改封信都王刘兴为中山王。

己亥（前22）　汉成帝阳朔三年

春三月，在东郡坠落下八块陨石。　夏六月，颍川郡铁官徒造反，官府讨伐平定。

颍川郡铁官徒申屠圣等一百八十人造反，杀死长吏，盗走仓库兵器，自称为将军，历经九个郡。成帝派丞相长史、御史中丞追捕，依照战争规定从事。申屠圣等人全部伏法。

秋八月，大司马、大将军王凤去世。九月，任命王音为大司马、车骑将军。下诏赐王谭为特进，主管京城卫戍。

王凤患病，成帝亲临慰问，握着王凤的手，哭着说："将军患病，如有不可言的意外，就叫平阿侯王谭接替将军的位置吧。"王凤叩头哭着说："王谭等人虽与我是至亲，但行为都奢侈过分，不如御史大夫王音谨慎小心，为臣情愿以生命保举他。"当初，王谭傲慢不逊，不肯依附王凤，而王音则对王凤敬重，卑恭得像儿子一样，所以王凤举荐他。王凤去世，成帝让王音代替王凤，而下诏让王谭率领城门兵。从此，王谭与王音相互不满。

庚子（前21）　汉成帝阳朔四年

夏四月，下大雪。　任命王骏任京兆尹。

以前，担任过京兆尹的有赵广汉、张敞、王尊、王章，到王骏，全都以才干出名，因此京师人称赞说："前有赵、张，后有三王。"

资治通鉴纲目卷七

起辛丑(前20)汉成帝鸿嘉元年,尽壬戌(2)汉平帝元始二年。凡二十三年。

辛丑(前20) 鸿嘉元年
春正月,以薛宣为御史大夫。

御史大夫缺。谷永言:"帝王之德莫大于知人,知人则百僚任职,天工不旷。御史大夫任重职大,非庸材所能堪。少府宣达于从政,举错时当,经术文雅,足以谋王体,断国论,身兼数器,唯陛下留神考察。"上从之。

二月,更以新丰戏乡为昌陵县,奉初陵。 帝始为微行。

上始为微行。从期门郎或私奴,或乘小车,或皆骑,出入市里郊野,远至旁县,斗鸡走马,常自称富平侯家人。富平侯者,侍中张放也,宠幸无比,故假称之。

三月,丞相禹罢。夏四月,以薛宣为丞相。

禹以老病罢,朝朔、望,位特进,赏赐甚厚。宣为相,官属讥其烦碎无大体,不称贤也。

匈奴复株累单于死,弟搜谐若鞮单于立。

壬寅(前19) 二年
春三月,飞雉集未央宫承明殿。

博士行大射礼,有飞雉集于庭,登堂而雊。又集太常、

辛丑（前20）　汉成帝鸿嘉元年

春正月，任命薛宣为御史大夫。

御史大夫官位空缺。谷永上奏说："帝王之德莫大于识别人才，识别人才则百官胜职，天职圆满。御史大夫任重职大，非庸才所能担当。少府薛宣处理政事通达干练，举止合时当理，通晓经学及艺文礼乐，具备多种才能，足以为帝王和国家谋划计议，请陛下对他留意考察。"成帝同意了。

二月，成帝把新丰的戏乡改为昌陵县，以供奉初陵。　成帝开始微服出行。

成帝开始微服出行。跟随的有期门郎或私奴，或乘小车，或全部骑马，出入市里街巷和郊野，远至长安周围各县，斗鸡走马，成帝还常自称是富平侯家人。富平侯即侍中张放，当时受宠无比，因此假称自己是富平侯家人。

三月，丞相张禹免官。夏四月，任命薛宣为丞相。

张禹因年老多病免官，在每月一日、十五日朝见皇帝，并加位特进，赏赐甚厚。薛宣任丞相后，官员们指责他注重烦琐小节而忽视原则大局，算不上贤才。

本年，匈奴复株累单于去世，他的弟弟搜谐若鞮单于继位。

壬寅（前19）　汉成帝鸿嘉二年

春三月，野鸡飞来群集于未央宫承明殿。

博士行大射礼，有野鸡飞集于庭，登堂鸣叫。又集于太常、

宗正、丞相、御史、车骑府，又集未央宫承明殿。王音言曰："天地之气，以类相应，遣告人君，甚微而著。雉者听察，先闻雷声，故《经》载高宗雊雉之异，以明转祸为福之验。今以博士行礼之日，大众聚会，飞集于庭，历阶登堂，历三公之府，典宗庙骨肉之官，然后入宫，其宿留告晓人，具备深切，虽人道相戒，何以过是！"后帝使诏音曰："闻捕得雉，毛羽颇摧折，类拘执者，得无人为之？"音复对曰："陛下安得亡国之语！不知谁主为佞谄之计，诬乱圣德如此。陛下即位十五年，继嗣不立，日日驾车而出，失行流闻，海内传之，甚于京师。皇天数见灾异，欲人变更，尚不能感动陛下，臣子何望！独有极言待死，命在朝暮而已。如有不然，老母安得处所，尚何皇太后之有，高祖天下当以谁属乎！宜谋于贤智，克己复礼，以求天意，则继嗣尚可立，灾变尚可销也。"

夏，徙郡国豪桀于昌陵。

初，元帝俭约，渭陵不复徙民起邑。帝起初陵，数年后，乐霸陵曲亭南，更营之。将作大匠解万年，奏请为初陵徙民起邑。上从其言，起昌陵邑。徙郡国豪桀五千户于昌陵。

五月，陨石于杜邮三。

癸卯（前18） 三年
夏，大旱。 王氏五侯有罪，诣阙谢，赦不诛。

宗正、丞相、御史大夫、车骑将军官府，接着，又飞集于未央宫承明殿。车骑将军王音上奏说："天地之气，以类别互相呼应验证，向君王警告变异，虽然十分微小，但很明显。野鸡听觉敏锐，能最先听到雷声，因而《书经》记载高宗时曾出现野鸡鸣叫的异象，后来终于消灾灭祸，这是转祸为福的明显验证。而今在博士举行典礼之日，野鸡在众目睽睽之下，飞集于庭院，经过台阶登上大堂，飞过三公之府，飞过主持宗庙祭典和皇族事务的官署，然后入宫。野鸡的停留所告诫人们的，是深刻而切要的，虽然人们也常常互相告诫，但哪里能赶上这个！"而后，成帝派人传诏询问王音说："听说捕到的野鸡，羽毛折断的很多，好像曾被抓住关闭过，莫非有人故意制造变异？"王音回答说："陛下怎能说这种亡国的话！不知谁敢策划这种阿谀讨好的计策，诬乱圣德到如此地步。陛下即位已十五年，没有继承皇位的嗣子，天天驾车出游，不道之举广为流传，海内各地的传闻，更甚于京师。上天屡次降下灾异，希望改正过失，尚且不能感动陛下，臣子还能盼望什么呢！只有直言极谏，等候处死，命在旦夕间而已。如有不然，我的老母都没有安生之地，更何况皇太后，哪里会有安全处所，到那时，高祖的天下该当托付给谁呢！陛下应当与贤能智慧之人磋商，克制个人的私欲，恢复以礼治国的正道，以求天意保佑，太子降生，灾害变异也才会消失。"

夏季，下令迁移郡国豪族充实昌陵地区。

当初，汉元帝十分节俭，他的陵墓渭陵，不再让居民迁来建立县邑。而成帝建筑他的初陵，经过几年施工，又看上霸陵曲亭以南，就更换地点重新营建。将作大匠解万年，奏请为初陵迁移居民，建立县邑。成帝听从他的建议，设立了昌陵邑。下令迁移郡国豪族五千户充实昌陵地区。

五月，杜邮坠落三颗陨石。

癸卯（前18）　汉成帝鸿嘉三年
夏，大旱。　王氏五侯有罪，到宫殿谢罪，赦免没有诛杀。

王氏五侯争以奢侈相尚。商尝病，欲避暑，从上借明光宫。后又穿城引水，注第中大陂以行船。上幸商第，见而衔之。后微行出，过曲阳侯第，又见园中土山、渐台，象白虎殿，于是怒，以让车骑将军音。商、根欲自黥、劓以谢太后。上大怒，使尚书责问司隶、京兆，知商等奢僭不轨，阿纵不举奏。又赐音策书曰："外家何甘乐祸败！而欲自黥、劓，相戮辱于太后前，伤慈母之心，以危乱国家。今将一施之，君其召诸侯，令待府舍。"是日，诏尚书，奏文帝时诛将军薄昭故事。音藉槁请罪，商、立、根皆负斧质谢，良久乃已。上特欲恐之，实无意诛也。

冬十一月，废皇后许氏。

初，许皇后与班婕仔皆有宠。上尝游后庭，欲与婕仔同辇，辞曰："观古图画，圣贤之君皆有名臣在侧，三代末主乃有嬖妾。今欲同辇，得无近似之乎！"上善其言而止。太后闻之，喜曰："古有樊姬，今有班婕仔。"后，上微行过阳阿主家，悦歌舞者赵飞燕，召入宫，大幸。有女弟，复召入，姿性尤醲粹，左右见之，皆啧啧嗟赏。有宣帝时披香博士淖方成在帝后，唾曰："此祸水也，灭火必矣！"姊、弟俱为婕仔，贵倾后宫。于是谮告许皇后、班婕仔祝诅主上，许后

王氏五侯竞相崇尚奢华。成都侯王商曾得病，想找个避暑的地方，向成帝借用明光宫。后又凿穿城墙引来河水，注入他家宅第中的大水池，以行船取乐。成帝去王商府第时见到这种情况，十分不满。后来成帝微服出行时，经过曲阳侯府第，又看见园中修筑土山、渐台，模仿白虎殿，于是成帝大怒，用五侯僭越的罪行指责车骑将军王音。王商、王根兄弟想用在自己脸上刺字割鼻的办法向太后谢罪。成帝更加愤怒，就派尚书去责问司隶校尉和京兆尹，明知王商等奢侈、僭越等不轨行为，却阿谀纵容，不举奏揭发。成帝又给王音下策书说："外戚为什么甘愿惹祸而败落！竟然打算给自己刺面割鼻，在太后面前故意自受戮辱，伤害太后的慈母之心，从而危害搅乱国家。今天我要对他们一一处罚，你把王商等人召到你那里，等待处理。"这天，成帝还诏令尚书，奏报汉文帝诛杀将军薄昭的旧事。王音坐在草垫子上，请罪待刑，王商、王立、王根都背负刀斧和砧板，表示谢罪待刑。过了很久，此事才算了结。成帝不过是要恐吓他们，实际上并没有诛杀他们的意思。

冬十一月，废皇后许氏。

最初，许皇后与班婕妤都受成帝宠爱。成帝曾到后宫庭院去游玩，想跟班婕妤同乘一辆车，班婕妤推辞说："我观看古代的图画，圣贤的君王身旁，都跟随着名臣，而三代末世的君王身旁，才有宠妾。现在陛下想和我同乘一辆车，是不是有些相似呢！"成帝觉得她的话讲得很有道理，也就不再勉强。太后听说了，高兴地说："古代有樊姬，今天有班婕妤。"后来，成帝微服出行，到阳阿公主的家，喜欢上公主家的歌舞女赵飞燕，于是就把她召入宫中，大加宠爱。赵飞燕有个妹妹，后来也被召入宫中，她的姿容特别美艳，俏丽无瑕，成帝左右的人看见她，都啧啧称美，赞不绝口。有位汉宣帝时的披香博士淖方成，当时正站在成帝身后，却边唾口水边说："这是祸水呀，扑灭汉王朝之德者一定是她！"赵飞燕姐妹俩都被封为婕妤，一时显贵无比，压倒后宫。于是赵飞燕向成帝进谗言，说许皇后、班婕妤用妖术诅咒皇上，许后

废处昭台宫,考问班倢伃,对曰:"妾闻'死生有命,富贵在天'。修正尚未蒙福,为邪欲以何望!使鬼神有知,不受不臣之愬;如其无知,愬之何益!故不为也。"上善其对,赦之。倢伃恐久见危,乃求共养太后于长信宫。上许焉。

广汉郑躬等作乱。

甲辰(前17) 四年
秋,河水溢。

勃海、清河、信都河水溢溢,灌县、邑三十一,败官亭、民舍四万余所。平陵李寻等奏言:"议者常欲求索九河故迹而穿之。今因其自决,可且勿塞,以观水势。河欲居之,当稍自成川,跳出沙土。然后顺天心而图之,必有成功,而用财力寡。"于是遂止不塞。朝臣数言百姓可哀,上遣使者处业振赡之。

冬,以赵护为广汉太守,讨郑躬等,平之。

郑躬等犯历四县,众且万人,州郡不能制。至是,以护为广汉太守,发郡兵击之,或相捕斩除罪。旬月平。

王谭卒。诏王商位特进,领城门兵。

平阿侯谭薨。上悔前废之,乃复诏成都侯商,以特进领城门兵,置幕府,得举吏如将军。杜邺说音宜承圣意,

终于被废，迁居昭台宫。审讯班倢伃时，班倢伃回答说："我听说'死生有命，富贵在天'。我正大光明，尚且没有得到幸福，如果做邪恶之事，还能指望有什么好结果呢！假使鬼神有知，不会听取诅咒主上的申诉；假使鬼神无知，向鬼神申诉又有什么用呢？所以这种事我是不会做的。"成帝认为她说得有道理，就赦免了她。班倢伃怕时间长了终有危险，就请求到长信宫侍奉太后。成帝准许了。

广汉郑躬等作乱。

甲辰（前17）　汉成帝鸿嘉四年
秋季，黄河泛滥成灾。

黄河在勃海、清河、信都泛滥成灾，淹没了三十一个县、邑，冲毁官亭、民房四万余所。平陵人李寻等上奏说："讨论治理黄河的人，总想寻找九河故道，按照故道进行疏通。而今趁着黄河自己决口，可以暂时不堵塞缺口，以观察水流的走势。黄河水道要是能够固定，当会自己逐渐形成河川，突出河床。然后顺着上天的意愿加以治理，一定能取得成功，而且所使用的财力、人力都很少。"于是就停下来，不再堵塞黄河缺口。朝臣屡次提出灾区百姓生活困苦，很是可怜，成帝于是遣派使者前往安置救济他们。

冬季，朝廷任命赵护为广汉太守，讨伐郑躬等人，平息了他们的叛乱。

郑躬等攻击了四个县，人众将近万人，州郡也镇压不住。至此，朝廷任命赵护为广汉太守，征发郡兵攻击郑躬，有贼人互相捕捉斩杀，官府赦免其罪。不到一个月，平息了叛乱。

平阿侯王谭去世。下诏任用成都侯王商，让他以特进身份主管城门兵。

平阿侯王谭去世。成帝后悔弃置王谭，于是再次任用成都侯王商，让他以特进身份主管城门兵，设置幕府，使他如将军一样有举荐官吏的权力。杜邺劝说王音应该秉承顺从圣上的旨意，

加异往时，每事凡议，必与及之。音由是与商亲密。

乙巳（前16） 永始元年

夏四月，封赵临为成阳侯。下谏大夫刘辅狱，论为"鬼薪"。

上欲立赵婕妤为皇后，皇太后嫌其所出微甚，难之。太后姊子淳于长往来通语，岁余乃许之。上先封婕妤父临为成阳侯。谏大夫刘辅上言："臣闻天之所兴，必先赐以符瑞。天之所违，必先降以灾变，此自然之占验也。昔武王、周公，承顺天地以飨鱼、乌之瑞，然犹君臣祗惧，动色相戒。况于季世，不蒙继嗣之福，屡受威怒之异者乎！虽夙夜自责，改过易行，畏天命，念祖业，妙选有德之世，考卜窈窕之女，以承宗庙，顺神祇心，塞天下望，子孙之祥犹恐晚暮。今乃触情纵欲，倾于卑贱之女，欲以母天下，不畏于天，不愧于人，惑莫大焉。里语曰：'腐木不可以为柱，人婢不可以为主。'天人之所不予，必有祸而无福，市道皆共知之，朝廷莫肯一言。臣窃伤心，不敢不尽死。"书奏，诏收缚系掖庭秘狱。于是将军辛庆忌、廉褒、光禄勋师丹、太中大夫谷永俱上书曰："臣闻明主垂宽容之听，不罪狂狷之言，然后百僚竭忠，不惧后患。窃见刘辅前以县令求见，擢为谏大夫，旬月之间下秘狱。臣等愚以为辅幸得托公族之亲，在谏臣之列，新从下土来，未知朝廷体，独触忌讳，不足深

加倍改变过去的做法，每件政事，凡有建议奏章，都必与王商磋商。王音因此与王商关系亲密。

乙巳(前16)　汉成帝永始元年

夏四月，封赵临为成阳侯。谏大夫刘辅获罪下狱，判处为宗庙砍柴三年的徒刑。

成帝想封赵飞燕为皇后，皇太后嫌她出身太卑贱，从中阻止。太后姐姐的儿子淳于长往来于东宫，为成帝传话，经过一年多，太后才允许。成帝先封赵飞燕的父亲赵临为成阳侯。谏大夫刘辅上书说："我听说上天要振兴的事，一定会事先给以祥瑞的征兆。上天要避讳的事，一定会事先降下灾异的征兆，这是大自然的必然应验。往昔武王、周公承顺天地，因而有白鱼入王舟、火焰变乌鸦的祥瑞，然而君臣仍然对天地很敬畏，互相用脸色诚勉。何况现在正处末世，没有太子降生的福气，却屡次遭受上天发怒降下的灾异呢！虽然日夜自我反省，改过易行，敬畏天命，顾念祖宗基业，精选品德高尚的家族，从中考查卜选窈窕淑女，以继承宗庙，顺从神的意旨，满足天下人的愿望，然而要想有生子生孙的福气，仍然恐怕太晚。现在陛下触情纵欲，倾心迷恋卑贱之女，想立这样的女子做皇后，既不畏于天，又不愧于人，这是再大不过的迷惑了。俚语说：'朽木不可用作梁柱，婢女不可成为主人。'上天和百姓都反对的事情，必然有祸而无福，这是平民百姓都懂得的道理，朝廷却没有人肯说一句话。我私下为此痛心，不敢不冒死劝谏。"奏章呈上去后，成帝下令逮捕了刘辅，囚禁在宫廷秘密监狱里。于是将军辛庆忌、廉褒、光禄勋师丹、太中大夫谷永都上书说："我们听说圣明的君主广开言路，施恩宽容，即使对偏激的意见也不加罪追究，于是百官竭力尽忠，没有后患之忧。我们看到刘辅从前以县令的身份求见陛下，被擢升为谏大夫，不到一个月的时间就把他投入了秘密监狱。我们愚昧地认为，刘辅有幸得托皇族宗亲之福，位列谏臣。他新近才从地方来到京城，不懂朝廷规矩，独自触犯了陛下的忌讳，不足以深究

过。如有大恶,宜暴治理官,与众共之。今天心未豫,灾异屡降,水旱迭臻,方当隆宽广问,褒直尽下之时也,而行惨急之诛于谏争之臣,震惊群下,失忠直心。假令辅不坐直言,所坐不著,天下不可户晓。公卿以下,见陛下进用辅亟而折伤之暴,人有惧心,精锐销耎,莫敢尽节正言,非所以昭有虞之听,广德美之风。臣等窃深伤之,唯陛下留神省察。"上乃徙系辅共工狱,减死一等,论为"鬼薪"。

五月,封太后弟子莽为新都侯。

太后兄弟八人,独弟曼早死,不侯。子莽幼孤,不及等比。其群兄弟皆将军、五侯子,乘时侈靡,以舆马声色佚游相高。莽因折节为恭俭,勤身博学,被服如儒生,事母及寡嫂,养孤兄子,行甚敕备。又外交英俊,内事诸父,曲有礼意。大将军凤病,莽侍疾,亲尝药,乱首垢面,不解衣带连月。凤且死,以托太后及帝,拜黄门郎。久之,成都侯商又请分户邑封莽。当世名士戴崇、金涉、陈汤亦咸为莽言,由是封为新都侯,迁骑都尉、光禄大夫、侍中。宿卫谨敕,爵位益尊,节操愈谦,振施宾客,家无所余。收赡名士,交结将、相,故在位更推荐之,虚誉隆洽,倾其诸父矣。敢为激发之行,处之不惭恶。尝私买侍婢,昆弟怪之,莽因曰:"后将军朱子元无子,莽闻此儿种宜子,为买之。"即日以婢奉博。其匿情求名如此。

过错。如有大罪,就应让司法官吏去公开查办,使大家都知道原委。现在天心不悦,屡降灾异,水旱迭至,正该是施恩宽容,广泛下问,鼓励直言,使臣下畅所欲言之时,却对谏诤之臣施以惨重处罚,使群臣震惊,丧失尽忠直言之心。假如刘辅不是因直言获罪,罪名又不公开,则不可家喻户晓。公卿及以下官员,见陛下很快地擢升刘辅,又很快给以打击,人人怀有恐惧之心,精气消失,锐气减弱,不敢为国尽忠直言,这就不能显示出虞舜那样的倾听直谏的贤德,也不能推广美好的道德风范。我们为此深深忧虑,希望陛下留意考察。"成帝于是把刘辅转移到共工狱,减免死罪,判处为给宗庙砍柴三年的徒刑。

五月,封太后弟弟的儿子王莽为新都侯。

太后有兄弟八人,只有弟弟王曼早死,没有封侯。王曼的儿子王莽很小即成为孤儿,不能与其他人相比。他的那些兄弟都是将军、王侯之子,可以凭仗当时的地位奢侈靡烂,以车马声色、放荡游乐比高下。王莽则屈己下人,谦恭节俭,勤修博学,穿着像儒生,侍奉母亲跟寡嫂,抚养亡兄的儿子,十分尽心周到。同时,在外结交的都是些英俊豪杰,在内对待诸位父辈恭顺有礼貌。大将军王凤病重时,王莽侍候他,亲口尝药,数月不解衣带入睡,以致蓬头垢面。王凤将死时,把王莽托付给太后及成帝,王莽被封为黄门郎。过了很长一段时间,成都侯王商又上书,请求把自己的封邑分出一部分给王莽。当时的名士戴崇、金涉、陈汤等也都为王莽说话,成帝因而封王莽为新都侯,升为骑都尉、光禄大夫、侍中。王莽在宫中奉职谨慎,爵位越尊贵,节操越谦恭。他无私周济门下宾客,以致家无余财。他收罗赡养名士,结交将、相,因而在位的官员不断推荐他,虚假的声誉传遍全国,超过了他的诸位伯父叔父。他敢于做矫情造作的事,而又处之泰然,毫无愧色。王莽曾私下买了一个婢女,兄弟中有人听说后责怪他,王莽辩解说:"后将军朱子元没有儿子,我听说此女能生儿子,于是就给他买下了。"并当天把婢女奉送给朱博。他就是这样隐匿真情求取名声。

六月，立倢伃赵氏为皇后。

后既立，宠少衰。而其女弟绝幸，为昭仪，居昭阳舍，皆以黄金、白玉、明珠、翠羽饰之。自后宫未尝有焉。后居别馆，多通侍郎、宫奴多子者，然卒无子。光禄大夫刘向以为王教由内及外，自近者始，于是采取《诗》《书》所载贤妃、贞妇兴国显家及孽、嬖为乱亡者，序次为《列女传》，及采传记行事，著《新序》《说苑》奏之。数上疏言得失，陈法戒。上虽不能尽用，然内嘉其言，常嗟叹之。

秋七月，诏罢昌陵，反故陵，勿徙吏民。

昌陵制度奢泰，久而不成。刘向上疏曰："自古及今，未有不亡之国。孝文皇帝尝美石椁之固，张释之曰：'使其中有可欲，虽锢南山犹有隙。'夫死者无终极而国家有废兴，故释之之言为无穷计也。黄帝、尧、舜、禹、汤、文、武、周公，丘垅皆小，葬具甚微，其贤臣孝子亦承命顺意而薄葬之，此诚奉安君父忠孝之至也。孔子葬母于防，坟四尺。延陵季子葬其子，封坟掩坎，其高可隐。故仲尼孝子而延陵慈父，舜、禹忠臣，周公弟弟。其葬君、亲、骨肉皆微薄，非苟为俭，诚便于体也。秦始皇帝葬于骊山之阿，下锢三泉，上崇山坟，数年之间，项籍燔其宫室营宇，牧儿持火照求亡羊，失火烧其藏椁。是故德弥厚者葬弥薄，知愈深者葬愈微。无德寡知，其葬愈厚，丘陇弥高，宫庙甚丽，发掘必速。陛下始营初陵，其制约小，天下莫不称贤。及徙昌

六月，立赵飞燕为皇后。

赵飞燕当上皇后以后，成帝对她的宠爱稍有减退。而她的妹妹却格外受宠，被封为昭仪，住昭阳宫。她的住处全用黄金、白玉、明珠、翠羽来装饰。其奢华是后宫从来没有过的。赵皇后居住在另外一个宫殿，经常与侍郎和宫奴中儿子多的人私通，然而始终不生孩子。光禄大夫刘向认为王教应该由内及外，先从皇帝身边人开始，于是摘录《诗经》《书经》所记载的贤妃、贞妇兴国显家的事迹，以及受宠者作乱使国家灭亡的故事，按次序编成《列女传》，并采录传、记往事，著《新序》《说苑》，奏请成帝阅览。他还数次上书谈论得失，陈述楷式和鉴戒。成帝对他的建议虽然不能全部采用，内心却很赞赏他的意见，常常感叹不已。

秋七月，成帝命令停止修筑昌陵，恢复以前的初陵，不再迁移吏民。

昌陵造得奢侈，很久都未能完成。刘向上书说："自古至今，没有不灭亡的国家。孝文帝曾经赞美石棺椁的坚固，张释之说：'假使其中有人们想得到的东西，就是用熔化的金属堵塞南山，仍有隙可乘。'死亡无终结而国家有兴废，因此张释之的话是为文帝作长久之计。黄帝、尧、舜、禹、汤、周文王、周武王、周公，坟冢都小，葬具很简陋，他们的贤臣孝子也秉承命令顺从意旨，实行薄葬，这才是安葬君父至忠至孝的做法。孔子把母亲安葬在防，坟高四尺。延陵季子埋葬他的儿子，故意遮隐坟丘，使它的高度隐蔽得几乎看不出来。所以说，孔子是孝子而季子是慈父，舜、禹是忠臣而周公能尽兄弟之义。他们安葬君王、父母、骨肉亲人都很简陋，并非只为节俭而草率，实在是合乎生活常理。秦始皇葬在骊山旁，地下堵塞了三泉，地上坟丘堆得像山一样高，但仅仅几年的时间，项羽便烧了他的宫殿、屋宇，牧童手持火把到墓中寻找丢失的羊，失火烧毁了棺椁。因而恩德越深厚者，安葬越简陋；智慧越高深者，安葬越微薄。无德愚昧之人，安葬越奢华，坟丘也越高大，宫庙十分华丽，必然迅速被人发掘破坏。陛下最早营建的陵，规模很小，天下没有不称陛下贤明的。而后改迁昌

陵，积土为山，发民坟墓，营起邑居，期日迫卒。以死者为有知，发人之墓，其害多矣。若其无知，又安用大！谋之贤知则不说，以示众庶则苦之，若苟以说愚夫淫侈之人，又何为哉！初陵之模，宜从公卿大夫之议，以息众庶！"上感其言。

初，解万年自诡昌陵三年可成，卒不能就，群臣多言其不便者，下有司议，皆曰："昌陵因卑为高，度便房犹在平地上，客土之中，浅外不固。卒徒万数，然脂夜作，取土东山，与谷同贾。故陵因天性，据真土，处势高敞，旁近祖考，前又已有十年功绪，宜还复故陵，勿徙民，便！"诏曰："朕执德不固，谋不尽下，过听万年言'昌陵三年可成'，作治五年，天下虚耗，百姓罢劳。客土疏恶，终不可成，朕惟其难，怛然伤心。夫'过而不改，是谓过矣'。其罢昌陵，反故陵勿徙吏民，令天下毋有动摇之心。"

封萧何六世孙喜为酂侯。　八月，太皇太后王氏崩。九月，黑龙见东莱。　是月晦，日食。

丙午（前15）　二年
春正月，大司马、车骑将军音卒。
王氏唯音为修整，数谏正，有忠直节。

二月，星陨如雨。是月晦，日食。
谷永为凉州刺史，奏事京师，讫，当之部，上使尚书问

陵,堆土成山,挖掘人民的坟墓,建立村镇民房,期限又是那么紧迫。若死者有知,那么挖掘人家的坟墓,太违背情理。死者若无知,那又何必把陵墓修得那么大呢! 这事若去与贤明智慧之人商量谋划,他们不会高兴;若说给平民百姓,他们会叫苦埋怨;如果只是为了取悦愚夫和淫侈之人,又何必去做呢! 陵墓的规模,应该听从公卿大臣们的建议,以平息百姓的怨恨。"成帝听了这番话,感触很深。

当初,解万年自己诡称昌陵三年可以建成,最后不能完工,群臣大多指责此事,于是成帝交付有关官署讨论,大家都认为:"昌陵把低地堆土增高,但估计便房仍在平地上,从别处运土建陵,浅表外层也不坚固。动用士卒、役夫成千上万,甚至燃点油脂连夜赶工。从很远的东山去取土,土价几乎与谷价相等。原来的初陵,由于利用天然条件,采用原地之土,所处的地势高而开阔,旁临先祖之陵,又有前十年工程的基础,应该仍恢复从前的初陵,不再移民,最为有利!"成帝下诏说:"朕以德治国不坚决,没有广泛同臣下商量,错误地听信解万年所说'昌陵三年便可修成'的话,结果兴建了五年,国家财力被白白消耗,使百姓疲劳。从远处运来的坟土疏松而不坚固,陵墓最终不能修成,朕想到修陵的艰难,感到不安和伤心。古人说'有过失而不改正,才是真正的过失'。现决定撤销昌陵,恢复初陵,不再迁移吏民,使天下人不再有动摇之心。"

封萧何六世孙萧喜为鄼侯。 **八月,太皇太后王氏去世。九月,东莱发现黑龙。** **这月最后一天,出现日食。**

丙午(前15) 汉成帝永始二年
春正月,大司马、车骑将军王音去世。

外戚王氏家族中,唯有王音修身严整,屡次劝谏成帝改正错误,有忠诚正直的气节。

二月,陨星坠落如雨。这月最后一天,出现日食。

谷永为凉州刺史,到京师奏完事,要返回时,成帝派尚书问

永，受所欲言。永对曰："臣闻王天下、有国家者，患在上有危亡之事而危亡之言不得上闻。如使危亡之言辄上闻，则商、周不易姓而迭兴矣。陛下诚垂宽明之听，无忌讳之诛，使刍荛之臣得尽所闻于前，群臣之上愿，社稷之长福也。去年九月，龙见而日食。今年二月，星陨而日食。六月之间，大异四发，三代之末未尝有也。臣闻三代所以陨丧者，皆由妇人与群恶沉湎于酒。秦所以亡者，养生泰奢，奉终泰厚也。二者，陛下兼而有之。臣请略陈其效：建始、河平之际、许、班之贵，熏灼四方，女宠至极，不可上矣。今之后起，什倍于前。废先帝法度，听用其言，官秩不当，纵释王诛，骄其亲属，假之威权，从横乱政，刺举之吏，莫敢奉宪。又以掖庭狱大为乱阱，榜棰瘝于炮烙，绝灭人命，主为赵、李报德复怨。反除白罪，多系无辜，生入死出者，不可胜数。是以日食再既，以昭其辜。王者先必自绝，然后天绝之。陛下弃万乘之至贵，乐家人之贱事，厌高美之尊号，好匹夫之卑字，崇聚儇轻无义小人以为私客，数离深宫之固，挺身相随，乌集吏民之家，乱服共坐，沉湎媟嫚，典门户、奉宿卫之臣执干戈而守空宫，公卿百僚不知陛下所在，积数年矣。王者以民为基，民以财为本，财竭则下畔，下畔则上亡。是以明王爱养基本，不敢穷极。今陛下轻夺民财，不

谷永，还有什么想说的话可以说。谷永回答说："我听说统治天下、主宰国家的人，忧患在于危亡的事情已在上面出现，而下面挽救危亡的建议君王却听不到。如果能使挽救危亡的建议很快上达，那么商、周就不会改姓而继续兴盛。陛下若能诚心实意地听从下面的建议，不再出现触犯忌讳就加以诛杀的事，使草芥之臣也敢于在陛下面前畅所欲言，那就是群臣最大的愿望，也是国家的长久福气。去年九月，出现黑龙又发生日食。今年二月，有陨星坠落并又有日食出现。六个月之内，大的变异就发生了四次，夏商周三代之末也未曾出现过。我听说三代之所以国灭家亡，都是由于妇人和一群恶人沉湎于酒。秦王朝之所以灭亡，是因为皇帝生前太奢侈而死后安葬太丰厚。以上两个方面，陛下兼而有之。请陛下听我略加陈述其后果：建始、河平年间，许氏、班氏家族显贵，熏灼四方，对他们家女儿的宠爱，没有能得上的。如今的后来人，更十倍于前。废除先帝的法令制度，听信她们的话，结果官不称职，并纵容触犯王法者，使她们的亲属骄横霸道，借威弄权，扰乱国政，负责监察和举报的官员，都不敢按法令行事。她们还利用宫廷秘密监狱，肆意陷人下狱，杖刑之惨痛甚于炮烙，甚至绝灭人命，刑法成了替赵、李两家报恩复仇的工具。罪之昭昭者，反而被免除；狱中多是无辜者，而生入死出的不可胜数。因此日食才接连发生，以昭示赵、李两家的罪过。君王必先自绝于上天，然后上天才会使其灭亡。陛下放弃了拥有万乘兵车的天子至尊身份，喜好平民所为的卑贱之事，厌恶崇高美好的尊号，喜好匹夫的鄙俗之名，推重和聚集一些轻佻无义的小人为私客，多次离开严加护卫的深宫，不顾危险和众小人混在一起，像乌鸦似的聚集在吏民家里，穿着不整同坐一起，沉湎于轻狂的嬉闹，让掌管门户、负责宿卫的臣子手执武器而守护空宫，公卿百官不知道陛下在什么地方，这种情况已有好几年了。君王以人民为基础，人民以财产为根本，财源枯竭，则下面反叛，下面反叛，则君王就要灭亡。因此圣明的君王爱护培养根基，不敢无穷尽地搜刮。而今陛下轻率地夺取人民的财物，不

爱民力,去高敞初陵,改作昌陵,靡敝天下,五年不成而后
反故。百姓怨恨,饥馑仍臻,上下俱匮,无以相救。汉兴九
世,继体之主,皆承天顺道,遵先祖法度。至于陛下,独违
道纵欲,轻身妄行。无继嗣之福,有危亡之忧,为人后嗣,
守人功业如此,岂不负哉!方今社稷、宗庙祸福安危之机
在于陛下,陛下诚肯昭然远寤,专心反道,旧愆毕改,新德
既章,则大异庶几可销,天命庶几可复,社稷、宗庙庶几可
保!唯陛下留神反覆,熟省臣言。”

帝性宽,好文辞,而溺于燕乐,皆皇太后与诸舅所常
忧。至亲难数言,故推永等使因天变切谏,而劝上纳用之。
永自知有内应,展意无所依违。每言事辄见答礼。至上此
对,上大怒。王商密擿永令发去。上使侍御史收永,敕过
交道厩者勿追。御史不及永,还。上意亦解。

三月,**以王商为大司马、卫将军。　侍中张放以罪左
迁北地都尉。**
　上尝与张放等宴饮禁中,皆引满举白,谈笑大噱。时
乘舆幄坐屏风,画纣醉踞妲己,作长夜之乐。侍中班伯久
疾新起,上顾指画而问曰:“纣为无道,至于是乎?”对曰:
“《书》云‘乃用妇人之言’,何有踞肆于朝!所谓众恶归之,
不如是之甚者也。”上曰:“苟不若此,此图何戒?”对曰:
“‘沉湎于酒’,微子所以告去也。‘式号式呼’,《大雅》所
以流连也。《诗》《书》淫乱之戒,其原皆在于酒。”上乃喟然

爱惜民力，放弃地势高而开阔的初陵，改建昌陵，使天下凋敝，五年修不成，而又返回修筑原先的初陵。百姓怨恨，饥馑频繁到来，上下均匮乏，没有办法互相救济。汉朝兴起，已传九世，继承王位的君主都是承天命顺正道，遵奉先祖的法度。至于陛下，唯独违背正道，纵欲贪欢，看轻自己的身份，胡行妄为。没有继嗣之福，却有危亡的忧虑，作为刘姓后嗣，这样守护祖先功业，岂不有负于祖先！现在，关系国家宗庙祸福安危的关键掌握在陛下手里，陛下如能彻底醒悟，专心返回正道，将过去的过错全部改正，新的恩德昭然于世，则巨大的灾异也许可以消除，天命也许可以复回，国家、宗庙也许可以保全。请陛下留神反复考虑，好好想一下我的话。"

成帝性情宽厚，喜好文辞，而沉溺于欢宴娱乐之中，这都使皇太后和诸位舅父时常忧虑。作为至亲，不便再三劝说，因此推举谷永等人，请他们趁天变恳切地劝谏，使成帝采纳实行他们的建议。谷永自知宫内有人支持，阐述道理无所忌讳。他往常每次奏事，总是得到有礼的回答。到这次上奏，成帝却大发怒火。王商秘密指使谷永赶快离开。成帝派侍御史逮捕谷永，并命令追过交道厩就不要再追了。御史没有追上谷永，便返回。成帝的怒气也平息下来。

三月，封王商为大司马、卫将军。　侍中张放因罪降为北地都尉。

成帝曾与张放等一起在宫中饮宴，都要举满杯一饮而尽，大家谈笑风生。当时成帝车子的帐座上摆放着一幅屏风，上面画着纣王醉酒后，依偎着妲己做长夜之乐。侍中班伯久病初愈，成帝回头指着画问班伯："纣王无道，竟然到了这种程度吗？"班伯回答："《尚书》里说纣王'听从妇人的话'，哪有在朝廷中这样放肆的呢！所谓众恶归于一身，事实上远不是这样。"成帝说："若不是这样，这幅画劝诫什么呢？"班伯回答："纣王'沉湎于酒'，微子因此离开了他。醉后'大喊大叫'，《大雅》诗中为之叹息。《诗经》《尚书》劝诫淫乱，认为淫乱之源全在于酒。"成帝于是喟然

叹曰："吾久不见班生,今日复闻谠言。"放等不怿,稍自引起更衣,因罢出。

后上朝东宫,太后泣曰:"帝间颜色瘦黑,班侍中本大将军所举,宜宠异之。益求其比,以辅圣德。遣富平侯且就国。"上曰:"诺。"上诸舅闻之,以风丞相、御史奏放罪恶,请免就国。上不得已,左迁放为北地都尉。后诏归侍母疾,复出为河东都尉。上虽爱放,然上迫太后,下用大臣,故常涕泣而遣之。

冬十一月,策免丞相宣,及御史大夫翟方进。复以方进为丞相,孔光为御史大夫。

邛成太后之崩,丧事仓卒,吏赋敛以趋办,上以过丞相、御史。册免宣为庶人,御史大夫翟方进左迁执金吾。丞相官缺,群臣多举方进者。上亦器其能,擢方进为丞相,以孔光为御史大夫。方进以经术进,其为吏,用法刻深,任势立威,峻文深诋,中伤甚多。有言其挟私诋欺不专平者,上以方进所举应科,不以为非也。光领尚书,典枢机十余年,守法度,修故事,上有所问,据经法,以心所安而对,不希指苟合。如或不从,不敢强谏争,以是久而安。时有所言,辄削草稿,以为章主之过以奸忠直,人臣大罪也。有所荐举,唯恐其人之闻知。沐日归休,兄弟妻子燕语,终不及朝省政事。或问光:"温室省中树,皆何木也?"光嘿不应,更答以他语,其不泄如是。

免关内侯陈汤为庶人,徙敦煌。

叹息说:"我很久不见班生了,今日才又听到善言。"张放等人感到不快,逐渐各自离开座位去上厕所,借机退出了宴席。

后来,成帝到东宫朝见太后时,太后哭着说:"皇上近来脸色黑瘦,班侍中本来是大将军举荐的,应该特别宠爱他。还要更多寻找像他那样的人,以辅助圣德。应该遣送富平侯回封地去。"成帝说:"是。"成帝诸位舅父听说后,就暗示丞相、御史上奏张放的罪恶,请求罢免张放官职,遣回封国。成帝不得已,把张放降为北地都尉。后来下诏准许张放回家侍候母亲的疾病,之后又再次派出担任河东都尉。成帝虽然喜欢张放,但是上迫于太后,下逼于大臣,因而经常哭泣着把张放送走。

冬十一月,策免丞相薛宣为平民,贬御史大夫翟方进为执金吾。不久又擢升翟方进为丞相,任命孔光为御史大夫。

邛成太后去世,丧事仓促,治丧官吏敛取赋钱匆忙办理,成帝因此责备丞相和御史。策免丞相薛宣为平民,贬御史大夫翟方进为执金吾。丞相官位空缺,群臣中举荐翟方进的很多。成帝也很器重他的才能,于是擢升翟方进为丞相,任命孔光为御史大夫。翟方进以精通儒学经术而升迁。他做官,执法严厉苛刻,凭借官势树立权威,常用严厉的条文深加诋毁,被他伤害的人很多。有人说他以其私心诬陷欺骗,处理事务不公平,成帝认为翟方进所为皆以律条为根据,并无错处。孔光主管尚书,负责中枢机要事务十余年,遵守法度,依照惯例行事,成帝有所问询,他根据经典法令,用自己心中认为是正确的话来回答,不迎合成帝的意图。如果成帝有时不同意他的意见,他不敢强行谏争,因此长期安然无事。有时想有所奏议,上奏后就马上毁掉草稿,认为以宣扬君主的过错来求得忠直的名誉,是做大臣的最大罪过。有时向上荐举人才,唯恐被本人知道。假日回家休息,与兄弟、妻子儿女说话闲谈,始终不提及朝廷政事。有人问孔光:"皇宫内温室殿中的树木,都是些什么树?"他都默然不应,或答非所问,其不泄露朝中机密达到了如此程度。

策免关内侯陈汤为平民,放逐到敦煌。

卫将军王商恶陈汤,奏汤妄言"黑龙冬出,微行数出之应",廷尉奏汤"非所宜言,大不敬"。诏以汤有功,免为庶人,徙边。

赐淳于长爵关内侯。

上以赵后之立长有力焉,德之,诏以长尝白罢昌陵,下公卿,议封之。光禄勋平当以为:"长虽有善言,不应封爵之科。"当坐左迁钜鹿太守。遂下诏赐长爵,后竟封为关内侯。

丁未(前14) 三年
春正月晦,日食。 冬十月,复泰畤、汾阴、五畤、陈宝祠。

初,帝用匡衡议,罢甘泉泰畤,其日,大风坏甘泉竹宫,折拔畤中树木十围以上百余。帝异之,以问刘向,对曰:"家人尚不欲绝种祠,况于国之神宝旧畤。且其始立,皆有神祇感应,诚未易动。"上意恨之,又以久无继嗣,白太后,令诏有司复甘泉泰畤、汾阴后土如故,及雍五畤、陈宝祠、长安及郡国祠著明者,皆复之。

是时,上颇好鬼神、方术之属,上书言祭祀、方术得待诏者甚众,祠祭费用多。谷永说上曰:"臣闻明于天地之性,不可惑以神怪。知万物之情,不可罔以非类。诸背仁义之正道,不遵"五经"之法言,而盛称奇怪鬼神,及有仙人服食不终之药,遥兴轻举、黄冶变化之术者,皆奸人惑众,挟左道,怀诈伪,以欺罔世主。听其言,洋洋满耳,若将可遇,求之,荡荡如系风捕景,终不可得。是以明王距而不

卫将军王商厌恶陈汤,上奏陈汤妄言"黑龙冬出,是皇帝屡次微行出宫之验",廷尉也上奏陈汤"说了不应该说的话,犯了大不敬罪"。成帝下诏说,因陈汤有功,只免官贬为平民,放逐到边疆。

赐封淳于长关内侯爵位。

成帝因为赵飞燕立为皇后,淳于长出了大力,很感谢他,下诏说淳于长曾建议撤销昌陵,让公卿讨论封他爵位。光禄勋平当认为:"淳于长虽有好的建议,但仍不合封爵的规定。"平当因此被贬为钜鹿太守。于是成帝下诏赐封淳于长爵位,最终封为关内侯。

丁未(前14) 汉成帝永始三年
春正月最后一天,出现日食。 冬十月,恢复泰畤、汾阴、五畤、陈宝祠。

当初,成帝采用匡衡的建议,撤销了甘泉的泰畤祭坛,那天,大风刮坏甘泉竹宫,刮折和拔起泰畤中十围以上的树木一百多棵。成帝感到奇怪,向刘向询问,刘向回答说:"平民之家尚且不愿断绝宗祠香火,更何况国家的神宝旧祠呢。而且当初开始建立时,都有神灵感应,实在不能轻易改动。"成帝悔恨不已,又因久无继嗣,便告诉太后,准备诏令有关官署恢复甘泉泰畤、汾阴后土的祭祀,像往常一样,至于雍城五畤、陈宝祠、长安及各郡国较显明的祭祠,也全部恢复。

这时,成帝颇喜好鬼神、方术之类的事,上书谈论祭祀、方术而得以奉命待诏的人很多,祭祀的费用也很大。谷永劝成帝说:"我听说明了天地之性,就不会被神怪所迷惑。察知万物之情,就不会被坏人所蒙骗。那些人违背了仁义的正道,不遵照"五经"的训诫,而大讲奇怪鬼神,说什么有仙人服了不死药,身子可以轻飘升起远去,或声称炼丹术能炼出黄金等等,都是妖言惑众,挟旁门邪道之术,怀诳骗欺诈之心,来蒙骗君王。听他们谈论,洋洋洒洒,美言充耳,似乎马上可遇到仙人鬼神,如果真去寻求,则空空荡荡如捕风捉影,终究不可得。所以贤明的君王拒而不

听,圣人绝而不语。唯陛下距绝此类,毋令奸人有以窥朝者。"上善其言。

十一月,陈留樊并、山阳铁官徒苏令等作乱,皆捕斩之。 故南昌尉梅福上书,不报。

福数因县道上变事,辄报罢,至是复上书曰:"昔高祖纳善若不及,从谏如转圜,听言不求其能,举功不考其素,故天下之士云合归汉,知者竭其策,愚者尽其虑,勇士极其节,怯夫勉其死。合天下之知,并天下之威,是以举秦如鸿毛,取楚若拾遗,此高祖所以无敌于天下也。孝文皇帝循高祖之法,加以恭俭,天下治平。孝武皇帝好忠谏,说至言,出爵不待廉、茂,庆赐不须显功,是以天下布衣各厉志竭精以赴阙廷,汉家得贤,于此为盛。使孝武听用其计,升平可致。于是积尸暴骨,快心胡、越,故淮南王安缘间而起。所以计虑不成而谋议泄者,以众贤聚于本朝,故其大臣势陵,不敢和从也。方今,布衣乃窥国家之隙,见间而起者,蜀郡是也。及山阳亡徒苏令之群,蹈藉名都、大郡,求党与,索随和,而亡逃匿之意,此皆轻量大臣,无所畏忌,国家之权轻,故匹夫欲与上争衡也。士者,国之重器,得士则重,失士则轻。《诗》云:'济济多士,文王以宁。'臣数上书求见,辄报罢。臣闻齐桓之时,有以九九见者,桓公不逆,欲以致大也。今臣所言,非特九九也,陛下距臣者三矣,此天下士所以不至也。今欲致天下之士,有上书者,辄使诣尚书问其所言,言可采取者,秩以升斗之禄,赐以一束之

听，圣贤之人闭口不谈。望陛下拒绝这种骗术，不要让奸人有觊觎朝廷官职的机会。"成帝认为他的话有道理。

十一月，陈留樊并、山阳铁官徒苏令等造反，都被逮捕斩杀。前南昌尉梅福上书，没有回复。

梅福几次通过县里上报动乱之事，总被批复言事不准，至此他又上书说："从前，汉高祖接纳善言犹如唯恐不及，从谏就像转动圆圈那么容易，听取谏言也不求本人有才能，奖励功劳不究本人平素所为，因此天下人才云集归汉，智者尽其谋略，愚者尽其所虑，壮士勇于死节，懦夫勉己效命。合天下人之智，集天下人之威，因此攻秦如取鸿毛，取楚犹如路边拣物，这正是汉高祖之所以无敌于天下的原因。孝文帝遵循高祖的规矩法度，加上谦逊节俭，天下久治长安。孝武帝好听忠言劝谏，喜欢听真话直言，封爵不必等待孝廉、茂才，赏赐不必非有显功，因此天下平民都能励志竭精来到京城以求贡献，汉朝得到贤才，以此时为最盛。假使孝武帝能听信采用这些人的计策，升平景象马上可以来到。当时因战争积尸暴骨，胡人、越人称心快意，因而淮南王刘安乘机而起。他的企图之所以没有成功反而使密谋泄露，就是因为众多贤才汇聚于朝廷，所以他的大臣势力超过主君，没人敢依从他们的阴谋。如今百姓在窥视国家的漏洞，乘机起而谋反者，是蜀郡之人。等到山阳铁官徒苏令一伙，践踏名都、大郡，寻找党羽，搜求协从，而无亡逃藏匿之心，这都是因为轻视大臣，无所畏惧和顾忌，国家的权力无足轻重了，因此匹夫也想跟朝廷争衡。人才，是国家重要工具，得到人才，国家的分量就重；失去人才，国家的分量就轻。《诗经》说：'人才济济，文王安宁。'我屡次上书求见，但都被批复言事不准。我听说齐桓公时，有人进献九九算术，桓公并不拒绝，想因此而引出更重大的建议。现在我所谈的，并非仅仅是九九算术那样的小事，陛下多次拒绝我，这正是天下人才不能召来的原因。如今陛下欲求天下人才，有上书求见的，就应让他们到尚书那里，问他们有什么建议，如果有可采纳的，给安排升斗之禄的官职，赏赐一束

帛,若此,则天下之士,发愤懑,吐忠言,嘉谋日闻于上,天下条贯,国家表里,烂然可睹矣。夫以四海之广,士民之数,能言之类至众多也。然其隽桀指世陈政,言成文章,质之先圣而不缪,施之当世合时务,若此者亦无几人。故爵禄者,天下之砥石,高祖所以厉世摩钝也。今陛下既不纳天下之言,又加戮焉。夫鸢鹊遭害,则仁鸟增逝;愚者蒙戮,则智士深退。间者愚民上疏,多触不急之法,或下廷尉而死者众。自阳朔以来,天下以言为讳,朝廷尤甚,君臣皆承顺上指,莫有执正。故京兆尹王章,资质忠直,敢面引廷争,孝元皇帝擢之,以厉具臣而矫曲朝。及至陛下,戮及妻子,折直士之节,结谏臣之舌。群臣皆知其非,然不敢争,天下以言为戒,最国家之大患也!愿陛下除不急之法,下无讳之诏,博览兼听,谋及疏贱,则往者虽不可及,而来者犹可追也。方今君命犯而主威夺,外戚之权,日以益隆。陛下不见其形,愿察其景!建始以来,日食、地震,以率言之,三倍春秋,水灾亡与比数,阴盛阳微,金铁为飞,此何景也?汉兴以来,社稷三危:吕、霍、上官,皆母后之家也。亲亲之道,全之为右,当与之贤师良傅,教以忠孝之道。今乃尊宠其位,授以魁柄,使之骄逆,至于夷灭,此失亲亲之大者也。自霍光之贤,不能为子孙虑,故权臣易世则危。

丝帛，若能如此，则天下贤士抒发怨气，倾吐忠言，陛下可以每天都听到好的谋略和建议，把天下治理得有条有理，国家内外的局势，就灿然可观了。陛下拥有广阔的疆土，众多的人民，能言之辈很多。但是那种才智出众，指点世情，陈述政事，出口成章，参照古代圣贤无谬误，施行于当今则合时务的人，却没有几个。因此，所谓爵位、俸禄等等，是天下的磨刀石，高祖用来激励世人，使鲁钝者锐利起来。而今陛下既不采纳天下人的建议，又对这样的人大肆杀害。鸢鹊那种恶鸟遭到伤害时，则会使仁鸟纷纷飞走；愚昧者被杀戮时，则智士也会深深避退。近来，有些愚民上书，因其所言不急而触犯法令，有的人被廷尉究处，处死者很多。自阳朔年间以来，天下以进言为忌讳，在朝廷上更为严重，群臣都只会承顺君王的旨意，没有敢坚持正义的。已故京兆尹王章，资质忠诚正直，敢于在朝廷上与皇帝当面争论，孝元皇帝擢升他，以此来激励备位充数之臣，矫正被败坏了的朝廷风气。可是到了陛下这里，不仅将王章处死，甚至处罚他的妻子儿女，摧折忠直之士的气节，锁住谏臣的舌头。群臣都知道这样做不对，但不敢争辩，天下以进言为戒，是国家最严重的大患！愿陛下废除因言事不重要而有罪的法令，发布进言不必忌讳的诏书，博览兼听，甚至听取疏远和低贱之人的意见，则过去的事虽然无法补救，未来还可以迎头赶上。而今大臣已侵犯了君王的权力，削减了主上的威严，外戚的权力，一天比一天强大。陛下若看不到具体现象，请观察一下周围的影响。自建始年间以来，日食、地震，大致说来，三倍于春秋时期，而水灾之多，更无法相比而数，阴盛阳衰，连铸钱的铜铁都如星飞，这是什么样的情景呢？自汉朝兴起以来，国家曾出现过三次危机：吕氏、霍氏、上官氏，都是皇太后的娘家。爱护亲戚之道，以保全为上，应当派给他们贤良的老师，以忠孝之道教育他们。现在却赐与尊贵荣宠的地位，授与重要的权柄，使他们骄横悖逆，最终导致判罪处死，这就从根本上失掉了对亲属的爱护。即使以霍光的贤能，也不能有保全子孙的远虑，所以权势太重的大臣，一旦换了朝代就会面临危险。

势陵于君,权隆于主,然后防之,亦无及已!"上不纳。

戊申(前13) 四年

春正月,帝如甘泉,郊泰畤。三月,如河东,祠后土。
夏,大旱。 秋七月晦,日食。 有司奏梁王立罪,寝不治。

梁王立骄恣犯法。相禹奏"立怨望有恶言"。有司案
验,因发其与姑奸事,请诛。谷永上疏曰:"臣闻礼,天子
外屏,不欲见外,故帝王不听中菁之言。《春秋》为亲者讳。
今梁王年少,颇有狂病,始以恶言按验,既无事实,而发闺
门之私,非本章所指。王辞又不服,猥傅致之,污蔑宗室,
以内乱之恶,披布宣扬于天下,非所以为公族隐讳,增朝廷
之荣华,昭圣德之风化也。臣愚以为王少而父同产长,年
齿不伦。梁国之富足以招致妖丽,父同产亦有耻辱之心,
案事者乃验问恶言,何故猥自发舒。以三者揆之,殆非人
情,疑有所迫切,过误失言,文吏蹑寻,不得转移。萌牙之
时,加恩勿治,上也。既已案验,宜及王辞不服,诏廷尉更
审考清问,著不然之效,为宗室刷污乱之耻,甚得治亲之
谊。"天子由是寝而不治。

以何武为京兆尹。

武为吏,守法尽公,进善退恶,其所居无赫赫名,去后
常见思。武为刺史,二千石有罪,应时辄奏,其余贤不肖,

如果大臣的势力凌驾于君王之上,权力已超过主上,然后再作防范,就来不及了。"成帝没有采纳他的建议。

戊申(前13) 汉成帝永始四年

春正月,成帝前往甘泉,在泰畤祭天。三月,前往河东,祭祀后土神。 夏季,大旱。 秋七月最后一天,出现日食。 有司奏报梁王刘立罪状,被搁置,没有治罪。

梁王刘立骄横放纵,触犯了法律。梁相禹奏报"刘立对外戚抱有怨恨并口出恶言"。主管机关追查验证,由此揭露出刘立与姑妈通奸乱伦的丑事,奏请处以死刑。谷永上书说:"我听说依照礼仪,天子要在门外建屏障之墙,是不想直接看到外面的情景,所以帝王也不会窃听人家在内室的私话。《春秋》为亲者讳言过失。而今梁王年少,疯癫病很厉害,最初追查验证的是对外戚口出恶言的事,既然无事实证据,却又转而揭露闺门隐私,已不属原本指控的内容了。梁王的诉辞又不承认,用鄙陋的手段附会罗织罪名,玷污宗室,把内部淫乱的恶行,披露宣扬于天下,这不是为皇族掩饰过失,为朝廷增加光彩,彰明圣德之风化的做法。我愚昧地认为,梁王年少而姑母年长,两人年龄不相当。以梁国的富裕,足可以罗致妖艳美女,姑母也有耻辱之心,追查者本来是追查恶言的事,她为什么会自发内乱之事呢?从这三点推测,通奸之事,恐不合人情,我怀疑有所逼迫,不得已讲错了话,文吏借此而穷追,使供词没有回转的余地。在事情还处于萌芽之时,陛下开恩不给予处治,这才是上策。既然已经进行了追查验证,那就应以梁王对罪状不服为理由,下诏命令廷尉重新审理,详加讯问,公布查不属实的结论,洗刷宗室被诬蔑的耻辱,这才符合处理亲属关系的原则。"成帝于是把此案搁置,不予处理。

任命何武为京兆尹。

何武做官吏,奉公守法,引进贤才避退恶辈,在位时虽然没有赫赫名声,但离开后常常被人们思念。何武担任刺史时,二千石官员如果有犯罪行为,就马上检举上奏,其余的贤者与不贤者

敬之如一,是以郡、国各重其守、相。行部必先即学宫见诸生,问以得失,然后入传舍,问垦田美恶,已,乃见二千石。

己酉(前12) 元延元年

春正月朔,日食。 夏四月,无云而雷,有流星东南行,四面如雨。 秋七月,有星孛于东井。

上以灾变,博谋群臣。谷永对曰:"王者躬行道德,承顺天地,则五征时序,百姓寿考,符瑞并降。失道妄行,逆天暴物,则咎征著邮,妖孽并见,饥馑荐臻。终不改寤,恶洽变备,不复谴告,更命有德。此天地之常经,百王之所同也。建始以来,二十载间,群灾大异,交错锋起,多于《春秋》所书。内则为深宫后庭骄臣悍妾,醉酒狂悖卒起之败。苑囿街巷臣妾之家,徵舒、崔杼之乱。外则为诸夏下土,陈胜、项梁奋臂之祸。安危之分界,宗庙之至忧,臣永所以破胆寒心,豫言之累年。下有其萌,然后变见于上,可不致慎!祸起细微,奸生所易。愿陛下正君臣之义,无复与群小媟嬻燕饮。修后宫之政,抑远骄妒之宠。朝觐法驾而后出,陈兵清道而后行,无复轻身独出,饮食臣妾之家。三者既除,内乱之路塞矣。诸夏举兵,萌在民饥馑而吏不恤,兴于百姓困而赋敛重,发于下怨离而上不知。比年郡

都还一样敬重,所以郡、封国守、相各重其职。他每次巡行所部时,一定先到学舍看望儒生,问以得失,然后走进旅舍,向人们询问农事情况,随后才去会见二千石官秩的官吏。

己酉(前12) 汉成帝元延元年

春正月初一,出现日食。　夏四月,天空无云而响雷声,有流星向东南飞去,四周就像下雨一般。　秋七月,在东井宿出现彗星。

成帝因为发生灾变,广泛征求群臣意见。谷永回答:"作为君王,若亲身实行道德,承顺天地的旨意,那么雨、晴、暖、寒、风就会按正常规律进行,百姓会长寿,祥瑞征兆会一起降临。如果失道妄行,违背上天的旨意,糟蹋财物,那么罪责的征兆就会尤其显著,妖孽同时出现,饥馑接连发生。如果始终不觉悟,恶行普遍,上天就不再谴责警告,而将天命托付于另一有德之君。这是天地的正常规律,它对所有的君王都是一样的。自建始以来,二十年间,曾发生多次大的灾异,如群蜂四起,超过《春秋》记载的。这表示内部深宫后庭之中,将有骄横的内臣和凶狠的姬妾,醉酒狂乱,猝起败坏国家。苑囿街巷之中的侍臣和姬妾家里,将会发生徽舒、崔杼那样的变乱。外部普天之下,将会发生陈胜、项梁那样的奋臂造反的灾祸。现在正处在平安和危亡的分界线上,是宗庙最令人忧愁的时期,所以我谷永胆破心寒,连年发出预言。下面如果萌发动乱的念头,上面就会出现变异,怎能不加谨慎! 祸患是从细微之处发展而来的,奸恶是因轻视忽略才产生的。愿陛下明确君臣大义,不要再和小人们在一起亲狎宴饮。加强后宫的管理,压制疏远那些骄横嫉妒的宠妃。朝见皇太后时要乘坐御驾后再出宫,要布置好兵卫和清理了道路以后再出行,再不要一个人独自出宫,到臣妾家吃饭饮酒。以上三点克服之后,发生内乱的道路就堵塞了。而今天下到处举兵谋反,起因萌发于人民饥馑而官吏不予体恤,产生于百姓困苦而赋税沉重,发端于平民怨恨背离而上面却毫无所知。这几年郡

国伤于水灾，禾麦不收，宜损常税之时，而有司奏请加赋，甚缪经义，逆于民心，市怨趋祸之道也。愿陛下勿许其奏，益减奢泰之费，流恩广施，振赡困乏，敕劝耕桑，以慰绥元元之心，诸夏之乱庶几可息！”

刘向上书曰：“臣闻帝舜戒伯禹‘毋若丹朱敖’，周公戒成王‘毋若殷王纣’。圣帝明王常以败乱自戒，不讳废兴，故臣敢极陈其愚，唯陛下留神察焉！夫秦、汉之易世，惠、昭之无后，昌邑之不终，孝宣之绍起，皆有变异著于汉纪。天之去就，岂不昭昭然哉！天文难以相晓，愿赐清燕之间，指图陈状。”上辄入之，然终不能用也。

冬十二月，大司马、卫将军商卒。以王根为大司马、骠骑将军。

王商薨。红阳侯立次当辅政。先是立使客于南郡，占垦草田数百顷，以入县官，而贵取其直一万万以上，为吏所发。上由是废立，而用其弟根。

故槐里令朱云言事得罪，既而释之。

特进、安昌侯张禹请平陵肥牛亭地。曲阳侯根争，以为此地当平陵寝庙，衣冠所出游道，宜更赐禹他地。上不从，根由是数毁恶之。上益敬厚禹，每病，辄自临问之，亲拜床下。禹小子未有官，数视之，上即拜为黄门郎。禹以天子师，每有大政，必与定议。

国连续受水灾之害，禾麦不收，这本是应该减免常税的时候，而有关官员却奏请增加赋税，与儒家经义大相径庭，不顺民心，这是引起百姓的怨恨和招致祸患的做法。希望陛下不要答应他们的奏请，进一步减少奢华的费用，广泛地布施恩泽，赈济贫困的人们，下敕书劝民勤于耕桑，以此来安抚小民之心，各地的叛乱也许会得到平息！"

刘向上书说："我听说帝舜曾告诫伯禹'不要像丹朱那么骄傲'，周公告诫成王'不要像殷纣王'。圣明的帝王常以败亡变乱的历史教训告诫自己，不忌讳谈论王朝的兴废，因此我才敢竭力陈述自己的愚见，请陛下仔细考察！秦、汉的改朝换代，汉惠帝、昭帝的没有后嗣，昌邑王刘贺天子位的被废夺，孝宣皇帝的崛起继位，都有变异记载在汉代史书上。上天的去留取舍，岂不是十分清楚吗！天象是难以讲明白的，请陛下找一清闲时间，让我指着图给您细说。"成帝马上就召刘向进宫，但是最终没有采纳他的建议。

冬十二月，大司马、卫将军王商去世。任命王根为大司马、骠骑将军。

王商去世。红阳侯王立按照顺序应被任命为辅政大臣。先前，王立曾派他的门客到南郡，占夺百姓耕地数百顷，把这些田卖给国家，多收取田价约一万万以上，被官吏揭发。成帝因此废黜王立，而用其弟王根为大司马、骠骑将军。

曾做过槐里县令的朱云因为上书言政而获罪，不久又释免了他。

官位特进的安昌侯张禹，请求成帝把平陵肥牛亭那片土地赐给他。遭到曲阳侯王根的反对，认为此地在平陵墓园寝庙附近，是衣冠出游的必经之路，应改换赐给他别的地方。成帝不听，王根因此多次诋毁张禹。但是，成帝却越加敬重张禹，张禹每次患病，都到张禹家问候，亲自在床前拜见。张禹的幼子没有官职，张禹多次用眼看他，成帝就封他为黄门郎。张禹是天子的老师，国家每有大事，成帝一定同他商量对策。

　　时吏民多上书言灾异王氏专政所致，上意颇然之，未有以明见。乃至禹第，辟左右，亲以吏民所言示禹。禹自见年老，子孙弱，又与根不平，恐为所怨，则谓上曰："《春秋》日食、地震，或为诸侯相杀，夷狄侵中国。灾变之意，深远难见，故圣人罕言命，不语怪神。性与天道，自子贡之属不得闻，何况浅见鄙儒之所言。陛下宜修政事，以善应之，此经义意也。新学小生，乱道误人，宜无信用。"上雅信爱禹，因此不疑王氏。

　　故槐里令朱云上书求见，公卿在前，云曰："今朝廷大臣，上不能匡主，下无以益民，皆尸位素餐，孔子所谓'鄙夫不可与事君，苟患失之，亡所不至'者也！臣愿赐尚方斩马剑，断佞臣一人头以厉其余。"上问："谁也？"对曰："安昌侯张禹。"上大怒曰："小臣居下讪上，廷辱师傅，罪死不赦！"御史将云下，云攀殿槛，槛折。云呼曰："臣得下从龙逢、比干游于地下，足矣。未知圣朝何如耳！"御史遂将云去。于是左将军辛庆忌免冠，解印绶，叩头殿下曰："此臣素著狂直于世，使其言是，不可诛，其言非，固当容之。臣敢以死争。"庆忌叩头流血，上意解，然后得已。及后当治槛，上曰："勿易，因而辑之，以旌直臣。"

　　匈奴搜谐单于死，弟车牙若鞮单于立。　　征张放入侍中，寻复出之。
　　张放征入侍中。太后曰："前所道尚未效，富平侯反复来，其能默虏？"上于是出放为天水属国都尉，引许商、师

当时吏民多上书说发生灾异是王氏专权所致，成帝也认为颇有道理，但不能洞察正确与否。他就来到张禹家，让身边人回避，亲自把吏民所讲的情况告诉张禹。张禹自觉已经年老，子孙又弱，又与王根不和，担心被王氏怨恨，就对成帝说："《春秋》记载的日食、地震，或因诸侯互相攻杀，或因夷狄侵犯中国。灾变之意，深远难见，所以圣人很少谈论天命，不谈论鬼神。性命与天道，连子贡那些人都没有听孔子说过，更何况那些见识浅薄的儒生呢？陛下应该使政事清明，用善来回报上天，这才是儒家经义的本质。那些新学小生，乱道误人，不应该相信和任用他们。"成帝一向信任和喜爱张禹，从此不再怀疑王氏。

曾做过槐里县令的朱云上书请求召见，在公卿面前，朱云说："现在的朝廷大臣，对上不能匡扶君主，对下不能有益于人民，都是些占着官位吃白饭的人，正像孔子所讲，'鄙鄙的人不可让他侍奉君王，他们怕失去官位，会无所不为'。我请求陛下赐给我尚方斩马剑，砍下一个佞臣的头以警告其他人。"成帝问："谁是佞臣？"朱云回答说："安昌侯张禹。"成帝大怒，说："小小官员在下，竟敢诋毁朝廷大臣，在朝廷侮辱帝师，罪死不赦！"御史将朱云逮下，朱云紧紧抓住宫殿栏杆，栏杆被拉断。朱云高呼说："我能够跟随龙逢、比干游于地下，也就心满意足了。但不知圣朝将会怎样！"御史挟持着朱云要出去。这时左将军辛庆忌脱下官帽，解下印信绶带，伏在殿下叩头说："这个人平素就以狂妄直率著名，如果他说得对，就不要杀他，如果他说得不对，也应该宽容他。我冒死来向陛下请求。"辛庆忌叩头流血，成帝怒意稍解，事情才算了结。后来，要修理宫殿栏杆时，成帝说："不要变动，就按原样修补一下，我要用它来表彰直率的大臣。"

匈奴搜谐单于去世，他的弟弟车牙若鞮单于继位。征召张放入宫当侍中，不久又命离京。

张放被征召入宫当侍中。皇太后说："先前我交待你的事还没有办理，怎么现在富平侯反而又回到京师了，我还能不说话吗？"成帝于是命令张放离开京城，出任天水属国都尉，擢升许商、师

丹、班伯为侍中。每朝东宫，常从，及有大政，俱使谕指于公卿。上亦稍厌游宴，复修经书之业，太后甚悦。

左将军辛庆忌卒。

庆忌为国虎臣，匈奴、西域敬其威信。

庚戌（前11）　二年

夏四月，遣中郎将段会宗诛乌孙太子番丘。康居遣子贡献。

初，乌孙小昆弥安日为降民所杀，诏立安日弟末振将为小昆弥。时大昆弥雌栗靡勇健，末振将恐为所并，使人刺杀之。立公主孙伊秩靡为大昆弥。久之，翎侯难栖杀末振将，安日子安犁靡代为小昆弥。汉遣中郎将段会宗发戊己校尉诸国兵，即诛末振将太子番丘。会宗留兵垫娄地，选精兵三十弩，径至昆弥所在，召番丘，责以末振将之罪，即手剑击杀之。安犁靡勒兵数千骑围会宗，会宗为言来诛之意，昆弥以下号泣罢去。会宗还，赐爵关内侯。责大禄、大监以雌栗靡见杀状，夺金印、紫绶，更与铜、墨。末振将弟卑爰疐，将众八万余口，北附康居，谋欲借兵兼并两昆弥。汉复遣会宗与都护孙建并力以备之。

自乌孙分立两昆弥，汉用忧劳，且无宁岁。时康居复遣子侍汉，贡献。都护郭舜上言："本匈奴盛时，非以兼有乌孙、康居故也，及其称臣妾，非以失二国也。汉虽皆受其质子，然三国内相输遗，交通如故。亦相候司，见便则发。

丹、班伯为侍中。成帝每次朝见太后,常让他们跟从前去,遇有国家大事,都派他们向公卿传达皇帝的谕旨。成帝也逐渐厌倦了游乐,又重新学习儒家经书,太后十分高兴。

左将军辛庆忌去世。

辛庆忌是国家虎将,匈奴、西域都崇敬他的威信。

庚戌(前11) 汉成帝元延二年

夏四月,派遣中郎将段会宗诛杀乌孙太子番丘。康居王国派王子到长安,贡献于汉朝。

最初,乌孙王国小昆弥安日被投降乌孙的人杀死,成帝下诏扶立安日的弟弟末振将为小昆弥。当时乌孙大昆弥雌栗靡勇猛刚强,末振将担心被他吞并,就派人刺杀了他。汉立解忧公主的孙子伊秩靡为大昆弥。过了很久,翖侯难栖杀死了末振将,让安日的儿子安犁靡代为小昆弥。汉朝派遣中郎将段会宗征发戍己校尉统领的诸国兵马,诛杀末振将的太子番丘。段会宗把大军留驻垫娄地,挑选精兵三十名,径直来到昆弥住地,召见番丘,向他谴责末振将的罪状,随即亲手举剑刺杀了番丘。小昆弥安犁靡率领数千骑兵包围了段会宗,段会宗向他们讲了诛杀番丘的来意,昆弥和手下人等号哭撤兵而去。段会宗回到长安,成帝赐给他关内侯的爵位。追究大禄、大监因不能救护雌栗靡而使他被杀的责任,收回他们的金印、紫绶,换为铜印、墨绶。末振将的弟弟卑爰疐率领部下八万余人逃亡北方,依附康居王国,图谋借用康居兵马兼并两昆弥。汉朝再一次派遣段会宗与都护孙建,合力加以防范。

自乌孙分立两个昆弥,汉朝经常处于忧劳之中,几乎没有一年安宁。这时,康居又派王子入侍,向汉朝进贡。都护郭舜上书说:"过去匈奴强盛,并非因为兼并了乌孙和康居两国,现在向汉朝称臣归降,也不是因为失去了这两国。汉朝虽然都接受了他们送来做人质的王子,但三国之间互相贸易、赠送,来往跟从前一样。他们也互相窥探,伺机而动,一有机会便发动攻击。

合不能相亲信,离不能相臣役。以今言之,结配乌孙,竟未有益,反为中国生事。然乌孙既结在前,今与匈奴俱称臣,义不可距。而康居骄黠,讫不肯拜使者,都护吏至其国,故为无所省以夸旁国。以此度之,遣子入侍,其欲贾市,为好辞之诈也。匈奴,百蛮大国,今事汉甚备,闻康居不拜,且使单于有悔自卑之意。宜归其侍子,绝勿复使,以章汉家不通无礼之国。"汉为新通,重致远人,终羁縻不绝。

辛亥(前10) **三年**

春正月,岷山崩,壅江三日,江水竭。

刘向曰:"昔周岐山崩,三川竭,而幽王亡。岐山者,周所兴也。汉家本起于蜀、汉,今所起之地,山崩川竭,星孛又及摄提、大角,从参至辰,殆必亡矣。"

秋,帝校猎长杨射熊馆。

上将大夸胡人以多禽兽,命右扶风发民入南山,西自褒、斜,东至弘农,南驱汉中,张罗罔捕禽兽,载以槛车,输长杨射熊馆,令胡人手搏之,亲临观焉。

壬子(前9) **四年**

春正月,中山王兴、定陶王欣来朝。

二王来朝,中山王独从傅,定陶王尽从傅、相、中尉。上问定陶王,对曰:"令:诸侯王朝,得从其国二千石,故尽

合好时不能互相亲近信任,分离时也不能将对方当作臣属来役使。从现今的情况来说,与乌孙缔结婚姻,最终并未能获益,反而为中国惹事。然而既然与乌孙结好在前,现在乌孙和匈奴都臣服于中国,从大义上不可以拒绝他们。而康居傲慢狡猾,一直不肯对汉使行叩拜礼,都护府官员到他们国家,国王故意做出不注意汉使的样子,向旁国夸耀。由此推测,他们派王子入侍,这是想做买卖,而用好话来行诈。匈奴是众多外族中的强大国家,现今侍奉汉朝十分周到,如果听说康居不拜汉使,会使匈奴单于产生后悔自卑之心。应该送回康居王子,和其断交不再派遣使者,以表明汉朝不跟无礼的国家交往。"朝廷认为,康居第一次派遣王子入侍,汉朝应重视尊重远方之人,终于还是笼络他们而没有断交。

辛亥(前10) 汉成帝元延三年

春正月,岷山发生山崩,堵塞长江三日之久,下游江水枯竭。

刘向说:"从前在周朝时岐山发生山崩,三条河流被堵塞枯竭,而周幽王被杀。岐山是周朝兴起之地。汉家起于蜀、汉,现在山崩川竭,彗星又扫过摄提、大角,从参宿一直走到辰宿,汉朝恐怕一定要灭亡了。"

秋季,成帝校猎于长杨宫射熊馆。

成帝准备在胡人面前夸耀自己有很多禽兽,命令右扶风发动百姓进入南山,西自褒、斜二谷,东至弘农,南到汉中,张设罗网捕猎禽兽,用槛车装运至长杨宫射熊馆,命胡人赤手与野兽搏斗,成帝亲临观看。

壬子(前9) 汉成帝元延四年

春正月,中山王刘兴、定陶王刘欣来朝见成帝。

二王来朝见成帝,中山王只由傅陪同,而定陶王则把傅、相、中尉都带来了。成帝询问定陶王,他回答说:"汉朝法令规定:诸侯王朝见天子,可以让王国中官秩在二千石的官员陪同,因此

从之。"令诵《诗》,通习,能说。问中山王:"独从傅在何法令?"不能对。令诵《尚书》,又废。帝由此以为不能,而贤定陶王,数称其材。是时诸侯王二人于帝为至亲,定陶傅太后随王来朝,私赂遗赵皇后、昭仪及王根;三人见上无子,亦欲豫自结,为长久计,皆劝帝以为嗣。帝为加元服而遣之,时年十七矣。

陨石于关东二。 大司农谷永免。

王根荐谷永,征为大司农。永前后所上四十余事,略相反覆,专攻上身与后宫而已。党于王氏,上亦知之,不甚亲信也。岁余,病,满三月,上不赐告,即时免。数月,卒。

癸丑(前8) 绥和元年
春二月,立定陶王欣为皇太子。

上召丞相、御史、将军入议"中山、定陶王谁宜为嗣者"。皆以为:"《礼》曰:'昆弟之子,犹子也。为其后者,为之子也。'定陶王宜为嗣。"孔光独以为:"立嗣以亲。兄终弟及,《尚书·盘庚》殷之及王也。中山王,帝亲弟,宜为嗣。"上以"中山王不材,又礼,兄弟不得相入庙"不从光议。立定陶王欣为皇太子。左迁光廷尉。

封孔吉为殷绍嘉侯。三月,与周承休侯皆进爵为公。

初,诏求殷后,分散为十余姓,推求其嫡,不能得。匡衡、梅福皆以为宜封孔子世为汤后,上从之。

他们都来了。"成帝又命令他背诵《诗经》,他能熟练地背诵,还能解释。成帝问中山王刘兴说:"你只有师傅一人陪同前来,根据什么法令?"刘兴回答不上来。命他背诵《尚书》,又背不下去。成帝因此认为刘兴无能,而赞赏定陶王,屡次称赞他的才能。当时诸侯王中他们两人跟成帝为近亲,定陶王傅太后随王一起来朝见,私下送礼贿赂赵皇后、赵昭仪以及王根;三人见成帝无子,也想预先私自结交诸侯王,以为长久之计,因而都劝说成帝立定陶王为继嗣。成帝为他主持加冠礼后送他回国,刘欣这年十七岁。

关东一带,坠落两颗陨石。　大司农谷永被免职。

王根推荐谷永,朝廷任命他为大司农。谷永前后共上奏过四十余件事情,内容有所重复,专门抨击成帝和后宫。谷永是王氏党羽,成帝也清楚,所以不怎么亲信他。一年多以后,谷永患病,休假满三个月后,成帝不批准继续休假在家治病,即时免职。数月后去世。

癸丑(前8)　汉成帝绥和元年
春二月,立定陶王刘欣为皇太子。

成帝召丞相、御史、将军进宫,讨论"中山王、定陶王谁更合适继承帝位"。都认为:"《礼记》说:'兄弟的儿子,如同自己的儿子。立他为后嗣,就成为儿子。'定陶王适合立为嗣子。"只有御史大夫孔光认为:"立后嗣应以血缘关系亲疏为根据。哥哥去世,弟弟继位,这是《尚书·盘庚》记载的商朝君王传位的方式。中山王是皇上的亲弟弟,应立他为后嗣。"成帝以"中山王没有才干以及依礼兄弟的牌位不能一同进入宗庙"为理由,没有听从孔光的建议。最后立定陶王刘欣为皇太子。贬调孔光为廷尉。

封孔吉为殷绍嘉侯。三月,孔吉与周承休侯都晋封为公爵。

当初,成帝下诏访求殷商的后裔,发现已分散为十多个姓,无法推求出嫡系子孙。匡衡、梅福都认为应当封孔子的家族为商汤的后裔,成帝听从了他们的建议。

夏,建三公官。大司马根去将军号,改御史大夫何武为大司空。

初,御史大夫何武建言:"末俗事烦,宰相材不及古,而独兼三公之事,所以不治,宜建三公官。"上从之。以王根为大司马,罢骠骑将军官。以武为大司空,与丞相为三公。

秋八月,中山王兴卒。

谥曰孝。

匈奴车牙单于死,弟囊乌珠留若鞮单于立。

汉遣夏侯藩使匈奴。或说王根曰:"匈奴有斗入汉地,直张掖郡,生奇材木箭竿、鹫羽,如得之,于边甚饶。"根为上言,上直欲从单于求之,为有不得,伤命损威。根即但以上指晓藩,令从藩所说而求之。藩至,语次说单于:"宜上书献此地,省两都尉士卒数百人。其报必大!"单于曰:"此天子诏语邪,将从使者所求也?"藩曰:"诏指也,然藩亦为单于画善计耳。"单于曰:"已问温偶驈王,匈奴西边作穹庐及车,皆仰此山材木,且先父地,不敢失也。"藩还,迁为太原太守。单于以状闻。诏报曰:"藩擅称诏,法当死。更大赦二,今徙藩为济南太守,不令当匈奴。"

冬十月,大司马根病免。　十一月,立楚孝王孙景为定陶王。

上以太子既奉大宗后,不得顾私亲,立景为定陶王。太子议欲谢,少傅阎崇以为"不当谢",太傅赵玄以为"当谢",太子从之。诏问以谢状,玄左迁少府,以师丹为太傅。

夏季，建立三公官职。大司马王根被取消将军称号，改封御史大夫何武为大司空。

当初，御史大夫何武建言："末世习俗政事繁多，宰相的才能又赶不上古代，而一人独兼三公之事，所以国家治理不好，应该重新建立三公官职。"成帝听从了他的建议。后封王根为大司马，罢去骠骑将军官职。任命何武为大司空，与丞相合为三公。

秋八月，中山王刘兴去世。

谥曰孝。

匈奴车牙单于死，他的弟弟囊乌珠留若鞮单于继位。

汉朝派遣夏侯藩出使匈奴。有人劝王根说："匈奴有块楔入汉边的土地，直达张掖郡，出产奇异的木材、箭竿和鹫鹰羽毛，如果得到它，可使边疆大为富饶。"王根把这种情况向成帝汇报，成帝想直接向单于要地，又担心单于不答应，有伤诏命尊严，损害君王威信。王根就将成帝的意图告诉夏侯藩，指示他以个人的意思向单于要地。夏侯藩到匈奴后，在与单于交谈时说："应该上书献出这块边境之地，这样可以省去汉朝两名都尉数百士卒。天子必然大大回报！"单于说："这是天子诏命中的意思，还是你作为使者提出的要求呢？"夏侯藩说："天子诏命中有这个意思，不过，也是我为单于谋划的好计策。"单于说："我已问过温偶駼王，匈奴西部制作帐幕及车子，都是用这里山地的木材，况且这是先父留下的土地，不敢轻易放弃。"夏侯藩回国后，被调任太原太守。单于把夏侯藩求地一事向长安上书说明。成帝下诏回复说："夏侯藩擅自假称诏旨，依法应当处死。因为经过两次大赦，现在把他调往济南任太守，不使他再掌管和匈奴交往的事务。"

冬十月，大司马王根患病，被免去官职。 十一月，封楚孝王的孙子刘景为定陶王。

成帝因太子既已继承大宗，不能再顾念自己的亲人，于是封刘景为定陶王。太子商议准备上书谢恩，少傅阎崇认为"不当谢"，太傅赵玄却认为"当谢"，太子听从了赵玄的建议。成帝诏问太子因何谢恩的情况后，赵玄被贬降为少府，任命师丹为太傅。

初，太子之幼，祖母傅太后躬自养视，及为太子，诏傅太后与太子母丁姬，自居定陶国邸，不得相见。顷之，皇太后欲令傅太后、丁姬十日一至太子家，帝曰："太子承正统，不得复顾私亲。"皇太后曰："太子小而傅太后抱养之，今至太子家，以乳母恩耳，不足有所妨。"于是令傅太后得至太子家。

卫尉淳于长有罪下狱，死。废后许氏自杀。以王莽为大司马。

卫尉、侍中淳于长有宠，贵倾公卿。许后姊嬛寡居，长与私通，因取为小妻。许后时居长定宫，因嬛以金钱乘舆、服御物赂遗长，欲求复为婕妤。长受诈许为白上，立以为左皇后。嬛每入长定宫，辄与嬛书，戏侮许后，嫚易无不言。

王莽心害长宠，白之，上以太后故，不治罪，遣就国。红阳侯立故与长有怨，至是使嗣子融从长请车骑，长以珍宝重遗立，立因上疏为长求留。上疑之，下吏按验。立令融自杀以灭口，上愈疑，逮长系诏狱，穷治。长具服罪至大逆，死狱中。使廷尉孔光持节赐废后药，自杀。丞相方进劾奏红阳侯立狡猾不道，上不忍致法，遣就国。

方进复奏立党友朱博等，皆归故郡。方进亦素与长交，上以其大臣为之隐讳，方进内惭，上疏谢罪，乞骸骨。上报曰："'朝过夕改，君子与之'，君何疑焉！"方进起视事，复条奏长所厚善，免二十余人。

最初，太子幼年时，是由祖母傅太后亲自抚养看管，等到成为太子，成帝诏令傅太后和太子亲母丁姬留居定陶国邸，不许相见。不久，皇太后想让傅太后、丁姬十天一次去太子宫探望，成帝说："太子已承继正统，不能再顾念近亲。"皇太后说："太子小时候是傅太后抱养大的，现在允许她到太子宫探望，是作为乳娘恩情对待的，没有什么妨碍。"于是下令傅太后可以到太子宫探望。

卫尉淳于长犯罪下狱，死在狱中。废后许氏自杀。任命王莽为大司马。

卫尉、侍中淳于长很受成帝的宠幸，权贵压倒公卿。许皇后的姐姐许嬷寡居在家，淳于长与她私通，因而娶她为妾。许皇后这时居住在长定宫，通过许嬷用金钱和御用的车马、衣物等贿赂淳于长，想请求复位为婕妤。淳于长接受了贿赂，假装答应为她向成帝请求，立为左皇后。许嬷每次到长定宫，淳于长就让许嬷捎书信给许后，戏弄侮辱她，轻薄不恭，无所不言。

王莽内心嫉妒淳于长受宠，把淳于长的罪过向成帝报告，成帝因为太后的缘故，不治其罪，把他遣送回封国。红阳侯王立本来与淳于长有怨恨，到淳于长将回封国时，让他的嫡长子王融，去请求淳于长把车辆马匹送给他，淳于长就把珍宝重礼送给王立，王立因此上书请求把淳于长留在京师。这引起了成帝的怀疑，让有关官署去追查验证。王立令王融自杀以灭口，成帝更加怀疑，逮捕了淳于长，关押在诏狱，并严加追究。淳于长完全招供，罪至大逆，死在狱中。成帝派廷尉孔光持节，赐给废后许氏毒药，许氏自杀。丞相翟方进弹劾红阳侯王立狡猾不行正道，成帝不忍对他法办，遣送他回到封国。

翟方进又上奏王立的党羽和密友朱博等人，结果都被免官回归原郡。翟方进平时与淳于长交厚，成帝因为他是重臣为他隐瞒掩饰，翟方进内心惭愧，上疏谢罪，请求辞官回故里。成帝回报说："'早上的过失，晚上改正了，不失为君子'，你还疑虑什么呢！"于是翟方进继续办公，又分条上奏与淳于长亲近友善的人，罢免了二十多人的官职。

上以王莽首发大奸，称其忠直，王根因荐莽自代。遂以莽为大司马，时年三十八。莽既拔出同列，继四父而辅政，欲令名誉过前人，遂克己不倦。聘诸贤良以为掾、史，赏赐、邑钱悉以享士，愈为俭约。母病，公卿列侯遣夫人问疾，莽妻迎之，衣不曳地，布蔽膝，见之者以为僮使，问知其夫人。皆惊其饰名如此。

罢刺史，置州牧。

丞相、大司空奏言："《春秋》之义，用贵治贱，不以卑临尊。刺史位下大夫而临二千石，轻重不相准。臣请罢刺史，更置州牧以应古制。"从之，置州牧，秩二千石。

诏立辟雍，未作而罢。

犍为郡于水滨得古磬十六枚，议者以为善祥。刘向因是说上："宜兴辟雍，设庠序，陈礼乐，隆雅颂之声，盛揖让之容，以风化天下。或曰：'不能具礼。'礼以养人为本，如有过差，是过而养人也。刑罚之过或至死伤，今之刑非皋陶之法也，而有司请定法，削则削，笔则笔，救时务也。至于礼乐，则曰不敢，是敢于杀人，不敢于养人也。为其俎豆、管弦之间小不备，因是绝而不为，是去小不备而就大不备，惑莫甚焉。夫教化之比于刑法，刑法轻，是舍所重而急所轻也。教化，所恃以为治也；刑法，所以助治也。今废所恃而独立其所助，非所以致太平也。"帝以向言下公卿议，丞相、大司空奏请立辟雍，按行长安城南营表，未作而罢。

成帝因为王莽首先揭发重大奸恶，称赞他忠直，王根因而推荐王莽代替自己。于是就任命王莽为大司马，时年三十八岁。王莽既已超出同辈受到提拔，继四位伯父叔父之后辅政，就想使自己的名声超过前人，于是不断克制自己，加强修养。他聘请各类贤良人士出任掾、史，将皇帝的赏赐和自己封邑所入钱财全部分享给他的下属官吏，同时也更加节俭。他母亲生了病，公卿列侯都派夫人前去探问，王莽妻子出去迎接，衣服的长度还拖不到地上，穿着布蔽膝，看到她的人还以为是奴婢，询问之后才知是王莽夫人。大家都惊讶王莽巧饰名声到如此程度。

撤销刺史，设置州牧。

丞相、大司空奏称："《春秋》之义，是以尊贵者治理卑贱者，不是让卑贱者监视尊贵者。刺史的朝位列于下大夫，却督察二千石官，轻重标准不相宜。我们请求撤销刺史，改设州牧以合古制。"成帝同意，设置州牧，官秩二千石。

下诏设立学堂，还未开始修建就停止了。

犍为郡在水边得到十六个古磬，议论此事的人认为是吉祥好事。刘向因而劝谏成帝说："应该设立学堂学府，陈列礼器乐器，大力推广庙堂之乐，提倡礼貌谦让的举止，以此来教育天下。或许有人说：'不能全靠礼教。'礼教以培养人为主要目的，如果发生什么差错，也是为了培养人而出现差错。刑罚出现差错，有时会致人死伤，今天的刑罚已不是皋陶时代的刑罚，而有关机构请求制定刑法，删的删，改的改，用以救治时弊。至于说到礼乐，则说不敢动，这是敢于杀人不敢教育人。因俎、豆等礼器，管、弦等乐器稍有不备，因而放弃礼乐，这是舍弃小不备而趋就于大不备，受迷惑没有比这更大的了。教育和刑法相比较来看，刑法是次要的，这样做是舍弃重要的而急于去办次要的。教化是治理国家的主要手段，刑法是辅助治理国家的工具。今天舍弃了主要手段而单单去扶持辅助工具，是不会使天下太平的。"成帝把刘向所讲的话交给公卿们去商议，丞相、大司空都上奏请求设立学堂，到长安城南巡视测量地基，结果还没有修建就停止了。

时又有言:"孔子布衣,养徒三千人,今天子太学弟子少。"于是增弟子员三千人。岁余,复如故。

向常显讼宗室,讥刺王氏,其言痛切,发于至诚。上数欲用向,辄不为王氏及丞相、御史所持,故终不迁,居列大夫官前后三十余年而卒。后十三岁而王氏代汉。

甲寅(前7) **二年**
春二月,丞相方进卒。
时荧惑守心,丞相府议曹李寻奏记方进,言:"灾变迫切,大责日加,阖府三百余人,唯君侯择其中,与尽节转凶。"方进忧之,不知所出。会郎贲丽善为星,言大臣宜当之。上乃召见方进,赐册责让,使尚书令赐上尊酒十石、养牛一,方进即日自杀。上秘之,遣九卿册赠印绶,赐乘舆秘器,亲临吊者数至,礼赐异于他相故事。

三月,帝崩。
帝素强无疾病。时楚王、梁王来朝,明旦,当辞去。又欲拜孔光为丞相,已刻侯印,书赞。昏夜,平善,乡晨,欲起不能言,而崩。民间讙哗,咸归罪赵昭仪。皇太后诏大司马莽杂治,问皇帝起居发病状。赵昭仪自杀。

以孔光为丞相。
光于大行前拜受丞相、博山侯印绶。
太后诏罢泰畤、汾阴祠,复南北郊。 **夏四月,太子欣即位。**

当时还有人说："孔子是个平民,却养有三千弟子,如今天子太学的弟子太少。"于是就将弟子的名额增加到三千名。一年多以后,又恢复到原来的名额。

刘向经常公开为宗室打抱不平,讥讽王氏家族,他的言词沉痛恳切,发于至诚。成帝曾多次想起用刘向,但不被王氏一家以及丞相、御史支持,所以刘向始终没有得到提拔,位居大夫之列前后三十余年而死。过了十三年后,王氏篡夺了刘氏汉朝政权。

甲寅(前7)　汉成帝绥和二年
春二月,丞相翟方进去世。

当时火星出现在心宿旁边,丞相府议曹李寻向翟方进上呈文说:"灾变日益迫切,威严的谴责天天增加,丞相府上下三百余人,请您从中选择合适的人,与他一起尽节,避开凶险。"翟方进十分忧愁,不知如何是好。正好郎官贲丽很会看星象,说大臣应当代替天子去承受灾祸。成帝于是召见翟方进,并下策书责备他,派尚书令赐给他上等酒十石、御厩所养的牛一头,翟方进当天自杀。成帝对这件事严格保密,并派九卿去以策书赠印信绶带,赏赐车马明器,成帝也几次亲去吊唁,对翟方进的礼节和赏赐与对其他丞相都不相同。

三月,成帝去世。

成帝平时身体强壮,没有疾病。当时楚王刘衍、梁王刘立来京朝见,第二天早晨就要辞别返回封国。成帝又打算任孔光为丞相,已经刻好了侯爵的印信,写好了封爵诏书。夜间还一直很好,清晨,成帝想起床,却已不能说话,而后就去世了。消息传出,民间哗然,都归罪于赵昭仪。皇太后下令让大司马王莽同其他官员一同追查,调查皇帝起居发病情况。赵昭仪自杀。

任命孔光为丞相。

孔光在大行皇帝灵柩前,拜受丞相、博山侯印信、绶带。

皇太后下诏撤销泰畤、汾阴祠,恢复长安南北郊祭祀天地大典。　**夏四月**,太子刘欣即位。

哀帝初立，躬行俭约，省减诸用，政事由己出，朝廷翕然望至治焉。

尊皇太后曰太皇太后，皇后曰皇太后。　葬延陵。追尊定陶共王为定陶共皇。

太皇太后令傅太后、丁姬十日一至未央宫。有诏问丞相、大司空："定陶太后宜何居？"孔光素闻傅太后刚暴，长于权谋，恐其与政事，不欲与帝旦夕相近，即议以为宜改筑宫。何武曰："可居北宫。"上从武言。北宫有紫房复道通未央宫，傅太后果从复道朝夕至帝所，求欲称号，贵宠其亲属，使上不得由直道行。高昌侯董宏希指，言："秦庄襄王，母本夏氏，而为华阳夫人所子，及即位后，俱称太后。宜立定陶太后为帝太后。"事下有司，王莽、师丹劾奏宏："知皇太后至尊之号，天下一统，而称引亡秦，诖误圣朝，非所宜言，大不道。"免宏为庶人。傅太后大怒，要上，欲必称尊号。上乃白太皇太后，令下诏尊定陶共王为共皇。

五月，立皇后傅氏。

傅太后从弟晏之子也。

尊定陶太后傅氏曰定陶共皇太后，丁姬曰定陶共皇后，封丁明、傅晏皆为列侯。　六月，罢乐府官。

成帝之世，郑声尤甚，黄门名倡富显于世，贵戚至与人主争女乐。帝自为王时疾之，又性不好音，至是诏罢乐府官。郊祭乐及古兵法武乐在经，非郑、卫之乐者，条奏别属他官。凡所罢省过半。然百姓渐渍日久，又不制雅乐有以相变，豪富吏民湛沔自若。

哀帝即位之初,亲自厉行节俭,省减各项费用,政事由自己决定处理,朝廷上下一致希望能天下大治。

尊皇太后为太皇太后,皇后为皇太后。 葬成帝于延陵。追尊定陶共王为定陶共皇。

太皇太后下诏,命傅太后、丁姬每十天一次到未央宫。哀帝下诏询问丞相、大司空:"定陶共王太后应该居住在哪里?"丞相孔光素来听说傅太后刚强暴烈,擅长权谋,担心她干预政事,不想使她与哀帝朝夕相近,于是就建议应另行修筑宫室安置。大司空何武说:"可以住在北宫。"哀帝听从了何武的建议。北宫有紫房复道通到未央宫,傅太后果然从复道早晚去哀帝住所,请求加封她尊号,宠信重用她的亲属,使哀帝不得以正道行事。高昌侯董宏为迎合而上书说:"秦庄襄王,母亲本来是夏氏,后来他被华阳夫人认为嗣子,到他继位之后,夏氏和华阳夫人都被尊称为太后。应该尊定陶太后为帝太后。"这一奏章交到有关官署讨论,王莽、师丹上奏弹劾董宏说:"董宏明知皇太后为最尊贵的称号,现今天下统一,却以亡秦引作比喻,欺骗圣朝,这是不应该说的话,是大逆不道。"董宏被免官,贬为平民。傅太后为之大怒,要挟哀帝,一定要得到尊号。哀帝于是说与太皇太后,太皇太后同意下诏尊定陶共王为共皇。

五月,立傅氏为皇后。

皇后是傅太后堂弟傅晏的女儿。

尊定陶太后傅氏为定陶共皇太后,丁姬为定陶共皇后,封丁明、傅晏等为列侯。 六月,撤销乐府官。

汉成帝时代,淫靡之音特别盛行,以致黄门名倡都以富有显赫于世,皇亲国戚甚至与天子争夺女乐。哀帝在做定陶王时就厌恶这种风气,生性又不喜好音乐,因此下诏撤销乐府官。经书上记载的郊祀大典的音乐以及古代兵法武乐,不属于郑、卫之声的音乐,分类由其他官署管理。裁减人员超过一半。但是百姓受淫靡之声熏染已久,又没有制定其他高雅的音乐来替换,因此富有的官吏百姓依然如故,沉醉其中。

诏刘秀典领"五经"。

王莽荐刘歆为侍中,贵幸,更名秀。上复令典领"五经",卒父前业。秀于是总群书而奏其七略,有《辑略》《六艺略》《诸子略》《诗赋略》《兵书略》《术数略》《方技略》。其叙诸子,分为九流:曰儒,曰道,曰阴阳,曰法,曰名,曰墨,曰纵横,曰杂,曰农。以为:"九家皆起于王道既微,诸侯力政,时君世主好恶殊方,是以九家之术蜂出并作,各引一端,崇其所善,虽有蔽短,合其要归,亦"六经"之支与流裔。使其人遭明王圣主,得其所折中,皆股肱之材已。仲尼有言:'礼失而求诸野。'方今去圣久远,道术缺废,无所更索,彼九家者,不犹愈于野乎! 若能修六艺之术而观此九家之言,舍短取长,则可以通万方之略矣。"

益封河间王良万户。

河间惠王良能修献王之行,母太后薨,服丧如礼。诏益封万户,以为宗室仪表。

诏限民名田,不果行。

初,董仲舒说武帝,以"秦除井田,民得卖买,富者田连阡陌,贫者亡立锥之地,小民安得不困! 古井田法虽难卒行,宜少近古,限民名田以赡不足,塞并兼之路。去奴婢,除专杀之威。薄赋敛,省徭役,以宽民力,然后可善治也"。至是师丹复建言:"今累世承平,豪富吏民訾数钜万,而贫弱愈困,宜略为限。"天子下其议,丞相、大司空奏请:"自诸侯王、列侯、公主名田各有限,关内侯、吏、民名田皆毋过三十顷,奴婢毋过三十人,期尽三年,犯者没入官。"时田宅、

诏令刘秀负责整理"五经"。

王莽推荐刘歆为侍中,地位显贵,而且很得宠幸,于是改名为刘秀。哀帝又下令让刘秀负责整理"五经",完成父亲刘向未完成的事业。刘秀于是汇总群书分类编成七略:有《辑略》《六艺略》《诸子略》《诗赋略》《兵书略》《术数略》《方技略》。其中叙述诸子的,又分为九大学派:儒家、道家、阴阳家、法家、名家、墨家、纵横家、杂家、农家。他认为:"九家都起于王道衰微、诸侯鼎立的时代,那时君主们的好恶各不一样,因此九家学派同时蜂起,各执一端,推崇各自所喜好的学说,虽然也掩饰自己的短处,但综合他们的要旨,也都是"六经"的支派。如果让这些人遇上圣王明主,将他们的主张折中修正,都可以成为栋梁之才。孔子说:'礼义失传,到乡野去寻找。'现在离开圣人的时代已经很远了,当时的道术或缺或废,无法再找到,这九家学派,不是胜过乡野吗!如果能够学习六艺之术,再参阅这九家学派之言,取长补短,就可以精通各种方略。"

下诏,增加河间王刘良采邑万户。

河间王刘良,能学习献王的品行,母亲王太后去世,完全按照礼仪服丧。哀帝下诏褒奖,增加采邑万户,以此作为宗室表率。

下诏限制百姓占田的数额,但实际上未能执行。

当初,董仲舒劝说武帝,认为:"秦国废除井田,百姓可以买卖土地,结果富人田地一望无际,穷人却无立锥之地,百姓怎能不贫困呢!古代的井田制虽然难以马上执行,但应该稍加恢复,应限制百姓占田的数额,用以补给不足者,堵塞兼并土地的渠道。取消奴婢,除掉滥杀奴婢的特权。减轻赋税,减少徭役,使人民得以休养生息,然后才可以把国家治理好。"到这时,师丹又建议说:"而今连续几代盛世太平,吏民中的豪富家产万贯,而贫穷者愈加贫困,应该略加限制。"哀帝把这个建议交给下面去讨论,丞相、大司空上奏请求:"从诸侯王到列侯、公主占地各定限额,关内侯、官吏、庶民占田不得超过三十顷,使用的奴婢不得超过三十人,期限为三年,违犯规定的,没收充公。"当时,田宅、

奴婢贾为减贱,贵戚近习皆不便也,诏书:"且须后。"遂寝不行。

罢官织绮绣。除任子令、诽谤诋欺法。出宫人,免官奴婢,益小吏俸。 秋七月,罢大司马莽就第。以师丹为大司马。

初,太皇太后诏大司马莽就第,避帝外家,莽即上疏乞骸骨。帝遣尚书令诏起之,又遣孔光等白太皇太后,太皇太后乃复令莽视事。至是,置酒未央宫,内者令为傅太后张幄,坐于太皇太后坐旁。莽按行,责内者令曰:"定陶太后,藩妾,何以得与至尊并!"撤去,更设坐。傅太后大怒,不肯会。莽乞骸骨,罢就第。公卿大夫多称之者,上乃加恩宠,置中黄门,为莽家给使。以为特进、给事中,朝朔望。

傅太后从弟右将军喜,好学问,有志行。王莽既罢,众庶归望于喜。初,上之官爵外亲也,喜独执谦称疾。傅太后始与政事,数谏之,由是傅太后不欲令喜辅政。乃以师丹为大司马,而赐喜黄金百斤,以光禄大夫养病。何武、唐林皆上书言:"喜行义修洁,忠诚忧国,今以寝病一旦遣归,众庶失望,皆曰:'傅氏贤子,以论议不合于定陶太后,故退。'百僚莫不为国恨之。忠臣,社稷之卫,百万之众,不如一贤。喜立于朝,陛下之光辉,傅氏之废兴也。"上亦自重之,故寻复进用焉。

遣曲阳侯王根就国,免成都侯王况为庶人。

奴婢的价钱都降得很贱,皇亲国戚和天子的亲信都感到对自己不利,于是哀帝下诏书说:"暂且等待以后再说。"这个办法就搁置未行。

撤销官织绮绣。废除保荐子弟当官的任子令、诽谤诋欺法。将掖庭宫女年长者放出宫,官奴婢年长者免除奴婢身份,增加小官吏的俸禄。 秋七月,罢免大司马王莽,让他回到府邸。任命师丹为大司马。

当初,太皇太后下诏让大司马王莽回归府邸,以避开哀帝的外戚,王莽就上书请求辞官回家。哀帝派尚书令持诏书命令王莽出来任职,又派孔光等向太皇太后报告,太皇太后于是又命令王莽上朝处理政事。到现在,哀帝在未央宫摆设酒席,内者令把傅太后的座位设在了太皇太后的座位旁边。王莽巡视后,斥责内者令说:"定陶太后是藩王妃子,怎么能跟至尊的太皇太后并排坐!"他下令撤去了傅太后的座位,改换地方。傅太后大怒,不肯赴宴。王莽再次请求退休,哀帝批准让他辞官回到府第。公卿大夫多称赞王莽,哀帝于是对他更加恩宠,派中黄门去王家接受差使。赐王莽为特进、给事中,每月一日和十五日可以朝见皇帝。

傅太后的堂弟、右将军傅喜,喜爱学问,有志向抱负。王莽既已罢退,傅喜即是众望所归。当初,哀帝加封外戚官爵,只有傅喜称病推辞。傅太后开始干预政事时,傅喜多次规谏,因此傅太后不想让傅喜辅政。于是师丹被任命为大司马,而赐给傅喜黄金百斤,以光禄大夫的身份在家养病。大司空何武、尚书令唐林都上书说:"傅喜修行仁义,品德高洁,忠诚忧国,今以病很快被遣返回家,大家都感到失望,都说:'傅氏是贤才,只因见解与定陶太后不合,因此被斥退。'百官莫不为国痛惜。忠臣是国家的卫士,百万平民,不如一个贤才。傅喜若能担当朝廷大任,是陛下的光辉,也是傅氏兴废的关键。"哀帝也很看重傅喜,因此过后不久就再次起用他。

朝廷遣送曲阳侯王根回到他自己的封国,罢免成都侯王况为平民。

帝少而闻知王氏骄盛,心不能善,以初立,故且优之。后月余,司隶校尉解光奏:"先帝山陵未成,而曲阳侯根、成都侯况,公聘取故掖庭女乐,置酒歌舞,无人臣礼,大不敬,不道!"上以根尝建社稷之策,遣就国,而免况为庶人。

九月地震。

自京师至北边郡国三十余处地震,坏城郭,压杀四百余人。上以灾异问待诏李寻,对曰:"夫日者,众阳之长,人君之表也。君不修道,则日失其度,暗昧无光。间者日尤不精,光明侵夺失色,邪气珥、霓数作。小臣不知内事,窃以日视陛下,志操衰于始初多矣。唯陛下执乾刚之德,强志守度,毋听女谒、邪臣之态,诸保阿、乳母甘言悲辞之托,断而勿听。勉强大谊,绝小不忍,良有不得已,可赐以货财,不可私以官位,诚皇天之禁也。月者,众阴之长,妃后、大臣、诸侯之象也。间者月数为变,此为母后与政乱朝,阴阳俱伤,两不相便。唯陛下亲求贤士,无强所恶,以崇社稷。五行以水为本,水为准平,王道公正修明,则百川理,落脉通。偏党失纲,则涌溢为败。今汝、颍漂涌,并为民害,'百川沸腾',咎在皇甫卿士之属。唯陛下少抑外亲大臣。地道柔静,阴之常义也。间者地数震,宜务崇阳抑阴以救其咎,固志建威,闭绝私路,拔进英隽,退不任职,以强本朝。夫本强则精神折冲,本弱则招殃致凶,为邪谋所陵。朝廷亡人,则为贼乱所轻,其道自然也。"

哀帝小时候就听说王氏骄横,心里对他们没有好感,只是因为刚刚继位,对他们暂且宽容。一个多月后,司隶校尉解光上奏说:"先帝还未入陵安葬,而曲阳侯王根、成都侯王况就公然聘取后宫女乐,置酒歌舞,没有人臣之礼,犯了大不敬、不道之罪!"哀帝因为王根曾有立他为太子的建议,所以仅遣送回封国,而罢免王况为平民。

　　九月,发生地震。

　　自京师至北方边境的郡国中,有三十余处发生地震,毁坏了城郭,压死了四百余人。哀帝因为发生灾异而询问待诏李寻,他回答说:"太阳,是阳气之首,君王之象征。君王不行正道,则太阳会失去常规,暗淡无光。近来太阳很不明亮,光彩被侵夺失色,邪气抱珥,虹霓屡次出现。我不了解内廷的情况,只以太阳的情况来观察陛下,志节和操行都比即位初期衰退多了。请陛下坚持阳刚之德,增强意志严守法度,不听女人、邪臣的惑言摆布,那些保姆乳娘或甜言蜜语或苦苦哀求的请托,绝不要听。努力遵守大义,避免小处不忍,实在不得已时,可以赐予他们钱财珍宝,不可以官位徇私情,这实在是皇天之大忌。月亮,是阴气之首,妃后、大臣、诸侯之象征。近来月亮多次发生变异,这说明母后参政乱朝,阴阳俱伤,两相妨碍。请陛下亲自寻求贤才,压制邪恶,以振兴国家。五行以水为根本,水是公平的标准,王道公正修明,则百川治理,脉络畅通。如果王道失去纲纪,则如江河泛滥成灾。而今汝水、颍水汹涌漫溢,皆为民害,像《诗经》所说的'百川沸腾',其害应归咎于皇甫卿士之类的外戚。请陛下对外戚大臣加以抑制。大地温柔平静,这是阴性事物的正常状态。近来多次发生地震,应该坚决崇阳抑阴来挽救灾祸。要坚定意志,建立权威,关闭杜绝私下请托之路,提拔引荐俊才,罢退不称职的官吏,以使本朝强大。根本强大了,就会精神振奋;根本衰弱了,就要招灾惹祸,被邪恶阴谋所危害。朝廷无贤才,就会被乱臣贼子轻视,这是自然的道理。"

求能浚川疏河者。

骑都尉平当使领河堤,奏:"按经义,治水有决河深川,而无堤防壅塞之文。宜博求能浚川疏河者。"上从之。

待诏贾让奏言:"治河有上、中、下策。古者立国居民,疆理土地,必遗川泽之分,度水势所不及。大川无防,小水得入,陂障卑下,以为污泽,使秋水多得其所休息,左右游波宽缓而不迫。夫土之有川,犹人之有口也,治土而防其川,犹止儿啼而塞其口,岂不遽止,然其死可立而待也。故曰:'善为川者决之使道,善为民者宣之使言。'盖堤防之作,近起战国,雍防百川,各以自利。齐与赵、魏以河为竟,赵、魏濒山,齐地卑下,作堤去河二十五里,河水东抵齐堤则西泛赵、魏。赵、魏亦为堤去河二十五里,虽非其正,水尚有所游荡。时至而去,则填淤肥美,民耕田之,或久无害,稍筑室宅,遂成聚落。大水时至,漂没,则更起堤防以自救,稍去其城郭,排水泽而居之,湛溺自其宜也。今堤防,狭者去水数百步,远者数里,于故大堤之内复有数重,民居其间,此皆前世所排也。河从河内、黎阳至魏郡、昭阳,东西互有石堤,激水使还,百余里间,河再西三东,迫厄如此,不得安息。今行上策,徙冀州之民当水冲者,决黎阳遮害亭,放河使北入海。河西薄大山,东薄金堤,势不能远,泛滥期月自定。难者将曰:'若如此,败坏城郭、田庐、冢墓

访求能疏通黄河水道的人。

骑都尉平当被派去治理河水堤防,他上奏说:"按照经书上的记载,治理水患有挖开河堤或深挖河床的方法,但没有高筑岸堤、堵塞河流的方法。应该广泛寻求能够疏通水道的人。"哀帝听从了他的建议。

待诏贾让上奏说:"治河有上、中、下三策。古代修筑城郭使人民居住,划定疆界耕种土地,一定放弃川泽之水交汇之处,选择水势达不到的地方。大河不修堤防,则小河的水可以流入,在地势低洼处,形成湖泊池泽,秋季可以在这里蓄水,水面宽阔而水流舒缓平稳。地上有河流就像人长有口一样,修筑堤防来防止河水泛滥,就像不让孩子哭而堵住他的嘴一样,难道不是马上可以止住吗?然而孩子也很快会死掉的。所以说:'善于治水的人是挖开河堤疏导河流,善于管理百姓的人是善于引导使其畅所欲言。'堤防的修筑,兴起于战国时代,治理百川,各自为国谋利。齐国与赵、魏以黄河为界,赵、魏靠山,而齐国地势低下,于是齐国在距黄河二十五里处修筑堤防,河水东下到达齐国堤防,则向西在对岸的赵、魏泛滥成灾。赵、魏也在距黄河二十里处修筑堤防,虽然采取的不是合适的方法,但河水尚可容纳游荡。河水时来时去,淤泥积成肥田,人民在上面耕种,由于许久无水灾之害,于是陆续在这里建房筑屋,成了村落。洪水泛滥时,漂没了房屋,就加筑堤防以自救,逐渐把城镇迁移,排除积水,居住下来,自然常常会被洪水淹没。现今的黄河堤防,近的距河仅数百步,远的数里,在旧的大堤之内又加筑几道堤防,人们居住其间,这都是前代的排水设施。黄河从河内、黎阳至魏郡、昭阳,东西两岸都有石筑的堤防,湍急的河水遇到石堤阻挡左右回转,百余里之间,黄河两次向西猛拐、三次向东弯折,险塞到如此程度,自然不得安宁。如今若实行上策,则迁移冀州洪泛区人民,决开黎阳遮害亭的堤坝,放黄河水北入渤海。黄河西邻大山,东邻金堤,水势不会流得太远,洪水泛滥一个月就可以稳定。有人便会诘难说:'如果是这样的话,毁坏的城镇、田地、房屋、坟墓

以万数,百姓怨恨。'昔大禹治水,山陵当路者毁之,故凿龙门,辟伊阙,折底柱,破碣石,堕断天地之性,此乃人功所造,何足言也。今濒河十郡,治堤岁费且万万,及其大决,所残无数。如出数年治河之费以业所徙之民,遵古圣之法,定山川之位,使神人各处其所而不相奸,且以大汉方制万里,岂其与水争咫尺之地哉!此功一立,河定民安,千载无患,故谓之上策。若乃多穿漕渠于冀州地,使民得以溉田,分杀水怒,虽非圣人法,然亦救败术也。可从淇口以东为石堤,多张水门。恐议者疑河大川难禁制,荥阳漕渠足以卜之。其水门但用土木,今作石堤势必完安。冀州渠首尽,当仰此水门。诸渠皆往往股引取之:旱则开东方下水门,溉冀州;水则开西方高门,分河流。通渠,则填淤加肥,禾麦更为粳稻,转漕舟船便,此三利也。民田适治,河堤亦成,此诚富国安民,兴利除害,支数百岁,故谓之中策。若乃缮完故堤,增卑倍薄,劳费无已,数逢其害,此最下策也。”

诏定世宗为不毁之庙。

孔光、何武奏:“迭毁之次当以时定,请与群臣杂议。”皆以为孝武皇帝亲尽宜毁。王舜、刘歆曰:“《礼》,天子七庙,七者其正法数,可常数者也。宗不在此数中,宗变也。苟有功德则宗之,不可预为设数。臣愚以为孝武皇帝功烈如彼,孝宣皇帝崇立之如此,不宜毁。”制曰:“舜、歆议可。”

数以万计,百姓一定会怨恨。'从前大禹治水,如果山陵挡路就把它毁掉,因此凿通龙门,打开伊阙,劈分底柱,击破砥石,改变天地原来的模样,这些也本来是人工所造,何足挂齿。现在濒临黄河的十郡,每年治理河堤的费用将近万万钱,一旦发生大的决口,毁坏之大无以计数。如果拿出数年治河的费用,用以安置迁移的人民,遵照古代圣贤的方法,确定山川的位置,使神和人都各处其所互不相扰,况且大汉国土广阔万里,何必与黄河去争那一点土地呢! 这项事业一旦完成,河定民安,千载无患,因此称为上策。至于在冀州地区多开挖水道河渠,使百姓可以用来灌溉田地,分弱水势,虽然不是圣人的做法,但也是挽救危局的方法。可以从淇口往东修筑石堤,多设水门。恐怕有人怀疑黄河大川难以控制,而荥阳粮道运河的作用足可以验证。过去修筑水门仅用土木,而今建在石堤上一定十分稳固。冀州灌渠从头至尾,正应依靠这种水门。各渠往往都要从这里取水分流:天旱则打开东方下水门,灌溉冀州田地;洪水到来则打开西方高水门,分散水流。疏通渠道,则可以利用淤泥增加土地的肥沃度,变麦田为稻田,为舟船转运粮饷提供便利,这是三大好处。民田得到治理,河堤也不会毁坏,这实在是富国安民、兴利除害、能控制水患数百年的办法,因此称为中策。如果只是加固完善原来的堤防,低的地方增高,薄的地方加厚,耗废人力没有止境,仍然屡屡受害,因此这是最下策。”

下诏决定祖先祭庙为不毁之庙。

孔光、何武上奏说:“应撤除的亲情已尽的祖先祭庙的名次,应当及时确定下来,请陛下与群臣讨论。”许多人都认为孝武皇帝亲情已尽,应撤除祭庙。王舜、刘歆说:“按照《礼记》,天子的祭庙应有七座,七是正规的数量,可以作为常数。被尊为宗的不在此数中,宗是变数。如果有功德,就被尊为宗,不可预先规定数量。我们愚昧地认为孝武皇帝功勋那样大,孝宣皇帝又如此尊崇他,不应该撤除他的祭庙。”哀帝指示说:“王舜、刘歆的建议可行。”

冬十月，策免大司空武遣就国。以师丹为大司空。

左右或议何武事亲不笃，帝亦欲改易大臣，乃策免武，归泛乡侯国，以师丹为大司空。丹见上多改成帝之政，乃上书言："古者谅闇不言，听于冢宰，三年无改于父之道。前大行在堂，而官爵臣等以及亲属，赫然贵宠。诏书比下，变动政事，卒暴无渐。臣不能明陈大义，复不能牢让爵位，相随空受封侯，增益陛下之过。间者郡国多地动水出，流杀人民，日月不明，五星失行，此皆举错失中，号令不定，法度失理，阴阳溷浊之应也。人情无子，虽六七十，犹博取而广求。孝成皇帝独以壮年克己，立陛下为嗣。及弃天下，陛下继体，四海安宁，百姓不惧，此先帝圣德，当合天人之功也。臣闻'天威不违颜咫尺'，愿陛下深思先帝所以建立陛下之意，且克己躬行，以观群下之从化。天下者，陛下之家也，肺腑何患不富贵，仓卒若是，其不久长矣。"书数十上，多切直之言。

傅太后从弟子迁尤倾邪，上恶之，免官，遣归故郡。傅太后怒，上不得已，复留迁。孔光与丹奏："诏书前后相反，天下疑惑，无所取信，请归迁故郡。"卒不得遣，复为侍中。其逼于傅太后，皆此类也。

诏还陈汤长安。

议郎耿育上书冤讼陈汤，曰："汤为圣汉扬威雪耻，卒以无罪老弃。敦煌正当西域通道，令威名折冲之臣，旋踵及身，复为郅支遗虏所笑，诚可悲也！今奉使外蛮者，未尝

冬十月，下策书罢免大司空何武，遣送他回到封国。任命师丹为大司空。

哀帝左右亲信有人议论何武侍奉后母不厚道，哀帝也想改换大臣，就下策书罢免何武官职，让他以列侯身份回到封国，任命师丹为大司空。师丹见哀帝对成帝的制度多有更改，就上书说：“古代新君居丧期间沉默不言，国家大事悉听宰相处理，三年之中不改变先父的规矩。先前，先帝的棺柩尚在灵堂，就给我们这些臣属以及亲属加官晋爵，全都赫然显贵荣宠起来。诏书连下，政事变动十分突然，毫无缓冲的余地。我不能明陈大义，又不能坚决辞让爵位，相随凭空接受封侯，更增加了陛下的过失。近来郡国多次发生震灾水患，淹死人民，日月无光，五星的运行也失去规律，这都是举措失当，号令不定，法度失理，阴阳混浊不清的反映。若按人之常情，如果没有儿子，年纪虽然六七十了，仍然要博娶妻而广求子。孝成皇帝以壮年之身克己奉公，立陛下为嗣子。先帝突然去世，陛下继位，四海安宁，百姓不惊，这是先帝的圣德，正合天人合一的功效。我听说‘不要违逆天威，因为他离你只有咫尺之远’，愿陛下深思先帝之所以建立陛下的深意，克制自己，躬身实践，观察群臣的跟从变化。天下是陛下的家，陛下的亲属亲信又何愁不会富贵，这样仓促急迫，反倒不会长久。”师丹上书数十次，多为痛切直率之言。

傅太后的堂侄傅迁特别阴险奸邪，哀帝很厌恶他，下令免去官职，遣回原郡。傅太后大怒，哀帝不得已，又留下傅迁。孔光与师丹上奏说：“前后两个诏书内容相反，天下疑惑，无法取信于民，请求陛下仍归把傅迁遣回原郡。”但终于没有遣回，又恢复了侍中的官职。哀帝受制于傅太后，都是这样。

下诏命陈汤回到长安。

议郎耿育上书为陈汤鸣冤辩护，说：“陈汤一生为汉朝扬威雪耻，最后以无罪年老之身被抛弃在边陲。敦煌正位于前往西域的通道上，让威名远扬的名将，转眼间变成罪徒，还要被郅支单于残部的人讥笑，实在可悲！现今奉命出使各国的使节，无不

不陈郅支之诛以扬汉国之盛。夫援人之功以惧敌，弃人之身以快逸，岂不痛哉！且安不忘危，盛必虑衰。今国家素无文帝累年节俭富饶之畜，又无武帝荐延枭俊禽敌之臣，独有一汤。反使亡逃分窜，死无处所，远览之士，莫不计度，以为汤尚如此，虽复破绝筋骨，暴露形骸，犹复制于唇舌，为疾妒之臣所系虏耳。此臣所以为国家尤戚戚也。"书奏，天子还汤，卒于长安。

乙卯（前6）　孝哀皇帝建平元年

春正月，陨石于北地十六。　　新成侯赵钦以罪免，徙辽西。

司隶解光奏言："臣闻许美人及故中宫史曹宫，皆御幸孝成皇帝，产子，子隐不见。臣遣吏问，皆得其状，其他饮药伤堕者无数，事皆在四月丙辰赦令前。臣谨案：永光三年，男子忠等发长陵傅夫人冢，事更大赦，孝元皇帝下诏曰：'朕所不当得赦也！'穷治，尽伏辜。天下以为当。赵昭仪倾乱圣朝，亲灭继嗣，家属当伏天诛。而同产亲属皆在尊贵之位，迫近帷幄，群下寒心。请穷竟。"议正法，于是免新成侯钦等皆为庶人，将家属徙辽西郡。

耿育上疏言："臣闻世必有非常之变，然后乃有非常之谋。孝成皇帝自知继嗣不以时立，念虽末有皇子，万岁之后未能持国，恐危社稷，倾乱天下。知陛下有贤圣仁孝之

用陈汤诛杀郅支的事迹来弘扬国威。借助英雄的功绩去震慑敌人，却抛弃英雄本身，使进谗之人春风得意，难道不令人痛心吗！况且安定不可忘记危亡，强盛必须忧虑衰败。而今国家平时没有文帝时累年节俭积蓄的大量财富，又没有武帝时荐举招致的骁勇善战之臣，只有陈汤一人。如果陈汤反而被弄得家破人亡，死无葬身之地，有远见的人莫不思量，认为陈汤尚且如此下场，那么我们纵使粉身碎骨，疆场捐躯，仍不免还会受制于奸臣的口舌，被嫉妒之臣所陷害。这正是我为国家深深担忧的地方。"奏章呈上去后，哀帝下令让陈汤回到长安。后来死于长安。

汉哀帝

乙卯（前6）　汉哀帝建平元年

春正月，北地坠落十六块陨石。　新成侯赵钦因罪免官，迁移到辽西。

司隶校尉解光奏报说："我听说许美人和前中宫史曹宫，都曾蒙孝成皇帝召幸而生下儿子，而两个孩子下落不明。我派官员追查，他们都把害子内情一一做了报告，其他强迫服药堕胎等事还很多，都发生在四月丙辰赦令发布前。据我了解：永光三年，一位名忠的男子等发掘长陵傅夫人墓，罪行发生在两次大赦前，而孝元皇帝下诏说：'朕不能赦免这种罪行。'于是严加治罪，全部处死。天下人都认为处理得当。赵昭仪惑乱圣朝，亲手杀害皇帝嗣子，家属应受上天之诛。然而她的亲属都在尊贵之位，迫近皇帝，使天下人寒心。请陛下严厉追究此事。"大臣们讨论应该依法严办，于是哀帝罢免了新成侯赵钦等的爵位，全都贬为平民，将赵氏家属迁移到辽西郡。

议郎耿育上书说："我听说世界必有非常的变化，然后才有非常的谋划。孝成皇帝自知没有及时生下继位的皇子，虽想到晚年也可能得到皇子，但自己去世之后，幼子未必能掌握国家权力，恐怕将会危害社稷，倾乱天下。先帝知道陛下有贤圣仁孝的

德，故废后宫就馆之渐，乃欲致位陛下以安宗庙。岂当世庸庸斗筲之臣所能及哉！且褒广将顺君父之美，匡救销灭既往之过，古今通义也。事不当时固争，防祸于未然，各随指阿从以求容媚，晏驾之后，尊号已定，万事已讫，乃探追不及之事，讦扬幽昧之过，空使谤议上及山陵，下流后世，甚非先帝托后之意，此臣之所深痛也。"帝亦以为太子颇得赵太后力，遂不竟其事。

以傅喜为大司马。　秋九月，陨石于虞二。　策免大司空、高乐侯丹为庶人，复赐爵关内侯。

泠褒、段犹等奏言："定陶共皇太后、共皇后皆不宜复引定陶藩国之名，以冠大号，车马、衣服宜皆称皇之意，置吏二千石以下，各供厥职，又宜为共皇立庙京师。"上复下其议，群下多顺指言："母以子贵，宜立尊号以厚孝道。"唯丞相光、大司马喜、大司空丹以为不可。丹曰："圣王制礼，取法于天地。尊卑之礼明，则人伦之序正。尊卑者，所以正天地之位，不可乱也。今定陶共皇太后、共皇后以'定陶共'为号者，母从子，妻从夫之义也。欲立官置吏，车服与太皇太后并，非所以明'尊无二上'之义也。定陶共皇号谥已前定，义不得复改。《礼》：'父为士，子为天子，祭以天子，其尸服以士服。'子无爵父之义，尊父母也。为人后者为之子，故为所后服斩衰三年，而降其父母期，明尊本祖而重正统也。孝成皇帝圣恩深远，故为共王立后，奉承祭祀，令共皇长为一国太祖，万世不毁，恩义已备。陛下既继体先帝，持重大宗，承宗庙、天地、社稷之祀，义不可复奉定陶

品德，因此就不再去后宫居住，一心想把皇位传给陛下，以保证国家的安定。这岂是当世庸碌卑下之臣所能理解的呢！况且赞美发扬君父的美德，补救克服以往的过失，这是古今共同的道理。不在事情发生时坚持正义，防患于未然，反而各自顺从迎合，阿谀献媚，到先帝去世后，尊号已定，万事都已过去，才开始深究无法挽回的往事，攻击宣扬深宫之内难以明断的过错，让诽谤言论伤害到先帝，再流传到后世，这远非先帝托付陛下的本意，实在令我深深痛心。"哀帝也认为，当年被立为太子，得力于赵太后的支持，也就不再追究此事。

任命傅喜为大司马。 **秋九月，虞地坠落两颗陨石。** **下策书罢免大司空、高乐侯师丹为平民，后又赐爵关内侯。**

泠褒、段犹等上奏说："定陶共皇太后、共皇后都不应再把定陶国名加在尊号之上，车马、衣服也都应该符合皇的身份，设置二千石以下官吏，各供其职，同时还应该在京师为共皇立庙。"哀帝把这个建议交给大臣们讨论，多数大臣都曲意逢迎，说："母以子贵，应该立尊号以重孝道。"只有丞相孔光、大司马傅喜、大司空师丹认为不可以这样做。师丹说："圣王制礼，取法于天地。尊卑的规定明确了，人伦的顺序就能摆正。尊卑的原则是用以摆正天地之位，不可以混乱。现在定陶共皇太后、共皇后以'定陶共'为号，表明母从子、妻从夫的道理。要建立官属，设置官吏，车马衣服和太皇太后一样，不能明确'至尊不能有二'的原则。定陶共皇的谥号以前已经确定下来，按道理是不能再改动了。《礼记》云：'父亲是士，儿子成了天子，祭祀父亲时可用天子祭仪，但父亲的殡服仍按士对待。'儿子没有给父亲封爵的道理，这是尊重父母。成了人家的后嗣，也就成了人家的儿子，所以要穿上孝服为其守孝三年，而对生身父母则要缩短守孝期，这是为表明尊重继承的祖先，保持正统。孝成皇帝圣恩深远，所以为共皇选定继承人，继续来侍奉祭祀祖庙，使共皇长久成为一国太祖，万世不灭，恩义已经备至。陛下已经继承了先帝，身居嫡系大宗，承袭了宗庙、天地、社稷的祭祀，按道理不可以再供奉定陶

共皇,祭入其庙。今欲立庙于京师,而使臣下祭之,是无主也。又,亲尽当毁,空去一国太祖不堕之祀而就无主当毁不正之礼,非所以尊厚共皇也!"丹由是浸不合上意。

会有上书言:"古者以龟、贝为货,今以钱易之,民以故贫,宜可改币。"上以问丹,丹对言可改。章下有司议,皆以为行钱以来久,难卒变易。丹老人,忘其前语,复从公卿议。又使吏书奏,吏私写其草,丁、傅子弟闻之,使人上书告"丹上封事,行道人遍持其书"。事下廷尉,劾丹大不敬,博士申咸、炔钦上书言:"丹经、行无比,发愤懑,奏封事,不及深思,使主簿书,漏泄之过不在丹,以此贬黜,恐不厌众心。"上贬咸、钦秩各二等,遂策免丹曰:"朕惟君位尊任重,怀谖迷国,进退违命,反覆异言,甚为君耻之!以君尝托傅位,未忍考于理,其上大司空、高乐侯印绶,罢归。"

尚书令唐林上疏曰:"窃见免大司空丹策书,泰深痛切。君子作文,为贤者讳。丹,经为世儒宗,德为国黄耇,亲傅圣躬,位在三公,所坐者微,免爵太重,识者咸以为宜复丹爵邑,使奉朝请。唯陛下裁之。"诏赐丹爵关内侯。

冬十月,以朱博为大司空。　中山王太后冯氏及其弟宜乡侯参皆自杀。

中山王箕子,幼有眚病,祖母冯太后自养视,数祷祠解。上遣中郎谒者张由将医治之。由素有狂易病,病发,

共皇,到共皇庙去祭祀。现在又想在京师为共皇立庙,让臣下去祭祀,这就成了无主的祭礼了。另外,在亲情已尽时祖庙就应该拆除,白白放弃永远存在祭祀的一国太祖,而去祭祀一个应当毁掉的无主之庙,这不符合规定的礼仪,也不是很好地尊崇共皇的做法。"师丹从此也就慢慢地不投合哀帝的心意了。

正巧,有人上书说:"古代用龟、贝作货币,现在换成钱币,百姓因此贫困,应该改币。"哀帝问师丹,师丹说可以改。把奏章交付有关官署讨论,都认为使用钱币已经很久,难以一下子改变。师丹年岁大了,忘记了他以前说过的话,又去附和公卿们的意见。师丹还让属吏代写奏章,属吏偷偷抄写了一份底稿,丁、傅两家子弟听说后,派人上书控告"师丹呈上密奏,但路人都拿着副本"。哀帝将这件事交给廷尉处理,廷尉弹劾师丹犯了大逆不敬之罪,博士申咸、炔钦上书说:"师丹的经学和品行世上无双,他由于心中愤懑,呈递密奏,考虑不周,而命主簿代书,泄露的过错不在师丹,因此而贬黜,恐怕不能令众人心服。"哀帝命将申咸、炔钦的官秩各降二等,接着下策书罢免师丹说:"朕思你位尊任重,却心怀欺诈惑乱国家,言行违背诏令,反复无常,言语前后矛盾,深为你感到羞耻! 由于你曾经担任朕的师傅,不忍心将你依法治罪,今交还大司空、高乐侯的印信、绶带,罢官回家。"

尚书令唐林上书说:"我看了罢免大司空师丹的策书,深感痛心。君子作文章时,为贤者讳言过失。师丹精通"五经",是儒学一代宗师,德高望重,是国家的老前辈,亲自教授辅佐陛下,位列三公,而所犯下的过错十分微小,免爵的处罚太重,有见识的人都认为应该恢复师丹的封爵采邑,使他定期朝见陛下。请求陛下重新裁决。"于是哀帝下诏赏赐师丹关内侯爵。

冬十月,任命朱博为大司空。　中山王太后冯氏和她的弟弟宜乡侯冯参皆自杀。

中山王刘箕子从小就患有眼病,他的祖母冯太后亲自扶养他,曾多次到庙里祈祷,请求上帝为他除病。哀帝派中郎谒者张由前去给他治病。张由一直患有疯狂变态病,这时突然发病,

西归。因诬冯太后祝诅上及傅太后。初，傅太后与冯太后并事元帝，为倢伃，尝从幸虎圈，熊逸出攀槛，傅倢伃等皆惊走，冯倢伃直前当熊而立。上问之，对曰："猛兽得人而止，妾恐熊至御坐，故以身当之。"帝嗟叹倍敬重焉。傅倢伃惭，由是有隙，常追怨之。因是遣御史丁玄案验，数十日无所得。更使中谒者令史立治之。立受傅太后指，治冯太后女弟、弟妇，死者数十人，诬奏云："祝诅，谋杀上，立中山王。"责问冯太后，无服辞。立曰："熊之上殿何其勇，今何怯也！"太后还谓左右："此乃中语，前世事，吏何用知之？欲陷我效也！"乃饮药自杀。弟宜乡侯参，召诣廷尉，亦自杀。参为人矜严，好修容仪，以严见惮，不得近侍帷幄。以王舅封侯，奉朝请，五侯皆敬惮之。翟方进谓参宜少诎，参终不改其操，且死，叹曰："不敢自惜，伤无以见先人于地下。"冯氏死者十七人，众莫不怜之。

司隶孙宝奏请覆治，傅太后大怒，上乃下宝狱。尚书仆射唐林争之，左迁敦煌鱼泽障候。大司马喜、光禄大夫龚胜固争，上为言太后，出宝，复官。张由赐爵关内侯，史立迁中太仆。

丙辰（前5） 二年

春正月，有星孛于牵牛。 策免大司马喜。罢三公官。复以朱博为御史大夫。丁明为大司马、卫将军。

于是回到长安。回京后他编造谎言,诬陷冯太后诅咒哀帝和傅太后。当初,傅太后和冯太后一起侍奉元帝,都是倢伃,曾经陪同元帝前往虎圈观赏野兽,突然一只熊跑了出来,攀着栏杆想上殿堂,傅倢伃等人都被吓跑,冯倢伃却上前站在熊的前面。元帝问她为什么这样做,她回答说:"猛兽抓住一个人后就会停止,我担心熊走到陛下的座位那里,所以就用身体挡住它。"元帝感激赞叹,从此倍加敬重冯倢伃。傅倢伃感到羞愧,因此和冯倢伃产生了矛盾,常常为此事怨恨她。所以这时就派遣御史丁玄去追查诅咒皇帝一事,几十天过去了,都无结果。就又派中谒者令史立去查办。史立接受了傅太后的旨意,究治冯太后的妹妹、弟媳等,害死数十人,随后诬奏说:"冯太后诅咒并谋杀皇上,图谋另立中山王。"在审问冯太后时,她不认罪,没有供词。史立说:"当初熊攀栏上殿时那样勇敢,而今天怎么这般胆怯!"冯太后回宫后对她的左右说:"这是宫中之语,是过去的事,这个官吏怎么会知道呢?这是宫中有人要陷害我的证明!"于是服毒自杀。她的弟弟宜乡侯冯参,被召至廷尉那里,也自杀了。冯参为人端庄严肃,注重义表,因此使人感到畏惧,未能在宫廷供职。他以王舅的身份被赐封侯爵,定期朝见陛下,五侯都敬畏他。翟方进曾说冯参应该稍有收敛,冯参始终不改变他的操守,快死时,感叹说:"对于自己倒没什么可痛惜的,只是悲伤无脸见祖先于地下。"冯氏死了十七人,人们无不对此感到哀怜。

司隶孙宝奏请重新审理冯氏一案,傅太后大怒,哀帝于是把他关进监狱。尚书仆射唐林劝谏,被降职为敦煌鱼泽障候。大司马傅喜、光禄大夫龚胜坚持为孙宝争辩,哀帝禀告傅太后,就释放了孙宝,恢复其官职。张由赐爵关内侯,史立升为中太仆。

丙辰(前5) 汉哀帝建平二年
春正月,牵牛星旁出现彗星。 哀帝下策书免去大司马傅喜的官职。取消三公。重新任命朱博为御史大夫。丁明为大司马、卫将军。

丁、傅骄奢，皆嫉傅喜之恭俭。又，傅太后欲称尊号，喜与孔光、师丹共执以为不可。上重违大臣正议，又内迫傅太后，先免师丹以感动喜。喜终不顺。朱博与傅晏连结，共谋成尊号事。数毁短喜，遂策免喜。

御史大夫官既罢，议者多以为汉自天子之号，下至佐史，皆不同于古，而独改三公，职事难分明，无益于治乱。于是博奏言："故事：选郡国守相高第为中二千石，选中二千石为御史大夫，任职者为丞相，位次有序。今中二千石未更御史大夫而为丞相，权轻，非所以重国政也。臣愚以为大司空官可罢，复置御史大夫。"遂更拜博为御史大夫，又以丁明为大司马、卫将军，如故事。

夏，遣高武侯傅喜就国。

傅太后自诏丞相、御史曰："喜附下罔上，与师丹同心背畔，其遣就国。"

策免丞相、博山侯光为庶人。以朱博为丞相。

孔光自议继嗣持异，又重忤傅太后指，策免为庶人，以朱博为丞相。临延登受策，有大声如钟鸣。殿中以问黄门侍郎蜀郡扬雄及李寻。寻对曰："此《洪范》所谓鼓妖者也。人君不聪，为众所惑，空名得进，则有声无形，不知所从生。宜退丞相以应天变。"雄亦以为听失之象，且曰："博为人强毅，多权谋，宜将不宜相，恐有凶恶亟疾之怒。"上不听。

丁、傅宗族的人骄横奢侈，都对傅喜的谦恭节俭十分忌恨。还有，傅太后想得到尊号，傅喜与孔光、师丹共同坚持认为不可以。哀帝难以违背大臣的正当议论，又内受傅太后的逼迫，就先罢免师丹官职，借以触动傅喜。傅喜却始终不顺从。朱博与傅晏勾结，共谋促成傅太后的尊号。他们多次诽谤傅喜，哀帝终于下策书免去傅喜的官职。

御史大夫的官位既已撤销，很多人认为汉朝上自天子的称号，下至佐史的名称，都不同于古代，而单单改三公，职权责任难以分明，对治理国家没有好处。于是朱博奏言："依照旧例：选拔郡国守、相考绩优异者，可被定为官秩中二千石，从中二千石的官员中选拔优秀者充任御史大夫，御史大夫能胜任的，则晋升为丞相，这样晋升官位有一定的顺序。现在中二千石的官员，不经御史大夫这一官阶，就直接被任命为丞相，权威轻，不是加强国家统治的方法。我愚昧地认为，大司空官职可以撤销，重新设置御史大夫。"于是哀帝改变朱博的官职，拜为御史大夫，又任命丁明为大司马、卫将军，如同旧例。

夏季，遣送高武侯傅喜回封国。

傅太后又亲自下诏给丞相、御史大夫说："傅喜迎合臣下，欺骗主上，与师丹同心背叛，应遣送他回封国。"

下策书罢免丞相、博山侯孔光为平民。任命朱博为丞相。

孔光自先帝讨论皇位继承人时，就持有异议，后来又严重违背傅太后的旨意，于是哀帝下策书罢免了孔光的官职，贬为平民，任命朱博为丞相。当朱博临近登殿接受任命时，忽然传来一种像钟鸣一样的宏大的声音。哀帝为这件怪事询问黄门侍郎蜀郡扬雄以及李寻。李寻回答说："这是《洪范》里所说的那种鼓妖。君主耳目不聪，被人迷惑，使徒有虚名的人得到提拔，就会出现这种有声无形的现象，不知声音从哪里发出。应该罢退丞相以应对天变。"扬雄也认为是君王不能广听博闻的象征，并且说："朱博为人刚毅，善于谋略，适宜为将而不适宜为相，恐怕会招致凶恶与危险。"哀帝没有听从他们的话。

诏共皇去定陶之号，立庙京师。尊共皇太后傅氏为帝太太后，共皇后丁氏为帝太后。

朱博既相，上遂用其议，下此诏，于是帝太太后称永信宫，帝太后称中安宫。四太后各置少府、太仆。傅太后既尊后，尤骄，与太皇太后语，至谓之"妪"。丁、傅为公卿列侯者甚众。然帝不甚假以权势，不如王氏在成帝世也。

免关内侯师丹为庶人。遣新都侯王莽就国。

丞相、御史言师丹、王莽抑贬尊号，亏损孝道，当伏显戮。幸蒙赦令，不宜有爵土，请免为庶人。诏免丹，遣莽就国。天下多冤王氏者。谏大夫杨宣言："孝成皇帝称述陛下至德以承天序，岂不欲陛下自代，奉承东宫哉！太皇太后春秋七十，数更忧伤，敕令亲属引领以避丁、傅，陛下登高远望，独不惭于延陵乎！"帝深感其言，复封商子邑为成都侯。

罢州牧，复置刺史。

朱博又奏言："部刺史，秩卑赏厚，劝功乐进。前罢刺史，更置州牧，秩真二千石，九卿缺，以高第补。其中材则苟自守而已，恐功效陵夷，奸轨不禁。臣请罢州牧，置刺史如故。"上从之。

六月，帝太后丁氏崩。

诏合葬共皇园。

大赦，改元太初。更号陈圣刘太平皇帝。

下诏定陶共皇去定陶之号,在京师建立祭庙。尊共皇太后傅氏为帝太太后,共皇后丁氏为帝太后。

　　朱博既已当上丞相,哀帝就采用他的建议,下此诏书,于是帝太太后称永信宫,帝太后称中安宫。四位太后各自设置少府、太仆官职。傅太后取得尊号以后,尤为骄横,与太皇太后说话时,甚至称她为"老太婆"。丁、傅两家一时间被封为公卿列侯的人很多。但是哀帝给予他们权势不多,不如成帝在世时的王氏。

　　罢免关内侯师丹为平民百姓。遣送新都侯王莽回到他自己的封国。

　　丞相、御史大夫奏称师丹、王莽压抑贬低尊号,损伤了陛下的孝道,罪当公开诛杀。幸蒙赦免,但不应该再有封爵采邑,请求陛下将他们贬为平民。哀帝于是下诏罢免了师丹的官爵,遣送王莽回到他自己的封国。天下许多人为王氏感到冤枉。谏大夫杨宣上奏说:"孝成皇帝称赞陛下有至高的品德,使陛下继承帝位,岂不是希望陛下代替他侍奉太皇太后吗!太皇太后现已七十高龄,数次经历国丧的忧伤,还下令要自己的亲属引退,以避开丁、傅两家,陛下若登高远望,望见成帝之陵,难道不感到惭愧吗!"哀帝深为此言感动,就又封成都侯王商的儿子王邑为成都侯。

　　撤销州牧,重新设立刺史。

　　朱博又奏称:"设置部刺史,官秩较低,但奖赏丰厚,人人劝勉立功,乐于进取。前几年撤销了刺史,改为设置州牧,品秩为真二千石,九卿有缺,便由州牧中名次靠前者递补。州牧中才能一般的人只求苟且自保,只怕其职能逐渐减退丧失,奸邪不轨的行为就无法制止。我请求撤销州牧,还和从前一样设置刺史。"哀帝听从了他的建议。

　　六月,帝太后丁氏去世。

　　哀帝下诏,合葬于定陶共皇的陵园。

　　下诏大赦天下,改建平二年为太初元年。改称陈圣刘太平皇帝。

待诏、黄门夏贺良言汉历中衰,当更受命,宜急改元易号,可得延年益寿。上久寝疾,冀其有益,遂从贺良等议。

秋七月,诏以永陵亭部为初陵,勿徙民。 八月,诏罢改元易号事,待诏夏贺良等伏诛。

上改号月余,寝疾自若。贺良等复欲妄变政事,进退大臣。上以其言无验,诏曰:"贺良等建言改元易号,可安国家。朕信道不笃,过听其言,冀为百姓获福,卒无嘉应。夫过而不改,是谓过矣!前诏非赦令,皆蠲除之。"贺良等皆下狱,伏诛。

尽复诸神祠。

上以寝疾,尽复前世所尝兴诸神祠凡七百余所。一岁三万七千祠云。

丞相博有罪自杀。御史大夫赵玄减死论。

傅太后怨傅喜不已,使孔乡侯晏风丞相阳乡侯博,令奏免喜侯。博与御史大夫赵玄议之,玄言:"事已前决,得无不宜?"博曰:"已许孔乡侯矣。匹夫相要,尚相得死,何况至尊!博唯有死耳!"玄即许可。博恶独斥奏喜,以何武前免就国与喜相似,即并奏:"喜、武皆请免为庶人。"上疑博、玄承指,即召玄问状,玄辞服。诏减玄死罪三等,削晏户四分之一,假谒者节召丞相诣廷尉。博自杀,国除。

冬十月,以平当为丞相。

待诏、黄门夏贺良等对哀帝说汉朝的历运中衰,理当重新受命,应该赶快改换年号,才能延年益寿。哀帝久病在床,希望更改年号对己有利,就听从了夏贺良等人的建议。

秋七月,哀帝下诏在永陵亭一带修筑自己的陵墓,没有往陵区迁移百姓。 八月,下诏撤销改元易号的决定,待诏夏贺良等论罪处死。

哀帝改号一个多月后,病情仍不见好转。夏贺良等人还想胡乱变更国家政事,要求进退大臣。哀帝因为他们的预言没有应验,下诏说:"夏贺良等人建议改元易号,认为这样可以安定国家。朕信奉天道还不够真诚,误听了他们的话,希望能为百姓谋求幸福,可是始终没有好的效验。有过失而不改正,才是真正的过失! 以前发布的诏书,除了大赦令以外,其余措施全部废除。"夏贺良等人全部被捕入狱,论罪处死。

把各种神祠全部恢复。

哀帝因为病情日益严重,把过去成帝时曾祭祀过的各种神祠全部恢复了,共有七百余所。一年之中,祭祀的次数达到三万七千次。

丞相朱博犯罪自杀。哀帝减御史大夫赵玄死罪三等。

傅太后对傅喜怨恨不已,派孔乡侯傅晏去暗示丞相阳乡侯朱博,命他上奏书要求罢免傅喜的侯爵爵位。朱博与御史大夫赵玄商议,赵玄说:"事情先前已做了裁决,再提是否不合适?"朱博说:"我已答应孔乡侯了。匹夫之间互相约定的事,尚且不惜以死相报,何况至尊的傅太后呢! 朱博我只有效死罢了!"赵玄也就同意了。朱博不愿意单独弹劾傅喜一个人,以何武先前被遣回封国情况与傅喜相似,就一并上奏:"请求将傅喜、何武都贬为平民。"哀帝怀疑朱博、赵玄是受傅太后的指使,便召赵玄询问究竟,赵玄承认了。哀帝下诏减赵玄死罪三等,削减傅晏采邑封户四分之一,又让谒者持符节召丞相朱博到廷尉那里接受审判。朱博自杀,封国撤除。

冬十月,任命平当为丞相。

以冬月故,且赐爵关内侯。

丁巳(前4) 三年
春三月,丞相当卒。

上召欲封当,当病笃,不应召。或谓当:"不可强起受印为子孙邪?"当曰:"吾居大位,已负素餐,受印还死,死有余罪。不起,所以为子孙也!"乞骸骨,不许。至是薨。

有星孛于河鼓。　夏四月,以王嘉为丞相。

嘉上疏曰:"臣闻圣王之功在于得人,故'继世立诸侯',择立命卿以辅之。居是国也,累世尊重,然后士民附焉,是以教化行而治功立。孝文时吏居官者或长子孙,以官为氏,仓氏、库氏则仓库吏之后也;其二千石长吏亦安官乐职,然后上下相望,莫有苟且之意。其后稍稍变易,公卿以下传相促急,又数改更政事,举劾苛细,发扬阴私,送故迎新,交错道路。中材苟容求全,下材怀危内顾,壹切营私者多。二千石益轻贱,吏民慢易之,或持其微过,增加成罪,言于刺史、司隶,或上书告之。众庶知其易危,小失意则有离畔之心。前苏令等纵横,吏士莫肯伏节死义,以守、相威权素夺也。成帝悔之,诏二千石不为故纵,遣使赐金,尉厚其意,诚以为国家有急,取办于二千石。二千石尊重难危,乃能使下。宣帝爱其善治民之吏,有章劾事留中,

因为冬月不宜封侯，因此暂时赐爵关内侯。

丁巳（前4）　汉哀帝建平三年
春三月，丞相平当去世。

哀帝召见平当，打算封他爵位。平当病重，没有应召。有人对平当说："难道不能勉强起来接受印信，为子孙打算吗？"平当说："我身居高位，已经辜负了国家在白吃饭，如果接受印信，回家就死去，是死有余辜。现在我不起来去接受印信，正是为子孙打算啊！"后来他请求辞职，哀帝不准。到了这时他就去世了。

河鼓星旁出现彗星。　夏四月，任命王嘉为丞相。

王嘉上书说："我听说圣王的成功在于能得到人才，因此'选立诸侯的继承人'，要选择、任命贤卿来辅佐他。他住在封国里，代代受到尊重，然后士民才会归附，因此推行教化才可以建立功业。孝文帝时任官的人，他们的长子长孙有的以官名为姓氏，如仓氏、库氏就是仓库官吏的后代；那些官秩在二千石的官员，也安于官位，乐于任职，然后上下互相勉励，没有苟且之意。以后情况逐渐有所改变，公卿以下官员更换又快又急，又多次更改政事，检举弹劾官吏十分苛刻琐细，还揭发宣扬别人的阴私，送旧官迎新官的人在路上来来往往。中等才干的人，苟且偷生以求保全；下等才干的人，心怀恐惧忧虑重重，权宜营私的人很多。二千石官员越来越被人轻视，小官吏和百姓也看不起他们，有的抓住他们的轻微过错，添油加醋形成罪状，报告给刺史、司隶，或者上书朝廷告发。百姓们发现二千石官吏那么容易扳倒，稍不如意就产生背叛之心。先前苏令等纵横郡国，官吏和士人没有在关键时刻肯以死尽节的，这是因为郡国守、相的威信和权力早就被夺去了。成帝感到懊悔，下诏书说，对二千石的官员不加以'故意放纵'的罪名，派使者去赏赐他们黄金，予以安抚和慰问。这确实是由于国家有急难，需要二千石的官员出力解决。只有二千石官员受到尊重而不受到伤害，才能统管属下。宣帝爱护那些善于治民的官吏，有弹劾他们的奏章都扣压下来，

会赦壹解。故事：尚书希下章，为烦扰百姓，证验击治，或死狱中。章文必有'敢告之'字乃下。唯陛下留神于择贤，记善忘过，容忍臣子，勿责以备材。任职者不能不有过差，宜可阔略，令尽力者有所劝。此方今急务也。前苏令发，欲遣使逐问状，时见大夫无可使者，召盩厔令尹逢，拜为谏大夫遣之。今诸大夫有材能者甚少，宜豫畜养可成就者，则士赴难不爱其死。临事仓卒乃求，非所以明朝廷也。"因荐儒者公孙光、满昌，能吏萧咸、薛修等，皆故二千石有名称者，上纳用之。

冬十一月，复泰畤、汾阴祠。罢南北郊。　无盐危山土起，瓠山石立。东平王云坐祠祭祝诅，自杀。以孙宠为南阳太守，息夫躬为光禄大夫。

无盐危山土自起覆草，如驰道状。又，瓠山石转立。东平王云及后谒自之石所祭祀之。息夫躬、孙宠相与谋曰："此取封侯之计也！"乃因中常侍宋弘上变事，告焉。时上被疾，多所恶，逮谒验治。云自杀，谒弃市。擢宠为南阳太守，弘、躬皆光禄大夫。

戊午（前3）　四年
春正月，大旱。　关东民讹言行筹。
关东民无故惊走，持稿或掫一枚，传相付与，曰"行西王母筹"，或被发徒跣，或夜折关逾墙，或车骑奔驰，经历郡

逢到颁发赦令时便一并勾销。以前的惯例：尚书很少把弹劾奏章交付有关机构查办，为的是怕骚扰百姓，取证、审查、逮捕下狱、处治，有些人就死在狱中。弹劾奏章上必定写有'胆敢控告'的字样才交付有关机构查办。希望陛下留意选择贤能的人才，记住他们的优点，忘掉他们的过错，能容忍臣子，不要求全责备。任职者难免会有过错，应宽容忽略他们的小过失，使尽心竭力者受到鼓励。这是当务之急。之前苏令造反，朝廷打算派大夫驱逐盗贼并查问情况，当时大夫中没有可用的人选，就征召蓋屋令尹逢，授为谏大夫被派遣前去。如今诸大夫中有才能的很少，应该预先培养可造就的人才，这些人在国难时能不惜以死报国。事到临头才仓促寻求，这就不能表明朝廷有人才了。"王嘉并趁势举荐儒家学者公孙光、满昌，及能吏萧咸、薛修等，他们都曾是有声望的二千石官员。哀帝采纳了王嘉的建议，任用了他们。

冬十一月，恢复泰畤、汾阴祠的祭祀。撤销南郊祭天、北郊祭地的典礼。 无盐危山的土自己隆起，瓠山的石头自行立起。东平王刘云犯了祠祭诅咒皇上之罪，自杀。任命孙宠为南阳太守，息夫躬为光禄大夫。

无盐危山的土自己隆起压盖住青草，就像驰道一样。又，瓠山的石头也突然转侧立起。东平王刘云和王后谒亲自前往大石跟前祭拜。息夫躬、孙宠互相商量说："这是取得封侯的妙计啊！"于是通过中常侍宋弘上书告发事变。这时哀帝正患病，对很多事都很厌恶，于是就交付主管机构，逮捕了东平王后谒进行审讯惩处。最后刘云自杀，王后谒被处死示众。擢升孙宠为南阳太守，宋弘、息夫躬都升为光禄大夫。

戊午（前3） 汉哀帝建平四年
春正月，大旱。关东百姓谣传行筹。

函谷关以东地区老百姓无故惊慌奔走，拿着一枝禾秆或麻秆，互相传递，说："将西王母的筹策传递天下。"有的披头散发光着脚，有的在夜里破关翻墙而过，有的乘车骑马奔驰，经过郡国

国二十六,至京师,不可禁止。民又聚会设张博具,歌舞祠西王母,至秋乃止。

封傅商为汝昌侯。

上欲封傅太后从父弟商,尚书仆射郑崇谏曰:"成帝封五侯,天赤黄,昼昏,日中有黑气。今无故复封商,坏乱制度,逆天人心,非傅氏之福也!臣愿以身命当国咎!"因持诏书案起。傅太后大怒曰:"何有为天子乃反为一臣所颛制邪!"上遂下诏封商。

二月,下尚书仆射郑崇狱,杀之。免司隶孙宝为庶人。

侍中董贤为人美丽自喜,性和柔便辟,得幸于上,贵震朝廷。常与上卧起,妻得通籍殿中。女弟为昭仪,父恭为少府。诏将作大匠为贤起大第北阙下,穷极技巧。赐武库禁兵、上方珍宝,皆选物上第,而乘舆所服乃其副也。至东园秘器、珠襦、玉柙,无不备具。下至僮仆皆受上赐。又为贤起冢茔义陵旁,周垣数里。

郑崇谏上,由是数以职事见责。尚书令赵昌因奏:"崇与宗族通,疑有奸。"上责崇曰:"君门如市人,何以欲禁切主上?"崇对曰:"臣门如市,臣心如水。愿得考覆。"上怒,下崇狱。司隶孙宝上书曰:"崇狱覆治,榜掠将死,卒无一辞。道路称冤。疑昌与崇内有纤介,浸润相陷。臣请治昌以解众心。"诏曰:"司隶宝附下罔上,国之贼也,免为庶人。"崇死狱中。

二十六个，传递到了京师，无法禁止。人们又聚会设赌具赌博，唱歌跳舞祭祀西王母，到秋天才停止。

封傅商为汝昌侯。

哀帝打算封傅太后的堂弟傅商为侯爵，尚书仆射郑崇劝谏说："成帝封五人为侯，天色变成赤黄，白昼昏暗，太阳中有黑气。现在又要无缘无故封傅商，破坏了汉家制度，违背天意、人心，这不是傅氏的福气！我愿以身家性命承当国家的惩罚！"说罢，拿着诏书文稿站起来。傅太后大怒说："哪有天子反受一个臣子控制的道理！"哀帝于是下诏封傅商为汝昌侯。

二月，将尚书仆射郑崇逮捕入狱，被害死狱中。罢免司隶孙宝为平民。

侍中董贤长相出众又自恋，性情柔和，会阿谀逢迎，很得哀帝的宠爱，在朝廷中特别显贵。董贤常与哀帝睡在一起，他的妻子也能够向门使通报姓名进入皇宫。董贤的妹妹被封为昭仪，父亲董恭为少府。哀帝下诏让将作大匠为董贤在北宫门外修建一座大的宅第，十分豪华精巧。又赐给他武器库里宫中专用的兵器和皇宫的珍宝，全都挑选上等品，而哀帝所使用的不过是次一等的了。甚至连皇家丧葬用的棺木、珍珠连缀制成的寿衣、玉璧制成的寿裤等，都无不齐备。他家中的奴仆也都受到哀帝的赏赐。又为董贤在义陵旁建筑墓园，周围有数里之长。

郑崇为此劝谏哀帝，因此多次因公事受到责备。尚书令赵昌趁机上奏说："郑崇与刘氏宗族交往密切，我怀疑有阴谋。"哀帝责问郑崇说："你家门庭若市，为什么要约束主上？"郑崇回答说："我家虽门庭若市，但我的心却像水一样清洁。希望陛下考察。"哀帝大怒，将郑崇逮捕下狱。司隶孙宝上书说："郑崇一案经过反复调查审讯，郑崇被拷打将死，始终不说一句话。道路上的行人都说郑崇冤枉。我怀疑赵昌与郑崇之间有私人宿怨，因此用谗言来陷害他。我请求处理赵昌来解除众人的疑心。"哀帝下诏说："司隶孙宝欺上附下，是国家的大害，罢免他为平民百姓。"郑崇最后死在狱中。

赐董贤爵关内侯。

上欲侯董贤而未有缘，侍中傅嘉劝上定息夫躬告东平本章，去宋弘，更言因贤以闻，欲以其功侯之，皆先赐爵关内侯。顷之，上欲封贤等而心惮王嘉，乃先使持诏示丞相、御史。于是嘉与御史大夫贾延言："宜暴贤等本奏语言，延问公卿、大夫、博士、议郎，明正其义，乃加爵土。暴评其事，必有言当封者，天下虽不悦，咎有所分。前淳于长初封，其事亦议，大司农谷永以长当封，众人归咎于永，先帝不独蒙其讥。臣嘉，臣延，材驽不称，死有余责，知顺指不逆，可得容身须臾。所以不敢者思报厚恩也。"上不得已，且为之止。

夏六月，尊帝太太后傅氏为皇太太后。　秋八月，封董贤为高安侯、孙宠为方阳侯、息夫躬为宜陵侯。

上下诏切责公卿曰："东平王云图弑天子，公卿股肱莫能悉心销厌未萌。赖宗庙之灵，侍中贤等发觉伏辜。其封贤、宠、躬皆为列侯。"躬数进见历诋公卿大臣，众畏其口，见之仄目。

左迁执金吾毋将隆为沛郡都尉。

上发武库兵，送董贤及上乳母王阿舍。执金吾毋将隆奏言："武库兵器，天下公用。缮治造作，皆度大司农钱。大司农钱，自乘舆不以给共养。共养劳赐，一出少府。盖不以本藏给末用，不以民力共浮费，别公私，示正路也。古者方伯颛征，乃赐斧钺，汉家边吏距寇，赐武库兵。《春秋》之

赐董贤爵关内侯。

哀帝想封董贤为侯爵，可又没有什么机会。侍中傅嘉劝哀帝更改息夫躬、孙宠告发东平王的奏章，去掉宋弘的名字，改成是因为董贤的报告才得以知晓，哀帝想用这个功劳封董贤侯爵，就都先赐封为关内侯。不久，哀帝想封董贤等人，又担心王嘉反对，便先派人将诏书拿给丞相、御史看。于是王嘉与御史大夫贾延上奏劝谏说："应该公布董贤等人的奏章原文，询问公卿、大夫、博士、议郎，应该处置得名正言顺，再加封他们爵位采邑。若公开评论此事，一定会有说应当加封的人，天下人虽然不高兴，责任也有人分担。从前淳于长初封爵位时，也曾有人议论，大司农谷永认为淳于长应当加封，众人怪罪谷永，先帝就没有单独蒙受讥刺。臣王嘉，臣贾延，才能低下不称职，死有余责，但知顺从陛下的旨意，不违逆陛下，可以暂时保全身家性命。所以不敢这样做，是想报答陛下的厚恩啊。"哀帝不得已，才暂且停止了封侯之事。

夏六月，尊帝太太后傅氏为皇太太后。　秋八月，封董贤为高安侯、孙宠为方阳侯、息夫躬为宜陵侯。

哀帝下诏严厉斥责公卿说："东平王刘云图谋杀死天子，公卿们不能尽心事前消灭隐患。幸赖祖宗宗庙之灵，侍中董贤等发觉后使奸人全部伏诛。现封董贤、孙宠、息夫躬都为列侯。"息夫躬多次进见哀帝，逐个诋毁公卿大臣，百官畏其口舌，遇见他不正眼相看。

贬执金吾毋将隆为沛郡都尉。

哀帝拿武库的兵器送到董贤和他的乳母王阿的住所。执金吾毋将隆上奏说："武库兵器是国家公用的东西。建造制作都是用大司农的钱。大司农的钱连天子的生活都不供给。天子的生活费用和犒劳赏赐臣下的钱，一律出自少府。这就是不把国家用于根本的储藏用在次要事情上，不以民财人力供应浮华消费，公私分明，以示所行是正路。古代方伯主持征伐时，天子才赐给他们斧钺，汉朝边疆官吏也赐给他们武库兵器。按照《春秋》之

谊,家不藏甲,所以抑臣威,损私力也。今便僻弄臣,私恩微妾,而以天下公用给其私门,契国威器,共其家备,建立非宜,以广骄僭,非所以示四方也。臣请收还武库。"上不说。

顷之,傅太后贱买执金吾官婢,隆奏请更平直。诏隆奏请争贾,伤化失俗。以其前有安国之言,左迁为沛郡都尉。成帝末,隆尝奏言:"宜征定陶王居国邸。"故上思而宥之。

谏大夫鲍宣上书。

曰:"窃见孝成皇帝时,外亲持权,浊乱天下,奢泰亡度,穷困百姓,是以日食且十,彗星四起。危亡之征,陛下所亲见也。今奈何反覆剧于前乎!朝臣亡有大儒骨鲠之士,论议通古今,忧国如饥渴者。敦外亲、小僮、幸臣董贤等,在省户下,陛下欲与此共承天地,安海内,甚难。昔尧放四罪而天下服,今除一吏而众皆惑。古刑人尚服,今赏人反惑。今民有七亡:水旱为灾一也。重责赋税二也。贪吏受取三也。豪强蚕食四也。苛吏徭役五也。部落鼓鸣六也。盗贼劫略七也。七亡尚可,又有七死:酷吏殴杀一也。治狱深刻二也。冤陷无辜三也。盗贼横发四也。怨仇相残五也。岁恶饥饿六也。时气疾疫七也。民有七亡而无一得,欲望国安,诚难。民有七死而无一生,欲望刑措,诚难。此非公卿、守相贪残成化之所致邪!群臣幸得

义，私人之家不可以收藏武器，这是为了抑制大臣的武威，削弱私人的力量。而今对阿谀逢迎的弄臣，对有私人恩惠的小妾，陛下却把国家公用的财产送进其私人家门，取走国家的武器，供给他们家用，这样做是不对的，将使他们更加骄横僭越，不能给四方的人们做出好的榜样。我请陛下把兵器收回还给武库。"哀帝很不高兴。

不久，傅太后用低价买进执金吾官府的官奴婢，毋将隆上奏请求改用平价。哀帝下诏说毋将隆奏请争执买价的贵贱，有伤教化，败坏风俗。念其以前有安国的建议，贬降为沛郡都尉。成帝末年，毋将隆曾上奏说："应该征召定陶王到长安，住在定陶王府邸。"所以哀帝念及而宽恕了他。

谏大夫鲍宣上书。

鲍宣说："我看到孝成皇帝时，外戚把持大权，混乱天下，奢侈无度，使百姓穷困，因此就出现了十次日食，四次彗星。这些危亡的征兆，陛下是亲眼见到的。如今怎么比以前反而更加厉害了呢！现在的朝臣没有精通儒家学术的正直之士，讨论国家大事时不能贯通古今，没有如饥似渴为国家担忧的人。反而对外戚、小僮、宠臣董贤等特别厚待，他们都在宫禁中，陛下想和他们共同掌管国家、安定海内，是很难的。古代尧帝流放四凶氏族，而使天下人信服，现今除治一个恶吏反使许多人感到困惑。古代惩罚尚且使人叹服，今天赏赐反倒使人迷惑。现在人民有七失：出现水旱灾害是一失。国家赋税重，苛责严是二失。贪官勒索是三失。豪强蚕食百姓是四失。苛吏徭役是五失。村落鸣鼓示警是六失。盗贼抢劫是七失。七失尚可勉强忍受，然而还有七死：被酷吏殴打致死为一死。入狱被虐致死为二死。无辜被冤陷而死为三死。盗贼劫财害命致死为四死。怨家仇人残杀而死为五死。荒年饿死为六死。瘟疫流行而死为七死。人民有七失而没有一得，想让国家安定，实在困难。百姓有七死而没有一条生路，想要无人犯法，废弃刑罚，也实在困难。这难道不是公卿、守相贪婪残忍成风所造成的后果吗？群臣有幸得以

居尊官,食重禄,岂有肯加恻隐于细民,助陛下流教化者邪!但在营私家,称宾客,为奸利而已。以苟容曲从为贤,以拱默尸禄为智,谓如臣宣等为愚。天下乃皇天之天下也。陛下为天牧养元元,视之当如一。今贫民菜食不厌,衣又穿空,父子、夫妇不能相保,奈何独私养外亲幸臣,赏赐大万,使奴从、宾客,浆酒藿肉?非天意也。官爵非陛下之官爵,乃天下之官爵也。陛下官非其人,而望天说民服,岂不难哉!孙宠、息夫躬奸人之雄,惑世尤剧,宜以时罢退。及外亲幼童未通经术者,皆宜令休,就师傅。急征傅喜,使领外亲。何武、师丹、孔光、彭宣、龚胜可大委任。陛下尚能容亡功德者甚众,曾不能忍武等邪!治天下者,当用天下之心为心,不得自专快意而已也。"宣语虽刻切,上以宣名儒,优容之。

匈奴单于上书请朝。

匈奴单于请朝五年。时帝被疾,或言:"匈奴从上游来厌人。自黄龙、竟宁时,单于朝中国,辄有大故。"上问公卿,亦以为虚费府帑,可且勿许。单于使辞去,未发,扬雄上书曰:"臣闻'六经'之治,贵于未乱;兵家之胜,贵于未战。二者皆微,然而大事之本,不可不察也。今单于求朝,国家辞之,臣愚以为汉与匈奴从此隙矣。匈奴本五帝所不能臣,三王所不能制。以秦始皇之强,然不敢窥西河。以高祖之威灵,三十万众困于平城。高皇后时匈奴悖慢,

身居高官,享受丰厚的俸禄,难道有肯对小民存有怜悯之心,帮助陛下推行教化的人吗!他们不过是经营私产,满足宾客的要求,为图个人奸利而已。他们以苟且纵容、曲意顺从为贤德,以不称其职、白吃俸禄为明智,认为像我这样的人是愚蠢的。天下是皇天的天下。陛下为上天抚养百姓,对待他们应一视同仁。而今贫民连菜蔬都得不到满足,又衣不遮体,父子、夫妇不能相互保全,为什么只供养外戚和弄臣,给他们赏赐以巨万,使他们的仆从、宾客把酒当水,把肉当豆叶来挥霍呢?这不是皇天的本意啊。官爵并不是陛下的官爵,乃是天下的官爵。陛下的官吏用非其人,却希望上天高兴,百姓心服,岂不困难!孙宠、息夫躬是奸人中的首恶,乱世惑众最为厉害,应在适当的时候罢免他们。那些外戚和幼童不懂儒学经术的,都应让他们辞职休息,找老师去学习。请速征召傅喜,使他总领外戚。何武、师丹、孔光、彭宣、龚胜等人都可委以重任。陛下尚且能容忍那么多没有功德的人,难道不能容忍何武这些人吗?治理天下的人,应当把天下人的心意作为自己的心意,不能只图自己高兴快意而已。"鲍宣的话虽然尖刻严厉,但哀帝因为他是名儒而优待宽容了他。

匈奴单于上书请求朝见。

匈奴单于请求在建平五年来京朝见。这时哀帝正患病,有人说:"匈奴从黄河上游来,气势压人。自黄龙、竟宁年间起,单于每到中国朝见,中国就会发生大变故。"哀帝询问公卿,公卿也认为朝见一次要白白花费国库的钱财,可以暂时不予答应。单于使节告辞离去,还没动身,扬雄上书说:"我听说'六经'中所说治理国家的方法,最好是在动乱未形成时就治理稳固;兵家取胜的方法,最好是在战争之前就把敌人制服。以上二者都很精妙,然而也都是大事之本,不能不留意。现在单于请求朝见,国家推辞,我愚昧地认为,汉朝与匈奴之间从此埋下了矛盾不安的种子。匈奴原本是五帝时不能使其臣服,三王时也不能对其控制的强国。秦始皇那样强大,仍然不敢窥伺西河。高祖那样威武和英明,三十万汉军被围困在平城。高皇后时匈奴狂傲不敬,

及孝文时,候骑至雍甘泉。孝武设马邑之权,欲诱匈奴,徒费财劳师,一虏不得见,况单于之面乎!其后深惟社稷之计,规恢万载之策,乃大兴师数十万,前后十余年,穷极其地,追奔逐北。自是之后,匈奴震怖,益求和亲,然而未肯称臣也。夫前世岂乐倾无量之费,役无罪之人,快心于狼望之北哉?以为不壹劳者不久佚,不暂费者不永宁,是以忍百万之师以摧饿虎之喙,运府库之财填卢山之壑而不悔也。逮至元康、神爵之间,大化神明,鸿恩博洽,匈奴内乱争立。呼韩邪归死称臣,然尚羁縻之计,欲朝者不距,不欲不强。何者?匈奴天性忿骜,形容魁健,负力怙气,其和难得。故未服之时,劳师远攻,倾国殚货,如彼之难也。既服之后,慰荐抚循,交接赂遗,如此之备也。真中国之坚敌,兹甚未易可轻也。今单于归义,怀诚欲来陈见,此乃上世之遗策,神灵之所想望。国家虽费,不得已者也。奈何距以来厌之辞,疏以无日之期,消往日之恩,开将来之隙乎?夫明者视于无形,聪者听于无声,壹有隙之后,虽智者劳心于内,辩者毂击于外,犹不若未然之时也。夫百年劳之,一日失之,费十而爱一,臣窃为国不安也。唯陛下少留意于未乱、未战,以遏边萌之祸。"书奏,天子寤焉,召还匈奴使者,更报其书而许之。单于未发,会病,复遣使愿朝明年,上许之。

到孝文帝时，匈奴的侦察骑兵深入到雍甘泉一带。孝武帝时设下马邑之谋，想引诱匈奴主力深入，结果白白浪费钱财，劳顿军队，一个俘虏也没有抓获，更何况见到单于呢！此后，武帝深思国家大计，拟定了万年太平策略，于是发动数十万大军，前后十余年，打遍了匈奴的国土，追逐向北奔逃的残兵败将。从此以后，匈奴震惊恐惧，更加迫切要求和亲，但是仍不肯向汉朝称臣。再说，前世之人难道乐于耗费无法计量的钱财，役使无罪的国民，到狼烟以北去求一时痛快吗？那是由于不付出一次的辛劳就得不到长久的安逸，不暂时花费钱财就不能有永远的安宁，所以才忍心调动百万大军去摧毁饿虎之口，调运国库的钱财去填平匈奴卢山的沟壑而不后悔。及至元康、神爵年间，国泰民安，主上清明，皇恩广施，而匈奴发生内乱，五个单于争夺王位。呼韩邪单于向汉朝归顺称臣，然而朝廷仍然对他们采取笼络政策，愿来朝见的朝廷不拒绝，不想来的也不勉强。这是为什么呢？因为匈奴天性凶猛好怒，体魄魁健，力强气盛，使他们温和从善很难。所以他们未顺服时，劳师远攻，耗尽国力和钱财，是那样的艰难。已经降服之后，慰藉安抚，结交送礼，是这样完备周详。这是中国强硬的敌手，真应十分重视，不能轻易改变态度而等闲视之。而今，匈奴单于归心仁义，怀着真心诚意来朝见陛下，这乃是前代遗留下的和平之策，神灵所盼望的。国家虽然为此要有所花费，也是不得已的。怎么能用来者不善、气势压人一类的话加以拒绝，无限拖延朝见日期，使双方疏远，勾销往昔的恩德，制造新的矛盾呢？眼明的人能看到无形的东西，耳聪的人能听到无声的音响，一旦产生矛盾之后，哪怕智者挖空心思，善辩者内外奔忙，还是不如矛盾没有发生的时候。百年辛劳毁于一旦，花费十分所取得的成果却因爱惜一分而失去，我私下为国家感到不安。望陛下在尚未发生变乱和尚未爆发战争时稍加留意，以遏止边疆祸端的产生。"奏章呈上，哀帝醒悟，就召回匈奴使者，更换回报单于的国书，答应了单于朝见的请求。单于还未动身就生了病，于是又派使节来到汉朝请求明年朝见，哀帝同意了。

己未(前2)　元寿元年

春正月朔,以傅晏为大司马、卫将军,丁明为大司马、骠骑将军。是日,日食。寻罢晏就第。

初,傅晏害董贤之宠,又与息夫躬谋欲求居位辅政。会单于以病未朝,躬奏以为:"当有他变。乌孙两昆弥弱,其叛臣卑爰疐强,东结单于,遣子往侍,恐其合势以并乌孙,则匈奴盛而西域危矣。可令降胡诈为卑爰疐使者来上书,欲因天子威告单于归臣侍子,因下其章,令匈奴客闻焉。则是所谓'上兵伐谋,其次伐交'者也。"上召公卿、将军大议。左将军公孙禄以为:"中国常以威信怀伏夷狄,躬欲造不信之谋,不可许。且匈奴赖先帝之德,保塞称藩。今单于以疾病自陈,不失臣子之礼。臣禄自保没身不见匈奴为边竟忧也。"躬曰:"臣为国家万世虑,而禄欲以其犬马齿保目所见。臣与禄未可同日语也!"上罢群臣,独与躬议。躬因建言:"灾异屡见,恐必有非常之变,可遣大将军行边兵,敕武备,斩一郡守以立威应变。"上然之,以问丞相嘉,对曰:"臣闻动民以行不以言,应天以实不以文。下民微细,犹不可诈,况于上天神明而可欺哉!天之见异,所以敕戒人君,欲令觉悟反正,推诚行善,民心说而天意得矣!谋动干戈,设为权变,非应天之道也。夫议政者,苦其诡谀、倾险、辩惠、深刻也。惟陛下观览古戒,反覆参考,无以先人之语为主。"上不听。

己未(前2) 汉哀帝元寿元年

春季正月初一,朝廷授任傅晏为大司马、卫将军,授任丁明为大司马、骠骑将军。当天,出现了日食。不久又罢免了傅晏,遣归府第。

当初,傅晏嫉妒董贤得宠,又与息夫躬谋划取得辅政大臣的地位。正巧匈奴单于因病不能来朝见,息夫躬上奏,认为:"可能有其他变化。乌孙两位昆弥势力弱,逃亡在外的卑爰疐则强盛,他如果东去勾结匈奴单于,并派自己的儿子作为人质侍奉单于,恐怕他们会联合起来吞并乌孙,那么就会导致匈奴势强而西域势危。可让归降朝廷的西域胡人假扮卑爰疐的使节来长安上书,可以借天子之威让单于归还人质,趁把奏书交与主管机关处理时,让匈奴的使者知道。这就是所谓'首先破坏敌人的谋略,其次断绝敌人的外援'。"哀帝召集公卿、将军讨论并作出重大决策。左将军公孙禄认为:"中国经常依靠威信令外族归附,息夫躬却谋划这种不讲信义的计策,是不能同意的。况且匈奴依赖先帝的恩德,自称藩属,保卫着汉朝边塞。现在单于因患病派使者前来陈告,并不失臣子的礼节。我敢保证,我到死也看不到匈奴会成为边境的忧患。"息夫躬说:"我为国家万世安危着想,而公孙禄却只想以他的有生之年担保眼下所能见到的事实。我与公孙禄是不可同日而语的!"哀帝便命群臣退下,单独与息夫躬磋商。息夫躬于是建议说:"灾异屡次出现,恐怕一定会有非常的事变,可以派遣大将军督查边塞守兵,整顿武备,斩一个郡守以树威应变。"哀帝认为有道理,就询问丞相王嘉,王嘉回答说:"我听说感动人民靠行动不靠言辞,应验天变靠实质内容而不靠表面文章。下民卑微,尚不可欺诈,何况对于上天神明,怎么可以欺骗呢!上天出现变异,是用来告诫君王,想让他们觉悟改过,提倡诚意推行善政,使民心欢悦,这就符合天意了。谋划军事行动,设为随机应变,并非应天之道。讨论国家大事,最怕那些谄谀、阴险、诡辩、用心恶毒的言论。愿陛下观览古代的戒鉴,反复思考,不要被先提出的建议所左右。"哀帝不听他的劝告。

　　至是诏将军、中二千石举习兵法者各一人，因拜傅晏、丁明皆为大司马。会有日食之变，诏问得失，举直言。嘉奏曰："孝元皇帝温恭少欲，赏赐节约。冯贵人以身当熊，帝深嘉美之，然赐钱五万而已。是时外戚赀千万者少，故少府、水衡见钱多，都内钱至四十万万。虽遭凶年加有羌变，外奉师旅，内振贫民，终无倾危之忧。成帝时，谏臣多言燕出女宠、耽酒之害，其言甚切，终不怨怒。宠臣史育数贬退，张放斥就国，淳于长榜死于狱，不以私爱害公义，故虽多内讥，朝廷安平，传业陛下。陛下在国好《诗》《书》，上俭节。征来，所过称颂德美。初即位，易帷帐，去锦绣。共皇寝庙比当作，以用度不足，忧闵元元，今始作治。而董贤亦起官寺，治大第，使者护作，赏赐吏卒，甚于治宗庙。为贤治器，器成，奏御乃行，或物好，特赐其工；自贡献宗庙、三宫，犹不至此。诏书罢苑，而以赐贤二千余顷，均田之制从此堕坏。奢僭放纵，变乱阴阳，灾异众多。臣嘉幸得备位，窃内悲伤不能通愚忠之信，身死有益于国，不敢自惜。唯陛下慎己之所独乡，察众人之所共疑。往者邓通、韩嫣，骄贵逸豫，不胜情欲，卒陷罪辜，所谓'爱之适足以害之'者也。宜节贤宠，全安其命。"上不说。

　　杜邺以方正对策曰："臣闻阳尊阴卑，卑者随尊，尊者兼卑，天之道也。是以男虽贱，各为其家阳；女虽贵，犹为

至此，哀帝下诏，要求将军、中二千石官员，各推举通晓军事、熟悉兵法者一人，借此授任傅晏、丁明皆为大司马。正好出现了日食，哀帝下诏询问得失，命令举荐能直言进谏者。丞相王嘉上奏说："孝元皇帝温良谦恭，节制私欲，赏赐节约。冯太后用身体把熊挡住，元帝大大嘉勉，然而赏赐不过五万钱。当时外戚资产达千万的很少，因而少府、水衡的现钱才很多，内府的钱总共达到四十万万。虽然遇到灾荒之年，再加西羌部族的叛变，对外要给养部队，对内要赈济贫民，然而始终没有倾覆危亡的忧虑。成帝时，谏臣常讲皇帝私自出宫，专宠美女，耽于酒色等等的危害，言词非常激烈，然而成帝始终不怨恨发怒。宠臣史育多次被贬退，张放被斥退逐回封国，淳于长在监狱中被拷打致死，成帝都不以私爱而妨害公义，因此，虽然多有贪恋妻妾姬侍之讥讽，但是国家平安，这才能把大业传给陛下。陛下在封国喜好《诗经》《书经》，崇尚节俭。征召前来长安时，所经过的地方都称颂陛下的美德。初即位时，陛下更换帷帐，撤去锦绣。共皇寝庙早就应当兴建，都因考虑国家经费不足，怜悯百姓，直到最近才开始动工。可是董贤也兴建官衔，修建宏大的宅第，陛下派使者监督施工，赏赐吏卒，超过修建宗庙之时。陛下为董贤制造器具，做成后，必须奏报陛下过目才可送去，如果工艺精巧，还特别赏赐工匠；即便是奉献宗庙、三宫，也没有达到这种程度。陛下诏令裁撤皇家苑林，却赏赐董贤两千余顷土地，官员限田的制度从此被破坏。奢侈逾礼又放纵，变乱阴阳，灾异众多。臣王嘉有幸能够位居丞相，自己私下常内心悲伤，无法使陛下对我的愚忠加以信任，如果身死能够有益于国家，我愿死不辞。请陛下审慎地对待自己的偏宠，细察众人共同的疑惑。从前邓通、韩嫣骄横显贵贪图逸乐，不能克制情欲，终于犯下大罪，正所谓'爱他，却恰恰足以害他'。应该节制对董贤的宠爱，以保全他的生命。"哀帝不高兴。

杜邺以方正对策说："我听说阳尊阴卑，卑者顺尊，尊者胜卑，是天之道。因而男子虽贱，仍为本家之阳；女子虽贵，仍是

其国阴。故礼明三从，母必系子。昔郑伯随姜氏之欲，终有叔段之祸。周襄王内迫惠后之难，而遭居郑之危。《春秋》灾异，以指象为言语。日食，明阳为阴所临。坤以法地，为土，为母，以安静为德。震，不阴之效也。昔曾子问从令之义，孔子曰：'是何言与！'善闵子骞守礼不苟从亲，所行无非理者，故无可间。今诸外家，无贤不肖，并侍帷幄，典兵将屯，至乃并置大司马、将军之官。当拜之日，暗然日食。不在前后，临事而发，欲令昭昭以觉圣朝。指象如此，殆不在他。由后视前，忿邑非之。逮身所行，不自镜见，则以为可。愿陛下加致精诚，思承始初，事稽诸古，以厌下心，则黎庶群生无不说喜，上帝百神收还威怒，祯祥福禄，何嫌不报！"

上又征孔光，问以日食事。拜为光禄大夫、给事中，位次丞相。

王莽既就国，杜门自守。吏民上书冤讼莽者百数。至是，贤良周护等对策，复深讼莽。上于是征莽还，侍太后。董贤亦以日食沮晏、躬之策，上乃收晏印绶，罢就第。

皇太太后傅氏崩，合葬渭陵，号孝元傅皇后。　孙宠、息夫躬以罪免就国。　以鲍宣为司隶。

鲍宣上书曰："陛下父事天，母事地，子养黎民。即位已来，父亏明，母震动，子讹相惊。今日食于三始，诚可畏

本国之阴。因此礼教明确规定三从之规,母亲必须依附儿子。从前郑伯放任母亲姜氏对幼子的溺爱,终于造成叔段篡国的大祸。周襄王迫于母亲惠后的压力,而遭受流亡郑国的危难。《春秋》所记载的灾异,是以景象所指示的含意转为语言告示世人。日食,表明阳被阴侵犯。坤之阴被用来表示地,所以称坤为土,为母,以安静为美德。发生地震,是阴气不遵循常轨的证明。从前曾参问孔子听从父命之义,孔子说:'这是什么话!'孔子赞扬闵子骞守礼,不盲从父母之命,所行之事没有非理的,所以别人无法离间他与父母及亲人的关系。而今诸外戚家,贤能或败类,都在宫廷任职,掌管禁卫,率军屯驻,甚至同时设立两个大司马、将军的官职。就在拜大司马、将军官职的当天,太阳昏暗,发生日食。不前不后,正好在此刻发生日食,是想昭示圣君赶快醒悟。《春秋》所载明的正是这类现象,恐怕不是针对其他。由后世来看前代发生的事情,会愤怒痛心地指摘其错误。等到自己去做,就不能像照镜子一样看得那么清楚,还自以为做得是对的。但愿陛下更加精诚治国,回顾即位之初,遇事参照古代的经验教训,以满足下民的心愿,那么黎民百姓则无不喜悦,上帝和众神灵也会收回怒气,还哪里会怀疑吉祥福禄不回报降临呢!"

哀帝又征召孔光,询问关于日食之事。授任孔光为光禄大夫、给事中,地位仅次于丞相。

王莽返回封国后,闭门自守。官吏百姓上书为王莽呼冤的,数以百计。到本年,贤良周护等在朝廷对策时,又竭力为他辩冤。哀帝于是征召王莽回到京师,让他侍奉太皇太后。董贤也利用日食之事阻止傅晏、息夫躬对匈奴挑动战争的计策,哀帝于是收缴傅晏的印信、绶带,罢免官职,让他回到宅第。

皇太太后傅氏去世,与元帝合葬渭陵,称为孝元傅皇后。孙宠、息夫躬因罪免官,遣回封国。 **任命鲍宣为司隶。**

鲍宣上书说:"陛下把上天当父亲侍奉,把大地当母亲侍奉,把人民当儿女抚养。即位以来,上天缺少光明,大地发生震动,因姓因讹言互惊。而今正月初一之时就发生日食,实在令人畏

惧。小民正朔日尚恐毁败器物,何况于日亏乎!陛下深内自责,避正殿,举直言,求过失,退外亲,征拜孔光,发觉宠、躬过恶,众庶歙然,莫不说喜。天人同心,人心说则天意解矣。乃白虹干日,连阴不雨,此天有忧结未解,民有怨望未塞者也。董贤以令色、谀言自进,赏赐无度,竭尽府藏。海内贡献,当养一君,今反尽之贤家,岂天意与民意邪!厚之如此,反所以害之也。诚欲哀贤,宜为谢过天地,解仇海内,免遣就国,收乘舆器物还之县官,如此可以父子终其性命。不者,海内之所仇,未有得久安者也。宠、躬不宜居国,可皆免,复征何武、师丹、彭宣、傅喜,以应天心,建立大政,兴太平之端。"上乃征何武、彭宣,而拜鲍宣为司隶。

下丞相新甫侯王嘉狱,杀之。

上托傅太后遗诏,益封董贤二千户,王嘉封还诏书,谏曰:"臣闻爵禄、土地,天之有也。《书》曰:'天命有德,五服五章哉!'王者代天爵人,尤宜慎之。不得其宜,则众庶不服,感动阴阳,其害疾自深。高安侯贤,佞幸之臣,陛下倾爵位以贵之,单货财以富之,损至尊以宠之,流闻四方,皆同怨疾。里谚曰:'千人所指,无病而死。'臣常为之寒心。臣骄侵罔,阴阳失节,气感相动,害及身体。陛下寝疾久不平,继嗣未立,宜思正万事,顺天人之心,以求福祐,奈何轻身肆意,不念高祖之勤苦,垂立制度,欲传之于无穷哉!"

惧。小民在平常元旦之日尚恐毁坏器物,何况发生日食呢!陛下自我责备,避开正殿,举荐直言之士,征求批评意见,罢退外戚,征召任命孔光为光禄大夫,发觉孙宠、息夫躬的罪恶,民众安定,无不欢喜。天人同心,人心欢悦了,则上天的愤怒自然化解。然而白气侵犯太阳,连阴不雨,这说明上天尚有忧虑没有消解,百姓还有怒气没有平息。董贤用媚色和阿谀奉承博取官位,陛下对他赏赐没有限度,竭尽了府库的积藏。各地的贡献,本应奉养一国之君,而今反倒尽奉董贤之家,这难道是天意和民意吗!其实如此厚待他,反而会害了他。如果真要怜惜董贤,应该向天地谢罪,消除天下对他的仇怨,罢免他的官职,遣回封国,没收所赐的御用器具,归还朝廷。只有这样,才可保全他父子的性命。不然,天下所仇恨的人,不会获得长久的安宁。孙宠、息夫躬不应该再拥有封国,应该全部罢免,重新征召何武、师丹、彭宣、傅喜,以顺应天意,建立大政,复兴太平盛世。"哀帝于是征召何武、彭宣,并授任鲍宣为司隶。

将丞相新甫侯王嘉逮捕入狱,并杀害。

哀帝假托傅太后的遗诏,要增加董贤采邑二千户人家,王嘉把诏书封起来退回,并上奏劝谏说:"我听说爵位、俸禄、土地,是上天所有的。《书经》说:'上天任命有德之人当君王,规定了五种不同文彩的衣服来表示尊卑的不同等级。'君王代表上天给人封爵任官,尤其应该慎重。如果处理不当,则民心不服,民众的怨气,如果感动了阴阳,对陛下的伤害就会加重。高安侯董贤,是奸佞的宠臣,陛下把全部爵位封给他使他显贵,把全部财货赏赐给他使他富足,损害陛下的尊严去宠爱他,如今流言传播四方,大家全都怨恨他。俗谚说:'千夫所指,无病而死。'我常为他感到寒心。大臣骄横欺罔,阴阳失去调节,阴气阳气互相冲突,会损害身体。陛下久病不愈,后嗣未立,应该考虑使万事步入正轨,顺应天人之心,以此来求得福佑,怎么能不顾身体而肆意放纵,不思念高祖的勤奋艰苦,及其所建立的制度,使它永远传之后世呢!"

初，廷尉梁相治东平狱，心疑云冤，欲更覆治，尚书令鞠谭等以为可许。上以为顾望两心，幸云逾冬，无讨贼意，免相等皆为庶人。后数月大赦，嘉荐："相等皆有材行，臣窃为朝廷惜之。"书奏，上不能平。及封还董贤事，上乃发怒，诏嘉诣尚书，责问以相等。

事下将军中朝者，孔光等劾："嘉迷国罔上，不道，请召诣廷尉诏狱。"少府猛等以为："圣王之于大臣，进之以礼，退之以义，罪恶虽著，括发关械，裸躬受笞，非所以重国，褒宗庙也。"上从光议，诏"假谒者节，召丞相诣廷尉诏狱"。

掾、史涕泣，和药进嘉曰："将相不对理陈冤，相踵以为故事，君侯宜引决！"嘉引杯击地曰："丞相幸得备位三公，奉职负国，当伏刑都市，以示万众。丞相岂儿女子邪！何谓咀药而死！"出见使者，再拜受诏，乘吏小车，去盖，不冠，诣廷尉。廷尉收嘉印绶，缚致都船诏狱。吏诘问，嘉对曰："相等治狱，欲关公卿，示重慎，诚不见其顾望阿附，复幸得蒙大赦。臣窃为国惜贤，不私此三人。"狱吏曰："苟如此，则君何以为罪，犹当有以负国，不空入狱矣？"嘉喟然仰天叹曰："幸得充备宰相，不能进贤、退不肖，以是负国，死有余责。"吏问贤、不肖主名。嘉曰："贤孔光、何武，不能进。恶董贤父子，不能退。罪当死，死无所恨。"遂不食，呕血而

当初,廷尉梁相查办东平王刘云一案时,心里怀疑刘云受了冤枉,打算重新审查,尚书令鞠谭等认为可以准许。哀帝则认为梁相内外顾望,怀有二心,希图刘云一案侥幸拖过冬季,没有为主上讨贼的意思,于是罢免梁相等人,都贬为平民。几个月以后大赦天下,王嘉举荐说:"梁相等人都很有才干和品行,我私下为朝廷惋惜。"奏书呈上,哀帝看后愤愤不平。等到王嘉封还董贤增加封邑的诏书时,哀帝大怒,下诏让王嘉到尚书那里,责问关于梁相等人的事情。

哀帝把此案交付将军和当时入朝的官员讨论。孔光等弹劾王嘉说:"王嘉迷惑国家,欺骗主上,大逆不道,请召王嘉前往廷尉诏狱。"少府猛等认为:"圣明的君王对于大臣,进之以礼,退之以义,王嘉罪恶虽重,但是把大臣束住头发,锁上刑具,裸露身体,鞭笞拷打,这不是尊重国家,颂扬宗庙的做法。"哀帝同意孔光的建议,诏令使者:"凭谒者的符节召丞相到廷尉诏狱。"

王嘉府里的掾、史等官员流泪哭泣,调和毒药请王嘉喝时说:"将相不据理诉冤,世代相沿,已成惯例,君侯应当自裁!"王嘉拿起药杯扔到地上说:"丞相我有幸位居三公,如果奉职有负于国家,理应在都市上伏刑受死,以示万众。丞相难道是小儿小女吗! 为什么要吃毒药而死!"于是王嘉出来见使者,拜了两拜,接受诏书,然后乘上小吏坐的小车,去掉车篷,脱下官帽,来到廷尉官衙。廷尉收缴了王嘉的印信、绶带,把他捆送到都船诏狱。官吏审问王嘉时,他回答说:"我见梁相等过去审理案件,希望公卿参加,以表示慎重,实在看不出他们有内外顾望、阿谀攀附的地方,以后他们又有幸获得大赦。我是为国惜才,并不是偏袒他们三人。"狱吏说:"如果是这样,那么你为什么有罪? 恐怕还是有负国的行为,不是平白无故入狱的吧?"王嘉仰天叹息说:"我有幸得以出任丞相,不能举荐贤能、罢黜奸恶,因此辜负了国家,死有余辜。"狱吏问贤能和奸恶者的名字。王嘉说:"贤能的人是孔光、何武,却不能举荐引进他们。奸恶的人是董贤父子,我未能罢黜他们。我罪当处死,死无所憾!"于是不进饮食,吐血而

死。元始中追谥曰忠,绍其封。

秋七月,以孔光为丞相。八月,以何武为前将军,彭宣为御史大夫。

上览王嘉之对,思其言,故有是命,光复故爵。

下司隶鲍宣狱髡钳之。

丞相光行园陵,官属以令行驰道中。宣出逢之,使吏钩止,没入其车马,摧辱宰相。事下御史中丞,侍御史欲捕从事,宣闭门不纳。遂以距闭使者,大不敬、不道下狱。诸生举幡太学下曰:"欲救鲍司隶者会此。"会者千人,遮丞相自言,又守阙上书,上竟抵宣罪。

九月,策免大司马、骠骑将军明就第。

明素重王嘉,以其死而怜之。上方欲极董贤位,恨明如此,遂策免就第。

冬十二月,以董贤为大司马、卫将军。

以董贤为大司马、卫将军。册曰:"建尔于公,以为汉辅,匡正庶事,允执其中。"时贤年二十二,虽为三公,常给事中,领尚书,百官因贤奏事。亲属皆侍中,奉朝请,宠在丁、傅之右矣。

上故令贤私过孔光。光闻贤来,警戒衣冠出门待。望见贤车,却入,贤至中门,光入阁,既下车,乃出,拜谒、送迎甚谨,不敢以宾客钧敌之礼。上喜,立拜光两兄子为谏大夫、常侍。贤由是权与人主侔矣。

死。元始年间,追谥曰忠,他的后代继承了他的封邑。

秋七月,任命孔光为丞相。八月,任命何武为前将军,彭宣为御史大夫。

哀帝看到王嘉的供词,思考他的话,于是才有了这次任命,恢复了孔光的爵位。

将司隶鲍宣逮捕入狱,判处髡刑。

丞相孔光去巡视园陵,其官属遵令走到天子所走的驰道上。鲍宣出来正好遇见,就派下属官吏拘捕了孔光的部下,没收了他们的车马,并对丞相孔光进行摧折侮辱。哀帝将此事交给御史中丞去查办,侍御史打算逮捕鲍宣的下属官吏,鲍宣关起门来不让侍御史进去。于是就以闭门拒绝使者,大不敬、不道之罪逮捕鲍宣入狱。诸生举着旗帜会集在太学门前说:"想救鲍司隶的人在此集合。"一会儿聚了上千人,挡住丞相自行陈述,同时守住皇宫大门上书,哀帝最后还是判鲍宣抵罪。

九月,罢免大司马、骠骑将军丁明的官职,遣归宅第。

丁明一向敬重王嘉,对他的死感到怜惜。哀帝正要给董贤委以重任,恼恨丁明会是这样,于是颁布策书罢免他的官职,让他回到宅第。

冬十二月,任命董贤为大司马、卫将军。

任命董贤为大司马、卫将军。任命策书上说:"树立你为三公,作为汉朝的辅佐,匡正众事,恰如其分地施行中庸之道。"当时董贤二十二岁,虽为三公,但常在宫中随侍,主管尚书事务,百官必须通过董贤才可奏事。董氏亲属都成为侍中,定期朝见哀帝,荣宠在丁、傅两家之上。

哀帝故意让董贤私下去拜访孔光。孔光听说董贤要来,就布置警戒,穿戴好衣冠,出门恭候。望见董贤的车驾来了,就退回中门,董贤到达中门,孔光就退回客厅,等董贤下车后,孔光才出来,拜见、迎送之礼非常谨慎,不敢用接待同等宾客的礼节来接待董贤。哀帝听说后很高兴,立即授孔光的两个侄子为谏大夫、常侍。从此,董贤的权势与皇帝相等了。

时王氏衰废,惟平阿侯谭弟闳为中常侍。闳妻父萧咸,望之子也。贤父恭慕之,欲为子求咸女为妇,使闳言之。咸惶恐不敢当,私谓闳曰:"董公大司马,册乃尧禅舜之文,非三公故事,长老见者莫不心惧。此岂家人子所能堪邪!"闳闻咸言,亦悟,乃还报恭,深达咸自谦薄之意。恭叹曰:"我家何用负天下,而为人所畏如是。"意不说。后置酒麒麟殿,上有酒所,从容视贤笑曰:"吾欲法尧禅舜,何如?"闳进曰:"天下乃高皇帝天下,非陛下之有也。陛下承宗庙,当传子孙于亡穷。统业至重,天子亡戏言!"上默然,左右遣宏山。

闳遂上书曰:"昔文帝幸邓通,不过中大夫,武帝幸韩嫣,赏赐而已,皆不在大位。今董贤无功封侯,列备鼎足,横蒙赏赐,空竭帑藏,喧哗道路,不当天心。"上不从,亦不罪也。

庚申(前1) 二年
春正月,匈奴单于、乌孙大昆弥皆来朝。
时西域凡五十国,佩汉印绶者三百七十六人。单于宴见,群臣在前,单于怪董贤年少,以大贤居位。单于乃起,拜贺汉得贤臣。

夏四月晦,日食。 **五月**,正三公分职。董贤为大司马,孔光为大司徒,彭宣为大司空。 **六月**,帝崩。

这时,成帝的外戚王氏家族的权势已经衰微了,只有平阿侯王谭的弟弟王闳担任中常侍。王闳的岳父萧咸是前将军萧望之的儿子。董贤的父亲董恭仰慕萧咸,想为儿子求娶萧咸的女儿为妻,就请王闳去传递消息。萧咸惶恐不敢答应,私下对王闳说:"任命董公为大司马时,策书是尧将大位禅让给舜时的文句,不是拜三公的惯例语言,前辈们见到的无不感到恐惧。这岂是普通人家的孩子所能承当得起的?"王闳听了萧咸的话,也醒悟了,于是回去报告董恭,向他转达了萧咸自感身份低微不敢高攀之意。董恭叹息着说:"我家怎么对不起天下了,而竟被人畏惧到如此程度。"心中很不高兴。后来,哀帝在麒麟殿设酒宴,哀帝趁着酒兴,从容地看着董贤,笑着说:"我想效法尧禅位于舜的做法,怎么样?"王闳进谏说:"天下是高皇帝的天下,并非陛下所有。陛下承继了宗庙,就应当无穷尽地传给子孙后代。皇统帝业至关重要,天子不可戏言!"哀帝没有说话,左右大臣送王闳出了宫。

后来王闳上书说:"从前孝文皇帝宠爱邓通,不过任命他为中大夫,武帝宠爱韩嫣,也不过赏赐一下而已,都没有安排高位。而今董贤无功封侯,位列三公,凭空蒙受赏赐,使国库空虚,人们在道路上议论纷纷,实在是不合天意。"哀帝没有听从他的话,也没有治他的罪。

庚申(前1) 汉哀帝元寿二年
春正月,匈奴单于、乌孙大昆弥都到长安朝见。

这时西域共有五十个王国,佩带汉朝颁赐的印信、绶带者共有三百七十六人。单于在天子闲暇时进见天子,群臣正在殿前,单于惊讶董贤那么年轻,就以大才临居高位。单于于是起身,拜贺汉朝得此贤臣。

夏四月最后一天,出现日食。 五月,明确三公的职掌。任命董贤为大司马,孔光为大司徒,彭宣为大司空。 六月,哀帝去世。

　　帝睹孝成之世禄去王室，及即位，屡诛大臣，欲强主威以则武、宣。然以宠信谄谀，憎疾忠直，汉业由是遂衰。

董贤以罪罢，即日自杀。

　　太皇太后闻帝崩，即日驾之未央宫，收取玺绶。召大司马贤，问以丧事调度，忧惧不能对，太后曰："新都侯莽，前奉送先帝大行，晓习故事，吾令莽佐君。"贤顿首："幸甚！"太后遣使者驰召莽，诏尚书，诸发兵符节、百官奏事、中黄门、期门兵皆属焉。莽以太后指，使尚书劾贤，不亲医药，禁止不得入宫殿。贤诣阙免冠徒跣谢。莽以太后诏，即阙下册收贤印绶，罢归第。即日与妻皆自杀。家惶恐，夜葬。莽疑其诈死，发其棺，至狱诊视，因埋狱中。收没入家财四十三万万。父恭与家属徙合浦。

太皇太后以王莽为大司马，领尚书事。

　　太皇太后诏公卿举可大司马者，孔光以下皆举莽，独前将军何武、左将军公孙禄以为："惠、昭之世外戚持权，几危社稷。今比世无嗣，方当选立近亲幼主，不宜令外戚持权，亲疏相错，为国计便。"于是武举禄，而禄亦举武。太皇太后自用莽为大司马，领尚书事。

秋七月，迎中山王箕子为嗣。

　　太皇太后与莽议，遣车骑将军王舜使持节迎之。

贬皇太后为孝成皇后。

哀帝看到孝成皇帝时政权脱离王室的情形，到他即位以后，多次诛杀大臣，想效法武帝、宣帝，加强君主的权威。然而他却宠幸阿谀奉承的人，憎恨忠诚正直的人，汉朝的大业从此开始衰败。

董贤因罪被罢官，当天自杀。

太皇太后听到哀帝去世的消息，当天就乘车到未央宫，收走了皇帝的玉玺、绶带。然后召见大司马董贤，询问他哀帝丧事的布置安排，董贤内心忧惧，不能回答，太后说："新都侯王莽从前办理过先帝的丧事，熟悉旧例，我命他帮助你办理。"董贤叩头说："那太好了！"太后派使者飞速召回王莽，并下诏给尚书，所有征调军队的符节、百官奏事、中黄门和期门武士等都归王莽掌管。王莽按照太后的旨意，让尚书弹劾董贤，说他在哀帝病重时不亲自侍奉医药，因此禁止董贤进入宫殿。董贤到了未央宫门，摘掉官帽赤着脚叩头谢罪。王莽以太后的诏令在宫门前马上收回了董贤的印信、绶带，免去官职，遣回宅第。当天，董贤与妻子都自杀了。他的家人十分惶恐，连夜将他们埋葬。王莽怀疑他诈死，于是又打开他的棺柩，抬到监狱查验，并埋葬在狱中。后来没收了他的家产四十三万万，将他的父亲董恭和家人全都放逐到合浦。

太皇太后任命王莽为大司马，主管尚书事。

太皇太后诏令公卿举荐可担任大司马的人，孔光以下的人全都推举王莽，只有前将军何武和左将军公孙禄认为："惠帝、昭帝时，外戚把持朝政，给国家带来灾难。现在两代皇帝没有后嗣，当推选哀帝的近亲幼主为皇帝，不应再让外戚掌握朝廷大权，应让外戚跟其他官员互相掺杂，治国之策以此为宜。"于是何武举荐公孙禄，而公孙禄也举荐何武。太皇太后亲自选用王莽为大司马，主管尚书事。

秋七月，迎接中山王刘箕子为皇帝后嗣。

太皇太后与王莽商议，派车骑将军王舜持符节迎接中山王刘箕子。

贬皇太后为孝成皇后。

莽白太皇太后，诏有司以皇太后前与女弟昭仪专宠锢寝，残灭继嗣，贬为孝成皇后，徙居北宫。

徙孝哀皇后于桂宫，追贬傅太后为定陶共王母、丁太后为丁姬。

莽又白太皇太后，下诏以定陶太后背恩忘本、专恣不轨，徙孝哀皇后退就桂宫，傅氏、丁氏皆免官爵归故郡。独下诏褒扬傅喜曰："高武侯喜，姿性端悫，论议忠直，不顺指从邪，以故斥逐，传不云乎：'岁寒然后知松柏之后凋也。'其还喜长安，位特进，奉朝请。"喜虽外见褒赏，孤立忧惧，后复遣就国，以寿终。莽又贬傅太后号为定陶共王母，丁太后号曰丁姬。

以甄邯为侍中。策免将军何武、公孙禄。遣红阳侯王立就国。

莽以孔光名儒，相三主，太后所敬，天下信之，于是盛尊事光，引光女婿甄邯为侍中。诸素所不说者，皆傅致其罪，为请奏草，令邯以太后指风光上之。莽白太后，辄可其奏。于是劾奏何武、公孙禄互相称举，免官就国。董宏子武父为佞邪，夺爵。毋将隆前治中山狱，冤陷无辜；张由诬告骨肉；史立、丁玄陷人入大辟；赵昌谮害郑崇，皆免为庶人，徙合浦。中山狱，本立、玄自典考之，但与隆连名奏事。莽少时慕与隆交，隆不甚附，故因事挤之。

红阳侯立，虽不居位，莽畏立，从容言太后，令己不得肆意，复令光奏立罪恶，请遣就国。太后不听。莽曰："汉家

王莽奏报太皇太后,让他下诏书给主管官署:因为皇太后赵飞燕与妹妹赵昭仪,专宠专行,杜塞后宫侍寝进御之路,残害灭绝皇帝后嗣,将赵飞燕贬为孝成皇后,迁到北宫居住。

将孝哀皇后迁到桂宫,追贬傅太后为定陶共王母、丁太后为丁姬。

王莽又奏报太皇太后,下诏以定陶太后背恩忘本、专断放肆、图谋不轨为理由,迁孝哀皇后退居桂宫,傅氏、丁氏两家族全部罢免官爵,遣回原郡。太皇太后唯独下诏褒扬傅喜说:"高武侯傅喜,性情端正谨严,论议忠诚正直,不顺从旨意,不附和邪恶,因此才被斥逐回封国,经传不是说:'岁寒,然后才知松柏不易凋谢。'现召傅喜回到长安,官位特进,可以定期朝见天子。"傅喜虽在表面上受到褒奖,内心却感到孤立和忧惧,以后又被遣回封国,终其天年。王莽又追贬傅太后为定陶共王母,贬丁太后为丁姬。

任命甄邯为侍中。下令罢免将军何武、公孙禄。遣送红阳侯王立回到封国。

王莽因为孔光是当时的名儒,在三位皇帝手下担任过丞相,是太皇太后所敬重的人,天下人也信赖他,因此更加尊重和侍奉孔光,并推荐孔光的女婿甄邯为侍中。王莽对自己平素不喜欢的人,都罗织罪名,写下弹劾奏章草稿,让甄邯以太后的意思暗示孔光呈递。然后王莽再向太后进一步陈述,太后就予以批准。于是,弹劾何武、公孙禄互相举荐,罢免了他们的官职,遣回封国。董武的父亲董宏行为奸佞邪恶,剥夺董武爵位。毋将隆先前审理中山冯太后一案,冤陷无辜;张由诬告皇家骨肉;史立、丁玄陷害人至死刑;赵昌诬害郑崇,都将他们贬为平民,放逐到合浦。中山一案,本是史立、丁玄亲自审理的,只与毋将隆联名上奏而已。王莽年轻时仰慕毋将隆,想与其结交,但毋将隆不大迎合他,王莽因此找借口把他排挤掉了。

红阳侯王立,虽已不在官位,王莽却畏惧他,害怕王立在太后面前从容谈论朝政,使自己不能肆意妄为,于是又让孔光弹劾王立的罪恶,请求遣他回封国。太后不同意。王莽说:"汉王朝

比世无嗣，太后独代幼主统政，力用公正先天下，尚恐不从。今以私恩逆大臣议，如此，群下倾邪，乱从此起。"太后不得已，遣立。莽之所以胁持上下，皆此类也。

于是附顺者拔擢，忤恨者诛灭。以王舜、王邑为腹心，甄丰、甄邯主击断，平晏领机事，刘秀典文章，孙建为爪牙。莽色厉而言方，欲有所为。微见风采，党与承其指意而显奏之。莽稽首涕泣，固推让，上以惑太后，下用示信于众庶焉。

八月，废孝成、孝哀皇后就其园，皆自杀。　策免大司空宣遣就国。

彭宣以王莽专权，乃上印绶，乞骸骨归乡里。莽白太后策免宣，使就国。莽恨宣求退，故不赐黄金、安车、驷马。宣居国数年，薨。

以王崇为大司空。　九月，中山王箕子即位。
年九岁。

太皇太后临朝，大司马莽秉政，百官总己以听。　以孔光为帝太傅，马宫为大司徒。

莽权日盛，孔光忧惧不知所出，上书乞骸骨。莽白太后，徙光为帝太傅，领宿卫、供养，行内署门户，省服御食物。以马宫为大司徒。

冬十月，葬义陵。

辛酉(1)　孝平皇帝元始元年
春正月，益州塞外蛮夷献白雉。二月，以孔光为太师，

连续两个皇帝都没有后嗣，太后独自代替幼主主持国政，即使努力以公正无私统治天下，仍然恐怕人心不服。现在因私情而反对大臣的建议，这样一来，群下危殆，祸从此起。"太后不得已，只好遣王立回封国。王莽胁持上下的手段，都类似于此。

于是，攀附顺从王莽的人得到提拔，忤逆忌恨王莽的人被诛杀。王莽以王舜、王邑为心腹，甄丰、甄邯主管弹劾及司法刑狱，平晏主管机要，刘秀掌管起草诏书文告，孙建为武臣。王莽表情严厉，言谈方直，欲有所为。他稍作暗示，党羽就会秉承他的旨意公然上奏。王莽却叩头涕泣，坚持推让，对上用以迷惑太后，对下用以显示他的诚信。

八月，废黜孝成皇后、孝哀皇后，送到成帝和哀帝的陵园守墓。两位皇后都自杀了。　下令罢免大司空彭宣，遣回封国。

彭宣因王莽专权，就交回了印信、绶带，请求辞职回乡。王莽报告太后，太后下令免去彭宣的官职，让他返回封国。王莽对彭宣求退十分忌恨，所以不按惯例赐给他黄金、安车、驷马。彭宣在封国居住数年后去世。

任命王崇为大司空。　九月，中山王刘箕子即帝位。

平帝时年九岁。

太皇太后临朝听政，大司马王莽把持国政，百官都听从王莽裁决。　任命孔光为皇帝的太傅，马宫为大司徒。

王莽的权势日益上升，孔光忧虑恐惧，不知如何才好，上书请求退休。王莽奏报太后，于是调任孔光为皇帝太傅，掌管皇宫宿卫和皇帝的供养，兼管禁中官署门户，察看皇帝服饰、车马、食物等。任命马宫为大司徒。

冬十月，将孝哀皇帝安葬在义陵。

汉平帝

辛酉（1）　汉平帝元始元年

春正月，益州塞外蛮夷进献白野鸡。二月，任孔光为太师，

王舜为太保，甄丰为少傅。王莽为太傅，号安汉公。褒赏宗室、群臣。

莽风益州，令塞外蛮夷自称越裳氏重译献白雉。莽白太后以荐宗庙。于是群臣盛陈莽功德，宜赐号曰安汉公，益户畴爵邑。太后诏尚书具其事。莽上书言："臣与孔光、王舜、甄丰、甄邯共定策。今愿独条光等功，寝置臣莽。"固让数四，称疾不起。太后乃诏光为太师，舜为太保，丰为少傅，邯封承阳侯。莽尚未起。群臣复上言："宜以时加赏元功，无使百僚元元失望。"太后乃以莽为太傅，干四辅之事，号曰安汉公，益封二万八千户。于是莽为惶恐，不得已起，受太傅、安汉公号，让还益封事，复建言褒赏宗室、群臣。立东平王开明；又立中山王成都，奉孝王后；封宣帝耳孙三十六人为列侯；又令诸侯王公、列侯、关内侯无子而有孙若同产子者，皆得以为嗣；宗室属未尽而以罪绝者，复其属；吏以年老致仕者，参分故禄，以一与之，终其身。下及庶民鳏寡，恩泽之政，无所不施。又风公卿奏言："太后春秋高，不宜亲省小事。"令太后诏曰："自今以来，唯封爵乃以闻，他事安汉公、四辅平决。州牧、二千石及茂材吏初除奏事者，引入近署对安汉公，考故官，问新职，以知其称否。"

于是莽人人延问，密致恩意，厚加赠送。其不合指，显奏免之。权与人主侔矣。

王舜为太保,甄丰为少傅。任命王莽为太傅,号安汉公。表扬、赏赐宗室、群臣。

王莽暗示益州刺史,让塞外蛮族自称越裳氏部落,通过几道翻译,向汉朝进献白野鸡。王莽向太皇太后报告了此事,并用白野鸡祭献宗庙。于是群臣大肆称赞王莽的功德,认为应该给他赐号为安汉公,增加他的采邑人户,使与公爵爵位相称。太皇太后诏令尚书办理此事。王莽上书说:"我与孔光、王舜、甄丰、甄邯共同制定的国策。现在我希望只列举孔光等人的功劳,不要提我。"王莽坚持推让了几次,称病不上朝。于是太皇太后下诏,任命孔光为太师,王舜为太保,甄丰为少傅,甄邯被封为承阳侯。王莽仍未起来上朝理事。群臣又进言说:"应当及时封赏元勋,不要使百官和人民失望。"于是太皇太后任命王莽为太傅,主管四辅事务,称安汉公,增加采邑民户到二万八千户。于是王莽感到惶恐,不得已而起来,接受了太傅、安汉公的封号,但推辞退回了增加的采邑民户,又建议褒奖赏赐宗室和群臣。于是,立刘开明为东平王,又立刘成都为中山王,为中山孝王的后嗣;封汉宣帝的曾孙三十六人都为列侯;又命诸侯王公、列侯、关内侯,凡没有儿子,但有孙子或同母兄弟的儿子的,都可以作为继承人;皇族近亲的后代因犯罪而被除名谱籍的,恢复原来的身份;全国官员,年老退休的,以原俸禄的三分之一作为退休金,直到死亡。下至孤寡平民,都要施行恩泽,无所不施。王莽又暗示公卿上奏说:"太皇太后年事已高,不应再亲自处理小事了。"让太皇太后下诏说:"从今以后,只有封爵的事要报告我,其他事项由安汉公和四辅裁决处理。新任命的州牧、二千石官员、以及茂材出身的官吏奏报情况,就领到安汉公官署对答问题,安汉公考核过去官吏的治绩,询问新职上任后的打算,以便了解他们能否称职。"

于是王莽对这些官员一一接见询问,厚施恩意,赠送重礼。对那些不符合他的旨意的人,就公开上奏免官。其权力几乎与皇帝相等了。

　　置羲和官。　　夏五月朔,日食。　　拜帝母卫姬为中山
孝王后。

　　王莽恐帝外家卫氏夺其权,白太后:"前哀帝立,背恩
义,自贵外家,几危社稷。今帝以幼年复奉大宗,宜明一统
之义,以戒前事,为后代法。"乃遣使即拜帝母卫姬为中山
孝王后,赐帝舅宝、玄爵关内侯。皆留中山,不得至京师。

　　申屠刚以直言对策曰:"圣主始免襁褓,至亲分离。汉
家之制,虽任英贤,犹援姻戚,亲疏相错,杜塞间隙。诚宜
亟遣使者征中山太后,置之别宫,令时朝见。又召冯、卫二
族,裁与冗职,使得执戟亲奉宿卫,以抑患祸之端。上安社
稷,下全保傅。"莽令太后诏:"刚僻经妄说,违背大义!"罢归
田里。

　　封公子宽为褒鲁侯,孔均为褒成侯。
　　以奉周公、孔子之祀。宽,鲁顷公之后也。

　　壬戌(2)　二年
　　春,黄支国献犀牛。
　　黄支在南海中,去京师三万里。王莽欲耀威德,故厚
遗其王,令遣使贡献。

　　越巂郡上黄龙游江中。
　　太师光等咸称"莽功德比周公,宜告祠宗庙"。大司农
孙宝曰:"周公上圣,召公大贤,尚犹有不相说,著于经典,
两不相损。今风雨未时,百姓不足,每有一事,群臣同声,
得无非其美者?"时大臣皆失色。甄邯即时承制罢议者。

设置羲和官。 夏五月初一,出现日食。 拜平帝的母亲卫姬为中山孝王后。

王莽恐怕平帝的外戚卫氏夺去他的权力,禀告太后说:"从前哀帝即位,忘恩负义,只顾使外戚显贵,几乎危害社稷。而今平帝以幼年又继大宗,应该明确一统的大义,以前事为戒鉴,使后代来效法。"于是就派使者马上去封平帝的母亲卫姬为中山孝王后,赐平帝舅父卫宝、卫玄为关内侯。命令他们全部留居中山国,不准许到京师。

扶风功曹申屠刚,以直言的身份,在朝廷策问时回答说:"圣主刚离襁褓,就与至亲骨肉分离。汉家的制度,虽然任用英杰贤才,仍然要借助外戚,使亲疏交错,杜塞间隙。应该赶快派遣使者征召中山太后到京师,安置在另外的宫殿,使时常能够朝见。再征召冯、卫两家亲属到京,安排一点闲散官职,使他们能手执武器亲自宿卫,以抑止祸患的发生。上可以安定社稷,下可以保全四辅。"王莽让太皇太后下诏说:"申屠刚的话,违反儒家经典,荒唐无稽,违背大义!"罢免了他的官职,遣回家乡。

封公子宽为褒鲁侯,封孔均为褒成侯。

以事奉周公、孔子的祭祀。公子宽为鲁顷公的后代。

壬戌(2) 汉平帝元始二年
春季,黄支国贡献犀牛。

黄支国在南海一带,距京师长安三万里。王莽想要炫耀他的威德,所以先向黄支国王赠送厚重的礼物,让国王派遣使节向汉朝贡献。

越嶲郡发现有黄龙在长江中游动。

太师孔光等都称:"王莽的功德可比周公,应该告祭宗庙。"大司农孙宝说:"周公是大圣人,召公是大贤人,这两人仍有不和的事,记载在经典中,但对两人并没有损伤。如今风雨不调,百姓不富裕,然而每遇一事,群臣都异口同声,难道就没有不赞美的吗?"当时大臣们都惊恐失色。甄邯立即宣布奉旨停止讨论。

会宝遣吏迎母，母道病，留弟家，独遣妻子。司直陈崇劾奏宝，事下三公即讯，宝对如章。坐免，终于家。

帝更名衎。 大司空崇免，以甄丰为大司空。 绍封宗室及功臣后为王侯者百余人。 大旱，蝗。

王莽白太后：宜衣缯损膳，以示天下。莽亦素食，上书愿出钱百万，献田三十顷，付大司农助给贫民。于是公卿皆效慕焉。

陨石于钜鹿二。 大夫龚胜、邴汉罢归。
光禄大夫楚国龚胜、太中大夫琅邪邴汉，以王莽专政，皆乞骸骨。莽令太后策诏之曰：“朕愍以官职之事烦大夫，大夫其修身守道，以终高年。”皆加优礼而遣之。梅福亦知莽必篡汉，一朝弃妻子去，不知所之。人传以为仙，其后人有见福于会稽者，变姓名为吴市门卒云。

秋九月晦，日食。 匈奴单于遣女入侍太皇太后。

王莽欲悦太后以威德至盛，异于前，乃风单于令遣王昭君女须卜居次云入侍太后，所以赏赐之甚厚。

颁四条于匈奴。
车师后王姑句、去胡来王唐兜，亡降匈奴，单于受之，上书言状。诏遣使责让，单于叩头谢罪，执二虏还付使者。因请其罪，莽不听，诏会西域诸国王，陈军斩以示之。乃造四条：中国人亡入匈奴者，乌孙亡降匈奴者，西域诸国佩

这时正赶上孙宝派遣官吏去迎接母亲，母亲在途中患病，就留住在孙宝弟弟家里，只让孙宝的妻儿赶到长安。司直陈崇上奏弹劾孙宝，此案交付三公立即审讯，孙宝的回答跟奏章上说的一样。孙宝因罪被免去官职，最后死在家里。

平帝改名为刘衎。　大司空王崇被免去官职，任命甄丰为大司空。　赐封汉朝兴起以来宗室及大功臣的后裔为王侯者百余人。　发生旱灾、蝗灾。

王莽禀告太皇太后：应该改穿朴素服装，减省御用膳食，以昭示天下。王莽自己也吃素食，并上书表示愿意捐钱百万，献田三十顷，交付大司农以救助贫民。于是公卿大臣都十分敬仰并纷纷仿效。

两颗陨石坠落在钜鹿。　罢免大夫龚胜、邴汉，遣送回家。

光禄大夫楚国人龚胜、太中大夫琅邪人邴汉，因为王莽专权，都请求辞去官职。王莽让太后策令说："朕不忍心用公务烦扰两位大夫，你们可以修身守道，以终高年。"对他们都给予优厚的赏赐，遣送回家。梅福知道王莽必定会篡夺王权，有一天早晨他丢下妻儿离开家，不知去向。人们传说他成了神仙，后来有人在会稽看见了他，他已改名换姓，在吴城市场当了守门卒。

秋九月最后一天，出现日食。匈奴单于派遣女儿到长安侍奉太皇太后。

王莽想表示太皇太后的威望和恩德至盛，超过了前代，以此取悦于太皇太后，就暗示单于，让单于派遣王昭君的女儿须卜居次云到长安侍奉太后，因此给予单于的赏赐非常丰厚。

向匈奴颁布四条规定。

车师后王姑句、去胡来王唐兜投降匈奴，单于接纳了，并向长安上书讲明情况。太皇太后下诏派使者责备单于，单于叩头谢罪，拘捕了姑句和唐兜，交付给使者。单于请求汉朝宽恕两王的背叛之罪，王莽不听，下诏召集西域各国国王到长安，陈列军队，当众斩杀姑句、唐兜给大家看。又制定四条规定：凡逃亡到匈奴的中国人，逃亡到匈奴的乌孙人，投降匈奴的西域诸国佩带

中国印绶降匈奴者,乌桓降匈奴者,皆不得受。遣使杂函封付单于,令奉行。因收故宣帝所为约束封函还。时莽奏令中国不得有二名,因使使者以风单于,单于上书,更名曰"知"。莽大说,白遣使答谕厚赐焉。

中国印信绶带者，以及投降匈奴的乌桓人，一律不准接纳。派遣使者把四条文件与诏书同函封好交付单于，命令执行。并收回先前宣帝制定的约束匈奴的诏令，封好带回。这时王莽上奏，要求命令中国人不准取两个字的名字，因而让使者暗示单于，单于就上书改名叫"知"。王莽大为高兴，奏报太皇太后，派遣使者到匈奴致以答辞，并给单于以丰厚的赏赐。

资治通鉴纲目卷八

起癸亥（3）汉平帝元始三年，尽丙戌（26）汉光武皇帝建武二年。凡二十四年。

癸亥（3）　元始三年
春，聘安汉公莽女为皇后。

莽欲以女配帝以固其权，奏言："长秋宫未建，掖廷媵未充。请考论'五经'，定取后礼，正十二女之义，以广继嗣。博采二王后及周公、孔子世、列侯在长安者适子女。"事下有司，上众女名，王氏女多在选中。莽恐其与己女争，即上言："子材下，不宜与众女并采。"太后诏："王氏，朕外家，其勿采。"庶民、诸生、郎吏守阙上书，公卿大夫伏省户下，咸言："愿得公女为天下母！"太后从之。

夏，安汉公莽奏定制度。

莽奏吏民车服、田宅、器械、丧祭、嫁娶、奴婢品制，立官稷，郡国、县、乡皆置学官。

安汉公莽杀其子宇，灭中山孝王后家，杀敬武公主及氾乡侯何武、故司隶鲍宣等数百人。

莽长子宇非莽隔绝卫氏，私与卫宝通书，教卫后上书谢恩，因陈丁、傅旧恶，冀得至京师。莽白，褒赏中山孝王

癸亥(3)　**汉平帝元始三年**

春,聘安汉公王莽之女为皇后。

王莽想把女儿嫁给平帝来巩固他的权力,就上奏说:"皇后还未确立,后宫嫔妃也空缺。请考察讨论儒学"五经",制定聘娶皇后之礼,给天子娶十二个女子的规定端正名义,以广求继嗣。广泛地在殷、周天子的后裔,周公、孔子的后代,以及在长安的列侯家中挑选嫡出之女。"此事交付有关部门办理,主管官员呈上众女名册,王氏家族的女子多在名册中。王莽怕其他王姓女子与自己的女儿争夺皇后之位,就上书说:"我的女儿才质为下等,不宜与众女子一起参加挑选。"太后下诏说:"王氏女子是我娘家人,就不参加挑选了。"平民、诸生、郎吏守在皇宫大门外上书,公卿大夫俯伏在宫内官署的门下,都说:"我们希望让安汉公的女儿做天下之母!"太后听从了他们的要求。

夏,安汉公王莽奏请制定各种制度。

王莽奏报关于全国官吏、平民的车马和衣服穿着、田地房产、各种用具、丧葬祭祀、男婚女嫁、奴婢的等级制度,设置祭祀五谷的神庙,各郡、封国、县、乡都要设置学官。

安汉公王莽杀了自己的儿子王宇,灭了中山孝王后全家,杀死敬武公主以及泛乡侯何武、前任司隶鲍宣等数百人。

王莽的长子王宇反对王莽隔离卫氏家族,就暗中与卫宝通信,让卫后上书谢恩,并借机陈述丁、傅两大家族的旧罪恶,希望能被召到京都长安。王莽将此事报告给太后,褒奖中山孝王的王

后,益汤沐邑七千户。宇复教令上书求至京师。莽不听。宇与师吴章及妇兄吕宽议。章以为莽好鬼神,可为变怪以惊惧之,因推类说令归政卫氏。宇即使宽夜持血洒莽第,门吏发觉之。莽执宇送狱,饮药死。尽灭卫氏支属,唯卫后在。吴章要斩。

初,章为当世名儒,教授千余人。莽以为恶人党,皆当禁锢,不得仕宦,门人尽更名他师。平陵云敞时为大司徒掾,自劾吴章弟子,收抱章尸归,棺敛葬之。

莽因是狱穷治党与,连引素所恶者悉诛之。元帝女弟敬武长公主素非议莽,红阳侯立莽尊属,平阿侯仁素刚直,皆以太皇太后诏迫令自杀。郡国豪杰及汉忠直臣不附莽者,何武、鲍宣及王商、辛庆忌诸子皆坐死,凡数百人。海内震焉。北海逢萌谓友人曰:"三纲绝矣,不去,祸将及人。"即解冠挂东都城门,归,将家属浮海,客于辽东。

甲子(4) 四年

春正月,郊祀高祖以配天,宗祀孝文以配上帝。　改殷绍嘉公曰宋公,周承休公曰郑公。　二月,遣大司徒宫等迎皇后入未央宫。　遣太仆王恽等八人行天下,观风俗。加安汉公莽号宰衡。

初,陈崇、张竦奏称莽功德,以为宜恢国如周公。至是,太保舜等及吏民上书者八千余人,复请如崇言。章下有司,有司请益封公以新息、召陵二县及黄邮聚、新野田,

后,增加汤沐邑七千户人家。王宇又让卫后上书请求到京都来。王莽不听。王宇同老师吴章和内兄吕宽商议此事。吴章认为王莽相信鬼神,可以制造怪异来恐吓他,再乘势推演,劝他把政权交给卫氏家族。王宇就让吕宽在夜晚拿血涂洒王莽的住宅,守门小吏发觉了这件事。王莽捉拿王宇送到牢狱里,令其服毒而死。将卫氏家族全部屠杀,只留下卫后一人。吴章遭腰斩。

原先,吴章是当时著名的儒家学者,教授千余名学生。王莽认为那些学生全是恶人的党徒,都应当禁锢,不得为官,学生们全都改换身份,改投别的老师。平陵人云敞当时任大司徒掾,上书自我弹劾,声称是吴章的学生,将吴章的尸体领回,买棺材收殓埋葬。

王莽借此案追究吕宽的党羽,牵连自己平素厌恶的人将他们全部诛杀。元帝之妹敬武长公主平素非议王莽,红阳侯王立是王莽的叔父,平阿侯王仁性情一向刚直,王莽都以太皇太后的名义下诏迫使他们自杀。各郡及各封国的豪杰、汉朝的忠臣义士,凡不顺附王莽的,何武、鲍宣以及王商、辛庆忌的几个儿子,全都被处死,共有数百人。全国震惊。北海郡人逢萌对朋友说:"君臣、父子、夫妇之道都废绝了,再不离开,大祸临头。"当即解下官帽挂在东都城门,回到故乡,带着家人渡过大海,到辽东客居。

甲子(4)　汉平帝元始四年

春正月,平帝在长安郊外以祭天之礼祭祀高祖,以配享上天;在明堂以祭祖之礼祭祀文帝,以配享上帝。　改封殷绍嘉公为宋公,周承休公为郑公。　二月,派遣大司徒马宫等迎接皇后入主未央宫。　派太仆王恽等八人巡行全国,考察社会风俗。加封安汉公王莽为宰衡。

起初,陈崇、张竦上奏称颂王莽的功德,以为应当扩大王莽的封国,让他像周公一样。此时,太保王舜等以及吏民八千余人上书朝廷,又请求按陈崇所言办事。奏章交到有关部门,主管官吏奏请将新息、召陵二县和黄邮聚、新野的土地加封给安汉公,

采伊尹、周公称号，加公为宰衡，位上公。三公言事称"敢言之"。赐公太夫人号功显君，封子男二人为侯。加后聘，合为一万万，以明大礼。莽稽首辞让，不听。及起视事，止减召陵、黄邮、新野之田。

复以所益纳征钱千万遗太后左右奉共养者。莽虽专权，然所以诳耀媚事太后，下至旁侧长御，方故万端，赂遗以千万数。知太后厌居深宫中，乃令太后四时车驾巡狩四郊，存见孤、寡、贞妇，赐民钱、帛、牛、酒，岁以为常。

太保舜奏言："天下闻公不受千乘之土，辞万金之币，莫不乡化。蜀郡男子路建等辍讼，惭怍而退。虽文王却虞、芮何以加！宜报告天下。"奏可。于是孔光愈恐，固称疾辞位。诏："太师毋朝，十日一入省中，置几杖，赐餐物。官属按职如故。"

起明堂、辟雍、灵台，立《乐经》，征天下通经异能之士。

莽奏起明堂、辟雍、灵台，为学者筑舍万区，制度甚盛。立《乐经》，益博士员，经各五人。征天下通一艺、教授十一人以上，及有《逸礼》、古书、天文、图谶、钟律、《月令》、兵法、《史篇》文字，通知其意者，皆诣公车。网罗天下异能之士，至者前后千数。

征能治河者。

时又征能治河者以百数，其大略异者。关并言："河决率常于平原、东郡左右，其地形下而土疏恶。闻禹治河时，

采用伊尹、周公的称号,给安汉公加上宰衡的官号,位居上公。三公向安汉公报告事情要自称"冒昧陈辞"。封安汉公的母亲为功显君,封他的两个儿子为侯。增加皇后的聘礼,合为一万万钱,以表示礼仪之隆重。王莽叩头推辞,未获准。待王莽起来办理公务,仅减少了召陵、黄邮聚和新野的封地。

王莽又从所增加的聘礼中提出一千万钱送给太皇太后左右的侍从人员。王莽虽然独断专行,但他迷惑谄媚取悦太皇太后,及至太皇太后的常侍随从,使用多种方法,还用数以千万之钱贿赂他们。王莽知道太皇太后厌恶住在深宫之中,就请太皇太后在春夏秋冬四季驾车在长安四野巡游,慰问孤儿、寡妇、贞妇,赏赐百姓钱币、丝织品、牛肉和美酒,每年都这样。

太保王舜上奏说:"全国百姓听到安汉公不接受千乘之封地,推辞万斤黄金的彩礼,没有人不仰慕。蜀郡男子路建等人停止诉讼,惭愧地回去了。就是周文王感化虞君、芮君,也不能超过安汉公! 应当把这些事告知天下人。"奏报得到许可。于是太师孔光愈来愈恐惧,坚持称自己有病而辞职。太皇太后下诏:"太师不必再上朝,每隔十天入宫一次,朝廷为你设置几案、手杖,赏赐食物。太师府的属官各司其职不变。"

王莽兴建明堂、辟雍和灵台,在太学设立《乐经》课程,征求全国通晓经书、有卓越才能的人。

王莽奏请兴建明堂、辟雍、灵台,为学者建宿舍一万间,规模很大。在太学设立《乐经》课程,增加博士名额,每一经各五人。征寻天下精通一经并教授十一人以上的经师,以及藏有散失的《礼经》、古文《尚书》、天文、图谶、音乐、《月令》《兵法》《史籍篇》文字,通晓其意义的人,都前往公车府。网罗全国有卓越才能的士人,先后有数千人到达京都。

王莽征求能治理黄河的人。

当时朝廷又征求能治理黄河的人,找来了一百多人,他们提出的主张大多互不相同。关并说:"黄河经常在平原、东郡左右决口,那一带地势低下而且土质疏松。我听说大禹治理黄河时,

本空此地。秦、汉以来，河决南北不过百八十里。可空此地，勿以为官亭、民室。"韩牧以为："可略于《禹贡》九河处，穿为四五，宜有益。"

王横言："河入勃海地，高于韩牧所欲穿处。往者海溢，西南出，浸数百里，九河之地已为海所渐矣。禹之行河水，本随西山下东北去。《周谱》云：'定王五年，河徙。'则今所行非禹之所穿也。又秦攻魏决河灌之，决处遂大，不可复补。宜更开空，使缘西山足，乘高地而东北入海，乃无水灾。"司空掾桓谭典其议，为甄丰言："凡此数者必有一是，宜详考验，皆可豫见。计定然后举事，费不过数亿万，亦可以事诸浮食无产业民，衣食县官而为之作，乃两便。"时莽但崇空语，无施行者。

升宰衡位在诸侯王上。　尊孝宣庙为中宗，孝元庙为高宗。　置西海郡。

莽自以北化匈奴，东致海外，南怀黄支，唯西方未有加，乃遣使多持金币诱塞外羌。使言："太皇太后圣明，安汉公至仁，天下太平，五谷成熟，或禾长丈余，或一粟三米，或不种自生，或不蚕自茧。四年以来，羌人无所疾苦，愿献地内属。"乃奏以为西海郡。增法五十条，犯者徙之以千万数。民始怨矣。

更定官名及十二州界。

分京师，置前辉光、后承烈二郡。更公卿、大夫、元士官名、位次及十二州名、分界。郡国所属，罢置改易，天下多事，吏不能纪矣。

本是将这一地区腾空的。秦、汉以来，黄河决口南北不过百八十里。可以把这一带腾空，不再兴建官亭、民居。"韩牧认为："可约略在《禹贡》所记九条河流之处，开凿出四五条，当有裨益。"

王横进言："黄河注入勃海的出口比韩牧打算挖掘之处地势高。以往海水倒灌，黄河向西南倒流，淹没数百里，九河河道早已被海水吞没了。禹疏通黄河，本来是要顺西山流向东北而去。《周谱》记载：'周定王五年黄河改道。'那么现在的黄河不在禹当年挖掘的河道。再有，秦国攻打魏国时，决开黄河，用河水灌入魏国，决口于是扩大，不能再堵塞住。如今应该重新开凿河道，使黄河沿西山脚下，居高临下向东北入海，就没有水灾了。"司徒掾桓谭主持讨论，对甄丰说："所有这些建议中肯定有一个正确，应当详细考察，都可以预先发现。计划确定后再行动，费用不过数亿万钱，而且可以让无产业的游民找到工作，国家供应他们衣食，他们为国家劳作，对双方都有好处。"但当时王莽只崇尚空谈，并未具体实施。

将宰衡的地位提高到诸侯王以上。 将孝宣帝祭庙尊为中宗，孝元帝祭庙尊为高宗。 设置西海郡。

王莽自以为他的功德，向北感化了匈奴，向东势力达到了海外，向南怀柔了黄支，只有西边没有施加影响，就派遣使节多多携带金银招引塞外的羌人。使节上奏说："太皇太后圣明，安汉公至仁，天下太平，五谷成熟，有的禾苗长达丈余，有的一粒谷子包含三粒米，有的不用种植自己生长，有的茧不要蚕吐丝就可以自结而成。四年来，羌人没有艰难困苦，所以希望献出土地归属汉朝。"王莽就奏请设置西海郡。又增订法律五十条，违犯者就被流放到西海郡，多达千万人。百姓开始怨恨了。

更改官名及十二州分界。

分割京都长安，设置前辉光与后丞烈二郡。更改公卿、大夫、元士的官名、等级以及十二州名称、分界。各郡、封国的管辖区域，或取消，或新设，或变更，从此天下事端增加，官吏不能以纲纪管理了。

乙丑（5）　五年

春正月，祫祭明堂。　复南北郊。

三十余年间，天地之祠凡五徙。

置宗师。

诏曰："宗室子自汉元至今十有余万人，其令郡国各置宗师以纠之，致教训焉。"

夏四月，太师光卒，以马宫为太师。　五月，加安汉公莽九锡。

吏民以莽不受新野田而上书者前后四十八万七千五百七十二人，及诸侯王公、列侯、宗室见者皆叩头言："宜亟加赏于安汉公。"乃策命安汉公莽以九锡。莽稽首再拜，受绿韨，衮冕，衣裳，玚瓒、玚玜，句履，鸾辂、乘马，龙旂九旒，皮弁、素积，戎路、乘马，彤弓矢、卢弓矢，左建朱钺，右建金戚，甲胄一具，秬鬯二卣，圭瓒二，九命青玉珪二，朱户，纳陛，署宗官、祝官、卜官、史官，虎贲三百人。

封王恽等八人为列侯。

王恽等还，言天下风俗齐同，诈造歌谣颂功德，凡三万言。诏以恽等宣明德化，万国齐同，皆封为列侯。

时广平相班稚独不上嘉瑞及歌谣，琅邪太守公孙闳言灾害于公府。甄丰劾："闳造不祥，稚绝嘉应，嫉害圣政，皆不道。"稚，班倢伃弟也。太后曰："班稚，后宫贤家，我所哀也。"闳独下狱，诛。稚惧，上书陈谢，愿归相印，入补延陵园郎。

乙丑（5）　汉平帝元始五年

春正月,平帝在明堂对祖先进行大合祭。　恢复长安南北郊祭礼。

三十余年间,祭祀天地的地方已经改变了五次。

设置宗师。

平帝下诏:"自从汉朝建立至今,皇家子弟已有十余万人。各郡、封国应设置宗师,负责纠正、教导皇家子弟。"

夏四月,太师孔光去世,任命马宫为太师。　五月,加赐安汉公王莽九锡。

官吏、平民因为王莽没有接受新野等处田地而上书的,前后达四十八万七千五百七十二人,以及诸侯王公、列侯、皇族被接见的都叩头说:"应当赶快加赏安汉公。"于是颁策书加赐安汉公王莽九锡。王莽稽首再拜,接受了绿色的蔽膝和衮衣与冕、礼服,用金玉装饰的佩刀,祭祀用鞋的饰物,天子王侯所乘之车和四马,装饰着九束绦子的大龙旗,皮帽和细褶白布衫,军车和四马,红色弓箭和黑色弓箭,立在左边的红色钺斧,立在右边的有金饰的戚斧,铠甲和头盔一套,美酒两卣,玉勺两只,九命青玉珪两枚,规定家里可以安装红漆大门、修建檐内台阶,设置宗官、祝官、卜官和史官,拥有护卫勇士三百人。

策封王恽等八人为列侯。

王恽等人考察风俗后回到京师,报告说全国风俗整齐划一,编造歌谣歌功颂德,共有三万字。平帝下诏称王恽等人宣扬阐明朝廷的恩德教化,使全国风俗划一,都封为列侯。

当时,只有广平国相班稚不报告祥瑞和歌谣,琅邪太守公孙闳在郡府谈论灾害。甄丰弹劾他二人说:"公孙闳伪造不祥的消息,班稚拒绝报告祥瑞,二人嫉恨朝廷的圣政,都犯了不道之罪。"班稚是班倢伃的弟弟。太皇太后说:"班稚是后宫有贤德的姬妾的家人,也是我所哀怜的人。"所以只将公孙闳投入牢狱,诛杀了。班稚很害怕,上书陈述承受国恩,并谢罪,表示愿缴回相印,到长安当延陵园郎。

莽又奏为市无二贾，官无狱讼，邑无盗贼，野无饥民，道不拾遗，男女异路之制。犯者象刑。

发定陶恭王母及丁姬冢，取其玺绶。秋八月，太师、大司徒宫罢。

莽奏："恭王母、丁姬怀帝太后、皇太太后玺绶以葬，请发冢取其玺绶。"太后不许。莽固争之，太后诏因故棺改葬之。莽奏："恭王母、丁姬棺皆名梓宫，珠玉之衣，非藩妾服。请更之。"奏可。公卿在位皆阿莽指，入钱帛，遣子弟及诸生、四夷凡十余万人，操持作具，助将作掘平之。又隳坏恭皇庙，泠褒、段犹等皆徙合浦。

征师丹，封义阳侯。月余，薨。

马宫尝与议傅太后谥，至是为莽所厚，故追诛前议者而独不及宫。宫内惭惧，上书自言。诏以侯就第。

冬十二月，安汉公莽弑帝。

帝益壮，以卫后故怨不悦。莽因腊日上椒酒，置毒酒中。帝有疾。莽作策，请命于泰畤，愿以身代。藏策金縢，置于前殿，敕诸公勿敢言。帝崩，莽令吏皆服丧三年。敛，加元服，葬康陵。

以平晏为大司徒。　太皇太后诏征宣帝玄孙。又诏安汉公莽居摄践祚。

太后与群臣议立嗣。时元帝世绝，而宣帝曾孙有见王

王莽又奏报说，做买卖没有两种价格，官府没有诉讼案件，城镇中没有盗贼，乡野没有饥民，路不拾遗，执行男女不一同走路的制度。违犯者被处以象征性刑罚。

发掘定陶恭王母和丁姬的坟墓，拿走了她们的印玺绶带。秋八月，太师、大司徒马宫被罢官。

王莽上奏说："恭王母、丁姬身挟帝太后、皇太太后的印玺绶带而葬，请求发掘她们的坟墓，取回她们的印玺绶带。"太皇太后不准许。王莽坚持己见，定要发掘，太皇太后才下诏用其原来的棺材改葬。王莽又奏："恭王母、丁姬的棺材都用名贵的梓木制成，她们身上穿着用珠玉制成的金缕玉衣，不是藩臣姬妾应该穿的衣服。请求将其棺木、衣服更换。"太皇太后批准。公卿及在位官员都迎合王莽的意旨，捐钱和丝织品，派遣子弟，连同儒生、四方夷族共十余万人，拿着器具，帮助将作发掘铲平了那两座坟墓。王莽又毁坏了恭皇祭庙，泠褒、段犹等人都被放逐到合浦。

征召师丹进京，封为义阳侯。一月余，师丹去世。

马宫曾经参与议定恭王母傅太后的谥号，而今正受王莽器重，所以王莽追究、诛杀以前参与议定谥号的其他人，却唯独不追究马宫之过。马宫心内惭愧、恐惧，上书自陈罪过。诏命他以侯爵身份离开朝廷，返回家宅。

冬十二月，安汉公王莽弑帝。

平帝年龄渐长，因母亲卫皇太后的缘故怨恨不快。王莽趁腊日向平帝进献椒酒之机，在椒酒中下了毒。平帝中毒生病。王莽作策书，为平帝到泰畤祈求平安，愿意以自己代平帝去死。他把策书藏在金柜里，放在前殿，告诫各大臣不准说出去。平帝去世，王莽下令官吏全都服丧三年。收殓平帝，给他穿戴上成人冠服，葬在康陵。

任命平晏为大司徒。　太皇太后下诏征召宣帝玄孙。又下诏令安汉公王莽居摄政位，代行皇帝职责。

太后与群臣商议立嗣。这时元帝一支无后，而宣帝曾孙有为王的

五人,列侯四十八人。莽恶其长大,曰:"兄弟不得相为后。"乃悉征宣帝玄孙选立之。

初,泉陵侯刘庆上书言:"皇帝富于春秋,宜令安汉公摄行天子事,如成王、周公故事。"群公皆以为宜。至是,前辉光谢嚣奏:"浚井得白石,有丹书,文曰:'告安汉公莽为皇帝。'"太后曰:"此诬罔天下,不可施行!"太保舜谓太后:"事已如此,无可奈何。莽非敢有他,但欲称摄以重其权,填服天下耳。"太后力不能制,乃下诏曰:"已征孝宣皇帝玄孙二十三人,差度宜者以嗣孝平皇帝之后。玄孙年在襁褓,不得至德君子,孰能安之? 其令安汉公居摄践祚,如周公故事,具礼仪奏。"于是群臣奏言:"请安汉公践祚,服天子韨冕,背斧依于户牖之间,南面朝群臣,听政事。车服警跸,臣民称臣妾,皆如天子之制。祭祀赞曰'假皇帝',臣民谓之'摄皇帝',自称曰'予'。平决朝事,常以皇帝之诏称'制'。其朝见太皇太后、皇帝、皇后,皆复臣节。自施政教于其宫家国采,如诸侯礼仪故事。"诏曰:"可。"

丙寅(6)　孺子婴居摄元年

春正月,王莽祀南郊。　三月,立宣帝玄孙婴为皇太子,号曰"孺子"。

婴,广戚侯勋之孙,显之子也,年二岁。托以为卜相最吉,立之。

尊皇后曰皇太后。　夏四月,安众侯刘崇起兵讨莽,

五人,为列侯的四十八人。王莽厌恶他们已经长大,说:"兄弟之间不能互相作为后代。"就全部征召宣帝玄孙,从中选择继位皇帝。

当初,泉陵侯刘庆上书说:"圣上年龄尚小,应当让安汉公居摄政位,代行天子职权,仿照成王与周公的旧例。"众大臣都以为应当这样。到这时,前辉光谢嚣上奏:"疏浚水井时得到一块白石头,上有朱红文字,文字是:'宣告安汉公王莽为皇帝。'"太皇太后说:"这是欺骗天下,不能施行!"太保王舜对太皇太后说:"事已如此,无可奈何。王莽不敢有别的想法,只想宣告摄政来加重自己的权力,以此镇服全国罢了。"太皇太后以自己的力量不能制止,就下诏说:"已经征召孝宣皇帝玄孙二十三人,选择合适的来做孝平皇帝的后嗣。玄孙年龄尚小,若不求得有最高德行的君子,谁能够护卫他?命令安汉公居摄政位,代行天子职权,仿照周公的旧例,开列典礼仪式上报。"于是群臣上奏说:"请求安汉公登皇位,行使天子权力,穿戴天子的冠服,背靠着设置在门窗之间的斧形图案屏风,面向南方接受群臣朝拜,处理政事。他的车驾出入要戒严,臣下和平民对他自称为臣妾,全都按天子的礼仪制度办事。祭祀赞辞称'假皇帝',臣下和平民称他为'摄皇帝',自称为'予'。讨论决定朝廷大事,通常用皇帝的诏书形式,称为'制'。在朝见太皇太后、皇帝、皇后时,都还是用臣下的礼节。在他的宫第、家宅、封国、采邑,可以自己施行政治教化,按照诸侯礼仪的成例办。"太皇太后下诏:"准奏。"

汉孺子婴

丙寅(6)　汉孺子婴居摄元年

春正月,王莽到长安南郊祭祀上帝。　三月,立宣帝玄孙婴为皇太子,称"孺子"。

刘婴是广戚侯刘勋的孙子,刘显的儿子,年仅二岁。王莽声称,卜卦结果他最吉利,所以册立他。

尊王皇后为皇太后。　夏四月,安众侯刘崇起兵讨伐王莽,

不克,死之。

安众侯刘崇与相张绍谋曰:"莽必危刘氏,天下非之,莫敢先举,此乃宗室之耻也。吾帅宗族为先,海内必和。"从者百余人,遂进攻宛,不得入而败。

五月,太皇太后诏莽朝见称"假皇帝"。

群臣复白:"刘崇等谋逆者以莽权轻也,宜尊重以填海内。"太后乃诏莽朝见称"假皇帝"。

冬十月朔,日食。　西羌反。

西羌庞恬等怨莽夺其地,反,攻西海太守。莽遣兵击破之。

丁卯(7)　**二年**
夏五月,莽更造货。

错刀一直五千,契刀一直五百,大钱一直五十,与五铢钱并行。民多盗铸者。禁列侯以下不得挟黄金,输御府受直。然卒不与直。

秋九月,东郡太守翟义起兵讨莽,立刘信为天子。三辅豪杰起兵应之。莽遣兵拒击,义战不克,死之。信亡走。

东郡太守翟义,方进之子也,与姊子陈丰谋曰:"新都侯摄天子位,必代汉家。今宗室衰弱,外无强蕃,天下倾首服从,莫能亢扞国难。吾父子受汉厚恩,义当为国讨贼。欲举兵西诛不当摄者,选宗室子孙辅而立之。设令时命不成,死国埋名,犹可以不惭于先帝。汝肯从我乎?"丰年十八,勇壮,许诺。义遂与都尉刘宇、严乡侯刘信、信弟璜结

没有成功，因此而死。

安众侯刘崇与国相张绍商议道："王莽一定威胁刘氏天下，天下之人都反对他，但没有人敢首先举事，这是皇族的耻辱。我率领同族的人先举事，全国必然响应。"跟随他的有一百多人。于是进攻宛城，没有攻入就失败了。

五月，太皇太后下诏，让王莽朝见她时称"假皇帝"。

群臣又上报："刘崇等人敢谋反，是因为王莽的权势太轻，应当提高他的权力地位来镇服全国。"太皇太后才下诏令王莽朝见她时自称"假皇帝"。

冬十月初一，出现日食。　西羌谋反。

西羌庞恬等人怨恨王莽抢夺了他们的土地，于是谋反，攻打西海郡太守。王莽派兵击破了西羌叛军。

丁卯(7)　汉孺子婴居摄二年

夏五月，王莽改铸货币。

错刀，一枚值五千钱；契刀，一枚值五百钱；大钱，一枚值五十钱，与五铢钱共同流通使用。民间有很多私铸货币的人。王莽下禁令，自列侯以下不准私藏黄金，送交御府可获得相当价值的钱币。然而始终没有付给。

秋九月，东郡太守翟义起兵讨伐王莽，拥立刘信为皇帝。京都附近地区的豪侠俊杰起兵响应翟义。王莽派兵抵挡反击，翟义战败而死。刘信逃走。

东郡太守翟义是翟方进的儿子，他与姐姐的儿子陈丰商议道："新都侯王莽居摄天子位，必然会取代汉家。现今皇族衰弱，京都之外没有强大的封国，天下人都低头顺从，没有人能够挽救国家危难。我们父子受汉朝厚恩，有义务为国家讨伐叛贼。我想发兵西进去诛杀不该摄位的人，再挑选皇族子孙辅助他，立他为皇帝。假设事情不能成功，为国而死，名姓埋没，也可以不愧对先帝了。你愿意跟从我吗？"陈丰十八岁，英勇强壮，一口答应了。翟义于是与都尉刘宇、严乡侯刘信、刘信的弟弟刘璜合

谋,勒其车骑、材官士,募郡中勇敢,部署将帅。立信为天子,义自号大司马、柱天大将军。移檄郡国,言:"莽鸩杀孝平皇帝,摄天子位,欲绝汉室。今天子已立,共行天罚!"郡国皆震。比至山阳,众十余万。

莽闻之,惊惧不能食。太皇太后谓左右曰:"人心不相远也。我虽妇人,亦知莽必以是自危。"莽乃拜孙建等七人为将军,将甲卒,发奔命以击义。

三辅豪杰赵朋、霍鸿等闻义起,自称将军,烧官寺,杀都尉,相与谋曰:"诸将精兵悉东,京师空,可攻长安。"众至十余万,火见未央前殿。莽复拜王级为将军,西击朋等。

日抱孺子祷郊庙,会群臣而称曰:"昔周公摄政,而管、蔡挟禄父以畔。今翟义亦挟刘信而作乱,自古大圣犹惧此,况臣莽之斗筲!"群臣皆曰:"不遭此变,不章圣德。"莽依《周书》作《大诰》,谕天下以当反位孺子之意。

诸将东至陈留,与翟义会战。义败死,竟不得信。

戊辰(8)　初始元年
春,地震。　三辅兵皆破灭。
王级等击赵朋、霍鸿,皆殄灭,诸县悉平。莽乃置酒白虎殿,治校军功,依周制爵五等,以封功臣。当赐爵关内侯者,更名曰附城。莽于是自谓威德日盛,大获天人之助,遂谋即真之事矣。

秋九月,莽母功显君死。

谋,控制了当地的车骑、材官士,又征募郡中勇士,部署将帅。拥立刘信为皇帝,翟义自己号称大司马、柱天大将军。在各郡、封国发布檄文,声言:"王莽用毒酒杀死了孝平皇帝,摄居皇帝位,打算灭绝汉朝皇族。现在天子已经即位,我们应当共同代天行罚!"各郡、封国都很震动。大军到达山阳时,已有十余万人。

王莽听到此事,震惊恐惧得饭也吃不下。太皇太后对左右侍从说:"人同此心,心同此理。我虽是一个女人,也知道王莽必定因此而自危。"王莽于是拜孙建等七人为将军,率领军队,又征调应急出战的人马,向翟义军进攻。

京城附近的豪侠俊杰赵朋、霍鸿等人听说翟义起兵,就自称将军,烧毁官府,击杀都尉,共同商议道:"众将和精兵全部东征,京城空虚,可以攻打长安。"军队增至十余万人,未央宫前殿可以见到火光。王莽又拜王级为将军,向西攻击赵朋等人。

王莽每天抱着孺子到郊祀祭坛和宗庙祷告,集合群臣宣称:"从前周公代理朝政,而管叔、蔡叔挟持禄父叛变。现在翟义也挟持刘信叛乱,连古代的大圣人还惧怕这种事,何况我王莽这样渺小的人!"群臣都说:"不遭受这次灾难,不能展示您的圣德。"王莽仿效《周书》撰写《大诰》,将自己会归政于孺子的意图晓谕全国。

诸将东征至陈留,与翟义的军队会战。翟义兵败,被诛杀,但始终没有抓到刘信。

戊辰(8) 汉孺子婴初始元年

春,发生地震。 京城附近的叛军都被攻破歼灭。

王级等将军攻击赵朋、霍鸿,将他们全部歼灭,各县都已平定。王莽于是在白虎殿摆设酒宴,审核军功,依照周代制度,把爵位分为五等,封赐功臣。应当赐爵关内侯的改名为附城。王莽于是自以为声威德行日渐兴盛,大获天人之助,就谋划正式登皇帝位。

秋九月,王莽之母功显君去世。

莽母死,意不在哀,自以居摄践祚,奉汉大宗之后,为功显君缌縗弁而加麻环绖,如天子吊诸侯服。凡壹吊再会,而令孙新都侯宗为主,服丧三年。

司威陈崇奏莽兄子光杀人,莽怒,切责光,光遂母子自杀。初,莽以事母、养嫂、抚兄子为名,及后悖虐,复以示公义焉。

十一月,太皇太后诏:"莽号令、奏事毋言'摄'。"

刘京言齐郡新井,扈云言巴郡石牛,臧鸿言扶风雍石,莽皆迎受。十一月,莽奏:"壬子冬至,巴石牛、雍石文皆到未央前殿。臣与太保舜等视,天风起,尘冥。风止,得铜符帛图于石前,文曰'天告帝符'。臣莽敢不承用?臣请号令天下,天下奏言事毋言'摄'。以居摄三年为初始元年,用应天命。臣莽夙夜养育隆就孺子,令与周之成王比德,俟加元服,复子明辟,如周公故事。"奏可。

十二月,哀章作铜柜以献莽。莽自称新皇帝,更号。太皇太后为新室文母太皇太后。

梓潼人哀章学问长安,素无行,作铜柜,为两检,署其一曰"天帝行玺金柜图",其一署曰"赤帝玺邦传予皇帝金策书"。日昏时,衣黄衣,持柜至高庙以付仆射。仆射以闻。莽至高庙,拜受金柜神禅。御王冠,谒太后。还,坐未央宫前殿,下书曰:"皇天上帝隆显大佑,属予以天下兆民。赤帝,汉氏高皇帝之灵,承天命传国金策之书。予甚祇畏,

王莽的母亲去世了，王莽心思不在哀悼上，他自以为位居摄政，代理朝政，尊奉汉室大宗的后嗣，为功显君守五服中最轻的缌麻服，在细麻布帽上面加以用麻环绕而成的孝带，如同天子吊唁诸侯穿的丧服。总共吊唁一次，会祭两次，而让孙子新都侯王宗为丧主，服丧三年。

司威陈崇奏报：王莽哥哥的儿子王光杀了人，王莽大怒，严厉斥责王光，王光母子便自杀了。起初，王莽因服侍母亲、供养嫂子、抚育兄长的儿子得到了名誉，到后来狂妄凶暴，又以此来显示公正无私了。

十一月，太皇太后下诏："王莽发号施令、臣民向他奏报国事都不要称'代理'了。"

刘京称齐郡冒出新井，扈云说巴郡发现石牛，臧鸿说扶风雍县发现仙石，王莽都接受了。十一月，王莽奏报："壬子冬至，巴郡石牛和雍县仙石都到未央宫的前殿了。我和太保王舜等人去看时，天空刮起大风，天昏地暗。大风停止，在石头前得到了铜符帛图，其上文字是'上天告示皇帝的符信'。我王莽哪敢不遵照执行？我请求向全国臣民发号施令、臣民向我奏报都不说'代理'。把居摄三年改为初始元年，以顺应天意。我王莽一定日夜养育孺子长大，让他能与周成王的品德相媲美，等到他举行冠礼后，再把明君的权力归还给他，如同周公旧例。"奏章被批准。

十二月，哀章做了一只铜柜，献给王莽。王莽自称新皇帝，更改国号。太皇太后称为新室文母太皇太后。

梓潼人哀章在长安学习，向来品行不正，他制造了一只铜柜，做了两道印窠封题，一道写作"天帝行玺金柜图"，另一道写作"赤帝玺邦传予皇帝金策书"。当天黄昏时分，哀章身穿黄衣，拿着铜柜来到高帝祭庙，把它交给了仆射。仆射将此事上奏报告。王莽到高帝祭庙拜受金柜和神谕。他头戴王冠，进见太皇太后。回来后，就坐在未央宫前殿，发布文告说："皇天上帝给我隆重的庇护，把天下千百万人民托付给我。赤帝是汉朝高皇帝的灵魂，承上天的命令传给我转让政权的金策书。我很是敬畏，

敢不钦受！已御王冠，即真天子位，定有天下之号曰'新'，以十二月朔为始建国元年正月之朔。"

时以孺子未立，玺藏长乐宫。莽请之，太后不欲授。莽使安阳侯舜谕指。太后怒，骂之曰："尔属父子宗族，蒙汉家力，富贵累世，既无以报，受人孤寄，乘便利时夺取其国，不复顾恩义。人如此者，狗猪不食其余，天下岂有而兄弟邪？且若自以金柜符命为新皇帝，变更正朔、服制，亦当自更作玺，传之万世，何用此亡国不祥玺为，而欲求之？我汉家老寡妇，旦暮且死，欲与此玺俱葬，终不可得。"太后因涕泣而言，旁侧长御以下皆垂涕。舜亦悲不能自止，良久乃仰谓太后："臣等已无可言，莽必欲得传国玺，太后宁能终不与邪？"太后闻舜语切，恐莽欲胁之，乃出汉传国玺投之地，曰："我老已死，知而兄弟今族灭也！"莽又欲改太后汉家旧号，易其玺绶。于是张永献符命，言太皇太后当为"新室文母太皇太后"。莽从之。

己巳（9）　新莽始建国元年。

春正月，莽废孺子为定安公，孝平皇后为定安太后。

莽策命孺子为定安公，封以万户地，方百里，立汉祖宗之庙于其国，与周后并行其正朔服色。以孝平皇后为定安太后。读策毕，莽亲执孺子手，流涕歔欷曰："昔周公摄位，

怎敢不恭敬地从命！我已经戴上王冠，即真天子之位，定有天下之号为'新'，以今年十二月初一作为始建国元年正月的初一。"

当时，因为孺子未即皇帝位，御玺藏在长乐宫中。王莽请太皇太后交出御玺，太皇太后不想给。王莽就派安阳侯王舜前去规劝。太皇太后大怒，骂王舜道："你们父子宗族，依靠汉家的力量几代富贵，你们不但没有回报，反而利用别人托孤寄子的机会夺取政权，不再顾念恩义。这样的人，连猪狗都不吃他剩下的东西，天下难道会有你们这样的人吗？而且如果你自己以金柜符命为新皇帝，改变历法、衣服器用的制定和样式，也应当自己另制御玺，使它传到万世，为何用这个亡国不祥的玺，而想得到它？我是汉朝的老寡妇，早晚就要死，打算同这块玺一起埋葬，你们终究得不到它。"太皇太后边说边哭，身边的侍从以下之人都跟着哭泣。王舜也悲伤不能自已，过了很久才抬头对太皇太后说："我等已无话可说，但王莽一定要得到传国御玺，太后难道能始终不交给他吗？"太后听王舜的话语恳切，害怕王莽要以暴力威胁她，就拿出汉代传国御玺扔到地上，说："待我老死后，你们兄弟将被灭族！"王莽又打算改换太后在汉朝的旧封号，更换她的印玺绶带。于是张永献出符命，声称太皇太后应当称为"新室文母太皇太后"。王莽听从了他的建议。

新王莽

己巳(9)　新王莽始建国元年。

春正月，王莽废黜孺子，改为定安公，孝平皇后改封为定安太后。

王莽颁策书命孺子为定安公，封给他居民一万户，土地方圆百里，在他的封国中设立汉朝祖宗的祀庙，与周朝后代一样，都使用自己的历法、服饰颜色。以孝平皇后为定安太后。读完策书，王莽亲自握着孺子的手，流泪抽泣道："从前周公代理王位，

终得复子明辟，今予独迫皇天威命不得如意。"哀叹良久。中傅将孺子下殿，北面称臣。百僚陪位，莫不感动。定安第置门卫使者监领，敕阿乳母不得与语，常在四壁中，至长大不能名六畜。

按金柜封拜其党与。

莽按金柜封拜王舜、平晏、刘秀、哀章为四辅，甄邯、王寻、王邑为三公，甄丰、王兴、孙建、王盛为四将，凡十一公。王兴，故城门令史；王盛，卖饼儿。莽按符命求得此姓名十余人，两人容貌应卜相，径从布衣登用，以示神焉。

改诸官名，降汉诸侯王皆为公，王子侯皆为子。

王二十二人，侯百八十一人。

立九庙，以汉高庙为文祖庙。

莽因汉承平之业，一朝有之，其意未满，狭小汉家制度，欲更为疏阔。乃自谓黄帝、虞舜之后，至齐王建孙济北王安失国，齐人谓之"王家"，因以为氏。故以黄帝为初祖，虞帝为始祖，追尊陈胡公为陈胡王，田敬仲为齐敬王，谥济北王安为愍王。立祖庙五，亲庙四，天下姚、妫、陈、田、王五姓皆为宗室。以汉高庙为文祖庙。汉氏园庙祠莽如故。

禁刚卯、金刀。

莽以刘（劉）之为字"卯、金、刀"也，诏正月刚卯、金刀之利皆不得行。乃罢错刀、契刀及五铢钱，更作小钱，径六分，重一铢，与前大钱五十者为二品。欲防民盗铸，乃禁不得挟铜、炭。

夏四月，徐乡侯刘快起兵讨莽，不克，死之。 莽禁不得买卖田及奴婢。

最后能把明君的权力归还周成王，今天我偏偏迫于上天威命，不能如自己的意愿。"悲伤叹息了很久。中傅带孺子下殿，向着北面自称臣下。百官陪在旁边，无不感动。在定安公的家宅设置门卫使者监领，命令孺子的乳母不准与他讲话，孺子经常被关在房中，到长大后还不能叫出六畜的名称。

王莽按金柜上的文字封拜他的党与。

王莽按金柜所书封拜王舜、平晏、刘秀、哀章为四辅，甄邯、王寻、王邑为三公，甄丰、王兴、孙建、王盛为四将，总共十一公。王兴原是城门令史，王盛是卖饼的。王莽按照符命找到十余个叫这样名字的人，此二人容貌符合占卜和面相的要求，就直接从平民起用，以此显示神奇。

更改各官位名称，将汉朝诸侯王都降为公，诸侯王的儿子为侯的都降为子。

共有王二十二人，侯一百八十一人被降级。

设立九庙，将汉高庙改为文祖庙。

王莽承接汉朝盛世的庞大基业，一时攫为己有，但心意仍不满足，认为汉朝制度狭小，想要更为宏大。他就自称是黄帝、虞舜的后裔，一直到齐王田建的孙子济北王田安才失去政权，齐国人称齐国王族为"王家"，就以王为姓氏。所以，王莽以黄帝为初祖，以虞舜为始祖，追尊陈胡公为陈胡王，田敬仲为齐敬王，济北王田安谥号为愍王。建造五座祖宗祭庙、四座皇族祭庙，全国姚、妫、陈、田、王五姓都是皇族。将汉高庙改为文祖庙。刘姓皇帝陵园中的宗庙祭祀如同原来一样。

严禁刚卯佩饰和金刀钱。

王莽认为刘字的组成部分是"卯、金、刀"，就下诏从正月起刚卯佩饰和金刀钱都不准再使用。于是废除错刀币、契刀币和五铢钱，改作小钱，直径六分，重量为一铢，与以前的大钱五十货币为两类。为防止民间偷偷铸造，就下禁令不能挟带铜和炭。

夏四月，徐乡侯刘快起兵讨伐王莽，兵败而死。　**王莽下禁令，不准买卖田地和奴婢。**

莽曰:"古者一夫百亩,什一而税。秦坏圣制,废井田。强者规田以千数,弱者曾无立锥之居。又置奴婢之市,与牛马同栏,制于民臣,颛断其命,缪于'天地之性人为贵'之义。汉氏减轻田租,三十税一,常有更赋,疲癃咸出,豪民侵陵,分田劫假,实什税五也。故富者骄而为邪,贫者穷而为奸,俱陷于辜,刑用不错。今更名天下田曰王田,奴婢曰私属,皆不得买卖。其男口不盈八而田过一井者,分余田予九族、邻里、乡党。故无田今当受田者,如制度。敢有非井田圣制、无法惑众者,投诸四裔以御魑魅,如皇始祖考虞帝故事。"

秋,遣五威将帅班符命,更印绶。

遣五威将王奇等十二人班符命四十二篇于天下。王侯官吏,外及蛮夷,皆即授新印绶,因收故汉印绶。五威将乘乾文车,驾坤六马,背负鷩鸟之毛,服饰甚伟。每一将各置五帅,将持节,帅持幢,东至夫余,南历益州,西至西域,北至匈奴庭。

冬,雷,桐华。大雨雹。

庚午(10) 二年。
春二月,莽废汉诸侯王为民。

五威将帅还奏事,汉诸侯王为公者悉上玺绶为民,以献符命封侯者三人。

立五均司市、钱府官,令民各以所业为贡。榷酒酤。

王莽说:"古代一夫分田一百亩,按十分之一交租税。秦朝破坏了圣人制度,废除井田。强者占田数千亩,弱者竟没有立锥之地。又设置买卖奴婢的市场,奴婢与牛马一同关在栅栏中,受制于百姓和官吏,专横裁决其命运,与'天地之间人最为宝贵'的原则相背。汉朝减轻了田租,按三十分之一征税,但经常有代役税,病残而丧失劳力的都要交纳,又有土豪劣绅侵犯欺凌,瓜分田地,掠夺财物,实际上是按十分之五交税。所以富人骄奢而做恶事,穷人因贫困而做恶事,都陷于犯罪,刑罚因此不能不用。现在,全国的田都改名为王田,奴婢叫私属,都不准买卖。家里男性不满八人而占有超过一井之田的,把多余的田地分给亲属、邻居和同乡亲友。本来没有田地、现在应当分得田地的,按规定办理。敢有反对井田圣制、无视法律惑乱民众的,将其流放到四方极远的地方,以抵御妖怪鬼神,如同我的始祖虞舜帝惩戒四凶的旧例。"

秋,派五威将帅颁布符命,更换官吏的印玺绶带。

王莽派五威将王奇等十二人到全国各地颁布符命四十二篇。王侯及官吏,中原以外到蛮夷之地,都被就地授与新的印章绶带,并收回原来汉朝的印章绶带。五威将们乘坐绘有天文图像的车子,套着六匹母马,背上插着锦鸡的羽毛,服装佩饰很是威武。每位五威将下面各设置五个元帅,五威将手拿符节,五帅举着旗幡,向东走到夫余,向南到达益州,西至西域,北到匈奴王庭。

冬,打雷,桐树开花。天降大冰雹。

庚午(10)　新王莽始建国二年。

春二月,王莽废黜汉朝诸侯王,降为平民。

五威将帅回来奏报,汉朝的诸侯王改称为公的都缴上印章绶带,成为平民,因为呈献符命而被封为侯爵的有三人。

设立五均司市和钱府官,命令百姓都要以所从事的工作缴纳贡税。设定酒类由国家专卖。

国师公刘秀言:"周有泉府之官,收不售,与欲得。"莽遂于长安及洛阳、邯郸、临菑、宛、成都立五均司市、钱府官。司市常以四时仲月定物上、中、下之贾,各为其市平。民卖物不售者,均官考检厥实,用其本贾取之。物贵过平一钱,则以平贾卖与民;贱减平者,听民自相与市。又民有乏绝欲赊贷者,钱府予之,每月百钱收息三钱。

诸取金、银、连、锡、鸟兽、鱼鳖、畜牧、桑蚕、织纴、纺绩、补缝、工匠、医、巫、卜、祝、方技、商贾,皆各自占所为于其所之,县官除其本,计其利,十分之,而以其一为贡。敢不自占、自占不以实者,尽没入所采取而作县官一岁。

羲和鲁匡复奏请榷酒酤,从之。

匈奴击车师,戊己校尉官属杀尉应之。

莽既班四条,护乌桓使者告乌桓,毋得复与匈奴皮布税。匈奴责税,收酋豪,缚,倒悬之。酋豪昆弟共杀匈奴使。单于闻之,发兵攻击,驱妇女弱小且千人去,置左地,曰:"持马畜、皮布来赎之!"乌桓持财畜往赎,匈奴受,留不遣。

及五威将帅至匈奴,易单于故印。故印文曰"匈奴单于玺",莽更曰"新匈奴单于章"。单于再拜,解故印绶奉上将帅,受著新绶,不解视印。至夜,右帅陈饶曰:"单于视印见其变改,必求故印,此非辞说所能距也。不如椎破故印以绝祸根。"将帅犹与,莫有应者。饶,燕士,果悍,即

国师公刘秀奏道:"周代有泉府之官,收购民间卖不出去的产品,供应民间缺乏的货物。"王莽就在长安和洛阳、邯郸、临菑、宛城、成都设立五均司市和钱府官。司市通常在每季的第二个月设定货物的上、中、下等的价格,保持物价稳定。民间卖不出去的货物,均官调查、确定之后,依照成本价收购。物价上涨,超过平价一钱,就以平价将藏货卖给百姓;货价下降,比平价低的,则由百姓自由交易。另外,百姓如果没有钱要赊贷,钱府就借给他,每月一百钱收取利息三钱。

凡在山林水泽开采金矿、银矿、铅矿、锡矿的工人,捕鸟兽的猎人,捕捉鱼鳖的渔夫,以畜牧为业的牧民,种桑养蚕、织布纺线、缝纫的女人,工匠,医生,巫师,算卦的人,祭司,有其他本领的人,商贩,全都要在所前往之地申报各自经营所得,官府除去其成本,计算纯利,分成十份,以其中的一份交纳贡税。敢不申报所得或申报而不实的,将其所得全部没收入官,并罚其为官府服役一年。

羲和鲁匡又奏请酒类由官府专卖,王莽批准了。

匈奴发兵攻打车师,戊己校尉的部下将校尉杀死以响应匈奴。

王莽给匈奴颁布了四项条例,又护乌桓使者通告乌桓人,不要再向匈奴交纳兽皮、布匹。匈奴来讨税,逮捕了乌桓部落首长,将其捆绑,倒挂起来。首长的兄弟共同击杀匈奴使者。匈奴单于听说此事,发兵攻打乌桓,劫掳妇女儿童近千人而去,安置在左地,告诉乌桓:"拿牛马、兽皮和布匹来赎!"乌桓人带着财物、牲畜前去赎人,匈奴收下,却不遣还俘虏。

等到五威将帅抵达匈奴,更换单于的旧印信。旧印文是"匈奴单于玺",王莽改为"新匈奴单于章"。单于再拜,解下旧印玺绶带捧给五威将帅,接受了新印信,没有解开看。到了晚上,五威右帅陈饶说:"单于看了新印信,见其改变,一定来索求旧印,这不是用说辞能阻挡的。不如击碎旧印以断绝祸根。"五威将帅犹豫不决,没有人响应。陈饶是燕国勇士,果敢强悍,当即

引斧椎坏之。明日，单于果白将帅曰："汉诸侯王已下乃有'汉'，言'章'。今去'玺'加'新'，与臣下无别。愿得故印。"将帅示以故印，单于知已无可奈，又多得赂遗，即遣弟随将帅入谢。将帅还，过左地，见乌桓民多，以闻。诏匈奴还之。

单于重怨恨，乃遣兵万骑以护送乌桓为名，勒兵朔方塞下。莽遣兵击之，当出西域。车师后王惮于供给，谋亡入匈奴，都护但钦斩之。其兄狐兰支遂将众二千降匈奴。单于遣兵与共击车师，杀后城长，伤都护司马。戊己校尉史陈良、终带等杀校尉，将人众降匈奴。

冬，莽罢汉庙及诸刘为吏者。

孙建奏："陈良、终带自称废汉大将军，亡入匈奴。汉氏宗庙不当在长安城中，及诸刘当与汉俱废。请皆罢之。"莽曰："可。嘉新公、国师等三十二人皆知天命，勿罢，赐姓曰王。"唯国师以女配莽子，故不赐姓。

更号定安太后曰黄皇室主。

太后年未二十，自刘氏废，常称疾不朝会。莽欲嫁之，乃更号为黄皇室主，欲绝之于汉。令孙建世子盛饰，将医问疾。太后大怒，因发病不肯起。

十二月，雷。　莽改匈奴单于为"降奴服于"，遣其将军孙建等击之。

莽恃府库之富欲立威匈奴，乃更名匈奴单于曰"降奴服于"，遣孙建等率十二将分道并出，募卒三十万人。先至者屯边郡，须毕具乃同时出。穷追匈奴，内之丁令。分其国土、人民以为十五，立呼韩邪子孙十五人皆为单于。

拿起斧椎把旧印击坏。第二天,单于果然对五威将帅说:"汉诸侯王以下才有'汉'字,称'章'。现在去掉'玺'加上'新'字,与臣属之间没有区别。希望得到旧印信。"五威将帅将已毁坏的旧印给他看,单于知道已经无可奈何,又得到很多赏赐,就派他的弟弟跟随五威将帅进京致谢。五威将帅回去时,经过左地,看到许多乌桓人,奏报了此事。王莽下诏让匈奴将乌桓俘虏遣返。

匈奴单于很是怨恨,就派遣一万多骑兵以护送乌桓俘虏的名义,屯兵于朔方郡边塞之外。王莽发兵攻打匈奴军队,应当取道西域。车师后王国的国王害怕供给开支太大,谋划逃入匈奴,西域都护但钦斩杀了国王。国王的哥哥狐兰支于是率领两千多人归降匈奴。单于派兵与狐兰支一起攻打车师,斩杀车师后王国后城长,击伤西域都护司马。戊己校尉的属官陈良、终带等人杀了校尉,带领众人投降匈奴。

冬,王莽废除汉朝宗庙,并罢免了刘姓当官的。

孙建上奏:"陈良、终带自称废汉大将军,逃入匈奴。汉朝宗庙不应在长安城中,诸刘当与汉俱废。请将其全部罢免。"王莽说:"准奏。嘉新公、国师等三十二人都知道天命,勿罢,赐他们姓王。"只有国师因为把女儿嫁给了王莽的儿子,所以不赐姓。

更改定安太后的称号为黄皇室主。

定安太后不满二十岁,自从汉朝灭亡,经常称病不去朝见。王莽想让她改嫁,就将其称号改为黄皇室主,打算让她与汉代断绝关系。让孙建的世子刻意打扮,带着御医前往问病。太后大怒,从此真的生病,不肯起床。

十二月,响雷。 王莽把匈奴单于改为"降奴服于",派将军孙建等人攻打匈奴。

王莽依仗国库富足想对匈奴示威,就把匈奴单于改称为"降奴服于",派孙建等人率领十二位将领分道并进,招募士兵三十万人。先到达的部队驻扎在边郡,必须全部到齐才同时出击。穷追匈奴部队,直追到丁令部落。将匈奴国土和百姓分成十五部分,立呼韩邪单于的子孙十五人皆为单于。

更作宝货。

莽下书曰:"宝货皆重,则小用不给;皆轻,则儶载烦费;轻重大小各有差品,则用便而民乐。"于是更作金、银、龟、贝、钱、布之品,名曰"宝货",凡五物、六名、二十八品。百姓愦乱,其货不行,乃但行小钱直一与大钱五十二品。盗铸者不可禁,乃重其法,一家铸钱,五家坐之,没入为奴婢。百姓便安汉五铢钱,以莽钱大小两行,难知,又数变改,不信,皆私以五铢钱市买。莽复下书:"诸挟五铢钱者投四裔!"抵罪者不可胜数。于是农商失业,食货俱废,民人至涕泣于市道。

莽将军甄丰自杀。莽遂杀刘棻、甄寻、丁隆等数百人。

莽之谋篡也,吏民争为符命,皆得封侯。其不为者相戏曰:"独无天帝除书乎?"司命陈崇白莽:"此开奸臣作福之路而乱天命,宜绝其原。"莽亦厌之,遂使尚书验治,非五威将率所班皆下狱。初,甄丰、刘秀、王舜为莽腹心,唱导在位,褒扬功德,"安汉""宰衡"之号皆所共谋,而丰等亦受其赐并富贵矣,非复欲令莽居摄也。居摄之萌出于刘庆、谢器等。莽羽翼已成,意欲称摄,丰等承顺其意。莽辄复封丰等子孙以报之。丰等爵位已盛,心意既满,又实畏汉宗室、天下豪杰。而疏远欲进者并作符命,莽遂据以即真。舜、秀内惧而已,丰素刚强,莽觉其不说,而丰子寻复作符

更改、重铸货币。

王莽下诏书说："钱币都是大面额，就不能应付小笔交易；钱币都是小面额，运输装载就麻烦费事；轻重大小各有等级，使用就方便，百姓就欢迎。"于是更铸金币、银币、龟币、贝币、钱币、布币六种，叫作"宝货"，货币共有五类、六种名称、二十八个等级。百姓生活陷于混乱，货币不能流通，于是只使用值一钱的小钱和值五十钱的大钱两种。私自铸钱的无法禁止，便加重私自铸钱的刑罚，一家铸钱，邻近五家连坐，送入官府为奴婢。百姓认为汉五铢钱方便适用，而王莽的钱大小两种并行，难以分辨，并且不断变化，所以不信任它，都私下里用五铢钱购买商品。王莽再次下诏书："凡挟带五铢钱的人都放逐到四方边远地区去！"犯法的人不计其数。于是农民、商人失业，经济完全崩溃，百姓甚至在街道上哭泣。

王莽的将军甄丰自杀。王莽于是诛杀刘棻、甄寻、丁隆等数百人。

王莽谋划篡夺汉王朝政权时，官吏平民争先呈献符命的，都被封为侯爵。那些没做此事的人相互开玩笑说："你独独没有收到天帝的任命状吗？"司命陈崇向王莽上奏说："这是为奸臣谋求利禄开辟道路，而混乱天命，应当断绝其根源。"王莽也讨厌符命了，于是让尚书检查治理，如果不是五威将帅颁布的符命，将制符者全都逮捕入狱。当初，甄丰、刘秀、王舜都是王莽的心腹，他们首先建议王莽居高位，歌功颂德，"安汉公""宰衡"的称号都是他们一同商议出来的，甄丰等人也因此得王莽的赏赐，大富大贵后，就没有再想让王莽居位摄政。居位摄政的发端出自刘庆、谢嚣等人。王莽羽翼已经丰满，心里打算代理朝政，甄丰等人顺从了他的心意。王莽就又封赏甄丰等人的子孙来回报。甄丰等人爵位已经十分显赫，心满意足，又实在畏惧汉朝皇族和天下豪杰。而那些王莽疏远的人想往上爬，就纷纷制作符命，王莽就是据此登上皇位的。王舜、刘秀只是内心恐惧而已，甄丰一向刚强，王莽觉察到他不高兴，而甄丰的儿子甄寻又制作了一道符

命,言黄皇室主当为寻妻。莽怒曰:"黄皇室主天下母,此何谓也!"收捕寻。丰自杀,寻亡。捕得,辞连国师公秀子棻及门人丁隆等,牵引公卿、党亲、列侯以下,死者数百人。乃流棻于幽州,放寻于三危,殛隆于羽山,皆驿车载其尸传致云。

起八风台。

莽始兴神仙事,以方士言起八风台,台成万金。

辛未(11) 三年。

匈奴诸部分道入塞,杀守尉,略吏民,州郡兵起。

莽遣将将兵,多赍珍宝,至云中塞下,招诱呼韩邪单于诸子。右犁汗王咸、咸子登、助三人至,则胁拜咸为孝单于,助为顺单于,皆厚加赏赐。咸走出塞,传送助、登长安。后助病死,以登代之。单于闻之,怒曰:"先单于受汉宣帝恩不可负也。今天子非宣帝子孙,何以得立?"遣兵入云中塞,大杀吏民。历告左右部、诸边王入塞杀太守、都尉,略吏民畜产不可胜数。

是时,诸将在边以大众未集,未敢出击,严尤谏曰:"臣闻匈奴为害所从来久矣,未闻上世有必征之者也。后世三家周、秦、汉征之,然皆未有得上策者也。周得中策,汉得下策,秦无策焉。周宣王时,猃狁内侵,至于泾阳。命将征之,尽境而还。其视戎狄之侵譬犹蚊虻,驱之而已,故天下称明,是为中策。汉武帝选将练兵,约赍轻粮,深入远戍,

命,说黄皇室主应当是甄寻的妻子。王莽大怒,道:"黄皇室主是国母,这是什么话!"搜捕甄寻。甄丰自杀,甄寻逃走了。后来甄寻被抓获,他的供词牵连了国师公刘秀的儿子刘棻和刘秀的学生丁隆等人,牵扯到公卿、亲友、列侯及以下多人,死的有几百人。于是把刘棻流放到幽州,把甄寻驱逐到三危,把丁隆杀死在羽山,死者的尸体都是用驿车装载送回的。

兴建八风台。

王莽开始崇拜神仙,听信方士的话兴建八风台,耗费了黄金万两。

辛未(11)　新王莽始建国三年。

匈奴各部从不同路径入侵边塞,杀死守尉,掠夺官吏和百姓,各州郡战乱频仍。

王莽派中郎将率领部队,携带大量财宝来到云中边塞,招引诱使呼韩邪单于的儿子们。右犁汙王咸和咸的儿子登、助三人被引诱到云中塞下后,就用威胁手段,封咸为孝单于,助为顺单于,都大加赏赐。咸回到塞外,而用驿车送助、登到长安去。后来助生病死去,让登代他为顺单于。匈奴单于听说后,大怒道:"先单于受过汉宣帝的恩惠,不能辜负。现在的皇帝不是汉宣帝的后代,凭什么登上宝座?"于是派兵攻入云中郡的边塞,大肆杀戮官吏和百姓。匈奴单于逐一告诉左右部都尉、各沿边王侵入中国边塞,杀太守、都尉,掳掠官吏百姓、牲畜财产不计其数。

这时,在北方边塞的各位将军因为大军没有集结完毕,不敢出击,严尤建议说:"我听说匈奴侵害中国为时已久,没听说上古之世一定会去征伐。后来周、秦、汉三朝征伐匈奴,然而都没有使用上策。周朝用的是中策,汉朝用的是下策,秦朝没有策略。周宣王时,猃狁部落入侵,抵达了泾阳。周朝命令将领征伐,将他们逐出境外就收兵了。周宣王视外族入侵犹如蚊子、牛虻,赶走就算了,所以天下颂扬英明,这是中策。汉武帝挑选将领,操练军队,携带轻便的装备和粮草,深入敌军内地,远离边境作战,

虽有克获之功，胡辄报之。兵连祸结三十余年，中国罢耗，匈奴亦创艾，而天下称武，是为下策。秦始皇不忍小耻而轻民力，筑长城之固延袤万里，转输之行起于负海，疆境既完，中国内竭，以丧社稷，是为无策。今天下比年饥馑，西北边尤甚。发三十万众，具三百日粮，东援海、岱，南取江、淮，然后乃备。计其道里，一年尚未集合，兵先至者聚居暴露，师老械弊，势不可用，此一难也。边既空虚，不能奉军粮，内调郡国，不相及属，此二难也。计一人三百日食，用糒十八斛，非牛力不能胜；牛又当自赍食，加二十斛，重矣；胡地沙卤多，乏水草，以往事揆之，军出未满百日，牛必物故且尽，余粮尚多，人不能负，此三难也。胡地秋冬甚寒，春夏甚风，多赍釜镬、薪炭，重不可胜；食糒、饮水以历四时，师有疾疫之忧，是故前世伐胡不过百日，非不欲久，势力不能，此四难也。辎重自随，则轻锐者少，不得疾行，虏徐遁逃，势不能及；幸而逢虏，又累辎重；如遇险阻，衔尾相随，虏要遮前后，危殆不测，此五难也。大用民力，功不可必立，臣伏忧之！今既发兵，宜纵先至者，令臣尤等深入霆击，且以创艾胡虏。"莽不听，转兵谷如故。

吏士屯边者所在放纵，而内郡愁于征发，民弃城郭，始流亡为盗贼，并州、平州尤甚。莽遣中郎、绣衣执法分督之，皆乘便为奸，挠乱州郡。北边自宣帝以来，数世不见

虽然有克敌制胜、缴获财物的功劳,但是匈奴立即就会反击。兵灾战祸持续三十多年,国内疲惫虚耗,匈奴也受到创伤,从而天下人称之为武帝,这是下策。秦始皇没有忍住小的耻辱,而轻率地动用民力,修筑长城,坚固并且长达万里,转运调动从海边开始,疆界虽然保持了完整,但国内实力衰竭,因此而丢了江山社稷,这是没有策略。现在全国连年饥馑,西北边塞尤其困难。征发三十万大军,供给三百天口粮,东边搜刮到海滨、岱山,南边搜刮到长江、淮河,然后才齐备。计算道路,大军一年还不能集合完毕。先到边塞的军队聚居暴露,士气已衰,兵器已钝,气势已不可以作战,这是困难之一。边塞既然已经空虚,不能供应粮草,从内地各郡与封国调运,相互接续不上,这是困难之二。按照一个士兵三百天的粮食计算,需要干粮十八斛,不用牛力运输不能完成;牛本身也要带吃的,再加上二十斛,负担太重;匈奴境内多为沙漠碱地,缺水草,拿往事揣度,大军出发未满一百天,牛一定几乎全部倒毙,剩余的粮草尚多,士兵却无法携带,这是困难之三。匈奴境内秋冬非常寒冷,春夏又有大风,军队要多带炊具、木柴、炭火,沉重得不能搬运;吃干粮饮水以经历一年四季,士兵会有染上疾病瘟疫的忧虑,因此从前几代征伐匈奴不超过一百天,不是不想持久,而是力量不够,这是困难之四。大军自己携带物资装备,则轻装的精锐部队很少,不能快速前进,即使敌人缓慢逃走,也无法追到;幸而与敌人相遇,又受物资的拖累;如果遇到艰险难行之处,大军马头紧接马尾鱼贯而行,敌人如果前后夹击,危险程度难以推测,这是困难之五。大量使用民力,功业不一定会建立,我深深地为此忧虑!现在既已发兵,应当让先到的部队进攻匈奴,令臣严尤等深入敌境,发动雷霆般的攻击,重创匈奴军队。"王莽不听,仍像从前一样转运部队和粮草。

驻扎在边塞的部队放纵扰民,而内地各郡对征兵、发运粮草感到发愁,百姓抛家离园,开始流亡成为盗贼,并州、平州情况尤为严重。王莽派中郎将、绣衣执法分别督察盗贼,而他们却趁机干坏事,扰乱州郡。北部边疆自汉宣帝以来,已经几代人没见过

烟火之警,人民炽盛,牛马布野。及莽扰乱匈奴,与之构难,边民死亡系获,数年之间,北边虚空,野有暴骨矣。

莽太师王舜死。

舜自莽篡后,病悸寝剧,死。

莽迎龚胜为太子师友祭酒,胜不食而卒。

莽遣使者奉玺书、印绶、安车、驷马迎龚胜,即拜为太子师友祭酒。使者与郡县长吏、三老、官属、行义、诸生千人以上入里致诏。使者欲令胜起迎,久立门外。胜称病笃,为床室中户西、南牖下,东首加朝服拖绅。使者付玺书,奉印绶,内安车、驷马,进谓胜曰:"圣朝制作未定,待君为政,以安海内。"胜对曰:"素愚,加以年老被病,命在朝夕,随使君上道,必死道路,无益万分!"使者要说,至以印绶就加胜身,胜辄推不受。使者即上言:"方盛夏暑热,胜病少气,可须秋凉乃发。"莽许之。使者为胜两子及门人高晖等言:"朝廷虚心待君以茅土之封,虽疾病,宜动移至传舍,示有行意,必为子孙遗大业。"晖等白之。胜曰:"吾受汉家厚恩无以报,今年老矣,且暮入地,谊岂以一身事二姓,下见故主哉?"因敕以棺敛丧事。语毕,遂不复饮食,积十四日死。死时七十九矣。

是时,清名之士又有琅邪纪逡,齐薛方,沛唐林、唐尊,皆以明经饬行显名。逡、两唐皆仕莽,封侯贵重。莽以安车

烽火警报,人口繁多,牛马遍野。等到王莽扰乱匈奴,与匈奴结仇怨,边疆百姓或死,或逃,或被停虏,几年之间北方边塞一片荒凉,野外有白骨。

王莽的太师王舜去世。

王舜自从王莽篡位以后,就得了心悸病,病情逐渐加重,最终病故。

王莽迎接龚胜为太子师友祭酒,龚胜绝食而死。

王莽派使者带着诏书、印信绶带,驾着四匹马拉的安车去接龚胜,当即拜授他为太子师友祭酒。使者与郡县的高级官员、三老、属官、行义、学生上千人,来到龚胜所住的街巷宣读诏书。使者想让龚胜起来迎接,就长久地站在门外。龚胜声称病情严重,把床放在卧室门西侧、南窗之下,头向东方穿上朝服,拖着束腰的大带子。使者把诏书、印信和绶带交给他,把四匹马拉的安车拉到院里,进去对龚胜说:"圣明的新朝制度还未确定,等着您主持,以安天下。"龚胜回答道:"我一向愚昧,加以年纪老迈,身染重病,命在旦夕,如果随阁下上路,一定死在途中,极端无益!"使者要挟劝说,甚至把印信绶带佩戴在龚胜身上,龚胜总是推辞,不肯接受。使者就只能奏道:"正值盛夏,天气炎热,龚胜病重,缺少力气,可以等到秋季凉爽时再出发。"王莽准奏。使者对龚胜的两个儿子和学生高晖等人说:"朝廷虚心地以爵位和封地等待龚先生,他虽然有病,也应当移到驿站的官舍中住下,以表示有进京之意,这样必将为子孙后代留下巨大家业。"高晖等人将使者的话告诉了龚胜。龚胜回答:"我接受汉朝的厚恩无以回报,现在年纪大了,早晚就要埋入地下,从道义上讲,怎么能以一身侍奉两姓君主,而在地下面对故主呢?"于是,龚胜让人为他准备后事。说完,就不再喝水吃饭,过了十四天就去世了。死时七十九岁。

这时,有名望的人还有琅邪人纪逡、齐人薛方、沛人唐林和唐尊,他们都以深明儒经、行为谨慎端正而闻名。纪逡、唐林、唐尊,都在新朝做官,被封为侯爵,地位很是尊贵。王莽派安车去

迎方,方因使者辞谢曰:"尧、舜在上,下有巢、由。今明主方隆唐、虞之德,小臣欲守箕山之节。"莽说其言,不强致。

　　隃糜郭钦为南郡太守,杜陵蒋诩为兖州刺史,亦以廉直为名。莽居摄,钦、诩皆以病免官,归乡里,卧不出户,卒于家。沛国陈咸以律令为尚书,见何武、鲍宣死,叹曰:"《易》称'见机而作,不俟终日',吾可以逝矣!"即乞骸骨去职。莽篡位,召咸为掌寇大夫,咸谢病不肯应。三子参、丰、钦皆在位,咸悉令解官归乡里,闭门不出入,犹用汉家祖腊。人问其故,咸曰:"我先人岂知王氏腊乎?"悉收敛其家律令、书文,壁藏之。又,齐栗融,北海禽庆、苏章,山阳曹竟,皆儒生,去官,不仕于莽。

濒河郡蝗生。　河决。

河决魏郡,泛清河以东数郡。先是,莽恐河决为元城冢墓害,及决东去,元城不忧水,故遂不堤塞。

壬申(12) 四年。

春,莽杀匈奴顺单于登。

莽边将言虏寇皆咸子角所为,故莽斩登。

定东、西都及诸侯员数。

莽下书以洛阳为东都,常安为西都。诸侯员千八百,附城数亦如之,以俟有功。诸公一同,有众万户。其余以是为差。以图簿未定,未受国邑,且令受奉都内,月钱数千。诸侯皆困乏,至有佣作者。

迎接薛方,薛方通过使者推辞说:"唐尧、虞舜在上,民间有巢父、许由。如今,明主正在崇尚唐尧、虞舜的美德,我愿像许由一样隐居箕山,不再入世。"王莽喜欢听这番话,不再勉强他。

隃麋人郭钦任南郡太守,杜陵人蒋诩任兖州刺史,也以廉洁正直闻名。王莽居位摄政时,郭钦、蒋诩都以患病为由免官,回到故乡,躺在家里,闭门不出,在家去世。沛国人陈咸因通晓律令而任尚书,见何武、鲍宣被杀,叹息说:"《易经》说'时机一到就要果断行动,不要整天迟疑等待',我可以走了!"便请求辞去官职,告老还乡。王莽篡夺帝位后,召陈咸为掌寇大夫,陈咸称病不肯接受。他的三个儿子陈参、陈丰、陈钦都在做官,陈咸让他们都辞职回到故乡,闭门不出,不与外界来往,仍然在汉朝规定的日子祭祀祖宗、举行腊祭。别人问原因,陈咸回答说:"我的祖先难道知道王氏祭祀的日子吗?"并将家里的律令、书文全部收藏起来,藏到墙壁中。另外还有齐郡人栗融,北海郡人禽庆和苏章,山阳人曹竟,都是儒生,辞去官位,不在王莽新朝做官。

濒临黄河的各郡发生蝗虫灾害。 黄河决口。

黄河在魏郡决口,在清河以东数郡泛滥成灾。起先,王莽害怕黄河决口后,大水会淹没元城的王姓皇族祖宗坟墓,等到决口之河水向东泛滥,元城没有水患,所以就不堵塞河堤了。

壬申(12) 新王莽始建国四年。

春,王莽诛杀匈奴顺单于登。

王莽的戍边将军上书说匈奴贼寇兴起都是孝单于咸的儿子角所为,所以王莽斩杀了咸的儿子登。

确定东都、西都和诸侯人数。

王莽下诏书,以洛阳为东都,以常安为西都。诸侯共一千八百人,附城的数量也有这么多,以等待封赏给有功之人。凡公爵一视同仁,每人拥有一万户居民。其余爵位从此等差而减。因为地图和户籍还没确定,所以就没有授予封地,暂且让他们在都内领取薪俸,每月数千钱。诸侯都很贫困,甚至有人去做雇佣工。

令民得卖田。

莽性躁扰，不能无为，每有所兴造，动欲慕古，不度时宜。制度又不定，吏缘为奸，天下嗷嗷，陷刑者众。莽知民愁怨，乃令民食王田者皆得卖之。然他政悖乱，刑罚深刻，赋敛重数，犹如故焉。

西南夷杀牂柯大尹。貉人入边。

初，五威将帅出西南夷，改句町王为侯，王邯怨怒。莽讽牂柯大尹周歆诈杀邯。邯弟承起兵杀歆，州郡击之，不能服。莽又发高句骊兵击匈奴，不欲行，强迫之，亡出塞，犯法为寇。严尤奏："宜令州郡且尉安之。今匈奴未克，夫余、秽貉复起，此大忧也。"莽不听，诏尤击之。尤诱高句骊侯驺至而斩焉。于是貉人愈犯边，东、北、西南皆乱。莽志方盛，以为四夷不足吞灭，专念稽古之事。

癸酉（13） 五年。
春二月，太皇太后王氏崩。

莽既改号太后为"新室文母"，绝之于汉，乃隳坏孝元庙，更为太后起庙，独置孝元庙故殿以为文母篹食堂。既成，名曰长寿宫，置酒请太后。既至，见庙废彻涂地，惊泣曰："此汉家宗庙，皆有神灵，与何治而坏之！且使鬼神无知，又何用庙为？如令有知，我乃人之妃妾，岂宜辱帝之堂以陈馈食哉？"私谓左右曰："此人慢神多矣，能久得祐乎？"

让百姓能卖田。

王莽性情急躁好动,不能虚静无为,每做一件事动辄就想模拟古代,不管是否合乎时宜。然而制度始终没有确定,官吏趁机做坏事,天下一片悲愁,许多人被处以刑罚。王莽得知百姓愁困怨恨,才下诏让以王田谋生的人都能够自由卖地。然而,其他政令荒谬混乱,刑罚严峻苛刻,捐税负担沉重而且名目繁多,却依然如故。

西南夷人杀死牂柯大尹。貉人侵入边境。

起初,五威将帅去西南夷,把句町王改为侯,句町王邯怨恨愤怒。王莽示意牂柯大尹周歆用欺骗的手段杀死了邯。邯的弟弟承起兵杀死周歆,州郡发兵讨伐承,却不能将其征服。王莽又征发高句骊的部队攻打匈奴,高句骊人不想去,受到官府强迫,都逃出边界,触犯法律,成为盗贼。严尤上奏说:"应当命令州郡暂且安抚他们。现在匈奴还没有打败,夫余和涉貉又起来反抗,这是大忧患啊!"王莽不听,诏令严尤进击。严尤引诱高句骊侯骊到来,把他杀了。于是,貉人更加侵犯边境,东部、北部和西南边疆都一片混乱。王莽正志得意满,以为四方蛮夷各族不用太费力就可以吞并、歼灭,一心只想查考仿效古代的做法。

癸酉(13) 新王莽始建国五年。

春二月,太皇太后王氏去世。

王莽已将太皇太后的称号改为"新室文母",为断绝她与汉朝的关系,就毁坏了孝元帝祭庙,而另为太皇太后建造祭庙,只保留孝元帝祭庙的大殿作为太皇太后的膳食堂。祭庙建成后,命名为长寿宫,王莽摆酒宴请太皇太后。太皇太后到了之后,看见孝元帝祭庙被彻底废弃,不能恢复,惊骇而哭泣道:"这些汉朝皇室的祭庙,都是有神灵的,你为什么将它摧毁呢!况且假使鬼神没有知觉,又何必盖庙?如果有知觉,我是他的妻子,难道应当辱没元帝的庙堂来摆放祭祀我的食品吗?"她悄悄对左右侍从说:"这个人得罪鬼神的地方太多了,能够长久得到保佑吗?"

饮酒不乐而罢。莽更汉家黑貂著黄貂，又改汉正朔、伏腊日。太后令其官属黑貂，至汉家正、腊日，独与其左右相对饮食。至是崩，年八十四。莽渭陵，与元帝合，而沟绝之。新室世世献祭其庙，元帝配食，坐于床下。

乌孙大、小昆弥遣使入贡。

莽以乌孙国人多亲附小昆弥，欲得乌孙心，乃遣使者引小昆弥使坐大昆弥使上。师友祭酒满昌劾奏使者曰："夷狄以中国有礼谊，故诎而服从。大昆弥，君也。今序臣使于君使之上，非所以有夷狄也。奉使大不敬！"莽怒，免昌官。

焉耆杀莽都护但钦。

西域诸国以莽积失恩信，焉耆先叛，杀钦。西域遂瓦解。

十一月，彗星出。　匈奴乌珠留单于死，乌累若鞮单于咸立。

匈奴用事大臣须卜当常欲与中国和亲，见咸为莽所拜，遂越次立之。

甲戌（14）　天凤元年。
春正月，莽遣其太傅平晏之洛阳相宅。

莽下诏，将以是岁行巡狩礼，即于土中居洛阳之都。既而不行。先遣晏等相宅，图起宗庙、社稷、郊兆云。

三月晦，日食。　莽策免其大司马逯并。

莽自即真，尤备大臣，有言其过失者辄拔擢。孔仁等以敢击大臣，故见信任。

酒宴不快而散。王莽改汉朝服装中的黑貂为黄貂,又将汉朝的正月初一和伏腊日变更。太皇太后让她的官属仍然用黑貂,到了汉朝的正月初一和腊祭日,单独与她的侍从人员相对饮食。到去世时,享年八十四岁。太皇太后被葬在渭陵,与元帝合葬一处,中间有一条沟将他们隔开来。新朝世世代代要到太皇太后的祭庙祭祀,元帝配享,其灵位安放在太皇太后灵位的下面。

乌孙国的大昆弥和小昆弥派使者来进贡。

王莽因为乌孙国人多亲近依附小昆弥,想博得乌孙人的欢心,就派使者带着小昆弥的使节坐在大昆弥使节的上位。师友祭酒满昌上奏弹劾使者说:"夷狄因为中国讲究礼义,所以屈服。大昆弥是国君。现在将臣子的使节安排在国君使节的上位,这不是统治夷狄的办法。奉命的使者大不敬!"王莽大怒,罢免了满昌的官职。

焉耆人杀死王莽的西域都护但钦。

西域各国因为王莽长久以来没有恩惠和信用,焉耆人首先叛乱,杀死但钦。西域与中国的关系于是崩坏了。

十一月,彗星出现。　匈奴乌珠留单于去世,乌累若鞮单于咸即位。

匈奴当权大臣须卜当曾经想与中国和亲,看到咸被王莽封为孝单于,于是越过位次顺序拥立咸为匈奴单于。

甲戌(14)　新王莽天凤元年。
春正月,王莽派太傅平晏到洛阳选择宅基地。

王莽颁下诏书,将在这一年行巡狩之礼,在全国的中心洛阳定都。而后没有成行。王莽先派平晏等人前往洛阳选宅基地,想兴建皇家宗庙、土谷神庙和祭祀天地的祭坛。

三月最后一天,出现日食。　王莽颁策书免去大司马逯并的官职。

王莽自从登上皇帝宝座,特别防备大臣,有指责大臣罪过的人就受到提拔。孔仁等人因为敢于抨击大臣,所以受到信任。

夏四月,陨霜杀草木。　六月,黄雾四塞。　秋七月,大风,雨雹。

风拔木,飞北阙瓦。雹杀牛羊。

莽置万国。

莽以《周官》《王制》之文,置卒正、连率、大尹、州牧,分六乡、六尉、六队、六郊、六服,总为万国。后岁复变更,一郡至五易名,而还复其故。吏民不能纪,每下诏书,辄系其故名云。

北边大饥,人相食。莽与匈奴和亲。

匈奴求和亲,莽即遣使贺单于初立。绐言侍子登在,因购求陈良、终带等,单于听命,莽烧杀之。

会缘边大饥,人相食。莽乃征还诸将,罢屯兵。

单于实贪莽赂遗,故外不失汉家故事,然内利寇掠。又使还,知子登前死,怨恨,寇虏从左地入不绝。使者问,单于辄曰:"乌桓与匈奴黠民共为寇,譬如中国有盗贼耳。咸初立持国,威信尚浅,尽力禁止,不敢有二心。"莽复发军屯。

益州蛮夷杀其大尹,莽发兵击之。　莽改钱货法。

莽复申下金、银、龟、贝之货,颇增减其贾直,而罢大、小钱,改作货布、货泉二品并行。每壹易钱,民用破业而大陷刑。

夏四月,降霜,冻死了草木。 六月,黄雾弥漫。 秋七月,刮起大风,落下冰雹。

大风拔起了树木,刮走了宫殿北面门楼上的瓦。冰雹砸死了牛羊。

王莽设置了一万个封国。

王莽按照《周官》和《王制》的文字记载,设置卒正、连率、大尹、州牧,分别设立六乡、六尉、六队、六郊、六服,总共有一万个封国。此后,每年都又变更,甚至一个郡改了五次名称,最后还是恢复原来的名称。官吏和百姓无法记忆,每次颁下诏书,总要在新名下附记原来的名称。

北部边境发生严重饥荒,出现了人吃人现象。王莽与匈奴和亲。

匈奴请求与中国和亲,王莽就派使节去祝贺匈奴单于新继位。欺骗说作为人质的登还活着,并趁机要求赎回陈良、终带等人,单于答应了要求,王莽将陈良等人活活烧死了。

恰逢边境地区发生严重饥荒,出现了人吃人现象。王莽于是调回边境的各将领,撤回了屯守在那里的部队。

匈奴单于实在贪图王莽的厚礼,所以外表上仍保持汉朝时与中国和睦相处的成例,事实上却不断侵扰劫掠。另外,匈奴使者回来后,单于知道自己的儿子登已经死了,就心怀怨恨,不断从左地入侵攻击。新朝使者质问他,匈奴单于就说:"乌桓与匈奴的奸猾之人一起干坏事,就像中国有强盗匪徒一样。我刚刚即位管理国家,威信还不高,我会尽力禁止,不敢有二心。"王莽再次派遣军队驻守边境。

益州蛮夷杀死益州大尹,王莽发兵进攻叛乱军队。 王莽更改币制。

王莽又下令恢复金币、银币、龟币、贝币,对其价值加以调整,取消大钱、小钱,改由货布、货泉二种钱币代替。每改变一次币制,百姓就随着破产一次,因而大肆犯罪。

乙亥（15） 二年。

春正月，民讹言黄龙死。

民讹言黄龙堕死黄山宫中，走观者万数。莽捕系之。

莽改匈奴单于曰"恭奴善于"。

莽改单于号，单于贪莽金币，曲听之，然寇盗如故。

五原、代郡兵起。

莽意以为制定则天下自平，故锐思于地理、制礼、作乐，讲合"六经"之说。公卿旦入暮出，论议连年不决，不暇省狱讼冤结、民之急务。县宰缺者数年守兼，一切贪残日甚。绣衣执法在郡国者，并乘权势，传相举奏。又公士分布劝农桑，班时令，按诸章，冠盖相望，交错道路。召会吏民，逮捕证左，郡县赋敛，递相赇赂，白黑纷然，守阙告诉者多。莽自见前颛权以得汉政，故务自览众事；又好变改制度，政令烦多，当奉行者辄质问乃以从事，前后相乘，愦眊不渫。莽常御灯火至明，犹不能胜。尚书因是为奸，寝事，上书待报者连年不得去，拘系郡县者逢赦而后出，卫卒不交代者至三岁。谷籴常贵，边兵二十余万人仰衣食县官。五原、代郡尤被其毒，起为盗贼，数千人为辈，转入旁郡。莽遣兵击，岁余乃定。

邯郸以北大雨，水出。

水深者数丈，流杀数千人。

乙亥（15）　新王莽天凤二年。

春正月,百姓谣传黄龙已死。

民间谣传黄龙摔死在黄山宫中,前去观看的有上万人。王莽拘捕了一些人。

王莽将匈奴单于改为"恭奴善于"。

王莽改变了单于的称号,单于贪图王莽的财物,勉强听从了,然而侵扰如故。

五原郡和代郡百姓起兵反抗。

王莽认为制度一确定天下自然就太平了,所以精心思考地域的划分、礼仪的制定、乐教的创作,都要讲求符合"六经"的说法。公卿大臣早上入朝,傍晚退出,连年讨论不断,没有时间处理诉讼冤案和百姓迫切需要解决的问题。县宰缺额好几年都是太守代理,各种贪赃枉法的行为一天比一天厉害。在各郡和封国派驻的绣衣执法,全都利用手中权势轮流检举弹劾。公士分布在各地督促耕种和桑蚕,安排各时节的工作,检查各种规章的执行情况,道路上车马众多,络绎不绝。他们召集官吏和百姓,逮捕取证,郡县官府征收赋税层层贿赂,是非不分,前往朝廷诉苦的人很多。王莽看到自己从前因专权而得到汉朝政权,所以总想自己包揽一切大事;又喜欢改变制度,政令繁多,当奉行的得先询问再去执行,以致前面的事情没完,后面的事情又接上了,昏愦糊涂,没完没了。王莽时常在灯下处理公务,直至天明还没办完。尚书趁此机会舞弊,隐瞒下情,奏报以后等待答复的人一连几年不能回去,被关押在郡县监牢中的人要遇到大赦才得以出来,京师卫戍部队不能轮换甚至已达三年之久。谷物常常很贵,边疆士兵二十多万人依靠官府供应吃穿。五原郡、代郡尤其遭受祸害,不少人起来反抗,成为盗贼,几千人结成群体,转到邻近各郡。王莽派兵进击,经过一年多才平定。

邯郸以北降下大雨,地下水涌出。

水深之处达几丈,冲走淹死几千人。

丙子（16） 三年。

春二月，地震。

莽大司空王邑以地震乞骸骨，莽不许，曰："夫地有动有震，震者有害，动者不害。《春秋》记地震，《易·系》坤动，动静辟翕，万物生焉。"其好自诬饰，皆此类也。

大雨雪。

雪深一丈，竹柏或枯。

夏，莽始赋吏禄。

先是，莽以制作未定，上自公侯，下至小吏，皆不得俸禄。至是始赋吏禄。又曰："古者岁丰则充其礼，灾害则有所损。上计时通计，天下幸无灾害者，太官膳羞备品；即有灾害，以什率多少而损膳焉。公卿以下各分州郡、国邑保其灾害，亦以什率多少而损其禄。中都官吏食禄者，以太官膳羞备损而为节。"莽之制度烦碎如此，课计不可理。吏终不得禄，各因官职为奸，受取赇赂以自共给焉。

长平岸崩，壅泾水。莽复发兵击匈奴。

莽群臣以岸崩上寿曰："《河图》所谓'以土填水'，匈奴灭亡之祥也。"莽乃遣将击匈奴，至边上屯。

秋七月晦，日食。 **冬，莽大发兵击益州蛮，不克。越巂蛮亦杀其太守。**

莽兵击蛮者，疾疫死什六七，赋敛民财什取五，益州虚耗而不克。莽更遣将大发天水、陇西骑士十万人击之。始至，颇斩首数千；其后，军粮前后不相及，士卒饥疫。复大赋敛。就都大尹冯英言："今调发诸郡兵谷，訾民什取

丙子（16）　新王莽天凤三年。

春二月,发生地震。

王莽的大司空王邑以地震为由请求退休,王莽不准,说:"地有动有震,震有害而动无害。《春秋》中记载地震,《易经·系辞》说地动,动时张开,静时合拢,万物由此发生。"王莽喜欢自我欺骗掩饰,都是此类。

天降大雪。

雪深一丈,竹子、柏树有的枯死了。

夏,王莽开始发放官吏的俸禄。

先前,王莽以制度未定为由,上自公侯,下至小吏,都没有俸禄。到现在才开始发俸禄。又说:"古时候,丰年则增加俸禄,遇灾则减少俸禄。以年终统计作为根据,天下幸而没有灾害的时候,御膳房中各类食品俱全;如果有灾害,以十为率,计算多少以减少膳食。公卿及以下官吏分别分到若干州郡、封国,以保护那里安然度过灾害,也以十为率,计算数量来减少其俸禄。京师官吏凡从内府领取俸禄的,参照御膳房膳食的齐备或减少增减。"王莽的制度如此琐碎,核算很难办。官吏始终得不到俸禄,就各自利用职权贪赃枉法,收取贿赂以供应开支。

长平馆河堤坍塌,阻塞了泾水。王莽又发兵攻打匈奴。

王莽群臣因河堤崩溃而向他祝贺说:"这是《河图》所说的'以土去镇服水',正是匈奴灭亡的吉兆。"王莽于是派将领进击匈奴,到边境后驻扎下来。

秋七月最后一日,出现日食。　　冬,王莽大举征发军队进击益州蛮兵,没有成功。越巂蛮人也杀死了当地太守。

王莽的部队在攻击蛮人时,死于疾病和瘟疫的有十分之六七,征收、敛取百姓财物按十中取五计算,益州财政空虚百姓贫困,战斗却没有胜利。王莽再派将军大举征发天水、陇西的骑兵,共十万人发动进攻。刚到时,很是斩杀了几千敌人;后来,军粮供应不上,士兵挨饿,又染上瘟疫。王莽再度大征赋税。就都大尹冯英上奏说:"现在征调各郡部队和粮食,将百姓财物十取

其四,空破梁州,功终不遂。宜罢兵屯田,明设购赏。"莽怒,免英官。越巂蛮夷任贵遂杀太守枚根,自立为邛谷王。

莽遣五威将王骏出西域,焉耆袭杀之。
莽遣骏与都护李崇出西域,诸国郊迎,送兵谷。焉耆诈降,而聚兵自备。骏等至,伏兵袭杀之。西域遂绝。

丁丑(17) 四年。
夏六月,莽更授诸侯茅、土于明堂。

莽好空言,慕古法,多封爵人,性实吝啬,托以地理未定,故且先赋菁茅、四色之土,用慰喜封者。

秋,铸威斗。
以五石铜为之,若北斗,欲以厌胜众兵。司命负之,出在前,入在旁。

临淮、琅邪及荆州绿林兵起。
莽置羲和命士,以督五钧、六筦。皆用富贾为之,乘传求利,交错天下。因与郡县通奸,百姓愈病。莽复下诏申明六筦,为设科禁,犯者罪至死。民摇手触禁,不得耕桑,繇役烦剧,而旱、蝗相因,狱讼不决。吏旁缘莽禁,侵刻小民,富者不自保,贫者无以自存,于是并起为盗贼,依阻山泽,吏不能禽而覆蔽之,浸淫日广。临淮瓜田仪等依阻会稽长

其四,使梁州财政空虚破败,战功却到底没有建立。应当撤兵,让部队在那里驻守屯田,公开设置封赏,引诱夷人。"王莽大怒,罢免了冯英的官职。越嶲蛮夷任贵于是杀死郡太守枚根,自立为邛谷王。

王莽派五威将王骏出使西域,焉耆人突袭,杀死了王骏。

王莽派王骏和西域都护李崇出使西域,西域各国都到郊外迎接,送来士兵和粮食。焉耆人假装投降,却聚集部队,进行防备。等王骏等人到了以后,派伏兵袭击,杀死了王骏。西域与中国的关系于是断绝了。

丁丑(17) 新王莽天凤四年。

夏六月,王莽重新在明堂将象征着封国的茅草和泥土授予诸侯。

王莽喜欢说空话,美慕古代圣制,多赐封爵位,实际上他性情吝啬,借口区划还没确定,所以暂且先授予诸侯菁茅和四色泥土,用以安慰喜爱爵位的人。

秋,铸造威斗。

威斗是用五色药石掺入铜中铸造而成的,形状像北斗,想要以此来诅咒战胜各地兵马。司命负责扛着威斗,王莽外出就放在前面,进宫后就放在身旁。

临淮、琅邪和荆州绿林地区的百姓起事反抗朝廷。

王莽设置羲和命士,负责督促管理财政的五钧、六筦。都由富豪、富商担任,他们乘坐驿车,谋求私利,往来全国。他们趁机与郡县官吏狼狈为奸,百姓更加穷困。王莽又下诏申明六筦制度,并为之配设条规禁令,触犯的人罪重者可以处死。百姓动辄就违犯禁令,没有时间耕田种桑,徭役繁重,而旱灾、蝗灾接连发生,诉讼案件长久不能结案。官吏利用王莽的禁令侵占百姓财物,使富人不能保全财产,穷人不能活命。于是大家都一起当强盗,依靠高山大泽为险阻,官吏不能将其抓获,只能隐瞒不报,以致盗贼人数渐渐增多。临淮瓜田仪等人据守于会稽郡的长

州。琅邪吕母聚党数千人,杀海曲宰,入海中为盗,其众浸多,至万数。荆州饥馑,民众入野泽,掘凫茨而食之,更相侵夺。新市人王匡、王凤为评理诤讼,遂推为渠帅,众数百人。诸亡命者马武、王常、成丹等,皆往从之,藏于绿林山中,数月间至七八千人。又南郡、江夏众皆万人。莽遣使者赦之,还言:"盗解复合。问其故,皆曰:'愁法禁烦苛,不得举手。力作所得,不足以给贡税。闭门自守,又坐邻伍铸钱挟铜。奸吏因以愁民。'民穷,悉起为盗贼。"莽大怒,免之。或言"民骄黠当诛",及言"时运适然,且灭不久",莽说,辄迁官。

戊寅（18） 五年。

春,北军南门灾。 莽以费兴为荆州牧,未行,免。

莽以兴为荆州牧,见,问到部方略。兴对曰:"荆、扬之民,率依阻山泽,以渔采为业。间者国张六筦,税山泽,妨夺民之利,连年久旱,百姓饥穷,故为盗贼。兴到部,欲令明晓,告盗贼归田里,假贷犁牛、种食,阔其租赋,冀可以解释安集。"莽怒,免兴官。

莽考吏致富者,收其财以给军。

吏以不得俸禄,并为奸利,郡尹、县宰家累千金。莽乃考诸军吏及缘边吏为奸利增产致富者,收其家所有财产五分之四以助边急。开吏告其将,奴婢告其主,冀以禁奸,而奸愈甚。

州。琅邪人吕母聚集党羽几千人，杀死海曲县宰，到海中当起海盗，人数越来越多，达到了一万人。荆州发生饥馑，百姓逃入田野沼泽，挖掘荸荠吃，互相争夺。新市人王匡、王凤为大家评理，排解纠纷，于是被推举为首领，聚众数百人。那些亡命徒马武、王常、成丹等人都去投奔他们，藏在绿林山中，几月之间就有了七八千人。又有南郡、江夏等地都聚集起一万多人。王莽派使者前去赦免这些强盗，使者回来后奏道："盗贼解散后又集合在一起。问他们原因，都说：'忧愁法令繁多而苛严，动辄就犯法。劳动所得，不足以交纳捐税。即使闭门自守，也会因邻居私自铸钱或携带铜而连坐入狱。贪官污吏逼迫，人人怨恨。'百姓无路可走，都起来做盗贼。"王莽大怒，免去使者官职。有人上奏说"小民猖狂奸猾，应当诛杀"，还有人说"这只是时运造成的，不久就能消灭"，王莽听了高兴，就升其官位。

戊寅（18）新王莽天凤五年。

春，北军南营门失火。　王莽任命费兴为荆州牧，还未起程，又将其罢免。

王莽任命费兴为荆州牧，诏见时，询问他到任后的施政措施。费兴回答说："荆州、扬州的百姓大都依靠山林湖泊，以捕鱼、樵采为业。近来，国家推行六筦制度，征收山林湖泊税，妨害、剥夺了百姓的利益，又赶上连续几年大旱，百姓饥饿穷困，所以沦为盗贼。我到任后，想明令晓谕盗贼让他们返回家园，贷放农具、耕牛、种子、粮食，减免他们的赋税，希望可以解散安抚他们。"王莽大怒，免去了费兴的官职。

王莽检查官吏中发财致富的，没收他们的钱财以供给军队。

官吏因为得不到俸禄，纷纷非法牟利，郡尹、县宰家里聚积了上千斤黄金。王莽于是检查各军官和边境官吏中非法得利、增加家产、发财致富的，没收他们全部财物的五分之四，用来资助边境急需。并动员官吏告发其上级，奴婢告发其主人，希望以这种措施禁止奸邪，但是奸邪越来越厉害。

莽孙宗自杀。

宗自画容貌,被服天子衣冠,发觉,自杀。

莽大夫扬雄死。

成帝之世,雄以奏赋为郎,给事黄门,与莽及刘秀并列;哀帝之初,又与董贤同官。莽、贤为三公,权倾人主,所荐莫不拔擢,而雄三世不徙官。及莽篡位,雄以耆老久次,转为大夫。恬于势利,好古乐道,欲以文章成名于后世,乃作《太玄》《法言》。用心于内,不求于外,人皆忽之,唯刘秀及范逡敬焉,而桓谭以为绝伦,钜鹿侯芭师事焉。刘棻尝从雄学,作奇字,及棻坐事诛,辞连及雄。时雄校书天禄阁上,使者来欲收之,雄恐不能自免,乃从阁上自投下,几死。莽闻之,以雄不知情,诏勿问。然雄所作《法言》卒章盛称莽功德可比伊尹、周公,后又作《剧秦美新》之文以颂莽,君子病焉。

琅邪樊崇、东海刁子都等兵皆起。

琅邪樊崇起兵于莒,众百余人。群盗以崇猛勇皆附之,一岁间至万余人。逄安、徐宣、谢禄、杨音各起兵,合数万人从崇,转掠青、徐间。又有东海刁子都亦起兵钞击徐、兖。莽遣使者发兵击之,不能克。

乌累单于死,弟呼都而尸道皋若鞮单于舆立。

王莽的孙子王宗自杀。

王宗给自己画了一张像,像中人穿戴着皇帝的服饰和帽子,被发觉后,自杀而死。

王莽的大夫扬雄去世。

成帝当政时,扬雄以擅长作奏赋当上郎官,在黄门服务,同王莽和刘秀一起为官;哀帝初年,又和董贤同官。王莽、董贤后来位列三公,权势极大,他们举荐的人都被升迁,而扬雄历经三代皇帝仍做原来官职。等到王莽篡夺皇位,扬雄才以受人敬重的前辈资格被升为大夫。但扬雄对权势、利益看得很淡,爱好古代典章制度,喜欢儒家之道,想要凭文章留名于后世,就创作了《太玄》《法言》两部著作。他只求内省,不向外宣扬,世人都忽略了他,只有刘秀和范逡尊敬他,而桓谭则认为他无与伦比,钜鹿人侯芭拜他为老师。刘棻曾经跟从扬雄学习,作奇字,等到刘棻犯罪被诛杀,供词中牵连到扬雄。当时,扬雄正在天禄阁上校对图书,使者来了想要拘捕他,扬雄害怕自己不能免去一死,就从天禄阁上跳了下来,几乎摔死。王莽听说后,认为扬雄不知道案情,下诏说不用再拘问他。然而,扬雄撰写的《法言》的最后一章极力颂扬王莽,说他功德可以与伊尹、周公相媲美,后来扬雄又撰写了讽刺秦朝、赞美新朝的《剧秦美新》文章来歌颂王莽,正直的君子都看不起他。

琅邪樊崇、东海刁子都等人起兵。

琅邪人樊崇在莒县起兵,聚众一百多人。众强盗认为樊崇勇猛,都来归附他,一年之间聚集起一万多人。逢安、徐宣、谢禄、杨音也分别起兵,总共有数万人跟从樊崇在青州、徐州一带流窜、抢劫。又有东海人刁子都也起兵,在徐州、兖州一带抢掠。王莽派使者征发部队攻打他们,不能取胜。

匈奴乌累单于去世,他的弟弟舆继位,为呼都而尸道皋若鞮单于。

己卯（19） 六年。

春，莽立须卜当为单于，大募兵击匈奴。

莽遣王歙诱当，将至长安，立为须卜单于。大司马严尤曰："当在右部，单于动静辄语中国，此方面大助也。今迎置长安槁街，一胡人耳。"莽不听。而匈奴寇边益甚，莽乃大募天下丁男及死罪囚、吏民奴，一切税天下吏民，訾三十取一，欲以击匈奴，辅立当。令公卿以下至郡县黄绶皆保养军马，以秩为差。又博募有奇技术可以攻匈奴者。或言能度水不用舟楫，连马接骑，济百万师；或言不持斗粮，服食药物，三军不饥；或言能飞，一日千里，可窥匈奴。莽辄试之，知其不可用，苟欲获其名，皆拜为理军，赐以车马，待发。严尤谏曰："匈奴可且以为后，先忧山东盗贼。"莽大怒，策免尤。

大司空史范升奏记司空王邑曰："朝以远者不服为至念，升以近者不悦为重忧。今动与时戾，事与道反，驰骛覆车之辙，踵循败事之后，后出益可怪，晚发愈可惧耳。方春岁首而动发远役，藜藿不充，田荒不耕，谷价腾跃，斛至数千，吏民陷于汤火之中，非国家之民也。如此，则胡、貉守阙，青、徐之寇在于帷帐矣。升有一言，可以解天下倒县，免元元之急，不可书传，愿蒙引见，极陈所怀。"邑不听。

关东饥旱。

己卯（19） 新王莽天凤六年。

春，王莽封须卜当为单于，大举招募士兵攻打匈奴。

王莽派王歙引诱须卜当，将他骗到长安，封他为须卜单于。大司马严尤劝谏说："须卜当在匈奴右部，单于一有行动就报告中国，在这方面是得力助手。现在把他迎接到长安，安置在槁街，只不过是一个胡人罢了。"王莽不听劝告。而匈奴侵犯边境更加厉害了，王莽就大规模招募全国壮丁、死刑犯和官吏、平民的家奴；并向全国所有官吏和平民征税，抽取其财产的三十分之一，准备攻打匈奴，辅助策立须卜当。王莽命令公卿及以下直至郡县佩带黄色绶带的官吏都要养军马，马匹数量以各人的官秩规定。又广泛招集有奇特技术可用来攻打匈奴的人才。有的说不用舟楫就能渡过江河，马匹相连，可以渡过百万大军；有的说不用带一斗粮食，只服食药物，可以让军队不饥饿；有的说能飞行，一天飞一千里，可以去侦察匈奴军情。王莽就进行试验，明知不能起作用，但他想博得爱惜人才的名声，就将那些人都封为理军，赏赐车马，等待出发。严尤进谏说："匈奴可以暂且放在后面考虑，首先应当忧虑的是山东地区的盗贼。"王莽大怒，下策书罢免了严尤。

大司空史范升向司空王邑提议道："朝廷以远方不服从命令为最大的忧虑，我认为国内百姓不满才是最严重的忧患。现在的举动不合时宜，所做之事与常理相反，在翻过车的道路上奔驰，在失败的足迹上前进，其后出现的灾祸才更加可怪，爆发得越晚才越发可怕。而今正值一年之首的春季，此时却征发部队到远方服役，粗劣的饭菜都不够吃，土地荒芜而没有人耕种，粮价猛涨，一斛甚至高达数千钱，官民都陷于水深火热之中，将不再做国家的臣民了。如果这样，那么胡人、貊人就要来把守宫门，青州、徐州的强盗就要进入帷帐了。我有一番话，可以解除天下的危难，免去民众的窘迫，不能用文字表达，请您为我引见，愿向圣上倾诉我的想法。"王邑不予理会。

函谷关以东发生饥荒和旱灾。

时,饥旱连年。刁子都等党众浸多,至六七万。

庚辰(20) 地皇元年。

春正月,莽令犯法者论斩毋须时。

莽下书曰:"方出军行师,敢有趋谨犯法者辄论斩,毋须时!"于是春夏斩人都市,百姓震惧,道路以目。

秋七月,大风毁莽王路堂。 **九月,莽起九庙于长安城南。**

黄帝庙方四十丈,高十七丈,余庙半之。功费数百余万,卒徒死者万数。

大雨六十余日。 **钜鹿男子马适求等谋诛莽,不克,死。**

适求等谋觉,连及郡国豪杰数千人,皆为莽所杀。

莽更铸钱法。

莽以私铸犯法者多不可胜行,乃更轻其法,铸者与妻子没入为官奴婢,吏及比伍知而不举告与同罪。由是犯者愈众。槛车锁颈,传诣长安钟官以十万数,死者什六七。

以唐尊为太傅。

尊曰:"国虚民贫,咎在奢泰。"乃身短衣小袖,乘牝马、柴车,藉槁,以瓦器饮食,又以历遗公卿。出,见男女不异路者,尊自下车,以象刑赭幡污染其衣。莽闻而悦之,下诏申敕公卿"思与厥齐",封尊为平化侯。

收郅恽系狱。

当时,饥荒与旱灾连年不绝。刁子都等党徒渐渐增加,多达六七万人。

庚辰(20) 新王莽地皇元年。

春正月,王莽下令犯法当斩的不必等到行刑季节。

王莽颁下文告说:"正当出兵行军的时候,敢有奔跑喧哗触犯法律的立即问斩,不用等到行刑时节!"于是春、夏两季在都市斩杀犯人,百姓震惊恐惧,在路上走只敢以目光示意,不敢交谈。

秋七月,大风摧毁了王莽的王路堂。 **九月,王莽在长安城南兴建皇家九座祭庙。**

黄帝祭庙四边长度都是四十丈,高十七丈,其余的祭庙只有它一半大小。建庙花费数百余万钱,役徒丧生的有一万人左右。

大雨下了六十多天。 **钜鹿郡男子马适求等人商议诛杀王莽,没有成功而死。**

马适求等人的谋划被发觉,牵连各郡、封国的豪杰几千人,都被王莽处死。

王莽变更铸钱法。

因为私自铸钱币而犯法的人太多,律令无法执行,王莽就变更铸钱法,减轻了刑罚,铸钱的人及其妻子、孩子都被收为官府奴婢,官吏与邻居知情不举报的同罪。从此,违犯铸钱法的人更多了。他们被关在囚车中,铁链锁住头颈,被送到长安钟官府的有十万人,死亡的多达十分之六七。

任命唐尊为太傅。

唐尊说:"国家空虚,百姓穷困,错在奢侈过度。"于是他身穿小袖短衣,乘坐母马、简陋没有装饰的车,坐卧时用枯枝禾杆做衬垫,用瓦器做餐饮器具,又把这些东西一一送给公卿。外出时,看见男女不分开走路,唐尊就走下车,以象征性的刑罚,拿红水污染他们的衣服。王莽听说后很高兴,下诏书告诫公卿:"希望你们与他一样。"封唐尊为平化侯。

拘捕郅恽,投入牢狱。

恽明天文历数，以为汉必再受命，上书说莽曰："上天垂戒，欲悟陛下，令就臣位。取之以天，还之以天，可谓知命矣。"莽大怒，系恽诏狱。逾冬，会赦得出。

辛巳（21） 二年。

春正月，莽妻死。太子临谋杀莽，事觉，自杀。 秋，陨霜杀菽。 关东大饥，蝗。 莽毁汉高庙。

莽恶汉高庙神灵，遣虎贲武士入庙，拔剑四面提击，斧坏户牖，桃汤、赭鞭鞭洒屋壁，令轻车校尉居其中。

南郡秦丰兵起。

丰聚众万人，平原女子迟昭平亦聚数千人在河阻中。莽召问群臣禽贼方略，皆曰："此天囚行尸，命在漏刻。"故左将军公孙禄征来与议，禄曰："太史令宗宣以凶为吉，乱天文，误朝廷。太傅唐尊饰虚伪以偷名位，贼夫人之子。国师刘秀颠倒"五经"，毁师法，令学士疑惑。张邯、孙阳造井田，使民弃土业。鲁匡设六筦以穷工商。崔发阿谀取容，令下情不上通。宜诛此数子以慰天下。"又言："匈奴不可攻，当与和亲。恐新室忧不在匈奴，而在封域之中也。"莽怒，使虎贲扶禄出，然颇采其言，左迁匡为五原卒正。

莽以田况为青、徐二州牧，既而罢之。

初，四方皆以饥寒穷愁起为盗贼，稍稍群聚，常思岁熟得归乡里。众虽万数，不敢略有城邑，转掠求食日阕而已。

郅恽明晓天文历法，认为汉朝必定会复兴，就上奏劝说王莽："上天发出异象是在使陛下醒悟，退回到臣子的位置上去。取之于天，还之于天，才算是知道天命。"王莽大怒，将郅恽拘捕，投入诏狱。过了冬天，逢到赦免才得以出狱。

辛巳（21）新王莽地皇二年。

春正月，王莽的妻子去世。太子王临计划杀死王莽，被发现，自杀而死。　秋天，严霜冻死庄稼。　函谷关以东发生大饥馑，蝗虫成灾。　王莽摧毁了汉高祖的祭庙。

王莽厌恶汉高祖庙神灵，派虎贲武士到祭庙中，拔出剑向四面掷击，用斧子砍坏门窗，用桃木汤涂洒墙壁，又用红色鞭子抽打墙壁，命令轻车校尉住在里面。

南郡人秦丰起兵反抗。

秦丰聚集起一万人，平原郡的女子迟昭平也在黄河险要之处集结起几千人。王莽召集群臣，询问擒拿强盗的策略，群臣都说："这些人都是触犯天条的囚犯，行走的尸体，活不了多久。"原左将军公孙禄应召前来参与议事，他说："太史令宗宣把凶险的征兆当作吉利的征兆，扰乱天文，贻误朝廷。太傅唐尊用虚伪的言行窃取名誉地位，害了人家的子弟。国师公刘秀颠倒"五经"，毁坏经师的道法，造成学士的思想混乱。张邯、孙阳制作井田制，使百姓抛弃丧失了土地产业。鲁匡设立六筦制度，使得工匠和商人穷困不堪。崔发阿谀奉承来讨好，弄得下情不能上达。应当诛杀这些小人以安抚天下。"他又说："匈奴不得与之为战，应当与之和亲。我恐怕新朝的忧患不在匈奴，而在国家内部。"王莽大怒，让虎贲武士把公孙禄揍出去了，但还是采纳了他的意见，将鲁匡降职为五原郡卒正。

王莽任命田况为青州和徐州牧，不久又罢免了他。

当初，各地人都因为饥寒、穷困才起来做盗贼，众人渐渐地聚集在一起，还时常盼望年景好时能够返回家园。虽然聚集了上万人，但仍不敢攻占城市，只是四处劫掠求食，够当天吃而已。

诸长吏牧守皆自乱斗中兵而死，贼非敢欲杀之也，而莽终不谕其故。是岁，荆州牧讨绿林贼，王匡等迎击，大破牧军，钩牧车屏泥，刺杀其骖乘，然终不敢杀牧。贼遂攻拔竟陵、安陆，多略妇女，还入绿林中，至有五万余口。又大司马士按章豫州，为贼所获，贼送付县。士还，上书具言状。莽大怒，因下书责七公曰："夫吏者，理也。宣德明恩，以牧养民，仁之道也。抑强督奸，捕诛盗贼，义之节也。今则不然。盗发不辄得，至成群党，遮略乘传宰士。士得脱者又妄自言：'我责数贼："何故为是？"贼曰："以贫穷故耳。"贼护出我。'今俗人议者率多若此。惟贫困饥寒犯法为非，群盗、偷穴，不过二科。今乃结谋连党以千百数，是逆乱之大者，岂饥寒之谓邪？七公其严敕卿大夫、卒正、连率、庶尹，谨牧养善民，急捕殄盗贼。有不同心并力疾恶黜贼而妄曰饥寒所为，辄捕系请其罪！"于是群下愈恐，莫敢言贼情者。州郡又不得擅发兵，贼由是遂不制。

唯翼平连率田况素果敢，发民年十八以上四万余人，授以库兵，与刻石为约。樊崇等闻之，不敢入界。况自劾奏，莽让况弄兵，以况自诡必禽灭贼，故且勿治。后，况自请出界击贼，所向皆破。莽以玺书令况领青、徐二州牧事。况上言："盗贼始发，其原甚微，部吏、伍人所能禽也。咎

各县官吏和州牧、郡守都是自己乱斗而中兵器死去的，盗贼不敢存心杀死他们，但王莽始终不明白这个道理。这一年，荆州牧去征讨绿林的贼寇，王匡等人迎战，大破官军，钩住荆州牧车上的挡泥板，刺杀了车上陪乘的人，但最终不敢杀死荆州牧。贼寇于是攻陷了竟陵、安陆，劫掠去许多妇女，退到绿林中去了，逐渐增至五万多人。有一个大司马的属吏到豫州办案，被贼寇擒住，贼寇将他送回县里。那个属吏回京后，上书详细报告情况。王莽大怒，于是下文告责问四辅、三公说："吏的意思是管理。宣扬德政，彰明圣恩，去管教养育人民，这是仁政的原则。压制豪强，督察奸邪，捕杀盗贼，这是正义的节操。现在却不是这样。盗贼兴起却总不能拘捕，致使其结成党众，劫掳乘坐传车的官吏。官吏得以脱身的，又妄自说：'我谴责质问强盗："为什么要干这种事情？"强盗回答说："因为贫困的缘故。"强盗还护送我出来。'现今庸俗的人谈论事情大多是这样。只因贫寒而犯法胡作非为，只有结伙偷盗和一人行窃这两种情况而已。如今竟然谋划结党，聚众以千百人计算，这是大规模的叛乱，难道是饥寒可以解释的吗？四辅、三公要严加告诫公卿、大夫、卒正、连率和庶尹，认真管教养育善良的平民，迅速捉拿为非作歹的盗贼。如果有人不齐心协力，不憎恨狡猾的盗贼，而胡说是因为饥寒所迫才做盗贼的，就立即逮捕监禁，查办罪行！"于是官吏们更加害怕，没有人敢再说明盗贼的真实情况。各州、郡又不能擅自调动军队，盗贼从此就无法控制了。

只有翼平郡连率田况一向果断勇敢，征发十八岁以上的平民四万多人，将库存的武器发放给他们，以刻在石头上的军令来约束他们。樊崇等人听说后，不敢进入翼平郡。田况自我弹劾，王莽责备田况擅自用兵，但因为田况自称一定能捉拿奸灭盗贼，所以暂且不予治罪。后来，田况自己请求越过郡界攻击盗贼，所到之处，盗贼都被打败。王莽用诏书任命田况代理青州和徐州两州牧的职务。田况上奏说："盗贼刚刚兴起，他们的基础很薄弱，当地的官吏和邻里相保的伍人都可以将他们擒住。责任在

在长吏不为意，县欺其郡，郡欺朝廷，实百言十，实千言百。朝廷忽略，不辄督责，遂至延蔓连州，乃遣将帅，多使者，传相监趣。郡县力事上官，应塞诘对，共酒食，具资用，以救断斩，不暇复忧盗贼、治官事。将帅又不能躬率吏士，战则为贼所破，吏气寖伤，徒费百姓。前幸蒙赦令，贼欲解散，或反遮击，转相惊骇，恐见诈灭，饥馑易动，旬日之间更十万余人，此盗贼所以多之故也。今宜急选牧、尹以下，明其赏罚，收合离乡。小国无城郭者，徙其老弱置大城中，积藏谷食，并力固守。贼来攻城则不能下，所过无食，势不得群聚。如此，招之必降，击之则灭。今空复多出将帅，郡县苦之反甚于贼。宜尽征还乘传诸使者，以休息郡县。委任臣况以二州，盗贼必平定之。"莽畏恶况，遣使者赐况玺书，因令代监其兵，遣况西诣长安。况去，齐地遂败。

壬午（22）三年。

春二月，关东人相食。　夏四月，樊崇兵自号赤眉。莽遣其太师王匡、将军廉丹击之。

初，樊崇等众既寖盛，乃相与为约："杀人者死，伤人者偿创。"莽遣太师王匡、更始将军廉丹讨之。崇等恐其众与莽兵乱，乃皆朱眉以相识别，由是号曰"赤眉"。匡、丹合将

于县府长官不以为意，县欺骗郡，郡欺骗朝廷，事实上有一百人却说只有十人，有上千人却说只有一百人。朝廷忽略了，没有及时督察责问，于是发展到蔓延几州，这时朝廷才派遣将帅，多派出使者，层层监督催促。郡守、县官忙于应付服侍上司，应付质问检查，供应酒饭，准备物资和费用，来解救自己的死罪，没有时间去忧虑盗贼、办理公务。将帅又不能亲自率领官兵冲锋陷阵，刚交战就被盗贼打败，士气渐渐低落，白白耗费百姓钱财。前次幸而得到赦免令，盗贼想解散，有的地方反而对其截击，他们递相吃惊害怕，唯恐被欺骗和消灭，又因为饥馑使人心容易动摇，十几天的时间又聚起十万多人，这是贼寇众多的原因。如今，应当迅速挑选州牧、大尹以下的官员，明确制定赏罚规定，让他们收集分散的乡民。没有城郭的小封国，把里面的老弱居民迁移安置到大城市里，储积粮食，合力固守。贼寇来攻城，就不能攻下，他们所经过的地方没有粮食，势必不能群集。这样，招抚他们，他们一定会投降；攻打他们，他们一定会被剿灭。现在白白地再多派出将帅，地方官员害怕他们反而比害怕贼寇还厉害。应当把乘坐传车的各地使者全部召回，好让郡县官民得到休息。请把剿灭青州和徐州两地盗贼的任务委托给我，我一定将他们平定。"王莽畏忌厌恶田况，派遣使者赐给田况盖有玺印的诏书，命令别人代理他监管部队，派田况西行到长安来。田况走后，齐地局势就不可收拾了。

壬午（22） <small>新王莽地皇三年。</small>

春二月，关东地区出现了人吃人的现象。　夏四月，樊崇的部队自称为赤眉军。王莽派遣其太师王匡、将军廉丹去攻打赤眉军。

当初，樊崇等人的部众已经逐渐强盛，就互相约定："杀人的偿命，伤人的偿罪。"王莽派太师王匡、更始将军廉丹前去讨伐。樊崇等人害怕他们的部众与王莽的部队相混淆，就都把眉毛染成红色以便互相辩认识别，因此号称"赤眉"。王匡、廉丹一同率领

锐士十余万人,所过放纵。东方为之语曰:"宁逢赤眉,不逢太师。太师尚可,更始杀我!"卒如田况之言。

绿林兵分为下江、新市兵,莽遣其将军严尤、陈茂击之。

绿林贼遇疾疫,死者且半,乃各分散。王常等西入南郡,号"下江兵";王匡等北入南阳,号"新市兵";皆自称将军。莽遣严尤、陈茂击之。

蝗飞蔽天。　流民入关者数十万人。

莽闻城中饥馑,以问中黄门王业。业曰:"皆流民也。"乃市所卖粱饭、肉羹,持入示莽曰:"居民食咸如此。"莽信之。

秋七月,荆州、平林兵起。

新市王匡等进攻随。平林人陈牧、廖湛复聚众千余人,号"平林兵",以应之。

赤眉破廉丹,诛之。

莽以诏书让廉丹,丹惶恐,夜召其掾冯衍以书示之。衍因说丹曰:"张良以五世相韩,椎秦始皇博浪之中。将军之先为汉信臣,新室之兴,英俊不附。今海内溃乱,人怀汉德甚于诗人思召公也。人所歌舞,天必从之。方今为将军计,莫若屯据大郡,镇抚吏士,砥厉其节,纳雄桀之士,询忠智之谋,兴社稷之利,除万人之害,则福禄流于无穷,功烈著于不灭。何与军覆于中原,身膏于草野,功败名丧,耻及先祖哉?"丹不听。衍,奉世曾孙也。赤眉别校董宪等众数万人在梁郡,匡、丹引兵进战。兵败,匡走。丹曰:"小儿可走,吾不可!"遂战死。

精锐将士十多万人，一路上放任士兵，不加约束。东部地区为此流传民谣："宁遇赤眉，不遇太师。太师尚可，更始杀我！"确实像田况所说的一样。

绿林军分为下江兵和新市兵，王莽派将军严尤、陈茂去攻打他们。

绿林贼遇到瘟疫，死亡将近一半，于是各自分兵，离开了绿林。王常等人向西进入南郡，称"下江兵"；王匡等人向北进入南阳，称"新市兵"；都自称将军。王莽派严尤、陈茂进击他们。

蝗虫飞来，铺天盖地。　　流民进入函谷关的有几十万人。

王莽听说城里发生饥荒，就此事询问中黄门王业。王业回答："那些都是流民。"于是买来市场上卖的精米饭和肉汁，拿进宫给王莽看，并说："居民的食物都是这样。"王莽相信了他的话。

秋七月，荆州、平林起兵反叛。

新市王匡等进攻随县。平林人陈牧、廖湛又聚起一千多人，称"平林兵"，以响应新市兵的行动。

赤眉军打败了廉丹，将其杀死。

王莽发下诏书责备廉丹，廉丹惶恐，晚上召来他的属官冯衍，把诏书拿给他看。冯衍趁机劝廉丹说："张良因为五代都是韩国的相国，所以在博浪沙中用铁椎行刺秦始皇。将军的先人是汉朝的诚信之臣，新朝兴起后，天下英雄豪杰没有人归附它。现在全国一片混乱，百姓怀念汉朝的恩德，超过了周朝百姓对召公的思念。人民歌颂的，上天一定会随从。现在我为将军考虑，不如把部队驻扎、安置在一个大郡，安抚官员，磨炼他们的意志，招揽英雄豪杰，询问忠直智慧的谋略，为国家谋求利益，消除人民的灾害，那么您的福禄将无穷无尽，您的功业将永垂青史。您何必与您的部队一同在中原覆灭，让自己与草木同时腐烂，弄得身败名裂，使祖先也蒙受耻辱呢？"廉丹不听劝说。冯衍是冯奉世的曾孙。赤眉军别部校尉董宪等人的部队好几万人在梁郡一带活动，王匡和廉丹带领大军进攻他们。兵败后，王匡逃走。廉丹说："小人可以逃走，我不可以！"于是战斗而死。

汉宗室刘缤及弟秀起兵春陵，兴复帝室。新市、平林兵皆附之。

初，长沙定王发生春陵节侯买，买生戴侯熊渠，熊渠生考侯仁。仁以南方卑湿徙封南阳之白水乡，与宗族往家焉。仁卒，子敞嗣，值莽篡位，国除。节侯少子外为郁林太守，外生钜鹿都尉回，回生南顿令钦。钦娶湖阳樊重女，生三男：缤、仲、秀。缤性刚毅慷慨，有大节，常愤愤，怀复社稷之虑，不事家人居业，倾身破产，交结天下雄俊。秀隆准日角，尝受《尚书》长安，略通大义，性勤稼穑。缤常非笑之，比于高祖兄仲。秀尝过穰人蔡少公，少公颇学图谶，言刘秀当为天子。或曰："是国师公刘秀乎？"秀戏曰："何用知非仆邪？"坐者皆大笑。

宛人李守好星历谶记，尝谓其子通曰："刘氏当兴，李氏为辅。"及新市、平林兵起，南阳骚动，通从弟轶谓通曰："今四方扰乱，汉当复兴。南阳宗室独刘伯升兄弟泛爱容众，可与谋大事。"通笑曰："吾意也。"会秀卖谷于宛，通遣轶往迎秀，与相约结，定谋。欲以立秋材官都试骑士日，劫前队大夫甄阜及属正梁丘赐，因以号令大众。使轶与秀归春陵举兵以相应。于是缤召诸豪杰计议曰："王莽暴虐，百姓分崩。今枯旱连年，兵革并起，此亦天亡之时，复高祖之业、定万世之秋也！"众皆然之。于是分遣亲客于诸县起兵，缤自发春陵子弟。子弟恐惧，皆亡匿，曰："伯升杀我！"

汉朝皇族刘缤和他的弟弟刘秀在舂陵起兵,恢复汉朝的统治。新市兵和平林兵都去归附他们。

最初,长沙定王刘发生了舂陵节侯刘买,刘买生了戴侯刘熊渠,刘熊渠生了考侯刘仁。刘仁因南方地势低下且气候潮湿,被改封到南阳郡的白水乡,与整个宗族都迁居于此。刘仁死后,他的儿子刘敞继承爵位,恰逢王莽篡夺帝位,封国撤除。舂陵节侯的小儿子刘外当郁林太守,刘外生了钜鹿都尉刘回,刘回生了南顿令刘钦。刘钦娶湖阳人樊重的女儿为妻,生了三个儿子:刘缤、刘仲和刘秀。刘缤性格刚毅慷慨,有大气节,时常愤愤不平,心怀恢复汉朝统治的志向,不经营家产和事业,反而变卖家产,结交天下英雄豪杰。刘秀生得鼻梁高耸,额角隆起,曾经在长安学习过《尚书》,通晓大道理,性格勤勉,爱好种田。刘缤经常取笑他,将他比做汉高祖刘邦的哥哥刘仲。刘秀曾经去拜访过穰县人蔡少公,蔡少公对图谶颇有研究,说刘秀当为天子。有人说:“说的是国师公刘秀吧?”刘秀开玩笑说:“你们怎么知道说的不是我呢?”在座的人都大笑起来。

宛城人李守喜读星象与图谶之书,曾对他的儿子李通说:“刘姓当会复兴,李姓当会做辅政大臣。”等到新市人和平林人起兵反叛后,南阳郡骚乱不安,李通的堂弟李轶对李通说:“现如今全国一片混乱,汉朝将会复兴。南阳郡刘姓皇族中只有刘伯升兄弟博爱,宽容待人,可以与他们共谋大事。”李通笑着说:“我也正有此意。”正值刘秀在宛城卖粮,李通让李轶前去迎接刘秀,与他结交,商定计划。他们打算在立秋那天骑兵武士大检阅的时候,劫持前队大夫甄阜和属正梁丘赐,因而对部众发号施令。李通让李轶同刘秀一起回到舂陵起兵,以互相接应。于是,刘缤召集各位豪杰商议计策,说:“王莽凶残暴虐,百姓分崩离析。现在连年干旱,到处兵荒马乱,这也是上天灭亡他的时机,是恢复汉高祖的千秋功业、安定全国的时候!”大家都同意他的话。于是,刘缤分派亲友、宾客在各县一同起事,他自己发动舂陵的子弟。各家子弟恐惧万分,都逃避躲藏起来,说:“刘缤要害死我了!”

及见秀绛衣大冠,皆惊曰:"谨厚者亦复为之。"乃稍自安。凡得子弟七八千人,部署宾客,自称"柱天都部"。秀时年二十八。李通未发,事觉,亡走。父守及家属坐死者六十四人。

 縯使族人招说新市、平林兵,与其帅王凤、陈牧西击长聚,进屠唐子乡,又杀湖阳尉,进拔棘阳。李轶、邓晨皆将宾客来会。
 下江兵与莽荆州牧战,大破之。
 严尤、陈茂破下江兵,成丹等收散卒复振,与荆州牧战于上唐,大破之。
 冬十一月,有星孛于张。　汉兵与莽守将甄阜、梁丘赐战,不利,遂与下江合兵袭取其辎重。

 刘縯欲进攻宛,至小长安聚,与甄阜、梁丘赐战,败。

 縯复收兵保棘阳。阜、赐乘胜留辎重于蓝乡,引精兵十万南临沘水。新市、平林见汉兵数败,各欲解去。会下江兵五千余人至宜秋,縯与秀俱造其壁曰:"愿见下江一贤将议大事。"众推王常。縯见常,说以合从之利。常大悟,曰:"王莽残虐,百姓思汉。今刘氏复兴,即真主也。"縯遂与常深相结而去。常还,具为余将言之,皆曰:"大丈夫既起,当各自为主,何故受人制乎?"常乃徐晓说之曰:"王莽苛酷,积失百姓之心,民之讴吟思汉,非一日也,故使吾属因此得起。夫民所怨者,天所去也;民所思者,天所与也。举大事当下顺民心,上合天意,功乃可成。若负强恃勇,

等到他们看到刘秀身穿红衣，头戴大冠，都吃惊道："谨慎忠厚的人也干起了这种事。"心里才慢慢安定下来。总共聚起子弟七八千人，安排宾客和下属，刘缤自称"柱天都部"。刘秀当时二十八岁。李通还没来得及起兵，就被人发觉，因而逃走了。他的父亲李守和家属被牵连诛杀，共死了六十四人。

刘缤派族人去招徕劝说新市和平林的部队，与他们的主帅王凤、陈牧一起向西攻打长聚，又进攻唐子乡，杀了许多人，又杀死湖阳尉，攻陷棘阳。李轶和邓晨都带领宾客前来会合。

下江兵与王莽的荆州牧交战，大败官军。

严尤、陈茂打败了下江兵，下江兵首领成丹等人集合起逃散的士兵，重振声势，又与荆州牧在上唐交战，大破官军。

冬十一月，有彗星出现在张六星旁边。 刘缤的部队与王莽的守将甄阜、梁丘赐交战，没有取胜，就同下江兵合在一起偷袭夺走了甄阜的辎重。

刘缤要进攻宛城，到达小长安聚时，同甄阜、梁丘赐交战，刘缤战败。

刘缤又集合部队保棘阳。甄阜、梁丘赐乘胜把物资留在蓝乡，率领精兵十万南行，到达沘水。新市兵和平林兵见汉军打了几次败仗，纷纷想解散逃走。正巧下江兵五千余人到达宜秋，刘缤与刘秀都到他们营寨拜访，说："我们希望见下江的一位贤明将领，共商大事。"下江兵推举王常。刘缤见到王常，讲述了联合作战的利益。王常大大省悟，说："王莽凶残暴虐，百姓思念汉朝。如今刘姓复出举事，就是真正的天下之主。"刘缤就同王常深相交结，然后告辞而去。王常回来后，将他的想法都告诉了下江兵的其余将领，他们都说："大丈夫既然起事，应当自己做主宰，为什么要受别人控制呢？"王常就慢慢地分析、劝说他们道："王莽苛刻残酷，不断丧失民心，百姓歌唱吟颂，思念汉朝，已经不是一天了，正因为此，我们才能趁机起事。百姓所怨恨的，正是上天要除灭的；百姓所思念的，是上天要赐与的。大凡要干一番大事业，必当下顺民心，上合天意，才能够成功。如果负强恃勇，

触情恣欲，虽得天下，必复失之。以秦、项之势尚至夷覆，
况今布衣相聚草泽，以此行之，灭亡之道也。今南阳诸刘
举宗起兵，观其来议者皆有深计大虑、王公之才，与之并
合，必成大功，此天所以祐吾属也！"诸将素敬常，乃皆谢
曰："无王将军，吾属几陷于不义！"即引军与汉军及新市、
平林合。于是，诸郡齐心同力，锐气益壮。缤大犒军士，设
盟约，休卒三日，分为六部。十二月晦，潜师夜起，袭取蓝
乡，尽获其辎重。

癸未（23）　汉帝玄更始元年。

春正月，攻阜、赐，诛之。又破严尤、陈茂于淯阳下，遂
围宛。

先是，青、徐贼众虽数万人，讫无文书、号令、旌旗、部
曲。及汉兵起，皆称将军，攻城略地，移书称说。莽闻之，
始惧。

二月，新市、平林诸将共立更始将军刘玄为皇帝，大
赦，改元。

春陵戴侯曾孙玄在平林兵中，号"更始将军"。时汉兵
已十余万，诸将议以兵多而无所统一，欲立刘氏以从人望。
南阳豪杰及王常等皆欲立刘缤，而新市、平林将帅乐放纵，
惮缤威明，贪玄懦弱，先共定策立之，然后召缤示其议。
缤曰："诸将军幸欲尊立宗室，甚厚。然今赤眉起青、徐，

感情用事，为所欲为，即使能够得到天下，也一定会再失去。以秦王朝和楚霸王项羽的势力尚且归于覆灭，何况现在我们这些平民，在草野水泽集结起来，如果也放纵胡为，就是走灭亡之路。如今南阳郡刘姓家族起兵，我察看前来议事的人都有深谋远虑，有王爷公爵的才干，如与他们联合作战，必能成就大业，这是上天用来保佑我们的啊！"各位将领一向敬重王常，于是都道歉说："没有王将军，我们几乎陷于不义！"当即带兵与汉军及新市兵、平林兵合为一处。于是，各部人马齐心协力，士气更加旺盛。刘缜用丰盛酒饭款待军队，订立盟约，让部队休整三天，然后分为六部分。十二月最后一天，部队悄悄乘夜出发，袭击蓝乡，将甄阜军的物资全部夺得。

淮阳王

癸未(23)　　淮阳王刘玄更始元年。

春正月，攻打甄阜、梁丘赐，将其杀死。又在淯阳城下打败严尤、陈茂，于是围攻宛城。

早先，青州和徐州两地的盗贼虽然有几万人，但一直没有文书、号令、旗帜、部队组织。等到汉兵起事，他们都自称将军，进攻城市，夺取土地，传递文书声讨王莽的罪状。王莽听到了，开始害怕起来。

二月，新市兵和平林兵的各位将领共同拥立更始将军刘玄为皇帝，大赦天下，改变年号。

春陵戴侯的曾孙刘玄在平林兵中，号"更始将军"。当时汉兵已有十余万人，众将领商议说部队太多却没有统一领导，就想立一位汉朝刘姓皇族以顺从大家的希望。南阳郡的豪杰和王常等人都想立刘缜，而新市兵、平林兵的将领乐于放纵，害怕刘缜的威严明察，贪图刘玄的懦弱，抢先共同商定要立刘玄，然后把刘缜召来，告诉他决定。刘缜说："各位将军要尊立汉朝刘姓皇族，真是对我们的厚爱。然而，如今赤眉军在青州、徐州崛起，

众数十万，闻南阳立宗室，赤眉复有所立，王莽未灭而宗室相攻，是疑天下而自损权，非所以破莽也。不如且称王以号令，亦足以斩诸将。若赤眉所立者贤，相率而往从之；若无所立，破莽，降赤眉，然后举尊号，亦未晚也！"诸将多曰善。张卬拔剑击地曰："疑事无功，今日之议不得有二！"众皆从之。二月朔，设坛场于淯水上，玄即皇帝位，南面立，朝群臣。羞愧流汗，举手不能言。大赦，改元，拜置公卿，以缜为大司徒，秀为太常偏将军。由是豪杰失望。

三月，刘秀徇昆阳、定陵、郾，皆下之。 莽遣其司徒王寻、司空王邑大发兵，会严尤、陈茂。夏五月，围昆阳。

王莽遣其司徒王寻、司空王邑发兵平定山东，征诸明兵法六十三家以备军吏，以长人巨无霸为垒尉，又驱诸猛兽、虎、豹、犀、象之属以助威武。邑至洛阳，州郡各选精兵，牧守自将，定会者四十二万人，号百万。余在道者，旌旗、辎重千里不绝。五月，出颍川，与尤、茂合。

诸将见兵盛，皆反走入昆阳，惶怖，欲散归诸城。刘秀曰："今兵谷既少，而外寇强大，并力御之，功庶可立；如欲分散，势无俱全。昆阳即拔，一日之间诸部亦灭矣。今不同心胆共举功名，反欲守妻子财物邪！"诸将怒曰："刘将军何敢如是？"秀笑而起。会候骑还，言："大兵且至城北，军阵数百里，不见其后。"诸将迫急，乃更请秀计之。秀复为图画成败，皆曰："诺。"时城中唯有八九千人，秀使王凤、

拥有数十万众,听说南阳已立皇族,赤眉军如果再拥立另外的人,那么王莽还未消灭而刘姓皇族互相攻击,这将使天下人疑心,而损伤我们自己的力量,这不是打败王莽的方法。不如暂且称王,以发号施令,也足以斩杀将领了。如果赤眉军拥立的人贤明,我们率领部众前去跟从他;如果没有立皇帝,先消灭了王莽,收降了赤眉军,然后再称皇帝,也不算晚。"众将领大都说好。张印拔剑砍击地面,说:"抱着怀疑的态度做事情,一定不会成功。今天的决定不许有第二种想法!"大家都赞成。二月初一,在淯水旁边设立坛场,刘玄即皇帝位,面向南方而立,接受群臣朝拜。他感到羞愧不堪,汗流满面,只举起手却说不出话来。之后,大赦天下,改变年号,拜封公卿,任命刘缤为大司徒,刘秀为太常偏将军。从此,英雄豪杰感到失望。

三月,刘秀攻掠昆阳、定陵、郾城,皆攻克。 **王莽派司徒王寻、司空王邑大发兵,与严尤、陈茂会台。夏五月,围昆阳。**

王莽派司徒王寻、司空王邑发兵平定崤山以东地区,征召通晓六十三家兵法的人做军官,任命巨人巨无霸为垒尉,又驱赶虎、豹、犀牛、大象等多种猛兽来助军威。王邑先到了洛阳,各州郡都挑选精锐部队,由州郡长官亲自统帅,定期会集起四十二万人,号称一百万。其余的部队还在途中,旗帜、物资千里不绝。五月,率兵出颍川,与严尤、陈茂合兵一处。

汉军众将领看到王莽部队人多势众,都往回跑进昆阳,惶恐不安,打算解散,到其他城市去。刘秀说:"现在我们兵少粮缺,而外面敌军势力强大,如果合力抵御,也许可以取胜立功;如果要分散而去,势必不能保全。昆阳一旦被攻破,一天之内各部分人马也会被消灭。如今大家怎能不同心协力、共谋大事,反而要守着妻子财物呢?"众将领发怒说:"刘将军怎么敢这样说?"刘秀笑着起身。此时,正巧侦察敌情的骑兵回来报告说:"敌军将到城北面,军阵长达数百里,看不到尾。"将领们到了危急关头,就再次请刘秀出谋划策。刘秀又给将领们描绘有关成败的各种因素,众将都说:"是这样。"当时城中只有八九千人,刘秀让王凤、

王常守昆阳,夜与李轶等十三骑出城南门,于外收兵。

时,莽兵到城下者且十万,秀等几不得出。寻、邑纵兵围昆阳,尤说邑曰:“昆阳城小而坚,不如先击宛。宛败,昆阳自服。”不听,遂围之数十重,列营百数,钲鼓之声闻数十里。或为地道、冲辒撞城,积弩乱发,矢下如雨。凤等乞降,不许。寻、邑自以功在漏刻,不以军事为忧。尤曰:“兵法:‘围城为之阙。’宜使得逸出以怖宛下。”又不听。

莽棘阳长岑彭以宛城降汉。玄入,都之。

岑彭守宛城,汉兵攻之数月,城中人相食,乃降。更始入,都之。诸将欲杀彭,刘縯曰:“彭执心坚守,是其节也。今举大事,当表义士。”更始乃封彭为归德侯。

六月,刘秀大破莽兵于昆阳下,诛王寻。

刘秀至郾、定陵,悉发诸营兵。诸将贪惜财物,欲分兵守之。秀曰:“今若破敌,珍宝万倍,大功可成;如为所败,首领无余,何财物之有?”乃悉发之。六月朔,秀自将步、骑千余为前锋,去大军四五里而陈。寻、邑亦遣兵数千合战。秀奔之,斩首数十级。诸将喜曰:“刘将军平生见小敌怯,今见大敌勇,甚可怪也!且复居前请助将军!”秀复进,寻、邑兵却,诸部共乘之,斩首数百、千级。连胜,遂前,诸将胆气益壮,无不一当百。秀乃与敢死者三千人从城西水上冲

王常驻守昆阳,自己在夜晚与李轶等十三人骑马奔出昆阳城南门,到外面收集士兵。

这时,王莽军队已有近十万人来到昆阳城下,刘秀等人几乎不能闯出去。王寻、王邑纵兵包围了昆阳,严尤向王邑献策道:"昆阳城小却坚固,不如先攻打宛城。宛城的汉军一旦失败,昆阳的汉军自会投降。"王邑不听劝说,于是把昆阳包围了几十重,列营上百个,钲鼓之声响彻几十里。王莽军挖掘地道,用战车撞城,向城中乱放箭,矢下如雨。王凤等人乞求投降,没被准许。王寻、王邑自认为片刻之间就会成功,不担心军事上会出现事故。严尤说:"兵法云:'围城要留下缺口。'应当让城中人得以逃出,使围攻宛城的绿林军害怕。"王邑又不听取这个建议。

王莽的棘阳守长岑彭以宛城投降汉军。刘玄入宛城,将它作为首都。

岑彭驻守宛城,汉军围攻了几个月,城中没有粮食,以致人吃人,于是投降。更始皇帝入城,以宛城为首都。众将领想杀死岑彭,刘绩说:"岑彭决心坚守,是他的气节。现在我们做大事,应当表彰义士。"于是更始帝封岑彭为归德侯。

六月,刘秀大败昆阳城下的王莽部队,杀死王寻。

刘秀到了郾城和定陵,调发各营所有部队。将领们贪惜财物,想分出一部分士兵留守。刘秀说:"现在如果打败敌军,可以获得上万倍的珍宝,大功可成;如果被敌军打败,头都被砍掉了,还有什么财物?"于是征发了全部军队。六月初一日,刘秀亲自带领步兵、骑兵共一千多人作为前锋,在离王莽大军四五里的地方摆开阵势。王寻、王邑也派遣几千人与刘秀交战。刘秀带兵冲杀,斩了几十人首级。众将领高兴地说:"刘将军平时看见弱小的敌军都胆怯,如今见到强敌反而勇猛,真是奇怪!还是让我们在前面协助刘将军吧!"刘秀又向前进兵,王寻、王邑的部队后退,汉军各部乘势出击,又斩了敌人数百上千个首级。汉军连连取胜,于是又向前进兵,将领们胆气更壮,没有一个不是以一当百的。刘秀就和敢于牺牲的勇士三千人从昆阳城西水边冲击

其中坚。寻、邑易之,自将万余人行阵,敕诸营皆按部毋得动,独迎与汉兵战,不利,大军不敢擅相救。寻、邑阵乱,汉兵乘锐崩之,遂杀寻。城中亦鼓噪而出,中外合势,震呼动天地。莽兵大溃,走者相腾践,伏尸百余里。会大雷、风,屋瓦皆飞,雨下如注,滍川盛溢,虎豹皆股战,士卒溺死以万数,水为不流。邑、尤、茂轻骑逃去。尽获其军实、辎重,不可胜筹,举之连月不尽,或燔烧其余。关中震恐。于是海内豪杰翕然响应,皆杀其牧守,自称将军,用汉年号以待诏命,旬月之间遍于天下。

刘秀徇颍川,冯异以五县降。

刘秀复徇颍川,屯兵巾车乡。郡掾冯异监五县,为汉兵所获。异曰:“异有老母在父城,愿归,据五城以效功报德。”秀许之。异归,谓父城长苗萌曰:“诸将多暴横,独刘将军所到不虏略。观其言语举止,非庸人也。”遂与萌率五县以降。

玄杀大司徒縯,以刘秀为破虏大将军。

新市、平林诸将以刘縯兄弟威名益盛,阴劝更始除之。縯部将刘稷勇冠三军,闻更始立,怒曰:“本起兵图大事者伯升兄弟也,今更始何为者邪!”以为将军,又不肯拜。更始乃与诸将陈兵,收稷诛之。縯固争。李轶、朱鲔因劝更始并执縯,杀之。秀自父城驰诣宛谢。司徒官属迎吊秀,秀不与交私语,惟深引过而已,未尝自伐昆阳之功,又不敢为縯服丧,饮食言笑如平常。更始以是惭,拜秀为破虏大将

王莽军的主帅营垒。王寻、王邑很轻视汉军,亲自带领一万多人巡营,命令其他各营按兵不动,独自迎上去同汉军交战,不利,王莽众兵不敢擅自前去救援。王寻、王邑的部队乱了阵脚,汉军乘机凭借锐气击溃敌军,终于杀了王寻。昆阳城中士兵也击鼓呐喊着冲杀出来,里应外合,呼声震天动地。王莽军大乱,逃跑的互相践踏,倒在地下的尸体有一百多里。适值响雷、大风,屋瓦全被刮得乱飞,大雨好像从天上倾倒的一般,滍水暴涨,虎豹都吓得发抖,掉在水中淹死的士兵数以万计,连河水都流不动了。王邑、严尤、陈茂骑快马逃走。汉军获得全部军用物资,不可胜数,一连几月都运不完,余下的都被烧毁。关中地区极为惊恐。于是,全国英雄豪杰一致响应,都杀死州郡长官,自称将军,用汉年号等待更始皇帝的诏命。一个月之间,这种情势遍及天下。

刘秀攻掠颍川,冯异率五县军民投降。

刘秀再次攻掠颍川一带,部队驻扎在巾车乡。颍川郡掾冯异督察五县,被汉军抓获。冯异说:"我有老母亲住在父城,我愿回去,献上这五座县城,以此来报答恩德。"刘秀准许。冯异回去后,对父城长苗萌说:"汉军的许多将领都粗暴蛮横,只有刘秀将军的部队到哪里都不虏略。观察他的言行举止,不是普通人。"于是与苗萌一起率领五县军民投降。

刘玄杀了大司徒刘縯,任命刘秀为破虏大将军。

新市兵和平林兵众将领因为刘縯、刘秀兄弟的声威名气逐渐盛大,暗地里劝说更始皇帝除掉他们。刘縯的部将刘稷勇冠三军,听说更始登极的消息后,大怒说:"当初起兵图谋大事的,是刘縯兄弟,而今更始是干什么的?"更始皇帝任命刘稷为将军,他不肯从命。更始帝就和众将领部署好士兵,逮捕了刘稷,准备诛杀。刘縯坚决反对。李轶、朱鲔就趁机劝更始帝同时逮捕刘縯,将二人一起杀死。刘秀从父城骑马奔到宛城请罪。司徒刘縯的属官迎接刘秀,慰问他,刘秀不同他们谈一句私话,只是深深责备自己,也不曾自我夸耀保卫昆阳的大功,又不敢为刘縯服丧,饮食说笑跟平常一样。更始帝因此惭愧,拜刘秀为破虏大将

军,封武信侯。

秋,莽将军王涉、国师刘秀自杀。

道士西门君惠谓涉曰:"谶文刘氏当复兴,国师公姓名是也。"涉遂与秀及大司马董忠等谋劫莽降汉,谋泄皆自杀。莽以其骨肉、旧臣,恶其内溃,故隐其诛。莽以军师外破,大臣内畔,左右无所信,忧懑不能食,但饮酒,啖鳆鱼,读军书倦,因冯几寐,不复就枕矣。

成纪隗嚣起兵应汉。

成纪隗崔、隗义同起兵以应汉。崔兄子嚣素有名,好经书,共推为上将军。嚣聘平陵方望以为军师。望说嚣立庙,祀高祖、太宗、世宗,称臣执事,杀马同盟,移檄郡国,数莽罪恶。勒兵十万击杀雍州牧、安定大尹,分遣诸将徇陇西、武都、金城、武威、张掖、酒泉、敦煌,皆下之。

公孙述起兵成都。

初,茂陵公孙述为清水长,有能名,迁导江卒正,治临邛。南阳宗成起兵徇汉中以应汉,众数万人,述遣使迎之。成等至成都,虏掠暴横。述谓郡中豪杰曰:"天下同苦新室,思刘氏久矣。故闻汉将军到,驰迎道路。今百姓无辜而妇子系获,此寇贼,非义兵也。"乃诈为汉使者,拜述将军兼益州牧,击成,杀之,而并其众。

刘望称帝于汝南,以严尤、陈茂为将相。玄遣兵击之,杀望,诛尤、茂。 遣上公王匡攻洛阳,大将军申屠建攻武关。析人邓晔起兵开关迎建。九月,入长安。孝平皇后自

军,并封他为武信侯。

秋,王莽的将军王涉、国师刘秀均自杀。

道士西门君惠对王涉说:"图谶文字说刘姓应当复兴,国师公的姓名就是。"王涉就与刘秀和大司马董忠等人商议劫持王莽,投降汉军。计划泄露后,王涉、刘秀全部自杀了。王莽因为他们是至亲和老部下,厌恶别人说他的内部溃乱,就隐瞒了对他们的诛杀。王莽因为部队在外面被打败,大臣又在朝中叛乱,身旁没有可以信任的人,忧虑愁闷得吃不下饭,只是饮酒,吃鲍鱼,阅读兵书疲乏了,就靠着几案打盹儿,不再上床睡觉。

成纪人隗嚣起事,响应汉军。

成纪人隗崔、隗义同时起兵以响应汉军。隗崔哥哥的儿子隗嚣一向有好名声,喜爱儒家经典,大家就推举他为上将军。隗嚣聘请平陵人方望担任军师。方望建议隗嚣建立汉高祖刘邦的祭庙,祭祀高祖、太宗、世宗,隗嚣等人称臣执事,杀马盟誓,又向各郡、封国传递文告,声讨王莽的罪行。统领十万军队击杀雍州牧和安定大尹,分派各位将领攻掠陇西、武都、金城、武威、张掖、酒泉、敦煌,全部攻陷。

公孙述在成都起兵。

当初,茂陵人公孙述当清水县长,以有才能而闻名,调升导江郡卒正,郡府设在临邛。南阳人宗成起兵攻打汉中以响应汉军,集结起几万人,公孙述派遣使节前去迎接。宗成等人来到成都,掳掠横暴。公孙述对郡中豪杰说:"天下人共同遭受新朝的迫害,思念汉朝已有很长时间了。所以听说汉朝的将军来了,都奔走着在道路上迎接他们。而今百姓没有过错,妻子儿女却受到抓捕,这是贼寇,不是义军。"于是让人假冒汉朝使者,拜公孙述为将军兼益州牧,进击宗成,将其诛杀,吞并了他的军队。

刘望在汝南称帝,任命严尤为大司马、陈茂为丞相。更始帝派兵攻打他们,杀死刘望,诛杀严尤、陈茂。 更始帝派定国上公王匡攻打洛阳,派大将军申屠建攻打武关。析县人邓晔起兵,打开武关关门迎接申屠建。九月,汉军进入长安。孝平皇后自

焚，崩。众共诛莽，传首诣宛。

更始遣王匡攻洛阳，申屠建、李松攻武关，三辅震动。析人邓晔、于匡起兵应汉，西拔湖。莽忧，不知所出，乃率群臣至南郊，陈其符命本末，仰天大哭，气尽，伏而叩头。诸生小民旦夕会哭，甚悲哀者除以为郎。

拜将军九人，皆以虎为号，将精兵数万以东。时，省中黄金尚六十余万斤，他财物称是。莽赐九虎士人四千钱，众重怨无斗意。至华阴回谿，匡、晔击之，败走。

晔开武关迎汉兵。以弘农掾王宪为校尉，将数百人北度渭，至频阳，所过迎降。诸县大姓各起兵称汉将，率众随宪。李松、邓晔引军至华阴，而长安旁兵四会城下，争欲先入城。莽赦囚徒，授兵，杀豨与誓曰："有不为新室者，社鬼记之！"使史谌将之。度渭桥，皆散走。众兵发掘莽妻、子、父、祖冢，烧其棺椁及九庙、明堂、辟雍，火照城中。

九月朔，兵入。明日，城中少年烧作室门，火及掖庭。黄皇室主曰："何面目以见汉家？"自投火中而死。

莽避火宣室前殿，火辄随之。莽绀袀服，持虞帝匕首，天文郎按式于前，莽旋席随斗柄而坐，曰："天生德于予，汉兵其如予何！"又明日，群臣扶莽之渐台，欲阻池水，众共围之。下餔时，众兵上台，苗䜣、唐尊、王盛等皆死。商人杜

焚而死。大家一起诛杀了王莽,将其首级送到宛城。

更始帝派王匡攻打洛阳,派申屠建、李松攻取武关,三辅地区为之震动。析县人邓晔、于匡起兵响应汉军,向西进发,攻陷湖县。王莽忧虑万分,不知道该怎么办才好,就带领群臣来到长安南郊,详细陈述他接受符命的前后经过,仰天痛哭,声嘶气绝,伏地叩头。众儒生和平民每天早晚都要集合起来大哭,哭得非常悲哀的被任命为郎官。

王莽拜将军九人,都以虎字为名称,统率几万精兵向东迎战。当时,宫中的黄金还有六十多万斤,其他贵重财物也大抵有这么多。王莽却只赏赐九虎将军每人四千钱,大家十分怨恨,毫无斗志。九虎将军刚到华阴县回谿,王匡和邓晔给予痛击,将其打败赶跑。

邓晔打开武关关门迎接汉军。邓晔任命弘农掾王宪为校尉,带领几百人向北渡过渭河,到达频阳,所过之地,官府迎接、投降。各县的大家族都分别起兵,自称为汉朝将军,率众跟随王宪。李松、邓晔率领军队抵达华阴,而长安周围的士兵已从四面八方会集在城下,都争着要先进入长安。王莽释放出牢中囚犯,发给他们武器,杀猪起誓说:"有不为新朝效力的,社鬼记住他!"派史谌统率他们。这些人渡过渭桥后,都四散而逃。各路军队挖掘王莽的妻子、儿子、父亲、祖父的坟墓,烧毁他们的棺材以及九庙、明堂、辟雍,火光映照到长安城中。

九月初一,攻城军队进入城中。第二天,城里青年焚烧作室门,大火蔓延到掖庭。黄皇室主说:"我还有什么脸面再见汉家人?"就投入火中而死。

王莽为躲避火到了宣室前殿,大火总是跟着他。王莽身穿全套红青色的服装,手持虞帝的匕首,天文郎在前面按着占测时日的栻,王莽转动座席,随着斗柄所指方向而坐,说:"上天把威德赋予我,汉军能把我怎么样?"又过了一天,群臣挽扶着王莽来到渐台,想依仗护城河作掩护,众汉军将他们包围了起来。下午五时三刻,众兵冲上渐台,苗䜣、唐尊、王盛等人都死了。商县人杜

吴杀莽，校尉公宾就斩莽首，军人分莽身，节解脔分之。就持莽首诣王宪。宪自称汉大将军，城中兵数十万皆属焉。居二日，李松、邓晔入长安，赵萌、申屠建亦至。以王宪得玺绶不上，多挟宫女，建天子鼓旗，收斩之。传莽首诣宛，悬于市，百姓共提击之，或切食其舌。

王匡拔洛阳，诛莽守将王匡、哀章。　冬十月，玄北都洛。

更始将都洛阳，以刘秀行司隶校尉，使前修宫。秀乃置僚属，作文移，从事司察，一如旧章。时，三辅吏士东迎，见诸将过皆冠帻而服妇人衣，莫不笑之。及见司隶僚属，皆欢喜不自胜，老吏或垂涕曰："不图今日复见汉官威仪。"由是，识者皆属心焉。更始遂北都洛。

分遣使者徇郡国。

更始分遣使者徇郡国，曰："先降者复爵位！"至上谷，太守耿况迎，上印绶。使者纳之，一宿，无还意。功曹寇恂勒兵入见使者，曰："天下初定，使君建节衔命，郡国莫不延颈倾耳。今始至上谷而先堕大信，将复何以号令他郡乎！"使者不应。恂叱左右以使者命召况，取印绶带之。使者不得已，乃承制诏之。

以彭宠为渔阳太守。

宛人彭宠、吴汉亡命在渔阳。韩鸿为更始使，徇北州，承制拜宠渔阳太守，以汉为安乐令。

吴杀死王莽,校尉公宾就砍下王莽的脑袋,众兵士分割了王莽的身体,将其肢解切成许多块。公宾就拿着王莽的脑袋去见王宪。王宪自己号称汉朝大将军,长安城里几十万大军都是他的部众。又过了两天,李松、邓晔进入长安,赵萌、申屠建也到了。因为王宪得到王莽的御玺和绶带却不上交,抢掠去很多宫女,使用天子仪仗,就将他捉住杀掉。传送王莽的首级到宛城,挂在街市示众,百姓都去掷击它,有人切下他的舌头吃了。

王匡攻克洛阳,诛杀了王莽的守城将领王匡和哀章。 冬十月,更始帝刘玄向北进军,定都洛阳。

更始帝将要定都洛阳,任命刘秀担任司隶校尉,派他前去修建宫殿。刘秀于是设置下属官吏,用正式文告通知地方官,处理政事,完全按照汉朝原有的制度。当时,三辅地区的官员们东行来迎接更始帝,看见汉军将领经过时都用布包头,穿着女人的衣服,没有不耻笑他们的。等到看见司隶校尉刘秀的下属官员,都高兴得不能自制,有些年纪大的官吏流着泪说:"没想到今天再次见到汉朝官员的威武仪表了!"从此,有见识的人都归心刘秀。更始帝于是北上,定都洛阳。

分别派遣使者巡行各郡、封国。

更始帝分别派使者巡行各郡和封国,说:"率先投降的恢复爵位!"使者到达上谷,上谷太守耿况迎接,献上印信绶带。使者接受了,过了一夜,却并无发还的意思。郡功曹寇恂带兵拜访使者,说:"天下刚刚安定,阁下代表皇帝巡行,各郡、各封国没有人敢不伸长了脖子洗耳恭听的。现在您刚到上谷就先自毁信誉,将来又凭什么再对别的郡国发号施令呢?"使者不作答复。寇恂吩咐左右随行人员以使者的名义召见耿况,取出印信绶带交给耿况。使者无可奈何,就用皇帝名义下诏,承认了寇恂的作为。

任命彭宠为渔阳太守。

宛城人彭宠、吴汉逃亡来到渔阳。韩鸿担任更始帝的使者,巡行北方各州郡,用皇帝名义下诏,拜彭宠为渔阳太守,任命吴汉为安乐县令。

樊崇降汉,既而逃归。

更始遣使降赤眉。樊崇等闻汉复兴,留其兵,自将渠帅二十余人随使者至洛阳。皆封为列侯,未有国邑,而留众稍离叛,乃复亡归。

莽庐江连率李宪据郡称淮南王。　玄封刘永为梁王。

永,故梁王立之子也,都睢阳。

以刘秀行大司马事,遣徇河北。

更始欲令大将徇河北,大司徒赐言:"诸家子独有文叔可用。"朱鲔等以为不可。赐深劝之,乃以秀行大司马事,持节北度河,镇慰州郡。

以刘赐为丞相,令入关修宗庙、宫室。　大司马秀至河北,除莽苛政,复汉官名。

大司马秀至河北,所过郡县,考察官吏,黜陟能否,平遣囚徒,除王莽苛政,复汉官名。吏民喜悦,争持牛、酒迎劳,秀皆不受。

南阳邓禹杖策追秀,及于邺。秀曰:"我得专封拜,生远来,宁欲仕乎?"禹曰:"不愿也。"秀曰:"即如是,何欲为?"禹曰:"但愿明公威德加于四海,禹得效其尺寸,垂功名于竹帛耳。"秀笑,因留宿间语。禹进说曰:"今山东未安,赤眉、青犊之属动以万数。更始既是常才而不自听断,诸将皆庸人屈起,志在财币,争用威力,朝夕自快而已,非

樊崇投降汉军,不久又逃回他的营地。

更始帝派遣使者劝降赤眉军。樊崇等人听说汉朝复兴了,便留下部众,亲自率领将领二十余人随同使者来到洛阳。更始皇帝把他们都封为列侯,但没有采邑,而留在原地的部队渐渐有了背叛离去的,樊崇等人就又逃回了营地。

王莽朝中的庐江连率李宪占据庐江郡,自称淮南王。 刘玄策封刘永为梁王。

刘永是前汉朝梁王刘立的儿子,他封国的首府设在睢阳。

任命刘秀兼摄大司马的职务,派他巡行黄河以北地区。

更始皇帝打算派大将巡行黄河以北,大司徒刘赐说:"南阳刘姓宗族子弟中,只有刘秀可以胜任。"朱鲔等人认为不可以。刘赐恳切规劝,更始皇帝才让刘秀兼摄大司马的职权,持符节北上,渡过黄河,镇抚各州郡。

任命刘赐为丞相,派他进入函谷关,修建皇室宗庙和宫室。大司马刘秀到达黄河以北,废除王莽时繁重的赋税、苛刻的法令,恢复汉朝官名制度。

大司马刘秀来到黄河以北,所经过的各郡、县,他都要考察官吏的政绩,罢免无能的,提升能干的;公平审理案件,平反释放囚犯;废除王莽时繁重的赋税、苛刻的法令;恢复汉朝的官名制度。官吏和百姓都十分高兴,争先恐后地拿着牛肉、美酒迎接、慰劳,刘秀都不接受。

南阳人邓禹执鞭驱马追赶刘秀,直到邺城才赶上。刘秀说:"我有权力封爵拜官,先生从远处而来,是想做官吗?"邓禹答:"不是。"刘秀说:"既然如此,您想做什么呢?"邓禹答:"只愿阁下的威名与圣德传遍四海,我能在您手下效微薄之力,以让我的功名能记载在史书上流传罢了。"刘秀笑起来,于是留邓禹住下,私下里交谈。邓禹建议说:"如今崤山以东尚未安定,赤眉军、青犊军都有数以万计的兵马。更始皇帝本是一个平凡人物,而且又不能亲自处理政务;各位将领都是平庸之人崭露头角,他们都志在发财,争相卖弄权势,只求从早到晚自我快乐而已,并没

有忠良明智、深虑远图，欲尊主安民者也。历观往古圣人之兴，天时、人事二科而已。今以天时观之，更始既立而灾变方兴；以人事观之，帝王大业非凡夫所任，分崩离析，形势可见。明公虽建藩辅之功，犹恐无所成立也。况明公素有盛德大功，为天下所向服，军政齐肃，赏罚明信。为今之计，莫如延揽英雄，务悦民心，立高祖之业，救万民之命，以公而虑，天下不足定也！"秀大悦，因令禹常宿止于中，与定计议。每任使诸将，多访于禹，皆当其才。

秀自缜死，每独居辄不御酒肉，枕席有涕泣处。主簿冯异独叩头宽譬，因进说曰："更始政乱，百姓无依。人久饥渴，易为充饱。宜分遣官属循行郡县，宣布惠泽。"秀纳之。

骑都尉耿纯谒秀，退，见官属将兵法度不与他将同，遂自结纳。

十二月，王郎称帝于邯郸，徇下幽、冀。

刘林说秀决列人河水以灌赤眉，秀不从，去之真定。林素任侠于赵、魏间。王莽时，长安中有自称成帝子子舆者，莽杀之。邯郸卜者王郎缘是诈称真子舆。林等信之，与赵国大豪李育等入邯郸，立郎为天子，徇下幽、冀，州郡响应。

甲申（24） 二年。
春正月，大司马秀北徇蓟。　二月，玄迁都长安。

有忠诚正直、聪明智慧，没有深思熟虑、远大抱负，不是想尊主安民的人。逐一观看古代圣明君主的兴起，不过靠天时和人事两个条件。现在从天时方面看，更始皇帝已经即位而天下灾祸、变动却兴起了；从人事方面看，帝王大业不是凡夫俗子所能胜任的，土崩瓦解的形势已经可以见到。阁下虽然立下辅佐的功劳，但恐怕仍没有多大成就。何况阁下一向有盛大的德能和功勋，为天下人所向往和敬服。您治军务政都纪律整齐严肃，赏罚公平守信。当今之计，不如招纳英雄豪杰，务求取悦民心，创立汉高祖那样的功业，拯救万民的性命。以阁下的才略考虑，天下不难安定统一。"刘秀听后非常高兴，于是让邓禹时常在自己的营中下榻，与他商议计策。每次任命或派遣诸将，多去征求邓禹的看法，邓禹对将领的判断都与他们的才干相称。

刘秀自从哥哥刘縯被杀后，每逢单独居住，不饮酒，不吃肉，枕席上常有泪痕。主簿冯异单独叩见宽慰他，趁机建议说："更始皇帝的政治混乱，百姓无依无靠。一个人饥渴得太久，很容易让他吃饱。应当分派属下官员巡行郡县，宣传散布恩德。"刘秀采纳了建议。

骑都尉耿纯拜见刘秀，退下后，看到刘秀的下属官员带兵的法令制度与其他将领不同，就与刘秀相结交。

十二月，王郎在邯郸称帝，派兵攻打夺取幽州和冀州。

刘林建议刘秀在列人县境内决开黄河，用河水淹赤眉军，刘秀没有听从，前往真定。刘林在赵、魏之间一向讲义气，好打抱不平。王莽朝时，长安城中有人自称是汉成帝的儿子刘子舆，王莽将那人杀了。邯郸的一位占卜先生王郎因此谎称他自己是真的刘子舆。刘林等人相信了他，与赵国有名望的豪杰李育等人进入邯郸，拥立王郎做天子，然后，攻取幽州和冀州，各州郡纷纷响应。

甲申（24）　淮阳王刘玄更始二年。

春正月，大司马刘秀北上攻取蓟州。　二月，刘玄迁都长安。

三辅既平，申屠建、李松迎更始迁都长安。居长乐宫，升前殿，郎吏以次列庭中。更始羞怍，俯首刮席，不敢视。诸将后至者，更始问："虏掠得几何？"左右皆宫省久吏，惊愕相视。

封诸功臣，遣大司马朱鲔、将军李轶镇抚关东。

李松、赵萌说更始宜悉王诸功臣，朱鲔争之，以为高祖约，非刘氏不为王。更始乃先封诸宗室，然后立诸功臣皆为王。以鲔为胶东王，鲔辞不受，乃以为左大司马，使与李轶等镇抚关东。

以李松为丞相，赵萌为右大司马。

更始纳萌女为夫人，故委政于萌，日夜饮宴后庭。群臣欲言事，辄醉不能见，时不得已，乃令侍中坐帷内与语。萌专权，生杀自恣。郎吏有言者，更始怒，拔剑击之。以至群小、膳夫皆滥授官爵，长安为之语曰："灶下养，中郎将。烂羊胃，骑都尉。烂羊头，关内侯。"将军李淑上书切谏，更始囚之。诸将在外者皆专行诛赏，各置牧守，州郡交错，不知所从。由是关中离心，四海怨叛。

征隗嚣为右将军。

更始征隗嚣及其叔父崔、义等。方望以为更始成败未可知，固止之。嚣不听，望以书辞谢而去。更始以嚣为右将军。

大司马秀以耿弇为长史。

耿况遣其子弇诣长安，弇时年二十一。至宋子，会王郎起，从吏曰："子舆，成帝正统。舍此不归，远行安之！"弇

三辅地区已经平定，申屠建、李松迎接更始皇帝迁都长安。更始皇帝住在长乐宫中，登上前殿，官吏们都按照官级次序排列在庭院中。更始皇帝羞愧，低下头，用手刮座席，不敢看人。将领们有的来得晚，更始皇帝问他们："抢掠到多少财物？"左右侍从都是宫中旧吏，惊愕地互相对视。

封拜各功臣，派大司马朱鲔、将军李轶镇抚关东。

　　李松、赵萌建议更始帝应当封各位功臣都为王，朱鲔对此有争议，他认为应按汉高祖刘邦以前的约定：不姓刘的人不封为王。更始帝就先封各刘姓皇族为王，然后再将各有功之臣都策立为王。封朱鲔为胶东王，朱鲔拒绝，不肯接受，就任命他当左大司马，派他与李轶等人前去镇抚函谷关以东地区。

任命李松为丞相，赵萌为右大司马。

　　更始娶赵萌的女儿当夫人，所以将朝政委托给赵萌办理，他自己日夜在后宫中饮宴。群臣想要上奏国事，他总是喝醉酒不见，有时不得已了，就让侍中坐在帐幕之中与群臣讲话。赵萌独揽大权，随自己心意判人生死。郎官中有人对此表示不满，更始大怒，拔出剑斩杀了那个人。以至于众小人、厨子都被滥授官位、爵位，为此长安城中流传说："灶下烹饪忙，升为中郎将。烹煮烂羊胃，当上骑都尉。烹煮烂羊头，封为关内侯。"将军李淑上奏恳切规劝，更始把他关了起来。各位在长安城外的将领都擅自诛杀、赏罚，自己设置州郡长官，各州郡交叉错杂，不知道服从谁好。因此关中地区人民离心，全国怨恨叛乱。

征召隗嚣为右将军。

　　更始征召隗嚣和他的叔父隗崔、隗义等人。方望认为更始能否成就大业还不可知，坚决制止他们前往。隗嚣不听劝告，方望留下书信，告辞而去。更始任命隗嚣为右将军。

大司马刘秀任命耿弇担当长史。

　　耿况派他的儿子耿弇前往长安，当时耿弇二十一岁。他走到宋子，正值王郎被拥立为皇帝，跟从耿弇的官员说："刘子舆是汉成帝的亲生儿子。舍弃他不归附，还要远行到哪里去呢？"耿弇

按剑曰:"子舆弊贼,卒为降虏耳。我至长安,陈渔阳、上谷兵马,归发突骑,以辚乌合之众,如摧枯折腐耳。公等不识去就,族灭不久也!"

弇闻大司马秀在卢奴,乃驰北上谒。秀留署长史,与俱北至蓟。令功曹王霸募人击王郎。市人皆大笑,举手邪揄之,霸惭懅而反。秀将南归,弇曰:"今兵从南方来,不可南行。渔阳太守彭宠,公之邑人;上谷太守,即弇父也。发此两郡控弦万骑,邯郸不足虑也。"秀官属皆曰:"死尚南首,奈何北行入囊中!"秀指弇曰:"是我北道主人也。"

蓟城反,应王郎。大司马秀走信都、和戎,发兵击邯郸。

蓟中反,应王郎,城内扰乱。于是,秀趣驾出城,晨夜南驰。至芜蒌亭,时天寒,冯异上豆粥。至饶阳,官属皆乏食。晨夜兼行,蒙犯霜雪,面皆破裂。

至下曲阳,传闻王郎兵在后。至滹沱河,候吏还白:"河水流澌,无船,不可济。"秀使王霸往视之。霸恐惊众,还即诡曰:"冰坚可度。"遂前至河,河冰亦合,乃度。未毕数骑而冰解。至南宫,遇大风雨,入道旁空舍。冯异抱薪,邓禹爇火,秀对灶燎衣。冯异复进麦饭。

至下博城西,惶惑不知所之。有白衣老父指曰:"努力!信都为长安城守,去此八十里。"秀即驰赴之。时郡国皆已降王郎,独信都太守任光、和戎太守邳肜不肯。光自

手按宝剑说:"刘子舆是个欺骗奸诈的贼子,最终要成为投降别人的俘虏。我到长安,向朝廷陈述渔阳郡、上谷郡的兵马情况,回去后征发能冲锋杀敌的骑兵,用来践踏这些乌合之众,犹如摧枯拉朽一般容易。你们不能判别何去何从,离灭族不远了。"

耿弇听说大司马刘秀在卢奴,就骑马向北去拜见他。刘秀将耿弇留下来做府中长史,并与他一起北上到蓟州。刘秀派功曹王霸招募百姓攻打王郎。街市上的人都大笑,举手挖苦嘲弄他,王霸惭愧恐惧而回。刘秀即将南归,耿弇说:"如今军队从南方来,不可以向南行。渔阳太守彭宠是您的同乡,上谷太守就是我的父亲。征发这两郡的弓箭骑兵一万人,邯郸王郎就不值得忧虑了。"刘秀的下属官员都说:"人死了,头还要向着南方,为什么偏偏向北进军,进入别人囊中呢?"刘秀指着耿弇说:"他是我北路的主人。"

蓟城叛乱,以响应王郎。大司马刘秀逃到信都、和戎两郡,征发部队攻打邯郸。

蓟中叛乱,响应王郎,城中一片混乱。于是刘秀急忙驾车驰出城去,不分昼夜向南奔驰。到芜蒌亭时,天气寒冷,冯异端上豆粥。到饶阳时,属下官员都缺乏食物。他们日夜兼程,顶风冒雪,满面裂痕。

到达下曲阳,传言说王郎追兵在后。到了滹沱河,候吏回来说:"河水已经解冻,没有船只,不能渡河。"刘秀派王霸前往观看。王霸害怕惊吓了部队,回来后就欺瞒说:"河冰坚硬,可以渡河。"大队人马于是前往,来到河边,河里的冰也真的又冻结住了,就渡过了河。只剩下几个骑兵没渡到对岸时,冰就融解了。到了南宫,正值刮大风,大雨倾盆,刘秀躲入路边的空房。冯异抱来柴草,邓禹烧火,刘秀对灶烘烤衣服。冯异又呈上麦饭。

一行人到达下博城西,惊惶迷惑,不知道该往何处走。有一位穿白衣的老人指路说:"努力吧!信都郡是长安城的门户,离此地八十里。"刘秀立即奔往那里。当时,各郡、国都已投降王郎,只有信都郡太守任光、和戎郡太守邳彤不肯投降。任光自己

恐不全，闻秀至，大喜。彤亦来会。议者多欲西还，彤曰：
"王郎假名乌合，无有根本之固。明公奋二郡之兵以讨之，
何患不克？今释此而归，岂徒空失河北，必更惊动三辅，堕
损威重，非计之得者也。若明公无复征伐之意，则虽信都
之兵犹难会也。何者？明公既西，则邯郸势成，民不肯捐
父母、背成主而千里送公，其离散亡逃可必也！"秀乃止。

秀以二郡兵弱，欲入城头子路、刁子都军中。任光以
为不可。乃发傍县，得精兵四千人。秀拜光、彤大将军，将
兵以从。光多作檄文曰："大司马刘公将城头子路、刁子都
兵百万众从东方来，击诸反虏！"吏民得檄，传相告语。刘
植聚兵数千人，据昌城；耿纯率宗族、宾客二千余人，老病
者载木自随，皆来迎秀。秀皆以为将军。众稍合，至万人，
北击中山，进拔卢奴。所过发奔命兵，移檄边郡，共击邯
郸。郡县还复响应。时真定王杨起兵附王郎，众十余万。
秀遣植说降之，因纳杨甥郭氏为夫人。进击元氏、防子，皆
下。击斩王郎将李恽。

**延岑据汉中，汉中王嘉击降之。　大司马秀以贾复、
祭遵为将军。**

汉中王嘉既克延岑，有众数十万。校尉贾复见更始政
乱，乃说曰："今天下未定，而大王安守所保，所保得无不可
保乎？"嘉曰："卿言大，非吾任也。大司马在河北，必能相

担心不能保全，听说刘秀来到，非常高兴。邳肜也赶来见面。参加商议的人大多数想往西返回长安，邳肜说："王郎假借汉成帝儿子的名义，实为乌合之众，没有坚固的基础。明公调动信都、和戎两郡的兵力，振奋士气，讨伐王郎，为什么还担忧不能取胜呢？而今如果放弃征讨就返回，岂不白白地丧失黄河以北，而且势必惊动三辅地区，大损您的威信，不是该实行的良策。如果明公没有再征伐的意向，那么即使信都的军队也难以召集起来。原因何在？明公已经西行，那么邯郸大势已成，百姓不肯抛弃父母妻子、背叛现在的主人，千里迢迢去护送您，他们必然会离散逃亡。"刘秀于是决定不走。

刘秀认为信都、和戎两郡的军队力量不够强大，打算躲入城头子路、刁子都的部队中。任光认为不可以。于是下令征集邻县丁壮，得精兵四千人。刘秀任命任光、邳肜为大将军，率领部队跟随自己。任光制作了大量文告说："大司马刘秀率领城头子路、刁子都的百万大军，从东方而来，讨伐叛贼！"官吏、百姓看到声讨文告后，奔走相告。刘植聚集起几千士兵，占据了昌城；耿纯带领宗族、宾客共二千多人，年老生病的都自带棺材跟随而来，他们都来欢迎刘秀。刘秀将刘植、耿纯等人都封为将军。部队渐渐会合一处，已有一万人，就向北进击中山，攻取卢奴。所过之处征发救急的非常部队，向邻郡发布文告，号召共同攻打邯郸。各郡、县纷纷响应。这时，真定王刘杨起兵归附王郎，部众有十余万人。刘秀派刘植前去说服劝降，并娶刘杨的外甥女郭氏为夫人。又进发、攻打元氏、防子，全部攻克。击杀王郎的将军李恽。

延岑占据汉中，汉中王刘嘉攻打延岑，将他降服。　大司马刘秀任命贾复、祭遵为将军。

汉中王刘嘉打败延岑后，拥有数十万部队。校尉贾复见更始皇帝政治混乱，就建议说："当今天下未定，而大王却安守现状，这些已据为己有的东西就不可能保不住吗？"刘嘉说："你的言论宏大，不是我能任用的。大司马刘秀在黄河以北，一定能任

用。"乃荐复及陈俊。秀以复为将军,俊为掾。

秀舍中儿犯法,军市令祭遵格杀之。秀怒,命收遵。
主簿陈副谏曰:"明公常欲众军整齐,今遵奉法不避,是教
令所行也。"乃以为刺奸将军。谓诸将曰:"当备祭遵! 吾
舍中儿犯法尚杀之,必不私诸卿也。"

玄遣尚书仆射鲍永安集河东。
初,王莽既杀鲍宣,吏欲杀其子永。上党太守苟谏保
护之,得全。更始征为尚书仆射,将兵安集河东。永以冯
衍为将军,屯太原,与上党太守田邑等缮甲养士,以扞卫
并土。

大司马秀拔广阿。
大司马秀引兵东北拔广阿。披舆地图,指示邓禹曰:
"天下郡国如是,今始乃得其一。子前言以吾虑天下不足
定,何也?"禹曰:"方今海内殽乱,人思明君,犹赤子之慕慈
母。古之兴者在德厚薄,不以大小也!"

**耿弇以上谷、渔阳兵行定郡县,会大司马秀于广阿。
秀以其将寇恂、吴汉等为将军。夏四月,进拔邯郸,斩王郎。**

蓟中之乱,耿弇与大司马秀相失,北走昌平,说其父况
击邯郸。时王郎遣将徇渔阳、上谷,急发其兵,北州多欲从
之。寇恂曰:"邯郸拔起难信。大司马,伯升母弟,尊贤下
士,可归。恂请东约渔阳,齐心合众,邯郸不足图也。"况遣

用你。"于是推荐贾复与陈俊去见刘秀。刘秀任命贾复为将军，任命陈俊为掾官。

刘秀家中的年轻仆人犯了法，军市令祭遵把他处死。刘秀大怒，下令逮捕祭遵。主簿陈副劝谏说："明公您经常想让部队军纪整肃，现在祭遵执法严格，毫不回避，这正是您的教令得到了贯彻奉行啊。"于是任命祭遵为刺奸将军。刘秀又对众将领说："应当小心祭遵！我家中小仆犯法，他尚且给杀了，也必定不会偏袒你们。"

刘玄派尚书仆射鲍永安抚聚合河东郡。

当初，王莽杀了鲍宣，有的官员打算连他的儿子鲍永也杀死。上党郡太守苟谏保护了鲍永，使他得以保全性命。更始征召鲍永担任尚书仆射，命他带兵安抚聚合河东郡。鲍永任命冯衍为将军，屯兵太原，与上党太守田邑等修整武器装备，休养士兵，以捍卫并州疆土。

大司马刘秀攻克广阿。

大司马刘秀率领部队向东北进军，攻陷广阿。刘秀察看地图，指给邓禹看，说："天下郡国如此之多，现在才得到其中的一个。您从前说凭我的远虑不愁不能安定天下，是为什么？"邓禹答道："当今全国混乱不堪，百姓渴望圣明的君主，就像初生婴儿思慕慈母一样。古代兴起的帝王，关键看他品德的厚薄，不看他所有土地的大小。"

耿弇率领上谷、渔阳两郡军队巡行安定各郡、县，与大司马刘秀在广阿会合。刘秀任命耿弇的将领寇恂、吴汉等人为将军。夏四月，大军进攻拿下了邯郸，斩杀了王郎。

蓟中之乱爆发时，耿弇与大司马刘秀走散了，他向北逃到昌平，劝说他的父亲耿况进击邯郸。当时，王郎正派将领率兵征伐渔阳、上谷两郡，并紧急征调军队，北边州郡大多数都打算服从王郎。寇恂说："邯郸骤然起兵，前途难以预测。大司马刘秀是刘縯的同母弟弟，礼贤下士，可以去归附他。我请求到东方去与渔阳太守彭宠约定，大家齐心协力，邯郸不足为惧。"耿况就派

恂约彭宠。

宠吏吴汉、盖延、王梁亦方劝宠从秀,会恂至,乃发步、骑三千人,以汉、延、梁将之攻蓟,杀王郎将赵闳。

恂还,与长史景丹及弇将兵俱南,与渔阳军合。所过击斩王郎大将以下三万级,定涿郡、中山、钜鹿、清河、河间凡二十二县。前及广阿,闻城中车骑甚众,丹问何兵,曰:"大司马刘公也。"诸将喜,即进至城下。城中初传言二郡兵为邯郸来,秀自登城问之。弇拜于城下,具言发兵状。秀乃悉召入,笑曰:"邯郸将帅数言:'我发渔阳、上谷兵。'吾聊应言'我亦发之'。何意二郡良为吾来!方与士大夫共此功名耳!"乃以丹等皆为偏将军,加况、宠大将军,封列侯。

汉为人质厚少文,造次不能以辞自达,然沉勇有智略。邓禹数荐之。

更始遣尚书令谢躬率六将军讨王郎,不能下。秀与合军围钜鹿,郎遣将倪宏救钜鹿。秀战,不利。丹等纵突骑击之,大败。秀曰:"吾闻突骑天下精兵,今见其战,乐可言邪!"

耿纯曰:"久守钜鹿,士众疲弊,不如及大兵精锐进攻邯郸。"四月,进军邯郸,连战,破之。郎使杜威请降。威称郎实成帝遗体,秀曰:"设使成帝复生,天下不可得,况诈子舆者乎?"威求万户侯,秀曰:"顾得全身可矣。"威怒而去。秀急攻之。五月,拔邯郸。郎走,追斩之。收郎文书,得吏

寇恂前去与彭宠商议约定。

　　彭宠的部将吴汉、盖延、王梁也正在劝说彭宠追随刘秀，恰巧寇恂来到，就调发步兵与骑兵共三千人，由吴汉、盖延、王梁带领，前去攻打蓟城，杀了王郎的将军赵闳。

　　寇恂回来后，与长史景丹以及耿弇带领军队一起向南进兵，与渔阳郡的人马会合。他们所过之处，共击杀王郎大将以下三万人，夺取涿郡、中山、钜鹿、清河、河间等共二十二县。又督军前进，来到广阿时，听说城中车马、军队很多，景丹询问是哪里的人马，回答说："这是大司马刘秀的。"众将领非常高兴，立即进军来到广阿城下。当初，城中谣传渔阳、上谷两郡的军队是为邯郸而来，刘秀亲自登上城楼查问。耿弇在城下参拜，详细叙述了发兵的经过。刘秀这才将他们全部召进城来，笑着说："邯郸方面将领屡次说：'我们征发了渔阳、上谷的部队。'我姑且应付说：'我也征发了渔阳、上谷的部队。'哪里想到二郡兵马确实为我而来！我正要与各位官员共同建立功名呢！"于是任命景丹等人为偏将军，加封耿况、彭宠为大将军，封为列侯。

　　吴汉为人质朴忠厚，不善言辞，紧急时不能用言辞表达心意，但是他沉着英勇而有谋略。邓禹多次向刘秀推荐他。

　　更始皇帝派尚书令谢躬率领六位将军讨伐王郎，没有取胜。刘秀与谢躬合兵围攻钜鹿，王郎命令将军倪宏解救钜鹿。刘秀与倪宏交战，不顺利。景丹等人指挥骑兵突击部队进行攻击，倪宏大败。刘秀说："我早听说骑兵突击部队是天下的精兵，现在亲眼看到它战斗，高兴得说不出话来。"

　　耿纯说："长久围守钜鹿，军队疲惫，不如趁现在大军士气旺盛进攻邯郸。"四月，汉军进发邯郸，连续作战，将王郎打败。王郎派杜威前来请求投降。杜威称王郎确实是汉成帝的嫡亲儿子，刘秀说："假使汉成帝复活，也不能得到天下，何况冒充他儿子子舆的人呢？"杜威请求封王郎为万户侯，刘秀说："饶他不死就足够了。"杜威大怒而去。刘秀又猛攻邯郸。五月，攻陷邯郸。王郎逃走，被追上斩首。刘秀检查王郎的文书，发现有汉朝官员

民与郎交关谤毁者数千章。秀不省,会诸将烧之,曰:"令反侧子自安。"

秀部分吏卒,皆言:"愿属大树将军。"大树将军者,冯异也,为人谦退不伐,敕吏士非交战受敌,常行诸营之后。每所止舍,诸将并坐论功,异常独屏树下,故军中号曰"大树将军"。

玄立大司马秀为萧王。

更始遣使立秀为萧王,罢兵,与诸将有功者诣行在所。遣苗曾为幽州牧,韦顺、蔡充为上谷、渔阳守。

萧王居邯郸宫,昼卧温明殿,耿弇入请间曰:"吏士死伤者多,请归上谷益兵。"王曰:"王郎已破,河北略平,复用兵何为?"弇曰:"王郎虽破,天下兵革乃始耳。今使者从西方来欲罢兵,不可听也。铜马、赤眉之属数十辈,辈数十百万人,所向无前,圣公不能办也,败必不久。"王起坐曰:"卿失言,我斩卿!"弇曰:"大王哀厚弇如父子,故敢披赤心。"王曰:"我戏卿耳,何以言之?"弇曰:"百姓患苦王莽,复思刘氏,闻汉兵起,莫不欢喜,如去虎口得归慈母。今更始为天子,而诸将擅命于山东,贵戚纵横于都内,元元叩心,更思莽朝,是以知其必败也。公功名已著,以义征伐,天下可传檄而定也。天下至重,公可自取,毋令他姓得之!"王乃辞以河北未平,不就征,始贰于更始矣。

和平民写给王郎的奏章几千份,除了向王郎表示效忠外,还有谤毁刘秀的内容。刘秀并不深究,他召集全部将领,当众烧毁奏章,说:"让反侧不安的人心里安定。"

刘秀将官兵分给各位将领,都说:"愿意归属大树将军。"大树将军指冯异。冯异为人谦逊退让,不夸耀自己的才干与功劳,他命令自己的官兵,除非与敌人交战或遭到敌人攻击,都要走在其他将领的部队后面。每到一地休息时,众将领都坐在一起议论战功,冯异常独自一人躲到树下,所以军中称他为"大树将军"。

刘玄策立大司马刘秀为萧王。

更始皇帝派使者封刘秀为萧王,让他撤回部队,与各位有功将领一同前往长安。派苗曾担任幽州牧,韦顺、蔡充分别担任上谷和渔阳的太守。

萧王刘秀住在邯郸的赵王宫里,白天在温明殿睡觉,耿弇进入请求私下报告,说:"官兵死伤人数众多,请允许我回到上谷郡招兵。"刘秀说:"王郎已经消灭,黄河以北已大致平定,还用军队做什么?"耿弇说:"王郎虽被消灭,天下争战才刚开始罢了。当今,使者从京师来,想要我们撤军,不能听从。铜马军、赤眉军一类的兵众有几十支,每支都有几十万、甚至上百万人,所向无敌,更始皇帝没有能力处理他们,不久就会溃败。"刘秀从床上起身坐下说:"你说错了话,我要杀了你!"耿弇说:"您怜爱厚待我如同父子,所以我才敢赤诚对您。"刘秀说:"我不过在和你开玩笑,你为什么说这样的话?"耿弇说:"百姓以王莽的统治为忧患和苦恼,因此再次思念汉朝,听说汉军起事,无不欢喜异常,如同逃离虎口重回慈母怀抱一样。如今更始做天子,但是众将军在崤山以东为所欲为,皇亲国戚在长安城中胡作非为,使得百姓捶胸自问,反而转向思念新朝了,因此知道更始注定要失败。您的功德名望已经显著,为正义进行征伐,可以用传递文告来安定天下。天下最重要的权力地位您应当自己取得,不要让别姓之人占有。"刘秀于是以黄河以北尚未平定为借口而拒绝征召,开始与更始离心。

秋，萧王击铜马诸贼，悉收其众。南徇河内，降之。

是时，诸贼合数百万人，所在寇掠。王欲击之，乃拜吴汉、耿弇俱为大将军，持节北发幽州突骑。苗曾敕诸郡不得应调，汉收斩之。弇到上谷，亦斩韦顺、蔡充，悉发其兵。

王击铜马于鄡，吴汉将突骑来会，悉上兵簿于莫府，请所付与，不敢自私。王益重之。王以朱浮为幽州牧，治蓟。铜马夜遁，王追击，大破之。受降未尽，而高湖、重连来，与其余众合。王复与战，悉破降之。诸将未能信贼，降者亦不自安。王知其意，敕令降者各归营勒兵，自乘轻骑按行部陈。降者更相语曰："萧王推赤心置人腹中，安得不投死乎！"悉以分配诸将，众遂数十万。赤眉别帅与青犊、上江、大肜、铁胫、五幡十余万众在射犬，王击破之。南徇河内，太守韩歆降。

谢躬数欲袭王，未发，至是率兵数万还邺。邀击尤来于隆虑山，大败。王使吴汉、岑彭袭据邺城。躬还，汉等斩之，其众悉降。

公孙述自称蜀王。

更始遣李宝徇蜀、汉，公孙述遣其弟迎击于绵竹，大破走之。述遂自立为蜀王，都成都，民、夷皆附之。

冬，赤眉西攻长安。

秋,萧王刘秀进攻铜马等盗贼,将其部众全都收编。向南攻伐河内,降服了河内。

当时,各路盗贼都加起来,人数有几百万之多,他们在自己的地盘上抢掳劫夺。刘秀想攻击他们,就拜吴汉、耿弇都作大将军,持符节向北征发幽州的骑兵突击部队。苗曾命令各郡不准服从征调,汉军将他捕获斩首。耿弇到上谷郡后,也斩杀了韦顺、蔡充,征发他们的所有部队。

萧王刘秀在鄡县攻打铜马军,吴汉率领骑兵突击部队前来会合,把全部官兵名册都呈报给幕府,然后再请求拨付人马,不敢存有私心。刘秀更加器重他。刘秀任命朱浮为幽州牧,首府设在蓟城。铜马军队趁夜晚逃跑,刘秀追杀,将其打败。刘秀接受铜马投降的工作还没结束,高湖、重连的贼寇赶到,与铜马军其余兵众会合。刘秀再与其交战,将他们全部打败、降服。汉军众将领怀疑贼寇的投降诚意,而投降的人心里也不安定。刘秀知道了双方的想法,命令降将各自回到自己的营帐整治部队,他自己则轻装骑马巡行部署。降将们互相说道:"萧王对我们推心置腹,诚恳相待,我们怎么能不拼死效命呢?"刘秀将投降的官兵分别配备给各位将领,汉军部众于是有数十万人了。赤眉军一支部队的首领与青犊、上江、大彤、铁胫、五幡的贼寇共十余万人,驻扎在射犬,刘秀将其打败。向南攻取河内,河内太守韩歆投降。

谢躬多次想袭击刘秀,但是都没有发兵,此时已率领几万人返回邺城。刘秀让谢躬在隆虑山截击尤来,谢躬的军队大败。刘秀派吴汉、岑彭袭击邺城,将邺城占领。谢躬带队返回,吴汉等人杀了他,谢躬的军队全部投降。

公孙述自称为蜀王。

更始皇帝派李宝进攻蜀郡和汉中郡,公孙述派他的弟弟在绵竹迎战,将李宝打得大败而逃。公孙述于是自立为蜀王.定都成都,百姓和夷族全都归附于他。

冬,赤眉军向西攻打长安。

赤眉虽数战胜，而疲敝愁泣，思欲东归。樊崇等虑众东向必散，不如西攻长安。既入颍川，遂分二部，崇自武关，徐宣自陆浑关，两道俱入。更始使王匡等分据河东、弘农以拒之。

萧王遣将军邓禹将兵入关，寇恂守河内，冯异拒洛阳，自引兵徇燕、赵。

萧王将北徇燕、赵，度赤眉必破长安，乃拜邓禹为前将军，中分麾下精兵二万人，遣西入关。时朱鲔、李轶守洛阳，鲍永、田邑在并州。王以河内险要富实，欲择守者而难其人，问于邓禹。禹曰："寇恂文武备足，有牧民御众之才，非此子莫可使也。"乃拜恂河内太守，谓曰："昔高祖留萧何关中，吾今委公以河内。当给足军粮，率厉士马，防遏他兵，勿令北度。"拜冯异为孟津将军，统兵河上，以拒洛阳。王乃引兵而北。恂调糇粮、治器械以供军，未尝乏绝。

玄以隗嚣为御史大夫。

隗崔、隗义谋叛归天水。嚣告之。更始诛崔、义，以嚣为御史大夫。

梁王永据国起兵。

梁王永起兵，攻下济阴、山阳、沛、楚、淮阳、汝南，凡得二十八城。以沛人周建等为将帅，又拜贼帅西防佼彊、东海董宪、琅邪张步为将军，督青、徐二州，与之连兵，遂专据东方。

秦丰据黎丘，自号楚黎王。　田戎陷夷陵，转寇郡县。

赤眉军虽然多次打胜仗，但是士兵疲惫愁苦而哭泣，想回到东方去。樊崇等人考虑到军队向东进发一定会离散，不如向西进攻长安。进入颍川后，就分为两部分，樊崇从武关，徐宣从陆浑关，分两路进军长安。更始皇帝派王匡等人分别驻守在河东、弘农，堵截赤眉军。

萧王刘秀派遣将军邓禹率领军队进入函谷关，派寇恂驻守河内，派冯异在洛阳截击，自己率军攻夺燕、赵。

萧王刘秀将要率军北上夺取燕、赵，考虑到赤眉军势必攻陷长安，就任命邓禹为前将军，分出麾下精锐部队二万人，让他向西进入函谷关。当时，朱鲔、李轶驻守洛阳，鲍永、田邑驻扎在并州。刘秀认为河内郡地势险要，物产富足，想挑选能坐镇河内郡的人，却又难于确定恰当人选，就向邓禹询问。邓禹说："寇恂文韬武略样样齐备，有养育百姓、统治民众的才能，除了他之外谁也不行。"刘秀于是拜寇恂担任河内太守，对他说："从前汉高祖留萧何治理关中，今天我把河内郡交给您。应当保证军粮供给充足，严格训练兵马，防止其他军队进入，千万不要让他们北渡黄河。"又拜冯异为孟津将军，让他在黄河岸边驻扎部队，以抵挡洛阳的进攻。刘秀于是率大军向北而行。寇恂调集粮草，整修武器装备，以供应大军需要，不曾使大军粮草缺乏。

刘玄任命隗嚣为御史大夫。

隗崔、隗义密谋反叛，打算逃回天水去。隗嚣向更始告密。更始皇帝诛杀隗崔、隗义，任命隗嚣为御史大夫。

梁王刘永在他的封国起兵。

梁王刘永起兵，攻克济阴、山阳、沛、楚、淮阳、汝南，总共占领了二十八座城市。任命沛人周建等为将帅，又任命贼寇首领西防人佼彊、东海人董宪、琅邪人张步为将军，督察青州、徐州，与那二州的军队合并，于是在东方称霸。

秦丰占据了黎丘，自称楚黎王。　田戎攻陷夷陵，又转向夺取其他郡、县。

乙酉（25） 世祖光武皇帝建武元年

春正月，方望以前定安公婴称帝于临泾。玄遣兵击，斩之。 赤眉至弘农。玄遣兵击之，大败。赤眉进至湖。

夏四月，公孙述称成帝。

改元龙兴。

萧王击尤来、大枪、五幡，败之。

王击诸部，连破之，乘胜轻进，反为所败，归保范阳。军中不见王，或云已殁，诸将不知所为。吴汉曰："卿曹努力，王兄子在南阳，何忧无主？"众乃定。陈俊曰："贼无辎重，若绝其食可不战而殄也。"王遣俊将轻骑驰出贼前，视人堡壁坚完者敕令固守，放散在野者因掠取之。贼至，无所得，遂散败。

朱鲔杀李轶，攻温、平阴。冯异、寇恂击破之。

冯异遗李轶书，劝令归附。轶知长安已危，而以伯升之死心不自安，乃报异书而不复与争锋。故异得北攻天井关，拔上党两城，又南下成皋已东十三县，降者十余万。斩河南太守武勃。轶闭门不救。异以白王，王报曰："季文多诈，人不能得其要领。今移其书告守、尉当警备者。"

朱鲔闻之，使人刺杀轶。由是，城中乖离，多有降者。鲔遣将攻温，自将攻平阴以缀异。寇恂闻之，勒军驰出，移告属县发兵会温。军吏皆谏："宜待众军毕集乃出。"恂曰：

汉光武帝

乙酉(25)　汉光武帝建武元年

春正月,方望拥立前定安公刘婴在临泾当皇帝。刘玄派军队攻打他们,将其全部诛杀。　赤眉军抵达弘农。刘玄派军队前去攻打他们,被打得大败。赤眉军继续前进,到达湖城。　夏四月,公孙述自称成帝。

公孙述改年号为龙兴。

萧王刘秀进击尤来、大枪、五幡,将其打败。

刘秀进击各路贼寇,连续取得胜利,就乘胜鲁莽前进,反被贼寇打败,于是退守范阳。军队中没有人见到刘秀,有人说他已经战死,众将领不知所措。吴汉说:"我们还需继续努力,萧王哥哥的儿子就在南阳,我们何必担心没有君主?"众将这才定下心来。陈俊说:"贼寇没有物资供应,如果断绝他们的粮食,可以不用攻打,贼寇自会灭亡。"刘秀就派陈俊带领轻装骑兵部队奔到贼寇的前面去,对那些坚固完整的堡垒,就下令固守;对那些分散在荒野上的,就趁机夺取。贼寇到达后,一无所获,于是溃败。

朱鲔杀死李轶,进攻温县、平阴。冯异、寇恂将其打败。

冯异写信给李轶,劝说他归附刘秀。李轶已经知道长安情况危急,却因刘缤之死而心里很不安,就给冯异回了信,并不再与冯异交战。所以,冯异能够向北攻打天井关,夺取上党地区的两座城市,又南下攻陷成皋以东的十三个县,投降他的人有十多万。冯异斩杀了河南太守武勃。李轶紧闭城门,不去援救。冯异将所有情况报告给刘秀,刘秀回复说:"李轶奸诈多端,一般人不能知道他在想什么。现今把他的信传送给应当警备他的各郡太守和都尉。"

朱鲔听说后,派人刺杀了李轶。从此,洛阳城中人心相背,有很多人投降。朱鲔派将军攻打温县,自己率军进攻平阴以牵制冯异部。寇恂得知后,命部队快速出发,并传令各属县发兵到温县会师。军吏都劝阻说:"应等众军毕集之后再出征。"寇恂说:

"温,郡之藩蔽,失温则郡不可守。"遂驰赴之。将战,而冯异遣救及诸县兵皆至,奔击破之。异亦度河击走鲔,与恂追至洛阳,环城一匝而归。自是,洛阳城门昼闭。

异、恂移檄上状。诸将入贺。马武进曰:"大王虽执谦退,奈宗社何! 宜先即尊位,乃议征伐。今此谁贼而驰骛击之乎?"王不听。

萧王遣将追尤来等,又大破之。

王引军还蓟,复遣吴汉等追尤来等,破散略尽。贾复伤疮甚,王大惊曰:"我所以不令贾复别将者,为其轻敌也。果然,失吾名将! 闻其妇有孕,生女邪我子娶之,生男邪我女嫁之,不令其忧妻子也。"复病寻愈。

六月,萧王即皇帝位,改元,大赦。

王还至中山,诸将复上尊号,不听。到南平棘,复固请之,不许。诸将且出,耿纯进曰:"天下士大夫捐亲戚,弃土壤,从大王于矢石之间者,其计固望攀龙鳞,附凤翼,以成其所志耳。今大王留时逆众,不正号位,纯恐士大夫望绝计穷,则有去归之思,无为久自苦也。大众一散,难可复合。"纯言甚诚切,王深感曰:"吾将思之。"

行至鄗,召冯异问四方动静。异曰:"更始必败,宗庙之忧在于大王,宜从众议。"会儒生彊华自关中奉《赤伏符》来诣王曰:"刘秀发兵捕不道,四夷云集龙斗野,四七之际火为主。"群臣因复奏请,乃即位于鄗南。

"温县是河内郡的屏障，如果温县失陷，那么河内郡就守不住了。"于是率军奔赴温县。将要与敌军交战，恰巧冯异派来的救援部队以及各县部队都赶到了，乘势冲击，大破敌军。冯异也渡过黄河击退朱鲔，与寇恂一起追击，直追到洛阳，大军环洛阳城转了一圈后才返回。从此，即使白天洛阳城门也紧闭不开。

冯异、寇恂将交战情况写进文告，传送给刘秀。众将领知道后入营帐向刘秀祝贺。马武建议说："大王虽然执意谦让，但社稷又托付给何人呢？您应当先称皇帝，再讨论征伐之事。像现在这样，东奔西杀，到底谁是贼寇呢？"刘秀没有听从。

萧王刘秀派将军率兵追击尤来等人，又大破尤来。

刘秀带兵回到蓟城，又派吴汉等人追杀尤来等贼寇，贼寇战败，四散而逃，大致被消灭干净。贾复受伤，伤势很重，刘秀极为震惊，说："我之所以不让贾复独当一面，是因为他太轻敌。果然不出我所料，我失去了一员名将！听说他的妻子已经怀孕，如果生下女孩，我的儿子娶她为妻；如果生下男孩，就把我的女儿嫁给他，不会让贾复为妻子儿女担忧。"不久，贾复的伤势痊愈。

六月，萧王刘秀即皇帝位，改年号，大赦天下。

刘秀回到中山县，众将领再次劝他称帝，他仍然不同意。走到南平棘，将领们再次坚决恳请，他还不答应。众将暂且退出，耿纯进谏说："天下士大夫舍弃亲属，背井离乡，跟随大王出生入死，他们所想的本是攀龙附凤，来成就他们的心愿志向。现在大王您拖延时间，违背大家的意愿，不确定尊号与名位，我恐怕士大夫会失去希望，无计可施，那他们就会想到返归故乡，不再长期忍耐，自陷于痛苦之中。大家一散伙，很难再重新聚合。"耿纯的话极为真诚恳切，刘秀十分感动，说："我将认真考虑此事。"

走到鄗县，召见冯异，询问各方情况。冯异说："更始势必失败，国家大事全都在您身上，应当遵从众将的建议。"正巧，儒生疆华从关中拿着《赤伏符》来见刘秀，符上文字说："刘秀发兵惩奸贼，四方云集龙斗野，四七之际汉为主。"群臣因此再次请求，刘秀就在鄗县之南即皇帝位。

邓禹击定河东。

禹围安邑，数月未下。更始大将军樊参、刘均将数万人攻禹，禹击斩之，遂定河东。

长安乱，玄奔新丰。

张卬与诸将议曰："赤眉且至，见灭不久，不如掠长安归南阳。事若不集，复入湖池中为盗耳。"入说更始。更始怒，使王匡、陈牧、成丹、赵萌屯新丰，李松军掫，以拒赤眉。卬与申屠建、隗嚣合谋，欲共劫更始成前计。更始知之，斩建，使兵围嚣第。卬等勒兵烧门入战，更始大败。嚣亦溃围，走归天水。更始奔新丰，复疑王匡等与卬同谋，乃并召入。牧、丹先至，即斩之。匡惧，将兵入长安，与卬等合。

赤眉以刘盆子称帝。

赤眉进至华阴，军中有齐巫，常鼓舞祠城阳景王，狂言："王怒曰：'当为县官，何故为贼！'"方望弟阳说樊崇等曰："今将军拥百万之众，西向帝城而无称号，名为群贼，不可以久。不如立宗室，挟义诛伐，以此号令，谁敢不从！"崇等以为然。

先是，赤眉掠故式侯萌之子恭、茂、盆子。恭少习《尚书》，随崇等降更始，复封式侯，在长安。茂、盆子留军中，属卒史刘侠卿，主牧牛。至是，求军中景王后，得茂、盆子及前西安侯孝三人。崇曰："古者天子将兵称上将军。"乃为三札，置笥中，书其一为符，曰"上将军"。于郑北设坛

邓禹进击安定河东郡。

邓禹围攻安邑，好几个月仍未能攻下。更始大将军樊参、刘均带领几万人攻击邓禹，邓禹把他们全部打败，杀死，于是平定了河东郡。

长安陷于混乱，更始奔往新丰。

张卬同将领们商议说："赤眉军将要到来，不久我们就要被消灭了，不如抢夺长安的财物，然后逃回南阳去。事情如果不能成功，就再入湖池中当强盗去。"进去劝说更始。更始大怒，派王匡、陈牧、成丹、赵萌驻扎在新丰，派李松驻守掫城，以抵抗赤眉军。张卬与申屠建、隗嚣共同商议，想要一起劫持更始完成先前的计划。更始得知他们的计策后，斩杀了申屠建，命令军队包围了隗嚣的宅第。张卬等人率兵烧毁宫门，杀入宫中大战，更始大败。隗嚣也冲破了包围，逃回天水。更始奔往新丰，他又怀疑王匡等人与张卬是同谋犯，就一起召见他们。陈牧、成丹先到，被立即斩杀。王匡非常害怕，带领部队进入长安，与张卬等人会合。

赤眉军拥立刘盆子称帝。

赤眉军进发到华阴，军中有一位齐地的巫师，经常击鼓跳舞祭祀城阳景王刘章，并信口胡言："景王大怒说：'应当做天子，为什么当盗贼？'"方望的弟弟方阳劝说樊崇等人说："现在将军您拥有百万大军，向西攻打长安却没有尊号，被人称为贼寇，不可以长久下去。不如拥立一位刘姓宗室子弟，以正义的名义诛伐，以此发号施令，谁敢不服？"樊崇等人认为说得很对。

早先，赤眉军劫持故式侯刘萌的儿子刘恭、刘茂、刘盆子。刘恭小时候学过《尚书》，后来跟随樊崇等人投降更始皇帝，重新被封为式侯，留在了长安。刘茂和刘盆子两人留在赤眉军中，受卒吏刘侠卿管束，负责放牛。此时，赤眉军寻找军中景王的后代，找到刘茂、刘盆子和前西安侯刘孝三人。樊崇说："古代，皇帝如果带兵就称为上将军。"于是做了三个木简，放在竹筒中，将其中一个木简当作符，上写"上将军"三字。在郑县北面设置坛

场,大会,列盆子等三人居中立,以年次探札。盆子最幼,后探,得符。诸将皆称臣,拜。盆子时年十五,被发徒跣,敝衣赭汗,见众拜,恐畏欲啼。茂谓曰:"善藏符。"盆子即啮折,弃之。犹朝夕拜刘侠卿,时欲出从牧儿戏,侠卿怒,止之。崇等亦不复候视也。

秋七月,以邓禹为大司徒,王梁为大司空,吴汉为大司马,伏湛为尚书令。

帝使使持节拜禹大司徒,封酂侯,食万户。禹时年二十四。又案《赤伏符》以梁为大司空。又欲以谶文用孙咸行大司马,众不悦,乃以吴汉为大司马。

初,更始以湛为平原太守,时天下起兵,湛独晏然抚循百姓,一境赖以全。征为尚书,使典定旧制。又以禹西征,拜湛为司直,行司徒事。

邓禹度河,破左辅兵。

禹度河入夏阳。更始左辅都尉公乘歙引众十万拒禹,禹击破之。

帝如怀,遣吴汉等围洛阳。　八月,玄复入长安。

更始攻王匡、张卬于长安。连战月余,匡等败走,更始乃复入。

九月,赤眉入长安。玄奔高陵。

赤眉入长安,更始单骑走。式侯恭以赤眉立其弟自系诏狱。闻败,乃出,从更始于渭滨。将相皆降,独丞相曹竟不降,手剑格死。

场,召集全体将领,请刘盆子等三人站在中间,按照年龄次序从大到小摸木简。刘盆子最小,最后摸木简,得到了符。众将领都对他称臣,叩拜。刘盆子年仅十五岁,披散着头发,光着脚,穿着破衣服,紫涨着脸,浑身冒汗,见众人叩拜,恐惧害怕得想哭。刘茂对他说:"好好藏着你的符。"刘盆子却立即将符咬断,扔掉了。刘盆子仍然早晚拜见刘侠卿,时常想跑出去跟放牛的孩子一起玩耍,刘侠卿大怒,制止他。樊崇等人也不再来问候探视。

秋七月,任命邓禹为大司徒,王梁为大司空,吴汉为大司马,伏湛为尚书令。

汉光武帝刘秀派使者持符节前去拜邓禹为大司徒,封为酇侯,食邑一万户。邓禹当时才二十四岁。又按照《赤伏符》上所写任命王梁当大司空。刘秀还想依谶文所说的任用孙咸作大司马,群臣都不高兴,才任命吴汉为大司马。

当初,更始皇帝任命伏湛为平原太守,当时天下纷纷起兵,只有伏湛安然不动,安抚百姓,平原郡因此得以保全。刘秀征召伏湛任尚书,让他负责整理已有的典章制度。又因为邓禹率军西征,就任命伏湛为司直,兼摄大司徒的职务。

邓禹渡过黄河,打败左辅敌军。

邓禹渡过黄河,进入夏阳。更始朝左辅都尉公乘歙率领十万军队抵抗邓禹,邓禹将其打败。

汉光武帝刘秀来到怀县,派遣吴汉等人包围洛阳。 八月,更始帝刘玄又进入长安。

更始在长安与王匡、张印会战。接连打了一个多月,王匡等人战败逃走,更始就又进驻长安。

九月,赤眉军进入长安。刘玄逃奔高陵。

赤眉军进入长安,更始独自一人骑马逃走。式侯刘恭因为赤眉军拥立他的弟弟刘盆子做皇帝,就自己把自己捆绑起来,囚禁在诏狱中。听到更始战败,就走出诏狱,跟从更始来到渭水河畔。更始的将军与文臣全都投降,只有丞相曹竟不投降,持宝剑格斗而死。

封玄为淮阳王。

诏：敢贼害者罪同大逆。

以卓茂为太傅，封褒德侯。

宛人卓茂宽仁恭爱，恬荡乐道，雅实不为华貌，行己在于清浊之间，自束发至白首，与人未尝有争竞，乡党、故旧虽行能与茂不同，而皆爱慕欣欣焉。哀、平间为密令，视民如子，举善而教，口无恶言，吏民亲爱，不忍欺之。民尝有言部亭长受其米肉遗者，茂曰："亭长为从汝求乎？为汝有事嘱之而受乎？将平居自以恩意遗之乎？"民曰："往遗之耳。"茂曰："遗之而受，何故言邪？"民曰："窃闻贤明之君，使民不畏吏，吏不取民。今我畏吏，是以遗之。吏既卒受，故来言耳。"茂曰："汝为敝民矣！凡人所以群居不乱，异于禽兽者，以有仁爱礼义，知相敬事也。汝独不欲修之，宁能高飞远走不在人间邪！吏顾不当乘威力强请求耳。亭长素善吏，岁时遗之，礼也。"民曰："苟如此，律何故禁之？"茂笑曰："律设大法，礼顺人情。今我以礼教汝，汝必无怨恶；以律治汝，汝何所措其手足乎？一门之内，小者可论，大者可杀也。且归念之。"初，茂到县有所废置，吏民笑之，邻城闻者皆蚩其不能。河南郡为置守令，茂不为嫌，治事自若。数年教化大行，道不拾遗。迁京部丞，密人老少皆涕泣随

刘秀封刘玄为淮阳王。

颁下诏书：谁胆敢杀害更始，与大逆同罪。

任命卓茂为太傅，封为褒德侯。

宛城人卓茂宽厚仁义，谦恭爱人，性情恬淡坦荡，乐守圣贤之道，古雅朴实，不喜修饰，行为在清浊之间。从束发的少年到白发的老年，从未与别人争执过，亲戚朋友虽然品行与才干同卓茂不同，但大家都爱慕欣赏他。卓茂在西汉哀帝、平帝年间曾做过密县县令，将百姓看作自己的孩子，推行仁政教化百姓，不说粗暴的言语，官吏平民都亲近敬爱他，不忍心欺骗他。曾经有一个平民上告说，卓茂的属官亭长接受了他送的米和肉，卓茂说："是亭长主动找你索求呢？还是因为你有求于他，他才接受的呢？或是平时他对你有恩德，你才送给他的呢？"那个人说："从前我送给他的。"卓茂说："你自己送给他的，他接受了，为什么还上告呢？"那个人说："我听说贤德圣明的君主能让百姓不畏惧官吏，官吏不索取百姓的财物。现在我害怕官吏，所以送东西给他。亭长既然最终接受了，所以我来告他。"卓茂说："你是个品性不好的人。人们之所以能聚居在一起而秩序井然，与禽兽不同，其原因在于人有仁爱礼义，懂得互相尊重。而你偏偏不注重修养品性，难道你能够高飞远走，脱离人间生活吗？官吏固然不应当利用威严的权力强求索取。亭长向来是一位好官吏，每年按时送给他一点东西，是符合礼仪的。"那个人说："如果这样，法律为什么又禁止呢？"卓茂笑着说："法律是规范人们行为的法令，礼仪则顺应人们的常情。现在如果我以礼仪来教导你，你必然没有怨恨；如果用法律惩治你，你将有什么办法呢？同一个门内，有了小罪过可以论罪，犯了大罪可以杀头。你且回去好好想想。"当初，卓茂到达密县后，既有废除的，又有新设置的，官民都嘲笑他，邻近县城的人听说后也都嗤笑他无能。河南郡为他设置了一位县令，卓茂并不以此为意，仍按自己的想法处理政务。几年之后，卓茂推行的教化蔚然成风，密县境内做到了路不拾遗。后来，卓茂升为京部丞，密县百姓老老少少都哭着一路跟着

送。及王莽居摄，以病免归。上即位，先访求茂，茂时年七十余。诏曰："夫名冠天下，当受天下重赏。今以茂为太傅，封褒德侯。"

朱鲔以洛阳降。冬十月，帝入，都之。

诸将围洛阳数月，朱鲔坚守不下。帝以岑彭尝为鲔校尉，令往说之。鲔曰："大司徒被害时鲔与其谋，又谏更始无遣萧王北伐，自知罪深，不敢降。"彭还言之，帝曰："举大事者不忌小怨。鲔今若降，官爵可保，况诛罚乎？河水在此，吾不食言。"彭复往告，鲔即降，拜平狄将军，封扶沟侯，传封累世。

侍御史杜诗安集洛阳，将军萧广纵兵暴横。诗敕晓，不改，遂格杀广。上召见，赐棨戟，擢任之。十月，车驾入洛阳，幸南宫，遂定都焉。

淮阳王降于赤眉。
更始遣刘恭请降于赤眉，赤眉将杀之。恭为请，不得，拔剑欲自刎。崇等乃赦更始，封为长沙王。恭常拥护之。

邓禹引军屯栒邑。
刘盆子居长乐宫，兵士暴掠。百姓不知所归，闻邓禹乘胜独克而师行有纪，皆望风相携负以迎军。降者日以千数，众号百万。禹所止，辄停车挂节以劳来之，父老、童稚、垂髫、戴白满其车下，莫不感悦。于是名震关西。

为他送行。等到王莽摄政时，卓茂因病辞官，返回故里。刘秀称帝后，首先访求卓茂，当时卓茂已有七十多岁。刘秀颁下诏书说："名满天下，应当受到国家的重重奖赏。现在任命卓茂为太傅，封褒德侯。"

朱鲔带领洛阳官兵投降。冬十月，汉光武帝刘秀进入洛阳，定为国都。

将领们将洛阳围困了几个月，由于朱鲔坚守，故而未能攻下。刘秀因为岑彭曾做过朱鲔手下的校尉，就命令他前往劝说朱鲔。朱鲔说："大司徒刘縯被害时，我曾经参与谋划，又曾劝说更始皇帝不要派萧王刘秀向北方征伐，我知道自己罪孽深重，所以不敢投降。"岑彭回去后向刘秀转述了朱鲔的话，刘秀说："做大事的人不计较小怨。如果现在朱鲔投降，我可以保证他的官职和爵位，怎么可能再治他的罪呢？有黄河水在此为证，我绝不会食言。"岑彭又前去告诉朱鲔，朱鲔就投降了，被任命为平狄将军，封扶沟侯，并准许将爵位世代相传。

侍御史杜诗被派往洛阳安抚聚合百姓，将军萧广放纵部下，凶暴蛮横。杜诗劝诫警告，但萧广毫无改变，于是杜诗杀了萧广。刘秀召见杜诗，赐给他官员出行时打在队前的棨戟，并提升官职。十月，刘秀进入洛阳，临幸南宫，定都洛阳。

淮阳王刘玄向赤眉军投降。

刘玄派刘恭向赤眉军请求投降，赤眉将领准备杀死刘玄。刘恭替他求情，却没人听从，刘恭就拔剑想自刎。樊崇等人这才赦免刘玄不死，封他为长沙王。刘恭常常支持保护刘玄。

邓禹率军驻扎在枸邑。

刘盆子住在长乐宫中，兵士们残暴凶蛮，劫夺财物。百姓不知道应当归附谁，听说邓禹的部队接连打胜仗而且军纪严明，就都望风相互牵挽背负着去欢迎邓禹大军。投降邓禹的每天多达上千人，邓禹军队号称百万。邓禹每到一处，就停车手持符节慰问来归顺的人，他的车下总站满了人，从老人到小孩没有人不感动而喜悦。于是，邓禹的名望震动了函谷关以西地区。

诸将豪杰皆劝禹径攻长安,禹曰:"不然。今吾众虽多,能战者少,前无可仰之积,后无转馈之资。赤眉新拔长安,财谷充实,锋锐未可当也。夫盗贼群居无终日之计,财谷虽多,宁能坚守者邪? 上郡、北地、安定三郡,土广人稀,饶谷多畜。吾且休兵北道,就粮养士,以观其敝,乃可图也。"禹于是引军北至枸邑,所到,诸营保、郡邑皆开门归附。

十一月,梁王永称帝。　十二月,赤眉杀淮阳王。

三辅苦赤眉暴虐,皆怜更始,欲盗出之。张印等使谢禄缢杀之。刘恭夜往收其尸,帝诏邓禹葬之于霸陵。

隗嚣据天水,自称西州上将军。

隗嚣归天水,复聚其众,自称西州上将军。三辅士大夫避乱者多归之。嚣倾身引接,为布衣交。以范逡为师友,郑兴为祭酒,申屠刚、杜林为治书,马援、杨广、王遵、周宗、行巡、王元为将军,班彪之属为宾客,名震西州。援少以家贫欲就边郡田牧,兄况曰:"汝大才,当晚成。良工不示人以朴,且从所好。"遂之北地田牧。常谓宾客曰:"丈夫为志,穷当益坚,老当益壮。"后有畜数千头,谷数万斛,既而叹曰:"凡殖财产,贵能赈施也,否则守财虏耳!"乃尽散于亲旧。闻隗嚣好士,往从之。嚣甚敬重,与决筹策。彪,稚之子也。

窦融据河西,自称五郡大将军。

窦融累世仕宦河西,知其土俗。更始时,私谓兄弟曰:

众将领豪杰都建议邓禹直接攻打长安,邓禹说:"不能这样。眼下我们人数虽然多,但能打仗的人少,况且前面没有可以依靠的粮草,后面也没有转运来的军备物资。而赤眉军刚刚攻取长安,钱财和粮食都已足备,锐不可当。但是,贼寇聚集在一起没有长远的计划,钱财、粮草虽多,难道他们能长期固守?上郡、北地、安定三郡,地域广阔,人口稀少,粮食富足,牲畜众多。我们暂且在北道休养军队,依靠粮食多的地方补足军队供给,以等待赤眉军暴露弱点,那时我们就可以图谋消灭他们。"邓禹于是率领军队向北进发,到达栒邑,所到之处,各营寨、郡邑都开门归顺。

十一月,梁王刘永称帝。 十二月,赤眉军杀死淮阳王刘玄。

三辅百姓苦于赤眉军的暴虐,都可怜刘玄,打算把他从赤眉军中救出来。张卬等人派谢禄勒死刘玄。刘恭在黑夜前去收殓刘玄的尸体,刘秀下诏让邓禹将刘玄葬在霸陵。

隗嚣占据天水,自称为西州上将军。

隗嚣返回天水后,又聚集起部众,自称为西州上将军。三辅的士大夫为避乱,很多人都来归附隗嚣。隗嚣热诚迎接,就像平民交朋友一样。他任命范逡为师友,郑兴为祭酒,申屠刚和杜林为治书,马援、杨广、王遵、周宗、行巡、王元为将军,班彪等人为宾客,名声震动西州。马援小时候家里很穷,因此他想到边疆州郡去种田放牧。他的哥哥马况说:"你是大器晚成的人。能工巧匠不把未雕琢的玉石拿给人看,权且按自己的意愿做想做的事。"于是马援到北部边郡种田放牧。他曾对宾客说:"大丈夫立志,穷困时应当更加坚定,年老时应当更加雄壮。"后来,他拥有牲畜几千头,粮食几万斛,不久又叹息说:"增加财产,贵在能够赈济施舍,否则不过是守财奴罢了!"于是他把家产全都分送给亲戚故旧。听说隗嚣礼贤下士,就去投奔他。隗嚣特别敬重他,让他共同参与筹划决策。班彪是班稚的儿子。

窦融占据河西地区,自称为五郡大将军。

窦融家里几代人都在河西地区做过官,因此很了解当地的风土人情。更始皇帝在位时,窦融私下里对自己的兄弟们说:

"天下安危未可知。河西殷富,带河为固,张掖属国精兵万骑,一旦缓急,杜绝河津,足以自守,此遗种处也。"乃因赵萌求往,更始以为张掖属国都尉。融既到,抚结雄杰,怀辑羌虏,得其欢心。与太守、都尉、梁统等五人尤厚善。及更始败,相与议曰:"今天下扰乱,未知所归。河西斗绝在羌、胡中,不同心戮力则不能守,权钧力齐,复无以相率,当推一人为大将军,共全五郡,观时变动。"乃推融行河西五郡大将军事,以梁统为武威太守,史苞为张掖太守,竺曾为酒泉太守,辛肜为敦煌太守,唯库钧为金城太守如故。而融亦仍居属国,领都尉职。置从事,监察五郡。河西民俗质朴,而融等政亦宽和,上下相亲,晏然富殖。修兵马,习战射,明烽燧。羌、胡犯塞,融自将与诸郡相救,皆如符要,每辄破之。由是羌、胡震服亲附,流民归之。

卢芳据安定,自称西平王。匈奴迎之,立以为汉帝。

安定卢芳诈称武帝曾孙刘文伯,自立为上将军、西平王,使使与匈奴结和亲。单于以为:"汉氏中绝,刘氏来归我,亦当如呼韩邪立之,令尊事我。"乃使骑迎芳入匈奴,立为汉帝。

将军冯愔反。

帝以关中未定,而邓禹久不进兵,赐书责之。禹犹执前意,别攻上郡诸县,更征兵引谷。将军冯愔、宗歆守枸

"天下是安定还是混乱尚未可测。河西地区殷实富足，有黄河作为牢固的屏障，张掖属国还有一万精锐骑兵，一旦遇到危急情况，切断黄河渡口，完全可以守卫得住，这是保全我们子孙不致绝灭的地方。"于是窦融请赵萌帮助，请求前往河西，刘玄命他担任张掖属国都尉。窦融到任之后，抚慰结交英雄豪杰，安抚笼络西羌各部族，深得他们的欢心。窦融与太守、都尉、梁统等五人结为知交。等到刘玄失败，窦融与他们商议说："如今天下混乱，不知道权力归往何处。河西地区孤悬于羌人和胡人之间，如果不齐心协力就不能自守。我们大家的权力和兵力都相当，又谁也不能统率谁，应当推举出一人当大将军，共同保全五郡，观看时局变化。"于是推选窦融兼摄河西五郡大将军事，任命梁统为五威太守，史苞为张掖太守，竺曾为酒泉太守，辛肜为敦煌太守，只有库钧依旧担任金城太守。而且，窦融也仍然住在张掖属国，任都尉之职。设置从事，负责监察五郡。河西一带民风质朴，而窦融等人统治也宽厚平和，官民上下相亲，安乐富足。窦融等人还训练兵马，练习作战、射箭，点燃烽火。羌人、胡人侵犯边境要塞，窦融亲自率军与其他各郡互相救援，都按照事前约定的去做，每次交战总将敌军打败。因此，羌人、胡人震惊而后降服，表示亲近归附，流亡的百姓也来归顺。

卢芳占据了安定，自称平西王。匈奴派人迎接他，拥立他为汉帝。

安定人卢芳假称是汉武帝的曾孙刘文伯，自立为上将军、西平王，派遣使节到匈奴去，想与匈奴和亲。匈奴单于认为："汉朝统治中断，刘氏皇族前来归附，我也应当如同当年汉朝扶立呼韩邪那样扶立卢芳，让他尊敬事奉我。"于是就派骑兵迎接卢芳到达匈奴，立他为汉帝。

将军冯愔谋反。

刘秀因为关中地区还没有平定，可是邓禹长时间不进兵征伐，就写信责备他。邓禹仍然坚持原来的想法，另去攻打上郡各县，同时继续征召兵士，运输粮食。将军冯愔、宗歆一起驻守栒

邑,争权相攻,愔遂杀歆,因反击禹。禹遣使以闻。帝问使人:"愔所亲爱为谁?"对曰:"护军黄防。"报禹曰:"缚冯愔者必黄防也。"乃遣尚书宗广持节往降之,防果执愔归罪。

邓禹承制,以隗嚣为西州大将军。

冯愔之叛也,引兵西向天水,隗嚣击破之。于是,禹承制遣使持节,命嚣为西州大将军,得专制凉州、朔方事。

田邑以上党降。

帝遣刘延攻天井关,更始将田邑拒之,不得进。及更始败,邑请降,即拜上党太守。帝又遣储大伯持节征鲍永,永未知更始存亡,收系大伯,遣使驰至长安,诇问虚实。

丙戌(26)　二年
春正月朔,日食。

刘恭知赤眉必败,密教弟盆子归玺绶,习为辞让之言。及是日大会,盆子下床解玺绶,叩头曰:"今设置县官而为贼如故,四方怨恨,不复信向,此皆立非其人所致。愿乞骸骨,避贤圣路!必欲杀盆子以塞责者,无所离死!"因涕泣嘘唏。崇等怜之,避席顿首曰:"臣无状,负陛下,请后不敢!"因共抱持盆子,带以玺绶。盆子号呼,不得已。既罢,出,各闭营自守。三辅翕然,称天子聪明,百姓争还长安,市里且满。后二十余日,复出大掠如故。

邑,为争夺权力而互相攻击,冯愔于是杀了宗歆,并趁机谋反,攻击邓禹。邓禹派使者向刘秀汇报情况。刘秀问使者:"冯愔亲近敬爱的人是谁?"使者回答说:"是护军黄防。"刘秀就告诉邓禹:"逮捕冯愔的人一定是黄防。"于是派尚书宗广持符节前去招降,黄防果然绑缚冯愔回来请罪。

邓禹秉承皇帝旨意任命隗嚣为西州大将军。

冯愔反叛后,率领军队向西进发天水,隗嚣将冯愔打败。于是邓禹秉承皇帝派旨意遣使者持符节,任命隗嚣为西州大将军,能够全权处理凉州、朔方的事务。

田邑献出上党郡投降。

汉光武帝刘秀曾派刘延前去攻打天井关,刘玄的将领田邑奋力抗拒,刘延没能进入天井关。等到刘玄失败后,田邑请求投降,即被任命为上党太守。刘秀又派储大伯持符节征召鲍永,鲍永不知道更始朝是存是亡,就逮捕囚禁了储大伯,并派使者骑马奔向长安探听虚实。

丙戌(26) 汉光武帝建武二年
春正月初一,出现日食。

刘恭知道赤眉军势必会失败,就暗地里让他的弟弟刘盆子交还印玺绶带,学着说推辞谦让的话。等到初一这天召开大朝会时,刘盆子走下卧床,解下印玺绶带,叩头说:"现在虽然设立了皇帝,但是大家仍像过去一样做强盗,四方怨恨,不再相信向往我们,这都是立皇帝而找错了人的缘故。恳请让我退位,给贤明的君主让路!如果你们一定要杀我来推卸责任的话,我也没地方可逃命!"说完就痛哭流涕。樊崇等人可怜他,离开座位叩头说:"都是我们不好,辜负了陛下,今后再不敢了。"于是一起抱着刘盆子,给他披上印玺绶带。刘盆子虽然又哭又叫,但身不由己。朝会结束后,众将领出宫,各自紧闭营门自守。三辅地区安定,百姓都称赞皇帝聪明,争先恐后返回长安,街道上挤满了人。但是二十多天过后,赤眉军又出来大肆掠夺,仍像以前一样。

遣吴汉等破檀乡贼于邺东。

刁子都为其部曲所杀，余党与诸贼会檀乡，号檀乡贼。寇魏郡、清河。魏郡大吏李熊弟陆谋反城迎之。或以告太守铫期，期召问熊，熊首服。期曰："为吏党不若为贼乐者，可往就之。"使吏送出城。熊行，求得陆，将诣城门。陆不胜愧感，自杀以谢期。期以礼葬之，而还熊故职。于是郡中服其威信。帝遣吴汉率九将军击檀乡，破之，十余万众皆降。诸营保悉平，边路流通。

悉封诸功臣为列侯。

梁侯邓禹、广平侯吴汉，皆食四县。博士丁恭议曰："古者封诸侯不过百里，今封四县，不合法制。"帝曰："古之亡国皆以无道，未尝闻功臣地多而灭亡者也。"阴乡侯阴识，贵人之兄也，以军功当增封。识曰："臣托属掖廷，仍加爵邑，此为亲戚受赏，国人计功也。"帝从之。使郎中魏郡冯勤典诸侯封事，勤差量功次轻重、国土远近、地势丰薄，不相逾越，莫不压服焉。帝以为能，尚书众事皆令总录之。故事：尚书郎以令史久次补，帝始用孝廉为之。

立宗庙、郊、社于洛阳。

起高庙于洛阳，四时合祀高祖、太宗、世宗。建社稷于宗庙之右，立郊兆于城南。

赤眉大掠长安，西入安定、北地。

长安城中粮尽，赤眉收珍宝，烧宫室，恣杀掠，城中无复人行。乃引兵，号百万，转掠而西，遂入安定、北地。

刘秀派遣吴汉等人在邺城东面大败檀乡贼寇。

刁子都被他的部曲所杀,剩下的同党与其他贼寇在檀乡会合,被称为檀乡贼寇。他们攻掠魏郡、清河。魏郡大吏李熊的弟弟李陆谋反迎接贼寇。有人将此事报告给魏郡太守铫期,铫期召见李熊质问,李熊叩头承认。铫期说:"做官如果不如做盗贼快乐,可以去投奔李陆。"派官吏送李熊出城。李熊出城后,找到李陆,带他来到邺城城门下。李陆不胜惭愧,自杀身亡,以此向铫期谢罪。铫期以礼埋葬了李陆,并恢复了李熊的官职。由此,魏郡百姓都信服铫期的威信。刘秀派吴汉带领九位将军攻打檀乡,大败敌兵,十余万人全部投降。各个营寨堡垒都被铲平,边疆的道路从此畅通无阻。

将各位有功之臣都封为列侯。

梁侯邓禹、广平侯吴汉,都享有四个县的采邑。博士丁恭建议说:"古时封诸侯不超过百里,现在封四个县,不符合法制。"刘秀说:"古时候亡国的原因都是君主失去道义,从来没有听说因为功臣封地多而亡国的。"阴乡侯阴识是贵人阴丽华的哥哥,按军功应当增加封地。阴识说:"我是后宫的亲属,还要增加封地的话,这就是皇亲国戚接受赏赐,全国百姓都要评价我的功绩了。"刘秀接受了他的辞让。郎中魏郡人冯勤负责诸侯分封的事宜,他衡量功劳的大小、封地的远近、土地的肥沃瘠薄来分封,使大家互不越界,没有不满足不服从的。刘秀认为他能干,就把尚书的所有事项都交给他统领。以前的做法是尚书郎的位置由尚书令史按年资次序递补,刘秀开始用孝廉担任尚书郎。

在洛阳建立宗庙、郊兆和社稷坛。

在洛阳建立高庙,每年四季都联合祭祀高祖刘邦、太宗刘恒、世宗刘彻。在宗庙的右面建立社稷坛,在洛阳城南建立郊兆。

赤眉军在长安城中大肆掠夺,然后向西进入安定、北地。

长安城中粮食耗尽,赤眉军收拾好金银财宝,烧毁宫殿,恣意杀人抢劫,城中看不见一个行人。然后带领军队出发,号称一百万,转而向西掳掠,于是进入安定、北地。

邓禹入长安。

禹入长安,谒高庙,收神主送洛阳。行园陵,置吏士奉守。

真定王杨谋反,伏诛。　鲍永来降。

鲍永、冯衍审知更始已亡,乃发丧,出储大伯等,封上印绶,悉罢兵,幅巾诣河内。帝见永,问曰:"卿众安在?"永离席叩头曰:"臣事更始,不能令全,诚惭以其众幸富贵,故悉罢之。"帝曰:"卿言大。"而意不悦。既而永以立功见用,衍遂废弃。永谓衍曰:"昔高祖赏季布之罪,诛丁固之功。今遭明主亦何忧哉?"衍曰:"天命难知,人道易守,守道而已,何患死亡!"

大司空梁罢,以宋弘为大司空。

王梁屡违诏命,帝怒,欲诛之。既而赦之,以为中郎将,北守箕关。

以宋弘为大司空。弘荐桓谭为议郎、给事中。帝令谭鼓琴,爱其繁声。弘闻之,不悦。伺谭出,朝服坐府上,遣吏召之。谭至,不与席而让之,谭顿首辞谢。良久乃遣之。后大会群臣,帝使谭鼓琴。谭见弘,失其常度。帝怪而问之。弘乃离席免冠谢曰:"臣所以荐谭者,望能以忠正导主。而令朝廷耽悦郑声,臣之罪也。"帝改容谢之。

湖阳公主新寡,帝与共论朝臣,微观其意。主曰:"宋公威容德器,群臣莫及。"后弘被引见,帝令主坐屏风后,因

邓禹进入长安。

邓禹进入长安,拜谒高庙,收取西汉皇帝的神位,派人送往洛阳。巡行园陵,安排官兵事奉守护。

真定王刘杨谋反,被诛杀。　鲍永前来投降。

鲍永、冯衍确知刘玄已死,于是举办了丧事,放出储大伯等人,封好印信绶带,遣散所有的兵士,用头巾包头前往河内投降。刘秀召见鲍永,问他:"你的部队在什么地方?"鲍永离开座位叩头说:"我效忠刘玄,却不能保全他,如果靠他的部队求得富贵,实在让我感到惭愧,所以全都把他们遣散了。"刘秀说:"你的话很有见地。"而心里却不高兴。不久,鲍永因为立了战功而受到刘秀的重用,冯衍却被废弃不用。鲍永对冯衍说:"从前汉高祖刘邦奖赏有罪的季布,诛杀有功的丁固。现在我们遇到圣明的君主,还有什么忧虑呢?"冯衍说:"人的命运很难预测,而做人的道义却容易遵守,遵守做人的道义就行了,还怕什么死亡?"

大司空王梁被罢免,任命宋弘为大司空。

王梁多次违背刘秀的命令,刘秀大怒,想诛杀他。后来又赦免他的死罪,把他降为中郎将,让他到北方镇守箕关。

任命宋弘为大司空。宋弘举荐桓谭担任议郎、给事中。刘秀命令桓谭弹琴,喜爱他弹奏的那种浮靡的音乐。宋弘听说此事后,很不高兴。他等到桓谭从宫中出来后,就穿好朝服坐在大司空府中,派官吏去叫桓谭来。桓谭到来后,宋弘不让他就座而责备他,桓谭叩头谢罪。过了很久,宋弘才让他走。后来刘秀大会群臣,让桓谭弹琴。桓谭看见宋弘,就失去常态。刘秀感到很奇怪,问到底是怎么回事。宋弘就离开座位,摘下帽子,谢罪说:"我之所以举荐桓谭,是希望他能用忠心和正义辅导君主。而他却让朝廷上下沉湎于浮靡的音乐,这是我的罪过。"刘秀闻言动容,向宋弘致歉。

湖阳公主新寡,刘秀与她一起评论朝臣,暗中观察她的心意。公主说:"宋弘仪表威严,品性不凡,群臣没人比得上他。"后来,宋弘被刘秀召见,刘秀事先让公主坐在屏风之后,继而

谓弘曰:"谚言'贵易交,富易妻',人情乎?"弘曰:"臣闻:'贫贱之知不可忘,糟糠之妻不下堂。'"帝顾谓主曰:"事不谐矣!"

渔阳太守彭宠反。

帝之讨王郎也,彭宠发突骑,转粮食,前后不绝。及帝追铜马至蓟,宠自负其功,意望甚高。帝接之,不能满。及吴汉、王梁为三公,宠愈怏怏。幽州牧朱浮年少有俊才,欲厉风迹,收士心,多所辟召,发诸州仓谷禀赡之。宠以为师旅方起,不宜多置官属以损军实。浮数谮宠。上辄漏泄令宠闻,以胁恐之。至是,征宠,宠益自疑。其妻固劝无受征。帝遣宠从弟子后兰卿喻之,宠遂发兵反,攻浮于蓟。又数遣使要诱耿况,况斩其使。

延岑反,据汉中。公孙述击取之。

延岑复反,汉中王嘉败走,岑遂据汉中。为更始将李宝所破,走天水。公孙述遂取南郑。嘉击之不利。岑引北入散关。嘉追击破之。述遣将从阆中下江州,东据扞关,于是尽有益州之地。

遣执金吾贾复击郾,破之。

更始诸大将在南方未降者尚多,帝召诸将议曰:"郾最强,宛为次,谁当击之?"贾复率然对曰:"臣请击郾。"帝笑曰:"执金吾击郾,吾复何忧?大司马当击宛。"遂遣复击郾,破之。尹尊降。

夏四月,遣将军盖延等击刘永,围睢阳。 遣吴汉击宛,宛王赐降。

对他说:"谚语说'地位高了换朋友,财富多了换妻子',这符合人之常情吗?"宋弘说:"我听说:'贫贱之知不可忘,糟糠之妻不下堂。'"刘秀回转头对湖阳公主说:"事情办不成了!"

渔阳太守彭宠叛乱。

刘秀征伐王郎时,彭宠派骑兵突击部队协助作战,转运粮草,前后不断。等到刘秀追击铜马盗贼到达蓟城,彭宠自恃功劳很大,期望得到高官厚禄。但是,刘秀没有满足彭宠的期望。到吴汉、王梁位列三公,彭宠更加不满意。幽州牧朱浮年轻而才华卓著,想要严格风俗教化,收拢士人之心,征召了很多人才,调拨各郡粮食赡养他们。彭宠认为兴兵征伐刚刚开始,不应当多设置官员来消耗军用物资。朱浮多次向刘秀进谗言,陷害彭宠。刘秀就故意泄露,让彭宠听到,以此威胁,使他害怕。到此时发诏令征召彭宠,彭宠于是更加疑心。他的妻子坚决劝说他不要接受征召。刘秀派彭宠的堂弟子后兰卿前去开导他,彭宠就率兵谋反,发兵攻打朱浮所在的蓟城。又多次派使者邀请劝诱耿况起兵,耿况将使者杀死。

延岑谋反,占据汉中。公孙述打败了他。

延岑再次谋反,汉中王刘嘉兵败逃走,延岑趁机占领汉中。后来延岑又被刘玄的将军李宝打败,逃到天水。公孙述于是夺取南郑。刘嘉与他交战,战败。延岑带兵向北,进入散关。刘嘉追击,将其打败。公孙述派遣将军从阆中下江州,向东进军,占领了扞关,于是拥有了整个益州地区。

刘秀派遣执金吾贾复攻打郾城,将其夺取。

刘玄在南方尚未投降的将领们还有很多,刘秀召见众将军商议说:"郾城最难攻,宛城其次,谁愿意去攻打这两个地方?"贾复不加思索地说:"我请求攻打郾城。"刘秀笑着说:"执金吾去攻取郾城,我还有什么可忧虑的?大司马应当攻夺宛城。"于是派贾复攻打郾城,攻破了。尹尊投降。

夏四月,派将军盖延等人进击刘永,将他围困在睢阳。 派吴汉攻打宛城,宛城王刘赐投降。

赐奉更始妻子来降,封慎侯。

封兄缜子章为太原王,兴为鲁王。淮阳王子三人为列侯。 六月,立贵人郭氏为皇后,子彊为皇太子。

帝以贵人阴丽华雅性宽仁,欲立为后。贵人以郭贵人有子,终不肯当。乃立郭后。

秋,贾复击召陵、新息,皆平之。

贾复部将杀人于颍川,太守寇恂戮之。复以为耻,欲杀恂。恂知之,不欲与相见。姊子谷崇曰:"崇,将也,得带剑侍侧,有变足以相当。"恂曰:"不然。昔蔺相如不畏秦王而屈于廉颇者,为国也。"乃敕属县盛供具,储酒醪,执金吾军入界,一人皆兼二人之馔。恂出迎于道,称疾而还。复勒兵欲追之,而吏士皆醉,遂过去。恂遣谷崇以状闻,帝乃征恂。恂至,引见。时复先在坐,欲起避之。帝曰:"天下未定,两虎安得私斗!今日朕分之。"于是并坐极欢,遂共车同出,结友而去。

八月,帝自将征五校,降之。 遣将军邓隆讨彭宠,不克。

帝遣邓隆助朱浮讨彭宠,隆军潞南,浮军雍奴,遣吏奏状。帝曰:"营相去百里,其势不相及。比若还,北军必败矣。"宠果遣轻兵击隆军,大破之。浮不能救。

盖延克睢阳,刘永走湖陵。

刘赐带着刘玄的妻子儿女前来投降,被封为慎侯。

刘秀加封哥哥刘縯的儿子刘章为太原王,封刘兴为鲁王。又将淮阳王刘玄的三个儿子都封为列侯。 六月,立郭贵人为皇后,郭氏的儿子刘彊被策立为皇太子。

刘秀认为贵人阴丽华性情温柔,宽厚仁慈,想立她为皇后。但阴贵人因为郭贵人已有儿子,始终不肯做皇后。于是立郭贵人为皇后。

秋,贾复进击召陵、新息,将两地全部占领。

贾复的部将在颍川杀了人,颍川太守寇恂将其处死。贾复把这件事看作自己的耻辱,想杀死寇恂。寇恂知道后,不打算同贾复见面。寇恂姐姐的儿子谷崇说:“我是一名武将,能够佩带宝剑随侍在您身边,遇到变故足可以抵挡。”寇恂说:“不能这么做。从前,蔺相如不怕秦王而受屈于廉颇,都是为了国家。”于是命令所属各县预备丰盛的食物,储存酒醪。执金吾的军队进入颍川境内,每人都给两人的饮食。寇恂出城在大路上迎接贾复,后来声称有病就返回城里。贾复带兵要去追赶他,但是官兵们都喝醉了,于是只好过境而去。寇恂派谷崇将这些情况都报告给刘秀,刘秀知道后就征召寇恂进京。寇恂到洛阳后,被引见给刘秀。当时,贾复已先在座,见寇恂来了就想站起来回避。刘秀说:“天下尚未安定,两虎怎么能私下相斗!今天我来为你们调解。”于是两人并肩而坐,都非常高兴,之后乘坐一辆车出宫,走时已结为好友。

八月,刘秀亲自率军征讨五校军,将其收降。 派将军邓隆讨伐彭宠,没有成功。

刘秀派邓隆协助朱浮讨伐彭宠,邓隆驻扎在潞城南面,朱浮的军队屯驻在雍奴,然后派官吏向刘秀奏报军情。刘秀说:“军营相距一百里,势必不能相互援助。等你回去后,驻扎在北面的邓隆肯定被打败了。”彭宠果然派遣轻装部队快速攻袭邓隆的部队,将其打得大败。朱浮无法相救。

盖延攻克睢阳,刘永逃向湖陵。

盖延围睢阳数月，克之。刘永奔谯。苏茂、佼彊、周建合军三万余人救永，延与战，大破之。永走保湖陵，延遂定沛、楚、临淮。

青、徐群盗张步等降。

帝使伏隆持节使青、徐二州。群盗闻刘永破败，皆惶怖请降。张步遣其掾随隆诣阙。

将军邓奉反。

吴汉徇南阳，多侵暴。将军邓奉谒归新野，怒汉掠其乡里，遂反，击破汉军，与诸贼合从。

九月，赤眉发掘诸陵，复入长安。邓禹战不利，走云阳。延岑屯杜陵。

赤眉引兵欲上陇，隗嚣遣将迎击，破之。赤眉乃复还，发掘诸陵，取其宝货。凡有玉匣殓者率皆如生，贼遂污辱吕后尸。邓禹击之，反为所败，禹乃出之云阳。赤眉复入长安。延岑屯杜陵，赤眉将逢安击之。岑大破安军，死者十余万人。

冬，遣将军岑彭、王常等讨邓奉。

帝于大会中指王常谓群臣曰："此家率下江诸军辅翼汉室，心如金石，真忠臣也。"即日拜汉忠将军，使与岑彭率七将军讨邓奉。

遣将军冯异入关，征邓禹还京师。

邓禹自冯愔叛后威名稍损，又乏粮食，战数不利，归附者日益离散。帝乃遣偏将军冯异代禹。送至河南，敕异曰："三辅遭王莽、更始之乱，重以赤眉、延岑之酷，元元涂炭，无所依诉。将军今奉辞讨诸不轨，营堡降者，遣其渠帅诣京师，散其小民，令就农桑，坏其营壁，无使复聚。征伐

盖延围困睢阳好几个月，终于攻陷了。刘永逃奔谯县。苏茂、佼彊、周建合军共三万余人来救刘永，盖延与他们交战，大败苏茂等人。刘永逃走，据守湖陵，盖延于是平定了沛、楚、临淮。

青州、徐州的盗贼张步等人降服。

刘秀派伏隆持符节出使青州和徐州。盗贼们听说刘永已被打败，都惊惶恐惧，请求归降。张步派他的属官跟随伏隆到洛阳去。

将军邓奉叛乱。

吴汉攻取南阳，多有侵夺凶暴的行为。将军邓奉告假回新野，对吴汉掠夺他的乡里十分愤怒，于是谋反，击溃吴汉的军队，同各路贼寇联合起来。

九月，赤眉军发掘西汉皇陵，重新进驻长安。邓禹同赤眉军交战，没有取胜，去了云阳。延岑驻军在杜陵。

赤眉军率领全部人马打算去陇地，隗嚣派将迎战，大败赤眉军。赤眉军只好又返回长安，发掘西汉皇帝陵墓，盗取其中的珍宝。凡是被装殓在玉棺里的死者都同活着时一样，贼寇就侮辱了吕后的尸体。邓禹发兵攻打赤眉军，反被赤眉军打败，邓禹于是撤军去了云阳。赤眉军再次进入长安。延岑在杜陵驻军，赤眉军的将领逢安进击延岑。延岑将逢安打得大败，打死十多万人。

冬，派将军岑彭、王常等讨伐邓奉。

刘秀在大会群臣时指着王常对众人说："此人率领下江全部军队辅佐保卫汉朝，心如金石般坚硬，真是忠臣啊。"当天就拜王常为汉忠将军，派他与岑彭一起率领七位将军讨伐邓奉。

派将军冯异进入函谷关，征召邓禹返回京师洛阳。

自以冯愔叛乱之后，邓禹的威望与名声逐渐下降，加之缺乏军粮，与赤眉军交战屡次不利，归附他的人逐渐离散。刘秀就派偏将军冯异接替邓禹讨伐盗贼。刘秀把冯异送到黄河南岸，告诫他说："三辅地区遭受王莽、刘玄的灾难，再加上赤眉、延岑的暴行，生灵涂炭，无处依靠倾诉。你现在奉命讨伐各路叛逆，对那些投降的营寨，将其首领送到京城洛阳，遣散部众，让他们都去种田植桑，毁坏营寨里的堡垒，让他们无法再聚合起来。征伐

非必略地屠城,要在平定安集之耳。诸将非不健斗,然好虏掠。卿本能御吏士,念自修敕,无为郡县所苦。"异顿首受命,引而西,所至布威信,群盗多降。

又诏征邓禹还,曰:"慎毋与穷寇争锋!赤眉无谷,自当来东。吾以饱待饥,以逸待劳,折棰笞之,非诸将忧也。无得复妄进兵!"

遣光禄大大伏隆,拜张步为东莱太守。 十二月,诏复宗室、列侯为莽所绝者。 三辅大饥。赤眉东出。冯异与战,破之。

三辅大饥,城郭皆空。遗民往往聚为营保,各坚壁清野。赤眉虏掠无所得,乃引而东,众尚二十余万。帝遣侯进屯新安,耿弇屯宜阳,敕曰:"贼若东走,可引宜阳兵会新安;南走,可引新安兵会宜阳。"冯异与赤眉遇于华阴,战数十合,降五千余人。

贼寇不是一定要夺取土地，屠杀众生，关键在于平息叛乱、安抚百姓。将领们不是不善于作战，但是却爱掳掠。你有驾驭官兵的能力，要常常告诫自己，不要再被各郡县百姓怨恨！"冯异叩头接受命令，率军向西进发，所过之处传布威望和信誉，众盗贼多数来降。

刘秀又下诏征调邓禹回洛阳，说："慎勿与同穷途末路的敌人争锋！赤眉军没有军粮，自会东来归降。我军以饱食等待饥饿，以逸待劳，折断策马杖也可以抽打他们，大家不必忧虑。不准再草率进攻！"

派遣光禄大夫伏隆拜张步为东莱太守。 十二月，下诏：凡被王莽新朝所废除的刘氏皇族列侯，一律恢复其原来的爵位。

三辅地区发生大饥荒。赤眉军离开长安向东进发。冯异与赤眉军交战，打败赤眉军。

三辅地区发生严重饥荒，城郭空不见人。幸存下来的人往往聚在一起，修建营寨以求自保，各自坚壁清野。赤眉军到处掳掠不到东西，就领兵向东进发，部众还有二十多万人。刘秀派侯进在新安驻军，派耿弇在宜阳屯驻，又命令道："如果贼军往东走，可以引宜阳兵马与新安兵马会合；如果贼军往南走，可以引新安兵马与宜阳兵马会合。"冯异同赤眉军在华阴遭遇，大战几十回合，有五千多赤眉军投降。

资治通鉴纲目卷九

起丁亥(27)汉光武帝建武三年,尽乙亥(75)汉明帝永平十八年。凡四十九年。

　　丁亥(27)　建武三年
　　春正月,以冯异为征西大将军。　邓禹、冯异与赤眉战,败绩。

　　邓禹惭于受任无功,数以饥卒徼赤眉战,辄不利,乃率车骑将军邓弘等自河北度至湖,要冯异共攻赤眉。异曰:"赤眉众尚多,可以恩信倾诱,难卒用兵破也。上今使诸将屯渑池,要其东,而异击其西,一举取之,此万成计也。"禹、弘不从。弘遂大战移日,军溃。异与禹合兵救之,赤眉小却。异以士卒饥倦,可且休。禹不听,复战,大为所败,禹以二十四骑脱归宜阳。异弃军走,与麾下数人归营,复收散卒,坚壁自守。

　　立四亲庙于洛阳。
　　祀父南顿君以上至春陵节侯。
　　邓禹上大司徒印绶,以为右将军。　冯异大破赤眉于崤底,贼众东走。帝勒军宜阳,降之,得传国玺绶。

　　冯异与赤眉约期会战,使壮士变服与赤眉同,伏于道侧。

丁亥（27）　汉光武帝建武三年

春正月,任命冯异为征西大将军。　邓禹、冯异与赤眉军交战,被打败。

邓禹对自己身负重任而没有战功感到惭愧,多次让饥饿的士卒去攻战赤眉军,却总是不能取胜,于是率领车骑将军邓弘等人从河北县进抵湖县,邀冯异和他一起进攻赤眉军。冯异说:"赤眉军人数还很多,我们可以用恩德和信义动摇劝诱他们,很难一下子用武力打败。如今皇上派众将领屯驻渑池,威胁赤眉的东翼,而我攻击赤眉的西翼,一举歼灭他们,这才是万全之计。"邓禹、邓弘不听劝告。邓弘就同赤眉军激战了整整一天,全军溃败。冯异和邓禹合兵一处前去救援,赤眉军才稍稍退却。冯异认为士卒饥饿疲倦,应当暂且休战。邓禹不听,又与赤眉交战,被打得大败,邓禹仅带着二十四名骑兵逃脱战场回到宜阳。冯异抛弃大军逃走,与部下数人回到营寨,重新招集离散的士卒,加固防守以求自保。

刘秀在洛阳建起四亲祭庙。

祭祀父亲南顿君,并往上祭祀到高祖父春陵节侯。

邓禹呈上大司徒的印信绶带,皇上任命他为右将军。　冯异在崤山脚下大败赤眉军,赤眉军向东逃走。刘秀在宜阳严阵以待,将赤眉军降服,得到了传国玉玺和绶带。

冯异先同赤眉军约定好日期准备交战,然后又挑出精壮的士卒,让他们更换上跟赤眉军同样的衣服,埋伏在道路两侧。

旦日，赤眉使万人攻异前部，异少出兵以救之。贼见势弱，遂悉众攻异，异乃纵兵大战。日昃，贼气衰，伏兵卒起，衣服相乱，赤眉不复识别，众遂惊溃。追击，大破之于崤底，降男女八万人。帝降玺书劳异曰："始虽垂翅回谿，终能奋翼渑池，可谓失之东隅，收之桑榆。"赤眉余众东向宜阳，帝亲勒六军，严阵以待之。赤眉忽遇大军，惊震，乃遣刘恭乞降曰："盆子将百万众降，陛下何以待之？"帝曰："待汝以不死耳。"丙午，盆子及丞相徐宣以下肉袒降，上所得传国玺绶。赤眉众尚十余万人，帝令县厨皆赐食。明旦，大陈兵马临洛水，令盆子君臣列而观之。帝谓樊崇等曰："得无悔降乎？朕今遣卿归营勒兵，鸣鼓相攻，决其胜负，不欲强相服也。"徐宣等叩头曰："臣等出长安东都门，君臣计议，归命圣德。今日得降，犹去虎口归慈母，诚惧诚喜，无所恨也。"帝曰："卿所谓铁中铮铮，佣中佼佼者也。"赐樊崇等洛阳田宅。帝怜盆子，以为赵王郎中。

二月，刘永立董宪为海西王，张步为齐王。步执伏隆，杀之。

刘永闻伏隆至剧，亦遣使立张步为齐王。步贪王爵，犹豫未决。隆晓譬曰："高祖与天下约：非刘氏不王。今可得十万户侯耳。"步欲留隆与共守二州，隆不听，求得反命，步遂执隆而受永封。隆遣间使上书曰："臣隆奉使无状，受

第二天，赤眉派一万人进攻冯异大军的前部，冯异出动小部分兵力救援。赤眉军见冯异军势弱，就出动全部兵力攻击冯异，冯异这才率军与之大战。直打到太阳偏西，赤眉军士气衰落，而冯异的伏兵突然出击，因为着装混杂，赤眉军不能再识别出自己人，大军这才惊慌溃败。冯异军乘势追击，在崤山脚下大败赤眉军，收降男女共八万人。刘秀下诏书慰劳冯异说："你虽然刚开始时在回谿低垂下翅膀，但能够最终在渑池奋起双翼，可以说是早上在东方丢了东西，晚上在西方找了回来。"赤眉军残余人马向东前往宜阳，刘秀亲自率领大军，严阵以待。赤眉军突然遭遇到大军，惊慌失措，刘盆子于是派刘恭前去乞降说："我带领百万大军投降，陛下怎样对待我呢？"刘秀答："饶你不死罢了。"十九日，刘盆子同丞相徐宣及其部下袒臂投降，呈上他们得到的传国玉玺和绶带。赤眉军部众还有十余万人，刘秀下令宜阳县厨房赐给所有人食物。第二天，刘秀在洛水边展示大军，让刘盆子君臣列队观看。刘秀对樊崇等人说："你们该不会后悔投降了吧？我今天可以让你们回到营帐统领人马，鸣起战鼓再次交战，来决出胜负，不想强迫你们服输。"徐宣等人叩头说："我们出了长安城东都门，君臣就商议把自己的性命交给圣明的陛下。今日能够投降，犹如逃离虎口回到慈母身边一样，心里实在感到又害怕又欢喜，没有什么怨恨的。"刘秀说："你正是人们所说的铁中的刚硬之材，凡人中的出类拔萃者。"刘秀赏赐樊崇等人洛阳的土地、住宅。刘秀怜爱刘盆子，任命他做赵王刘良的郎中。

二月，刘永赐封董宪为海西王，封张步为齐王。张步抓捕伏隆，将其杀死。

刘永听说伏隆来到剧县，也派遣使者策立张步为齐王。张步贪恋王公爵位，犹豫不决。伏隆向他解释说："高祖当年向天下规定：除了刘姓皇族不封他人为王。现在你可以做十万户侯而已。"张步想留住伏隆与他共同守据青、徐二州，伏隆不同意，要求返回洛阳以尽使命，张步于是抓捕伏隆而接受了刘永的封爵。伏隆派密使上书刘秀说："我奉命出使，却受任无功，如今被

执凶逆,虽在困厄,授命不顾。愿以时进兵,无以臣隆为念。"帝得隆奏,召其父湛,流涕示之,曰:"恨不且许而遽求还也!"其后步遂杀之。

三月,以伏湛为大司徒。　涿郡太守张丰反。彭宠自称燕王。

丰反,与彭宠连兵。朱浮以帝不自征彭宠,上疏求救。诏报曰:"度此反虏,势无久全,其中必有内相斩者。今军资未充,故须后麦耳。"浮城中粮尽,人相食。会耿况遣骑来救,浮乃得脱身走,蓟城遂降于彭宠。宠自称燕王。

帝自将征邓奉。夏四月,奉降,斩之。

帝追奉至小长安,与战,大破之。奉肉袒因朱祜降。帝怜奉旧功臣,且衅起吴汉,欲全宥之。岑彭、耿弇谏曰:"邓奉背恩反逆,暴师经年。陛下既至,不知悔善,而亲在行阵,兵败乃降。若不诛奉,无以惩恶!"于是斩之,复朱祜位。

冯异击延岑,破之,岑走南阳。关中平。

延岑既破赤眉,即拜置牧守,欲据关中。时关中众寇犹盛,各称将军,据地拥兵,多者万余人,少者数千人。冯异屯军上林苑中,延岑引寇张邯、任良共攻异。异击,大破之,诸营堡附岑者皆来降,岑遂自武关走南阳。时百姓饥饿,道路断隔,委输不至,冯异军士悉以果实为粮。诏拜

叛逆暴徒抓捕,虽然处于艰难困苦之中,但即使抛却性命也在所不惜。希望陛下及时进军,不要以我为念。"刘秀得到伏隆的奏书,召见他的父亲伏湛,流着泪把奏书拿给他看,说:"我恨不得暂且同意封张步为王,而求得伏隆马上返回。"后来,张步终于杀死了伏隆。

三月,任命伏湛为大司徒。　涿郡太守张丰反叛。彭宠自称为燕王。

张丰叛乱,与彭宠的兵马联合起来。朱浮因为刘秀没有亲自征讨彭宠,上书请求救援。刘秀颁下诏书说:"估计这些叛逆势必不能长久保全,他们当中必定有相互斩杀的情况发生。如今军用物资尚未充足,所以要等小麦收割后才行。"朱浮所驻扎的蓟城粮食都吃完了,出现了人吃人的现象。适逢耿况派骑兵来援救,朱浮才能够脱身逃跑,于是蓟城向彭宠投降。彭宠自称为燕王。

刘秀亲自率军征讨邓奉。夏四月,邓奉投降,刘秀将其斩首。

刘秀追击邓奉到达小长安,同邓奉交战,将其打得大败。邓奉袒衣露体,通过朱祜前来投降。刘秀可怜邓奉是旧日的功臣,况且反叛是由于吴汉军队所逼迫,想要保全饶恕他。岑彭、耿弇进谏说:"邓奉背弃恩信,举兵反叛,导致部队风餐露宿将近一年。陛下已经来到后,他还不知道悔改,弃恶从善,而亲自督战反抗,兵败之后才投降。如果不杀邓奉,不能惩罚邪恶!"于是斩邓奉,恢复了朱祜的官位。

冯异攻击延岑,将其打败,延岑逃往南阳。关中地区平定。

延岑打败赤眉军之后,立即任命、设置州牧郡守等官职,想要占据关中地区。当时,关中地区各路贼寇势力还很强盛,他们各自号称将军,占领土地,拥有军队,多的有一万余人,少的有几千人。冯异在上林苑中屯驻部队,延岑率领贼寇张邯、任良一起进攻冯异。冯异回击,大败贼军,归附延岑的各个营垒都前来投降,延岑于是从武关逃往南阳。当时百姓饥饿,道路断绝,运送的粮食不能到达,冯异的士兵都把果实当作粮食。刘秀下诏拜

赵匡为右扶风,将兵助异,并送缣、谷。异兵谷甚盛,乃稍诛击豪杰不从令者,褒赏降附有功劳者,悉遣诸营渠帅诣京师,散其众归本业,威行关中。余寇悉平。

吴汉围刘永将苏茂于广乐,大破之。

汉率骠骑大将军杜茂等七将军围苏茂于广乐,周建招集得十余万人救之。汉迎与之战,不利,堕马伤膝,还营,建等遂连兵入城。诸将谓汉曰:"大敌在前,而公伤卧,众心惧矣。"汉乃勃然裹创而起,椎牛飨士,慰勉之,士气自倍。旦日,苏茂、周建出兵围汉,汉奋击,大破之,茂走还湖陵。

睢阳人反城迎刘永,盖延引兵围之。 五月,帝还宫。是月晦,日食。 六月,大将军耿弇击延岑,走之,其将邓仲况以阴降。

仲况据阴县,而刘歆孙龚为其谋主。前侍中扶风苏竟以书说之,仲况与龚降。竟终不伐其功,隐身乐道,寿终于家。

秋七月,遣岑彭击秦丰于邓,破之,进围黎丘。别遣兵徇江东,扬州平。 睢阳人斩刘永以降,诸将立其子纡复称梁王。

盖延围睢阳百日,刘永、苏茂、周建突出,将走酂。延追击之急,永将庆吾斩永首降。苏茂、周建共立永子纡为梁王。

冬十月,帝如舂陵,祠园庙。 十一月,还宫。 李宪称帝。

置百官,拥九城,众十余万。

遣太中大夫来歙使隗嚣。

帝谓太中大夫来歙曰:"今西州未附,子阳称帝,

赵匡为右扶风,让他领兵协助冯异,并负责运送绢帛和粮食。冯异的军队更强大,粮食充足,于是逐步诛杀打击不服从命令的豪强,褒奖赏赐前来投降归附有功劳的人,让各营垒的主帅都到京城洛阳去,遣散他们的部众,令其仍回去从事各自原来的行业,威德传遍关中地区。其余的贼寇全被扫平。

吴汉在广乐包围刘永的部将苏茂,大败敌军。

吴汉率领骠骑大将军杜茂等七位将军在广乐围住苏茂,周建召集到十余万人救援苏茂。吴汉领兵迎击,与之交战,未能取胜,从马上摔下来,伤了膝盖,回到大营,周建于是带领大军进入广乐城中。众将领对吴汉说:"大敌当前,而您受伤躺在床上,大家心里感到恐惧。"吴汉于是奋力起身,包裹好伤口,杀牛犒飨战士,慰问、鼓励他们,将士士气倍增。第二天,苏茂、周建出兵包围吴汉,吴汉军队奋勇战斗,大败敌军,苏茂逃跑,返回湖陵。

睢阳人在城中叛乱,迎接刘永入城,盖延带兵包围了睢阳。

五月,刘秀返回洛阳皇宫。此月最后一天,出现日食。　六月,大将军耿弇进攻延岑,将其打跑,延岑的部将邓仲况以阴县投降。

邓仲况占据阴县,而刘歆的孙子刘龚做他的主要谋士。前侍中扶风人苏竟写书信劝说他们,邓仲况就与刘龚投降了。苏竟始终不夸耀自己的功劳,隐居乐守圣人之道,在家中享尽天年。

秋七月,派岑彭在邓县攻击秦丰,打败了秦丰,进军包围黎丘。另外派军队进占长江以东地区,扬州地区平定。　睢阳人斩杀刘永来投降,刘永的将领们拥立他的儿子刘纡为梁王。

盖延围困睢阳达一百天,刘永、苏茂、周建突围而去,想逃往鄄县。盖延急速追击,刘永的将领庆吾斩下刘永的脑袋投降。苏茂、周建一起拥立刘永的儿子刘纡再称梁王。

冬十月,刘秀到达舂陵,祭祀祖先的陵园祭庙。　十一月,回到洛阳皇宫。　李宪称皇帝。

李宪设置百官,拥有九座城,部众十余万。

派遣太中大夫来歙出使隗嚣。

刘秀对太中大夫来歙说:"如今西州尚未归附,公孙述自称皇帝,

道里阻远,诸将方务关东,思西州方略未知所在,奈何?"歙曰:"臣尝与隗嚣相遇长安,其人始起,以汉为名。臣愿得奉威命,开以丹青之信,嚣必束手自归,则述自亡之势,不足图也。"帝然之,始令歙使于嚣。嚣既有功于汉,又受邓禹爵署,其腹心议者多劝通使京师,嚣乃奉奏诣阙。帝报以殊礼,言称字,用敌国之仪,所以慰藉之甚厚。

戊子(28) 四年

春,遣邓禹将兵击延岑,破之。岑奔蜀,公孙述以为大司马。 夏四月,帝如邺,遣吴汉击五校于临平,破之。遣耿弇、祭遵等讨张丰,斩之。弇遂进击彭宠。

丰好方术,有道士言丰当为天子,以五彩囊裹石系丰肘,云"石中有玉玺"。丰信之,遂反。既执,当斩,犹曰:"肘石有玉玺。"傍人为椎破之,丰乃知被诈,仰天曰:"当死无恨!"上诏耿弇进击彭宠,弇以父况与宠同功,又兄弟无在京师者,不敢独进,求诣洛阳。诏报曰:"将军举宗为国,功效尤著,何嫌何疑问求征?"况闻之,更遣弇弟国入侍。

六月,帝还宫。 秋七月,如谯,遣将军马武、王霸围刘纡于垂惠。董宪将贲休以兰陵降,宪攻拔之。

道路阻塞且遥远,众位将领正在关东地区尽力征讨,考虑攻击西州的方案、策略,却不知道怎么办好,该如何行事?"来歙回答说:"我曾经与隗嚣在长安见过面,这个人最初起兵时,以恢复汉朝为名义。我希望能够奉陛下威命,对他开诚布公,讲述道理,隗嚣必然会束手归附,那么公孙述就身处自取灭亡的境地,不值得图谋忧虑了。"刘秀同意他的看法,这才命令来歙出使会见隗嚣。隗嚣既对更始朝有功,又接受东汉大司徒邓禹任命的官职,他的心腹和谋士多次劝说他派出使节与洛阳建立联系,隗嚣才到洛阳奉上奏章。刘秀以特殊的礼节对待他,交谈时称隗嚣的表字,用接待对等国家的礼仪对待他,用来安慰他的礼物等也都非常丰厚。

戊子(28)　汉光武帝建武四年

春天,派邓禹领兵攻打延岑,将其打败。延岑逃奔蜀,公孙述任命他为大司马。　夏四月,刘秀前往邺城,派吴汉在临平攻击五校军,取得胜利。派遣耿弇、祭遵等人讨伐张丰,将其斩杀。耿弇于是进兵攻打彭宠。

秦丰喜爱法术,有个道士说秦丰将会成为皇帝,就用五彩的口袋包裹住石头系在秦丰的肘上,说"石头里有玉玺"。秦丰相信了道士的话,就造反了。被捕之后,要被斩首了,秦丰还说:"我肘上的石头里有玉玺。"旁边的人帮他用槌子敲破石头,秦丰才知道受欺骗了,仰天叹道:"我应当死,死而无恨!"刘秀下诏令耿弇进军攻击彭宠,耿弇因为自己的父亲耿况与彭宠功业相同,况且自己的兄弟中没有在京师洛阳当人质的,不敢独自进兵,请求到洛阳去。刘秀下诏书答复说:"将军全家为国效力,功劳卓著,有什么嫌疑而要求被征召回京呢?"耿况听说此事后,另派耿弇的弟弟耿国进京随侍。

六月,刘秀回到洛阳皇宫。　秋七月,又前往谯县,派将军马武、王霸在垂惠包围刘纡。董宪的将领贲休献上兰陵县投降,董宪攻陷兰陵。

宪闻贲休以兰陵降，自郯围之。盖延及庞萌在楚，请往救之。帝敕曰："可直往捣郯，则兰陵自解。"延等以贲休城危，遂先赴之。宪逆战而阳败退，延等因拔围入城。明日，宪大出兵合围，延等惧，遽出突走，因往攻郯。帝让之曰："间欲先赴郯者，以其不意故耳。今既奔走，贼计已立，围岂可解乎？"延等至郯，果不能克，而董宪遂拔兰陵，杀贲休。

八月，帝如寿春，遣将军马成击李宪。九月，围舒。以侯霸为尚书令。

王莽末，天下乱，临淮大尹侯霸独能保全其郡。帝征霸会寿春，拜尚书令。时朝廷无故典，又少旧臣，霸明习故事，收录遗文，条奏前世善政法度，施行之。

冬十月，帝还宫。　隗嚣遣马援奉书入见。

隗嚣使马援往观公孙述。援与述旧同里闬，相善，以为既至，当握手欢如平生。而述盛陈陛卫以延援入，交拜礼毕，使出就馆。更为援制都布单衣、交让冠，会百官于宗庙中，立旧交之位，述鸾旗、旄骑，警跸就车，磬折而入，礼飨、官属甚盛，欲授援以封侯大将军位。宾客皆乐留，援晓之曰："天下雌雄未定，公孙不吐哺走迎国士，与图成败，反修饰边幅，如偶人形，此子何足久稽天下士乎！"因辞归，

董宪听说贲休献出兰陵县投降,就从郯县领兵包围了兰陵。盖延同庞萌都在楚,请求前去救援贲休。刘秀命令说:"可以直接前去攻陷郯县,兰陵之围自然就会瓦解。"盖延等人认为贲休所在的兰陵城危险,就先奔赴兰陵。董宪迎战,继而假装战败退却,盖延等于是解除包围,进入兰陵城。第二天,董宪发动大军合围,盖延等人惊惧,急忙突围逃走,前去攻打郯县。刘秀责备他们说:"先要攻打郯县,是因为出其不意的缘故罢了。如今已经战败而逃,贼人的计谋已然确定,兰陵之围怎么能解除呢?"盖延等抵达郯县,果然未能攻克,而董宪攻陷了兰陵,杀了贲休。

八月,刘秀前往寿春县,派将军马成攻击李宪。九月,包围舒县。　任命侯霸为尚书令。

王莽执政末年,天下大乱,临淮大尹侯霸却独独能够保全他的郡内平安。刘秀征召侯霸在寿春会面,拜他为尚书令。当时朝廷没有旧的典章条规可依据,又缺少前朝旧臣,侯霸明晓熟习旧的典章制度,收集记录遗留下来的文献,逐条上奏前朝好的政策和法令,并加以施行。

冬十月,刘秀回到洛阳皇宫。　隗嚣派马援奉献书信到洛阳拜见刘秀。

隗嚣派马援前去公孙述处察看情况。马援与公孙述是同乡,关系很好,自以为到达之后,公孙述应当会同他握手言欢,像往常那样。但公孙述布设大队卫兵于殿阶下,然后才请马援进入,行过交拜之礼后,又让他到宾馆去休息。又为马援制作都布衣服和交让冠,然后在宗庙中召集百官,设立了老朋友的座位,他自己使用鸾旗和皇帝专用的骑兵开道,实行警戒,坐车出发,在向百官屈身答谢后进入宗庙,宗庙中祭祀的礼仪、祭品很隆重,官员排列的阵容也很盛大,公孙述想授予马援侯爵,并让他做大将军。马援所带宾客都愿意留下来,马援向他们解释说:"天下胜负未定,公孙述不想着吐出口中的饭,奔走欢迎有才能的人,与他们商议成败的大事,反而注重修饰边幅,如同玩偶一样,这样的人哪能长期留住天下有志有才之人呢!"于是辞别返回,

谓嚣曰:"子阳,井底蛙耳,而妄自尊大。不如专意东方。"嚣乃使援奉书洛阳。初到,良久,中黄门引入。帝在宣德殿南庑下,但帻,坐,迎,笑谓援曰:"卿遨游二帝间,今见卿,使人大惭。"援顿首辞谢,因曰:"当今之世,非但君择臣,臣亦择君矣。臣与公孙述同县,少相善。臣前至蜀,述陛戟而后进臣。臣今远来,陛下何知非刺客奸人,而简易若是!"帝复笑曰:"卿非刺客,顾说客耳。"援曰:"天下反覆,盗名字者不可胜数。今见陛下恢廓大度,同符高祖,乃知帝王自有真也。"

太傅、褒德侯卓茂卒。　十二月,帝如黎丘,遣将军朱祐围秦丰,岑彭击田戎。

岑彭攻秦丰三岁,斩首九万余级,丰余兵裁千人,食且尽。帝幸黎丘,遣使招丰,丰不肯降。乃使朱祐等代岑彭围黎丘,使岑彭、傅俊南击田戎。

公孙述遣兵屯陈仓,隗嚣遣兵助冯异击破之。述遣使招嚣,嚣斩其使。

公孙述聚兵数十万人,积粮汉中,又造十层楼船,多刻天下牧守印章。遣将军李育、程乌将数万众出屯陈仓,就吕鲔,将徇三辅。冯异迎击,大破之。是时,隗嚣遣兵佐异有功,遣使上状,帝报以手书曰:"将军南拒公孙之兵,北御羌、胡之乱,是以冯异西征,得以数千百人蹀躞三辅。微将军之助,则咸阳已为他人禽矣。如令子阳到汉中,三辅愿因将军兵马,鼓旗相当。倘肯如言,即智士计功割地

对隗嚣说:"公孙述只是井底之蛙罢了,却妄自尊大。我们不如专心一意同东方的刘秀交往。"隗嚣就派马援带着给刘秀的信前往洛阳。马援刚到,等了许久,中黄门引他进见。刘秀在宣德殿南面的廊屋中,只戴着头巾,坐在那里,迎接马援,笑着对他说:"您在两个皇帝之间周游,今天见到您,真让人感到万分惭愧。"马援叩头辞谢,于是说:"当今天下,不但君主选择臣子,臣子也挑选君主。我和公孙述是同乡,小时候相互友善。我前些时到蜀,公孙述令武士持戟站在殿阶下,然后才让我进去见面。我现在从远方来,您何以知道我不是刺客或奸恶小人,而这样简单平易地接待我!"刘秀又笑着说:"您不是刺客,只是说客罢了。"马援说:"天下形势反覆不定,盗用帝王之名的人不计其数。如今见您恢宏大度,同高祖刘邦一样,我才知道世上自有真正的皇帝。"

太傅、褒德侯卓茂去世。 十二月,刘秀前往黎丘,派将军朱祜包围秦丰,派岑彭攻打田戎。

岑彭攻战秦丰已有三年,斩敌人首级九万多个,秦丰只剩下一千多人,粮食将要耗尽。刘秀来到黎丘,派使者招降秦丰,秦丰不肯投降。刘秀就派朱祜等人代替岑彭围攻黎丘,派岑彭、傅俊向南去攻打田戎。

公孙述派兵屯驻在陈仓,隗嚣派遣部队协助冯异打败公孙述。公孙述派使者诱招隗嚣,隗嚣斩杀了来使。

公孙述聚集起数十万大军,在汉中地区积存粮食,又造了十层楼的大船,刻制了许多天下郡守、州牧的印章。他派将军李育、程乌领数万部众出击,驻扎在陈仓,与吕鲔合兵,准备攻取三辅地区。冯异迎战,大败敌军。这时,隗嚣因派兵辅助冯异取得战功,就派使节向刘秀汇报情况,刘秀亲自写诏书答复说:"您在南边抗拒公孙述的军队,在北边抵御羌人、胡人的叛乱,因此冯异西征时能仅以几千人在三辅地区与敌人周旋。如果没有将军您的援助,那么咸阳早就被他人占领了。假如公孙述到达汉中,三辅地区希望能借助您的兵马,同他旗鼓相当而战。倘若您肯像我所说的这样去做,那就是给天下智谋之士计算功劳、分封土地

之秋也!"其后,公孙述数遣将间出,嚣辄与冯异合势,共摧挫之。述遣使以大司空、扶安王印绶授嚣,嚣斩其使,出兵击之,以故蜀兵不复北出。

以陈俊为泰山太守。

己丑(29) 五年
春正月,帝还官。　遣来歙送马援归陇右。

隗嚣与援共卧起,问以东方事,曰:"前到朝廷,上引见数十,每接燕语,自夕至旦,才明勇略,非人敌也。且开心见诚,无所隐伏,阔达多大节,略与高帝同。经学博览,政事文辩,前世无比。"嚣曰:"卿谓何如高帝?"援曰:"不如也。高帝无可无不可,今上好吏事,动如节度,又不喜饮酒。"嚣意不怿,曰:"如卿言,反复胜耶!"

二月,苏茂救垂惠,马武、王霸击破之。刘纡奔佼彊。

苏茂将五校兵救周建于垂惠。马武为茂、建所败,奔过王霸营,大呼求救。霸曰:"贼兵盛,出必两败,努力而已!"乃闭营坚壁。军吏皆争之,霸曰:"茂兵精锐,其众又多,吾吏士心恐,而捕虏与吾相恃,两军不一,此败道也。今闭营固守,示不相援,贼必乘胜轻进;捕虏无救,其战自倍。如此,茂众疲劳,吾承其敝,乃可克也。"茂、建果悉出攻武,合战良久。霸军中壮士数十人断发请战,霸乃开营后,出精骑袭其背。茂、建前后受敌,败走,霸、武各

的时候了!"此后,公孙述多次派将领秘密出兵,隗嚣总是与冯异联合作战,共同打败敌军。公孙述派使者授予隗嚣大司空、扶安王的印信、绶带,隗嚣斩杀了来使,派军队攻打蜀军,因此公孙述的军队不再向北出去。

任命陈俊为泰山太守。

己丑(29) 汉光武帝建武五年

春正月,刘秀返回洛阳皇宫。　派来歙送马援返回陇右。

隗嚣同马援一起睡觉、起床,向他询问东方的情形,马援说:"前些时我到洛阳朝廷之后,皇上接见我几十次,每次跟他闲聊,从晚上直谈到天明,皇上的才能与聪明、英勇与谋略,都不是常人比得上的。而且他胸襟开阔,坦诚待人,无所隐藏,豁达并注重大节,与汉高祖刘邦极相像。他博览经书,处理政务条理清楚,前世皇帝无人能及。"隗嚣说:"你认为他和汉高祖相比,情形如何?"马援说:"不如。汉高祖没有什么可以不可以,而当今皇上喜好处理政事,行动符合规矩制度,又不喜欢饮酒。"隗嚣心里不悦,说:"当真如你所说的,反倒又胜过汉高祖了!"

二月,苏茂救援垂惠,马武、王霸将其打败。刘纡投奔佽强。

苏茂率领五校的军队救援被围在垂惠的周建。马武被苏茂和周建打败,逃奔经过王霸的营垒,大声呼喊求救。王霸说:"贼兵人多势众,如果我出兵救助,定会双双落败,你且努力作战吧!"于是紧闭营门坚守不出。军中将领都争着出战,王霸说:"苏茂的军队精锐,人数又多,我们的士卒心里恐惧,而且马武将军的人马与我们互相依赖,两军不能一致行动,这是失败之路。现在我们紧闭营垒坚守,表示不出去救援,敌军必定会乘胜贸然进攻;马武军得不到援助,自会加倍奋战。这样一来,苏茂的军队就会疲惫,我们趁其疲劳时出击,才能打败他们。"苏茂、周建果然率领全军攻击马武,双方交战了很久。王霸军中的几十名壮士割断头发请战,王霸这才打开营垒的后门,派出精锐骑兵从背后袭击敌军。苏茂、马建前后受到夹击,败退逃走,王霸、马武各自

归营。茂、建复聚兵挑战,霸坚卧不出。方飨士作倡乐,茂雨射营中,中霸前酒樽,霸安坐不动。军吏皆曰:"茂前日已破,今易击也。"霸曰:"不然。苏茂客兵远来,粮食不足,故数挑战,以徼一时之胜。今闭营休士,所谓不战而屈人兵者也。"茂、建既不得战,乃引还营。其夜,周建兄子诵反,闭城拒之。建于道死;茂奔下邳,与董宪合;刘纡奔佼彊。

帝如魏郡。　彭宠奴斩宠来降,夷其族,封奴为不义侯。

彭宠妻数为恶梦,又多见怪变,卜筮、望气者皆言兵当从中起。宠以子后兰卿质汉归,不信之,使将兵居外,无亲于中。宠斋在便室,苍头子密等三人因宠卧寐,共缚着床,告外吏云:"大王斋禁,皆使吏休。"伪称宠命收缚奴婢。又以宠命呼其妻,妻入,惊曰:"奴反!"奴乃摔其头,击其颊。宠急,呼曰:"趣为诸将军办装。"于是两奴将妻入取宝物,留一奴守宠。收金玉衣物,至宠所装之,被马六匹,使妻缝两缣囊。昏夜后,解宠手,令作记告城门将军开门。书成,斩宠及妻头置囊中,便持记驰出城,因以诣阙。明旦,阁门不开,官属逾墙而入,见宠尸,惊怖。其尚书韩立等共立宠子午为王,国师韩利斩午首诣祭遵降。夷其宗族。

回到营垒。苏茂、周建又聚集军队前来挑战,王霸坚守营垒,并不出战。正在大宴兵士,喝酒取乐,苏茂向王霸营中放箭,箭如雨下,射中了王霸面前的酒杯,王霸安然坐在那里不动。军官们都说:"昨天我们已经打败了苏茂,今天打他很容易了。"王霸说:"不是这样。苏茂的军队远道而来,粮食不足,所以多次挑战,以求立时取胜。如今我们关闭营门,休整军队,是所谓不用战斗而能使敌人屈服。"苏茂、周建既然不能与王霸交战,就领兵返回营垒。当天夜里,周建哥哥的儿子周诵反叛,紧闭城门不让他们进垂惠城。周建死在途中;苏茂逃奔下邳,与董宪合兵一处;刘纡逃奔佼彊。

刘秀前往魏郡。 彭宠的奴仆斩杀彭宠前来投降,祭遵将彭宠家族全部杀死,刘秀封彭宠的奴仆为不义侯。

彭宠的妻子多次做恶梦,又经常见到怪异现象,占卜师、望气师都说兵乱要从内部发生。彭宠因为堂弟子后兰卿在洛阳当人质归来,不信任他,让他领兵住在外地,宫中没有亲戚。彭宠在休息室斋戒,奴仆子密等三人趁彭宠躺在床上睡觉,一起把他绑在床上,告诉外面的官吏说:"大王正在斋戒,命令官员们全部休息。"又假传彭宠的命令把男女奴仆全都捆绑起来。又以彭宠的命令叫来他的妻子,彭宠的妻子进入休息室,吃了一惊,说:"奴才反了!"奴仆们揪住她的头发,打她耳光。彭宠急忙叫道:"赶快去为众位将军置办行装。"于是,两个奴仆押着彭宠的妻子进后宫去取财宝,留下一个奴仆看守彭宠。奴仆们收拾起金银财宝和衣物,回到彭宠所在的房间装好,备好六匹马,让彭宠的妻子缝制了两个细绢口袋。天黑之后,解开彭宠手上的绳索,命令他给守城门的将军写下手书令其打开城门。手令写好之后,子密等人斩下彭宠和他妻子的头装在口袋中,然后拿着彭宠的手令骑马奔出城,将它们送到京师洛阳。第二天,彭宠的房门没开,官员们翻过宫墙进去,发现了彭宠的尸体,惊慌恐惧。彭宠的尚书韩立等人一起拥立彭宠的儿子彭午为燕王,国师韩利砍下彭午的脑袋,前往祭遵处投降。祭遵将彭宠的家族全部杀死。

帝封子密为不义侯。

遣使迎上谷太守耿况还京师，封牟平侯。 吴汉、耿弇击富平、获索于平原，大破之。弇遂进讨张步。 遣将军庞萌、盖延击董宪。萌反，帝自将讨之。

庞萌为人逊顺，帝信爱之，常称曰："可以托六尺之孤、寄百里之命者，庞萌是也。"使与盖延共击董宪。时诏书独下延而不及萌，萌以为延谮己，自疑，遂反，袭延军，破之。与董宪连和，自号东平王，屯桃乡之北。帝闻之，大怒，自将讨萌，与诸将书曰："吾常以庞萌为社稷之臣，将军得无笑其言乎？老贼当族，其各厉兵马，会睢阳！"庞萌攻破彭城，将杀楚郡太守孙萌。郡吏刘平伏太守身上号泣，请代其死，身被七创，庞萌义而舍之。太守已绝，复苏，渴求饮，平倾创血以饮之。

岑彭攻拔夷陵，田戎奔蜀，彭留屯津乡。
岑彭既拔夷陵，谋伐蜀，以夹川谷少，水险难漕，留威虏将军冯骏军江州，都尉田鸿军夷陵，领军李玄军夷道。自引兵还屯津乡，当荆州要会，喻告诸蛮夷降者，奏封其君长。

夏四月，旱，蝗。 窦融遣使奉书入见，诏以融为凉州牧。

初，窦融等闻帝威德，心欲东向，以河西隔远，未能自通，乃从隗嚣受建武正朔，嚣皆假其将军印缓。嚣外顺人望，内怀异心，使辩士张玄说融等曰："更始事已成，寻复

刘秀封子密为不义侯。

派使者迎接上谷郡太守耿况返回京师洛阳,封他为牟平侯。

吴汉、耿弇在平原郡攻打富平、获索贼寇,大败贼军。耿弇于是进军讨伐张步。 派将军庞萌、盖延攻击董宪。庞萌反叛,刘秀亲自率军讨伐庞萌。

庞萌为人谦逊恭顺,刘秀信任喜爱他,常常称赞他说:"可以托付幼小的孤儿,托付一百里土地的人,正是庞萌。"派他与盖延一起攻打董宪。当时诏书单独颁给盖延而没给庞萌看,庞萌就认为盖延向刘秀进谗言诬告自己,心里疑虑,于是反叛,袭击盖延的部队,将其打败。庞萌与董宪联合起来,自称东平王,屯驻在桃乡以北。刘秀听说此事后,非常生气,亲自领兵讨伐庞萌,给将领们写信说:"我从前认为庞萌是国家的重臣,你们该不会嘲笑我说的话吧?庞萌老贼应当被灭族,你们要加紧操练兵马,会师睢阳!"庞萌攻占彭城,要杀楚郡太守孙萌。楚郡官吏刘平伏在太守身上号哭,请求替太守去死,身上受了七处伤,庞萌因刘平的义气而免去孙萌的死罪。太守孙萌已经气绝,又苏醒过来,因口渴而想喝水,刘平将自己伤口流出的血倒给孙萌喝。

岑彭攻陷夷陵,田戎逃奔蜀地,岑彭停止进军,屯驻在津乡。

岑彭攻克夷陵后,谋划征伐蜀地,但因为长江两岸粮食不足,水势险恶,漕运困难,就留下威虏将军冯骏屯驻江州,都尉田鸿屯驻夷陵,领军李玄屯驻夷道。岑彭自己率领部队返回,驻扎在津乡,把守住荆州要冲,晓谕投降的各蛮族,奉上奏章请求加封他们的首领。

夏四月,出现旱灾,发生蝗灾。 窦融派使者带着书信到洛阳拜见刘秀,刘秀颁下诏书,任命窦融为凉州牧。

当初,窦融等人听说刘秀的威望恩德,就一心想到东方去,但因为河西同洛阳相隔很远,自己没能直接联系,于是从隗嚣那里接受了东汉"建武"年号,隗嚣同时还授予他将军印信和绶带。隗嚣表面上顺从众人的愿望,实际上怀有二心,他派善辩之士张玄游说窦融等人道:"更始帝刘玄已经即位做天子,但很快又

亡灭,此一姓不再兴之效也。方今豪杰竞逐,雌雄未决,当各据土宇,与陇、蜀合从,高可为六国,下不失尉佗。"融等召豪杰议之,其中识者皆曰:"今皇帝姓名见于图书,前世谷子云、夏贺良等皆言汉有再受命之符,故刘子骏改易名字,冀应其占。及莽末,西门君惠谋立子骏,事觉被杀,出谓观者曰:'谶文不误,刘秀真汝主也。'此皆近事暴著者。况今称帝者数人,而洛阳土地最广,甲兵最强,号令最明。观符命而察人事,他姓殆未能当也!"融遂决策东向,遣长史刘钧等奉书诣洛阳。先是,帝亦发使遗融书以招之,遇钧于道,即与俱还见。帝赐融玺书曰:"今益州有公孙子阳,天水有隗将军。方蜀、汉相攻,权在将军,举足左右,便有轻重。以此言之,欲相厚岂有量哉!欲遂立桓、文,辅微国,当勉卒功业;欲三分鼎足,连衡合从,亦宜以时定。今之议者,必有任嚣教尉佗制七郡之计。王者有分土,无分民,自适己事而已。"因授融凉州牧。玺书至河西,河西皆惊,以为天子明见万里之外。

六月,秦丰降,斩之。　董宪、刘纡使苏茂、佼彊救庞萌,帝自将击破之。秋七月,彊以众降,茂奔张步,宪、萌奔朐。梁人斩纡以降。　冬十月,帝如鲁。　耿弇拔祝阿、济南、

灭亡了，这是刘氏一姓不能再次兴起的证明。当今之世，英雄豪杰相互竞争，胜败未定，我们应当各自占领一块地盘，同陇西隗嚣、西蜀公孙述结盟成合纵之势，搞得好可以形同战国时代的六国之一，搞得不好也可以成为南海尉佗。"窦融等人召集豪杰们商议此事，其中有见识的人都说："当今皇帝的名字在图谶、预言书中可以见到，先前谷子云、夏贺良等人都说汉朝有再度兴起的征兆，所以刘歆改名为刘秀，希望能符合占卜之辞。等到王莽末年，西门君惠谋划拥立刘歆做皇帝，事情败露被杀，西门君惠在被押赴刑场的路上对围观的人说：'预言书上的话没错，刘秀当真是你们的主上。'这都是最近发生的事，人人皆知。况且现在已经称皇帝的几个人中，洛阳的刘秀所占土地最广阔，军队最强盛，军令最严明。从预言书上的话来看，再考察世间的事情，其他姓氏的人恐怕不能与他相当啊！"窦融于是决定归顺东方的刘秀，派长史刘钧等人奉书信到洛阳去。在此之前，刘秀也派出使者给窦融送去书信来招致他，使者与刘钧正好在途中相遇，当即同刘钧一起返回洛阳来见刘秀。刘秀颁赐给窦融诏书，说道："当今益州有公孙述，天水有隗嚣。公孙述和隗嚣正在相互攻击，他们胜败的命运掌握在将军您的手上，您起着举足轻重的作用。据此来说，您如想要帮助任何一方，威力都难以计量！如果要创立齐桓公、晋文公那样的霸业，辅佐我这个弱小的政权，就应当努力完成这一功业；如果要开创三足鼎立的局面，连横合纵，也应当抓住时机决定。现在谈论这件事的人，必然有像任嚣让尉佗控制七个郡那样的计策。君王分割土地，却不分割百姓，自己做适合自己的事情罢了。"于是任命窦融为凉州牧。刘秀的诏书传到河西，河西地区为之震惊，认为天子英明，能远察到万里之外的事情。

六月，秦丰投降，斩杀了他。　董宪、刘纡派遣苏茂、佼彊去援救庞萌，刘秀亲自率领军队打败敌军。秋七月，佼彊率众投降，苏茂投奔了张步，董宪、庞萌逃奔胸县。梁县人杀了刘纡投降了刘秀。　冬十月，刘秀前往鲁城。　耿弇攻陷祝阿、济南、

临菑，与张步战，大破之。帝劳弇军。步斩苏茂以降，齐地悉平。

张步闻耿弇将至，使其大将军费邑军历下，又令兵屯祝阿，别于泰山、钟城列营数十以待之。弇度河，先击祝阿，拔之，故开围一角，令其众得奔归钟城。钟城人闻祝阿已溃，大恐，空壁亡去。

费邑分遣弟敢守巨里。弇进兵先胁巨里，严令军中趣修攻具，后三日当悉力攻巨里城。阴缓生口亡归，以弇期告邑。邑至日果自将精兵三万余人来救之。弇喜，谓诸将曰："吾所以修攻具者，欲诱致之耳。野兵不击，何以城为？"即分三千人守巨里，自引精兵上冈阪，乘高合战，大破之，临陈斩邑。既而收首级以示城中，城中凶惧。费敢悉众亡归张步。弇复纵兵击诸未下者，平四十余营，遂定济南。

时张步都剧，使其弟蓝将精兵二万守西安，诸郡太守合万余人守临菑，相去四十里。弇进军居二城之间。弇视西安城小而坚，且蓝兵又精；临菑名虽大而实易攻，乃敕诸校后五日会攻西安。蓝闻之，晨夜警守。至期，夜半，弇敕诸将皆蓐食，会明至临菑城。护军荀梁等争之，以为："攻临菑，西安必救之；攻西安，临菑不能救，不如攻西安。"弇曰："不然。西安闻吾欲攻之，日夜为备，方自忧，何暇救人！临菑出不意而至，必惊扰。吾攻之，一日必拔。拔临菑，

临菑，与张步交战，大败敌军。刘秀慰劳耿弇的军队。张步斩杀苏茂投降，齐地完全平定。

张步听说耿弇将要到来，就派他的大将军费邑驻扎在历下城，又派军队屯驻在祝阿县，另外又在泰山、钟城布置了几十个营垒防御耿弇。耿弇渡过黄河，先去攻打祝阿县，攻占了祝阿，故意将包围圈留一个缺口，让城里的残兵得以逃回钟城。钟城人听说祝阿守军已溃败，非常恐惧，全都逃走，只留下一座空城。

费邑分兵派弟弟费敢据守巨里。耿弇进军首先威胁巨里，严令军士立即准备攻城的器械，待三日后再尽全力攻打巨里城。暗中释放几名俘虏逃走，让他们回去后把耿弇的攻城日期告诉费邑。到了那一天，费邑果然亲自率领精锐部队三万余人前来援救巨里。耿弇大喜，对将领们说："我之所以准备攻城器械，就是要引诱费邑前来罢了。不与敌军的野战部队作战，去要城池干什么？"当下分派三千人守住巨里，自己率领精锐部队登上山坡，占据制高点同费邑交战，大败敌军，在战斗中杀死费邑。然后将费邑的人头拿给巨里城中的人看，城中异常惊惧。费敢带领全部人马逃走，回去投奔张步。耿弇又指挥军队攻打尚未占据的营垒，扫平四十余座，于是平定了济南郡。

当时，张步将都城设在剧县，派他的弟弟张蓝率精锐部队二万驻守西安，各郡太守集合起一万余人据守临菑，两地相距四十里。耿弇进军，驻扎在两座城市之间。耿弇见西安城小而坚固，而且张蓝的部队又很精锐；临菑表面上虽然强大，实际却很容易攻占，于是他下令各位将领五天后合兵攻打西安。张蓝听说后，日夜警惕守备。到了攻城那天的半夜，耿弇命令众将领都在住宿地吃饭，天明时分抵达临菑城下。护军荀梁等人不同意，认为："攻打临菑，西安必定前来援救；攻打西安，临菑不能救助他们，不如攻打西安。"耿弇说："不是这样。西安方面听说我们打算进攻他们，日夜准备，正在忧虑自己的安危，哪有时间救援别人！临菑方面料想不到我们会攻打他们，我们一攻城，他们必定惊慌失措。我们攻城，用一天的时间定能拿下。攻克临菑，

即西安孤,与剧隔绝,必复亡去,所谓'击一而得二'者也。"遂攻临菑。半日拔之,入据其城。张蓝闻之,将其众亡归剧。

弇乃令军中无得虏掠,须张步至乃取之,以激怒步。步闻,大笑曰:"以尤来、大肜十余万众,吾皆即其营而破之。今大耿兵少于彼,又皆疲劳,何足惧乎!"乃与三弟蓝、弘、寿及故大肜渠帅重异等兵,号二十万,至临菑大城东攻弇。于是,弇先出菑水上,与重异遇。弇故示弱以盛其气,乃引归小城,陈兵于内,使都尉刘歆、泰山太守陈俊分陈于城下。步气盛,直攻弇营,与刘歆等合战。弇视歆等锋交,乃自引精兵以横突步陈于东城下,大破之。至暮,罢。弇明旦复勒兵出。

是时,帝在鲁,闻弇为步所攻,自往救之。未至,陈俊谓弇曰:"剧虏兵盛,可且闭营休士以须上来。"弇曰:"乘舆且到,臣子当击牛、酾酒以待百官,反欲以贼虏遗君父耶?"乃出兵大战,自旦及昏,复大破之。弇知步困将退,豫置左右翼为伏以待之。人定时,步果引去,伏兵起纵击,追至钜昧水上,僵尸相属。步还剧,兄弟各分兵散去。

后数日,车驾至临菑,自劳军,群臣大会。帝谓弇曰:"昔韩信破历下以开基,今将军攻祝阿以发迹,此皆齐之西界,功足相方。将军前在南阳,建此大策,常以为落落难合,有志者事竟成也!"帝进幸剧。

那么西安就孤立无援，与剧县相隔绝，一定会再次逃回去，这正是所说的'攻打一地而得到两地。'"于是攻打临菑。只用了半天时间，将之攻陷，军队入城，占领了临菑。张蓝听说后，率领他的部众逃回剧县。

耿弇于是下令军卒不能掳掠，要等张步到后才取财物，以此激怒张步。张步听说后，大笑说："以尤来、大彤的十余万部众，我都攻到他们的营垒打败他们。如今耿弇的军队人数少于他们，又都疲劳不堪，有什么可怕的呢！"于是他同三个弟弟张蓝、张弘、张寿以及原大彤的头领重异等人合兵一处，号称二十万人，抵达临菑大城东侧攻打耿弇。在这个时候，耿弇首先出营来到菑水边，与重异遭遇。耿弇故意示弱以助长敌军的骄气，就引兵回到临菑小城，在城内布置军队，派都尉刘歆、泰山太守陈俊分别在城下布阵。张步军士气旺盛，直接攻打耿弇的营垒，同刘歆等人交战。耿弇看见刘歆等人已与张步交上锋，就自己率领精锐部队在临菑东城下横冲张步的营阵，将其打得大败。到傍晚，战斗结束。第二天清早，耿弇又领兵出击。

这时，刘秀正在鲁城，听说耿弇被张步攻打，亲自领兵前去援助。还未抵达，陈俊对耿弇说："剧县的敌军十分强大，可以暂且关闭营门等待皇上到达。"耿弇说："皇上将到，臣子应当杀牛备酒款待百官，我们反而要把敌军送给皇上吗？"于是出兵大战，从早晨到黄昏，再次大败敌军。耿弇知道张步陷入困境将要退走，就预先安排在左右两翼埋下伏兵守候。深夜，张步果然率部离去，伏兵骤起攻击，一直追到钜昧河畔，死尸相连。张步回到剧县，兄弟们各自带领军队离去。

又过了几天，刘秀抵达临菑，亲自慰劳部队，大会群臣。刘秀对耿弇说："过去韩信攻克历下，开创了千古功业的基础；如今将军攻克祝阿，建立了战功，这两个地方都是故齐国的西方边界，你们二人的功绩足以相比。将军先前在南阳就提出了建此大功的计策，我曾经认为计划宏大，难以完成，但有志气的人终究可以成就事业！"刘秀进抵剧县。

耿弇复追张步,步奔平寿,苏茂将万余人来救之。茂让步曰:"以南阳兵精,延岑善战,而耿弇走之,大王奈何就攻其营?既呼茂,不能待邪?"步曰:"负负,无可言者。"帝遣使告步、茂,能相斩降者封为列侯。步遂斩茂,诣耿弇军门肉袒降。弇传诣行在所,而勒兵入据其城,罢遣步兵各归乡里。张步三弟自系所在狱,诏皆赦之,封步为安丘侯。

于是,琅邪未平,上徙陈俊为琅邪太守。始入境,盗贼皆散。

耿弇引兵至城阳,降五校余党,齐地悉平,振旅还京师。弇为将,凡平郡四十六,屠城三百,未尝挫折焉。

初起太学,帝还视之。

帝幸太学,稽式古典,修明礼乐,焕然文物可观矣。

十一月,大司徒伏湛免,以侯霸为大司徒。

霸闻太原闵仲叔之名而辟之,既至,霸不及政事,徒劳苦而已。仲叔恨曰:"始蒙嘉命,且喜且惧。今见明公,喜惧皆去。以仲叔为不足问邪?不当辟也。辟而不问,是失人也。"遂辞出,投劾而去。

十二月,卢芳入塞,掠据五郡。

初,五原人李兴、随昱,朔方人田飒,代郡人石鲔、闵堪,各起兵,自称将军。匈奴单于遣使与兴等和亲,欲令卢芳还汉地为帝。兴等引兵至单于庭迎芳。十二月,与俱入塞,都九原县,掠有五原、朔方、云中、定襄、雁门五郡,并置

耿弇又追击张步,张步奔向平寿县,苏茂率领一万余人前来援救他。苏茂责备张步说:"以南阳军队之精锐,延岑之善战,耿弇却打败了他们,大王您为什么还要靠近并攻打他的营垒呢?您既已征召我,就不能等一等吗?"张步说:"惭愧惭愧,没有什么可说的。"刘秀派使者告诉张步、苏茂,能斩杀对方前来投降的可被封为列侯。张步于是杀了苏茂,到耿弇营门外袒衣露体投降。耿弇用驿车将张步送到刘秀的驻地,自己领兵进入平寿城,遣散张步的军队,令其各自返回故乡。张步的三个弟弟都自我囚禁在所在地的监狱中,刘秀下诏一律赦免他们,封张步为安丘侯。

此时,琅邪尚未平定,刘秀迁陈俊为琅邪太守。陈俊刚进入琅邪境内,盗贼都四散而去。

耿弇又领兵到达城阳,收降五校军的残余人马,齐地全部平定,耿弇整顿军队返回京师洛阳。耿弇作为将军,总共平定四十六郡,屠城三百座,从未失败过。

开始兴建太学,刘秀返回洛阳到太学视察。

刘秀来到太学,仿效古代的规章,研究阐明礼乐,典章制度焕然一新,极为可观。

十一月,大司徒伏湛免官,任命侯霸为大司徒。

侯霸听说了太原人闵仲叔的名声而征召他前来洛阳,闵仲叔到达后,侯霸不谈及国家大事,只是慰劳他路途的辛苦。闵仲叔不满意,说:"我刚刚接到征召命令时,又高兴又害怕。现在见到您,高兴和害怕都消失了。认为我不值得您询问政事,就不应当征召我。召我前来却不询问我,是失去人才。"于是辞行出来,递上自责的辞呈后离开了。

十二月,卢芳进入边塞,掠占了五个郡。

当初,五原郡人李兴、随昱,朔方郡人田飒,代郡人石鲔、闵堪,各自起兵,自称将军。匈奴单于派遣使者同李兴等人和亲,打算让卢芳返回中国做皇帝。李兴等人率军队抵达匈奴单于的王庭迎接卢芳。十二月,卢芳与李兴等人一起进入边塞,在九原县定都,夺取了五原、朔方、云中、定襄、雁门五郡,并且设置了

守、令，与胡通兵，侵苦北边。

隗嚣遣子入侍。

隗嚣自比西伯，议欲称王。郑兴曰："昔文王三分天下有其二，尚服事殷；武王八百诸侯不谋同会，犹还兵待时；高祖征伐累年，犹以沛公行师。今世无宗周之祚，未有高祖之功，而欲举未可之事，昭速祸患，无乃不可乎！"嚣乃止。后又广置职位，郑兴曰："夫中郎将、太中大夫、使持节官，皆王者之器，非人臣所当制也。"嚣病之而止。

时关中将帅数上书言蜀可击之状，帝以书示嚣，因使击蜀以效其信。嚣上书盛言三辅单弱，刘文伯在边，未宜谋蜀。帝知嚣欲持两端，不愿天下统一，于是稍绌其礼，正君臣之仪。帝以嚣与马援、来歙相善，数使歙、援奉使往来，劝令入朝，许以重爵。嚣言无功德，须四方平定，退伏间里。帝复遣来歙说嚣遣子入侍，嚣闻刘永、彭宠皆已破灭，乃遣长子恂随歙诣阙，帝以为胡骑校尉，封镌羌侯。郑兴因恂求归葬父母，与妻子俱东。马援亦将家属随恂归洛阳。

嚣将王元以为天下成败未可知，不愿专心内事，说嚣曰："今天水完富，士马最强，元请以一丸泥为大王东封函谷关，此万世一时也。若计不及此，且畜养士马，据隘自守，以待四方之变，图王不成，其敝犹足以霸。"嚣心然元

郡守和县令,和匈奴军队合在一处,侵夺危害北方边境地区。

隗嚣派儿子进洛阳为侍子。

隗嚣将自己比作周文王,与众将领商议,打算称皇帝。郑兴说:"先前周文王占据了天下的三分之二,尚且向殷商称臣;周武王和八百个诸侯没有商量却都聚集在一起,还要退兵以待时机;汉高祖连年征战,还以沛公的名义指挥人马。当今您没有周朝世代相传的王位,没有高祖的功业,却想做不可能办到的事,加速祸患的降临,恐怕不能这样吧!"隗嚣这才放弃了原有的打算。后来他又广泛设置官职,郑兴说:"中郎将、太中大夫、使持节官都是皇帝的规格,不是臣子应当设置的。"隗嚣虽对他不满,也只好作罢。

当时关中地区的将领们多次向刘秀上书,叙说可以攻打西蜀公孙述的理由,刘秀把这些奏书送给隗嚣看,并趁势让他攻打西蜀,以此证明他的信义。隗嚣向刘秀上奏书,极力宣称三辅地区势单力弱,卢芳在北边边境也有威胁,不宜谋取西蜀。刘秀知道隗嚣打算脚踩两只船,不愿让天下统一,于是逐渐降低对他的礼遇,以端正君臣间的礼仪。刘秀因为隗嚣同马援、来歙关系很好,多次派来歙、马援奉使命与隗嚣往来,劝隗嚣到洛阳朝见刘秀,并许诺赐封他尊显的爵位。隗嚣声称自己无功无德,要等四方平定后,退隐乡里。刘秀又派来歙劝说隗嚣送长子进京到朝廷服务,隗嚣听说刘永、彭宠都已被打败消灭,才派长子隗恂跟随来歙到洛阳去,刘秀任命隗恂为胡骑校尉,封他做镌羌侯。郑兴趁隗恂之行,请求回乡埋葬父母,连同妻子儿女一起东行。马援也带着家眷随同隗恂返回洛阳。

隗嚣的将领王元以为天下胜败尚未可预知,不愿意专心管理统绍范围之内的事,劝说隗嚣说:"现在天水完整富饶,兵力最强大,我请求用很小一部分力量为大王在东边封锁住函谷关,这是千载难逢的时机。如果计策还没考虑到这里,可以暂且休养军队,训练战马,占据险要关口自守,以等待四方起变化,即便图谋王位不成,衰败时还足以独霸一方。"隗嚣心里同意王元的

计，虽遣子入质，犹负其险厄，欲专制方面。

申屠刚谏曰："愚闻人所归者天所与，人所畔者天所去也。本朝诚天之所福，非人力也。今玺书数到，委国归信，欲与将军共同吉凶。布衣相与，尚有没身不负然诺之信，况于万乘者哉！今久疑若是，卒有非常之变，上负忠孝，下愧当世。愿反覆愚老之言！"嚣不纳，于是游士长者稍稍去之。

交趾牧邓让等遣使贡献。

王莽末，交趾诸郡闭境自守。岑彭素与交趾牧邓让厚善，与让书，陈国家威德；又遣偏将军屈充移檄江南，班行诏命。于是让与江夏太守侯登、武陵太守王堂、长沙相韩福、桂阳太守张隆、零陵太守田翕、苍梧太守杜穆、交趾太守锡光等相率遣使贡献，悉封为列侯。锡光者，汉中人，在交趾教民夷以礼义。帝复以宛人任延为九真太守，延教民耕种嫁娶。故岭南华风始于二守焉。

征处士周党、严光、王良至京师。党、光不屈，以良为谏议大夫。

党入见，伏而不谒，自陈愿守所志。博士范升奏曰："伏见太原周党、东海王良、山阳王成等，蒙受厚恩，使者三聘，乃肯就车。及陛见帝庭，党不以礼屈，伏而不谒，偃蹇骄悍，同时俱逝。党等文不能演义，武不能死君，钓采华名，庶几三公之位。臣愿与坐云台之下，考试图国之道。"

计策,他虽然让长子进洛阳为人质,却还依靠地势的险要,打算专制一方。

申屠刚进谏说:"我听说人们归附的人正是上天要赐与的人,人们背叛的人正是上天要离之而去的人。当今的朝廷确实是上天所福佑的,不是人力可为。现在诏书不断到来,托付国事,表达信任,愿与您同担福祸。平民百姓交往,尚且有终身不忘承诺的信义,何况对于君王呢?如今这样长时间犹疑不定,一旦发生异常的变化,对上则违背忠孝之义,对下则愧对黎民百姓。希望您能再三考虑我这个愚昧老朽的话!"隗嚣没有采纳,于是外来之士同长者逐渐离开他。

交趾牧邓让等人派使者向朝廷进贡。

王莽当政末年,交趾的各郡都封闭边境自守。岑彭平素与交趾牧邓让友情深厚,写信给邓让,陈述东汉政权的威望和恩德;又派偏将军屈充在江南地区发布文告,颁行皇上的命令。于是邓让同江夏太守侯登、武陵太守王堂、长沙国相韩福、桂阳太守张隆、零陵太守田翕、苍梧太守杜穆、交趾太守锡光等人,相继派使者到洛阳进贡,刘秀将他们都封为侯爵。锡光是汉中人,在交趾用汉族礼仪教化百姓和外族。刘秀又任命宛城人任延为九真太守,任延教当地百姓耕田种地,还教他们婚嫁的礼仪。因此五岭以南地区接受中原礼仪文化是从锡光、任延两位郡守开始的。

征召隐居的士人周党、严光、王良到洛阳。周党、严光不屈从,任命王良为谏议大夫。

周党入宫晋见刘秀时,伏下身子,却不叩头拜谒,自己说愿意恪守自己的志向。博士范升上奏说:"我看到太原人周党、东海人王良,山阳人王成等,蒙受朝廷厚恩,使者三次前往聘请,他们才肯上车动身。等到宫廷晋见陛下时,周党不遵从礼仪,伏下身子却不叩头,举止随便迟缓,骄横无理,同时一道离去。周党等人文不能发挥大义,武不能替君主去死,沽名钓誉,却期望三公的高位。我愿意同他们坐在云台下面,考究治理国家的方法。"

书奏,诏曰:"自古明王、圣主,必有不宾之士。伯夷、叔齐不食周粟,太原周党不受朕禄,亦各其志焉。其赐帛四十匹,罢之。"帝少与严光同游学,及即位,以物色访之,得于齐国,累征乃至。拜谏议大夫,不肯受,去,耕钓于富春山中,以寿终于家。王良后历沛郡太守、大司徒司直,在位恭俭,布被瓦器,妻子不入官舍。后以病归,一岁复征。至荥阳,病笃,不任进道,过其友人。友人拒不肯见,曰:"不有忠言奇谋而取大位,何其往来屑屑不惮烦也!"良惭,后征不应,卒于家。

窦融承制以莎车王康为西域大都尉。

元帝之世,莎车王延尝为侍子京师,慕乐中国。及王莽之乱,匈奴略有西域,唯延不肯附属,常敕诸子:"当世奉汉家,不可负也!"延卒,子康立。康率傍国拒匈奴,拥卫故都护吏士、妻子千余口。檄书河西,问中国动静。窦融乃承制立康为汉莎车建功怀德王、西域大都尉,五十五国皆属焉。

庚寅(30) **六年**
春正月,以舂陵乡为章陵县,复其徭役。
复徭役,比丰、沛。
吴汉等拔朐,斩董宪、庞萌,江、淮、山东悉平。

吴汉等诸将还京师,置酒赏赐。帝积苦兵间,以隗嚣遣子内侍,公孙述远据边垂,乃谓诸将曰:"且当置此两子于度外耳。"因休诸将于洛阳,分军士于河内,数腾书

奏书报了上去，刘秀下诏书说："自古以来，英明的君王、圣明的天子，都必然会有不服从他的士人。伯夷、叔齐不吃周王朝的粮食，太原人周党不接受我的俸禄，也都是各有志向。赐给周党帛四十匹，令其回乡。"刘秀年轻时与严光一同读书求学，等到刘秀即位后，派人按形貌察访严光，在齐地找到了他，多次征召他才到洛阳来。刘秀拜他为谏议大夫，严光不肯接受，离开洛阳，在富春山中耕田钓鱼，在家中寿终。王良后来历任沛郡太守、大司徒司直，在任时谦恭节俭，用布被子和瓦质的器具，妻子儿女不进入官署。后来因病回乡，一年后又被征召。他走到荥阳，病情加重，没有再往下走，去拜访朋友。他的朋友不肯见他，说："没有忠言和奇谋却得到高官显位，怎么这样来来往往不嫌烦！"王良心里惭愧，以后屡次征召他都不答应，在家中寿终。

窦融根据皇帝命令任命莎车王康为西域大都尉。

西汉元帝在位时，莎车王延曾经在京都长安做人质，羡慕喜欢汉朝。等到王莽之乱时，匈奴夺取占领了西域，只有延不肯归属匈奴，常常告诫儿子们说："应当世代尊奉汉朝，不能背叛！"延去世后，他的儿子康继位。康率领邻近国家抵抗匈奴，保护原都护官员和他们的妻子儿女共一千多人。写文书送到河西，询问中原的情况。于是窦融根据皇帝的命令策立康为汉莎车建功怀德王、西域大都尉，五十五国都附属莎车。

庚寅（30）　汉光武帝建武六年

春正月，改春陵乡为章陵县，免除赋税徭役。

比照刘邦祖籍丰县和沛县免除赋税徭役。

吴汉等人攻陷朐县，斩杀董宪、庞萌，长江、淮河一带以及峄山以东全部平定。

吴汉等众将领返回京师洛阳，刘秀安排酒宴，赏赐他们。刘秀为积年征战所苦，因为隗嚣送长子进京做人质，公孙述占据着遥远的边陲地区，便对众将领说："暂且应当把这两个人置之度外吧。"于是让众将在洛阳休养，分派部队到河内据守，多次送信

陇、蜀,告示祸福。帝与述书曰:"君非吾贼臣乱子,仓卒时人皆欲为君事耳。天下神器,不可力争,宜留三思!"署曰"公孙皇帝"。述不答。

冯异入朝。

异治关中,出入三岁,上林成都。人有上章言:"异威权至重,百姓归心,号为咸阳王。"帝以章示异,异惶惧,上书陈谢。诏报曰:"将军之于国家,义为君臣,恩犹父子,何嫌何疑而有惧意!"至是,自长安入朝,帝谓公卿曰:"是我起兵时主簿也,为吾披荆棘,定关中。"既罢,赐珍宝、钱帛,诏曰:"仓卒芜蒌亭豆粥,滹沱河麦饭,厚意久不报。"异稽首谢曰:"臣闻管仲谓桓公曰:'愿君无忘射钩,臣无忘槛车。'齐国赖之。臣今亦愿国家无忘河北之难,小臣不敢忘巾车之恩。"留十余日,令与妻子还西。

夏四月,帝如长安,谒园陵。 遣耿弇等七将军从陇道伐蜀。

先是,公孙述骑都尉平陵荆邯说述曰:"隗嚣遭遇运会,割有雍州,兵强士附,威加山东;遇更始政乱,复失天下,嚣不及此时推危乘胜,以争天下,而退欲为西伯之事,尊师章句,宾友处士,偃武息戈,卑辞事汉,喟然自以文王复出也。令汉帝释关、陇之忧,专精东伐;发间使,召携贰,使西州豪杰咸归心于山东。若举兵天水,必至沮溃。

给天水的隗嚣和西蜀的公孙述，向他们陈述祸福。刘秀写给公孙述的书信上说："您不是我的乱臣贼子，只是仓猝时人人都想要做君主罢了。天下帝王之位，不可以凭武力争取，应当三思！"信封上写着"公孙皇帝"。公孙述未作答复。

冯异进京朝见。

冯异治理关中地区，前后三年，上林变得像都市那样繁华。有人上奏章给刘秀，说："冯异的威望和权力极大，百姓都从心里归附他，号称咸阳王。"刘秀将那本奏章送给冯异看，冯异非常惶恐不安，上书谢罪。刘秀颁下诏书答复说："将军对于我来说，从道义上讲是君臣关系，从情义上讲是父子关系，有什么嫌疑而要惧怕呢？"到这时，冯异从长安进京朝见，刘秀对公卿说："冯异是我当初起事时的主簿，为我披荆斩棘，平定了关中。"朝见之后，赏赐冯异珍宝、钱财和绢帛，下诏书说："先前仓促时，你在芜蒌亭呈上的豆粥，滹沱河进献的麦饭，深情厚意，长时间没有能回报。"冯异叩头拜谢说："我听说当年管仲对齐桓公说：'希望君王不要忘记我射您带钩的事，我不忘记被装在囚车里的事。'齐国仰仗这两个人强盛起来。如今我也希望您不忘河北的艰难，我不敢忘在巾车乡您对我的恩德。"在洛阳停留十多天，刘秀让他和妻子儿女一同返回长安。

夏四月，刘秀前往长安，拜谒汉朝历代皇帝的陵墓。 派耿弇等七位将军从陇西取道讨伐西蜀公孙述。

此前，公孙述的骑都尉平陵人荆邯劝公孙述说："隗嚣遇到好时机，割据雍州，军队强大，士人归附，威望传到了崤山以东；遇上更始朝政治混乱，刘玄又失去天下，隗嚣不趁此时排除危险争得胜利，以夺取天下，却后退想像周文王一样做西方霸主，尊崇并学习儒家经典，把隐士当作宾友，偃旗息鼓，不再招募部队，用卑微的言辞事奉汉朝，感慨着自以为是周文王再世。这样使得汉朝皇帝刘秀放下对隗嚣的忧虑，专心致力于征伐东边的敌人；同时暗中派遣使者，招纳背叛的人，使西州地区的英雄豪杰都归附崤山以东的汉朝。如果他向天水进兵，必然会击败隗嚣。

天水既定,则九分而有其八。陛下以梁州之地,内奉万乘,外给三军,百姓愁困,不堪上命,将有王氏自溃之变矣!臣之愚计,以为宜及天下之望未绝,豪杰尚可招诱,急以此时发国内精兵,令田戎据江陵,临江南之会,倚巫山之固,筑垒坚守,传檄吴、楚,长沙以南必随风而靡。令延岑出汉中,定三辅,天水、陇西拱手自服。如此,海内震摇,冀有大利。"述然邯言,欲悉发兵,使延岑、田戎分出两道,与汉中诸将合兵并势。蜀人及其弟光以为不宜空国千里之外,决成败于一举,固争之,述乃止。延岑、田戎亦数请兵立功,述终疑不听,唯公孙氏得任事。

述之为政苛细,察于小事,如为清水令时而已。立其两子为王,食犍为、广汉各数县。或谏曰:"成败未可知,戎士暴露而先王爱子,示无大志也!"述不从,由此大臣皆怨。

三月,述使田戎出江关,招其故众,欲以取荆州,不克。帝乃诏隗嚣,欲从天水伐蜀。嚣上言:"述性严酷,上下相患,须其罪恶孰著而攻之。"帝知其终不为用,乃谋讨之。遣耿弇、盖延等七将军从陇道伐蜀,先使中郎将来歙奉玺书赐嚣喻旨。嚣犹豫不决,歙遂发愤质责嚣曰:"国家以君知臧否,晓废兴,故以手书畅意。足下推忠诚,既遣伯春委质,而反欲用佞惑之言,为族灭之计邪?"因欲前刺嚣。

等到天水的隗嚣平定之后，那么九分天下刘秀已拥有了八分。陛下依仗梁州这块土地，对内要供奉皇上，对外要供给军队，百姓愁苦困顿，不能忍受皇上的圣命，将会有王莽那样的内部溃乱发生！以我的愚见，您应当趁天下人的期望尚未断绝，豪杰还能招揽罗致，赶紧在这个时候征发国内的精锐部队，命令田戎占据江陵，面对长江的交汇处，依靠巫山的险固，修筑堡垒坚守，再向吴、楚各地发布文书，长沙以南地区必然会望风而归降。命令延岑出兵汉中，平定三辅地区，天水、陇西自会拱手顺服。如果这样，天下震撼，希望有极大的利益可图。"公孙述同意荆邯的话，想征调所有军队，派延岑、田戎分别从两条路出发，同汉中地区的将领们合兵一处。蜀地人以及公孙述的弟弟公孙光认为不应当倾尽全国的所有力量到千里之外作战，以这一次进攻决定成败，因此极力反对，公孙述这才作罢。延岑、田戎也多次请求率军出战建立战功，公孙述始终犹豫，没有同意，只有公孙家族的人才能掌权。

公孙述治国苛严精细，对很微小的事情也要过问，如同当年任清水县令时一样。他策立自己的两个儿子为王，各以犍为、广汉等好几个县为食邑。有人进谏说："天下成败还不可知，军卒们在沙场上征战，而先封自己的爱子为王，这显示出没有远大的志向啊！"公孙述不听，从此大臣们都怨恨。

三月，公孙述派田戎出江关，招集他的老部下，想要靠他们夺取荆州，没有成功。刘秀于是下诏给隗嚣，要借道天水讨伐西蜀。隗嚣上书声称："公孙述生性严厉残酷，从上到下相互不信任，等到他的罪恶显现出来再攻打他。"刘秀知道隗嚣最终不能被任用，就图谋征讨他。派耿弇、盖延等七位将军取道陇西讨伐西蜀，先让中郎将来歙带着诏书颁赐给隗嚣，告诉他自己的意图。隗嚣犹豫不决，来歙就生气地质问斥责他说："圣上认为您知道对错，明白兴衰，所以亲笔写下诏书充分表达意愿。您秉持忠诚，已经送长子隗恂到洛阳做人质，却反而要听从奸佞之人的蛊惑之言，实施将导致被灭族的计谋吗？"于是想上前刺杀隗嚣。

嚣起入，部勒兵将杀歆。歆徐杖节就车而去，嚣使牛邯将兵围守之。嚣将王遵谏曰："杀之无损于汉，而随以族灭。"歆为人有信义，言行不违，及往来游说皆可按覆，西州士大夫皆信重之，多为其言，故得免归。

五月，还宫。 **隗嚣反，使其将王元据陇坻。诸将与战，大败而还。** **六月**，并省县国，减损吏员。

诏曰："夫张官置吏，所以为民也。今百姓遭难，户口耗少，而县官吏职，所置尚繁。其令司隶、州牧各实所部，省减吏员，县国不足置长吏者并之。"于是并省四百余县，吏职减损，十置其一。

秋九月晦，日食。
执金吾朱浮上疏曰："昔尧、舜之盛，犹加三考；大汉之兴，亦累功效，吏皆积久，至长子孙。而间者守宰数见换易，迎新相代，疲劳道路。寻其视事日浅，未足昭见其职，既加严切，人不自保，迫于举劾，惧于刺讥，故争饰诈伪以希虚誉，斯所以致日月失行之应也。愿陛下游意于经年之外，望治于一世之后，天下幸甚！"帝采其言，自是牧守易代颇简。

冬十二月，大司空弘免。 **复田租旧制。**
诏曰："顷者师旅未解，用度不足，故行十一之税。今粮储差积，其令郡国收见田租，三十税一，如旧制。"

隗嚣遣兵下陇，冯异、祭遵击破之。
诸将之下陇也，帝诏耿弇军漆，冯异军枸邑，祭遵军

隗嚣起身进内室，安排命令士兵要杀来歙。来歙从容不迫地手持符节登车而去，隗嚣又派牛邯带人包围看守住来歙。隗嚣的将领王遵进谏说："杀死来歙对汉朝没有损失，却会随之招来灭族之灾。"来歙为人讲信义，言行一致，往来游说诚实可信，西州士大夫都信任尊重他，很多人为他求情，所以得以脱难返回洛阳。

五月，刘秀回到洛阳皇宫。 隗嚣反叛，派他的部将王元占据陇坻。众将同隗嚣交战，大败而回。 六月，合并减少县和封国，减少官吏人数。

诏书说："设置官吏是为百姓服务。如今百姓遭受苦难，户口减少，而国家的官吏职位还设置了许多。命令司隶、州牧各自核实自己辖区内的实际需要，裁减官员，县和封国不足以设置长吏的都予以合并。"于是合并减少了四百多个县，官员职位也减少了，十个官员只留下一个。

秋九月最后一天，出现日食。

执金吾朱浮上奏疏说："从前，尧、舜当政时的太平盛世，还会隔三年考核官员；汉王朝兴起，也注重积累功劳，官吏都长时间在职，以至传给其子孙。而近来郡县官吏屡次被更换，送旧迎新，在路途上疲乏奔波。察看之下，官吏在任时间短，还没能明确显示他们是否称职，就受到严厉的斥责，人人不能自保，受到检举、弹劾的威胁，又惧怕讽刺讥笑，所以争相粉饰自己，通过欺瞒求得虚假的名誉，这正是导致出现日月不能正常运行现象的原因。愿陛下不要专注于一年或几年的情况，而要追求三十年之后实现大治，那么天下人都极其幸运了！"刘秀采纳了朱浮的建议，自此之后州郡长官更换的次数大为减少。

冬十二月，大司空宋弘免职。 恢复原来征收田租的制度。

诏书说："前些时军队征战不息，供应不足，所以实行十分之一的税收。如今粮食储备增加，各郡、封国收取田租按三十分之一征收，恢复原来的制度。"

隗嚣派军队下陇山，冯异、祭遵将其打败。

诸将败下陇山时，刘秀诏命耿弇驻漆县，冯异驻栒邑，祭遵驻

汧，吴汉等还屯长安。冯异引军未至栒邑，隗嚣乘胜使王元、行巡将二万余人下陇，分遣巡取栒邑。异即驰兵欲先据之，诸将曰："虏兵盛而乘胜，不可与争锋，宜止军便地，徐思方略。"异曰："虏兵临境，忸忕小利，遂欲深入。若得栒邑，三辅动摇。夫攻者不足，守者有余。今先据城，以逸待劳，非所以争也。"潜往，闭城，偃旗鼓。行巡不知，驰赴之。异卒击鼓建旗而出，巡军惊乱奔走，追击，大破之。祭遵亦破王元于汧。于是北地诸豪长耿定等悉畔隗嚣降。

冯异击卢芳、匈奴兵，破之，北地、上郡、安定皆降。窦融遣弟上书。

书曰："臣幸得托先后末属，累世二千石。臣复假历将帅，守持一隅，故遣刘钧口陈肝胆，自以底里上露，长无纤芥。而玺书盛称蜀、汉二主三分鼎足之权，任嚣、尉佗之谋，窃自痛伤。臣融虽无识，犹知利害之际，顺逆之分。岂可背真旧之主，事奸伪之人；废忠贞之节，为倾覆之事；弃已成之基，求无冀之利！此三者，虽问狂夫，犹知去就，而臣独何以用心！谨遣弟友诣阙，口陈至诚。"友至高平，会隗嚣反，道不通，乃遣司马席封间道通书。帝复遣封赐融、友书，所以慰藉之甚厚。

融乃与隗嚣书曰："将军亲遇厄会之际，国家不利之时，守节不回，承事本朝。融等所以欣服高义，愿从役于将军者，

汧县，吴汉等人返回长安驻扎。冯异率领军队，还未到达枸邑，隗嚣乘胜派王元、行巡率领二万多人下陇山，分派行巡夺取枸邑。冯异当即要紧急奔往枸邑，想抢先占领，将领们说："敌人兵力强大，又趁着胜利的锐气，不能和他们争锋，应当停止进军，在有利地点驻扎，慢慢考虑对策。"冯异说："敌军压境，惯于获取小利，于是想深入境内。如果他们占领了枸邑，那么三辅地区就会动摇。进攻力量不足时，采取守势则有余。现在先占领枸邑城，我们便能以逸待劳，并非和敌人一争高下。"于是秘密进城，关闭城门，偃旗息鼓。行巡丝毫没有察觉，奔赴枸邑。而冯异的军队突然击鼓树旗杀出，行巡的军队惊慌散乱，四下奔逃，冯异紧紧追击，大败敌军。祭遵也在汧县打败王元的部队。于是北地郡众豪强首领耿定等人都叛离隗嚣，投降东汉。

冯异攻击卢芳和匈奴的军队，打败他们，北地郡、上郡、安定郡都归降东汉。　窦融派弟弟向刘秀上书。

奏书说："我很幸运，能够成为先皇后亲属的后代，好几代都享有二千石俸禄。我又暂时为将帅，镇守一方，所以派刘钧向您口头表述我的赤胆忠心，从心底里暴露无遗，对您无丝毫隐瞒。而您的诏书极力称赞西蜀公孙述、天水隗嚣两位君主拥有的三分天下、形成鼎足之势的权力，提到任嚣、尉佗的谋划，我深感痛苦忧伤。我虽然没有才识，却还知道利与害的界限、顺与逆的分别。岂能背叛真正的、先前的主人，去事奉奸恶、假冒的人！岂能废弃忠贞的节操，去做颠覆国家的坏事！岂能抛弃已经建成的基础，去追寻毫无希望的利益！这三条，即使去问一个疯子，他还知道如何选择，而我为什么偏偏会别有用心！谨派我的弟弟窦友前往朝廷，亲口陈述我的至诚！"窦友到达高平县，正值隗嚣谋反，道路不通，就派司马席封从小路把书信送往洛阳。刘秀又派席封带信给窦融、窦友，抚慰他们，言语之间，情深意重。

窦融于是给隗嚣送去书信说："将军曾经在亲身遭遇艰难困苦之际，国家处于不利形势之时，仍能坚守节操，义无反顾，效忠汉朝。我等之所以佩服您的高风亮节，愿意听从您的役使，

良为此也！而岔悁之间，改节易图，委成功，造难就，百年累之，一朝毁之，岂不惜乎！殆执事者贪功建谋，以至于此。当今西州地势局迫，民兵离散，易以辅人，难以自建。计若失路不反，闻道犹迷，不南合子阳，则北入文伯耳。夫负虚交而易强御，恃远救而轻近敌，未见其利也。自兵起以来，城郭皆为丘墟，生民转于沟壑。幸赖天运少还，而将军复重其难，是使积痾不得遂瘳，幼孤将复流离，言之可为酸鼻。庸人且犹不忍，况仁者乎？融闻为忠甚易，得宜实难。忧人太过，以德取怨，知且以言获罪也。"嚣不纳。

隗嚣降蜀。

先是，隗嚣问于班彪曰："往者周亡，战国并争，数世然后定。意者从横之事复起于今乎？将乘运迭兴在于今日也。"彪曰："周之废兴，与汉殊异。昔周爵五等，诸侯从政，本根既微，枝叶强大，故其末流有从横之事，势数然也。汉承秦制，改立郡县，主有专己之威，臣无百年之柄。至于成帝，假借外家，哀、平短祚，国嗣三绝，故王氏擅朝，能窃号位，危自上起，伤不及下。是以即真之后，天下莫不引领而叹。十余年间，中外骚扰，远近俱发，假号云合，咸称刘氏，不谋同辞。方今雄杰带州域者，皆无六国世业之资，而百姓讴吟思仰，汉必复兴，已可知矣。"嚣曰："生言周、汉

原因正在于此！然而您在愤怒急躁之间，改变节操和意图，舍弃已完成的功业，去开创难成之业，百年积累起来的成果毁于一旦，难道不可惜吗？恐怕是您手下办事的人贪图功劳，策划阴谋，以至弄成这样。当今之世，西州地区地形狭窄局促，百姓和军队分散，辅佐别人容易，自己独立建国却很难。如果迷失路途而不返回，听人解说道理仍然迷惑，那么结局不是向南投奔公孙述，就是向北加入卢芳罢了。依靠虚假的朋友而轻视强大的敌人，依靠远方的救兵而轻视近处的敌人，看不到有什么好处。自从战乱发生以来，城市都变成了废墟，百姓辗转于沟壑之间。幸而天运稍有回转，但将军又要重复当初的灾难，这将使久病不能痊愈，幼小的孤儿将要再次流离失所，说起来就让人悲痛酸鼻。平庸的人尚且不忍心，何况心慈的人呢？我听说做忠诚的事很容易，但能恰到好处确实很难。替人过分忧虑，就是以恩德换取怨恨，我知道我会因上面这些话而获罪。"隗嚣没有采纳。

隗嚣投降西蜀公孙述。

此前，隗嚣询问班彪说："从前，周朝灭亡，战国时群雄争战，经过几代以后天下才统一。大概合纵连横的旧事又会在今天重演吧？将会在今天承受天命、再度兴起。"班彪说："周朝的兴衰与汉朝大为不同。先前周朝把爵位分成五等，诸侯各自为政，周王室衰微之后，各诸侯国势力强大，所以到了末期出现了合纵连横的事，是形势发展的必然结果。汉朝继承秦朝的制度，改为设置郡县，君王有专制独裁的威严，臣子没有积累到一百年的权柄。等到汉成帝时把皇帝的威严让给了外戚，汉哀帝、汉平帝在位时间都很短，皇位的合法继承人断绝了三次，所以王莽能够专断朝政，得以篡夺皇位，危机从上面兴起，没有伤害到百姓。因此王莽即位之后，天下人无不伸长脖子叹息。十多年间，内忧外患纷起，远近都爆发，各路人马兴起如风起云涌，都打着刘姓宗室的旗号，大家不谋而合。当今拥有州郡的英雄豪杰，都没有六国那种世代积累的资本，而百姓讴歌、吟咏、思念、敬仰的是汉朝，汉朝必然复兴已经可以知道了。"隗嚣说："先生讲的周、汉

之势可也,至于但见愚人习识刘氏姓号之故,而谓汉复兴,疏矣。昔秦失其鹿,刘季逐而掎之,时民复知汉乎?"

彪乃为之著《王命论》以风切之曰:"俗见高祖兴于布衣,不达其故,至比天下于逐鹿,幸捷而得之,不知神器有命,不可以智力求也。悲夫,此世所以多乱臣贼子者也!夫饿馑流隶,饥寒道路,所愿不过一金,然终转死沟壑,何则?贫穷亦有命也。况乎天子之贵,四海之富,神明之祚,可得而妄处哉!故虽遭罹厄会,窃其权柄,勇如信、布,强如梁、籍,成如王莽,然卒润镬伏质,烹醢分裂,又况幺麽尚不及数子,而欲暗奸天位者虖?英雄诚知觉寤,远览深识,审神器之有授,毋贪不可冀,则福祚流于子孙,天禄其永终矣。"嚣不听。

马援闻隗嚣欲贰于汉,数以书责譬之,嚣得书增怒。及嚣发兵反,援上书:"愿听诣行在,极陈灭嚣之术。"帝乃召之。援具言谋画,帝因使援将突骑五千,往来游说嚣将高峻、任禹之属,下及羌豪,为陈祸福,以离嚣支党。

援又为书与嚣将杨广,使晓劝于嚣曰:"援窃见四海已定,兆民同情,而季孟闭拒背畔,为天下表的,常惧海内切齿,思相屠裂,故遗书恋恋,以致恻隐之计。乃闻季孟归罪于援,

的形势是对的，至于只看到愚昧的人习惯于刘氏宗室统治的缘故，就说汉朝会复兴，看法就粗疏了。从前秦朝失去了天下，刘邦奋起而夺取天下，当时的老百姓又知道有汉朝吗？"

班彪于是为他撰写了《王命论》，用来深切地讽喻他说："用世俗的眼光来看，汉高祖刘邦从一个平民百姓而当上皇帝，不明白其中的缘故，甚至将争夺天下比喻成追逐奔跑的鹿，幸运而腿快的人就能捉到，却不知道帝王权力自有天命，不能凭借智慧和力量追求。可悲呀，这就是世间多有乱臣贼子的缘故。饥饿的流民在道路上忍饥受冻，他们所希望得到的只不过是一点钱，然而最终辗转死于沟壑之中，为什么呢？因为人的贫穷也是命中注定的。何况天子的尊贵，拥有四海的富裕，享有神明的福祐，是能随便坐上那个位置的吗？所以虽然国家遭逢危难和战乱，有人趁机窃得天下大权，但是即使像韩信、英布那样勇猛，像项梁、项羽那样强大，如王莽那样成功，却也最终失败，被烹杀斩首，剁成肉酱，肢体分裂；又何况微不足道的小人物，尚且比不上前述那几个人，却想阴谋篡夺天子宝位呢！英雄如果能知道觉悟，高瞻远瞩，深明大义，深知天子的权力是上天所授予的，不要贪图不可希望的东西，那么他们的福分就会流传给子孙后代，永远享受上天的赐福！"隗嚣不听劝告。

马援听说隗嚣打算背叛汉朝，多次写信责问劝说他，隗嚣收到信后更加愤怒。等到隗嚣发兵反叛，马援上书刘秀说："我愿意前往陛下所在之地，向您详细陈述消灭隗嚣的策略。"刘秀就召他晋见。马援具体阐述作战方案，刘秀于是命他率领五千名骑兵突击队，往来劝说隗嚣的将领高峻、任禹等人，以及羌族首领，为他们讲解福祸利害，以离间瓦解隗嚣的部众。

马援又写信给隗嚣的将领杨广，让他晓谕劝告隗嚣，信中说："我看到四海之内已经安定，万民都有共同的心愿，而隗嚣封闭边界抗拒背叛汉朝，成为天下众矢之的，常常害怕全国人民都对隗嚣切齿痛恨，要争着杀死他，因此怀眷恋之情给他写信，表达我内心的伤痛和忧虑。然而我听说隗嚣把罪过都推在我身上了，

而纳王游翁诡邪之说,因自谓函谷以西,举足可定。以今而观,竟何如邪?今国家待春卿意深,宜使牛孺卿与诸耆老大人共说季孟,若计画不从,真可引领而去矣。前披舆地图,见天下郡国百有六所,奈何欲以区区二邦以当诸夏百有四乎?春卿事季孟,外有君臣之义,内有朋友之道。言君臣邪,固当谏争;语朋友邪,应有切磋。岂有知其无成而但萎腲咋舌,又手从族乎?及今成计,殊尚善也;过是,欲少味矣!援不得久留,愿急赐报。"广竟不答。

　　隗嚣上疏谢曰:"吏民闻大兵卒至,惊恐自救,臣嚣不能禁止。兵有大利,不敢废臣子之节,亲自追还。昔虞舜事父,大杖则走,小杖则受。臣虽不敏,敢忘斯义!今臣之事,在于本朝,赐死则死,加刑则刑。如更得洗心,死骨不朽。"有司以嚣言慢,请诛其子。帝不忍,复使来歙至汧阳,赐嚣书曰:"今若束手,复遣恂弟归阙庭者,则爵禄获全,有浩大之福矣。吾年垂四十,在兵中十岁,厌浮语虚辞。即不欲,勿报。"嚣知帝审其诈,遂遣使称臣于公孙述。

　　辛卯(31) 七年
　　春三月,罢郡国车、骑、材官,还复民伍。　公孙述立隗嚣为朔宁王。　是月晦,日食。诏百僚各上封事,不得言圣。

却听从王元的谄媚邪恶的计策,并自以为函谷关以西地区一抬脚就可平定。从现在的形势来看,究竟怎么样呢?当今圣上对您寄予厚望,您应当让牛邯和各位前辈尊长共同劝说隗嚣,如果不能说服他,确实应该离他而去了。前些天我察看地图,见天下共有一百零六个郡和封国,为什么要以区区两个郡来对抗全国的其余一百零四个郡国呢?您事奉隗嚣,从外部看是君臣关系,从内部讲是朋友关系。说君臣呢,本应该进谏争辩;说朋友呢,也应该相互磋商。哪里有知道他不会成功而只是怯懦畏缩,咬着舌头,拱手与他一同陷入灭族之灾的呢?趁现在确定计策还是很好的,过了这个时机,就不同了。我不能久留,希望您火速给我回信。"杨广竟然不作答复。

隗嚣上书向刘秀请罪说:"官吏百姓听说大军突然来到,惊慌害怕,寻求自救,我不能禁止他们。我的军队虽然取得胜利,我却不敢废弃作为臣子的节操,亲自将他们追回来。从前虞舜侍奉父亲,如果他父亲用大棍子打他,他就逃走;如果用小棍子打,他就忍受了。我虽然不聪明,怎敢忘记这种君臣大义!现在我的命运掌握在朝廷手中,赐我死我就死,给我施刑就受刑。如果能再让我洗心革面,我即使变成一堆死骨也不会忘记。"主管部门认为隗嚣出言傲慢,请求杀死他的儿子隗恂。刘秀不忍心,又派来歙到达汧阳县,赐给隗嚣书信说:"如今如果你约束自己,再派隗恂的弟弟到洛阳来做人质,那么你的爵位和俸禄都可以保全,并且能洪福齐天。我已年近四十,征战了十年,厌恶花言巧语。如果你不愿意,不用答复。"隗嚣知道刘秀已经看穿他的欺诈手段,就派使者向公孙述称臣。

辛卯(31) 汉光武帝建武七年

春三月,免去郡县和封国的轻车、骑士、材官,让他们回复为民。 公孙述策立隗嚣为朔宁王。 这个月最后一天,出现日食。于是刘秀下诏命令百官各自上呈密封的奏章,奏章中不能有"圣"字。

太中大夫郑兴上疏曰:"夫国无善政,则谪见日月。要在因人之心,择人处位。今公卿大夫多举渔阳太守郭伋可大司空者,而不以时定。道路流言,咸曰:'朝廷欲用功臣。'功臣用则人位谬矣。愿陛下屈己从众,以济群臣让善之功。顷年日食每多在晦,先时而合,皆月行疾也。日君象而月臣象,君亢急则臣下促迫,故月行疾。今陛下高明而群臣惶促,宜留思柔克之政,垂意《洪范》之法。"帝躬勤政事,颇伤严急,故兴奏及之。

夏五月,以李通为大司空。 冬,卢芳朔方、云中郡降。

芳以事诛其五原太守李兴兄弟,其朔方太守田飒、云中太守乔扈各举郡降,帝令领职如故。

以杜诗为南阳太守。

诗政治清平,兴利除害,百姓便之。又修治陂池,广拓土田,郡内比室殷足。时人方于召信臣,南阳为之语曰:"前有召父,后有杜母。"

壬辰（32） **八年**

春,遣中郎将来歙伐隗嚣,取略阳,斩其守将。夏闰四月,帝自将征嚣,窦融等率五郡兵以从。嚣众皆降,嚣奔西城,吴汉引兵围之。

来歙将二千余人伐山开道,从番须、回中径袭略阳,斩隗嚣守将金梁。嚣大惊曰:"何其神也!"帝闻得略阳,甚喜,

太中大夫郑兴上奏说:"如果国家没有实行好的政策,那么上天的斥责就显现为太阳月亮的异常变化。关键在于顺应民心,用人得当。如今公卿大夫多数都举荐渔阳太守郭伋,认为他可以任大司空,而陛下没有及时决定。大道上流传着谣言,都说:'朝廷打算任用功臣。'任用功臣就会使人和职位不相称。希望陛下委屈自己,听从大家的意见,以成全群臣互相谦让的美德。近几年,日食大多发生在每月的最后一天,月亮与太阳提前重合,都是因为月亮走得太快了。太阳象征天子而月亮代表臣下,天子急迫则臣下也急迫,所以月亮走得快。现在陛下高明而群臣惶恐局促,应当考虑采用柔和而有效的为政手段,留心于《尚书·洪范》上的做法。"刘秀亲自处理政务,过于严厉急切,所以郑兴上奏谈及此事。

夏五月,任命李通为大司空。 冬,卢芳占据的朔方、云中两郡投降汉朝。

卢芳因事诛杀了五原太守李兴兄弟,朔方太守田飒、云中太守乔扈分别献出整个郡投降,刘秀命他们仍旧担任原来的官职。

任命杜诗为南阳太守。

杜诗为政清廉公正,兴利除害,百姓觉得很方便。他又兴修水利,大量开垦荒地,南阳郡内每家每户都殷实富足。当时人们将杜诗比作汉元帝时的召信臣,南阳传诵着这样的话:"从前有召父,现在有杜母。"

壬辰(32) 汉光武帝建武八年

春,派中郎将来歙征讨隗嚣,夺取了略阳,斩杀其守将。夏闰四月,刘秀亲自率军讨伐隗嚣,窦融等人率领五个郡的军队协从作战。隗嚣的部众全都投降了,隗嚣逃奔西城,吴汉领兵包围了西城。

来歙率领二千多兵卒砍伐山中树木,开辟行军道路,从番须、回中径直袭击略阳,斩杀了隗嚣的守将金梁。隗嚣大为震惊,说:"怎么如此神速啊!"刘秀听说已经夺取了略阳,非常高兴,

曰："略阳，嚣所依阻。心腹已坏，则制其支体易矣。"吴汉等诸将闻歙据略阳，争驰赴之。上以为嚣失所恃，亡其要城，势必悉以精锐来攻，旷日久围而城不拔，士卒顿敝，乃可乘危而进，皆追汉等还。

隗嚣果使王元拒陇坻，行巡守番须口，王孟塞鸡头道，牛邯军瓦亭。嚣自悉其大众数万人围略阳，公孙述遣将李育、田弇助之，堑山筑堤，激水灌城。来歙与将士固死坚守，矢尽，发屋断木以为兵。嚣尽锐攻之，累月不能下。

夏闰四月，帝自征隗嚣。光禄勋郭宪谏曰："东方初定，车驾未可远征。"乃当车拔佩刀以断车鞅。帝不从，西至漆。诸将多以王师之重，不宜远入险阻。计尤豫未决，帝召马援问之。援因说隗嚣将帅有土崩之势，兵进有必破之状；又于帝前聚米为山谷，指画形势，开示军众所从道径，往来分析，昭然可晓。帝曰："虏在吾目中矣！"明旦，遂进军，至高平第一。

窦融率五郡太守及羌虏、小月氏等步骑数万，辎重五千余两，与大军会。是时，军旅草创，诸将朝会，礼容多不肃。融先遣从事问会见仪，帝闻而善之，以宣告百僚。乃置酒高会，待融等以殊礼。

遂进军，数道上陇。使王遵以书招牛邯，下之，拜邯太中大夫。于是嚣大将十三人、属县十六、众十余万皆降。嚣将妻

说:"略阳是隗嚣所依赖的屏障。心脏、腹脏已经坏死,那么制服他的肢体就容易了。"吴汉等众将领听说来歙占领了略阳,争相奔赴那里。刘秀认为隗嚣失去了所依据的险阻,失掉了重要的城市,势必出动所有的精锐部队前来进攻,等到旷日持久,敌军包围了城市却不能攻占城市,将士们困顿疲惫时,汉军才可以乘敌之危进攻,于是将吴汉等人都追回。

隗嚣果然派王元据守陇坻,派行巡驻守番须口,派王孟堵住鸡头道,派牛邯驻扎在瓦亭防御。隗嚣亲自率领主力部队数万人包围略阳,公孙述派将领李育、田弇协助隗嚣,他们凿山筑堤,放水灌城。来歙同将士们拼死坚守略阳,箭用光了,就拆掉房屋,把木头劈开当作兵器。隗嚣用全部精锐部队攻城,一连几月都没能攻下。

夏闰四月,刘秀亲自领兵征伐隗嚣。光禄勋郭宪劝阻说:"东方刚刚平定,陛下不能远征。"于是挡在车前,拔出佩刀,砍断引车前行的皮带。刘秀不听,向西行至漆县。众将领大多数都认为,皇上的亲信部队重要,不宜远行进入到险要阻塞的地方。刘秀一时拿不定主意,就召见马援询问意见。马援于是说,隗嚣的将帅们已呈现土崩瓦解的态势,我们如果进军,有必然打败敌军的态势;马援又在刘秀面前用米堆成山谷,演示敌我双方的形势,指出军队进攻的路线,走来走去仔细分析,十分清晰明白。刘秀说:"敌人的情况都在我眼中了!"第二天就出动大军,抵达高平县第一城。

窦融率领五郡太守及羌族、小月氏等步兵、骑兵几万人,辎重车五千多辆,同刘秀的大军会合。当时,军队刚刚创立,众将领朝见皇帝的礼节仪容多不整肃。窦融先派从事询问朝见的正当礼仪,刘秀听说后认为很好,将此事宣告百官。于是设置盛大的酒宴,用特别尊贵的礼节招待窦融等人。

随后就进兵,分几路人马登上陇山。刘秀派王遵写信招降牛邯,招降成功后,任命牛邯为太中大夫。于是隗嚣的十三员大将、所属的十六个县、部众十余万人全部归降。隗嚣带着妻子

子奔西城,从杨广,而田弇、李育保上邽。略阳围解。帝劳赐来歙,班坐绝席,在诸将之右,赐歙妻缣千匹。进幸上邽,诏告隗嚣曰:"若束手自诣,父子相见,保无他也。若遂欲为黥布者,亦自任也。"嚣终不降,于是诛其子恂。使吴汉、岑彭围西城,耿弇、盖延围上邽。以四县封窦融为安丰侯,弟友为显亲侯,及五郡太守皆封列侯,遣西还所镇。融以久专方面,惧不自安,数上书求代。诏曰:"吾与将军如左右手耳,数执谦退,何不晓人意! 勉循士民,无擅离部曲!"

颍川盗起。秋九月,帝还宫。六日,自将讨平之。

颍川盗群起,寇没属县,河东守兵亦叛,京师骚动。帝闻之,曰:"吾悔不用郭子横之言。"秋八月,帝自上邽晨夜东驰,赐岑彭等书曰:"两城若下,便可将兵南击蜀虏。人苦不知足,既平陇,复望蜀。每一发兵,头须为白!"九月乙卯,车驾还宫。帝谓执金吾寇恂曰:"颍川迫近京师,当以时定。惟念独卿能平之耳,从九卿复出以忧国可也!"对曰:"颍川闻陛下有事陇、蜀,故狂狡乘间相诖误耳。如闻乘舆南向,贼必惶怖归死,臣愿执锐前驱。"帝从之。庚申,车驾南征,颍川盗贼悉降。寇恂竟不拜郡,百姓遮道曰:"愿从陛下复借寇君一年。"乃留恂长社,镇抚吏民,受纳余降。

儿女逃向西城，去投奔杨广，而公孙述的将领田弇、李育退守上邽。略阳城的围困就此解除。刘秀慰劳赏赐来歙，把他的座位单独安排在诸将的上首，赏赐来歙的妻子一千匹绢帛。刘秀又进兵抵达上邽，下诏给隗嚣说："如果不再负隅顽抗，自己前来投降，就可以父子相见，保证没有其他事情。如果就是要做黥布，也随你便。"隗嚣终究不肯投降，于是刘秀诛杀了他的儿子隗恂。刘秀派吴汉、岑彭包围西城，派耿弇、盖延包围上邽。刘秀用四个县的土地封窦融做安丰侯，封他的弟弟窦友为显亲侯，五郡太守也全都被封为侯，命他们西行返回任所。窦融因为自己长期镇守一方，感到畏惧不安，多次上书请求让别人接替他。刘秀下诏说："我同将军就像左右手一样，关系密切，你几次坚持谦让、推却，怎么不明白我的心意！你要尽力安抚士人百姓，不要擅自离开自己的部下！"

颍川郡盗贼兴起。秋九月，刘秀回到洛阳皇宫。初六日，刘秀亲自领军攻打平定了盗贼。

颍川郡盗贼蜂拥而起，攻打占领颍川所辖的县城，河东郡的守军也发动叛乱，京都洛阳骚动不安。刘秀听说这个消息后，说："我很后悔当初没有听郭宪的话！"秋八月，刘秀从上邽日夜兼程向东奔驰，又写信给岑彭等人说："如果西城、上邽两座城都能攻陷，就可以率军向南去攻打西蜀公孙述。人们苦于不知道满足，已经平定了陇地，又想得到蜀地。每次出兵，头发、胡须都因此变白。"九月初一，刘秀回到洛阳宫中。他对执金吾寇恂说："颍川郡靠近洛阳，应当及时平定。我想只有你能剿平盗贼，请你以九卿的身份再次出征以为国解忧吧！"寇恂回答说："颍川盗贼听说陛下正忙于征伐陇、蜀地区，所以那些狂妄狡诈之徒得以乘机作乱。如果他们听到陛下南行亲征，一定会惶恐来请死，我愿手持兵器充当前锋。"刘秀听从了他的建议。初六日，刘秀南征，颍川的盗贼全部归降。寇恂最终没有被任命为郡守，颍川百姓在道路上云集，都说："愿陛下把寇君再借给我们一年。"刘秀这才把寇恂留在长社县，让他镇抚官民，收容投降的残余贼寇。

东郡、济阴盗贼亦起,帝遣李通、王常击之。以东光侯耿纯尝为东郡太守,威信著于卫地,遣使拜太中大夫,使与大兵会东郡。东郡闻纯入界,盗贼九千余人皆诣纯降,大兵不战而还。玺书复以纯为东郡太守。戊寅,车驾还自颍川。

冬,公孙述遣兵救隗嚣,吴汉引兵下陇。

杨广死,隗嚣穷困。初,帝敕吴汉曰:"诸郡甲卒但坐费粮食,若有逃亡,则沮败众心,宜悉罢之。"汉等贪并力攻嚣,遂不能遣。粮食日少,吏士疲役,逃亡者多。岑彭壅谷水灌西城,城未没丈余。会王元、行巡、周宗将蜀兵五千余乘高卒至,鼓噪大呼曰:"百万之众方乃至!"汉军大惊,未及陈,元等决围殊死战,遂得入城,迎嚣归冀。

吴汉军食尽,乃烧辎重,引兵下陇,盖延、耿弇亦相随而退。嚣出兵尾击诸营,岑彭为后拒,诸将乃得全军东归,唯祭遵屯汧不退。吴汉等复屯长安,岑彭还津乡。于是安定、北地、天水、陇西复反为嚣。

校尉太原温序为嚣将苟宇所获,宇欲降之,序大怒,叱宇等曰:"虏何敢迫胁汉将!"因以节楇杀数人。宇众争欲杀之,宇止之曰:"此义士,死节,可赐以剑。"序受剑,衔须于口,顾左右曰:"既为贼所杀,无令须污血。"遂伏剑而死。从事王忠持其丧归洛阳,诏赐以冢地,拜三子为郎。

大水。

东郡、济阴也有盗贼兴起,刘秀命李通、王常攻打他们。因为东光侯耿纯曾经做过东郡太守,在卫地颇有威信,刘秀就派使者任命耿纯为太中大夫,让他和李通、王常率领的大军在东郡会合。东郡人听说耿纯进入郡界,九千多名盗贼全部前来向他投降,大军没打一仗而返回。刘秀颁下诏书再次任命耿纯为东郡太守。二十四日,刘秀从颍川返回洛阳。

冬,公孙述派兵救援隗嚣,吴汉率军退下陇山。

杨广去世了,隗嚣陷于穷途末路。当初,刘秀下令给吴汉说:“各郡前来助战的士兵只坐着消耗粮食,如果有人逃跑,就会涣散军心,应当将其全部遣散。”吴汉等人贪图利用联军的力量攻打隗嚣,就未能遣散。粮食日渐减少,官兵疲惫不堪,逃走的人很多。岑彭堵塞谷水,用谷水灌西城,但水位离城头还有一丈多。正在这时,王元、行巡、周宗率领西蜀部队五千多人从高处突然来到,击鼓并大声呼喊:“百万大军来了!”汉军极为震惊,还没来得及摆阵迎战,王元等人已经冲破包围,殊死战斗,于是得以进入西城,接隗嚣回到冀县。

吴汉的军队粮食吃光了,就烧毁辎重,领兵下了陇山,盖延、耿弇也相继退军。隗嚣派军队尾随追击各路汉军,岑彭率军断后,众将领才得以保全军队东归,只有祭遵驻扎在汧县没有撤军。吴汉等人又屯驻长安,岑彭返回津乡。于是安定、北地、天水、陇西又反叛归附隗嚣。

校尉太原人温序被隗嚣的将领苟宇抓获,苟宇想招降他,温序大怒,呵斥苟宇等人说:“你们这些反贼怎么敢胁迫汉将!”然后用手中符节击杀数人。苟宇的部下争着要杀死温序,苟宇制止他们说:“这人是位义士,以死保全名节,可以赐给他宝剑。”温序接受宝剑,用嘴衔住胡须,巡视左右说:“既然被贼寇所杀,不能让胡须被血玷污。”于是用剑自杀而亡。从事王忠把他的尸首运回洛阳,刘秀下诏赐给温序墓地,任命他的三个儿子为郎。

发生水灾。

癸巳（33）　九年

春正月，征虏将军、颍阳侯祭遵卒于军，诏冯异领其营。

遵为人廉约小心，克己奉公，赏赐尽与士卒；约束严整，所在吏民不知有军；取士皆用儒术，对酒设乐必雅歌投壶。临终，遗戒薄葬，问以家事，终无所言。帝愍悼之尤甚，遵丧至河南，车驾素服临之，望哭哀恸，亲祠以太牢。诏大长秋、谒者、河南尹护丧事，大司农给费。至葬，车驾临其坟，存见夫人、室家。其后朝会，帝每叹曰："安得忧国奉公如祭征虏者乎！"卫尉铫期曰："陛下至仁，哀念祭遵不已，群臣各怀惭惧。"帝乃止。

隗嚣死，诸将立其子纯。

嚣病且饿，餐糗糒，恚愤而卒。王元、周宗立嚣少子纯为王，总兵据冀。公孙述遣将赵匡、田弇助纯。帝使冯异击之。

公孙遣兵陷夷陵，据荆门。

述遣其翼江王田戎、大司徒任满、南郡太守程汎将数万人下江关，击破冯骏等军，遂拔巫及夷道、夷陵，因据荆门、虎牙，横江水起浮桥、关楼，立攒柱以绝水道，结营跨山以塞陆路，拒汉兵。

夏六月，吴汉等击卢芳，匈奴救之，汉等不利。

吴汉率王常等四将军兵五万余人击卢芳将贾览、闵堪于高柳，匈奴救之，汉兵不利。于是匈奴转盛，钞暴日增。诏朱祐屯常山，王常屯涿郡，破奸将军侯进屯渔阳，以讨虏将军

癸巳(33)　汉光武帝建武九年

春正月,征虏将军、颍阳侯祭遵死在军中,刘秀下诏命冯异接管他的部队。

祭遵为人廉正节俭,小心谨慎,克己奉公,所得赏赐全部分给手下官兵。他的部队军纪严明,所到之处的官民都不知道当地有大军驻扎。他选拔人才都以儒家思想方法为依据,酒宴上的音乐也一定用儒家喜爱的雅歌,并且设置投壶游戏。他临终时,嘱咐薄葬;人们问起他家里的事有什么交待,他始终没说话。刘秀对祭遵之死极为哀痛,当祭遵的棺木运到河南,刘秀身着孝服亲自前去吊丧,望着棺木痛哭,亲自用牛、羊、猪三牲齐备的太牢祭祀。刘秀下诏令大长秋、谒者、河南尹共同主持丧事,由大司农负担费用。到下葬时,刘秀又亲自到墓前致哀,慰问祭遵夫人及其全家。其后在朝会上,刘秀常常叹息说:"我怎能得到像祭遵这样爱国奉公的人啊!"卫尉铫期说:"陛下极其仁爱,哀悼祭遵不已,使群臣各自感到惭愧惶恐。"刘秀这才不再念叨。

隗嚣去世,他的将领们拥立他的儿子隗纯为王。

隗嚣生病,又逢饥荒,只吃黄豆干饭,就愤恨而死。王元、周宗拥立隗嚣的小儿子隗纯为王,总领部队据守冀县。公孙述派将领赵匡、田弇协助隗纯。刘秀令冯异攻击隗纯。

公孙述派兵攻陷夷陵,占据荆门。

公孙述派翼江王田戎、大司徒任满、南郡太守程汎率领几万人马下江关,攻破冯骏等人的军队,于是夺取巫县以及夷道、夷陵,随后占据了荆门山、虎牙山,在长江上架起浮桥,建起关楼,把木柱聚集在一起,竖立在江中阻断水路,跨山修筑营垒,堵塞陆路,以便抗拒汉军。

夏六月,吴汉等人攻打卢芳,匈奴前往救助,吴汉等未能取胜。

吴汉率领王常等四位将军的部队共五万多人攻击高柳县的卢芳部将贾览和闵堪,匈奴派兵救援他们,汉军不能取胜。于是匈奴变得强盛,烧杀掠掳日益严重。刘秀下诏令朱祜驻军于常山郡,王常驻军于涿郡,破奸将军侯进驻军于渔阳郡,任命讨虏将军

王霸为上谷太守,以备匈奴。

遣来歙、马援护诸将冯异等屯长安。

帝使来歙悉监护诸将屯长安,太中大夫马援为之副。歙上书曰:"公孙述以陇西、天水为藩蔽,故得延命假息。今二郡平荡,则述智计穷矣。宜益选兵马,储积资粮。今西州新破,兵人疲馑,若招以财谷,则其众可集。臣知国家所给非一,用度不足,然有不得已也。"帝然之。于是诏于汧积谷六万斛。

秋八月,歙率异等讨隗纯于天水。　以牛邯为护羌校尉。

诸羌自王莽末入居塞内,金城属县多为所有。隗嚣不能讨,因就慰纳,发其众与汉相拒。司徒掾班彪上言:"今凉州部皆有降羌,羌、胡被发左衽,而与汉人杂处,习俗既异,言语不通,数为小吏黠人所见侵夺,穷恚无聊,故致反叛。夫蛮夷寇乱者,皆为此也。旧制,益州部置蛮夷骑都尉,幽州部置领乌桓校尉,凉州部置护羌校尉,皆持节领护,治其怨结,岁时巡行,问所疾苦。又数遣使译,通导动静,使塞外羌夷为吏耳目,州郡因此可得警备。今宜复如旧制,以明威防。"帝从之,以牛邯为护羌校尉。

封阴就为宣恩侯。

盗杀阴贵人母邓氏及弟䜣。帝甚伤之,封贵人弟就为宣恩侯,复召就兄侍中兴,欲封之,置印绶于前。兴固让曰:"臣未有先登陷陈之功,而一家数人并蒙爵土,令天下觖望,诚所不愿!"帝嘉之,不夺其志。贵人问其故,兴曰:

王霸为上谷郡太守,以防备匈奴入侵。

派来歙、马援监护冯异等诸位将领屯兵长安。

刘秀命来歙统率驻扎在长安的所有将领,命太中大夫马援做他的副手。来歙上书说:"公孙述以陇西、天水为屏障,所以能够苟延残喘。现在此二郡如能扫平,那么公孙述就无计可施了。应当增添兵马,储备粮食。如今西州刚刚被打败,军民疲惫饥饿,如果用金钱和粮食招引他们,那么当地民众就能聚集起来。我知道国家所要供给的不止一处,费用不足,但这样做也是不得已的!"刘秀同意他的建议。于是下诏在汧县储备粮食六万斛。

秋八月,来歙率领冯异等在天水讨伐隗纯。 任命牛邯为护羌校尉。

羌族各部落自从王莽末年迁徙到边塞以内,金城郡所属各县多数都被他们占据。隗嚣没能征讨,便顺势抚慰笼络,调发羌人部众同汉军相对抗。司徒掾班彪上书说:"现在凉州各地都有归降的羌人,羌人、胡人披散着头发,衣服在左边开襟,和汉族人混杂生活,风俗习惯既不同,言语又不通,屡次被小官小吏、奸猾之人侵害掠夺,穷困愤怒,无依无靠,因此而反叛。夷人和蛮人侵夺叛乱的原因都是这样。按照旧制度,益州设置蛮夷骑都尉,幽州设置乌桓校尉,凉州设置护羌校尉,他们都持符节,统辖守护当地,解决纠纷,每年按时巡行各地,询问疾苦。并且不断派出翻译,疏通关系,察看动静,让塞外的羌人、夷人充当官吏的耳目,各州各郡因此可以有所警惕戒备。现在应当恢复旧制,以示威严,加强防守。"刘秀赞同他的建议,任命牛邯为护羌校尉。

加封阴就为宣恩侯。

强盗杀害了阴贵人的母亲邓氏以及她的弟弟阴訢。刘秀十分悲伤,封阴贵人的弟弟阴就为宣恩侯,又召见阴就的哥哥侍中阴兴,想封他为侯,把印信绶带放在他面前。阴兴坚决辞让说:"我没有冲锋陷阵的功劳,而全家好几个人都已蒙受封爵和土地,使天下人不满,实在是我不愿意的!"刘秀赞许他的行为,不强迫他改变志向。阴贵人询问阴兴为什么这样做,阴兴说:

"夫外戚家苦不知谦退,嫁女欲配侯王,取妇眄睨公主,愚心实不安也。富贵有极,人当知足,夸奢益为观听所讥。"贵人感其言,深自降挹,卒不为宗亲求位。

甲午(34) 十年

春正月,吴汉等击卢芳将贾览,破走之。 夏,征西大将军夏阳侯冯异卒于军。 秋八月,帝如长安,遂至汧。隗纯将高峻降。

初,隗嚣将高峻拥兵据高平第一,建威大将军耿弇等围之,一岁不拔。帝自将征之,寇恂谏曰:"长安道里居中,应接近便,安定、陇西必怀震惧,此从容一处,可以制四方也。今士马疲倦,方履险阻,非万乘之固也。前年颍川可为至戒。"帝不从,进幸汧,遣寇恂往降之。恂至第一,峻遣军师皇甫文出谒,辞礼不屈。恂怒,将诛之,诸将谏曰:"高峻精兵万人,率多强弩,西遮陇道,连年不下。今欲降之,而反戮其使,无乃不可乎?"恂不应,遂斩之,遣其副归告峻曰:"军师无礼,已戮之矣! 欲降,急降;不欲,固守。"峻惶恐,即日开城门。诸将皆贺,因曰:"敢问杀其使而降其城,何也?"恂曰:"皇甫文,峻之腹心,其所取计者也。今来,辞意不屈,必无降心。全之,则文得其计;杀之,则峻亡其胆,是以降耳。"诸将皆曰:"非所及也!"

冬十月,来歙等攻破落门,隗纯降,王元奔蜀,陇右悉平。

"皇帝的外戚家苦于不懂得谦虚退让,嫁女儿要许配给侯王,娶媳妇要打公主的主意,我心里实感不安。富贵有一定极限,做人应当知足,夸耀奢侈会增加世人的指责讥讽。"阴贵人被他的话感动了,深深地自我贬抑,始终不为亲属要求官爵。

甲午(34)　汉光武帝建武十年

春正月,吴汉等人攻击卢芳的将领贾览,打败赶跑了他。夏,征西大将军夏阳侯冯异死于军中。　秋八月,刘秀前往长安,于是到达汧县。隗纯的将领高峻投降。

当初,隗嚣将领高峻率军据守高平县第一城,建威大将军耿弇等将他们围困住,一年时间也未能攻下。刘秀亲自率军征讨高峻,寇恂劝阻说:"长安位于洛阳和高平县之间,接应近便,陛下坐镇长安,安定、陇西的敌军必定心里感到震恐,这样,从容地待在一处,就可以控制四方。现在兵困马乏,如果要到有险阻的地方,对陛下是不安全的。去年颍川郡盗贼蜂起的情形应当引以为大戒。"刘秀不听,进军到汧县,派寇恂前去劝高峻投降。寇恂到达第一城,高峻派军师皇甫文出城拜见,皇甫文的言辞礼仪毫不卑屈。寇恂大怒,要诛杀他,将领们劝阻说:"高峻有精兵一万人,多数是强弩射手,在西面堵塞道路,连攻几年也未能将其攻破。现在要招降他,却反而杀他的来使,恐怕不行吧?"寇恂不回应,于是斩了皇甫文,放他的副手回去告诉高峻说:"军师无礼,已经杀死了! 要投降,赶快投降;不想投降,就继续坚守!"高峻惊慌恐惧,当天就打开城门投降。众将领都向寇恂祝贺,并趁便问他:"请问您杀了他的使节而又能让他献城投降,为什么呢?"寇恂回答说:"皇甫文是高峻的心腹,也是他的智囊。他这次前来,言辞态度毫不屈服,必定没有归降的打算。如果保全他,那么皇甫文的计策就成功了;如果杀了他,那么高峻失魂丧胆,因此高峻投降了。"众将领都说:"您的智谋不是我们赶得上的!"

冬十月,来歙等攻破落门,隗纯投降,王元逃奔西蜀,陇右全部平定。

徙诸隗于京师以东。后隗纯与宾客亡入胡，至武威，捕得，诛之。

先零羌寇金城，来歙击破之。

于是开仓廪以赈饥乏，陇右遂安，而凉州通焉。

帝还宫。

乙未（35） 十一年

春三月，遣吴汉等将兵会岑彭伐蜀，破其浮桥，遂入江关。

岑彭屯津乡，数攻田戎等，不克。帝遣吴汉率诛虏将军刘隆等三将，发荆州兵凡六万余人，骑五千匹，与彭会荆门。彭装战船数十艘，吴汉以诸郡棹卒多费粮谷，欲罢之。彭以为蜀兵盛，不可遣，上书言状。帝报彭曰："大司马习用步骑，不晓水战。荆门之事，一由征南公为重而已。"

闰月，岑彭令军中募攻浮桥，先登者上赏。于是偏将军鲁奇应募而前。时东风狂急，鲁奇船逆流而上，直冲浮桥，而攒柱有反杷钩，奇船不得去。奇等乘势殊死战，因飞炬焚之，风怒火盛，桥楼崩烧。岑彭悉军顺风并起，所向无前，蜀兵大乱，溺死者数千人。斩任满，生获程汎，而田戎走保江州。

彭上刘隆为南郡太守，自率辅威将军臧宫、骁骑将军刘歆长驱入江关，令军中无得虏掠，所过百姓皆奉牛酒迎劳，彭复让不受。百姓大喜，争开门降。诏彭守益州牧，所下郡辄行太守事，彭若出界，即以太守号付后将军。选官属守

迁徙隗氏家族到洛阳以东。后来,隗纯和宾客们逃入匈奴,逃到武威县,被捕获处死。

先零羌部落侵犯金城,来歙将其打败。

之后打开粮仓,赈济饥民,陇右于是安定,凉州的道路打通了。

刘秀回到洛阳皇宫。

乙未(35) 汉光武帝建武十一年

春三月,派吴汉等领兵与岑彭会合后攻打西蜀,攻破了浮桥,于是进入江关。

岑彭驻屯在津乡,多次攻打田戎等,不能获胜。刘秀派吴汉率领诛虏将军刘隆等三位将领,征发荆州的军队共六万多人,五千名骑兵,与岑彭在荆门会合。岑彭装备几十艘战船,吴汉认为各郡来的水兵消耗粮食太多,想遣散他们。岑彭认为西蜀兵力强盛,不能遣散,上书向刘秀说明情况。刘秀答复岑彭说:"大司马吴汉习惯指挥步兵、骑兵,不懂水战。荆门的战事,全凭征南大将军岑彭做主。"

闰三月,岑彭命令在军队中招募攻占浮桥的勇士,先登上浮桥的给予上等奖赏。于是偏将军鲁奇应募前往。当时东风刮得极其猛烈,鲁奇的船逆流而上,直冲浮桥,但是密排在江中的木柱上装有反拉的钩子,鲁奇的船被钩住进退不得。鲁奇等人乘势进行殊死战斗,并投掷火炬焚烧浮桥,风急火烈,浮桥上的关楼被烧毁崩塌。岑彭率领全军顺风并进,所向无敌,公孙述的军队大乱,淹死的有几千人。岑彭斩杀任满,活捉程汎,田戎逃走,据守江州。

岑彭请求刘秀任命刘隆为南郡太守,自己率领辅威将军臧宫、骁骑将军刘歆长驱直入江关,命令军中士兵不得掳掠,所过之处,百姓都献出牛肉、美酒迎接慰劳大军,岑彭一再推辞,不肯接受。百姓十分高兴,争着打开城门归降。刘秀下诏命岑彭代理益州牧,攻下某郡就兼任该郡太守,岑彭如果离开该郡地界,就把太守职位交给后面接防的那位将军。岑彭选拔属下官员代理

州中长吏。彭到江州,以其城固粮多,难卒拔,留冯骏守之,自引兵乘利直指垫江,攻破平曲,收其米数十万石。吴汉留夷陵,装露桡继进。

夏,先零羌反。以马援为陇西太守,击破之。　公孙述遣王元拒河池。六月,诸将击破之。述使盗杀监护使者来歙,诏以将军马成代之。

公孙述以王元为将军,使与领军环安拒河池。六月,来歙与盖延等进攻元、安,大破之,遂克下辨,乘胜遂进。蜀人大惧,使刺客刺歙,未殊,驰召盖延。延见歙,因伏悲哀,不能仰视。歙叱延曰:"虎牙何敢然!今使者中刺客,无以报国,故呼巨卿,欲相属以军事,而反效儿女子涕泣乎!刃虽在身,不能勒兵斩公邪?"延收泪强起,受所诫。歙自书表曰:"臣夜人定后,为何人所贼伤,中臣要害。臣不敢自惜,诚恨奉职不称,以为朝廷羞。夫理国以得贤为本,太中大夫段襄,骨鲠可任,愿陛下裁察。又臣兄弟不肖,终恐被罪,陛下哀怜,数赐教督。"投笔抽刃而绝。帝闻,大惊,省书揽涕。以扬武将军马成守中郎将代之。歙丧还洛阳,乘舆缟素临吊,送葬。

帝自将征蜀。　秋七月,次长安。　岑彭及将军臧宫大破蜀兵,延岑走,王元以其众降。

公孙述使其将延岑、吕鲔、王元、公孙恢悉兵拒广汉及资中,又遣将侯丹率二万余人拒黄石。岑彭使臧宫将降卒五万,从涪水上平曲,拒延岑;自分兵浮江下还江州,溯都江而上,袭击侯丹,大破之,因晨夜倍道行二千余里,径拔武阳。使精骑驰击广都,去成都数十里,势若风雨,

益州的行政官员。岑彭到达江州，因为江州城坚固且粮食充足，难以一举攻陷，就留下冯骏看守江州城，自己率领军队乘胜直指垫江县，攻占平曲，获得稻米数十万石。吴汉留在夷陵，乘坐只露出桨楫的战船随后前进。

夏，先零羌人叛乱。任命马援为陇西太守，打败先零羌人。

公孙述派王元防守河池。六月，众将领打败王元。公孙述派刺客杀死监护使者来歙，刘秀下诏命将军马成接替来歙的职位。

公孙述任命王元为将军，派他与将军环安在河池抵御汉军。六月，来歙同盖延等人进攻王元、环安，大败敌军，于是攻占下辨，就乘胜进军。西蜀人极为恐惧，派刺客刺杀来歙，来歙没断气，派人紧急召来盖延。盖延见到来歙，伏地痛哭，不能仰视。来歙斥责盖延说："你怎么敢这个样子！现在我被刺客刺中，不能报效国家，所以叫你来，想把军务嘱托给你，你反而学小儿女那样哭泣吗？刀虽然在我身上，我就不能派兵杀了你吗？"盖延收住眼泪勉强站起身接受嘱托。来歙亲手写奏章说："我在深夜时不知被什么人刺伤，伤中要害。我不敢痛惜自己，深恨未能尽到职责，给朝廷带来羞辱。治理国家以得到贤才为根本，太中大夫段襄正直刚强，可以任用，愿陛下裁决明察。另外，我的兄弟不贤，最终恐怕获罪，望陛下可怜他们，时常教诲督促他们。"写罢，扔掉笔，拔出凶器，气绝身亡。刘秀听说后极为震惊，边看奏章边泪流不止。任命扬武将军马成代理中郎将，接替来歙。来歙的棺木运回洛阳后，刘秀身穿孝服前去吊唁，并为他送葬。

刘秀亲自率领军队攻打公孙述。 秋七月，抵达长安。岑彭和将军臧宫大败西蜀军队，延岑逃跑，王元率众投降。

公孙述派他的将领延岑、吕鲔、王元、公孙恢调发所有军队据守广汉和资中，又派将领侯丹率领二万多人据守黄石。岑彭命臧宫率领五万降兵，从涪水而上平曲，对抗延岑；自己率军从垫江乘船沿长江而下返回江州，然后溯都江而上，袭击侯丹，大败敌军，乘势昼夜兼程，急行军二千多里，径直攻取武阳。又派精锐骑兵疾速奔驰去攻打广都，离成都只有几十里，攻势如暴风骤雨，

所至皆奔散。初,述闻汉兵在平曲,故遣大兵逆之。及彭至武阳,绕出延岑军后,蜀地震骇。述大惊,以杖击地曰:"是何神也!"

延岑盛兵于沉水。臧宫众多食少,转输不至,降者皆欲散畔,郡邑复更保聚,观望成败。宫欲引还,恐为所及。会帝遣谒者将兵诣岑彭,有马七百匹。宫矫制取以自益,晨夜进兵,多张旗帜,登山鼓噪,左步右骑,挟船而引,呼声动山谷。岑不意汉军卒至,登山望之,大震恐。宫因纵击,大破之,斩首、溺死者万余人,水为之浊。延岑奔成都,其众悉降。

军至阳乡,王元举众降。帝与公孙述书,陈言祸福,示以丹青之信。述省书叹息,以示所亲。太常常少、光禄勋张隆皆劝述降,述曰:"废兴,命也,岂有降天子哉!"左右莫敢复言。少、隆皆以忧死。

帝还宫。　冬十月,公孙述使盗刺杀征南大将军、舞阴侯岑彭。

冬十月,公孙述使刺客诈为亡奴,降岑彭,夜刺杀彭。太中大夫、监军郑兴领其营,以俟吴汉至而授之。彭持军整齐,秋毫无犯。邛谷王任贵闻彭威信,数千里遣使迎降。会彭已被害,帝尽以任贵所献赐彭妻子。蜀人为立庙祠之。

马成等破河池,平武都,遂与马援击破先零羌。

先零诸羌数万人,屯聚寇钞,拒浩亹隘。成与马援深入讨击,大破之,徙降羌至天水、陇西、扶风。是时,朝臣以金城破羌之西涂远多寇,议欲弃之。马援上书言:"破羌以西城

所到之处敌军全都四散奔逃。当初,公孙述听说汉兵在平曲,所以派出大军去迎战。等到岑彭抵达武阳,绕到延岑军队的后面,蜀人很震惊。公孙述大惊,用杖敲击地面,说:"怎么这样神速!"

延岑在沉水布下大军。臧宫兵多粮少,运输跟不上,归降的兵卒都想逃散背叛,各郡县又重新屯聚堡垒自守,以观望谁输谁赢。臧宫想领兵撤退,又害怕会被敌军追上。恰在此时,刘秀派谒者带兵到岑彭那里去,有七百匹战马。臧宫假传圣旨,将其全都充实到自己的部队中去,不分昼夜地进军,树起许多旗帜,登上山头击鼓呐喊,左岸是步兵,右岸是骑兵,护卫船只前进,呼喊声震动山谷。延岑没想到汉军突然来到,登上山观望,极为震恐。臧宫趁机纵兵出击,大败敌军,斩首、淹死的有一万多人,江水都因此变混浊了。延岑逃奔成都,他的军队全部投降。

汉军到达阳乡,王元率众投降。刘秀写信给公孙述,陈述祸福利害,表示坚决信守承诺。公孙述看着书信叹息,把书信给亲信传阅。太常常少、光禄勋张隆都劝公孙述投降,公孙述说:"废与兴都是天命,哪有投降的天子呢!"左右没有人敢再说话。常少、张隆都忧虑而死。

刘秀回到洛阳皇宫。　冬十月,公孙述派刺客刺杀征南大将军、舞阴侯岑彭。

冬十月,公孙述派刺客谎称是逃亡的奴仆,投降岑彭,夜里刺杀了岑彭。太中大夫、监军郑兴统领岑彭的军队,等待吴汉来到后移交给他。岑彭治军严格,秋毫无犯。邛谷王任贵听到岑彭的威信,从数千里之外派使者来迎接岑彭并投降。正逢岑彭已经被害身亡,刘秀把任贵献上的礼品全都赏赐给岑彭的妻子儿女。蜀郡人为岑彭立庙来祭祀他。

马成等人攻破河池,平定武都,于是同马援共同击败先零羌人。

先零羌人各部落共有几万人,屯聚起来,侵夺掳掠,据守在浩亹隘。马成与马援深入其地讨伐,大败羌人,迁徙羌人到天水、陇西、扶风。这时,朝臣们认为金城郡破羌县以西路途遥远、盗贼众多,商议要放弃那里。马援上书说:"破羌县以西城市

多完牢,易可依固;其田土肥壤,灌溉流通。如令羌在湟中,则为害不休,不可弃也。"帝从之。民归者三千余口,援为置长吏,缮城郭,起坞候,开沟洫,劝以耕牧,郡中乐业。又招抚塞外氐、羌,皆来降附。援奏复其侯王君长,帝悉从之。乃罢马成军。

以郭伋为并州牧。

郭伋为并州牧,过京师,帝问以得失,伋曰:"选补众职,当简天下贤俊,不宜专用南阳人。"是时在位多乡曲故旧,故伋言及之。

丙申(36) 十二年
春正月,吴汉大破蜀军,遂拔广都。

吴汉破公孙述将魏党、公孙永于鱼涪津,遂围武阳。述遣子婿史兴救之,汉迎击,破之,因入犍为界,诸县皆城守。诏汉直取广都,据其腹心。汉乃进军攻广都,拔之,遣轻骑烧成都市桥。公孙述将帅恐惧,日夜离叛,述虽诛灭其家,犹不能禁。帝必欲降之,又下诏谕述曰:"勿以来歙、岑彭受害自疑,今以时自诣,则宗族完全。诏书手记,不可数得。"述终无降意。

秋七月,将军冯骏拔江州,获田戎。 吴汉进攻成都。九月,入其郛。臧宫拔绵竹,引兵与汉会。

帝戒吴汉曰:"成都十万众,不可轻也。但坚据广都,待其来攻,勿与争锋。若不敢来,公转营迫之,须其力疲,乃可击也。"汉乘利,遂自将步骑二万进逼成都,去城十余里,

大多完整坚固,易于固守;那里土地肥沃,灌溉方便。如果让羌人占有湟中地区,那么他们就会为害不止,不可以放弃啊。"刘秀同意他的分析。百姓归来有三千多人,马援为他们设置官吏,修缮城郭,筑起坞堡亭候,开凿沟渠,鼓励耕田放牧,郡中民众安居乐业。马援又招抚塞外的氐人、羌人,他们都来归降依附。马援奏请刘秀恢复他们侯王首领称号,刘秀都批准同意了。于是撤回马成的军队。

任命郭伋为并州牧。

郭伋担任并州牧,经过洛阳,刘秀向他询问为政的得失,郭伋说:"选拔补充各级官员,应当从全国选取贤能和俊杰,不应专用陛下的南阳郡同乡。"当时担任官职的大多都是刘秀的同乡、故旧,所以郭伋谈到这一点。

丙申(36)　汉光武帝建武十二年
春正月,吴汉大败西蜀军队,于是攻陷广都。

吴汉在鱼涪津打败公孙述的将领魏党和公孙永,随后包围了武阳。公孙述派女婿史兴援救武阳,吴汉迎击,打败史兴,乘胜进入犍为郡,郡内各县都闭城坚守。刘秀下诏令吴汉直接攻打广都,占据敌人心腹之地。吴汉于是进军攻打广都,攻陷该城,又派轻骑兵烧毁成都市桥。公孙述的将帅非常恐惧,日夜逃离背叛,公孙述尽管诛杀了叛逃将领的全家人,还不能禁止。刘秀一定要让公孙述投降,又下诏晓谕公孙述说:"不要因来歙、岑彭被害之事而自己疑虑,现在及时投降,家族就可以保全。诏书和亲笔信不可能屡屡得到。"公孙述始终没有投降的意思。

秋七月,将军冯骏攻占江州,俘获田戎。　吴汉进攻成都。九月,进入成都外城。臧宫夺取绵竹,率领部队同吴汉会合。

刘秀告诫吴汉说:"成都有十万大军,不可轻视。只可坚守广都,等待敌人来攻,不要与他们一争高低。若敌军不敢前来,你就移动营垒逼近他们,等到敌军筋疲力尽,才可以发动攻击。"吴汉却乘胜自己率领步兵、骑兵二万人进逼成都,离城十余里,

阻江北营,作浮桥,使副将武威将军刘尚将万余人屯于江南,为营相去二十余里。帝闻之,大惊,让汉曰:"比敕公千条万端,何意临事勃乱! 既轻敌深入,又与尚别营,事有缓急,不复相及。贼若出兵缀公,以大众攻尚,尚破,公即败矣。幸无他者,急引兵还广都。"诏书未到,九月,述果使其大司徒谢丰、执金吾袁吉将众十许万,分为二十余营,出攻汉,使别将将万余人劫刘尚,令不得相救。汉与大战一日,兵败,走入壁,丰因围之。汉乃召诸将厉之曰:"吾与诸君逾越险阻,转战千里,遂深入敌地,至其城下。而今与刘尚二处受围,势既不接,其祸难量。欲潜师就尚于江南,并兵御之。若能同心一力,人自为战,大功可立;如其不然,败必无余。成败之机,在此一举。"诸将皆曰:"诺。"于是缮士秣马,闭营三日不出;乃多树幡旗,使烟火不绝。夜,衔枚引兵,与刘尚合军。丰等不觉,明日,乃分兵拒水北,自将攻江南。汉悉兵迎战,遂大破之,斩丰、吉。于是引还广都,留刘尚拒述。具以状上,而深自谴责。帝报曰:"公还广都,甚得其宜,述必不敢略尚而击公也。若先攻尚,公从广都五十里悉步骑赴之,适当值其危困,破之必矣。"自是,汉与述战于广都、成都之间,八战八克,遂军于其郭中。

臧宫拔绵竹,破涪城,斩公孙恢。复攻拔繁、郫,与吴汉会于成都。

大司空通罢。

隔江在北岸安营，架起浮桥，派副将武威将军刘尚率领一万余人驻扎在江南，与吴汉的军营相隔二十余里。刘秀听说后非常震惊，责备吴汉说："我不久之前还嘱咐你千言万语，哪料到你竟临事乱来！你既已轻敌深入，又同刘尚分别扎营，一旦遇到危急，就来不及互相接应。敌人如果出兵牵制你，用大军攻击刘尚，刘尚失败，你也就败了。如果有幸还没有其他变故，你要火速领兵返回广都。"诏书还没有到，九月，公孙述果然命令大司徒谢丰、执金吾袁吉率领十来万大军，分成二十多营，出兵攻打吴汉；另外派其他将领率一万余人牵制刘尚，使他不能救援。吴汉大战了一天，失败，退回到营垒，谢丰乘胜包围吴汉。吴汉于是召集众将领勉励他们说："我同你们大家越过险阻，转战千里，才深入敌境，到达成都城下。然而现在我们同刘尚被分别包围在两个地方，既不能互相援救，大祸难以估量。我想悄悄率军到南岸同刘尚会合，集合兵力抵抗敌人。如果能够同心协力，人人奋力作战，可以建立大功；否则，兵败之后就无人可幸存了。成败的关键在此一举。"众将官都说："服从您的命令。"于是犒劳将士，喂饱战马，关闭营门，一连三日不出战，并且多树立旌旗，让烟火不断。深夜，让兵士衔枚悄悄出营，同刘尚会师。谢丰等人没有察觉，第二天，才兵分两路，一路在江北据守，亲自率领另一路人马攻打江南。吴汉出动所有部队迎战，于是大败敌军，斩杀谢丰、袁吉。随后就率军返回广都，留下刘尚抵挡公孙述。吴汉把情况详细向刘秀汇报，深刻地谴责自己。刘秀回复说："你返回广都，最为恰当，公孙述一定不敢绕过刘尚而攻打你。如果他先攻击刘尚，你从广都出动所有步兵、骑兵急行军五十里前去救援，应当会正好赶上敌军陷入危险困顿的时候，必定能打败他们。"自那以后，吴汉同公孙述在广都、成都之间交战，八战八胜，于是进军驻扎在成都外城。

臧宫攻占绵竹，攻破涪城，斩杀公孙恢。又攻克繁县、郫县，同吴汉在成都会师。

大司空李通罢官。

通欲避权，乞骸骨，积二岁，帝乃听上印绶，以特进奉朝请。

冬十一月，公孙述引兵出战，吴汉击杀之。延岑以成都降，蜀地悉平。

公孙述困急，谓延岑曰："事当奈何？"岑曰："男儿当死中求生，可坐穷乎？财物易聚耳，不宜有爱。"述乃悉散金帛，募敢死士五千余人以配岑。岑袭击，破吴汉军。汉堕水，缘马尾得出。汉军余七日粮，阴具船，欲遁去。蜀郡太守张堪闻之，驰往见汉，说述必败、不宜退师之策。汉从之。冬十一月，臧宫军咸阳门。述自将数万人攻汉，使延岑拒宫。大战，岑三合三胜，自旦至日中，军士不得食，并疲。汉因使护军高午、唐邯将锐卒数万击之，述兵大乱。高午奔陈刺述，洞胸，堕马，左右舆入城。述以兵属延岑，其夜，死。明旦，延岑以城降。吴汉夷述妻子，尽灭公孙氏，并族延岑，遂放兵大掠，焚述宫室。帝闻之怒，以谴汉，又让刘尚曰："城降三日，吏民从服，一旦放兵纵火，闻之可为酸鼻。尚宗室子孙，尝更吏职，何忍行此！良失斩将吊民之义也！"

初，述征广汉李业为博士，业固称疾不起。述羞不能致，使大鸿胪尹融奉诏命以劫业："若起则受公侯之位；不起，赐以毒酒。"融譬旨曰："方今天下分崩，孰知是非，而以区区之身试于不测之渊乎？朝廷贪慕名德，旷官缺位，于今七年；四时珍御，不以忘君。宜上奉知己，下为子孙，身名

李通想避开权势，请求退休，连续两年，刘秀才准许他交上印信绶带，让他以特进身份参加朝会。

冬十一月，公孙述率领部队出战，吴汉攻打杀死公孙述。延岑献出成都投降，蜀地全部平定。

公孙述窘困危急，对延岑说："事情应该怎么办？"延岑说："男子汉应当死中求生，怎能坐以待毙？财物容易聚敛，不应吝惜。"公孙述才散发所有的黄金、绢帛，招募五千名敢死队员分配给延岑。延岑发动突然攻击，打败吴汉军。吴汉堕入水中，抓着马尾才得以脱离危险。吴汉的军队只剩下七天用的粮食，秘密准备船只，打算撤退。蜀郡太守张堪听说后，急忙前往求见吴汉，陈述公孙述必然灭亡、不宜退兵的策略。吴汉接受了他的意见。冬十一月，臧宫进驻成都咸阳门。公孙述亲自率领几万人攻打吴汉，派延岑抵挡臧宫。双方大战，延岑三战三胜，从早晨到中午，士兵们都没吃上饭，都很疲劳。吴汉趁机派护军高午、唐邯率领精锐部队几万人攻打公孙述，公孙述的部队大乱。高午直奔阵前刺杀公孙述，公孙述的胸部被刺穿，掉下战马，左右侍从将他抬入城中。公孙述把部队交给延岑，当天夜里就死了。第二天，延岑献城投降。吴汉诛杀公孙述的妻子儿女，将公孙家族全部杀害，并且将延岑灭族，然后纵兵大掠，焚烧了公孙述的宫室。刘秀听说后大怒，因此谴责吴汉，又斥责刘尚说："全城投降已经三天，官民都归顺服从，一旦纵兵放火，听到的人都会鼻酸落泪。你是汉朝宗室子弟，又曾经做过官吏，怎么忍心做这种事！真是失去了斩杀敌将、拯救百姓的道义！"

当初，公孙述征召广汉人李业当博士，李业坚持称自己有病不肯接受。公孙述羞于不能把李业招来，就派大鸿胪尹融带着诏书胁迫李业："如果接受官职就封公侯，如果不接受官职就赐予毒酒。"尹融解释旨意说："当今天下分崩离析，谁知道什么是是与非，而敢用区区身体去探试不可测的深渊呢？朝廷仰慕您的名望品德，留下职位给您，至今已经七年了；四季进贡的山珍美味，不会忘记送给您。您应当上奉知己，下为子孙，性命和名誉

俱全，不亦优乎？"业乃叹曰："古人危邦不入，乱邦不居，为此故也。君子见危授命，何乃诱以高位重饵乎？"融曰："宜呼室家计之。"业曰："丈夫断之于心久矣，何妻子之为？"遂饮毒而死。述耻有杀贤之名，遣使吊祠，赙赠百匹。业子翚逃，辞不受。

又聘巴郡谯玄，玄不诣，亦遣使者以毒药劫之。太守自诣玄庐，劝之行，玄曰："保志全高，死亦奚恨！"遂受毒药。玄子瑛泣血叩头于太守，愿奉家钱千万以赎父死，太守为请，述许之。

述又征蜀郡王皓、王嘉，恐其不至，先系其妻子。使者谓嘉曰："速装，妻子可全。"对曰："犬马犹识主，况于人乎？"王皓先自刎，以首付使者。述怒，遂诛皓家属。王嘉闻而叹曰："后之哉！"乃对使者伏剑而死。

键为费贻不肯仕述，漆身为癞，阳狂以避之。同郡任永、冯信皆托青盲以辞征命。

帝既平蜀，诏赠常少为太常，张隆为光禄勋。谯玄已卒，祠以中牢，敕所在还其家钱；而表李业之闾。征费贻、任永、冯信，会永、信病卒，独贻仕至合浦太守。上以述将程乌、李育有才干，皆擢用之。于是西土皆悦，莫不归心焉。

参狼羌寇武都，马援击破之。
是岁，参狼羌与诸种寇武都，陇西太守马援击破之，降者万余人，于是陇右清静。援务开恩信，宽以待下，任吏以职，

都能保全，不是很好吗？"李业于是叹息说："古人危险之邦不进入，混乱之邦不居住，我正是为这个缘故。君子遇到危险肯献出生命，怎能用高官厚禄引诱呢？"尹融说："应当叫家人来商量这事。"李业说："大丈夫下定决心已久，叫妻儿干什么？"于是饮毒酒而死。公孙述耻于落下杀害贤良之名，派使者前去吊丧祭祀，赠送一百匹绢帛给他家。李业的儿子李翚逃跑，推辞不接受。

公孙述又聘请巴郡人谯玄，谯玄不来，公孙述也派使者用毒酒相威胁。巴郡太守亲自到谯玄家，劝他动身，谯玄说："保全我的志向、气节高尚，死又有什么遗憾！"于是接受毒药。谯玄的儿子谯瑛痛哭，向太守叩头，愿意捐出家产一千万钱来赎父亲的死罪，太守为此请求公孙述，公孙述答应了。

公孙述又征召蜀郡人王皓、王嘉，怕他们不来，先拘捕了他们的妻子儿女。使者对王嘉说："迅速打点行装，妻子儿女还可以保全。"王嘉回答说："狗、马还识别主人，何况人呢？"王皓先自刎而死，把首级交给使者上报公孙述。公孙述大怒，就诛杀了王皓的家属。王嘉听到消息后叹息说："我走在他后面了。"于是面对使者用剑自杀身亡。

犍为郡人费贻不肯做公孙述的官，就在身上涂油漆导致生癞疮，假装发疯来逃避征召。同郡人任永、冯信都假托患有青光眼以推辞征召。

刘秀平定蜀地之后，下诏追赠常少为太常，追赠张隆为光禄勋。谯玄已经去世，用羊、猪各一头祭祀他，命令当地官府返还他家交出的家产。在李业家住地的里门刻石，表彰他的节操。征召费贻、任永、冯信，正巧任永、冯信病死，只有费贻做官做到合浦太守。刘秀认为公孙述的将领程乌、李育有才干，都提拔任用他们。于是蜀地上下都十分喜悦，无不归顺汉朝。

参狼羌部落入侵武都，马援打败羌人。

这一年，参狼羌部落和其他羌人部落入侵武都，陇西太守马援击败羌军，一万多人投降，于是陇右地区太平无事。马援讲究的是待人施以恩德，注重信誉，对下属宽厚，任用官吏职责分明，

但总大体，而宾客故人日满其门。诸曹时白外事，援辄曰："此丞、掾之任，何足相烦？颇哀老子，使得遨游。若大姓侵小民，黠吏不从令，此乃太守事耳。"傍县尝有报仇者，吏民惊言羌反，百姓奔入城。狄道长诣门，请闭城发兵。援时与宾客饮，大笑曰："虏何敢复犯我？晓狄道长归守寺舍，良怖急者，可床下伏。"后稍定，郡中服之。

诏边吏料敌战守，不拘以逗留法。　卢芳与匈奴、乌桓连兵寇边。遣将军杜茂将兵筑亭障以备之。

茂治飞狐道，筑亭障，修烽燧，凡与匈奴、乌桓大小数十百战，终不能克。
窦融及五郡太守入朝，以融为冀州牧。
上诏窦融与五郡太守入朝。融等奉诏而行，官属、宾客相随，驾乘千余两。既至，诣城门，上印绶。诏遣使者还侯印绶，引见，赏赐恩宠，倾动京师。寻拜融冀州牧。又以梁统为太中大夫，姑臧长孔奋为武都郡丞。姑臧在河西最为富饶，天下未定，士多不修检操。奋在职四年，力行清洁，为众人所笑，以为身处脂膏不能自润。及从融入朝，诸守、令财货连毂，弥竟川泽，唯奋无资，单车就道，帝以是赏之。

雍奴侯寇恂卒。

丁酉（37）　十三年
春正月，大司徒霸卒。　诏太官勿受郡国异味。

自己只掌握大局,他的宾客故旧每天都挤满大门。各部门主管有时向他报告外面的公事,马援就说:"这是丞、掾应管的事情,哪里值得麻烦我呢?可怜可怜我这个老头子,让我能游乐玩耍。如果豪强大族侵害小民,或者狡猾的官吏徇私枉法,这才是太守该管的事。"邻县曾有人报私仇,官民受到震惊,都说羌人造反了,百姓逃入城中。狄道县长来到马援府上,请求关闭城门发兵。马援当时正同宾客们饮酒,大笑说:"羌人怎么敢再来侵犯我?告诉狄道县长回去守在官舍里,实在害怕得厉害,可以伏在床下。"后来情况渐渐安定,郡内百姓都佩服马援。

下诏命令边疆官吏估量敌人的力量或战或守,不要拘泥于军法中的"逗留法"。 卢芳与匈奴、乌桓联兵入侵边境。派将军杜茂率领军队修筑碉堡以防备入侵的敌军。

杜茂整修飞狐道,修筑堡垒,建造烽火台,和匈奴、乌桓总共打了大小数十上百次战斗,始终不能攻克。

窦融同五郡太守入朝晋见,任命窦融为冀州牧。

刘秀诏令窦融同五郡太守入朝晋见。窦融等人奉命前往,官属和宾客跟随,驾驶一千多辆车。到达洛阳后,窦融前往城门,交上印信绶带。刘秀下诏派使者发还侯爵印信绶带,接见窦融,对他的赏赐和恩宠轰动了京城。不久,拜窦融为冀州牧。又任命梁统为太中大夫,任命姑臧县长孔奋为武都郡丞。姑臧县在河西地区是最富饶的,当时全国还没有安定,士人多不检点,没有节操。孔奋在职四年,为官清正廉洁,被众人讥笑,认为他身在油脂中却不能滋润自己。等到跟随窦融到洛阳去时,各郡守、县令都有一车又一车财物,布满平川洼泽,只有孔奋没有财产,乘坐一辆车上路,刘秀因此奖赏他。

雍奴侯寇恂去世。

丁酉(37) 汉光武帝建武十三年

春正月,大司徒侯霸去世。 下诏令太官不要再接受各郡、封国送来的异味。

诏曰:"郡国献异味,其令太官勿复受。远方口实所以荐宗庙,自如旧制。"时异国有献名马者,日行千里;又进宝剑,价直百金。诏以剑赐骑士,马驾鼓车。上雅不喜听音乐,手不持珠玉。尝出猎,车驾夜还,上东门候郅恽拒关不开。上令从者见面于门间,恽曰:"火明辽远。"遂不受诏。上乃回,从东中门入。明日,恽上书谏曰:"陛下远猎山林,夜以继昼,如社稷宗庙何?"书奏,赐恽布百匹,贬东中门候为参封尉。

卢芳奔匈奴。

卢芳攻云中,久不下。其将随昱留守九原,欲胁芳来降。芳知之,与十余骑亡入匈奴,其众尽归随昱,昱乃诣阙降。诏拜昱五原太守,封镌胡侯。

诏诸王皆降为公侯。

朱祜奏:"古者人臣受封,不加王爵。"诏长沙王兴、真定王得、河间王邵、中山王茂皆降爵为侯;赵王良为赵公,太原王章为齐公,鲁王兴为鲁公。是时,宗室及绝国封侯者凡一百三十七人。

以绍嘉公孔安为宋公,承休公姬常为卫公。 以韩歆为大司徒。 夏四月,吴汉军还,大飨将士,诸功臣皆增邑更封。

吴汉自蜀振旅而还,夏四月,至京师。于是大飨将士,功臣增邑更封凡三百六十五人,其外戚、恩泽封者四十五人。定封邓禹为高密侯,食四县;李通为固始侯,贾复为胶东侯,食六县;余各有差。已殁者益封其子孙,或更封支庶。

诏书说:"各郡、封国献来山珍美味,太官不要再接受。远方进献用于宗庙祭祀的食物,则仍按照旧例。"当时外国有献名马的,可日行千里;又有进献宝剑的,价值一百两黄金。刘秀下诏把宝剑赏赐给骑士,让宝马去驾皇家的鼓车。刘秀平素不喜欢听音乐,手不持珍珠宝玉。有次外出打猎,车驾夜里返回,上东门候汝南人郅恽拒绝开门。刘秀让随从在门缝间同郅恽见面,郅恽说:"灯火太远,看不清是谁。"于是不接受诏命。刘秀只好返回,从东中门进城。第二天,郅恽上奏书进谏说:"陛下到远方山林打猎,夜以继日,将社稷和宗庙置于何地呢?"奏书呈上后,刘秀赐郅恽一百匹布,贬东中门候为参封县尉。

卢芳投奔匈奴。

卢芳攻打云中,久攻不下。他的将领随昱留守九原,打算胁迫卢芳投降汉朝。卢芳知道后,同十余名骑兵逃入匈奴地区,卢芳的军队都归附随昱,随昱于是到京城投降。刘秀下诏拜随昱为五原太守,封为镌胡侯。

下诏将各位王爷降为公侯。

朱祜上奏章说:"古时候臣子受封,非直系亲属不封为王爵。"刘秀就下诏把长沙王刘兴、真定王刘得、河间王刘邵、中山王刘茂都降爵为侯;改封赵王刘良为赵公,太原王刘章为齐公,鲁王刘兴为鲁公。当时,刘氏皇族以及原有封国撤销而由后世继承爵位的共一百三十七人。

加封绍嘉公孔安为宋公,封承休公姬常为卫公。 任命韩歆为大司徒。 夏四月,吴汉的军队返回洛阳,刘秀设宴犒赏将士,有功之臣都增加封地。

吴汉从蜀地整顿军队返回,夏四月,到达洛阳。于是刘秀设盛大宴席犒劳将士,功臣封地增加调整的共有三百六十五人,其他外戚及加恩分封的有四十五人。封邓禹为高密侯,有四个县为食邑;封李通为固始侯,贾复为胶东侯,都有六个县为食邑;其余的人各按等级分封。对已经死去的功臣,就加封他们的子孙,或者改封其宗族旁支。

帝在兵间久，厌武事，且知天下疲耗，思乐息肩，自陇、蜀平后，非警急未尝复言军旅。皇太子尝问攻战之事，帝曰："昔卫灵公问陈，孔子不对。此非尔所及。"邓禹、贾复知帝偃干戈，修文德，不欲功臣拥众京师，乃去甲兵，敦儒学。帝思念，欲完功臣爵土，不令以吏职为过，遂罢左、右将军官。耿弇等亦上大将军印绶，皆以列侯就第，加位特进，奉朝请。邓禹内行淳备，有子十三人，各使守一艺，修整闺门，教养子孙，皆可以为后世法，资用国邑，不修产利。贾复为人刚毅方直，多大节，既还私第，阖门养威重。朱祜等荐复宜为宰相，帝方以吏事责三公，故功臣并不用。是时，列侯唯高密、固始、胶东三侯与公卿参议国家大事，恩遇甚厚。帝虽制御功臣，而每能回容，宥其小失。远方贡珍甘，必先遍赐诸侯，而太官无余，故皆保其福禄，无诛谴者。

以窦融为大司空。

融自以非旧臣，一旦入朝，在功臣之右，每召会进见，容貌辞气卑恭已甚。帝愈亲厚之。融小心，久不自安，数辞爵位，上疏曰："臣融有子，朝夕教导以经艺，不令观天文、见谶记，欲令恭肃畏事，恂恂守道，不愿其有才能，况当传以连城广土，享故诸侯王国哉！"帝不许，诏勿得复言。

五月，匈奴寇河东。

刘秀在军旅中时间很长,厌倦战争,并且知道全国上下疲惫困乏,渴望休息,自从陇、蜀平定后,除非有危急情况,不再谈论军事。皇太子曾经询问攻战的事情,刘秀说:"从前卫灵公请教战争的事,孔子不回答。这不是你该问的。"邓禹、贾复知道刘秀决心放下武器,用文教统治,不想让功臣在京城拥有重兵,于是抛开武事,专心研究儒学。刘秀也为功臣们着想,想保全他们的爵位和封地,不让他们因职务而有过失,就撤销左、右将军的官职。耿弇等人也交出大将军的印信绶带,都以侯爵的身份离开朝廷,回到自己的宅第,他们都被加以特进之衔,定期参加朝会。邓禹性情敦厚,有十三个儿子,让他们各自钻研一门技艺,他治家严谨、教养子孙的方法,都可以作为后世效法的榜样,他家里花费的是封地的收入,不从其他产业获利。贾复为人刚毅正直,多有大节,回到宅第后关起门来修身养性。朱祐等人举荐贾复,认为他适宜当宰相,刘秀正责令三公整顿官吏制度,所以一律不任用功臣。这时,侯爵中只有高密侯邓禹、固始侯李通、胶东侯贾复三人同公卿们一起商议国家大事,恩宠特别深厚。刘秀虽然控制功臣,但常常能包容回护他们,原谅他们的小过失。远方进贡的珍美食品,必定先赏赐所有诸侯,而太官都没有多余的,因此功臣们都保有爵位财产,没有被诛杀责罚的。

任命窦融为大司空。

窦融自以为不是故旧之臣,一旦入朝,位列功臣之上,因此每当朝会晋见时,神情和言辞都非常谦卑有礼。刘秀就更加亲近厚待他。窦融小心谨慎,总感到内心不安,多次辞去爵位和官职,上书说:"我有儿子,每天早晚用儒家经典教导他们,不让他们学习天文、阅读谶记,想让他们谦恭怕事,恪守正道,不愿让他们有才能,何况要把好几个城市的广阔土地传给他们,让他们享有诸侯王国呢!"刘秀不同意他辞职,下诏让他不得再提此事。

五月,匈奴侵犯河东郡。

戊戌（38） 十四年

莎车、鄯善遣使奉献，请置都护，不许。

莎车王贤、鄯善王安皆遣使奉献。西域苦匈奴重敛，皆愿属汉，复置都护。上以中国新定，不许。

太中大夫梁统请更定律令，不报。

统上疏曰："臣窃见元帝轻殊死刑三十四事，哀帝轻殊死刑八十一事，其四十二事手杀人者减死一等，自后著为常准，故人轻犯法，吏易杀人。臣闻刑罚在衷，无取于轻。高帝受命，约令定律，诚得其宜；文帝唯除省肉刑、相坐之法；至哀、平继体，即位日浅，听断尚寡。丞相王嘉轻为穿凿，亏除先帝旧约成律，数年之间百有余事，或不便于理，或不厌民心。谨表其尤害于体者傅奏于左，愿陛下宣诏有司，详择其善，定不易之典。"事下公卿，光禄勋杜林奏曰："大汉初兴，蠲除苛政，海内欢欣，及至其后，渐以滋章。果桃菜茹之馈，集以成赃，小事无妨于义，以为大戮。至于法不能禁，令不能止，上下相遁，为敝弥深。臣愚以为宜如旧制。"统复上言曰："臣之所奏，非曰严刑，经曰：'爰制百姓于刑之衷。'衷之为言，不轻不重之谓也。自高祖至于孝宣，海内称治；至于初元、建平，而盗贼浸多，皆刑罚不衷，愚人易犯之所致也。由此观之，则刑轻之作，反生大患，惠加奸轨而害及良善也。"事寝，不报。

己亥（39） 十五年

春正月，免大司徒歆归田里，歆自杀。

戊戌(38)　汉光武帝建武十四年

莎车、鄯善派遣使者进贡，请求设置都护，刘秀没有答应。

莎车王贤、鄯善王安都派使者进贡。西域苦于匈奴沉重的征敛，都愿意归属汉朝，重新设置都护。刘秀因国内刚刚平定，没有应许。

太中大夫梁统请求更改制定法律，没有批复。

梁统上书说："我看到汉元帝死罪减刑的有三十四种情形，汉哀帝死罪减刑的有八十一种情形，其中四十二种情形是亲手杀人的做减死一等判决，自那之后成为惯例，所以人们轻率犯法，官吏轻易杀人。我听说设置刑罚关键在于轻重适中，不能偏轻。汉高祖承受天命，制定法律，确实很得当；汉文帝只取消了肉刑和连坐法；到哀帝、平帝继位后，在位时间短，处理案件还很少。丞相王嘉轻率地穿凿附会，删改先前君王既定的法律条例，几年之间改动一百多处，有的不合道理，有的不顺民心。我谨将其中对大体为害最深的内容附在奏章后面，希望陛下责成有关部门仔细选择好的律令，制定一部不容更改的法典。"奏章交给公卿议论，光禄勋杜林上奏说："汉朝初兴时，铲除苛政，四海之内欢欣鼓舞，等到后来，逐渐地增加律条。连果品、蔬菜这类赠物都集中起来成为赃物，一些并不妨害大义的小事也要判处死刑。以至于法律不能禁止，上下相互掩藏逃避，弊病更加严重。我认为应当沿用原有的法律。"梁统又上奏说："我所奏请的不是要推行严刑。《书经》上说：'治理百姓，刑罚要适中。'适中的意思是指不轻也不重。从汉高祖到汉宣帝，天下被称为治平；到元帝、哀帝时，盗贼逐渐增加，这都是刑罚不适中，愚昧之人轻视犯法所造成的。由此看来，减轻刑罚的做法反而滋生成大祸患，那是对奸诈不轨的人施加恩惠而坑害善良的人啊。"这件事被搁置，没有批复。

己亥(39)　汉光武帝建武十五年

春正月，罢免大司徒韩歆，让他回归故里，韩歆自杀。

韩歆好直言无隐,帝每不能容。歆于上前证岁将饥凶,指天画地,言甚刚切,故坐免归田里。帝犹不释,复遣使宣诏责之,歆及子婴皆自杀。歆素有重名,死非其罪,众多不厌。帝乃追赐钱谷,以成礼葬之。

有星孛于昴。 以欧阳歙为大司徒。 二月,徙边郡吏民避匈奴。

匈奴寇钞日盛,州郡不能禁。二月,遣吴汉率马成、马武等北击匈奴,徙雁门、代郡、上谷吏民六万余口置居庸、常山关以东,以避胡寇。匈奴左部遂复转居塞内,朝廷患之,增缘边兵,郡数千人。

夏四月,追谥兄缙为齐武公。

帝感缙功业不就,抚育二子章、兴,恩爱甚笃。以其少贵,欲令亲吏事,使章试守平阴令,兴缑氏令。其后章迁梁郡太守,兴迁弘农太守。

诏州郡检核垦田户口。

帝以天下垦田多不以实自占,又户口、年纪互有增减,乃诏下州郡检核。于是刺史、太守多为诈巧,苟以度田为名,聚民田中,并度庐屋、里落,民遮道啼呼;或优饶豪右,侵刻羸弱。时诸郡各遣使奏事,帝见陈留吏牍上有书,视之,云:"颍川、弘农可问,河南、南阳不可问。"帝诘吏由趣,抵言"于长寿街上得之"。帝怒。时东海公阳年十二,在幄后言曰:"吏受郡敕,当欲以垦田相方耳。"帝曰:"即如此,

韩歆说话坦白直爽，毫不隐讳，刘秀常常不能容忍。韩歆在刘秀面前极有根据地说天下将有饥荒年出现，并且指天画地，言辞十分激烈，所以被免职，回归故里。刘秀还不能消气，又派使者宣读诏书责备他，韩歆和他的儿子韩婴都自杀了。韩歆平素享有重名，被无罪而逼迫至死，众人大多不服。刘秀才追赐钱财和粮食，以完整的礼节安葬他。

昴宿附近出现彗星。 **任命欧阳歙为大司徒。** **二月，迁徙边疆各郡的官民以逃避匈奴掳掠。**

匈奴的侵犯抢劫日益严重，州、郡无力禁止。二月，派吴汉率领马成、马武等向北进军攻打匈奴，并迁徙雁门郡、代郡、上谷郡的官民六万余人，安置到居庸关、常山关以东，以避开匈奴骚扰。匈奴左部于是又转移到边塞之内居住，朝廷为此忧虑，增加边塞的部队，每个郡有数千人。

夏四月，刘秀追封哥哥刘縯为齐武公。

刘秀感慨刘縯功业未成，抚育刘縯的两个儿子刘章和刘兴，对他们异常宠爱。因为他们年轻而地位显贵，想让他们亲身体验政事，就派刘章暂时代理平阴县令，派刘兴暂时代理缑氏县令。后来，刘章升为梁郡太守，刘兴升为弘农太守。

下诏各州、郡检查核实耕地数量和户口数目。

刘秀因为全国耕地面积大多没有根据实际情况自行申报，而且户口、年龄都有增减变化，就下诏书命令各州、郡检查核实。于是州刺史、郡太守多行诡诈，投机取巧，胡乱地以丈量土地为名目，把百姓聚集到田中，连房屋、村落也一起丈量，以致百姓挡在道路上啼哭；有的官吏优待豪强，苛刻侵害贫弱的百姓。当时各郡纷纷派遣使者奉奏章进京汇报情况，刘秀发现陈留郡官吏的简牍上有字，仔细一看，发现写的是："颍川郡、弘农郡可以问，河南郡、南阳郡不可问。"刘秀责问陈留的官吏是怎么回事，官吏抵赖说："是在长寿街上听到的。"刘秀大怒。当时东海公刘阳只有十二岁，在帐子后面说："那是官吏接受郡守的命令，将要同其郡丈量土地的情况相比较。"刘秀说："如果这样，

何故言河南、南阳不可问?"对曰:"河南帝城,多近臣;南阳帝乡,多近亲;田宅逾制,不可为准。"帝令虎贲将诘问吏,吏乃实首服,如东海公对。上由是益奇爱阳。遣谒者考实二千石长吏阿枉不平者。

冬十一月,大司徒歆有罪,下狱死。

歆坐前为汝南太守,度田不实,赃罪千万,下狱。歆世授《尚书》,八世为博士,诸生守阙为歆求哀者千余人,至有自髡剔者。平原礼震,年十七,求代歆死。帝竟不赦,歆死狱中。

以戴涉为大司徒。 卢芳复入居高柳。 遣马成缮治障塞,以张堪为渔阳太守。

骠骑大将军杜茂坐以军吏杀人,免。使扬武将军马成代茂,缮治障塞,十里一堠,以备匈奴。使骑都尉张堪领杜茂营,击破匈奴于高柳。拜堪渔阳太守。堪视事八年,匈奴不敢犯塞,劝民耕稼,以致殷富。

庚子(40) 十六年
春二月,交趾女子徵侧、徵贰反。

交趾麓泠县雒将女子徵侧甚雄勇,交趾太守苏定以法绳之,徵侧忿怨,与妹徵贰反。九真、日南、合浦蛮俚皆应之,凡略六十五城,自立为王,都麓泠。交趾刺史及诸太守仅得自守。

三月晦,日食。 秋九月,河南尹、诸郡守十余人皆有罪,下狱死。

为什么说河南郡和南阳郡不可以查问呢?"刘阳回答说:"河南是京都,有很多陛下亲近的大臣;南阳是陛下的故乡,有很多皇亲国戚;他们的田地住宅都超过规定,不能作为标准。"刘秀命令虎贲中郎将去责问陈留的官吏,那个官吏才如实承认,情况正像东海公刘阳所说的那样。刘秀因此更加喜爱刘阳,认为他不同寻常。刘秀又派遣谒者对二千石官员中徇私枉法的行为进行考察核实。

冬十一月,大司徒欧阳歙有罪,被捕入狱,死在狱中。

欧阳歙因为从前做汝南郡太守时丈量土地不据实,获赃款一千万钱,被捕入狱。欧阳歙家世代传授《尚书》,有八代人当博士,学生门徒守在宫门外为欧阳歙求情的有一千多人,甚至有人剔去自己的头发,自罚髡刑。平原人礼震,才十七岁,请求代替欧阳歙去死。刘秀最终没有赦免,欧阳歙死在狱中。

任命戴涉为大司徒。　卢芳又进入内地住在高柳。　派马成修缮要塞,任命张堪为渔阳太守。

骠骑大将军杜茂因犯指使军官杀人罪被罢免。派扬武将军马成代替杜茂的职务,修缮要塞,每隔十里修筑一座烽火台,以防备匈奴进犯。命令骑都尉张堪率领杜茂的军队,在高柳打败匈奴。拜张堪为渔阳太守。张堪任职八年,匈奴不敢侵犯边境,他鼓励百姓耕田种地,以过上富足生活。

庚子(40)　汉光武帝建武十六年
春二月,交趾女子徵侧、徵贰反叛。

交趾麓泠县雒将的女儿徵侧十分强悍勇猛,交趾太守苏定用法律约束她,徵侧怨恨,同妹妹徵贰一起反叛。九真、日南、合浦的蛮人都响应她们,共攻占六十五个城市,自立为王,定都麓泠。交趾刺史和各郡太守仅能自守。

三月最后一天,出现日食。　秋九月,河南尹和各郡太守十余人都获罪,被捕入狱处死。

皆坐度田不实。后上从容谓虎贲中郎将马援曰："吾甚恨前杀守、相多也。"对曰："死得其罪,何多之有? 但死者既往,不可复生也。"上大笑。

群盗起。冬十月,诏许相斩除罪,遂皆解散。

郡国群盗处处并起,郡县追讨,到则解散,去复屯结。冬十月,遣使者下郡国,听郡盗自相纠摘,五人共斩一人者除其罪;吏虽逗留回避故纵者,皆勿问,听以禽讨为效;其牧守令长坐界内有盗贼而不收捕者,又以畏懦捐城委守者,皆不以为负,但取获贼多少为殿最,唯蔽匿者乃罪之。于是更相追捕,贼并解散,徙其魁帅于他郡,赋田受禀,使安生业。自是牛马放牧不收,邑门不闭。

卢芳降,立以为代王。

卢芳与闵堪使使请降。帝立芳为代王,堪为代相,赐缯二万匹,因使和集匈奴。初,匈奴闻汉购求芳,贪得财帛,故遣芳还降。既而芳以自归为功,不称匈奴所遣,单于复耻言其计,故赏遂不行。由是大恨,入寇尤深。芳入朝,南及昌平,有诏止,令更朝明岁。

复行五铢钱。

马援奏宜如旧制铸五铢钱,上从之。天下赖其便。

辛丑(41) **十七年**
春正月,以赵憙为平原太守。

都因丈量土地不据实而犯罪。后来,刘秀态度缓和地对虎贲中郎将马援说:"我很后悔先前杀了很多太守、国相。"马援回答说:"他们罪有应得,有什么多不多呢?只是死去的人不能再复生了。"刘秀大笑。

盗贼蜂起。冬十月,下诏准许盗贼相互杀害以免除罪责,于是盗贼都瓦解离散。

各郡、封国盗贼处处并起,郡县追剿,官兵到时盗贼就散开,官兵一离去盗贼又重新聚集。冬十月,刘秀派遣使者到各郡、封国去,任凭群盗互相检举攻击,五个人共同斩杀一人就可以免去五个人的罪;官吏即使逗留、回避、故意纵容盗贼,也一律不再追究,准许以擒贼讨贼立功;州牧、郡守、县令、县长因辖区内有盗贼而不逮捕,或因畏怯懦弱弃城失职的,都不予处罚,只看捕获盗贼的多少来排列优劣次序,只有窝藏盗贼的人才治罪。于是官吏大力追捕盗贼,盗贼全部解散,将群盗的首领迁徙到其他郡去,给他们土地,供应粮食,让他们安心生产劳动。从此牛马放牧晚间不用牵回,城门夜间不用关闭。

卢芳投降,策立他为代王。

卢芳和闵堪派使者请求投降。刘秀立卢芳为代王,封闵堪为代相,赏赐二万匹绸缎,让他安抚匈奴,建立睦邻关系。当初,匈奴听说汉朝悬赏捉拿卢芳,贪图钱财丝帛,所以送卢芳回来投降。后来卢芳因自己归降而有功,不说是匈奴所遣,匈奴单于也耻于提及当初的计谋,因而朝廷没有进行赏赐。匈奴因此十分愤恨,入侵骚扰边境更为严重。卢芳前来朝见,南进到昌平,刘秀下诏让他停止,改为明年再入朝晋见。

重新使用五铢钱。

马援上奏说应当按照旧币制铸造五铢钱,刘秀听从了他的建议。百姓因这项措施而得到方便。

辛丑(41)　汉光武帝建武十七年
春正月,任命赵熹为平原太守。

初,怀县大姓李子春二孙杀人,怀令赵憙穷治其奸,二孙自杀,收系子春。京师贵戚为请者数十,憙终不听。赵孝公良病,上临视之,问所欲言,良曰:"素与李子春厚,今犯罪,怀令赵憙欲杀之,愿乞其命。"帝曰:"吏奉法律,不可枉也,更道他所欲。"良无复言。既薨,上追思良,乃贳出子春。迁憙为平原太守。

二月晦,日食。　冬十月,废皇后郭氏,立贵人阴氏为皇后。

郭后宠衰,数怀怨怼,上怒之,废后,立贵人阴氏为皇后。诏曰:"异常之事,非国休福,不得上寿称庆。"郅恽言于帝曰:"臣闻夫妇之好,父不能得之于子,况臣能得之于君乎?是臣所不敢言。虽然,愿陛下念其可不,勿乱大伦,使天下有议社稷者。"帝曰:"恽善恕己量主,知我必不有所左右而轻天下也。"

进右冯翊公辅为中山王。　帝如章陵。

帝幸章陵,修园庙,祠旧宅,观田庐,置酒作乐,赏赐。时宗室诸母因酺悦相与语曰:"文叔少时谨信,与人不款曲,唯直柔耳,今乃能如此。"帝闻之,大笑曰:"吾治天下,亦欲以柔道行之。"

十二月,还宫。　以莎车王贤为汉大将军。

是岁,莎车王贤复遣使奉献,请都护。帝赐贤西域都护印绶及车旗、黄金、锦绣。敦煌太守裴遵上言:"夷狄不可假以大权,又令诸国失望。"诏书收还都护印绶,更赐贤以汉大将军印绶,其使不肯易,遵迫夺之。贤由是始恨,而犹诈称大都护,移书诸国,悉服属焉。

当初,怀县大族李子春的两个孙子杀了人,怀县县令赵憙深入追究凶犯,两个孙子自杀,拘捕李子春。京都的皇亲国戚为李子春求情的有几十人,赵憙始终不答应。赵孝公刘良生病,刘秀去探病,问他有什么话要说,刘良说:"我平素同李子春交情深厚,他如今犯罪,怀县县令赵憙要杀他,乞求饶他一命。"刘秀说:"官吏奉行法律,不能歪曲,请说其他愿望。"刘良不再说话。刘良去世后,刘秀追念他,才赦免放出李子春。升赵憙为平原太守。

二月最后一天,出现日食。　　冬十月,废黜郭皇后,立贵人阴氏为皇后。

郭皇后失宠,常常心怀怨恨,刘秀很生气,废黜了她,立贵人阴氏为皇后。刘秀下诏书说:"这是一件异常的事,不是国家之福,不准祝福庆贺。"郅恽对刘秀说:"我听说夫妇之间的私情,父亲尚且不能干涉儿子,何况臣子能够干涉君王吗?因此我不敢多说。即便如此,我希望陛下考虑是否可行,不要搞乱伦理道德,让天下人议论社稷。"刘秀说:"郅恽善于用自己的心揣度君王,知道我一定不会处置失当而轻视天下。"

加封右冯翊公刘辅为中山王。　　刘秀前往章陵。

刘秀到达章陵,修葺先人的陵园祭庙,祭祀旧宅,巡察田地农舍,设酒宴,演奏乐曲,进行赏赐。当时刘氏宗室的伯母、姑母、婶娘们因饮酒酣畅高兴而一起说:"刘秀小时候谨慎守信,同别人交往不殷勤应酬,只知道柔和而已,今天才能这样。"刘秀听到后,大笑说:"我治理天下,也要推行柔和之道。"

十二月,返回洛阳皇宫。　　任命莎车王贤为汉朝大将军。

这一年,莎车王贤又派遣使者进贡,请求设置都护。刘秀赏赐给贤西域都护的印信绶带,以及车辆、旗帜、黄金、锦绣。敦煌太守裴遵上书说:"对于夷狄,不能给予他们大权,并且这样做会让其他各国失望。"刘秀下诏收回贤的都护印信绶带,改为赐给他汉朝大将军的印信绶带,贤的使者不肯更换,裴遵强行夺回。贤从此开始怨恨,而且还诈称是西域都护,向其他西域国家发布文书,各国都服从归附莎车。

以马援为伏波将军,讨交趾。

徵侧等寇乱连年,诏长沙、合浦、交趾具车船,修道桥,通障溪,储粮谷。拜马援为伏波将军,以扶乐侯刘隆为副,南击交趾。

壬寅(42) 十八年
春二月,蜀郡守将史歆反,遣吴汉等讨之。 三月,帝如河东,祠后土。 马援与徵侧、徵贰战,大破之。

援缘海而进,随山刊道千余里,至浪泊上,与徵侧等战,大破之,追至禁溪,贼遂散走。
夏四月,帝还宫。 五月,旱。 卢芳复反,奔匈奴。

芳自昌平还,内自疑惧,遂复反,匈奴遣数百骑迎芳出塞。芳留匈奴中,病死。
秋七月,吴汉拔成都,诛史歆。 罢州牧,置刺史。

癸卯(43) 十九年
春正月,尊孝宣皇帝庙为中宗。始祠元帝以上于太庙,成帝以下于长安。徙四亲庙于章陵。

五官中郎将张纯与太仆朱浮奏议:"礼,为人子,事大宗,降其私亲。当除今亲庙四,以先帝四庙代之。"大司徒涉等奏立元、成、哀、平四庙。上自以昭穆次第,当为元帝后,遂追尊宣帝曰中宗。始祠昭帝、元帝于太庙,成帝、哀帝、平帝于长安,春陵节侯以下于章陵,其长安、章陵皆太守、令、长侍祠。

马援斩徵侧、徵贰。

任命马援为伏波将军,征讨交趾贼寇。

徵侧等盗贼作乱好几年,刘秀下诏让长沙、合浦、交趾准备车辆船只,修路架桥,打通山间溪谷的道路,储备粮食。任命马援为伏波将军,任命扶乐侯刘隆做马援的副手,南征交趾。

壬寅(42)　汉光武帝建武十八年

春二月,蜀郡守将史歆反叛,刘秀派吴汉等人征讨史歆。三月,刘秀前往河东郡,祭祀后土神。　马援同徵侧、徵贰交战,大败盗贼。

马援沿大海推进,沿山开路一千多里,到达浪泊,同徵侧等人交战,大败贼寇,追击到禁溪,盗贼于是四散逃走。

夏四月,刘秀返回洛阳皇宫。　五月,发生旱灾。　卢芳再次反叛,投奔匈奴。

卢芳从昌平返回后,内心疑虑恐惧,于是再次反叛,匈奴派遣几百名骑兵迎接卢芳逃出边塞。卢芳留在匈奴,病死。

秋七月,吴汉攻陷成都,诛杀史歆。　撤销州牧,设置刺史。

癸卯(43)　汉光武帝建武十九年

春正月,追尊汉宣帝祭庙为中宗祭庙。开始在太庙祭祀元帝以前的皇帝,在长安祭祀成帝以后的皇帝。将四亲庙迁移到章陵。

五官中郎将张纯同太仆朱浮上奏建议:"按照礼制,作为人子,就应尊奉大宗,降低自己父母亲的地位。应当撤除现在的四座父祖祭庙,用陛下即位前四位先帝的祭庙代替。"大司徒戴涉等上奏建立元帝、成帝、哀帝、平帝四座祭庙。刘秀自己认为按照宗族的辈分,他应当是元帝的后代,就追尊宣帝为中宗。开始在太庙祭祀昭帝、元帝,在长安祭祀成帝、哀帝、平帝,在章陵祭祀高祖父春陵节侯及以下的先人,长安、章陵两地的祭庙全部由当地太守、县令、县长负责侍奉祭祀。

马援斩杀徵侧、徵贰。

进击余党都阳等,降之,峤南悉平。援与越人申明旧制,以约束之。自后骆越奉行马将军故事。

妖贼单臣等据原武。夏四月,臧宫破斩之。

妖贼单臣、傅镇等相聚入原武城,自称将军。诏太中大夫臧宫将兵围之,数攻不下。帝召公卿、诸侯王问方略,皆曰:"宜重其购赏。"东海王阳独曰:"妖巫相劫,势无久立,其中必有悔欲亡者,但外围急,不得走耳。宜小挺缓,令得逃亡。逃亡,则一亭长足以禽也。"帝然之,即敕宫撤围缓贼。贼众分散,遂拔原武,斩臣、镇等。

六月,废皇太子彊为东海王,立东海王阳为皇太子,改名庄。

郭后既废,太子彊意不自安。郅恽说太子曰:"久处疑位,上违孝道,下近危殆,不如辞位以奉养母氏。"太子从之,数因左右及诸王陈其恳诚,愿备藩国。上不忍,迟回者数岁。六月戊申,诏曰:"《春秋》之义,立子以贵。东海王阳,皇后之子,宜承大统。皇太子彊,崇执谦退,愿备藩国,父子之情,重久违之。其封彊为东海王,立阳为皇太子,改名庄。"

帝以太子舅阴识守执金吾,阴兴为卫尉,皆辅导太子。识性忠厚,入虽极言正议,及与宾客话,未尝及国事。帝敬重之。兴虽礼贤好施,而门无游侠;与同郡张宗、上谷鲜于袤不相好,知其有用,犹称所长而达之;友人张汜、杜禽

进兵攻击徵侧的余党都阳等,收降他们,峤南全部平定。马援向越人申明原来的制度,用以约束他们。自此之后南越土著都奉行马援的规定。

贼寇单臣等占据原武城。夏四月,臧宫攻陷原武城,斩杀单臣。

贼寇单臣、傅镇等人聚集起来,进入原武城,自称将军。刘秀下诏令太中大夫臧宫率领军队包围原武城,但多次攻城都未能攻下。刘秀召集公卿、诸王询问策略,大家都说:"应当提高悬赏金额。"只有东海王刘阳说:"这些人被妖师、巫师相胁迫,必定不会长久存在,其中一定有后悔想逃走的,只是城外围攻太急,不能逃跑罢了。应当稍稍放松攻城,让他们能够逃亡。贼众逃亡溃散,那么一个亭长就足以擒获他们了。"刘秀赞同他的意见,立即命令臧宫撤围,放走盗贼。于是众盗贼分崩四散,臧宫便攻陷了原武城,斩杀单臣、傅镇等人。

六月,废皇太子刘彊,封为东海王;立东海王刘阳为皇太子,改名刘庄。

郭皇后被废后,太子刘彊内心不安。郅恽劝说太子道:"长久地处在不稳定的位置,上违背孝道,下靠近危险,不如辞去太子之位,以奉养母亲。"太子刘彊采纳了他的建议,多次托刘秀左右的亲信和诸王表达他的诚意,希望能够退居藩国。刘秀不忍心,迟疑徘徊了几年。这一年六月二十六日,颁布诏书说:"《春秋》大义,立皇太子以身份高贵为标准。东海王刘阳是皇后之子,应当继承皇位。皇太子刘彊坚决谦让,愿意退居藩国,出于父子之情,难以长久地违背他的心意。封刘彊为东海王,立刘阳为皇太子,改名刘庄。"

刘秀任命皇太子刘庄的舅父阴识代理执金吾,任命阴兴为卫尉,一起辅导皇太子。阴识性情忠厚,在朝廷上虽然极力正直进谏,但回家与宾客们说话时,却从不涉及国事。刘秀十分敬重他。阴兴虽然礼贤下士,乐于施惠助人,但门客中没有豪杰侠客;他和同郡人张宗、上谷郡人鲜于衰关系不好,知道他们对国家有用,仍然称赞他们的长处推荐他们做官;他的朋友张汜、杜禽

与兴厚善，以为华而少实，但私之以财，终不为言。是以世称其忠。后帝欲以兴为大司徒，兴固让曰："臣不敢惜身，诚亏损盛德，不可苟冒。"帝遂听之。以沛国桓荣为议郎，使授太子经。车驾幸太学，会诸博士论难于前。荣辨明经义，每以礼让相厌，不以辞长胜人，儒者莫之及。又诏诸儒生雅歌击磬，尽日乃罢。帝使左中郎将钟兴授皇太子及宗室诸侯《春秋》，赐兴爵关内侯。兴辞以无功，帝曰："生教训太子及诸王侯，非大功邪？"兴曰："臣师少府丁恭。"于是复封恭，而兴遂固辞不受。

赐洛阳令董宣钱三十万。

陈留董宣为洛阳令。湖阳公主苍头白日杀人，因匿主家，吏不能得。及主出行，以奴骖乘。宣候之，驻车叩马，以刀画地，大言数主之失，叱奴下车，因格杀之。主即还宫诉帝，帝大怒，召宣，欲棰杀之。宣叩头曰："愿乞一言而死。"帝曰："欲何言？"宣曰："陛下圣德中兴，而纵奴杀人，将何以治天下乎？臣不须棰，请自杀。"即以头击楹，流血被面。帝令小黄门持之。使宣叩头谢主，宣不从。强使顿之，宣两手据地，终不肯俯。主曰："文叔为白衣时，藏亡匿死，吏不敢至门。今为天子，威不能行一令乎？"帝笑曰："天子不与白衣同。"因敕强项令出，赐钱三十万，宣悉以班诸吏。由是能搏击豪强，京师莫不震栗。

同他交情深厚，但阴兴认为他们华而不实，只在钱财上帮助他们，始终不替他们美言。因此世人称赞他的忠心。后来刘秀想任命阴兴为大司徒，阴兴坚决推让说："我不敢爱惜自己的身体，但实在害怕有损您的大德，不能滥竽充数。"刘秀于是遵从了他的想法。任命沛国人桓荣为议郎，让他传授太子儒家经典。刘秀亲自到太学，召集众博士在他面前讨论问题，提出质疑。桓荣辨明经典的精义，常常以礼让的态度使人折服，不以言辞犀利压倒对方，其他儒士都比不上他。刘秀又下诏令学生们一面击磬，一面唱儒家的雅歌，一整天才结束。刘秀派左中郎将钟兴向皇太子刘庄和宗室诸侯传授《春秋》，封钟兴为关内侯。钟兴以自己没有功劳而推辞，刘秀说："你教授太子和诸位王侯，难道不是大功劳吗？"钟兴说："我师从于少府丁恭。"于是刘秀又封丁恭为关内侯，而钟兴则坚决推辞，不接受封侯。

赏赐洛阳令董宣三十万钱。

陈留人董宣担任洛阳令。刘秀的姐姐湖阳公主的奴仆白天行凶杀人，随后躲藏在公主家里，官吏不能逮捕他。等到湖阳公主出门时，让那个奴仆陪同乘车。董宣等在外面，叫车停下，扣住马缰绳，用刀划地，大声数落公主的过失，怒喝那个奴仆下车，接着就地杀死了他。湖阳公主立即回宫告诉了刘秀，刘秀大怒，召董宣晋见，要用刑杖把他打死。董宣叩头说："我请求说一句话再死。"刘秀说："你想说什么？"董宣说："陛下有圣德，能复兴汉室，却纵容奴仆杀人，将凭借什么治理天下呢？我不等着被打死，请让我自杀吧！"当即用头撞击大柱子，血流满面。刘秀让小黄门太监拽住他。后来让董宣向湖阳公主叩头道歉，董宣不服从。刘秀就让人强行按他的脑袋，董宣两手撑地，始终不肯低头。湖阳公主说："你是平民百姓时，窝藏逃犯，官吏不敢上门来找。如今你是皇帝，你的权威不能行使在一个县令身上吗？"刘秀笑着说："天子跟平民不同。"随后命令硬脖子县令出去，赏赐给他三十万钱，董宣都分给了手下官吏。从此他能够打击豪强，京城洛阳的人无不震惊害怕。

秋九月,帝如南顿,赐复二岁。

上幸南阳,进幸汝南南顿县舍,置酒会,赐吏民,复南顿田租一岁。父老前叩头言:"愿赐复十年。"帝曰:"天下重器,常恐不任,日复一日,安敢远期十岁乎?"吏民又言:"陛下实惜之,何言谦也?"帝大笑,复增一岁。

甲辰(44) 二十年

春二月,还宫。 夏四月,大司徒涉下狱死,大司空融坐免。

戴涉坐入故太仓令奚涉罪,下狱死。帝以三公连职,策免窦融。

五月,大司马广平侯吴汉卒。

汉病笃,车驾亲临,问所欲言,对曰:"臣愚无所知识,愿陛下慎无赦而已。"及薨,诏送葬如大将军霍光故事。汉性强力,每从征伐,帝未安,常侧足而立。诸将见战阵不利,或多惶惧,失其常度,汉意气自若,方整厉器械,激扬吏士。帝时遣人观大司马何为,还言方修战攻之具,乃叹曰:"吴公差强人意,隐若一敌国矣!"每当出师,朝受诏,夕则引道,初无办严之日。及在朝廷,斤斤谨质,形于体貌。汉尝出征,妻子在后买田宅,汉还,让之曰:"军师在外,吏士不足,何多买田宅乎?"遂尽以分与昆弟、外家。故能任职以功名终。

匈奴寇上党、天水、扶风。 六月,以蔡茂为大司徒,朱浮为大司空。

秋九月，刘秀前往南顿，赏赐免除赋税徭役二年。

刘秀到达南阳，又前往汝南郡南顿县，摆设酒宴，赏赐官民，免除南顿县赋税徭役一年。父老们上前叩头说："希望陛下免除本县赋税徭役十年。"刘秀说："帝王之位是天下大器，我常常担心不能胜任，过一天是一天，怎敢远远约定十年之事呢？"官民们又说："陛下实际是吝惜，为什么说谦恭的话呢？"刘秀大笑，于是又增加了一年。

甲辰（44） 汉光武帝建武二十年

春二月，刘秀返回洛阳皇宫。 夏四月，大司徒戴涉入狱，处死，大司空窦融被免去职务。

戴涉因陷害前太仓令奚涉丽获罪，被拘捕入狱，处死。刘秀认为三公职务相连，就颁策书罢免了大司空窦融的职务。

五月，大司马广平侯吴汉去世。

吴汉病情严重，刘秀亲往探望，问他有什么话要说，吴汉说："我愚昧，没有知识，希望陛下谨慎从事，不要赦免罪犯而已。"吴汉去世后，下诏命令隆重安葬，礼仪如同安葬大将军霍光的旧例。吴汉性格刚强有力，每次跟随刘秀出征，刘秀还没安顿好时，他常常小心地侍立在一旁。众将领看到战斗形势不利，大多会惊惶恐惧，失去常态，只有吴汉神情自若，同时准备兵器，激励官兵的斗志。刘秀有时派人去看吴汉在做什么，观看的人回来说吴汉正在修理准备作战进攻的装备，于是叹息说："吴汉比较令人满意，他的威重就像一个敌对国。"吴汉每次出征，早晨接受诏命，晚上就已踏上征途，从来都没有时间准备行装。等到在朝廷上，他处处谨慎，表现在举止和态度上。吴汉有一次率军出征，他的妻子儿女在后方购置田产，吴汉回来后责备他们说："军队在外，官兵供给不足，为什么你们大量购置田地房舍呢？"于是全都分给兄弟和舅父家。吴汉因此能够终身任职，享有功名。

匈奴侵犯上党、天水、扶风三郡。 六月，任命蔡茂为大司徒，任命朱浮为大司空。

太子太傅张湛自郭后之废，称疾不朝。帝强起之，欲以为司徒，湛辞疾笃，不能复任朝事，遂罢之，而用茂、浮。

徙中山王辅为沛王。　以郭况为大鸿胪。

帝数幸况第，赏赐金帛，丰盛莫比，京师号况家为"金穴"。

冬十二月，遣马援屯襄国。

马援自交趾还，平陵孟冀迎劳之，援曰："方今匈奴、乌桓尚扰北边，欲自请击之。男儿要当死于边野，以马革裹尸还葬耳，何能卧床上，在儿女子手中邪？"冀曰："谅！为烈士当如是矣！"十二月，匈奴再寇天水、扶风、上党。援自请击，帝许之，使出屯襄国，诏百官祖道。援谓黄门郎梁松、窦固曰："凡人富贵，当使可复贱也。如卿等欲不可复贱，居高坚自持。勉思鄙言！"

乙巳（45）　二十一年

春正月，乌桓与匈奴、鲜卑连兵入寇。

代郡以东尤被乌桓之害。其居止近塞，朝发穹庐，暮至城郭，五郡民庶，家受其辜，至于郡县损坏，百姓流亡，边陲萧条，无复人迹。秋八月，帝遣马援与诸谒者分筑堡塞，稍兴立郡县，或空置太守、令、长，招还人民。乌桓居上谷塞外白山者最为强富。援将三千骑击之，无功而还。

鲜卑寇辽东，太守祭肜击走之。

鲜卑万余骑寇辽东，太守祭肜率数千人迎击之，自被甲陷陈。虏大奔，投水死者过半，遂穷追出塞。虏急，

太子太傅张湛自从郭皇后被废黜后,就称病不再上朝。刘秀勉强他上朝,打算任命他为司徒,张湛以自己病重、不能再担任朝廷职务辞让,于是刘秀将他罢免,而任用蔡茂和朱浮。

改封中山王刘辅为沛王。 **任命郭况为大鸿胪。**

刘秀多次到郭况家去,赏赐给郭况金银、丝帛,丰盛无比,京师洛阳人都称郭况家是"金穴"。

冬十二月,派马援驻屯襄国。

马援从交趾返回,平陵人孟冀迎接慰劳马援,马援说:"现在匈奴、乌桓还在侵扰北部边塞,我想请求出兵讨伐。男子汉就应战死疆场,用马革包裹尸体送回来安葬,怎能躺在床上,死在女人手中呢?"孟冀说:"确实如此!做壮士就应当这样!"十二月,匈奴再次侵犯天水郡、扶风郡和上党郡。马援请求自己率兵讨伐,刘秀准许,派他出兵屯驻在襄国,命令百官祭祀路神,为马援饯行。马援对黄门郎梁松、窦固说:"一个人富贵后,应当让自己还可以再处于贫贱的境地。如果你们不想再贫贱,就要身居高位而谨慎把持自己。请考虑我的话!"

乙巳(45) 汉光武帝建武二十一年
春正月,乌桓同匈奴、鲜卑合兵入侵。

代郡以东地区受乌桓侵害尤其严重。乌桓的住地靠近边塞,他们早晨从帐篷出发,傍晚就能抵达城郭,沿边五郡的百姓,家家户户都受到侵害,以至于郡县遭到破坏,百姓流离失所,边疆地区萧条,不见人烟。秋八月,刘秀派马援和谒者们分别修筑城堡要塞,逐渐恢复郡县,有些地方虚设太守、县令、县长,召集百姓返回家园。乌桓各部落中以居住在上谷郡塞外白山地区的一支最为强悍富有。马援率领三千名骑兵征讨,无功而返。

鲜卑入侵犯辽东郡,辽东太守祭肜迎击,打跑鲜卑入侵者。

鲜卑部落一万多名骑兵侵犯辽东郡,辽东太守祭肜率领几千人迎击,祭肜亲自穿上盔甲上阵冲杀。鲜卑人大举奔逃,落水而死的超过一半人,祭肜于是乘胜穷追直至塞外。鲜卑人惶急,

皆弃兵裸身散走。是后鲜卑震怖，畏肜，不敢复窥塞。

冬，匈奴寇上谷、中山。 西域十八国遣子入侍，请都护，不许。

莎车王贤浸以骄横，欲兼并西域，数攻诸国。诸国愁惧，车师前王、鄯善、焉耆等十八国俱遣子入侍，愿得都护。帝以中国初定，北边未服，皆还其侍子，厚赏赐之。诸国闻都护不出，而侍子皆还，大忧恐，乃与敦煌太守檄："愿留侍子以示莎车，言侍子见留，都护寻至，冀且息其兵。"裴遵以状闻，帝许之。

丙午（46） 二十二年
春闰正月，帝如长安，祠高庙、园陵。 二月，还宫。
夏五月晦，日食。 秋九月，地震。 冬，大司空浮免，以杜林为大司空。 以刘昆为光禄勋。

初，昆为江陵令，县有火灾，昆向火叩头，火寻灭。后为弘农太守，虎皆负子渡河。帝闻而异之，征昆代林为光禄勋。帝问昆曰："前在江陵，反风灭火，后守弘农，虎北渡河，行何德政而致是事？"对曰："偶然耳。"左右皆笑。帝叹曰："此乃长者之言也。"顾命书诸策。

青州蝗。 匈奴单于舆死，子蒲奴立，求和亲，许之。

匈奴中连年旱蝗，赤地数千里，人畜饥疫，死耗太半。单于畏汉乘其敝，乃遣使诣渔阳求和亲。帝遣中郎将李茂报命。

都抛弃武器赤身裸体四散逃命。自此之后,鲜卑部落感到震惊恐怖,畏惧祭肜,不敢再窥伺边塞。

冬,匈奴进犯上谷郡、中山郡。 西域十八国送王子到洛阳充当人质,请求设置西域都护,刘秀没有答应。

莎车王贤日益骄横,打算兼并西域,多次进攻邻近各国。西域各国忧愁恐惧,车师前王国、鄯善国、焉耆国等共十八个国家都送他们的王子进洛阳为人质,希望得到汉朝都护的保护。刘秀认为中原刚刚平定,北方异族尚未顺服,所以让各国人质全部返回,赏赐丰厚。各国听说不派出都护,而人质都回来了,非常忧虑恐惧,就给敦煌太守裴遵呈送文书说:"希望您留下我们的人质来向莎车国示意,宣称人质已被留下,汉朝的都护不久就到,望暂且停止军事行动。"裴遵把情况上报,刘秀答应了。

丙午(46) 汉光武帝建武二十二年

春闰正月,刘秀前往长安,祭祀高祖祭庙,祭祀陵园。 二月,返回洛阳皇宫。 夏五月最后一天,出现日食。 秋九月,发生地震。 冬,大司空朱浮被罢免,任命杜林为大司空。 任命刘昆为光禄勋。

当初,刘昆当江陵令,县里发生火灾,刘昆对火叩头,不久火就熄灭了。后来他做弘农太守,郡中老虎都背着幼虎渡过黄河离开。刘秀听说后觉得很奇怪,就征召刘昆接替杜林当光禄勋。刘秀问刘昆说:"你从前在江陵改变风向扑灭烈火,后来做弘农太守,老虎向北渡过黄河,你行了什么德政以致发生这种事?"刘昆回答说:"只是偶然碰上而已。"左右侍从都笑起来。刘秀叹息说:"这才是德高的长者说的话。"下令把这事记载在史书上。

青州发生蝗灾。 匈奴单于舆去世,他的儿子蒲奴继位,请求与汉朝和亲,刘秀答应了。

匈奴统治地域内连年发生旱灾和蝗灾,数千里毫无生机,人和牲畜饥饿并且瘟疫流行,死去大半。匈奴单于害怕汉朝乘其疲惫攻击,就派使者到渔阳请求和亲。刘秀派中郎将李茂回报。

诏罢边郡亭候,招降乌桓。

乌桓乘匈奴之弱,击破之,匈奴北徙数千里,幕南地空。诏罢诸边郡亭候吏卒,以币帛招降乌桓。

西域复请都护,不许,遂附于匈奴。

西域诸国侍子久留敦煌,皆愁思亡归。莎车王贤知都护不出,击破鄯善,攻杀龟兹王。鄯善王安上书:"愿复遣子入侍,更请都护。都护不出,诚迫于匈奴。"帝报曰:"今使者大兵未能得出,如诸国力不从心,东西南北自在也。"于是鄯善、车师复附匈奴。

丁未(47) 二十三年

夏五月,大司徒茂卒。 秋八月,大司空林卒。 以玉况为大司徒。 冬十月,以张纯为大司空。 武陵蛮反,遣将军刘尚击之,败没。

尚溯沅水入武溪击之。尚轻敌深入,蛮乘险邀之,尚一军悉没。

鬲侯朱祜卒。

祜为人质直,尚儒学,为将多受降,以克定城邑为本,不存首级之功。

戊申(48) 二十四年

春正月,匈奴南边八部立日逐王比为南单于,款塞内附。

初,匈奴单于舆弟右谷蠡王知牙师以次当为左贤王,左贤王次即当为单于。单于欲传其子,遂杀知牙师。乌珠留单于有子曰比,为右薁鞬日逐王,领南边八部。

下诏撤销沿边各郡亭候,招降乌桓。

乌桓趁匈奴虚弱打败匈奴,匈奴向北迁徙了几千里,沙漠以南地区成为一片空地。刘秀下诏撤销沿边各郡的亭候和官兵,用金钱绢帛招降乌桓。

西域各国又请求设置西域都护,刘秀没有应许,于是西域各国归附匈奴。

西域各国的人质在敦煌逗留了很长时间,都忧愁不已,因思乡而逃回本国。莎车王贤知道汉朝不会派来西域都护,就去攻打鄯善国,打死龟兹国国王。鄯善国王安上书刘秀说:"愿意再送王子去洛阳做人质,再次请求派来都护。如果汉朝不派出都护,只能被迫向匈奴屈服。"刘秀回答说:"现在使节和军队不能派出,如果各国感到力不从心,东西南北何去何从,自己选择。"于是鄯善国、车师国又归附匈奴。

丁未(47) 汉光武帝建武二十三年

夏五月,大司徒蔡茂去世。 秋八月,大司空杜林去世。任命玉况为大司徒。 冬十月,任命张纯为大司空。 武陵蛮族反叛,派将军刘尚征伐,刘尚战败,全军覆没。

刘尚沿沅水逆流而上,进入武溪进行讨伐蛮人。刘尚轻敌深入蛮地,蛮人借地势险要邀战,刘尚全军覆灭。

鬲侯朱祜去世。

朱祜为人质朴正直,崇尚儒学,担任将领时,多是接受敌人投降,以夺取城市为目的,不贪图拿敌人首级报功请赏。

戊申(48) 汉光武帝建武二十四年

春正月,匈奴南部八大部落拥立日逐王比为南单于,到塞内来归附汉朝。

当初,匈奴单于舆的弟弟右谷蠡王知牙师按次序当为左贤王,左贤王按次序当为单于。单于舆想传位给他儿子,就杀了知牙师。乌珠留单于有个儿子叫比,是右奠鞬日逐王,统领南边八部。

比见知牙师死，出怨言曰："以兄弟言之，右谷蠡王次当立；以子言之，我前单于长子，我当立。"遂内怀猜惧，庭会稀阔。单于疑之，乃遣两骨都侯监领比所部兵。及单于蒲奴立，比益恨望，密遣汉人郭衡奉匈奴地图诣西河太守，求内附。两骨都侯颇觉其意，劝单于诛比。比弟斩将王在单于帐下，闻之，驰以报比。比遂聚八部兵四五万人，待两骨都侯还，欲杀之。骨都侯且到，知其谋，亡去。单于遣万骑击之，见比众盛，不敢进而还。八部大人共议立比为呼韩邪单于，款五原塞，愿永为藩蔽，扞御北虏。事下公卿，议者皆以为天下初定，中国空虚，不可许。五官中郎将耿国独以为宜如孝宣故事，受之，令东扞鲜卑，北拒匈奴，率厉四夷，完复边郡。帝从之。于是分为南、北匈奴。

秋七月，遣马援征武陵蛮。

武陵蛮寇临沅。遣谒者李嵩、中山太守马成讨之，不克。马援请行，帝愍其老，未许。援曰："臣尚能被甲上马。"帝令试之。援据鞍顾盼，以示可用，帝笑曰："矍铄哉，是翁！"遂遣率中郎将马武、耿舒等将四万余人征五溪。援谓友人杜愔曰："吾受厚恩，年迫日索，常恐不得死国事。今获所愿，甘心瞑目。但畏长者家儿或在左右，与从事，殊难得调，介介独恶是耳！"

冬十月，匈奴南单于遣使入贡。

南单于奉藩称臣，上以问朗陵侯臧宫，宫曰："匈奴饥疫分

比见知牙师被杀，口出怨言道："如果按兄弟次序来说，右谷蠡王应当继位；如果按传子论，我是前单于的长子，我应当继位。"于是心怀猜疑恐惧，很少去参加单于王庭朝会。单于舆怀疑他，就派两位骨都侯监督统领比部下的兵马。等到单于蒲奴继位，比更加怨恨，他秘密派遣汉人郭衡带着匈奴地区去求见西河太守，请求归附汉朝。两位骨都侯对比的意图颇有察觉，劝单于诛杀比。比的弟弟斩将王恰巧在单于帐中，听到消息后就跑去报告比。于是比聚集起八部兵马四五万人，等待两位骨都侯回来，要杀死他们。两位骨都侯将到达时，发觉了比的计谋，逃走了。单于派遣一万骑兵攻打比，因为见到比的军队强大，不敢进兵而返回。匈奴南部八部落首领一起议定拥立比为呼韩邪单于，又派使者到五原塞去，表示愿意永远做汉朝的藩属屏障，抵御北方敌人。刘秀把这件事交给公卿商议，大家都认为天下刚刚安定，中原空虚，不能答应。只有五官中郎将耿国认为应当依照汉宣帝的旧例，接受归附，让他们在东面抵御鲜卑，在北面抗拒匈奴，做四方蛮夷的表率，修复沿边各郡。刘秀听从了耿国的意见。从此匈奴分成南匈奴和北匈奴。

秋七月，派马援征讨武陵蛮人。

武陵蛮人侵犯临沅。派谒者李嵩、中山太守马成讨伐，不能取胜。马援请求出征，刘秀怜惜他年迈，没有同意。马援说："我还能够身穿盔甲，上马征战。"刘秀让他试试身手。马援骑在马鞍上，回头瞧看，表示仍然能够作战，刘秀笑着说："好一位精神矍铄的老翁啊！"于是派他率领中郎将马武、耿舒等统领四万多人征讨五溪。马援对友人杜愔说："我受皇恩深重，但年事已高，去日无多，总担心不能为国而死。现在得遂心愿，死也瞑目了。只是顾虑那些权贵子弟，他们或者在我左右，或者跟从办事，很难处置协调好，独独有这块心病啊！"

冬十月，匈奴南单于派使者到洛阳进贡。

南单于愿意做汉朝的藩国，自称臣属，刘秀征询朗陵侯臧宫的意见，臧宫说："匈奴发生饥荒与瘟疫，引起部落之间分裂

争,臣愿得五千骑以立功。"帝笑曰:"常胜之家,难与虑敌,吾方自思之。"

己酉(49) 二十五年

春正月,貊人、鲜卑、乌桓并入朝贡。

辽东徼外貊人寇边,太守祭肜招降之。肜又以财利抚纳鲜卑大都护偏何,使招致异种,络绎款塞。肜曰:"审欲立功,当归击匈奴,斩送头首,乃信耳。"偏何等即击斩匈奴,持头诣郡。其后相攻,辄送首级,受赏赐。自是匈奴衰弱,边无寇警,鲜卑、乌桓并入朝贡。肜为人质厚重毅,抚夷狄以恩信,故皆畏而爱之,得其死力。

南单于击北单于,破之,来请使者监护。

南单于遣其弟左贤王莫将兵万余人击北单于弟薁鞬左贤王,生获之。北单于震怖,却地千余里。南单于复遣使诣阙贡献,求使者监护,遣侍子,修旧约。

三月晦,日食。 夏,新息侯马援卒于军,诏收其印绶。

马援军至临乡,击破蛮兵。

初,援尝有疾,虎贲中郎将梁松来候之,独拜床下,援不答,松意不平。诸子问曰:"梁伯孙,帝婿,贵重朝廷,公卿已下莫不惮之,大人奈何独不为礼?"援曰:"我乃松父友也,虽贵,何得失其序乎?"援兄子严、敦并喜讥议,通轻侠,援前在交趾,还书诫之曰:"吾欲汝曹闻人过失,如闻

斗争,我愿率领五千名骑兵去立战功。"刘秀笑着说:"同常胜将军难以商议敌情,我要自己考虑此事。"

己酉(49)　汉光武帝建武二十五年

春正月,貊人、鲜卑、乌桓一起到洛阳来进贡。

辽东郡塞外的貊人侵犯边境,辽东太守祭肜招引他们投降。祭肜又用财物安抚结纳鲜卑首领偏何,让他招来其他外族人陆续到边塞投降归顺。祭肜说:"你们当真想立功,就应当回去攻打匈奴,斩下匈奴首领的头送来,我才相信你们。"偏何等部落就去攻击斩杀匈奴人,拿着匈奴人的头到辽东郡来。后来他们每年都攻击匈奴,不断送来人头,接受赏赐。匈奴的势力从此衰弱,汉朝的边疆地区不再有受侵扰的警报,鲜卑、乌桓一同到洛阳进贡。祭肜为人质朴敦厚,沉着坚毅,用恩惠和信义安抚外族,所以外族对他都既畏惧又喜爱,拼死效力。

匈奴南单于攻击北单于,打败北单于,到洛阳来请求汉朝派出使者进行监护。

南单于派他的弟弟左贤王莫率军一万余人攻击北单于的弟弟薁鞬左贤王,将他活捉。北单于十分震惊恐惧,后撤了一千余里。南单于再次派遣使者前往洛阳进贡,请求汉朝派使者进行监护,还送去王子做人质,重修旧日和约。

三月最后一天,出现日食。　夏,新息侯马援死在军中,刘秀下诏收回他的印信绶带。

马援的军队抵达临乡,打败蛮兵。

当初,马援曾经患病,虎贲中郎将梁松前往探望,梁松独自在床下拜见,马援没有还礼,梁松心中不满。马援的儿子问马援说:"梁松是皇上的女婿,是朝廷上的显贵,公卿以下的官员没有不惧怕他的,您为什么独独对他不以礼相待?"马援说:"我是他父亲的朋友,他虽然身份显贵,怎么能不讲辈分呢?"马援哥哥的儿子马严、马敦都喜欢发表议论,结交游侠,马援先前在交趾时,写信回来告诫他们说:"我要你们听到别人的过失,就如同听到

父母之名,耳可得闻,口不可得言也。好议论人长短,妄是非政法,此吾所大恶,宁死不愿闻子孙有此行也。龙伯高敦厚周慎,口无择言,谦约节俭,廉公有威,吾爱之重之,愿汝曹效之。杜季良豪侠好义,忧人之忧,乐人之乐,父丧致客,数郡毕至,吾爱之重之,不愿汝曹效也。效伯高不得,犹为谨敕之士,所谓'刻鹄不成尚类鹜'者也;效季良不得,陷为天下轻薄子,所谓'画虎不成反类狗'者也。"伯高者,山都长龙述也。季良者,越骑司马杜保也。会保仇人上书,讼"保为行浮薄,乱群惑众,伏波将军万里还书以诫兄子,而梁松、窦固与之交结"。帝召松、固,以讼书及援诫书示之,松、固叩头流血,而得不罪。诏免保官,擢拜龙述为零陵太守。松由是恨援。

及援讨武陵蛮,军次下隽,有两道可入,从壶头则路近而水险,从充则涂夷而运远。耿舒欲从充道,援以为弃日费粮,不如从壶头,扼其咽喉,充贼自破。以事上之,帝从援策。进营壶头,贼乘高守隘,水疾,船不得上。会暑甚,士卒多疫死,援亦中病,乃穿岸为室以避炎气。贼每升险鼓噪,援辄曳足以观之,左右哀其壮,莫不为之流涕。耿舒与兄好畤侯弇书曰:"前舒上书当先击充,粮虽难进而兵马得用,军人数万,争欲先奋。今壶头竟不得进,大众怫郁行死,诚可痛惜。前到临乡,贼无故自致,若夜击之,即可殄灭。

自己父母的名字一样,耳可以听,但口中不能讲。喜好议论别人的长短是非,随意褒贬时政和法令,是我最为厌恶的,我宁肯死,也不愿听到子孙有此类行径。龙伯高为人敦厚谨慎,言谈合乎礼法,谦虚而俭朴,廉正而威严,我对他既敬爱又尊重,希望你们效仿他。杜季良为人豪侠仗义,把别人的忧虑当作自己的忧虑,把别人的欢乐当作自己的欢乐,他父亲去世后,几个郡的客人都来吊丧了,我对他也既敬爱又尊重,却不希望你们效仿他。效仿龙伯高不成,还可以做谦恭之士,正如人们所说的'刻鸿鹄不成还像鸭';如果效仿杜季良不成,就会堕落成天下的轻浮子弟,正如人们所说的'画虎不成反似狗'。"龙伯高是山都县长龙述,杜季良是越骑司马杜保。恰逢杜保的仇人上奏章,指控"杜保行为浮躁轻薄,蛊惑人心,伏波将军马援从万里之外写信回家告诫他哥哥的儿子,而梁松、窦固却同他结交"。刘秀就召梁松、窦固晋见,把指控杜保的奏书和马援告诫侄儿的书信拿给他们看,梁松、窦固叩头流血,才得以免罪。刘秀下诏罢免杜保的官职,提升龙述为零陵太守。梁松由此憎恨马援。

　　等到马援讨伐武陵蛮人时,军队驻扎在下隽,有两条路可以进入蛮界:一条走壶头,则路途近而水势险恶;另一条走充县,则道路平坦而运输线太长。耿舒想从充县进军,马援认为那样会消耗时日和军粮,不如从壶头进兵,扼住蛮人咽喉,充县的蛮军就可以不攻自破。马援把情况上报朝廷,刘秀批准了马援的策略。于是从壶头进军,蛮贼凭借地势高,据守关隘,而水流湍急,汉军船只不能上行。当时正值酷暑,官兵中有很多人身染瘟疫而死,马援也受传染,于是在河岸上凿出洞窟来避暑热。每当蛮贼登上高处击鼓呐喊,马援就蹒跚着察看敌情,左右随从都哀痛他的壮志,无不为之流泪。耿舒写信给他的哥哥好畤侯耿弇说:"先前我上书朝廷,建议先攻打充县,粮食虽然难运但军队能够派上用场,几万士卒个个奋勇争先。现在竟然困在壶头,不能进军,官兵忧愁抑郁,行将病死,实在令人痛惜。之前到达临乡,蛮贼无故自己到来,如果乘夜攻打他们,就可以将其全歼。

伏波类西域贾胡,到一处辄止,以是失利。今果疫疾,皆如舒言。"弇得书奏之,帝乃使梁松乘驿责问援,因代监军。会援卒,松因是构陷援,帝大怒,追收援新息侯印绶。

初,援在交趾,尝饵薏苡实,能轻身,胜瘴气。军还,载之一车。及卒后,有上书谮之者,以为昔所载还皆明珠、文犀。帝益怒。援妻孥惶惧,与严草索相连,诣阙请罪。帝乃出松书以示之,方知所坐,上书诉冤。前云阳令朱勃诣阙上书曰:"窃见故伏波将军马援间者南讨,立陷临乡,师已有业,未竟而死。吏士虽疫,援不独存。惟援得事朝廷二十二年,北出塞漠,南渡江海,触冒害气,僵死军事,名灭爵绝,国土不传。海内不知其过,众庶未闻其毁,家属杜门,葬不归墓,怨隙并兴,宗亲怖栗,死者不能自列,生者莫为之讼,臣窃伤之!愿下公卿,平援功罪,宜绝宜续,以厌海内之望。"帝意稍解。

冬十月,监军谒者宗均矫制告谕群蛮,降之。

谒者宗均监援军,援既卒,军士疫死者太半,蛮亦饥困。均乃与诸将议曰:"今道远士病,不可以战,欲权承制降之,何如?"诸将莫敢应,均曰:"夫忠臣出境,有可以安国家,专之可也。"乃矫制调伏波司马吕种守沅陵长,命种奉诏书入虏营,告以恩信,因勒兵随其后。蛮夷震怖,

但是，马援就像是西域商人，每到一处就停下来，因此战事失利。如今果然遇到了瘟疫，完全同我预言的一样。"耿弇收到书信后，上奏给朝廷，刘秀就派梁松乘坐驿车前去责问马援，并顺便代理监军事务。正当此时，马援去世，梁松趁机陷害马援，刘秀大怒，下令收回马援的新息侯印信绶带。

当初，马援在交趾时，曾经服食薏苡仁，因为它能使身体轻健，并能抵御瘴气。马援班师回朝时，装了一车带回去。等到马援死后，却有人上书诬告他当初载回的全是珍珠和犀角。刘秀更加愤怒。马援的妻子儿女惊慌恐惧，同马严一起用草绳把自己捆绑起来，到皇宫门外请罪。刘秀把梁松的奏书给他们看，他们方才知道马援的罪名，便上书鸣冤。前任云阳县令朱勃到洛阳皇宫来上书说："我看到已故的伏波将军马援不久前南征蛮贼，很快攻陷临乡，大军已建树功业，但未及完成而去世了。官兵们虽然遭受瘟疫，但马援也没有独自生还。马援为朝廷效命二十二年，向北出塞远到大漠，向南渡过江海，触冒瘟疫，死在军中，名声毁灭，爵位丧失，封国失传。天下不知他的过错，百姓没听说对他的诋毁，他的亲属紧闭门户，遗体不能运回祖坟安葬，对他的怨恨和嫌隙一时并起，马氏家族恐惧战栗，已死的人不能为自己剖白，活着的人不能为他分辩，我为此深感痛心！希望将马援一案交付公卿议论，评判他的功与罪，决定是否恢复爵位，以满足天下人的愿望。"刘秀之怒意稍有缓解。

冬十月，马援军队的监军谒者宗均假传圣旨晓谕众蛮贼，收降他们。

谒者宗均做马援军队的监军，马援死后，官兵因瘟疫病死一大半，蛮兵也饥饿困乏。宗均就同将领们商议说："现在我军道路遥远，官兵染疾，难以作战，我想权且代表皇上发布命令招降敌人，怎么样？"众将领没人敢回答，宗均说："忠臣远在国家边境外，若有能安定国家的计策，可以专断专行。"于是假传圣旨，调伏波司马吕种代理沅陵县长，命他带着诏书到蛮贼驻营地去，宣告朝廷的恩德和信义，而自己率领大军尾随其后。蛮人震惊恐惧，

冬十月,共斩其大帅而降。于是均入贼营,散其众,遣归本郡,为置长吏而还,群蛮遂平。均未至,先自劾矫制之罪,上嘉其功,迎,赐以金帛。

辽西乌桓内属,置校尉以领之。

是岁,辽西乌桓大人郝旦等率众内属。诏封乌桓渠帅为侯、王、君长者八十一人,使居塞内,布于缘边诸郡,令招来种人,给其衣食,遂为汉侦候,助击匈奴、鲜卑。时司徒掾班彪上言:"乌桓天性轻黠,好为寇贼,若久放纵而无总领者,必复掠居人,但委主降掾吏,恐非所能制。臣愚以为宜复置乌桓校尉,诚有益于附集,省国家之边虑。"帝从之。于是始复置校尉于上谷宁城,开营府,并领鲜卑赏赐、质子,岁时互市焉。

庚戌(50) 二十六年
春正月,诏增百官奉。
千石已上减于西京旧制,六百石已下增于旧秩。

初作寿陵。
帝曰:"古者帝王之葬,皆陶人、瓦器、木车、茅马,使后世之人不知其处。太宗识终始之义,景帝能述遵孝道,遭天下反覆而霸陵独完受其福,岂不美哉?今所制地不过二三顷,无为山陵陂池,裁令流水而已。使迭兴之后,与丘陇同体。"

立南单于庭,置使匈奴中郎将以领之。

冬季十月,他们一起斩杀首领投降。于是宗均进入蛮贼大营,遣散了兵众,令他们各回本郡,又委任了地方官吏,然后班师,蛮人之乱于是平定。宗均还没有到洛阳,先自我弹劾假传圣旨的罪过,刘秀嘉奖他的功劳,派人迎接他,赏赐钱财、丝帛。

辽西郡的乌桓部落归附汉朝,刘秀设置乌桓校尉统领他们。

这一年,辽西郡的乌桓部落首领郝旦等率领部众归附汉朝。刘秀下诏封乌桓各级首领为侯、王、君长,总共册封八十一人,让他们移居到边塞以内,分布在沿边各郡,又令他们招集本族人前来,官府供给他们衣服粮食,于是这些人就成为汉朝的边疆哨卫,帮助汉朝征讨匈奴和鲜卑。当时司徒掾班彪上书说:"乌桓人天性轻薄狡黠,喜欢做强盗,如果长期放纵他们而没有人统领,他们必定会再度劫掠汉朝居民,只委派主持受降的低级官吏,恐怕不能控制他们。我认为应当重新设置乌桓校尉,这样必将有益于招抚安定外族,减少国家的边疆忧患。"刘秀采纳了班彪的建议。于是开始在上谷郡宁城重新设置乌桓校尉,建立大营和官府,并且负责对鲜卑人的赏赐、接送人质等事务,每年四季举行双边贸易。

庚戌(50) 汉光武帝建武二十六年
春正月,下诏增加百官俸禄。

千石以上的官吏俸禄低于西汉旧制,六百石以下的官吏俸禄高于西汉旧制。

开始兴建皇陵。

刘秀说:"古代帝王的随葬物品都是陶人、瓦器、木车、茅编之马,让后世人不知道墓建在哪里。太宗文帝明了生死的真义,景帝能够遵从孝道,所以虽然经受了天下大乱,而霸陵唯独能有幸完好保存,难道不是美事吗?现在设计的陵墓,占地不过二三顷,不起山陵,不修塘池,只让它不积水罢了。这样使陵墓在改朝换代后能与丘陇泥土成为一体。"

为南匈奴单于修建王庭,设置使匈奴中郎将领军护卫。

遣中郎将段郴、副校尉王郁使南匈奴，立其庭，去五原西部塞八十里。诏听南单于入居云中，始置使匈奴中郎将，将兵卫护之。

秋，南单于遣子入侍。

诏赐单于冠带、玺绶、车马、金帛、甲兵、什器，又转河东米糒、牛羊以赡给之。令中郎将将弛刑五十人随单于所处，参辞讼，察动静。单于岁尽辄遣奉奏，送侍子入朝；汉遣谒者送前侍子还单于庭，赐单于及阏氏、左右贤王以下缯彩合万匹，岁以为常。于是云中、五原、朔方、北地、定襄、雁门、上谷、代八郡民归于本土。遣谒者分将弛刑补治城郭，发遣边民在中国者布还诸县，皆赐以装钱，转给粮食。时城郭丘墟，扫地更为，上乃悔前徙之。

冬，徙南单于居西河美稷。

冬，南单于五骨都侯子复将其众三千人归南部，北单于使骑追击，悉获其众。南单于遣兵拒之，逆战不利。于是复诏单于徙居西河美稷，因使段郴、王郁留西河拥护之。令西河长史岁将骑二千、弛刑五百人助中郎将卫护单于，冬屯夏罢，自后以为常。南单于既居西河，亦列置诸部王助汉扞戍北地、朔方、五原、云中、定襄、雁门、代郡，皆领部众，为郡县侦逻耳目。北单于惶恐，颇还所略汉民以示善意。钞兵每到南部下，还过亭候，辄谢曰："自击亡虏奠鞬日逐耳，非敢犯汉民也。"

派中郎将段郴，副校尉王郁出使南匈奴，为其兴建王庭，距离五原郡西部边塞八十里。下诏准许南匈奴单于到云中郡内居住，开始设置使匈奴中郎将，率军护卫南单于。

秋，南单于送王子进京做人质。

下诏赐给单于官帽、腰带、印玺、绶带、车马、金银财物、丝织品、武器及日用品，又从河东郡转调粮食、牛羊以供给南匈奴。命令中郎将率领五十名免刑囚犯跟随南单于，参与处理诉讼案件，观察动静。南单于每年年末就派使者呈送奏章，送王子到汉朝做人质；汉朝派谒者送前次做人质的王子返回单于王庭，赐给单于及其王后、左右贤王及以下官员彩色丝绸共一万匹，每年如此，成为惯例。于是云中、五原、朔方、北地、定襄、雁门、上谷、代等八郡的流亡百姓回归家园。派遣谒者分别带领免刑囚徒修补整治城郭，并遣返在中原居住下来的内迁边境百姓回到各自县里，赐给所有返乡人治装费，调拨供应粮食。当时的沿边城郭已成废墟，需要清理重建，刘秀于是后悔当初迁徙百姓的决定。

冬，让南单于移居到西河郡美稷县。

冬，南匈奴五位骨都侯之子又率领他们的部众三千人归附南匈奴，北匈奴单于令骑兵追击，将他们全部抓获。南匈奴单于派兵抗拒，交战不利。于是刘秀再次下诏让南单于迁移到西河郡美稷县居住，并命令段郴、王郁留守西河郡护卫他们。又命西河郡长史每年带领二千名骑兵、五百名免刑囚犯协助中郎将保护南单于，冬季屯驻，夏季撤回，从此之后成为常例。南单于移居到西河郡后，依然设置诸部落王，协助汉朝戍守北地、朔方、五原、云中、定襄、雁门、代郡，诸部落王都率领部众，替各郡、县巡逻侦察。北单于惊惶恐惧，送回不少被劫掠去的汉朝百姓，以表示善意。每当其突击部队到南匈奴居住地去时，经过汉朝设置的边塞亭和烽火台，就致歉道："我们只是征伐叛逆逃走的奠鞬日逐王而已，不敢进犯汉朝居民。"

辛亥（51） 二十七年

夏，大司徒况卒。 五月，诏三公去"大"名，改司马曰太尉。 以赵憙为太尉，冯勤为司徒。 北匈奴求和亲，不许。

北匈奴遣使诣武威求和亲，帝召公卿廷议，不决。皇太子言曰："南单于新附，北虏惧于见伐，故倾耳而听，争欲归义耳。今未能出兵而反交通北虏，臣恐南单于将有二心，北虏降者且不复来矣。"帝然之，告武威太守勿受其使。臧宫、马武上书曰："虏今人畜疫死，旱蝗赤地，疲困乏力，不当中国一郡，万里死命，县在陛下。岂宜固守文德而堕武事乎？今命将临塞，厚县购赏，谕告高句骊、乌桓、鲜卑攻其左，发河西四郡、天水、陇西羌、胡击其右，如此，北虏之灭，不过数年。"诏报曰："今国无善政，灾变不息，百姓惊惶，人不自保，而复欲远事边外乎？孔子曰：'吾恐季孙之忧不在颛臾。'且北狄尚强，而屯兵警备，传闻之事，恒多失实。诚能举天下之半以灭大寇，岂非至愿！苟非其时，不如息民。"自是诸将莫敢言兵事者。

寿张侯樊宏卒。

宏为人谦柔畏慎，每当朝会，辄迎期先到，俯伏待事。所上便宜，手自书写，毁削草本。公朝访逮，不敢众对。宗族染其化，未尝犯法。帝甚重之。及病困，遗令薄葬，一无所用。以为棺柩一藏，不宜复见，如有腐败，伤孝子之心，使与夫人同坟异藏。帝善其令，以书示百官，因曰："今

辛亥（51）　汉光武帝建武二十七年

夏,大司徒玉况去世。　　五月,下诏令三公将其称谓中的"大"字去掉,又将司马改为太尉。　　任命赵憙为太尉,冯勤为司徒。　　北匈奴请求与汉朝和亲,刘秀没有答应。

北匈奴单于派使者到武威郡请求和亲,刘秀召集公卿在朝堂上商议,未能决定。皇太子说:"南匈奴单于刚归附不久,北匈奴惧怕被剿伐,所以倾耳听命,争着要归顺我朝。如今我们没能出兵征讨,却反而同北匈奴交好,我恐怕南单于将会生二心,投降的北匈奴也不会再来了。"刘秀赞同这一见解,告诉武威太守不要接待北匈奴使者。臧宫、马武上奏书说:"如今北匈奴遭受瘟疫,人员、牲畜病死,又发生旱灾和蝗灾,赤地千里,疲惫困乏,毫无力量,抵不上我朝的一个郡,万里之外的垂死生命,悬在陛下的手上。难道应当固守文德之治而放弃武力吗?现在命令将领进军边塞,悬以重赏,告诉高句骊、乌桓、鲜卑攻打北匈奴东部,调遣河西四郡、天水、陇西的羌人、胡人攻打其西部,这样一来,北匈奴的灭亡,不过几年就能见到了。"刘秀下诏答复说:"如今国家没有好政策,灾祸变异不断出现,百姓惊慌不安,不能保全自己,而又要去经营遥远的塞外吗?孔子说:'我恐怕季孙家的忧患不是外部的颛臾。'况且北匈奴实力仍然强大,我们还要屯驻军队,戒备侵犯,传闻的事情,总是多有不实之处。果真能用全国一半的力量消灭大敌,岂不是我最大的愿望!如果时机未到,不如让百姓休养。"从此将领们无人敢再建议用兵。

寿张侯樊宏去世。

樊宏为人谦恭柔和,谨慎小心,每次朝会,他总是提前到达,俯身待命。所上奏章都是他亲手书写,随后销毁底稿。朝会时皇上询问他事情,他不敢当众回答。他的宗族受他影响,没有人触犯法律。刘秀对他很尊重。等到他病重时,遗命实行薄葬,不用任何随葬品。他认为棺枢一旦掩埋,不应再见到,如果棺木腐朽败坏,会令孝顺的儿女伤心,因此他嘱咐同夫人同坟却不同穴而葬。刘秀赞赏他的遗嘱,把他的遗书拿给百官看,并说:"现在

不顺寿张侯意，无以彰其德。且吾万岁之后，欲以为式。"

壬子(52) 二十八年

春，以鲁益东海。

徙鲁王兴为北海王，以鲁益东海。帝以东海王彊去就有礼，故优以大封，食二十九县，赐虎贲、旄头，设钟簴之乐，拟于乘舆。

夏六月，沛太后郭氏薨。　　秋八月，遣诸王就国。

先是，上问赵憙以久长之计，憙请遣诸王就国，上遂遣鲁王兴、齐王石就国。初，马援兄子婿王磐，平阿侯仁之子也。王莽败，磐拥富赀为游侠，有名江、淮间。游京师，与诸贵戚友善。援谓姊子曹训曰："王氏，废姓也，子石当屏居自守，而反游京师长者，用气自行，多所陵折，其败必也。"后岁余，磐坐事死。磐子肃复出入王侯邸第。时禁罔尚疏，诸王皆在京师，竞修名誉，招游士。马援谓司马吕种曰："建武之元，名为天下重开，自今以往，海内日当安耳。但忧国家诸子并壮而旧防未立，若多通宾客，则大狱起矣。卿曹戒慎之！"至是，有上书告肃等受诛之家为诸王宾客，虑因事生乱。会更始子寿光侯鲤得幸于沛王，怨刘盆子，结客杀故式侯恭。帝怒，沛王坐系诏狱，三日乃得出。因诏郡县收捕诸王宾客，更相牵引，死者以千数。吕种亦与其祸，临命叹曰："马将军神人也！"秋八月戊寅，东海王彊、沛王辅、楚王英、济南王康、淮阳王延始就国。

如不遵从寿张侯的遗愿,便无法彰显他的品德。况且我死之后,也要依照此法行事。"

壬子(52) 汉光武帝建武二十八年

春,将鲁国并入扩大东海国。

改封鲁王刘兴为北海王,将鲁国并入东海国。刘秀认为东海王刘彊行事有礼,所以以待他特别优厚,加大封国,食二十九县,赐给他虎贲武士、骑兵仪仗,摆设木架钟磬以奏礼乐,同帝王相仿。

夏六月,沛太后郭氏去世。 秋八月,让各诸侯王前往封国。

此前,刘秀询问赵熹永保帝业的策略,赵熹请求派各诸侯王回到各自封国去,刘秀就派遣鲁王刘兴、齐王刘石前往封国。当初,马援哥哥的女婿王磐是平阿侯王仁的儿子。王莽败亡后,王磐拥有大量钱财而成为游侠,在长江、淮河之间颇有名气。他后来到洛阳来,同皇亲国戚们结为好友。马援对姐姐的儿子曹训说:"王氏家族是败落之家,王磐本当深居以自保,他反而同洛阳的显贵们结交,意气行事,得罪了很多人,他必定会身败名裂。"过了一年多,王磐果然获罪被杀。但王磐的儿子王肃又出入王侯府第。当时,禁令还不严密,各诸侯王都住在洛阳,争相博取名誉,招揽宾客。马援对司马吕种说:"建武开元,重建天下,从今以后海内当日益安定。我只忧虑各位皇子一起长大强壮,而旧有的禁令限制未能恢复,如果他们广纳宾客,那么大狱就会兴起。你们要警戒小心此事!"到这时,有人上书控告王肃等被诛杀家族的子弟已成为各诸侯王的宾客,忧虑他们会寻机制造祸乱。恰逢更始刘玄的儿子寿光侯刘鲤受到沛王的宠信,刘鲤怨恨刘盆子,就纠结宾客杀死故式侯刘恭。刘秀大怒,沛王因此获罪,囚禁于诏狱,三日后才被放出。刘秀于是下诏各郡县搜捕各诸侯王的宾客,加之相互牵连,因此事死去者数以千计。吕种也遭此祸,临死前叹息说:"马将军真是神人啊!"秋八月十九日,东海王刘彊、沛王刘辅、楚王刘英、济南王刘康、淮阳王刘延开始前往封国居住。

以张佚为太子太傅,桓荣为少傅。

上大会群臣,问:"谁可傅太子者?"群臣承望上意,皆言太子舅执金吾原鹿侯阴识可。博士张佚正色曰:"今陛下立太子,为阴氏乎,为天下乎? 即为阴氏,则阴侯可;为天下,则固宜用天下之贤才。"帝称善,曰:"欲置傅者,以辅太子也。今博士不难正朕,况太子乎?"即拜佚为太子太傅,以博士桓荣为少傅,赐以辎车、乘马。荣大会诸生,陈其车马、印绶,曰:"今日所蒙,稽古之力也,可不勉哉?"

北匈奴乞和亲,许之。

北匈奴遣使贡马及裘,更乞和亲,并请音乐,又求率西域诸国胡客俱献见。帝下三府议酬答之宜,司徒掾班彪曰:"臣闻孝宣帝敕边守尉曰:'匈奴大国,多变诈,交接得其情,则却敌折冲;应对入其数,则反为轻欺!'今北匈奴见南单于来附,惧谋其国,故数乞和亲;又远驱牛马与汉合市,重遣名王,多所贡献,斯皆外示富强以相欺诞也。臣见其献益重,知其国益虚,归亲愈数,为惧愈多。然今既未获助南,则亦不宜绝北。羁縻之义,礼无不答。谓可颇加赏赐,略与所献相当,报答之辞令必有适。今立藁草并上,曰:'单于不忘汉恩,追念先祖旧约,欲求和亲以辅身安国,计议甚高,为单于嘉之。往者匈奴数有乖乱,呼韩邪、郅支自相仇隙,并蒙孝宣皇帝垂恩救护,故各遣侍子称藩保塞。

任命张佚为太子太傅,桓荣为太子少傅。

刘秀召集百官朝会,询问:"谁能担当太子的师傅?"群臣迎合刘秀的心意,都说太子的舅父、执金吾、原鹿侯阴识可以胜任。博士张佚严肃地说:"如今陛下立太子,是为阴家呢,还是为天下呢? 如果为阴家,那么阴识可担此任;如果为天下,那么定当选用天下贤能之才!"刘秀表示赞许,说:"要设置太子太傅,是为了辅佐太子。今天博士敢于纠正我的错误,何况太子呢?"于是拜张佚为太子太傅,任命博士桓荣为太子少傅,赏赐他们帷车、马匹。桓荣召集全体学生聚会,摆出刘秀赐予的车马和印信绶带,说:"我现在得此殊荣,是得力于钻研古书,你们难道能不努力吗?"

北匈奴乞求和亲,刘秀同意了。

北匈奴派使者进贡马匹和裘皮,再次乞求和亲,并且请求赏赐汉朝乐器,又请求率领西域各国使者一同进贡朝见。刘秀命令太尉、司空、司徒三府商议如何答复才最合适,司徒掾班彪说:"我听说汉宣帝曾命令戍边官员说:'匈奴是大国,狡诈多变,同它交往,如能得到它的真情实意,那么它能为我们冲杀退敌;如果落入它的圈套,那么反而会受到轻视欺侮。'如今北匈奴单于见南单于前来归附,害怕我们谋算他的国家,因此屡次乞求同我朝和亲;又从远方驱赶牛马同我朝边民互市贸易,还几次派遣地位显赫的藩王前来,进贡物品繁多,这些都是表面上显示富强来欺骗我们的行为。我见北匈奴进贡物品越贵重,知道它的实力越虚弱;求和亲的次数越多,它的恐惧就越大。但是现在既然我们未能帮助南匈奴出兵打北匈奴,也就不应当与北匈奴断交。按照安抚笼络的原则,外族致礼,也不能没有酬答。我认为可以多加赏赐,其价值与贡品大体相当,回信的言辞、口气一定要恰当。我现在将已拟好的草稿一并呈上,信的内容如下:'单于不忘汉朝恩德,追念先祖制订的旧和约,想要和亲以求保身安国,这项策略十分高明,对单于的做法深表赞许。从前匈奴多有内乱,呼韩邪、郅支两单于相互敌视而生嫌隙,他们承蒙宣帝垂恩救护,所以各自派遣王子做人质,自称藩属,保卫汉朝边塞。

其后郅支忿戾，自绝皇泽，而呼韩附亲，忠孝弥著。及汉灭
郅支，遂保国传嗣，子孙相继。今南单于携众向南，款塞归
命，自以呼韩嫡长，次第当立，而侵夺失职，猜疑相背，数
请兵将，归扫北庭，策略纷纷，无所不至。惟念斯言不可独
听，又以北单于比年贡献，欲修和亲，故拒而未许，将以成
单于忠孝之义。汉秉威信，总率万国，日月所照，皆为臣
妾，殊俗百蛮，义无亲疏，服顺者褒赏，畔逆者诛罚。善恶
之效，呼韩、郅支是也。今单于欲修和亲，款诚已达，何嫌
而欲率西域诸国俱来献见？西域国属匈奴，与属汉何异？
单于数连兵乱，国内虚耗，贡物裁以通礼，何必献马、裘？
今赍杂缯五百匹，弓鞬韇丸一，矢四发，遗单于；又赐献马
左骨都侯、右谷蠡王杂缯各四百匹，斩马剑各一。单于前
言先帝时所赐呼韩邪竽、瑟、空侯皆败，愿复裁赐，念单于国
尚未安，方厉武节，以战攻为务，竽、瑟之用不如良弓、利剑，
故未以赍。朕不爱小物，于单于便宜所欲，遣驿以闻。'"帝
悉纳从之。

癸丑（53） 二十九年
春二月朔，日食。

甲寅（54） 三十年
春二月，帝东巡。

后来郅支单于翻脸，自己断绝汉朝恩信；而呼韩邪单于归附亲近汉朝，忠孝更加显著。等到汉朝歼灭郅支单于后，呼韩邪单于得以保国传位，子孙相继为单于。如今南匈奴单于率领部众向南来，到边塞归附，自认为是呼韩邪嫡传长子，按照次序应当立为单于，因被侵夺而失去王位，又遭到猜疑，所以分裂背弃，他多次请求汉朝派出兵将，要返回故土，扫平北匈奴王庭，为了说动汉朝，采取各种策略，无所不用其极。只是我朝顾念他的话不能偏听偏信，又因为北匈奴单于连年进贡，想与我朝修好并请求和亲，所以没有答应南匈奴的要求，目的是成全北单于的忠孝之心。汉朝秉承威望和信义，统率天下万国，日月所照之处，都是汉朝的臣属；对待风俗不同的异族，在道义上不分亲疏，对顺服者予以褒奖，对叛逆者予以诛罚。奖善惩恶的效应，在呼韩邪、郅支二人身上早已得到验证。如今北单于想同我朝和亲，并已表达了至诚之意，还有什么嫌疑而要率领西域各国使者一同前来进贡朝见呢？西域各国臣属匈奴，与臣属汉朝有什么不同呢？北匈奴连年遭受兵灾战乱，国内财力空虚耗尽，贡品只为了交往的礼节，何必要献来马匹、裘皮？现在将各色丝绸五百匹、弓箭套一副、箭四支赠予单于，再赏赐献来马匹的左骨都侯、右谷蠡王各色丝绸各四百匹、斩马剑各一柄。单于先前曾说汉朝先帝赐给呼韩邪单于的竽、瑟和箜篌都已毁坏，希望再度赏赐，考虑到单于的国家尚未安定，正应厉兵秣马而崇尚武功，以战斗攻敌为当务之急，竽、瑟的用途不如良弓和利剑，故而没有赏赐。我不吝惜小物件，对于单于想要的东西，派使者告知即可。'"刘秀完全采纳了班彪的建议。

癸丑（53） **汉光武帝建武二十九年**
春二月初一，出现日食。

甲寅（54） **汉光武帝建武三十年**
春二月，刘秀到东方巡视。

群臣上言:"即位三十年,宜封禅泰山。"诏曰:"即位三十年,百姓怨气满腹,'吾谁欺,欺天乎?''曾谓泰山不如林放乎?'何事污七十二代之编录? 若郡县远遣吏上寿,盛称虚美,必髡,令屯田。"于是群臣不敢复言。

闰月,还宫。 有星孛于紫宫。 夏,大水。 胶东侯贾复卒。

复从征伐,未尝丧败,数与诸将溃围解急。帝以复敢深入,希令远征,而壮其勇节,常自从之,故少方面之勋。诸将每论功伐,复未尝有言,帝辄曰:"贾君之功,我自知之。"

乙卯(55) 三十一年
夏五月,大水。 晦,日食。 蝗。

丙辰(56) 建武中元元年
春正月,以第五伦为会稽太守。
京兆掾第五伦领长安市,公平廉介,市无奸枉。每读诏书,叹息曰:"此圣主也,一见决矣。"后补淮阳王医工长。王入朝,伦随官属得会见。帝问以政事,伦因此酬对,帝大悦。明日,复特召入,与语至夕。以伦为扶夷长,未到官,追拜会稽太守。为政清而有惠,百姓爱之。

二月,帝东巡,封泰山,禅梁阴。
上读《河图会昌符》曰:"赤刘之九,会命岱宗。"上

群臣向刘秀建议:"陛下即位已三十年,应当到泰山封禅,祭祀天地。"刘秀下诏说:"朕在位三十年来,百姓怨气满腹,《论语》说:'我欺骗谁,难道欺骗上天吗?''居然以为泰山的神灵不如林放吗?'为什么要玷污记载着七十二位封禅泰山的贤君的史册呢?如果各郡县远道派来官员上寿,用虚浮溢美之词歌功颂德,朕一定处以髡刑,剃去他们的头发,让他们去边疆屯田。"于是众大臣不敢再提议封禅。

闰三月,刘秀返回洛阳皇宫。　紫宫星座附近出现彗星。夏,发生水灾。　胶东侯贾复去世。

贾复跟随刘秀出征作战,从未打过败仗,并多次同众将领冲破包围解救危难。刘秀由于贾复敢于深入敌军,过于勇猛,很少命他远征,但又赞赏他的忠勇,常常让他亲随自己征战,所以贾复缺少独当一面的功勋。将领们每次议战功时,贾复从不讲话,刘秀就说:"贾复的功劳,我自己知道。"

乙卯(55)　汉光武帝建武三十一年
夏五月,发生水灾。　最后一天,出现日食。　发生蝗灾。

丙辰(56)　汉光武帝建武中元元年
春正月,任命第五伦为会稽太守。

京兆掾第五伦管理长安的集市,他公平正直,廉洁耿介,市场上没有奸邪冤枉的事情发生。他每次读诏书都叹息说:"这是圣明的君主,见一面就能决定我的大事。"后来,他升任淮阳王医工长。淮阳王进京朝见,第五伦随同其他官属得以会见刘秀。刘秀询问政事,第五伦乘机应答,刘秀十分高兴。第二天,又特意召第五伦入朝晋见,同他交谈直到黄昏。任命第五伦为扶夷县长,还未到任,又被任命为会稽太守。第五伦主持政务清明廉洁,广施恩惠,百姓们爱戴他。

二月,刘秀到东方巡视,在泰山祭祀天神,在梁阴祭祀地神。

刘秀读《河图会昌符》,书中说:"赤刘之九,会命岱宗。"刘秀

感此文,乃诏虎贲中郎将梁松等按索《河洛谶文》,言九世当封禅者凡三十六事。于是张纯等复奏请封禅,上乃许焉。诏有司求元封故事,当用方石再累,玉检、金泥。上以石功难就,欲因孝武故封石,置玉牒其中,梁松争以为不可,乃命石工取完青石,无必五色。丁卯,车驾东巡。二月己卯,幸鲁,进幸泰山。辛卯晨,燎,祭天于泰山下南方,群神皆从,用乐如南郊。事毕,至食时,天子御辇登山。日中后,到山上,更衣。晡时,升坛北面,尚书令奉玉牒检,天子以寸二分玺亲封之,讫,太常命骑骑二千余人发坛上方石,尚书令藏玉牒已,复石覆讫,尚书令以五寸印封石检。事毕,天子再拜,群臣称万岁,乃复道下。夜半后,上乃到山下,百官明旦乃讫。甲午,禅祭地于梁阴,以高后配,山川群神从,如元始中北郊故事。

三月,司空纯卒。 夏四月,帝还宫。 赦,改元。六月,以冯鲂为司空。 司徒勤卒。 京师醴泉出,赤草生,郡国言甘露降。

群臣奏言:"灵物仍降,宜令太史撰集,以传来世。"帝不纳。常自谦无德,每郡国所上,辄抑而不当,故史官罕得而记焉。

秋,蝗。 冬十月,以李䜣为司徒。 尊薄太后曰高皇后,迁吕太后主于园。薄后配食地祇,吕后四时上祭。十一月晦,日食。 起明堂、灵台、辟雍,宣布图谶于天下。

被这句话触动,就下诏令虎贲中郎将梁松等人对《河洛谶文》进行考证,该书提到汉朝九世应去泰山封禅的总共有三十六处。于是张纯等人再次奏请刘秀到泰山封禅,刘秀这才同意。刘秀下诏让有关官员查考汉武帝元封时期封禅的旧例,查出应当用可以对合的巨型方石、玉制封匣和用水银与黄金制成的封泥。刘秀认为巨型方石费功难做,想利用汉武帝时的旧方石,把上奏天神的玉牒放在其中,梁松力争认为不能那样做,于是刘秀令石工采用完整的青石刻制方石,而不一定要五色俱全。二十八日,刘秀东行巡视。二月初十,到达鲁国,进而前往泰山。二十二日,清晨,燃起柴火,在泰山南麓下祭天,并随着祭祀众神,使用在京城南郊祭天时所奏礼乐。祭祀结束后,已到上午辰时,刘秀坐御用挽车登泰山。午时后到达山顶,更换祭服。到傍晚申时,刘秀登上祭坛,面向北方,尚书令捧上玉牒和玉匣,刘秀亲自用一寸二分的御玺钤封,封好后,太常命骑士二千多人抬起祭坛上的方石,尚书令把玉牒藏入后,再用方石盖好,然后尚书令再用五寸印钤封石匣。仪式完毕,刘秀两次叩拜,百官齐呼万岁,然后从原路下山。深夜子时后刘秀才到达山下,百官次日清晨才全部下山。二十五日,在梁阴祭祀地神,以高后配享,随着祭祀山川众神,如同汉平帝元始年间在长安北郊祭地的旧例。

三月,司空张纯去世。　夏四月,刘秀返回洛阳皇宫。　大赦天下,改年号。　六月,任命冯鲂为司空。　司徒冯勤去世。京城洛阳有甘泉涌出,长出赤草,各郡、封国奏报天降甘露。

群臣奏称:"祥瑞频繁降临,应当命令太史收集,载入史册,以流传后世。"刘秀不同意。刘秀经常谦虚地认为自己没有帝王德行,每当各郡、封国呈上祥瑞降临的奏章,他总是压下来,表示不敢当,所以史官很少得到材料而记录下来。

秋,发生蝗灾。　冬十月,任命李䜣为司徒。　追尊薄太后为高帝皇后,将吕太后的牌位迁到墓园。薄太后在地神之旁配享,对吕太后四季祭祀。　十一月最后一天,出现日食。　兴建明堂、灵台、辟雍,向天下宣布符书、谶文。

初，上以《赤伏符》即帝位，由是信用谶文，多以决定嫌疑。给事中桓谭上疏谏曰："凡人忽于见事而贵于异闻。观先王之所纪述，咸以仁义正道为本，非有奇怪虚诞之事。盖天道性命，圣人所难言也，自子贡以下不得而闻，况后世浅儒能通之乎？今诸巧慧小才、伎数之人，增益图书，矫称谶记，以欺惑贪邪，诖误人主，焉可不抑远之哉？臣谭伏闻陛下穷折方士黄白之术，甚为明矣，而乃欲听纳谶记，又何误也！其事虽有时合，譬犹卜数只偶之类。陛下宜垂明听，发圣意，屏群小之曲说，述五经之正义。"疏奏，帝不悦。会议灵台所处，帝谓谭曰："吾欲以谶决之。"谭默然，良久曰："臣不读谶。"帝问其故，谭复极言谶之非经。帝大怒，曰："桓谭非圣无法，将下，斩之！"谭叩头流血，良久，乃得解。出为六安郡丞，道病卒。

南单于比死，弟莫立。

帝遣使赍玺书拜授玺绶，赐以衣冠及缯彩，是后遂以为常。

丁巳(57) 二年
春正月，初立北郊，祀后土。 二月，帝崩。

帝崩于南宫前殿，年六十二。帝每旦视朝，日仄乃罢，数引公卿、郎将讲论经理，夜分乃寐。皇太子见帝勤劳不怠，承间谏曰："陛下有禹、汤之明，而失黄、老养性之福，

当初，刘秀因《赤伏符》的预言而登上皇位，因此相信符谶，多用它们来解决疑难问题。给事中桓谭上书劝谏说："普通人总是忽略常见的事物而看重奇异的传闻。察看先世圣明帝王的传记，都以仁义正道为根本，并无奇异怪诞虚幻的事情。天道与命运，是圣人也难以预言阐释的，自子贡以后已经听不到孔子讲述，何况后世的浅薄儒生能通晓它们吗？现在一些有小聪明、小技能的人，随意增改图书，假称是谶文、符命，用来欺骗迷惑贪心而不正派的人，误导君主，岂能不对他们拒而远之呢？我听说陛下对方士烧炼丹药、点化金银之术完全否定，甚为英明，却愿意听从采纳符谶上的预言，这又是何等的失误！预言虽然有时恰与事实相符，但只不过像占卜单双之类，总有巧合。陛下应当听取正确意见，发扬圣明思想，摒弃小人的邪说，遵循儒家五经所讲述的正道。"奏书呈上后，刘秀看了很不高兴。正巧要议定灵台的位置，刘秀对桓谭说："我想用符谶决定此事。"桓谭沉默不语，过了很久才说："我不读符谶之书。"刘秀问他是什么缘故，桓谭又极力陈述符谶之书离经叛道。刘秀大怒，说："桓谭诋毁神圣，目无国法，把他拉下去，斩首！"桓谭叩头请罪，头上都流出血来，过了很久，刘秀的怒气才得以平息。桓谭被调出洛阳，担任六安郡丞，在赴任途中病故。

南匈奴单于比去世，他的弟弟莫继位。

刘秀派使者带着诏书前往，举行授予玺印绶带的仪式，并赏赐南单于官服、官帽和彩色绸缎，自此之后便形成常例。

丁巳(57)　汉光武帝建武中元二年
春正月，在京城洛阳的北郊开始设立社坛，祭祀后土神。
二月，刘秀去世。

刘秀在南宫前殿去世，享年六十二岁。刘秀生前每天早晨升朝理政，午后才散朝，还屡次召见公卿、郎将讲论经书义理，到半夜才睡。皇太子见他辛勤劳苦而不倦怠，就找机会劝谏说："陛下有夏禹、商汤的圣明，却没有黄帝、老子的颐养天性的福分，

愿颐爱精神,优游自宁。"帝曰:"我自乐此,不为疲也。"虽以征伐济大业,及天下既定,乃退功臣而进文吏,明慎政体,总览权纲,量时度力,举无过事,故能恢复前烈,身致太平。

太尉赵憙典丧事。时经王莽之乱,旧典不存,皇太子与诸王杂坐同席,藩国官属出入宫省,与百僚无别。憙正色,横剑殿阶,扶下诸王以明尊卑;奏遣谒者将护官属分止他县,诸王并令就邸,唯朝晡入临。整礼仪,严门卫,内外肃然。

山阳王荆哭临不哀,而作飞书,令苍头诈称大鸿胪郭况书与东海王彊,言其无罪被废,及郭后黜辱,劝令东归举兵以取天下,且曰:"高祖起亭长,陛下兴白水,何况于王,陛下长子、故副主哉?当为秋霜,无为槛羊。人主崩亡,闾阎之伍尚为盗贼,欲有所望,何况王邪?"彊得书惶怖,即执其使,封书上之。明帝以荆母弟,秘其事,遣荆出止河南宫。

太子庄即位,尊皇后曰皇太后。 三月,葬原陵。夏四月,以邓禹为太傅,东平王苍为骠骑将军。
诏曰:"方今上无天子,下无方伯,若涉渊水而无舟楫。夫万乘至重而壮者虑轻,实赖有德,左右小子。高密侯禹,元功之首;东平王苍,宽博有谋。其以禹为太傅,苍为骠骑将军。"苍恳辞,帝不许。又诏骠骑将军置长史、掾史员四十人,

希望您能爱惜身体、保养精神，悠游岁月而自求宁静。"刘秀说：
"我自己乐于这样，并不觉得疲倦。"刘秀虽然靠征战和武力建立
帝业，但等到天下平定后，他就遣退有功的武将，而选拔任用文
官，清醒谨慎地制定国策，总揽大权，审时度势，量力而行，措施
得当，所以能恢复前代帝王的功业，有生之年实现了天下太平。

太尉赵惠主持丧事。当时经历了王莽之乱，旧的典章制度
已不复存在，皇太子同诸亲王混杂而坐，不分次序；封国的官属
出入宫禁与朝廷百官并无区别。赵惠神色严肃，手按剑柄站在
殿阶上，将诸位亲王扶下正殿，以明确尊卑之分；还上奏书，请求
派谒者护送各封国的官属分别迁到外县居住，命诸位亲王回到
他们在京城的官邸，只准上午和下午入宫哭悼。这使礼仪整齐
分明，门禁森严，朝廷内外井然有序。

山阳王刘荆哭悼先帝时不悲伤，却写了一封匿名信，派他的
奴仆诈称大鸿胪郭况写信给东海王刘彊，信上说刘彊无罪而被
废去皇太子之位，母亲郭皇后也被罢黜受辱，劝刘彊回到东方的
封国兴兵举事，夺取天下，并且说："汉高祖起兵时只是一个小小
亭长；陛下在白水乡间兴起，建立了帝业；何况对于您，身为先王
长子，原来的储君呢？您应当做秋天的寒霜，肃杀万物；不要做
圈栏中的羊，任人宰割。皇上去世，平民百姓尚且要做盗贼，要
有所图谋，何况您这位王爷呢？"刘彊收到信后惶恐不安，立即抓
了送信人，将原信封好，上呈给明帝。明帝因刘荆是同母胞弟，
对这件事保守秘密，让刘荆出洛阳，到河南宫居住。

**皇太子刘庄继位，尊先皇皇后为皇太后。　三月，将刘秀葬在
原陵。　夏四月，任命邓禹为太傅，任命东平王刘苍为骠骑将军。**

明帝下诏说："朕如今上无先皇教导，下无重臣辅佐，就像涉
越深渊而没有舟船桨楫。皇帝的责任极为重大，然而年轻人考
虑问题往往轻率，实在是有赖于德高望重的长辈来辅佐朕。高密
侯邓禹位居各位功臣之首，东平王刘苍宽厚渊博而有智谋。任
命邓禹为太傅，刘苍为骠骑将军。"刘苍恳切推辞，明帝不同意。
明帝又下诏令骠骑将军官府中设置长史、掾史等官吏四十人，

位在三公上。苍尝荐西曹掾吴良,帝曰:"荐贤助国,宰相之职也。萧何举韩信,设坛而拜,不复考试。今以良为议郎。"

烧当羌反,遣兵击之,败没。冬,复遣马武等讨之。

初,烧当羌豪滇良击破先零,夺居其地。滇良卒,子滇吾与弟滇岸率众寇陇西,败太守刘盱于允街,于是守塞诸羌皆叛。诏谒者张鸿领诸郡兵击之,战于允吾,鸿军败没。冬十一月,复遣中郎将窦固监捕虏将军马武等二将军四万人讨之。

戊午(58) 显宗孝明皇帝永平元年
春正月,朝原陵。

帝率公卿以下朝于原陵,如元会仪。乘舆拜神坐,退,坐东厢;侍卫官皆在神坐后,太官上食,太常奏乐;郡国上计吏以次前,当神轩占其郡谷价及民所疾苦。是后遂以为常。

夏五月,太傅高密侯邓禹卒。
谥曰元。
东海王彊卒。

东海王彊病,上遣使者、太医乘驿视疾,络绎不绝。诏沛王辅等诣鲁省疾。戊寅,彊薨。临终,上疏谢恩,言:"身既天命,孤弱复为皇太后、陛下忧虑,诚悲诚惭! 息政,小人也,

使骠骑将军的地位在三公之上。刘苍曾经举荐西曹掾吴良，明帝说："举荐贤能，协助治国，是宰相的职责。萧何举荐韩信，就当即设坛授官，不再考试。现在任命吴良为议郎。"

烧当羌人叛乱，明帝派军队讨伐，被打败，全军覆没。冬，明帝又派马武等征讨羌人。

当初，烧当羌部落首领滇良打败先零羌部落，抢占了他们的领地。滇良去世后，他的儿子滇吾和弟弟滇岸一起率领部众侵犯陇西郡，在允街打败了陇西郡太守刘盱，于是原来守卫陇西郡边塞的羌人全都反叛汉朝。明帝下诏命令谒者张鸿统领各边郡兵马讨伐羌人，在允吾同羌人交战，张鸿的部队战败，全军覆没。冬十一月，明帝又派中郎将窦固监督捕虏将军马武等两名将军率领四万人讨伐羌人。

汉明帝

戊午（58）　汉明帝永平元年

春正月，朝拜原陵。

明帝率领公卿及百官在原陵朝拜，如同光武帝刘秀生前举行元旦朝会的仪式。明帝先在刘秀的牌位前叩拜，然后退下，坐在东厢；侍卫官全都站在牌位之后，太官献上御膳，太常演奏音乐；各郡、封国呈送年终考绩的官员依次上前，在供奉光武帝牌位的堂上奏报本地粮价和人民疾苦。此后这项仪式便成为常例。

夏五月，太傅高密侯邓禹去世。

谥号为"元"。

东海王刘彊去世。

东海王刘彊病重，明帝派遣使者、御医乘坐驿车前去探望诊治病情，来来往往的车马络绎不绝。明帝诏命沛王刘辅等亲王前往鲁城探望病情。二十二日，刘彊去世。他临死前上奏书谢恩，其中写道："我自己是短命，留下的孤儿幼子还要让皇太后和陛下忧虑，我真是又悲痛又惭愧！我的儿子刘政还是个小孩子，

狠当袭臣后,必非所以全利之也,愿还东海郡。今天下新罹大忧,惟陛下加供养皇太后,数进御餐。臣彊困劣,言不能尽意,愿并谢诸王,不意永不复相见也!"帝览书悲恸,从太后出幸津门亭发哀,使大司空持节护丧事,赠送以殊礼,诏楚王英等及京师亲戚皆会葬。帝追惟彊深执谦俭,不欲厚葬以违其意,于是特诏:"遣送之物,务从约省,衣足敛形,茅车瓦器,物减于制,以彰王卓尔独行之志。"将作大匠留起陵庙。

秋七月,马武等击羌,破之。 祭肜讨乌桓,大破之。罢缘边屯兵。

辽东太守祭肜使偏何讨赤山乌桓,大破之,斩其魁帅。塞外震詟,西自武威,东尽玄菟,皆来内附,野无风尘,乃悉罢缘边屯兵。

好畤侯耿弇卒。

己未(59) 二年

春正月,宗祀光武皇帝于明堂,始服冠冕、玉佩。登灵台,望云物。 三月,临辟雍,行大射礼。 冬十月,行养老礼。

上幸辟雍,初行养老礼,以李躬为三老,桓荣为五更。三老服都纻大袍,冠进贤,扶玉杖。乘舆到辟雍礼殿,御坐东厢,遣使者安车迎三老、五更于太学讲堂。天子迎于门屏,交礼,道自阼阶,三老升自宾阶。至阶,天子揖如礼。三老升,东面,三公设几,九卿正履,天子亲袒割牲,

如果勉强继承我的爵位和封国，一定不是保全他有益于他的办法，我请求交还东海封国，恢复为东海郡。如今天下刚遭受大丧，愿陛下加意奉养皇太后，多进饭食。我困顿低劣，言辞不能表达全部心意，愿一并答谢各位亲王，想不到我们永远不能再见面了！"明帝看到奏书异常悲痛，跟随太后出洛阳城，到津门亭为刘彊举哀，命令大司空持符节监察丧事的办理，对刘彊的赏赐赠予超过普通的礼仪，下诏令楚王刘英等亲王及在京城的亲戚们都去参加葬礼。明帝追忆刘彊坚持谦恭节俭，不想实行厚葬来违背刘彊的原意，于是发布特诏："东海王的随葬物品务必符合简单节俭的原则，寿衣足以包住身体即可，用茅编之车、陶器和瓦器，物品少于通常的制度规定，以此显示东海王卓尔不群、独行特立的志向。"命令将作大匠留在东海国营建王陵祭庙。

秋七月，马武等攻打羌人，大败敌军。 祭肜讨伐乌桓，大败敌人。撤销在边境戍守屯田的军队。

辽东太守祭肜令偏何讨伐赤山的乌桓部落，大败乌桓人，斩杀其首领。塞外震惊恐惧，西起武威郡，东到玄菟郡，外族人都来归附汉朝，四野不再有烽烟和战尘，于是汉朝将沿边屯田戍守的军队全部撤回。

好畤侯耿弇去世。

己未(59) 汉明帝永平二年

春正月，在明堂为光武帝举行祭祀典礼，初次戴上专用冠帽和玉佩。明帝登上灵台，察看天象。 三月，明帝来到辟雍，举行大射礼。 冬十月，举行养老礼。

明帝来到辟雍，首次举行养老礼，任命李躬为三老，桓荣为五更。三老穿麻布袍，戴进贤冠，手扶玉杖。明帝进到辟雍的礼殿，坐在东厢，派使者用安车迎接三老、五更到太学讲堂。明帝在门屏风处相迎，互相行礼，然后明帝从东阶引路，三老从西阶登堂。到达阶顶后，明帝按礼仪作揖。三老登上讲堂，面向东方，由三公摆设几案，九卿将鞋放正，明帝亲自卷起衣袖切割祭肉，

执酱而馈,执爵而酳,祝鲠在前,祝馔在后。五更南面,三公进供,礼亦如之。礼毕,引桓荣及弟子升堂,上自为下说,诸儒执经问难于前,冠带搢绅之人圜桥门而观听者,盖亿万计。于是下诏赐荣爵关内侯,三老、五更皆以二千石禄养终厥身。赐天下三老酒,人一石,肉四十斤。

上自为太子,受《尚书》于桓荣,及即帝位,犹尊荣以师礼。常幸太常府,令荣坐,东面,设几杖,会百官及荣门生数百人,上亲自执业。诸生或避位发难,上谦曰:"大师在是。"既罢,悉以太官供具赐太常家。荣每疾病,帝辄遣使者存问,太官、太医相望于道。及笃,上疏谢恩,让还爵土。帝幸其家问起居,入街下车,拥经而前,抚荣垂涕,赐以床茵、帷帐、刀剑、衣被,良久乃去。自是,诸侯、将军、大夫问疾者,不敢复乘车到门,皆拜床下。荣卒,帝亲自变服临丧送葬,赐冢茔于首山之阳。子郁当嗣,让其兄子汎,帝不许,郁乃受封,而悉以租人与之。帝以郁为侍中。

中山王焉就国。
上以中山王焉,郭太后少子,太后尤爱之,故独留京师。至是,始与诸王俱就国,赐以虎贲、官骑,恩宠尤厚,独得往来京师。帝礼待阴、郭,每事必均,数受赏赐,恩宠俱渥。

捧上酱汁请三老食用,手执盛酒之爵向三老敬酒,先祝三老进餐不梗,后祝其咽食不噎。五更面向南方,由三公进奉肉和酒,礼仪和进奉三老相同。仪式结束后,召桓荣和他的学生登上讲堂,明帝亲自讲论经书,儒生们手执经书在明帝前询问疑难之处,环绕在辟雍门外桥上观看和聆听的官吏和士人,数以亿万计。于是明帝下诏,赐封桓荣为关内侯,三老、五更都终身享有二千石俸禄。又赏赐全国的三老,每人一石酒,四十斤肉。

明帝做太子时,向桓荣学习《尚书》,等到登上皇位后,仍然用老师之礼尊奉桓荣。明帝曾到太常府去,让桓荣面东而坐,自己为他摆设几案和手杖,召集百官和桓荣的学生数百人,他本人手里拿着经书听讲。有的儒生离开座位向明帝提出疑难问题,明帝谦虚地说:"老师在此,我这个学生怎能讲解呢?"事后,明帝把太官为他供应的食物全部赏赐给桓荣家。每当桓荣生病,明帝就派使者前去探问病情,送食物的太官和治病的太医来往不绝,前后相望。等到桓荣病重,上书谢恩,请求交还爵位和封地。明帝亲临其家去询问病情,车刚到街口就下了车,手抱经书来到病榻前,抚摸着桓荣流下眼泪,赏赐桓荣床垫、帐帐、刀剑、衣服、被褥,坐了很久才离去。从此之后,前往探望桓荣的诸侯、将军、大夫们不敢再乘车直抵桓荣家大门,都走到病床前拜见桓荣。桓荣去世后,明帝换上丧服亲自吊唁送葬,在首山南麓赐给桓荣一块墓地。桓荣的儿子桓郁应当继承爵位,他要让给自己哥哥的儿子桓汎,明帝不许,桓郁这才接受封爵,但他把封地上的田租收入全都送给桓汎。明帝又任命桓郁为侍中。

中山王刘焉前往他的封国居住。

明帝因中山王刘焉是郭太后的小儿子,阴太后尤为宠爱他,所以只把他一人留在京城洛阳居住。到这时,才开始让他与诸位亲王全部前往各自的封国,赏赐给刘焉虎贲武士、骑士,恩宠特别丰厚,只准他一人自由来往京城。明帝对阴太后和郭太后所生的各位亲王都以礼相待,事事都必定平等,亲王们常受到赏赐,享有深厚的恩宠。

帝如长安。　十一月,遣使者以中牢祠萧何、霍光。帝过,式其墓。是月,还宫。

庚申(60)　三年
春二月,太尉憙、司徒诉免,以郭丹为司徒,虞延为太尉。　立贵人马氏为皇后,子炟为皇太子。

后,援之女也,光武帝时,以选入太子宫,能奉承阴后,傍接同列,礼则修备,上下安之,遂见宠异。及帝即位,为贵人。时后前母姊女贾氏亦以选入,生皇子炟。帝以后无子,命养之,谓曰:“人未必当自生子,但患爱养不至耳。”后于是尽心抚育,劳悴过于所生。太子亦孝性纯笃,母子慈爱,始终无纤介之间。后常以皇嗣未广,荐达左右,若恐不及。后宫有进见者,每加慰纳;若数所宠引,辄增隆遇。及有司奏立长秋宫,帝未有所言,皇太后曰:“马贵人德冠后宫,即其人也。”后既正位宫闱,愈自谦肃,好读书,常衣大练,裙不加缘。朔、望诸姬主朝请,望见后袍衣疏粗,以为绮縠,就视,乃笑。后曰:“此缯特宜染色,故用之耳。”群臣奏事有难平者,帝数以试后,后辄分解趣理,各得其情,然未尝以家私干政事,帝由是宠敬,始终无衰焉。

图画中兴功臣于云台。
帝思中兴功臣,乃图二十八将于南宫云台,以邓禹为首,次马成、吴汉、王梁、贾复、陈俊、耿弇、杜茂、寇恂、傅俊、岑彭、坚镡、冯异、王霸、朱祐、任光、祭遵、李忠、

明帝前往长安。 十一月,派使者用中牢礼节祭祀萧何和
霍光。明帝经过他们的墓地时,站在车上手扶横木,俯身致敬。
当月,返回洛阳皇宫。

庚申(60) 汉明帝永平三年

春二月,太尉赵憙、司徒李䜣被免职,任命郭丹为司徒,虞延
为太尉。 立贵人马氏为皇后,皇子刘炟为皇太子。

皇后是马援之女,光武帝时被选入太子宫,能侍奉顺承阴皇
后,和同辈友好相处,礼数周全,使得上下和睦,所以特别受到
宠幸。等到明帝继位后,被封为贵人。当时她的异母姐姐的女
儿贾氏也被选入宫中,生下皇子刘炟。明帝因马氏没有儿子,命
她抱养刘炟,对她说:"人不一定要自己生养儿子,只担心爱护
不够、养育不周罢了。"于是马氏尽心抚育刘炟,操劳辛苦胜过亲
生母亲。刘炟也天性孝顺,母慈子爱,两人之间始终不存任何芥
蒂。马氏常因明帝子嗣不多,向明帝推荐她身边的美女,唯恐做
得不周全。后宫中如有人被明帝召幸,她往往加以慰问和接见;
如果有人被多次宠幸,她就给予隆重的待遇。等到有关官员奏
请选立皇后,明帝尚未开口,阴太后就说:"马贵人在后宫中品德
最佳,就是皇后的人选啊。"马氏登上皇后之位以后,更加自谦庄
重,爱读书,常穿粗丝衣服,裙服不加边缘装饰。每月的初一、十
五,嫔妃和公主们入宫请安,远远望见皇后衣着简单粗糙,还以
为是特制的丝绸,走近一看,才笑了起来。皇后说:"这种绸料特
别适宜染色,所以用它。"百官奏书中有难以决定的事情时,明帝
多次拿来测试皇后的才识和品性,皇后就分析推理,一一得出了
真实情况,然而她从未因自己家里的私事干预政事,因此明帝对
她既宠爱又敬重,始终没有减弱。

明帝令在云台上为有功于汉朝中兴的大臣画像。

明帝怀念中兴功臣,就在南宫云台上画二十八位将领的肖
像,邓禹位居第一,其次是马成、吴汉、王梁、贾复、陈俊、耿弇、杜
茂、寇恂、傅俊、岑彭、坚镡、冯异、王霸、朱祐、任光、祭遵、李忠、

景丹、万修、盖延、邳肜、铫期、刘植、耿纯、臧宫、马武、刘隆，又益以王常、李通、窦融、卓茂，合三十二人。马援以椒房之亲，独不与焉。

夏六月，有星孛于天船北。　　大起北宫，既而罢之。

时天旱，尚书仆射钟离意诣阙，免冠，上疏曰："昔成汤遭旱，以六事自责。窃见北宫大作，民失农时。自古非苦宫室小狭，但患民不安宁。宜且罢止，以应天心。"帝策诏报曰："汤引六事，咎在一人。其冠、履，勿谢！"又敕大匠止作诸宫，减省不急。诏因谢公卿百僚，遂应时澍雨。帝性褊察，好以耳目隐发为明，公卿大臣数被诋毁，近臣尚书以下至见提曳。常以事怒郎药崧，以杖撞之，崧走入床下，帝怒甚，疾言曰："郎出！"崧乃曰："天子穆穆，诸侯皇皇，未闻人君，自起撞郎。"帝乃赦之。是时，朝廷莫不悚栗，争为严切以避诛责。唯钟离意独敢谏争，数封还诏书，臣下过失，辄救解之。会连有变异，上疏曰："陛下畏敬鬼神，忧恤黎元，而天气未和，寒暑违节者，咎在群臣不能宣化治职，而以苛刻为俗。百官无相亲之心，吏民无雍雍之志，至于感逆和气，以致天灾。百姓可以德胜，难以力服，《鹿鸣》之诗必言燕乐者，以人神之心洽，然后天气和也。愿陛下垂圣德，缓刑罚，顺时气，以调阴阳。"帝虽不能时用，然知其至诚，终爱厚之。

景丹、万修、盖延、邳肜、铫期、刘植、耿纯、臧宫、马武、刘隆等,后来又增补了王常、李通、窦融、卓茂,总共三十二人。因为马援是皇后之父,所以唯独他不在其内。

夏六月,天船星座北方出现彗星。　大规模兴建北宫,不久就停建。

当时天旱,尚书仆射钟离意来到皇宫门外,摘去官帽,上书说:"先前商汤遭到旱灾,就用六件事责问自己。现在我看到大建北宫,百姓不能及时耕作。自古以来,帝王忧患之事不在宫室狭小,而只担心百姓不得安宁。应当暂且停止兴建,以顺应天心。"明帝下诏答复说:"商汤提到六件事,错误全在一人身上。钟离意可以戴上官帽,穿上鞋,不要请罪!"又命令大匠停止建造所有的宫室,减省并不急用的开支。并下诏向公卿和百官谢罪,于是上天应时降雨。明帝心胸狭隘而精明,好用耳目密探群臣的隐私,以为这就是英明,公卿大臣多次被辱骂,陪伴在左右的尚书以下官员甚至被殴打。明帝曾因事对郎官药崧发怒,用手杖打药崧,药崧逃跑,躲到床下,明帝更加恼怒,厉声喝道:"郎官出来!"药崧就说:"'天子穆穆,诸侯皇皇',哪有皇上,动手打郎。"明帝才放过他。当时,朝中百官无不胆战心惊,争相显示出严厉苛刻的态度以逃避诛杀或责骂。只有钟离意一人敢于进谏争辩,多次将他认为不妥的诏书封起来奉还,官员们有了过失,他总设法解救。适逢接连出现怪异事物,钟离意上书说:"陛下尊敬畏惧鬼神,忧虑体恤百姓,然而却出现气候失调、寒暑变化不符合时令的怪现象,其过错在于百官不能宣扬推广教化,恪尽自己的职责,而以苛刻为时尚。百官之间没有相互亲善的心意,官民之间没有和谐的感情,以至于影响违逆了祥和之气,招致了天灾。百姓能够用恩德来感化,却难以用强力来压服,《诗经·小雅·鹿鸣》这首诗定要提到欢宴的原因,是由于人神之心相通,然后气候才能调和。愿陛下施恩德,宽刑罚,顺应天时之气,以协调阴阳。"明帝虽然没有及时采纳钟离意的建议,但是知道他出自至诚之心,始终爱护并厚待他。

秋八月晦,日食。

诏曰:"昔楚庄无灾,以致戒惧;鲁哀祸大,天不降谴。今之动变,傥尚可救,有司勉思厥职,以匡无德!"

冬十月,帝奉皇太后如章陵。

车驾从皇太后幸章陵。荆州刺史郭贺,官有殊政,上赐以三公之服,黼黻、冕旒,敕行部去襜帷,使百姓见其容服,以章有德。

大水。

辛酉(61) 四年
春,帝如河内,不至而还。

帝近出观览城第,欲遂较猎河内。东平王苍上书谏,帝览奏,即还宫。

冬十月,司徒丹、司空鲂免,以范迁为司徒,伏恭为司空。 陵乡侯梁松下狱死。

松坐怨望、县飞书诽谤,下狱死。初,上为太子,太中大夫郑兴子众以通经知名,太子及山阳王荆因梁松以缣帛请之,众曰:"太子储君,无外交之义;汉有旧防,藩王不宜私通宾客。"松曰:"长者意,不可逆。"众曰:"犯禁触罪,不如守正而死。"遂不往。及松败,宾客多坐之,唯众不染于辞。

于阗攻莎车王贤,杀之。

秋八月最后一天,出现日食。

明帝下诏说:"从前楚庄王因楚国没有发生灾祸而怕上天遗忘了楚国,以致心存戒备恐惧;鲁哀公昏庸失政,但因不可救药,上天也没有降下灾异谴责。如今出现了日食,表示我们或许还可以挽救,各部门官员要努力尽心完成职责,以助我这无德之人担当天子的重任!"

冬十月,明帝侍奉阴太后前往章陵县。

明帝跟随阴太后到达章陵县。荆州刺史郭贺政绩卓著,明帝赏赐给他三公穿的礼服,上面绣有黑白相间的斧形花纹和黑青相间的双"己"形花纹,并赐给他悬有七条玉串的礼冠,又命郭贺巡行所管各地区时摘掉车前的帘帐,让百姓瞻仰他的仪容服饰,以表彰他的德行。

发生水灾。

辛酉(61)　汉明帝永平四年

春,明帝前往河内郡,没有到达就返回洛阳。

明帝出宫到附近游览洛阳城楼和宅第,并打算随后到河内郡去打猎。东平王刘苍上奏书劝阻,明帝看到他的奏书后,就立即返回洛阳皇宫。

冬十月,司徒郭丹、司空冯鲂被罢免,任命范迁为司徒、伏恭为司空。　陵乡侯梁松被捕入狱,处死。

梁松因怨恨朝廷、悬挂匿名信诽谤他人而被捕入狱,处死。当初,明帝做皇太子时,太中大夫郑兴的儿子郑众因通晓儒家典籍而闻名于世,太子和山阳王刘荆通过梁松用绸缎作礼物请郑众做宾客,郑众说:"皇太子是储君,没有随便结交外界人士的道理;汉朝有旧时禁令,亲王不能私自招揽宾客。"梁松说:"这是上方的意思,不能忤逆。"郑众说:"与其违反禁令触犯法律,不如坚守正道而死。"于是没有前往。等到梁松获罪,宾客们多因而获罪,只有郑众没有受到牵连。

于阗攻击莎车王贤,将其杀死。

莎车王贤以兵威逼夺于阗、大宛、妫塞王国,使其将守之。于阗人杀其将君德,立大人休莫霸为王。贤率诸国兵击之,大为休莫霸所败,脱身走还。休莫霸进围莎车,中流矢死。于阗人复立其兄子广德为王。广德父先拘在莎车,贤乃归其父,以女妻之,与之和亲。是岁,于阗王广德将诸国兵攻莎车,诱莎车王贤,杀之,并其国。匈奴发诸国兵围于阗,广德请降。匈奴立贤质子不居徵为莎车王,广德又攻杀之,更立弟齐黎为莎车王。

壬戌(62) 五年

春二月,骠骑将军苍罢,归藩。

东平王苍自以至亲辅政,声望日重,意不自安,前后累上疏称:"自汉兴以来,宗室子弟无得在公卿位者,乞上骠骑将军印绶,退就藩国。"辞甚恳切。至是,帝乃许苍还国,而不听上将军印绶。以骠骑长史为东平太傅,掾为中大夫,令史为王家郎。

冬十月,帝如邺。是月,还宫。 十一月,北匈奴寇五原、云中,南单于击却之。 安丰侯窦融卒。

融年老,子孙纵诞,多不法。长子穆尚内黄公主,矫称阴太后诏,令六安侯刘盱去妇,以女妻之。盱妇家上书言状,帝大怒,尽免穆等官,诸窦为郎吏者皆将家属归故郡,独留融京师。融寻薨。后数岁,穆等复坐事,与子勋、宣皆下狱死。久之,诏还融夫人与小孙一人居洛阳。

莎车王贤用武力强行夺占了于阗、大宛、妫塞这三个王国,派他的将领镇守。于阗人杀死了莎车的驻守将领君德,拥立本族首领休莫霸为王。贤率领西域各国的军队攻打于阗,被休莫霸打得大败,贤脱身逃回莎车。休莫霸进兵围攻莎车,被流箭射中而亡。于阗人又拥立他的哥哥的儿子广德为王。广德的父亲先前被扣押在莎车,此时贤才送回广德之父,并将女儿嫁给他,同于阗建立起和亲关系。这一年,于阗王广德率领西域各国的军队攻击莎车,引诱莎车王贤,将他杀死,兼并了莎车国。匈奴调集西域各国军队包围了于阗,广德请求投降。匈奴立贤在匈奴做人质的儿子不居徵为莎车王,广德再次进攻莎车,杀死不居徵,改立他的弟弟齐黎为莎车王。

壬戌(62) 汉明帝永平五年

春二月,骠骑将军刘苍免官,返回他的封国。

东平王刘苍因为自己是明帝的至亲而辅佐朝政,声望日益提高,内心深处很不安,先后多次上书道:"自从汉朝兴国以来,皇族子弟没有一人身居公卿大位,请允许我呈上骠骑将军的印信绶带,退职并前往封国。"奏章中言辞十分恳切。到这时,明帝才准许刘苍退居封国,但不准他交还骠骑将军的印信绶带。明帝任命骠骑将军府的长史为东平国太傅,掾史为中大夫,令史为王府郎。

冬十月,明帝前往邺城。当月,返回洛阳皇宫。 **十一月**,北匈奴进犯五原、云中,南匈奴单于将其打退。 安丰侯窦融去世。

窦融年事已高,他的子孙放纵荒唐,做了许多不法的事。窦融的长子窦穆是内黄公主的夫婿,他假称阴太后有诏命,令六安侯刘盱休掉妻子,将自己的女儿嫁给了刘盱。刘盱前妻的娘家上书控告这件事,明帝大怒,将窦穆兄弟全部免去官职,窦氏家族中做郎官的都带着家属返回故乡,只留窦融一人在洛阳。不久窦融就去世了。几年后,窦穆等人又获罪,连同他的儿子窦勋、窦宣等一起被捕入狱,处以死刑。过了很久,明帝才下诏令窦融的夫人和小孙一人返回洛阳居住。

癸亥（63） 六年

春二月,王洛山出宝鼎,诏禁章奏浮词。

诏曰:"祥瑞之降,以应有德。方今政化多僻,何以致兹?《易》曰:'鼎象三公。'岂公卿奉职得其理邪? 其赐三公帛五十匹,九卿、二千石半之。先帝诏书,禁人上事言圣,而间者章奏颇多浮词。自今若有过称虚誉,尚书皆宜抑而不省,示不为谄子蚩也。"

甲子（64） 七年

春正月,皇太后阴氏崩。二月,葬光烈皇后。 北单于求合市,许之。

北匈奴犹盛,数寇边,遣使求合市。上冀其交通,不复为寇,许之。

以宗均为尚书令。

初,均为九江守,五日一听事,悉省掾、史,闭督邮府内,属县无事,百姓安业。九江旧多虎暴,常募设槛阱,而犹多伤害。均下记属县曰:"夫江、淮之有猛兽,犹北土之有鸡豚也。今为民害,咎在残吏,而劳勤张捕,非忧恤之本也。其务退奸贪,思进忠善,可一去槛阱,除削课制。"其后无复虎患。帝闻均名,故任以枢机。均谓人曰:"国家喜文法、廉吏,以为足止奸也。然文吏习为欺谩,而廉吏清在一己,无益百姓流亡、盗贼为害也。均欲叩首争之,时未可改也,

癸亥（63） 汉明帝永平六年

春二月，王洛山上发掘出宝鼎，明帝下诏严禁奏章中有虚浮溢美之词。

明帝诏书说："祥瑞降临是响应有德的行为。当今政治多有邪僻，怎能引来祥瑞？《易经》上说：'鼎是三公的象征。'难道是公卿恪尽职守符合了天理吗？今赏赐三公每人五十匹帛，九卿和二千石官员每人二十五匹帛。先帝曾颁布诏命，禁止人们上奏章时称颂圣明，而近来奏章中虚浮之辞颇多。从今以后，如果再有溢美粉饰的言辞，尚书应当对之一律拒不受理，以示朕不被谄媚者欺骗嘲弄。"

甲子（64） 汉明帝永平七年

春正月，阴太后去世。二月，安葬光烈皇后阴氏。 北匈奴单于请求与汉朝互市，明帝应允。

北匈奴依然强盛，屡次侵犯边境，派使者请求与东汉互市。明帝希望利用通商手段使匈奴不再入侵，就应许了这一请求。

任命宗均为尚书令。

当初，宗均担任九江太守，每隔五天处理一次政务，将掾、史全都进行裁撤，将督邮关在府城内，下属各县都安定无事，百姓安居乐业。九江郡向来多有老虎为害，官府经常招募猎人设栅栏陷阱捕捉老虎，但猛虎仍然造成了很多伤害。宗均向属县发布文书说："长江、淮河一带有猛虎，如同北方有鸡、猪，本为平常事。如今猛兽为害民间，原因在于官吏残暴，而让人辛苦捕捉老虎，不是怜悯体恤百姓的根本做法。应当致力于清除贪官污吏，考虑提拔忠诚良善之人，可一举撤去栅栏陷阱，并减免赋税。"此后不再有老虎为害。明帝听说宗均的名声后，任命他担当要职。宗均对人说："陛下喜用精通法令条文和廉洁的官员，以为他们足以禁止奸恶发生。但是精通法令条文的官员惯于利用文字技巧欺上瞒下，而清官只能独善一身，不能阻止百姓流亡、盗贼为害发生。我要向皇上叩头力争，但这时还不能改变这种状况，

久将自苦之,乃可言耳!"未及言,会迁司隶校尉。后上闻
其言,追善之。

乙丑(65) 八年

**春正月,司徒迁卒,以虞延为司徒。　以吴棠为度辽
将军。**

初,大司农耿国上言:"宜置度辽将军屯五原,以防南
匈奴逃亡。"朝廷不从。南匈奴须卜骨都侯等知汉与北虏
交使,内怀嫌怨,欲畔,密使人诣北虏,令遣兵迎之。郑众
出塞,疑有异,伺候,果得须卜使人,乃上言:"宜更置大将,
以防二虏交通。"由是始置度辽营,以中郎将吴棠行度辽
将军事,将黎阳虎牙营士屯五原曼柏。

秋,大水。

郡国十四大水。

冬十月,诏听有罪亡命者赎。

募死罪系囚诣度辽营。有罪亡命者令赎,各有差。楚
王英奉黄缣、白纨诣国相曰:"托在藩辅,过恶累积,欢喜大
恩,奉送缣帛,以赎愆罪。"国相以闻,诏报曰:"楚王诵黄、老
之微言,尚浮图之仁慈,洁齐三月,与神为誓,何嫌何疑,当
有悔吝? 其还赎,以助伊蒲塞、桑门之盛馔。"初,帝闻西域
有神,其名曰佛,因遣使之天竺求其道,得其书及沙门以来。
其书大抵以虚无为宗,贵慈悲不杀;以为人死精神不灭,随
复受形;生时所行善恶皆有报应,故所贵修炼精神,以至为

但长此以往皇上将自受其苦,到那时我就可以说话了!"宗均还没来得及进谏,恰巧升任司隶校尉。后来明帝听说了宗均的上述言论,表示赞许。

乙丑(65) 汉明帝永平八年

春正月,司徒范迁去世,任命虞延为司徒。 任命吴棠为度辽将军。

当初,大司农耿国上书说:"应当设置度辽将军屯兵于五原郡,以防备南匈奴逃亡。"朝廷没有采纳这个建议。南匈奴须卜骨都侯等人得知汉朝同北匈奴互通使节的消息后,心生嫌隙怨恨,打算反叛,就秘密派人前往北匈奴,让北匈奴派军队接应。郑众出塞时,疑心情况有异,就伺察等候,果然抓到了须卜骨都侯的使者,于是上报说:"应当重新设置戍边大将军,以防备南北匈奴相互联络。"从此开始设置度辽营,任命中郎将吴棠代理度辽将军事务,率领黎阳虎牙营的军队屯驻在五原郡曼柏县。

秋,发生水灾。

十四个郡和封国发生水灾。

冬十月,下诏准许逃亡的罪犯赎罪。

招募犯有死罪的囚徒前往度辽营。命令逃亡在外的罪犯赎罪,依不同情况划分等级。楚王刘英带着黄色细绢和素色薄绸去见国相说:"我身居藩国,罪过积累很多,很高兴能蒙圣上开恩准我赎罪,我想献上细绢薄绸,以赎我的罪过。"国相将此事上报朝廷,明帝下诏答复说:"楚王口诵黄帝、老子的精微之言,崇尚佛家的仁爱慈悲,曾经斋戒三月,对佛立誓,有什么嫌疑和猜想而应当悔恨?退还他的赎罪物品,以赞助他用美食款待佛门弟子的活动。"当初,明帝听说西域有位神灵,名叫佛,就派遣使者到天竺国去寻求佛教道义,使者在西域得到了佛经,带着沙门返回中原。佛经大抵把虚无看作根本,崇尚慈悲为怀而不杀生;认为人死之后精神不灭,可以再次轮回,投胎转世;人生前所做的善恶之事都会有报应,所以重要的是要修炼精神,直至成为

佛。善为宏阔胜大之言以劝诱愚俗，精于其道者号曰沙门。于是中国始传其术，图其形像，而王公贵人独楚王英最先好之。

是月晦，日食，既。诏群司极言，复以示百官。

诏群司勉修职事，极言无讳。于是在位者皆上封事，各言得失。帝览章，深自引咎，以所上班示百官，诏曰："群僚所言，皆朕之过。民冤不能理，吏黠不能禁，而轻用民力，缮修宫宇，出入无节，喜怒过差。永览前戒，竦然兢惧，徒恐薄德，久而致怠耳！"

以郑众为军司马。

初，郑众为越骑司马，使北匈奴。单于欲令众拜，众不为屈。单于围守闭之，不与水火。众拔刀自誓，单于恐而止，乃更发使随众还京师。然虽遣使入贡，而寇钞不息，边城昼闭。帝议遣使报其使者，郑众上疏谏曰："臣闻北单于所以要致汉使者，欲以离南单于之众，坚三十六国之心也。又当扬汉和亲，夸示邻敌，令西域欲归化者局足狐疑，怀土之人绝望中国耳。汉使既到，便偃塞自信，若复遣之，虏必自谓得谋，其群臣驳议者不敢复言。如是，南庭动摇，乌桓有离心矣。南单于久居汉地，具知形势，万分离析，旋为边害。

佛。佛教擅于用恢宏博大的言辞来劝化诱导愚昧的凡夫俗子，精通佛教道义的人，称为沙门。于是佛教开始在中原传播，图画佛门形象，而王公大臣和显贵的皇族成员中唯独楚王刘英最先喜好佛教。

这月最后一天，出现日全食。过后，明帝下诏令百官率直批评朝政，又把奏章交给百官看。

明帝下诏令百官勤勉地恪尽职守，率直批评朝政，不要有所忌讳。于是官员们都呈上密封的奏章，各自议论朝政的得失。明帝阅读奏章，深深责备自己，就把这些奏章公之于百官，并下诏说："群臣指责之事，都是朕的罪过。百姓冤屈不能审理昭雪，官吏狡猾贪婪不能查禁，却轻率地使用民力，营造宫室，开支与税收没有节制，而且喜怒无常。长期考察前人的警示，朕十分惊慌恐惧，只怕朕品德低微，日久生出怠惰之心！"

任命郑众为军司马。

当初，郑众担任越骑司马，奉命出使北匈奴。北匈奴单于想让郑众向他叩拜，郑众没有屈从。北单于就派兵包围，将他看守关闭起来，不供应水火。郑众拔出佩刀誓死不从，北单于害怕了，这才停止逼迫，于是重新派遣使者跟随郑众返回京都洛阳。北匈奴虽然派遣使者进京上贡，但是仍然不断侵略，使边境城镇白天也关闭城门。明帝同群臣商议，想派使者回报匈奴来使，郑众上书劝谏说："我听说北匈奴单于之所以要求汉朝派使者前往，是想以此离间南匈奴单于的部众，坚定西域三十六国对北匈奴的效忠之心。同时他又吹嘘已同汉朝建立和亲关系，向邻近敌国夸耀，使西域那些打算归附汉朝的国家畏缩猜疑，使流亡在外怀念故土的人对汉朝绝望。汉朝使者到达北匈奴后，北匈奴单于就已十分傲慢自负，如果再派使者前去，他一定会自以为计谋得逞，而使北匈奴群臣中反对与汉朝为敌的人也不敢再说话了。如果这样，南匈奴王庭就会动摇不定，乌桓也将有叛离之心。南匈奴单于在中国内地居住的时间很长了，对汉朝的情况已详尽了解，万一同汉朝分裂，立即就会成为边境地区的祸害。

今幸有度辽之众扬威北垂,虽勿报答,不敢为患。"帝不从,复遣众。众因上言:"臣前奉使,不为匈奴拜,单于恚恨,遣兵围臣。今复衔命,必见陵折,臣诚不忍持大汉节对毡裘独拜。如令匈奴遂能服臣,将有损大汉之强。"帝不听。众不得已,既行,在路连上书固争之。诏切责众,追还,系廷尉。会赦,归家。其后帝见匈奴来者,闻众与单于争礼之状,乃复召众为军司马。

丙寅(66) 九年

夏四月,诏司隶、刺史岁考长吏殿最以闻。

诏司隶校尉、部刺史岁上墨绶长吏视事三岁以上、治状尤异者各一人,与计偕上,及尤不治者亦以闻。

大有年。　匈奴遣子入学。

帝崇尚儒学,自皇太子、诸王侯及大臣子弟、功臣子孙,莫不受经。又为外戚樊氏、郭氏、阴氏、马氏诸子立学于南宫,号"四姓小侯"。置五经师,搜选高能以授其业。自期门、羽林之士,悉令通《孝经》章句。匈奴亦遣子入学。

丁卯(67) 十年

春二月,广陵王荆有罪自杀,国除。

如今幸而有度辽营的大军在北部边疆扬威镇守，即使我们不派使者回报北匈奴，他们也不敢作乱为害。"明帝不听劝告，又派郑众出使北匈奴。郑众于是上书说："我上次奉命出使北匈奴时，不肯行叩拜礼，因此单于十分愤恨，派兵把我围困起来。现在我再次领命前往，必定会遭到凌辱，我实在不愿意手扶大汉朝的符节对着毛毡裘衣独自叩拜。而假如匈奴最终能让我屈服，将会有损于汉朝的国威。"明帝不理睬郑众的劝谏。郑众迫不得已，只好动身，出发后，他在途中接连上奏书坚持自己的主张。明帝下诏严厉责备郑众，将他追回，囚禁在廷尉监狱。恰逢赦免，郑众就回到家里。后来，明帝召见北匈奴的来访客人，听说郑众与北匈奴单于因礼仪而斗争的情况，这才再次征召郑众，任命为军司马。

丙寅（66）　汉明帝永平九年

夏四月，明帝下诏令司隶校尉和部刺史每年考核县令以下官员，将成绩最好的与最差的向朝廷汇报。

明帝下诏令司隶校尉、部刺史每年都各从任职三年以上、政绩最优异的县令以下官员中选出一人上报朝廷，让此人随同呈送年终考绩的官员进京，考绩最恶劣者也要上报朝廷。

本年粮食大丰收。　匈奴遣送贵族子弟到汉朝学习。

明帝崇尚儒学，上自皇太子、诸王、侯爵以及百官的子弟、功臣的子孙，无人不学习儒学经典。明帝还为外戚樊氏、郭氏、阴氏、马氏家族的儿子们在南宫设立学校，这些学生号称"四姓小侯"。明帝为他们设置了讲解儒家五经的老师，寻找选拔才学高超的贤士传授他们课业。即便是期门、羽林等禁卫武官，也都命令他们通晓《孝经》章句的含义。匈奴也选派贵族子弟前来洛阳学习。

丁卯（67）　汉明帝永平十年

春二月，广陵王刘荆获罪自杀而亡，封国被撤除。

　　先是,广陵王荆复呼相士谓曰:"我貌类先帝,先帝三十得天下,我今亦三十,可起兵未?"相者诣吏告之,荆惶恐,自系狱。帝加恩,不考极其事,诏不得臣属吏民,唯食租如故,使相、中尉谨宿卫之。荆又使巫祭祀、祝诅。诏长水校尉樊鯈等杂治其狱,事竟,奏请诛荆。帝怒曰:"诸卿以我弟,故欲诛之,即我子,卿等敢尔邪?"鯈对曰:"天下者,高帝天下,非陛下之天下也。《春秋》之义,君亲无将,将而必诛。臣等以荆属托母弟,陛下留圣心,加恻隐,故敢请尔。如令陛下子,臣等专诛而已。"帝叹息。是岁二月,自杀,国除。

夏闰四月,帝如南阳。

　　上幸南阳,召校官弟子作雅乐,奏《鹿鸣》,帝自御埙篪和之,以娱嘉宾。

冬十二月,还宫。　　**以丁鸿为侍中。**

　　初,陵阳侯丁綝卒,子鸿当袭封,上书称病,让国于弟盛,不报。既葬,乃挂衰绖于冢庐而逃去。友人九江鲍骏遇鸿于东海,让之曰:"昔伯夷、吴札乱世权行,故得申其志耳。今子以兄弟私恩而绝不灭之基,可乎?"鸿感悟垂涕,乃还就国。鲍骏因上书荐鸿经学至行,上征鸿为侍中。

此前，广陵王刘荆又叫来相面的术士说："我的容貌和先帝相像，先帝三十岁时即位称帝，我今年也三十岁了，可以起兵了吗？"相面的术士到官府报告了此事，刘荆惊慌恐惧，将自己囚禁在牢狱中。明帝特别施恩，不追究这件事，下诏令刘荆不能再统治封国的官吏和百姓，只能继续享用租税收入，又让封国的国相和中尉对他严加监护。刘荆却又让巫师祭祀、诅咒。明帝下诏令长水校尉樊儵等人共同审理这个案件，审判结束后，樊儵等人上奏请求诛杀刘荆。明帝生气地说："你们因为广陵王是朕的弟弟，故而要诛杀他，如果他是我的儿子，你们敢这样做吗？"樊儵回答说："天下是高帝的天下，不是陛下的天下。根据《春秋》大义，君王的至亲不得有弑君叛逆的图谋，有则必杀。我们因为刘荆是陛下的同母胞弟，陛下特别施恩，恻隐有加，所以才敢请示。如果是陛下的儿子，我们只专断诛杀而已。"明帝叹息，以示同意。这一年二月，刘荆自杀，封国撤除。

夏闰四月，明帝前往南阳。

明帝到达南阳，召唤当地学校的学生们演奏庙堂音乐，奏起《诗经·小雅·鹿鸣》时，明帝亲自吹起陶埙和竹篪应和，以娱乐嘉宾。

冬十二月，明帝返回洛阳皇宫。　任命丁鸿为侍中。

当初，陵阳侯丁綝去世后，他的儿子丁鸿应当继承爵位，享有封国，丁鸿上书声称患病，要将封国让给弟弟丁盛，明帝不同意。丁綝下葬后，丁鸿把丧服挂在守墓草庐中，然后逃走了。丁鸿的朋友、九江人鲍骏在东海国遇到了丁鸿，就责备他说："从前伯夷和季札推让王位是乱世中的权宜行为，以此来表明他们的志向。如今您因为顾念手足之情而断送父亲建立的永不毁灭的基业，合适吗？"丁鸿醒悟过来，流下眼泪，便回去继承了封国。鲍骏于是上书朝廷，举荐丁鸿，称赞他精通经学，明帝就征召丁鸿进京做侍中。

戊辰（68） **十一年**

春正月，东平王苍来朝。

苍与诸王俱来朝，月余还国。帝临送归宫，悽然怀思，乃遣使手诏赐东平国中傅曰："辞别之后，独坐不乐，因就车归。伏轼而吟，瞻望永怀，实劳我心。诵及《采菽》，以增叹息。日者问东平王：'处家何等最乐？'王言：'为善最乐。'其言甚大，副是要腹矣。今送列侯印十九枚，诸王子年五岁已上能趋拜者皆令带之。"

己巳（69） **十二年**

春，哀牢内附。

哀牢王柳貌率其民五万余户内附，以其地置哀牢、博南二县。

夏四月，修汴梁堤。

初，平帝时，河、汴决坏，久而不修。建武十年，光武欲修之，浚仪令乐俊上言："民新被兵革，未宜兴役。"乃止。其后汴梁东浸，日月弥广，兖、豫百姓怨叹。会有荐乐浪王景能治水者。夏四月，诏发卒数十万，遣景与将作谒者王吴修汴渠堤。自荥阳东至千乘海口千余里，十里立一水门，令更相洄注，无复溃漏之患。虽简省役费，然犹以百亿计焉。

秋七月，司空恭罢，以牟融为司空。

戊辰(68)　汉明帝永平十一年

春正月,东平王刘苍进京朝见。

刘苍同诸位亲王一同进京朝见,一个多月后返回各自封国。明帝亲自送行,回到皇宫后,倍感凄然,怀念刘苍,就写下亲笔诏书,派使者赐予东平国中傅,诏书写道:"分别之后,朕独自一人坐在那里,闷闷不乐,就乘车回宫。朕俯身于车前横木而低吟,遥远的观望与长久的怀念真让我心神劳苦。朗诵《诗经·小雅·采菽》,则更增加我的叹息与感伤。日前朕曾问东平王说:'居家做什么事最快乐?'东平王答道:'行善最快乐。'他的话口气甚大,正与他胸襟肚量相称。现在送去列侯印十九枚,东平王的儿子们凡年满五岁懂得行礼的都让他们佩带印信。"

己巳(69)　汉明帝永平十二年

春,哀牢国归附汉朝。

哀牢王柳貌率领他的百姓五万余户归附汉朝,朝廷在其原来居住地设置哀牢、博南二县。

夏四月,修建汴渠大堤。

当初,西汉平帝时,黄河与汴水曾经决口,过了很长时间仍未修复。到了东汉建武十年,光武帝刘秀想治理时,浚仪县令乐俊上书说:"百姓新近经历了战争磨难,不宜再征发徭役。"这件事才作罢。后来汴水向东泛滥,危害地区日益扩展,兖州、豫州的百姓哀怨叹息。恰巧有人举荐乐浪人王景,说他有治水才能。夏季四月,明帝下诏征发役夫数十万人,派王景和将作谒者王吴修筑汴水大堤。堤岸从荥阳向东,直到千乘入海口,共长一千余里,每隔十里修建一个水闸,使水闸之间的水流循环流动,相互调节,不再有决堤和漏水的忧患。王景虽然节约工程花费,然而仍消耗了数以百亿计的钱财。

秋七月,司空伏恭被免职,任命牟融为司空。

庚午（70） 十三年

夏四月，汴渠成。

河、汴分流，复其旧迹。

冬十月晦，日食。 十一月，楚王英有罪，废，徙丹阳。

楚王英与方士作金龟、玉鹤，刻文字为符瑞。男子燕广告英与渔阳王平、颜忠等造作图书，有逆谋。事下案验，有司奏："英大逆不道，请诛之。"帝以亲亲不忍。十一月，废英，徙丹阳泾县，赐汤沐邑五百户；男女为侯、主者，食邑如故；许太后勿上玺绶，留住楚宫。

辛未（71） 十四年

春三月，司徒延有罪自杀。

先是，有私以英谋告司徒虞延者，延以英藩戚至亲，不然其言。及英事觉，诏书切让延，延自杀。

夏四月，以邢穆为司徒。 故楚王英自杀。

楚王英至丹阳，自杀。诏以诸侯礼葬于泾。封燕广为折奸侯。是时，穷治楚狱，遂至累年。其辞语相连，自京师亲戚、诸侯、州郡豪杰及考案吏，阿附坐死、徙者以千数，而系狱者尚数千人。

英阴疏天下名士，上得其录，有吴郡太守尹兴名，乃征兴及掾史五百余人诣廷尉就考。诸吏不胜掠治，死者太半，唯门下掾陆续、主簿梁宏、功曹史驷勋，备受五毒，肌肉消烂，

庚午（70） 汉明帝永平十三年

夏四月，汴水堤岸修筑工程完成。

黄河、汴水自此分流，重新回到各自原来的河道。

冬十月最后一天，出现日食。 十一月，楚王刘英获罪，被废除王位，迁徙到丹阳郡。

楚王刘英和方士制作金龟、玉鹤，在上面雕刻文字，用之作为上天赐予的符命。有个叫燕广的男子告发刘英和渔阳人王平、颜忠等编造图谶之书，蓄意谋反。此案被交给有关部门审查核实，主管官员奏道："刘英大逆不道，请将他诛杀。"明帝因手足之情不忍杀他。十一月，废掉刘英的王位，把他迁徙到丹阳郡泾县，赏赐五百户作为他的收入；他的儿女原来做侯爵、公主的依旧享有他们的食邑；刘英之母许太后不必交回她的印信绶带，仍留在楚王宫中居住。

辛未（71） 汉明帝永平十四年

春三月，司徒虞延畏罪自杀。

此前，有人偷偷地把刘英的图谋报告给司徒虞延，虞延因刘英是明帝的手足至亲，不相信密报。等到刘英的逆谋暴露后，明帝下诏严厉责备虞延，虞延自杀。

夏四月，任命邢穆为司徒。 原楚王刘英自杀。

楚王刘英到达丹阳郡后自杀。明帝下诏令用诸侯礼节将刘英埋葬在泾县。封燕广为折奸侯。当时，朝廷极力追究楚王谋逆之案，连年不止。案犯供词互相牵连，上自京城洛阳的皇亲国戚、诸侯，下至州郡中的豪侠英杰以及审案官员，因附从逆反而被处死、流放的数以千计，关押在狱中的还有几千人。

原楚王刘英曾暗中将天下的有名之士记录在册，明帝得到了这份名册，发现那名册上面有吴郡太守尹兴的名字，就征召尹兴以及他的下属官员五百多人前往廷尉那里接受审查。那些官员们禁不住严刑拷打，大部分人都死掉了，只有门下掾陆续、主簿梁宏、功曹史驷勋，虽然遭受了全部五种毒刑，致使肌肉溃烂，

终无异辞。续母自吴来洛阳,作食以馈。续虽见考,辞色未尝变,而对食悲泣不自胜。治狱者问其故,续曰:"母来不得见,故悲耳。"问:"何以知之?"续曰:"母截肉未尝不方,断葱以寸为度,故知之。"使者以状闻,上乃赦兴等,禁锢终身。

颜忠、王平辞引隧乡侯耿建、朗陵侯臧信、濩泽侯邓鲤、曲成侯刘建。建等辞未尝与忠、平相见。是时,上怒甚,吏皆惶恐,诸所连及,率一切陷入,无敢以情恕者。侍御史寒朗心伤其冤,试以建等物色独问忠、平,而二人错愕不能对。朗知其诈,乃上言:"建等无奸,专为忠、平所诬,疑天下无辜,类多如此。"帝曰:"即如是,忠、平何故引之?"对曰:"忠、平自知所犯不道,故多虚引,冀以自明。"帝曰:"即如是,何不早奏?"对曰:"臣恐海内别有发其奸者。"帝怒曰:"吏持两端!"促提下捶之。左右方引去,朗曰:"愿一言而死。"帝曰:"谁与共为章?"对曰:"臣独作之。"上曰:"何以不与三府议?"对曰:"臣自知当必族灭,不敢多污染人。"上曰:"何故族灭?"对曰:"臣考事一年,不能穷尽奸状,反为罪人讼冤,故知当族灭。然臣所以言者,诚冀陛下一觉寤而已。臣见考囚在事者,咸共言:'妖恶大故,臣子所宜同疾。今出之不如入之,可无后责。'是以考一连十,考十

但始终没有更改口供。陆续之母从吴郡来到洛阳，做好饭菜送给陆续。陆续之前虽然受尽严刑拷打，言辞神色却从未改变，但面对饭菜却痛哭流涕，不能自制。办案官员问他为什么，陆续说："母亲来了却见不到，所以悲伤。"办案官员问他："你怎么知道母亲到了？"陆续说："我母亲切肉无不方方正正，切葱也总是一寸长短，因此我见到食物就知道她来了。"使者将此事上报后，明帝才赦免了尹兴等人，但限制他们终身不得做官。

颜忠、王平的供词牵连到隧乡侯耿建、朗陵侯臧信、濩泽侯邓鲤、曲成侯刘建。耿建等人声称从未同颜忠、王平见过面。当时，明帝非常愤怒，办案官员全都惶恐不安，凡被牵连者几乎一律定罪被捕，没有人敢据实际情况宽恕他们。侍御史寒朗心中怜悯他们遭受冤屈，就单独审问颜忠、王平，让他们描述耿建等人的形体面貌特征，颜忠、王平二人惊慌失措，不能回答。寒朗知道他们存心欺骗，就上奏说："耿建等人没有罪过，只是被颜忠、王平诬陷，我怀疑天下的无辜罪人，其遭遇大多与此相似。"明帝说："如果这样，颜忠、王平为什么要牵连他们？"寒朗回答说："颜忠、王平自己知道犯下大逆不道之罪，所以虚假招认了许多人，企图以此来表白自己。"明帝又说："如果真是这样，你为什么不及早报告？"寒朗说："我担心全国另外会有人揭发耿建等人的奸谋。"明帝生气地说："你作为办案官员，胆敢脚踩两条船！"催促左右侍卫把寒朗拉下去责打。侍卫们刚要拖走寒朗，寒朗说："我希望能说一句话再死。"明帝问："谁同你一起写的奏章？"寒朗回答道："我一人所写。"明帝问："你为什么不和三府商议？"回答说："我自己知道一定会有灭族之灾，不敢多连累他人。"明帝问："为什么会有灭族之罪？"回答说："我审理此案已经一年，却不能彻底清查奸谋的情况，反而为获罪之人诉冤，所以知道该获灭族之罪。但我所以上奏，实在是盼望陛下能立时觉察醒悟而已。我看到审问囚犯的官员，众口一词地说：'对叛逆大罪，臣下应当同仇敌忾。现在判人无罪开释不如判人有罪而关押，这样做可免去以后受追查。'因此拷问一人牵连十人，拷问十人

连百。又公卿朝会,陛下问以得失,皆长跪言:'旧制,大罪祸及九族。陛下大恩,裁止于身,天下幸甚!'及其归舍,口虽不言而仰屋窃叹,莫不知其多冤,无敢牾陛下言者。臣今所陈,诚死无悔!"帝意解,诏遣朗出。

后二日,车驾自幸洛阳狱录囚徒,理出千余人。时天旱,即下雨。马后亦以楚狱多滥,乘间为帝言之。帝恻然感悟,夜起彷徨,由是多所降宥。任城令袁安迁楚郡太守,到郡不入府,先往按楚王英狱事,理其无明验者,条上出之。府丞、掾史皆叩头争,以为"阿附反虏,法与同罪,不可"。安曰:"如有不合,太守自当坐之,不相及也。"遂分别具奏。帝感悟,即报许,得出者四百余家。

初作寿陵。
初作寿陵,制:"裁令流水而已,无得起坟。万年之后,扫地而祭,杅水脯糒而已。过百日,唯四时设奠。置吏卒数人,供给洒扫。敢有所兴作者,以擅议宗庙法从事。"

壬申(72) 十五年
春二月,帝东巡,耕于下邳。三月,至鲁,诣孔子宅。

幸孔子宅,亲御讲堂,命皇太子、诸王说经。

夏四月,还宫。封子六人为王。
封皇子恭为钜鹿王,党为乐成王,衍为下邳王,畅为

牵连百人。况且当公卿上朝时,陛下询问案件处理是否得当,公卿们都直身跪着回答:'依照旧有制度,谋逆大罪要诛杀九族。而陛下施以隆恩,只处决当事人,天下百姓万分幸运!'而等他们回到家中,嘴里虽然不说,却仰视屋顶暗自叹息,并非不知道其中多有冤屈,但没有敢忤逆陛下进言的人。我今日能说出这番话,真死了也不后悔!"明帝怒气消解,下诏令人放走寒朗。

两天后,明帝亲临洛阳监狱判别囚犯,清理释放了一千多人。当时天旱,立刻下了大雨。马皇后也认为楚王之案多有滥捕滥杀,就趁机向明帝言明。明帝醒悟,心里恻然,夜起徘徊,从此之后对罪犯多有宽恕赦免。任城县令袁安升为楚郡太守,到郡城后,不进太守府,却首先赶去处理楚王之案,清查出缺乏确凿证据的犯人,登记上报,准备将其释放。郡中官员都叩头力争,认为"附从谋逆的囚徒,依法令与他们同罪,千万不可"。袁安说:"如果有违背圣意的事情,本太守独自承担罪责,不与你们相干。"于是就与其他官员分别奏报。明帝已经醒悟过来,当即批准了袁安的奏书,四百多家因此得以释放。

开始修建皇陵。

开始修建皇陵,明帝有令:"陵墓只要让水能流淌出去就行了,不准堆高坟丘。朕去世之后,只需清扫地面为祭,有一碗水和干粮即可。一百天后,只在每年四季各设祭一次。安排几名官兵,负责洒扫事宜。如果有人胆敢重新修造陵墓,将以擅自更改非议宗庙法论罪。"

壬申(72) 汉明帝永平十五年

春二月,明帝到东方巡行,在下邳举行耕种之礼。三月,到达鲁城,去到孔子故居。

明帝来到孔子故居,亲自登上讲堂,命令皇太子、众亲王阐述儒家经典。

夏四月,明帝回到洛阳皇宫。封六位皇子为王。

封皇子刘恭为钜鹿王,刘党为乐成王,刘衍为下邳王,刘畅为

汝南王,晖为常山王,长为济阴王。帝亲定其封域,裁令半楚、淮阳。马后曰:"诸子食数县,于制不已俭乎?"帝曰:"我子岂宜与先帝子等,岁给二千万足矣!"

冬,遣都尉耿秉、窦固将兵屯凉州。

谒者仆射耿秉数上言请击匈奴。上以显亲侯窦固尝从其世父融在河西,明习边事,乃使秉、固与太仆祭肜、虎贲中朗将马廖、下博侯刘张、好畤侯耿忠等共议之。耿秉曰:"昔者匈奴并左衽之属,故不可得而制。孝武既得河西四郡及居延、朔方,羌、胡分离,唯有西域俄复内属,故呼韩邪单于请事款塞,其势易乘也。今有南单于,形势相似,然西域尚未内属,北虏未有衅作。臣愚以为当先击白山,得伊吾,破车师,通使乌孙诸国以断其右臂;伊吾亦有匈奴南呼衍一部,破此,复为折其左角,然后匈奴可击也。"上善其言。议者或以为:"今兵出白山,匈奴必并兵相助,又当分其东以离其众。"上从之。十二月,以秉为驸马都尉,固为奉车都尉,以骑都尉秦彭为秉副,耿忠为固副,皆置从事、司马,出屯凉州。

癸酉(73) 十六年
春二月,遣太仆祭肜及窦固等伐北匈奴。固取伊吾卢地,肜不见虏而还,下狱,免,卒。

遣肜与度辽将军吴棠将河东、西河羌、胡及南单于兵万一千骑出高阙塞,窦固、耿忠率酒泉、敦煌、张掖甲卒及卢水

汝南王,刘昞为常山王,刘长为济阴王。明帝亲自确定各位亲王的封国区域,让各封国的面积仅有楚国、淮阳国的一半。马皇后说:"皇子们只有几个县作食邑,同旧制相比不是少了吗?"明帝说:"我的儿子怎么可以与先帝的儿子相等呢?每年有两千万钱的收入就足够了!"

冬,派遣都尉耿秉、窦固率领军队屯驻在凉州。

谒者仆射耿秉屡次上书请求攻打北匈奴。明帝因为显亲侯窦固曾随他伯父窦融在河西生活,熟悉边境事务,就让耿秉、窦固和太仆祭肜、虎贲中郎将马廖、下博侯刘张、好畤侯耿忠等人共同商议此事。耿秉说:"从前匈奴有其他蛮夷相助,所以不能制服它。西汉孝武皇帝得到河西四郡以及居延、朔方以后,断绝了羌、胡联系,匈奴仅有的西域不久也归附汉朝,故而呼韩邪单于到边塞来请求归附,乃是大势所趋。如今南匈奴单于同呼韩邪单于所处形势相似,但目前西域尚未归附我朝,北匈奴也没有寻衅作乱。我认为应当首先攻打白山,夺取伊吾,击败车师,派使者联合乌孙等各国以斩断匈奴的右臂;伊吾还有一支匈奴南呼衍的军队,若打败它,就又折断了匈奴的左角,这样就可以攻打匈奴了。"明帝赞许他的意见。商议的大臣中还有人认为:"现在进攻白山,匈奴一定会集中兵力援助,所以我们还应当分散东部的匈奴兵力。"明帝接受了建议。十二月,任命耿秉为驸马都尉,窦固为奉车都尉,任命骑都尉秦彭为耿秉的副手,耿忠为窦固的副手,四人全都设置从事、司马等属官,出兵屯驻在凉州。

癸酉(73)　汉明帝永平十六年

春二月,派遣太仆祭肜及窦固等人讨伐北匈奴。窦固夺取伊吾卢地区,祭肜没有找到敌军就班师了,因而被拘捕囚禁在狱中,后被赦免,去世。

明帝派太仆祭肜和度辽将军吴棠率领河东郡、西河地区的羌人、胡人部队以及南匈奴单于的部队共计一万一千骑兵,出高阙塞;派窦固、耿忠率领酒泉、敦煌、张掖的军队以及卢水的

羌、胡万二千骑出酒泉塞，耿秉、秦彭率武威、陇西、天水募士及羌、胡万骑出张掖居延塞，骑都尉来苗、护乌桓校尉文穆将太原、雁门、代郡、上谷、渔阳、右北平、定襄郡兵及乌桓、鲜卑万一千骑出平城塞，伐北匈奴。窦固、耿忠至天山，击呼衍王，斩首千余级，追至蒲类海，取伊吾卢地，置宜禾都尉，留吏士屯田伊吾卢城。耿秉、秦彭击匈林王，绝幕六百余里，至三木楼山而还。来苗、文穆至匈河水上，虏皆奔走，无所获。祭肜与南匈奴左贤王信不相得，出高阙塞九百余里，得小山，信妄以为涿邪山，不见虏而还。肜与吴棠坐逗留畏懦，下狱，免。肜自恨无功，出狱数日，欧血死。帝雅重肜，方更任用，闻之大惊，嗟叹良久。乌桓、鲜卑每朝贺京师，常过肜冢拜谒，仰天号泣。辽东吏民为立祠，四时奉祭焉。窦固独有功，加位特进。

西域诸国遣子入侍。

窦固使假司马班超与从事郭恂俱使西域。超行到鄯善，鄯善王广奉超礼敬甚备，后忽更疏懈。超谓其官属曰："宁觉广礼意薄乎？"官属曰："胡人不能常久，无他故也。"超曰："此必虏使来，狐疑未知所从故也。明者睹未萌，况已著邪！"乃召侍胡，诈之曰："匈奴使来数日，今安在乎？"侍胡惶恐，曰："到已三日，去此三十里。"超乃闭侍胡，悉会其吏士

羌人、胡人部队共一万二千骑兵,出酒泉塞;派耿秉、秦彭率领武威、陇西、天水三郡招募的兵卒以及羌人、胡人部队共一万骑兵,出张掖居延塞;派骑都尉来苗、护乌桓校尉文穆率领太原、雁门、代郡、上谷、渔阳、右北平、定襄七郡的军队以及乌桓、鲜卑部队共一万一千骑兵,出平城塞,四路大军共同讨伐北匈奴。窦固、耿忠到达天山,攻打北匈奴呼衍王,斩杀一千多敌人,又追击到蒲类海,夺取伊吾卢地区,设置了宜禾都尉,在伊吾卢城留下将士屯田。耿秉、秦彭攻打北匈奴匈林王,跨越六百里沙漠,到达三木楼山,然后班师。来苗、文穆到达匈河河畔,北匈奴都闻风四散而逃,汉军没有斩杀抓获敌军。祭肜同南匈奴左贤王信关系不好,他们出高阙塞后前行九百多里,占领一座小山,信谎称那是涿邪山,结果没有找到北匈奴部队就班师了。祭肜和吴棠被判处率军逗留、畏缩不前之罪,逮捕入狱,免去官职。祭肜自恨没有建立战功,被释放出狱几日以后就吐血而死。明帝一向敬重祭肜,正要再次任用,听到他的死讯后大为震惊,感伤嗟叹了许久。乌桓、鲜卑部落每次派使者到京都洛阳朝贺,总要前去祭肜的坟墓那里祭拜,仰天大哭。辽东郡的官民为祭肜修建了祠庙,四季都要祭祀。只有窦固一人在这次进击中立有战功,加官为特进。

西域各国送王子到洛阳充当人质。

窦固派副司马班超和从事郭恂一起出使西域。班超一行人抵达鄯善国时,鄯善王广用非常尊敬、周到的礼节招待他们,但后来忽然变得粗疏懈怠了。班超对他的部下说:"你们是否发觉广的态度变得冷淡了呢?"部下都说:"胡人行事没有常性,并没有别的原因。"班超说:"这一定是因为北匈奴的使者到了,鄯善王广犹豫彷徨,不知道该归属哪一方的缘故。明眼人能在事情发生前看出端倪,何况现在事情已经显露出来了呢!"于是他召来胡人侍者,假装已获悉实情,说:"北匈奴使者已来了几天,如今在什么地方?"胡人侍者惊恐不安地说:"已经来了三天,距离此地三十里。"班超就关押了胡人侍者,会集起他的全部属员

三十六人，与共饮。酒酣，因激怒之曰："卿曹与我俱在绝域，今虏使到裁数日，而王广礼敬即废。如令鄯善收吾属送匈奴，骸骨长为豺狼食矣。为之奈何？"官属皆曰："今在危亡之地，死生从司马！"超曰："不入虎穴，不得虎子。当今之计，独有因夜以火攻虏使，彼不知我多少，必大震怖，可殄尽也。灭此虏，则鄯善破胆，功成事立矣。"众曰："当与从事议之。"超怒曰："吉凶决于今日，从事文俗吏，闻此必恐而谋泄，死无所名，非壮士也。"众曰："善。"

初夜，超遂将吏士往奔虏营，会天大风，超令十人持鼓藏虏舍后，约曰："见火然，皆当鸣鼓大呼。"余人悉持兵弩，夹门而伏。超乃顺风纵火，前后鼓噪，虏众惊乱。超手格杀三人，吏兵斩其使及从士三十余级，余众百许人悉烧死。

明日乃还，告郭恂。恂大惊，既而色动，超知其意，举手曰："掾虽不行，班超何心独擅之乎？"恂乃悦。超于是召鄯善王广，以虏使首示之，一国震怖。超告以汉威德，"自今以后勿复与北虏通"。广叩头："愿属汉，无二志。"遂纳子为质。

还白窦固，固大喜，具上超功效，并求更选使使西域。帝曰："吏如班超，何故不遣，而更选乎？今以超为军司马，

三十六人，和他们一起喝酒。喝到酣畅之时，班超趁机激怒众人说："你们和我都在遥远的荒野地区，现在北匈奴使者才来了几天，鄯善王广就已放弃对我们的礼遇敬重。如果北匈奴使者令鄯善把我们抓起来送给匈奴，我们的骸骨就要永远喂豺狼了。该怎么办呢？"部下一致回答说："现在我们身处危险死亡的境地，我们愿与您同生共死。"班超说："不入虎穴，焉得虎子？如今可行的办法，只有乘着夜色用火攻击北匈奴使者，敌人不知道我们人数多寡，一定会十分震惊恐惧，可以趁此机会将他们一举歼灭。除掉了北匈奴使者，鄯善人就会胆战心惊，我们就可以成功，任务就可以完成了。"大家都说："此事应当同从事商议。"班超生气地说："我们命运吉凶就在今日决定，从事是个庸碌的文官，听说我们的计划一定会害怕，计谋就会泄露，我们虽死却无声无息，算不上英雄。"众人说："好！"

刚一入夜，班超就率领部下奔往北匈奴使者的宿营地，当时正刮着大风，班超命令十个人拿着鼓藏到匈奴人的营帐后面，与他们约定："看见起火后，都要擂鼓呐喊。"其余的人都带着刀剑弓弩，埋伏在匈奴使者的帐门两侧。于是班超顺着风向放火，火光一起，敌人营帐前后鼓声、喊杀声震耳，北匈奴人都惊慌失措，顿时大乱。班超亲手杀死三人，下属官员斩杀北匈奴使者及其随从人员三十余人，其余约百人全都被活活烧死。

第二天班超等人才返回自己营地，把此事告诉了郭恂。郭恂大惊，随即脸色一变，班超知道他的心思，举起手来说："从事虽然没有前往行动，班超怎么有心独自居功？"郭恂这才大喜。于是班超召来鄯善王广，把北匈奴使者的首级拿给他看，鄯善全国震恐。班超将汉朝的国威和恩德告诉给鄯善王广，并说："从今以后不要再与北匈奴来往。"广叩头说："鄯善愿归属汉朝，绝无二心。"于是鄯善王广送王子到汉朝充当人质。

班超归来后向窦固做了汇报，窦固大喜，详细上奏班超的功劳，并请求再选使者出使西域。明帝说："像班超这样的官员，为什么不派遣，而要再选他人呢？如今任命班超为军司马，

令遂前功。"固复使超使于阗,欲益其兵,超愿但将本所从三十六人,曰:"于阗国大而远,今将数百人,无益于强,如有不虞,多益为累耳。"是时,于阗王广德雄张南道,而匈奴遣使监护其国。超既至于阗,广德礼意甚疏,且其俗信巫,巫言:"神怒,何故欲向汉?汉使有騧马,急求取以祠我!"广德乃遣国相私来比就超请马。超密知其状,报许之,而令巫自来取马。有顷,巫至,超即斩其首;收私来比,鞭笞数百。以巫首送广德,因责让之。广德素闻超在鄯善诛灭虏使,大惶恐,即杀匈奴使者而降。超重赐其王以下,因镇抚焉。于是诸国皆遣子入侍。西域与汉绝六十五载,至是乃复通焉。

夏五月,司徒穆有罪,下狱,死。

淮阳王延性骄奢,而遇下严烈。有上书告延与姬兄谢弇及姊婿韩光招奸猾,作图谶,祠祭祝诅。事下案验。弇、光及司徒邢穆皆坐死,所连及死、徙者甚众。

是月晦,日食。 以王敏为司徒。 秋七月,徙淮阳王延为阜陵王。

有司奏请诛淮阳王延,上以延罪薄于楚王英,徙延为阜陵王,食二县。

北匈奴寇云中。

北匈奴大入云中,云中太守廉范拒之。吏以众少,欲移书傍郡求救,范不许。会日暮,范令军士各交缚两炬,

命他完成先前的功业。"于是窦固又派班超出使于阗,并打算增加他的随行人员,班超宁愿只带领原来跟随他的三十六人,他说:"于阗是个大国而且路途遥远,现在就是率领几百人前去,也算不上强大,而如果有不测事件发生,人多反而成为累赘。"当时于阗王广德称雄于西域南道,但仍受北匈奴的监护。班超到达于阗后,广德对待他们的礼节很是粗疏,而且他们国人有笃信巫师的风俗,巫师说:"神发怒了,问我们为什么要倾向汉朝?汉朝使者有一匹黑唇黄马,赶紧找来给我做祭品!"广德就派国相私来比到班超营地向他要那匹马。班超已暗中了解到实际情况,就答应给马,却令巫师自己来取马。不久,巫师来到,班超当即斩下巫师的首级,拘捕私来比,鞭打他数百下。班超将巫师的首级送给广德,并且趁机谴责他。广德早已听说班超在鄯善国曾诛灭北匈奴使者,极为惶恐不安,就杀死北匈奴的使者归降汉朝。班超重重赏赐于阗王及其大臣,就此镇服安抚于阗。于是西域各国都送王子进洛阳充当人质。西域同汉朝的关系曾断绝了六十五年,至此才恢复交往。

夏五月,司徒邢穆获罪,被捕入狱,处死。

淮阳王刘延性情骄横而奢侈,对待下属极为严酷无情。有人上书朝廷指控刘延同他的姬妾的哥哥谢弇和姐夫韩光招揽奸猾之人,制作图谶符命,进行祭祷、诅咒。此事交给有关部门查证。谢弇、韩光及司徒邢穆都因此被处死,被牵连而死亡或被流放的人非常多。

这月最后一天,出现日食。 **任命王敏为司徒。** **秋七月**,改封淮阳王刘延为阜陵王。

有关部门奏请处死淮阳王刘延,明帝认为刘延的罪轻于楚王刘英,所以改封刘延为阜陵王,以两个县作为他的食邑。

北匈奴入侵云中郡。

北匈奴大举入侵云中郡,云中太守廉范率军抵抗。郡中的官员认为己方兵少,想送信给邻郡请求援救,廉范不允许。此时正巧已是黄昏,廉范命令士卒各自将两支火把交叉捆绑在一起,

三头爇火,营中星列。虏谓汉兵救至,大惊,待旦将退。范令军中蓐食,晨往赴之,斩首数百级,虏自相辚藉死者千余人,由此不敢向云中。

甲戌(74) 十七年

春正月,谒原陵。

上当谒原陵,夜梦先帝、太后如平生欢。既寤,悲不能寐,即按历,明旦日吉,遂率百官上陵。其日降甘露于陵树,帝令百官采取以荐。会毕,帝从席前伏御床,视太后镜奁中物,感动悲涕。左右皆泣,莫能仰视。

北海王睦卒。

睦少好学,光武及上皆爱之。尝遣中大夫诣京师朝贺,召而谓之曰:"朝廷设问寡人,大夫将何辞以对?"使者曰:"大王忠孝慈仁,敬贤乐士,臣敢不以实对!"睦曰:"吁,子危我哉!此乃孤幼时进趣之行也。大夫其对以孤袭爵以来,志意衰惰,声色是娱,犬马是好,乃为相爱耳。"其智虑畏慎如此。

司徒敏卒,以鲍昱为司徒。 白狼等国入贡。

益州刺史朱辅宣示汉德,威怀远夷,自汶山以西,前世所不至,正朔所未加,白狼、槃木等百余国皆举种称臣奉贡。

窦固司马班超执疏勒王兜题,而更立其故王子忠。

初,龟兹王建为匈奴所立,倚恃虏威,据有北道,攻杀疏勒王,立其臣兜题为疏勒王。班超从间道至疏勒,逆遣吏田虑

点燃三端，在军营中排列，火光点点，状如繁星。北匈奴以为是汉朝的救兵已到，大为惊慌，打算等天亮后退军。廉范命令军营中将士乘夜在寝幕上吃饭，清晨前去进攻北匈奴，斩杀几百人，北匈奴军队自相践踏而死的有一千余人，从此北匈奴不敢再侵犯云中郡。

甲戌（74）　汉明帝永平十七年

春正月，明帝祭拜原陵。

明帝正准备祭拜原陵，夜间梦见先帝和太后如同生前一样欢聚。醒来后，心中悲伤不能入睡，就查看历书，发现第二天就是吉日，于是天亮后率领百官到原陵祭拜。当天就降下甘露，落在陵园的树上，明帝命令百官收集甘露作为祭品。祭拜结束后，明帝从座席上向前俯身在御床上，观看太后镜匣中的梳妆用品，伤悲痛哭。左右随行人员全都流下眼泪，不能抬头仰视。

北海王刘睦去世。

刘睦自幼喜爱读书学习，光武帝和明帝都很宠爱他。刘睦有一次派中大夫进京朝贺，他召来使者说："假如朝廷问到我，你将如何回答？"使者答道："您忠孝仁慈，尊敬贤才并乐于交结士人，我怎敢不据实回答！"刘睦说："唉，你可要害我了！这只是我幼年时进取向上的行为。你就说我自从承袭爵位以来，意志衰退懒惰，以淫声女色为娱乐，以犬马为爱好，这样说才是爱护我。"刘睦就是这样聪明多虑，小心谨慎。

司徒王敏去世，任命鲍昱为司徒。　白狼等国进京纳贡。

益州刺史朱辅宣扬昭示汉朝的恩德，威震怀柔远方的蛮夷之邦，自汶山以西，前世汉人足迹不到、朝廷力量所未达到的白狼、槃木等一百余国，都举国称臣，到洛阳来进贡。

窦固司马班超捕获疏勒王兜题，而改立疏勒前王的儿子忠。

当初，龟兹王建是匈奴所立的，他倚仗匈奴的威势，占据控制了西域北道，攻打并且杀死了疏勒王，然后立疏勒国的大臣兜题为疏勒王。班超从偏僻的小路到达疏勒，派遣属下官员田虑

先往降之，敕虑曰："兜题本非疏勒种，国人必不用命，若不即降，便可执之。"虑既到，兜题见虑轻弱，无降意。虑因其无备，遂前劫缚兜题，左右出其不意，皆惊惧奔走。虑驰报超，超即赴之，悉召疏勒将吏，说以龟兹无道之状，因立其故王兄子忠为王，国人大悦。超问忠及官属："当杀兜题邪？生遣之邪？"咸曰："当杀之！"超曰："杀之无益于事，当令龟兹知汉威德。"遂解遣之。

夏五月，百官上寿。

公卿百官以威德怀远，祥物显应，并集朝堂，奉觞上寿。制曰："天生神物，以应王者；远人慕化，实由有德。朕以虚薄，何以享斯？唯高祖、光武圣德所被，不敢有辞，其敬举觞。太常择吉日策告宗庙。"仍推恩赐民爵及粟有差。

冬十一月，遣窦固等击车师，降之，复置西域都护、戊、己校尉。

遣奉车都尉窦固、附马都尉耿秉、骑都尉刘张出敦煌昆仑塞，击西域。秉、张皆去符传以属固，合兵万四千骑，击破白山虏于蒲类海上，遂进击车师。车师前王，即后王之子也，其廷相去五百余里。固以后王道远，山谷深，士卒寒苦，欲攻前王；秉以为先赴后王，并力根本，则前王自服。固计未决，秉奋身而起曰："请行前！"乃上马引兵北入，众军不得已，并进，斩首数千级。后王安得震怖，走出门迎秉，脱帽，

先去劝降，他向田虑命令道："兜题原本不是疏勒族人，疏勒国人一定不听他的命令，如果他不立即投降，你就可将他逮捕。"田虑到达后，兜题见田虑势单力薄，就无意投降。田虑就趁其没有防备，上前劫持兜题，将其绑起来，兜题的左右随从没料到会出事，都惊慌恐惧地逃跑了。田虑疾驰向班超报告，班超立即率队前往，召来疏勒的全体文武官员，数说龟兹王的无道罪行，并趁机将前疏勒王哥哥的儿子忠立为疏勒王，疏勒国人民十分欢喜。班超问忠及其官员："应当杀死兜题呢？还是活着放走他呢？"众人都说："应当杀了他！"班超就说："杀死兜提无益于大事，应当让龟兹知道汉朝的威武与恩德。"于是放走兜题。

夏五月，百官向明帝祝寿。

公卿百官认为明帝的威望和恩德已传遍远方，天降祥瑞回应，于是一起在朝堂聚集，举酒向明帝上寿祝贺。明帝下诏说："上天降下神物，以应和贤明君主的出现；边远民族仰慕归附，确实因为有贤君的德政。以朕的空虚浅薄，何以能担当得起？只因蒙受高祖皇帝和光武皇帝的圣德，所以不敢推辞，朕谨与大家一起举酒敬祝。命令太常选定吉日，颁布策书祭告宗庙。"于是仍推广皇恩，赐给百官爵位和粮食，按等级各有分别。

冬十一月，派窦固等人进攻车师，将其降服，重新设置西域都护和戊校尉、己校尉。

派遣奉车都尉窦固、附马都尉耿秉、骑都尉刘张出敦煌郡的昆仑塞，进攻西域。耿秉、刘张都奉命交出调兵符传给窦固持有，汉军共集合起一万四千骑兵，在蒲类海边击败白山的北匈奴部队，然后进攻车师。车师前王是车师后王的儿子，两个王庭之间相距五百余里。窦固认为后王所在的地方路途遥远，山谷深险，士卒易受寒冷的折磨，就打算进攻车师前王；而耿秉认为应当首先攻打后王，集中力量铲除根本，那么前王自然会顺服。窦固还未定下计策，耿秉已奋然起身说："请让我在前冲锋！"于是跨上战马，率军向北进发，其他部队不得已，就一同进军，斩杀数千敌人。车师后王安得震惊害怕，走出城门迎接耿秉，摘下王冠，

抱马足降,秉将以诣固。其前王亦归命,遂定车师而还。于是固奏复置西域都护及戊、已校尉。以陈睦为都护;司马耿恭为戊校尉,屯后王部金蒲城;谒者关宠为己校尉,屯前王部柳中城。

乙亥(75) 十八年

春二月,窦固军还。 北匈奴击车师后王安得,杀之,遂攻戊校尉耿恭,恭击却之。

北单于遣左鹿蠡王率二万骑击车师,耿恭遣司马将兵三百人救之,皆为所没。匈奴遂破杀车师后王安得,而攻金蒲城。恭以毒药傅矢,语匈奴曰:"汉家箭神,其中疮者必有异。"虏中矢者,视创皆沸,大惊。会天暴风雨,随雨击之,杀伤甚众,匈奴震怖,相谓曰:"汉兵神,真可畏也。"遂解去。

夏六月,有星孛于太微。 秋八月,帝崩。

帝崩于东宫前殿,年四十八。遗诏:"无起寝庙,藏主于光烈皇后更衣别室。"帝遵奉建武制度,无所变更,后妃之家不得封侯与政。馆陶公主为子求郎,不许,而赐钱千万,谓群臣曰:"郎官上应列宿,出宰百里,苟非其人,则民受其殃,是以难之。"公车以反支日不受章奏,帝闻而怪曰:"民废农桑,远来诣阙,而复拘以禁忌,岂为政之意乎?"于是遂蠲其制。尚书阎章二妹为贵人,章精力晓旧典,久次当迁重职,帝为后宫亲属,竟不用。是以吏得其人,民乐其业,远近畏服,户口滋殖焉。

抱住耿秉的马腿投降,耿秉便带着他去见窦固。车师前王也归附汉朝,于是平定车师国,大军返回。此时,窦固奏请重新设置西域都护以及戊校尉、己校尉。明帝任命陈睦为西域都护;司马耿恭为戊校尉,屯驻在车师后王的金蒲城;谒者关宠为己校尉,屯驻在车师前王的柳中城。

乙亥(75) 汉明帝永平十八年

春二月,窦固率军返回洛阳。 北匈奴攻击车师后王安得,杀死了他,于是攻打戊校尉耿恭,耿恭打退了他们。

北匈奴单于派左鹿蠡王率领二万骑兵攻打车师,耿恭派司马率领三百人前去援救,都被杀死。北匈奴于是打败车师后王安得,将他杀死,又进攻金蒲城。耿恭用毒药涂浸箭矢,对北匈奴人说:"这是汉朝的神箭,中箭受伤者必有怪异出现。"北匈奴中箭者见创口全都烫如沸水,都惊恐异常。正值天降暴雨、狂风怒号,汉军乘风雨出击,杀伤众多敌军,匈奴人十分惊恐,互相说道:"汉军有神威,真可怕啊!"于是解围退去。

夏六月,太微星座附近出现彗星。 秋八月,明帝去世。

明帝在东宫前殿去世,享年四十八岁。遗诏说:"不要为朕兴建寝殿祭庙,可将灵牌安放在阴太后陵寝的便殿之中。"明帝遵循奉行光武帝的制度,没有改动,皇后妃子的亲眷都不能封侯参政。馆陶公主曾为儿子请求郎官的职位,明帝没有答应,只赏赐一千万钱,明帝对百官说:"郎官与天上的星宿对应,派到地方去是主宰百里的县官,如果用人不当,那么百姓就会遭殃,因此我不准许这请求。"掌管皇宫门禁的官署公车逢"反支日"都不接受奏章,明帝听说后责怪道:"百姓放弃农桑事业,远道而来,到宫门拜谒投诉,却又受到这种禁忌的限制,这难道是施德政的本意吗?"于是此后取消了这项制度。尚书阁章的两个妹妹都是贵人,他本人研究精通旧的典章制度,早就应当升迁要职,明帝因为他是后宫妃子的亲属,终不擢用。由于施政得体,所以官吏称职,人民安居乐业,远近蛮夷敬畏臣服,国家户籍人口繁衍增加。

太子炟即位,尊皇后曰皇太后。葬显节陵。 冬十月,以赵憙为太傅,牟融为太尉,并录尚书事。 十一月,以第五伦为司空。

伦为蜀郡太守,在郡公清,所举吏多得其人,故帝自远郡用之。

西域攻没都护陈睦,北匈奴围己校尉关宠,车师叛,与匈奴共围耿恭。诏酒泉太守段彭将兵救之。

焉耆、龟兹攻没都护陈睦,北匈奴围关宠于柳中城。会中国有大丧,救兵不至。车师复叛,与匈奴共攻耿恭。恭率厉士众御之,数月,食尽穷困,乃煮铠弩,食其筋革。恭与士卒推诚,同死生,故皆无二心,而稍稍死亡,余数十人。单于知恭已困,欲必降之,遣使招恭。恭诱其使上城,手击杀之,炙诸城上。单于大怒,更益兵围恭,不能下。关宠上书求救,诏公卿会议,司空伦以为不宜救,司徒鲍昱曰:"今使人于危难之地,急而弃之,外则纵蛮夷之暴,内则伤死难之臣。诚令权时,后无边事可也,匈奴如复犯塞为寇,陛下将何以使将? 又二部兵人裁各数十,匈奴围之,历旬不下,是其寡弱力尽之效也。可令敦煌、酒泉太守备将精骑二千以赴其急。"帝然之。乃遣征西将军耿秉屯酒泉,行太守事;遣酒泉太守段彭与谒者王蒙、皇甫援发张掖、酒泉、敦煌三郡及鄯善兵,合七千余人以救之。

是月晦,日食。 以马廖为卫尉,防为中郎将,光为越骑校尉。

皇太子刘炟即帝位,尊称马皇后为皇太后。将明帝安葬在显节陵。　冬十月,任命赵憙为太傅,牟融为太尉,一同掌管尚书事务。　十一月,任命第五伦为司空。

第五伦做蜀郡太守时,执政公正清廉,他所举荐的官员大多称职,所以章帝将他从边远之郡调到朝廷任用。

西域攻陷西域都护陈睦大军,北匈奴包围己校尉关宠,车师叛乱,同匈奴一起围攻耿恭。章帝下诏令酒泉太守段彭领兵援救耿恭。

焉耆、龟兹攻打西域都护陈睦,陈军覆没,北匈奴将关宠围困在柳中城。正值汉朝忙于处理汉明帝的丧事,没有派兵救助。车师再次反叛,同匈奴一起进攻耿恭。耿恭率领鼓励将士抵御,经过几个月,粮食耗尽,汉军就煮铠甲、弓弩,吃上面的兽筋与皮革。耿恭同士卒们以诚相见,同生共死,所以汉军全无二心,但死亡人数逐渐增加,只剩下几十人。匈奴单于知道耿恭已陷入困境,一定要收降他,就派使者前去招降。耿恭引诱匈奴使者登上城楼,亲手将他杀死,在城头上用火炙烤其尸。单于大怒,更增派部队围攻耿恭,但仍然攻不下来。关宠上书请求援助,章帝诏令公卿集会商议,司空第五伦认为不宜救援,司徒鲍昱说:"现在派人驻扎危险艰难之地,发生紧急情况,却弃而不救,对外则纵容蛮夷施暴,对内则伤害效死命的忠臣。果真衡量时机而采取权宜之计,那么以后边境太平无事则可;如果匈奴再度侵入边塞骚扰掳掠,陛下将如何使派将领?况且,关宠、耿恭两校尉各自仅有几十人,匈奴围攻他们,过了好久也未能攻克,正是匈奴兵力衰竭的证明。可以命令敦煌、酒泉太守各率二千精锐骑兵,去解救危难。"章帝表示赞同。于是派遣征西将军耿秉屯驻酒泉,代理太守职务,派酒泉太守段彭同者王蒙、皇甫援征调张掖、酒泉、敦煌三个郡以及鄯善的军队,合有七千人前往救援。

这月最后一天,出现日食。　任命马廖为卫尉,马防为中郎将,马光为越骑校尉。

太后兄弟终明帝世未尝改官。帝以廖为卫尉,防为中郎将,光为越骑校尉。廖等倾身交结,冠盖之士争赴趣之。第五伦上疏曰:"臣闻《书》曰:'臣无作威作福,其害于而家,凶于而国。'近世光烈皇后虽友爱天至,而抑损阴氏,不假以权势。其后,梁、窦之家互有非法,明帝即位,竟多诛之。今之议者复以马氏为言。窃闻卫尉廖以布三千匹、城门校尉防以钱三百万私赡三辅衣冠,知与不知,莫不毕给。又闻腊日亦遗其在洛中者钱各五千。越骑校尉光腊用羊三百头、米四百斛、肉五千斤。臣愚以为不应经义,惶恐,不敢不以闻。臣今言此,诚欲上忠陛下,下全后家也。"

大旱。

马太后的兄弟在明帝一朝始终未曾更改官职。章帝任命马廖为卫尉，马防为中郎将，马光为越骑校尉。马廖等人竭尽身家来结交宾朋，官吏、士人争着趋附马家。第五伦上奏说："我听说《尚书》上写道：'臣子不能作威作福，否则加祸于家，危害于国。'近代阴太后虽然天性友爱，却压抑束缚阴氏家族，不为他们谋求官职与权势。后来的梁家、窦家都有人犯法，明帝即位后竟多加诛杀。现在人们的议论又集中在马氏家族。我听说卫尉马廖用三千匹布、城门校尉马防用三百万钱私下供给长安地区的士人，无论他们认识与否，都有馈赠。我又听说在腊祭日又送给那些在洛阳的士人每人五千钱。越骑校尉马光腊祭时用掉羊三百头、米四百斛、肉五千斤。我认为这些行为不符合儒家经典的大义，心中惶恐不安，不敢不让陛下知晓。我今天说出这番话，实在是盼望上能效忠陛下，下能保全太后一家。"

发生大旱灾。

资治通鉴纲目卷十

起丙子(76)汉章帝建初元年,尽乙丑(125)汉安帝延光四年。凡四十九年。

丙子(76)　肃宗孝章皇帝建初元年

春正月,诏廪赡饥民。　诏二千石劝农桑,慎选举,顺时令,理冤狱。

时承永平故事,吏政尚严切。尚书陈宠以帝新即位,宜改前世苛俗,乃上疏曰:"臣闻先王之政,赏不僭,刑不滥,与其不得已,宁僭无滥。往者断狱严明,所以威惩奸慝;奸慝既平,必宜济之以宽。夫为政犹张琴瑟,大弦急者小弦绝。陛下宜隆先王之道,荡涤烦苛之法,以济群生,全广至德。"帝深纳宠言,每事务于宽厚。第五伦亦上疏曰:"光武承王莽之余,颇以严猛为政,后代因之,遂成风化。郡国所举,类多办职俗吏,殊未有宽博之选以应上求者也。陈留令刘豫、冠军令驷协,并以刻薄之姿务为严苦,吏民愁怨,莫不疾之。而议者反以为能,违天心,失经义,非徒应坐豫、协,亦宜谴举者。务进仁贤以任时政,不过数人,则风俗自

汉章帝

丙子(76)　**汉章帝建初元年**

春正月,章帝下诏,令开仓赈济饥饿难民。　章帝下诏,令二千石官员劝导百姓从事农业和桑蚕业,审慎选拔任用官吏,顺应时令节气,清理冤狱。

当时,政府承继明帝永平年间的政风,吏政崇尚严苛。尚书陈宠认为,章帝新登帝位,应改革一下前代的严苛政风,遂上书说:"臣听说先王为政,奖赏不过分,刑罚不滥施,实在不得已,宁可过度奖赏,也不滥用刑罚。从前,官吏断案严厉,用以威慑惩治奸恶;奸恶既已铲除,理应以宽厚相补。治理国家就像调整琴瑟,大弦绷得太紧,小弦必将崩断。陛下应发扬先王的治国之道,清除那些繁苛的法令,拯救众生,全面推行德政。"章帝采纳了陈宠的意见,处理政事总是依据宽厚的原则。第五伦也上疏说:"光武帝接续王莽政治混乱之后,为政多采用严厉手段,后代沿袭,于是形成了一种风气。各郡各封国所举荐的官吏,大多属于只会应付公务的俗吏,极少宽宏博大之才,难以满足朝廷的需求。陈留县令刘豫、冠军县令驷协,均作风刻薄,为政务求严苛,致使百姓忧愁怨愤,无不痛恨他们。而社会上一些人反而认为他们有能力,这是违反天意、有悖经书义理的,不仅应将刘豫、驷协治罪,还应当谴责举荐他们的人。一定要提拔仁义贤能之士担当时代重任,用不了几个人,社会上的风气习俗自然而然

化矣。又闻诸王主贵戚,骄奢逾制。京师尚然,何以示远?故曰:'其身不正,虽令不行。'以身教者从,以言教者讼。"上善之。伦虽天性峭直,然常疾俗吏苛刻,论议每依宽厚云。

关宠败没。段彭击车师,匈奴走,车师复降。罢都护及戊、己校尉官。班超留屯疏勒。

段彭等击车师,斩获数千。北匈奴惊走,车师复降。会关宠已殁,欲引兵还。耿恭军吏范羌时在军中,固请迎恭。诸将不敢前,乃分兵二千人与羌,迎恭俱归。吏士饥困,发疏勒时尚有二十六人,随路死殁,三月至玉门,唯余十三人。中郎将郑众上疏曰:"恭以单兵守孤城,当匈奴数万之众,凿山为井,煮弩为粮,杀伤丑虏数百千计,卒全忠勇,不为大汉耻。宜蒙显爵以厉将帅。"诏拜恭骑都尉,悉罢戊、己校尉及都护官,征还班超。超将发还,疏勒忧恐,其都尉黎弇曰:"汉使弃我,我必复为龟兹所灭耳。"以刀自刭。至于阗,王侯以下皆号泣,抱超马脚不得行。超亦欲遂其本志,乃还疏勒。疏勒两城已降龟兹,而与尉头连兵。超捕斩反者,击破尉头,疏勒复安。

地震。 秋七月,诏以上林池御赋与贫民。 八月,有星孛于天市。 哀牢王反,郡兵击斩之。

丁丑(77) 二年
春三月,诏三公纠非法。
诏曰:"贵戚奢纵无度,有司莫举。三公并宜明纠非法,

就会变化。我还听说各亲王、公主和外戚骄奢淫逸,超出了法令的限制。京城尚且如此,如何让外地效仿? 所以说:'自身不正,虽有令也不会被执行。'以身为教,人们听从;以言为教,则众人争讼不已。"章帝对他的意见深表赞许。第五伦虽然天性梗直,但总是痛恨庸官俗吏的苛刻,议事均以宽厚为原则。

关宠兵败死亡。段彭率军进攻车师,北匈奴逃走,车师再次投降。撤销西域都护和戊、己校尉官。班超留驻疏勒。

段彭等人进攻车师,斩杀、俘虏数千人。北匈奴惊慌而逃,车师再次投降。正赶上关宠已去世,有人打算引兵返回。耿恭的一位属吏范羌当时正在军营中,坚持要求去迎接耿恭。诸位将领不敢前往,便分出两千兵员交给范羌,让他去迎接耿恭,与之一道返回。官兵又饿又困,从疏勒出发时,还有二十六人,沿途多有死亡,三月抵达玉门时,只剩下十三人。中郎将郑众上疏说:"耿恭以微弱的兵力坚守孤城,抵抗匈奴数万大军,凿山打井取水,煮食弓弩充饥,杀伤敌人数以百千计,忠勇俱全,未使汉朝蒙受耻辱。应当赐给他荣耀的官爵以激励将帅。"章帝下诏,任命耿恭为骑都尉,并将戊、己校尉官和西域都护一并撤销,召班超回国。班超即将动身回国之时,疏勒国一片忧虑惶恐,其都尉官黎弇说:"汉朝使者弃我而去,我们肯定还会被龟兹灭掉。"说罢,拔刀自杀。班超走到于阗时,王侯以下人等都号啕大哭,抱住班超的马腿,使他不能前行。班超也想实现自己的抱负,便返回疏勒。这时,疏勒已有两城投降龟兹,并与尉头国结盟。班超捕杀了反叛者,打败了尉头国,疏勒再度恢复安定。

发生地震。 秋七月,章帝下诏,命将上林池御赋分给贫民。八月,天市星座附近出现彗星。 哀牢王类牢谋反,被郡兵击败斩杀。

丁丑(77) 汉章帝建初二年
春三月,章帝下诏,命三公纠正非法之举。

诏书说:"皇亲国戚奢侈放纵,没有节制,有关部门未能检举他们。三公全都应该大胆地公开纠正那些不符合法度的行为,

在事者备为之禁。"

罢伊吾卢屯兵,匈奴复守其地。　　夏四月,还坐楚、淮阳事徙者四百余家。　　大旱。

上欲封爵诸舅,太后不听。会大旱,言事者以为不封外戚之故。太后诏曰:"王氏五侯同日俱封,黄雾四塞,不闻澍雨之应。夫外戚贵盛,鲜不倾覆。故先帝防慎舅氏,不令在枢机之位,又言'我子不当与先帝子等'。今有司奈何欲以马氏比阴氏乎?吾夙夜累息,常恐亏先后之法。有毛发之罪,吾不释,言之不舍昼夜,而亲属犯之不止,治丧起坟又不时觉,是吾言之不立,而耳目之塞也。吾为天下母,而身服大练,食不求甘,左右但著帛布,无香熏之饰者,欲身率下也。以为外亲见之,当伤心自敕,但笑言太后素好俭。前过濯龙门,上见外家问起居者,车如流水,马如游龙,仓头衣绿褠,领袖正白,顾视御者,不及远矣。故不加谴怒,但绝岁用,冀以默愧其心,犹懈怠无忧国忘家之虑。知臣莫若君,况亲属乎!吾岂可上负先帝之旨,下亏先人之德,重袭西京败亡之祸哉?"帝省诏悲叹,复重请之。太后曰:"吾岂徒欲获谦让之名,而使帝受不外施之嫌哉?高祖约,无军功不侯。今马氏无功于国,岂得与阴、郭中兴之后等邪?常观富贵之家,禄位重叠,犹再实之木,其根必伤。

使那些有违法之举的人都有所收敛。"

撤销在伊吾卢的屯田部队,北匈奴重新占领该地。 夏四月,章帝下诏允许因楚王事件、淮阳王事件被流放的四百余户返回家乡。 发生大旱灾。

章帝打算为他的各位舅父封爵,马太后不同意。当时正值大旱,有些人认为这是不给外戚封爵的缘故。马太后下诏说:"从前,王氏家族一日之内有五人同时封侯,而当时却黄雾弥漫,未曾听说有风调雨顺的反应。外戚富贵过分,很少不倾覆的。所以先帝对其舅氏慎重安置,不让他们居朝廷要位,还说'我的儿子不应当与先帝的儿子等同'。而如今有关部门为什么要拿马氏与阴氏相比呢?我日夜喘息不安,总怕有损先后所立的规矩。即使是细微的过失,我也不肯放过,昼夜不停地进行告诫,而亲属们犯罪并不因此停止,办理丧葬时兴筑高坟,又不能及时察觉错误,这表明我的话没有力量,耳目已被蒙蔽。我身为天下之母,只不过穿着粗丝之服,吃饭不讲究味道甘甜,左右随从人员只穿粗布衣衫,不曾使用熏香饰物,目的是想亲自做一做下面的表率。本以为娘家人看到后,当会伤心自责,没想到他们只是讥笑说太后一向爱节俭。前些时,我经过濯龙门,看到去我娘家问候拜访的人很多,车辆如流水,马队如游龙,仆人们身穿绿色单衣,领子、袖子洁白如雪,回头看看我的车夫,比他们差远了。我对娘家人没有怒责,只是裁减了每年的费用,希望能使他们内心感到惭愧,可他们仍然懈怠放任,没有忧国忘家的觉悟。了解臣下的莫过于君王,何况他们还是我的亲属!我怎么能够上负先帝的旨意,下损先人的恩德,重蹈西京时代外戚败亡的灾祸呢?"章帝看到马太后的诏书后悲伤叹息,仍再次请求为舅父封侯。马太后说:"我怎能只想获取谦让美名,而让皇帝蒙受不施恩于舅父的批评?高祖曾有规定,无军功者不封侯。现今,马家对国家还没什么功劳,怎能与阴家、郭家那些中兴时期的皇后娘家等同呢?我常常观察那些富贵人家,官位爵位重重叠叠,就好比一年之中两次结果的树木,它的根系一定会受到伤害。

吾计之孰矣,勿有疑也。夫至孝之行,安亲为上。今数遭变异,谷价数倍,忧惶昼夜,不安坐卧,而欲先营外家之封,违慈母之拳拳乎!若阴阳调和,边境清静,然后行子之志,吾但当含饴弄孙,不能复关政矣。"上乃止。

太后尝诏三辅:"诸马昏亲有属托郡县干乱吏治者,以法闻。"其有谦素义行者,辄假借温言,赏以财位。美车服不遵法度者,便绝属籍,遣归田里。于是内外从化,被服如一。置织室蚕于濯龙中,数往观视,以为娱乐。常与帝言政事,及教授小王《论语》经书,述叙平生,雍和终日。马廖上疏曰:"昔元帝罢服官,成帝御浣衣,哀帝去乐府,然而侈费不息,至于衰乱者,百姓从行不从言也。夫改政移风,必有其本。传曰:'吴王好剑客,百姓多创瘢;楚王好细腰,宫中多饿死。'长安语曰:'城中好高结,四方高一尺;城中好广眉,四方且半额;城中好大袖,四方全匹帛。'斯言如戏,有切事实。前下制度未几,后稍不行,虽或吏不奉法,良由慢起京师。今陛下素简所安,发自圣性,诚令斯事一竟,则四海诵德,声熏天地,神明可通,况于行令乎!"太后深纳之。

诏齐国省冰纨、方空縠。 烧当羌反。秋八月,遣将军马防、校尉耿恭击之。

我已经考虑得很成熟了,你不要再有什么疑虑了。儿女孝顺的最好做法,是使父母感到心安。而今不断发生灾异,粮价上涨数倍,我终日忧愁恐惧,坐卧不安,而皇上却打算先赐封外戚,违背慈母的拳拳之心! 如果天地之间,阴阳调和,边境安宁无事,然后你再按自己的意愿行事,我就只管高兴地逗小孙子玩耍,不再过问政事。"听了这话,章帝才放弃了赐封外戚的打算。

马太后曾经对三辅下诏说:"马氏家族及其亲戚,如有请托郡县官府,干预扰乱地方行政的,要依法处治并上报。"在马氏亲族中,如有行为谦恭正派的,马太后便好言相待,赏赐给他钱财、官职。对那些车马衣服华美而不遵守国家法令的家属、亲族,马太后就把他们从皇亲名册中取消,遣返故里。在马太后的教育感化下,内外亲属一致崇尚谦逊朴素。马太后创办缝织室,在濯龙园中种桑养蚕,并屡次前往观察,视此为一大乐趣。她经常与章帝一起谈论政事,教授王子读《论语》等经书,讲述生平经历,终日和睦欢洽。马廖上疏说:"从前,元帝取消服官,成帝穿用洗过的衣服,哀帝撤去乐府,然而,奢侈的风气未曾稍减,终至国家衰乱,其原因就在于百姓佩服朝廷所行,而不听信朝廷所言。改变政风民俗,一定得从根本上着手。古经传说:'吴王好剑客,百姓多伤疤;楚王好细腰,宫女多饿死。'长安谚语说:'城里喜欢高发髻,乡下的发髻高一尺;城里喜欢宽眉毛,乡下的眉毛占半额;城里喜欢大衣袖,乡下的衣袖用整匹帛。'这些话看似戏言,但切近事实。前些时,朝廷颁定法令、制度没多久,便有些推行不下去,这固然可以责怪官吏不奉行法律,而实际原因却在于京城率先怠慢。现今陛下安于俭朴的生活,是出自神圣的天性,假如能将此坚持到底,那么,四海之内都将歌功颂德,美好的声誉将传遍天地,同神灵都可以相通,何况于推行法令呢!"马太后认为这些话很正确,全部采纳。

章帝下诏,令齐国撤销管理织造冰纨、方空縠的官员。　烧当羌人部落起兵反叛。秋八月,朝廷派将军马防、校尉耿恭率军讨伐烧当羌。

第五伦上疏曰："贵戚可封侯以富之，不当任以职事。何者？绳以法则伤恩，私以亲则违宪。马防今当西征，臣以太后恩仁，陛下至孝，恐卒有纤介，难为意爱。"帝不从。

冬十二月，有星孛于紫宫。

戊寅（78） 三年
春，宗祀明堂。 马防、耿恭击羌，大破之。诏征防还。下恭狱，免其官。
马防既征还，留恭击余寇，所降凡十三种数万人。以言事忤防，监营谒者承旨奏恭不忧军事，坐征下狱免官。

三月，立贵人窦氏为皇后。
后，勋之女也。
夏四月，罢治滹沱、石臼河。
初，显宗之世，治滹沱、石臼河，从都虑至羊肠仓，欲令通漕。连年无成，死者不可胜筭。帝以谒者邓训监领其事。训考量隐括，知其难成，具以上言。诏罢其役，更用驴辇。岁省费亿万计，全活数千人。训，禹之子也。

冬十二月，以马防为车骑将军。 有司奏遣诸王归国，不许。
上性友爱，不忍与诸王乖离，故皆留京师。

己卯（79） 四年
春二月，太尉融卒。 夏四月，立子庆为皇太子。

第五伦上疏说："对皇亲国戚,可以通过封侯使他们富有,但不当任命他们做官。为什么呢?因为他们一旦犯了错误,绳之以法,就会伤害感情,徇私包庇又会违背国法。马防眼下就要率军西征,臣以为,太后恩德仁慈,陛下又非常孝顺,万一马防出了什么差错,恐怕不好维护亲情。"章帝没有听从第五伦的意见。

冬十二月,紫宫星座附近出现彗星。

戊寅(78) 汉章帝建初三年

春季,章帝在明堂祭祀祖先。 马防、耿恭进攻并大败羌人。诏令马防班师回朝。朝廷将耿恭逮捕入狱,免去他的官职。

马防被征召回朝后,留下耿恭讨伐那些尚未归顺的羌人,结果有十三个羌人部落共数万人向耿恭投降。耿恭曾经在言语上冒犯过马防,监营谒者秉承马防的旨意,上奏弹劾耿恭不留心军事,耿恭因罪被召回,逮捕下狱,免去官职。

三月,将贵人窦氏立为皇后。

窦皇后,是窦勋的女儿。

夏四月,诏命停止治理滹沱河、石臼河的工程。

当初,明帝在位时,治理滹沱河、石臼河,打算沟通都虑至羊肠仓水道,以利运送漕粮。数年未能完工,死亡的人不可胜数。章帝命谒者邓训主持这项工程。邓训经过考察测量,知道此事难以成功,遂将实情如实奏报。章帝下诏,撤销该项工程,改用驴车运粮。每年节省下亿万经费,使数千民夫得以活命。邓训是邓禹的儿子。

冬十二月,任命马防为车骑将军。 有关部门奏请派遣诸王回封国就位,章帝没有同意。

章帝生性重视手足情感,不忍心与诸亲王分离,因此把他们全都留在京师。

己卯(79) 汉章帝建初四年

春二月,太尉牟融去世。 夏四月,将皇子刘庆立为太子。

五月，封马廖等为列侯，以特进就第。

有司请封诸舅，帝以天下丰稔，方垂无事，从之。太后闻之曰："吾少壮时，但慕竹帛，志不顾命。今虽已老，犹戒之在得。故日夜惕厉，恩自降损。何意老志不从，万年之日长恨矣。"廖等辞让，不许。乃受爵而辞位，许之。皆以特进就第。

以鲍昱为太尉，桓虞为司徒。 六月，皇太后马氏崩。

帝既为太后所养，专以马氏为外家，故贾贵人不登极位，亲族无受宠荣者。及太后崩，但加贵人王赤绶，安车一驷，宫人二百，杂帛、黄金、钱二千万而已。

秋七月，葬明德皇后。 冬十一月，诏诸儒会白虎观，议五经同异。

杨终言："章句之徒，破坏大体。宜如宣帝石渠故事，永为后世则。"诏太常："将、大夫、博士、郎官及诸儒，会白虎观，议五经同异。"使五官中郎将魏应承制问，侍中淳于恭奏，帝亲称制临决，作《白虎议奏》。丁鸿、楼望、成封、桓郁、班固、贾逵及广平王羡皆与。固，超之兄也。

庚辰（80） 五年
春二月朔，日食。举直言极谏。
诏："所举以岩穴为先，勿取浮华。"

夏五月，以直言士补外官。

五月,将马廖等分别封侯,马廖等以特进身份返回邸第。

有关部门奏请为皇帝的舅父们封侯,章帝以为全国粮食丰收,边境太平无事,就同意了这一建议。马太后听到消息后说:"我年轻时,只羡慕古人名垂史册,心中不顾惜性命。现在虽然年纪大了,仍然告诫自己不要贪婪。所以,我日夜警惕,想自我贬损。想不到临老却不能遵从自己的心愿,身死之后,我将永怀长恨。"马廖等人表示辞让,章帝不允许。马廖等只好接受封爵但请求辞官,章帝答应了他们。马廖等都以特进身份离开朝廷,返回邸宅。

任命鲍昱为太尉,桓虞为司徒。 六月,皇太后马氏去世。

章帝被马太后收养以后,一心一意,只认马氏家族为外家,所以,章帝生母贾贵人不能登上太后高位,贾氏亲族中没有一人获得恩宠荣耀。等到马太后去世后,章帝只将贾贵人的绿色绶带改为与诸侯王同级的红色绶带,赐给四马牵拉的座车一辆,宫女二百人,以及各色绸缎、黄金和两千万钱,如此而已。

秋七月,安葬明德皇后马氏。 冬十一月,诏命诸儒在白虎观集会,讨论对五经的不同见解。

杨终说:"那些只注意分析章旨句意的人,破坏了五经的主旨。应当仿效宣帝时石渠阁议经的先例,弘扬经书的大义,作为后世永久的法则。"章帝遂对太常下诏:"将官、大夫、博士、郎官及各位儒生,在白虎观集会,讨论大家对五经的不同见解。"命五官中郎将魏应承命发问,侍中淳于恭负责向上奏报,章帝则亲自进行裁决,编成《白虎议奏》。丁鸿、楼望、成封、桓郁、班固、贾逵及广平王刘羡都参加了此次集会。班固是班超之兄。

庚辰(80) 汉章帝建初五年
春二月初一日,出现日食。诏命举荐敢于直言极谏之士。

诏书说:"要优先举荐那些有学识的隐者,不要选取那些华而不实的浅薄之辈。"

夏五月,以直言之士补任地方官员。

诏曰:"朕思迟直士,侧席异闻。其先至者,各已发愤吐懑,略闻子大夫之志矣。皆欲置于左右,顾问省纳。建武诏书又曰:'尧试臣以职,不直以言语笔札。'今外官多旷,并可以补任。"

太傅憙卒。　遣弛刑、义从就班超,平西域。

班超欲遂平西域,上疏请兵曰:"西域诸国,莫不向化,唯焉耆、龟兹独未服从。今宜拜龟兹侍子白霸为其国王,以步骑数百送之,与诸国连兵,岁月之间,龟兹可禽。以夷狄攻夷狄,计之善者也。莎车、疏勒,田地肥广,草牧饶衍,不比敦煌、鄯善间,兵可不费中国而粮食自足。臣超区区,特蒙神灵,窃冀未便僵仆,目见西域平定,陛下举万年之觞,荐勋祖庙,布大喜于天下。"书奏,帝知其功可成,议欲给兵。平陵徐幹上疏,愿奋身佐超。帝以幹为假司马,将弛刑及义从千余人就超。先是,莎车以为汉兵不出,遂降于龟兹,而疏勒都尉番辰亦叛。超遂与幹击番辰,大破之。欲进攻龟兹,以乌孙兵强,宜因其力,乃上言:"乌孙大国,控弦十万,可遣使招慰,与共合力。"帝纳之。

辛巳(81) 六年
夏六月,太尉昱卒。　是月晦,日食。　秋七月,以邓彪为太尉。　以廉范为蜀郡太守。
成都民物丰盛,邑宇逼侧。旧制,禁民夜作,以防火灾。

诏书说:"朕希望会见正直之士,侧坐席上,听一听新的意见。先到的都已各自倾吐了心中的愤懑,朕已大致了解了各位贤士的志向。想把你们都安排在朕的左右,以备顾问咨询。但光武皇帝诏书曾说:'尧以任职能力考察官员,而不只看他们的言论和文字。'现在地方上空缺不少,你们可一并前去补任。"

太傅赵熹去世。 派遣免刑囚徒、志愿从军的义勇前去归班超指挥,平定西域。

班超想要完成平定西域的事业,上疏请求派兵,说:"西域各国,莫不向往归顺汉朝,唯独焉耆、龟兹拒不服从。现在应把在朝廷侍奉皇上的龟兹王子白霸封为龟兹王,用步兵、骑兵数百人护送他回国,让他与西域各国军队联合起来,数月或一年的工夫,便可夺取龟兹。利用夷狄攻打夷狄,这是极高明的计策。莎车、疏勒,田地肥沃广袤,草场茂盛,畜牧发达,不像敦煌、鄯善之间的地方,用兵不需耗费中原物资,粮食可以自给自足。微臣班超,特蒙神圣保佑,希望不会轻易倒下,能亲眼看到西域平定,陛下举起祝贺万年之觞,向祖庙祭告成功,向天下宣布大喜。"奏书呈上,章帝知道班超能够完成此项事业,与大臣商议,打算为班超派兵。平陵人徐幹上疏称,愿意前去做班超的助手。章帝任命徐幹为假司马,率免刑囚徒及志愿从军的义勇千余人,到西域听候班超的指挥。此前,莎车认为汉朝不会出兵,于是投降了龟兹,疏勒都尉番辰也背叛了汉朝。班超与徐幹一起攻打番辰,将其彻底打败。班超又打算进攻龟兹,考虑到乌孙兵力强大,应设法借用它的兵力,于是上书说:"乌孙是个大国,有十万善射之兵,可派遣使者前去招抚慰问,使它能与我们同心合力。"章帝采纳了这一建议。

辛巳(81) 汉章帝建初六年

夏六月,太尉鲍昱去世。 这月最后一天,出现日食。 秋七月,任命邓彪为太尉。 任命廉范为蜀郡太守。

成都这个地方,人口众多,物产丰盛,城中的房屋十分拥挤。以往有制度规定,禁止民众在夜间劳作,以防止发生火灾。

而更相隐蔽,烧者日属。范乃毁削先令,但严使储水而已。百姓以为便,歌之曰:"廉叔度,来何暮。不禁火,民安作。昔无襦,今五裤。"

　　壬午(82)　七年
　　春正月,沛王辅等来朝。
　　帝以诸王将入朝,遣谒者赐貂裘、食物、珍果。又使大鸿胪持节郊迎,帝亲自循行邸第,豫设帷床。钱帛器物无不充备。既至,诏沛、济南、东平、中山王赞拜不名,升殿乃拜,上亲答之。每入宫,辄以辇迎,至省阁乃下。上为之兴席改容,皇后亲拜于内。皆鞠躬辞谢,不自安。

　　三月,归国,诏留东平王苍于京师。　夏六月,废太子庆为清河王,立子肇为皇太子。
　　初,帝纳扶风宋杨二女为贵人,大贵人生太子庆。梁竦二女亦为贵人,小贵人生皇子肇。窦皇后无子,养肇为子,谋陷宋氏,诬言欲为厌胜之术。乃废庆为清河王,以肇为皇太子。出宋贵人,使小黄门蔡伦案之,皆饮药自杀。庆时虽幼,亦知避嫌畏祸,言不敢及宋氏。帝更怜之,敕皇后,令衣服与太子齐等。太子亦亲爱庆,入则同室,出则同舆。

　　秋八月,东平王苍归国。
　　有司复奏,遣苍归国。手诏苍曰:"骨肉天性,诚不以

然而人们互相隐瞒,暗中用火,以致火灾连日不断。廉范便废除原来的禁令,只严格要求多储备水而已。百姓感到这样做很便利,歌颂廉范道:"廉太守叔度,为何来得晚。不禁止用火,民安心劳作。昔日无上衣,今有五条裤。"

壬午(82)　汉章帝建初七年

春正月,沛王刘辅等来京朝见。

章帝因诸位亲王即将入京朝见,派遏者赐给他们貂皮大衣、食物和珍果。又让大鸿胪持符节到郊外迎接,章帝则亲自到各亲王设在京城的官邸巡视,预备帐床。钱帛器物无不准备得十分齐全。诸位亲王到了之后,章帝下诏,命沛王、济南王、东平王、中山王朝拜时不唱其名,上殿后才向章帝叩拜,章帝亲自还礼。每当诸位亲王进宫时,章帝就派辇车去接,直坐到禁宫门口才让他们下车。章帝看到他们前来,起身相迎,神态恭敬,皇后则亲自在内室参拜。诸位亲王都鞠躬辞谢,自感不安。

三月,诸位亲王返回封国,章帝诏命东平王刘苍留在京城。

夏六月,废皇太子刘庆为清河王,改立刘肇为皇太子。

当初,章帝把扶风人宋杨的两个女儿纳为贵人,大贵人生下太子刘庆。梁竦的两个女儿也是章帝的贵人,小贵人生下皇子刘肇。窦皇后没有儿子,把刘肇作为儿子抚养,并阴谋陷害宋氏姐妹,诬称她们要施弄厌胜巫术,诅咒他人。章帝因此废去刘庆的皇太子名号,封为清河王,而立刘肇为皇太子。又将宋贵人逐出宫门,命小黄门蔡伦负责审讯,宋氏二姐妹都服毒自杀。刘庆当时虽还年幼,但也知道避嫌躲灾,言语中不敢提及宋氏。章帝此时又产生怜悯之心,命令皇后:要让刘庆的衣服与太子一样。太子刘肇也与刘庆十分友好,他们入则同在一室,出则同乘一车。

秋八月,东平王刘苍返回封国。

有关部门再次上奏,请求章帝令刘苍返回封国。章帝亲手为刘苍写了一份诏书,其中说:"骨肉之情出于天性,实不能以

远近为亲疏。然数见颜色,情重昔时。念王久劳,思得还休,欲署大鸿胪奏,不忍下笔,顾授小黄门。中心恋恋,恻然不能言。"于是车驾祖送,流泪而诀。

九月,帝如偃师,遂至河内。

诏曰:"车驾行秋稼,观收获,因涉郡界。皆精骑轻行,无它辎重。不得辄修道桥,远离城郭,遣吏逢迎,刺探起居,出入前后,以为烦忧。动务省约,但患不能脱粟瓢饮耳。"

封萧何末孙熊为酂侯。

癸未(83)　**八年**

春正月,东平王苍卒。

初,帝欲为原陵、显节陵起县邑,苍上疏谏曰:"窃见光武皇帝,躬履俭约之行,深睹始终之分,勤勤恳恳,以葬制为言。孝明皇帝大孝无违,承奉遵行。谦德之美,于斯为盛。臣愚以园邑之兴,始自强秦。古者丘陇且不欲其著明,况筑郭邑建都郛哉!上违先帝圣心,下造无益之功,虚费国用,动摇百姓,非所以致和气、祈丰年也。陛下履有虞之至性,追祖祢之深思,臣苍诚伤二帝纯德之美不畅于无穷也。"帝乃止。自是,朝廷每有疑政,辄驿使谘问。苍悉心以对,皆见纳用。至是薨,谥曰献。中傅封上王自建武以来章奏,并集览焉。

下梁竦狱,杀之。

相距远近判别亲疏。然而我们数次见面，感情比以前更深了。想到你长期劳累，希望能回去休养一番，我打算签署大鸿胪的奏书，却又不忍心下笔，回望小黄门，命其传送此信。心中恋恋不舍之情，悲伤得难以尽言。"于是，章帝亲自祭祀路神，为刘苍送行，流泪告别。

九月，章帝前往偃师，接着又到河内。

章帝颁下诏书说："朕出来巡视秋季庄稼，查看收获情况，因而进入河内郡界。一路轻装前行，没有别的辎重。地方上不得为此修路架桥，不得派官吏远离城郭接迎，打探伺候饮食起居，出出进进，跑前跑后，带来烦扰。一切举动务求简便省事，朕只是担心自己吃不到糙米饭，不能用瓢喝水。"

章帝将萧何的末代孙萧熊封为酂侯。

癸未（83）　汉章帝建初八年
春正月，东平王刘苍去世。

当初，章帝打算为原陵、显节陵修建县城，刘苍上疏劝谏说："臣私下注意到光武皇帝亲自履行节俭，深明什么是生命之始与生命之终，恳切地指示丧葬后事。明帝非常孝顺，没有违背光武帝的遗愿，坚持遵守奉行。谦德的美好，于斯为盛。臣以为，园邑的兴建，始自强暴的秦朝。古时候修建坟墓还不让它太突出，何况修城邑、建城墙呢！那样做，对上有违先帝的一片圣心，对下增加无益的工程，白白耗费国家的财物，动摇民心，这不是招致和气、祈求丰年的办法。陛下履行虞舜般的大孝，追念先祖的深意，臣刘苍实在为二帝的美德不能永远畅行感到悲伤。"章帝于是放弃了修城邑的打算。从此以后，朝廷每次遇到疑难的政治问题，章帝总要派使臣向刘苍咨询。刘苍尽心答对，其意见都被采用。到这时，刘苍去世，谥号献。中傅将刘苍自建武以来的奏章加封上送，以备集中阅览。

梁竦入狱，被杀。

太子肇之立也，梁氏私相庆。皇后以是忌梁贵人，数谮之。诸窦遂作飞书，陷竦以恶逆。竦死狱中，家徙九真，两贵人皆以忧死。

马廖、马防有罪，免官就国。

马廖谨笃自守，而性宽缓，不能教勒子弟，皆骄奢不谨。杨终与廖书，戒之曰："黄门郎年幼，血气方盛，既无长君退让之风，而要结轻狡无行之客。览念前往，可为寒心。"廖不能从。防、光大起第观，食客常数百人。防又多牧马畜，赋敛羌胡。帝数加谴敕，禁遏甚备。由是权势稍损，宾客亦衰。廖子豫投书怨诽，于是有司并奏防、光兄弟，悉免就国。诏曰："舅氏一门俱就国封，四时陵庙无助祭先后者，朕甚伤之。其令许侯思愆田庐，以慰朕渭阳之情。"光比防稍为谨密，故帝特留之。后复有诏还廖京师。

诸马既得罪，窦氏益贵盛。皇后兄宪、弟笃喜交通宾客，第五伦上疏曰："窦宪，椒房之亲，典司禁兵，出入省闼，年盛志美，卑让乐善。然诸出入贵戚者，类多瑕衅禁锢之人，尤少守约安贫之节，更相贩卖，云集其门，盖骄佚所从生也。三辅论议者，至云以贵戚废锢，当复以贵戚浣濯之，犹解醒当以酒也。臣愚愿陛下、中宫严敕宪等闭门自守，无妄交通士大夫，防其未萌，令宪永保福禄。此臣之所至愿也。"

宪以贱值请夺沁水公主园田，主逼畏不敢计。后帝出过园，指以问宪，宪阴喝不得对。后发觉，帝大怒，召宪

刘肇被立为皇太子后，梁家私下互相庆贺。窦皇后因此忌恨梁贵人，屡次诋毁她们。窦家多人写匿名信，诬陷梁竦有谋反之罪。梁竦死在狱中，家属被流放到九真，两贵人都忧伤而死。

马廖、马防获罪，被免掉官职，回到封国。

马廖为人谨慎小心，但天性宽厚，不能管教约束子弟，子弟们一个个都骄傲奢侈，为所欲为。杨终写信给马廖，告诫他说："黄门郎马防、马光年轻，血气方刚，既没有长君谦虚退让的风度，反而还结交轻浮放纵、品行不端的宾客。考察想起以往的情况，让人感到寒心。"马廖未能听从这一劝告。马防、马光大规模修建宅第，食客经常有数百人。马防还养了很多马匹牲畜，向羌人胡人征收赋税。章帝多次进行谴责，多方加以限制。于是，马家的权势稍有减损，宾客也日渐稀少。马廖的儿子马豫投书表示怨愤，于是有关部门对马豫连同马防、马光兄弟一并进行弹劾，马氏兄弟均被免官，遣送回封国。章帝下诏说："舅父一家全都要回到封国，四季祭祀陵庙，没有助祭太后的人了，朕感到十分悲伤。让许侯马光留在乡间田庐闭门思过，以此来安慰一下朕的甥舅之情。"马光比马防稍为谨慎收敛，所以章帝特地将他留下。后来，章帝又下诏，命马廖返回京师。

马氏兄弟获罪后，窦家地位更加显赫。皇后的哥哥窦宪、弟弟窦笃喜欢结交宾客，第五伦上疏说："窦宪是皇后亲属，统御皇家禁军，出入宫门，正值壮年，志向美好，恭敬谦让，乐于为善。然而那些奔走于皇亲国戚门下的人，大多带有劣迹、受过禁锢，特别缺少守分安贫的节操，他们互相吹捧，云集在窦宪家，这大概是骄奢放纵产生的根源。三辅地区有人议论说，因贵戚牵累而受到废黜压制，应当仍由贵戚来为之清洗罪过，就像以酒解醉一样。臣希望陛下、皇后严令窦宪等闭门自守，不随意与士大夫交往，防患于未萌，使窦宪永保荣华富贵。这是臣最大的愿望。"

窦宪用低价强买沁水公主的庄园，公主害怕窦宪的权势，不敢和他计较。后来章帝出行路过这片庄园，指着问窦宪，窦宪暗中喝阻左右不得据实回答。后来章帝发觉真相，大怒，叫来窦宪，

切责曰:"深思前过夺主田园时,何用愈赵高指鹿为马!久念使人惊怖。贵主尚见枉夺,况小民哉!国家弃宪如孤雏、腐鼠耳。"宪大惧,皇后为毁服深谢。良久乃得解,使以田还主。

下洛阳令周纡狱,寻赦出之。

周纡为洛阳令,下车先问大姓主名,吏数闾里豪强以对。纡厉声曰:"本问贵戚若马、窦等辈,岂能知卖菜佣乎?"于是部吏争以激切为事。贵戚跼蹐,京师肃清。窦笃夜至止奸亭,亭长拔剑肆詈。诏遣剑戟士收纡,送廷尉诏狱。数日,贳出之。

以班超为西域将兵长史。

帝拜班超为将兵长史,以徐幹为军司马。别遣卫候李邑,护送乌孙使者。邑到于阗,不敢前,因上书陈西域之功不可成,又盛毁超:"拥爱妻,抱爱子,安乐外国,无内顾心。"超闻之,叹曰:"身非曾参而有三至之谗,恐见疑于当时矣。"遂去其妻。帝知超忠,乃切责邑,令诣超受节度。超即遣邑将乌孙侍子还京师。幹谓超曰:"邑前毁君,欲败西域,今何不缘诏书留之,更遣他吏送侍子乎?"超曰:"是何言之陋也!以邑毁超,故今遣之。内省不疚,何恤人言!快意留之,非忠臣也。"

以郑弘为大司农。

严厉斥责说:"想起以前经过你强夺的公主庄园时,你为什么要采用更甚于赵高指鹿为马的欺骗手段!此事多想一会儿,就让人感到震惊。尊贵的公主尚且被无理强夺,何况是下层百姓呢!国家废弃一个窦宪,就像扔掉一只小鸟或一只腐烂的死鼠一般。"窦宪大为恐惧,窦皇后为此脱掉皇后的服饰,向章帝表示深切的谢罪。过了很久,章帝的怒气才告平息,命令窦宪将庄园还给沁水公主。

洛阳令周纡被捕入狱,不久又赦免释放他。

周纡出任洛阳令,下车后,先打听当地大族的户主姓名,胥吏便将闾里豪强的名字一一答出。周纡厉声训斥:"我本来问的是像马家、窦家那样的皇亲国戚,怎么会去管那些卖菜的贩夫呢?"于是,下属官吏争相采取激切手段办事。贵戚们有所畏缩收敛,京城中秩序井然。窦笃深夜来到止奸亭,亭长拔出剑来指着他谩骂一通。章帝下诏,派剑戟士抓捕周纡,押送廷尉诏狱。数日后又赦免释放了他。

任命班超为西域将兵长史。

章帝任命班超为将兵长史,任命徐幹为军司马。另派卫候李邑,护送乌孙使节回国。李邑到达于阗后,不敢再往前走,便上书称西域的事业不可能成功,还极力诋毁班超说:"拥爱妻,抱爱子,在国外享受安乐,不为国内的事情着想。"班超听到这话后,叹息说:"我虽不是曾参,却碰到了曾参所遭遇的三次谗言,恐怕要受到朝廷的猜疑了。"于是把妻子送走了。章帝了解班超的忠心,因此严厉斥责了李邑,命令他到班超那里接受指挥。班超随即派李邑带领乌孙派往汉朝供事的王子返回京师。徐幹对班超说:"李邑之前极力诋毁你,想要破坏我们在西域的事业,现在为什么不以诏书为由将他留在这里,而改派其他官员护送乌孙王子呢?"班超说:"你这话说得多么浅陋!正因为李邑诋毁过班超,所以今天才派他回去。我自感内心无愧,别人的议论何必在意!为求自己快意而把他留下,这不是忠臣所为。"

任命郑弘为大司农。

旧交趾贡献,皆从东冶泛海,沉溺相继。弘奏开零陵、桂阳峤道,自是夷通。在职二年,所省以亿万计。遭天下旱,边方有警,民食不足,而帑藏殷积。弘又奏:"宜省贡献,减徭费,以利饥民。"帝从之。

甲申(84) 元和元年

夏六月,诏议贡举法。

陈事者多言郡国贡举,率非功次,故守职益懈,而吏事浸疏。诏公卿朝臣议。大鸿胪韦彪曰:"夫国以简贤为务,贤以孝行为首,是以求忠臣必于孝子之门。夫人才行少能相兼,是以孟公绰优于赵、魏老,不可以为滕、薛大夫。忠孝之人,持心近厚;锻炼之吏,持心近薄。士宜以才行为先,不可纯以阀阅。然其要归在于选二千石,二千石贤则贡举皆得其人矣。"彪又上疏曰:"天下枢要在于尚书,而间者从郎官超升此位,虽晓习文法,长于应对,然察察小慧,类无大能。宜鉴啬夫捷急之对,深思绛侯木讷之功。"帝皆纳之。

秋七月,诏禁治狱惨酷者。

诏曰:"律云,掠者唯得榜、笞、立。又《令丙》,箠长短有数。自往者大狱以来,掠者多酷,钻钻之属,惨苦无极。念其痛毒,怵然动心。宜及秋冬治狱,明为其禁。"

以往交趾向京城运送贡品，都是从东冶渡海而来，曾连续发生船沉人亡的事故。郑弘上奏，建议开辟零陵、桂阳的山道，从此以后，道路畅通。郑弘在任两年，节省下数以亿万计的经费。当时，全国遭遇大旱，边疆还有警报，百姓粮食不足，但国库充实，储备有丰厚的物资。郑弘又上奏说："应当免掉一些外地的进贡，减轻徭役开支，以便于饥民。"章帝采纳了他的建议。

甲申（84） 汉章帝元和元年

夏六月，章帝诏令讨论贡举之法。

上疏奏事的人大多指出，各郡、各封国举荐人才，一般都不依据功劳大小，因此官吏办事越来越不认真，公务日渐粗疏。章帝下诏，命公卿朝臣对此进行讨论。大鸿胪韦彪说："国家以选拔贤才为职责，贤才又以孝敬父母为头等大事，因此一定要到孝子家中去求得忠臣。人的才干、品行很少有二者兼备的，所以，孟公绰能当好赵、魏两家的家臣，却做不了滕、薛两国的大夫。忠孝之人，心地较为厚道；干练苛刻的官吏，心地则较为刻薄。选拔人才应当首先考虑才干、品行，而不能只看出身资历。而最要紧的还在于对二千石的选用，如果二千石是贤能的官员，那么举荐上来的就都会是真正的人才。"韦彪又上疏说："国家的机要职务是尚书，然而近来尚书多由郎官越级升任，他们虽然通晓熟悉条文法令，擅长应对，但这只不过是一点小聪明，实际上大多没有什么大的才能。啬夫能敏捷地回答文帝的询问，但有人认为不能因此而提拔；绛侯不善言辞却能建立不朽的功勋，往事应当借鉴，值得深思。"章帝对韦彪的建议全部予以采纳。

秋七月，诏令禁止使用残酷手段拷问犯人、审理案件。

诏书说："汉律规定，拷问犯人只许使用杖击、鞭打、罚站的手段。此外，《令丙》中对刑鞭的长短还有规定。自从之前兴起大狱以来，拷问犯人者大多心狠手辣，用钻钻肉之类的刑罚，真是惨痛无比。一想起毒刑的残酷，就令人心惊发怵。应趁秋冬两季审理案件时，明确规定禁止滥用酷刑。"

八月,太尉彪罢,以郑弘为太尉。　帝南巡。

诏:"所经道上郡县,无得设储跱。命司空自将徒支挂桥梁。有遣使奉迎,探知起居,二千石当坐。"

冬十月,至宛,以朱晖为尚书仆射。

晖尝为临淮太守,有善政,民歌之曰:"强直自遂,南阳朱季,吏畏其威,民怀其惠。"时坐法免家居,故上召而用之。后尚书张林上言:"县官经用不足,宜自煮盐,修均输法。"晖曰:"王制,天子不言有无,诸侯不言多寡,食禄之家不得与百姓争利。均输之法与贾贩无异,盐利归官,则下民穷怨,诚非明主所宜行。"帝怒,切责诸尚书,晖等皆自系狱。三日,诏敕出之曰:"国家乐闻驳议,黄发无愆,诏书过耳,何故自系?"晖因称病笃,不肯复署议。尚书令以下惶怖,谓晖曰:"今临得遣让,奈何称病?"晖曰:"行年八十,蒙恩得在机密,当以死报。若心知不可,而顺旨雷同,负臣子之义。"遂闭口不复言。诸尚书共劾奏晖,帝寝其事。诏直事郎问晖起居,太医视疾,太官赐食。晖乃起谢。

十一月,还宫。　以孔僖为兰台令史。

鲁国孔僖、涿郡崔骃,同游太学,相与论武帝:"始崇圣道,号胜文、景。及后恣己,忘其前善。"邻房生上书,告骃、僖诽谤先帝,刺讥当世。事下有司。僖以书自讼曰:

八月，太尉邓彪被罢官，任命郑弘为太尉。 章帝到南方巡视。

诏书说："沿途所经各郡县，不得事先忙着储备各种用品。命令司空自带匠徒修架桥梁。如有派人接驾、打听起居行踪的，要拿二千石问罪。"

冬十月，章帝来到宛城，任命朱晖为尚书仆射。

朱晖曾经做过临淮太守，办过不少好事，百姓歌颂他说："刚强自专，南阳朱季，吏惧其威，民怀其惠。"当时，朱晖因犯法免职，在家闲居，因此章帝把他召出来任用。后来，尚书张林上奏说："国家经费不足，应当自行煮盐专卖，并恢复均输法。"朱晖说："按先王的制度，天子不轻言财富的有无，诸侯不轻言财富的多寡，享受俸禄的官府之家不得与百姓争利。实行均输之法，会使政府官员与商贩没有区别；而将盐利收归官府，广大盐民就会因贫穷而产生怨恨，这实在不是圣明的君主所应采取的措施。"章帝很生气，严厉责备尚书台官员，朱晖等人都主动把自己关进监狱。三天以后，章帝下诏，命他们出来，并说："朝廷很愿意听取反对意见，老先生们并没犯什么罪，只是诏书中的斥责有点过分罢了，你们为什么要自投监狱呢？"朱晖于是自称病重，不肯在奏议上署名。尚书令以下官员十分害怕，对朱晖说："现在正面临受训斥，怎么可以称病呢？"朱晖说："我已是年近八十的人了，蒙受皇恩得以在机要部门供职，应当以死相报。如果心中明知某事不可行，却还要顺从附和皇上的旨意，那就违背了做臣子的大义。"说完，便闭嘴不再说话。诸尚书共同上奏弹劾朱晖，章帝不再生气，遂将此事搁置不提。后下诏，命直事郎去问候朱晖，对其日常起居表示关心，又派御医为朱晖诊治疾病，派太官送去食物。朱晖这才起身谢恩。

十一月，章帝返回洛阳皇宫。 任命孔僖为兰台令史。

鲁国孔僖、涿郡崔骃，同在太学读书，一起议论武帝说："起初崇尚圣道，号称胜过文、景二帝。后来却放纵自己，丢弃了以往的善政。"邻屋的太学生听到后上书指控崔骃、孔僖诽谤先帝，讽刺当朝。此事交付有关部门审理。孔僖上书自我申辩说：

"凡言诽谤者,谓实无此事,而虚加诬之也。至如孝武皇帝,政之美恶显在汉史,是为直说书传实事,非虚谤也。夫帝者为善为恶,天下莫不知,斯皆有以致之,故不可以诛于人也。陛下即位以来,政教未过,德泽有加,臣等独何讥刺哉?假使所非实是,则固应悛改,倘其不当,亦宜含容,又何罪焉?臣等受戮,死即死耳,顾天下之人必回视易虑,以此事窥陛下心。自今以后,苟见不可之事,终莫复言者矣。齐桓公亲扬其先君之恶以唱管仲,然后群臣得尽其心。今陛下乃欲为十世之武帝远讳实事,岂不与桓公异哉?臣恐卒然蒙枉,不得自叙,使后世论者擅以陛下有所比方,宁可复使子孙追掩之乎?谨诣阙,伏待重诛。"书奏,诏勿问,拜僖兰台令史。

赐毛义、郑均谷各千斛。

庐江毛义、东平郑均,皆以行义称于乡里。南阳张奉慕义名,往候之。坐定,而府檄适至,以义守安阳令。义捧檄而入,喜动颜色。奉心贱之,辞去。后义母死,征辟皆不至。奉乃叹曰:"贤者固不可测。往日之喜,乃为亲屈也。"均兄为县吏,颇受礼遗。均谏不听,乃脱身为佣。岁余,得钱帛归,以与兄,曰:"物尽可复得,为吏坐臧,终身损弃。"兄感其言,遂为廉洁。均仕为尚书,免归。帝下诏褒宠义、均,赐谷各千斛。常以八月,长吏问起居,加赐羊酒。

"所谓诽谤，是说实际上没有的事情，而虚加诬蔑。至于说到孝武皇帝，他为政的善恶已明确记载在汉朝的史书上，我们只是如实叙述史书上所载事实，并非诽谤。作为皇帝，不论行善还是作恶，天下无人不知，这都是能够了解得到的，因此不应当对议论者加以责备。陛下即位以来，政教上没什么过失，恩德有增无减，我们为什么偏要讽刺呢？假如所批评的是事实，那就理应改正；倘若批评的不当，也应有所包涵，何必要问罪呢？我们被杀，死就死了吧，只怕天下人定会回转目光，改变想法，以这事来窥测陛下的心思。从今以后，即使看到不对的事情，终究也不会再有人出来说话了。齐桓公亲自公布前任国君的罪恶，并向管仲请教处理的办法，从此以后，群臣都尽心为他效忠。今天，陛下却要为远在十世之前的武帝掩饰事实真相，难道不是与齐桓公大不相同吗？臣担心被突然定罪，蒙冤衔恨，不能自我申辩，使后世评说历史的人擅自拿陛下打比方，难道还要子孙之辈也为陛下掩饰吗？我谨来到皇宫门前，伏身等待严厉的处罚。"奏书递上，章帝下诏停止审问，任命孔僖为兰台令史。

赏赐给毛义、郑均米谷各一千斛。

庐江人毛义、东平人郑均，都以仁义的行为受到乡里人的称赞。南阳人张奉仰慕毛义的名声，前往拜访。刚坐定，官府来了公文，任命毛义代理安阳县令。毛义手捧公文进入室内，喜形于色。张奉心中很看不起他，告辞而去。后来，毛义的母亲去世了，朝廷一再召毛义出来做官，都被他拒绝了。张奉于是感叹道："对贤人本来不可以妄测。毛义当时的喜悦，乃是为了母亲而屈就。"郑均的哥哥是县中小吏，收受很多礼物贿赂。郑均劝阻，哥哥却不听，郑均于是离家而去，做别人的佣人。过了一年多，郑均把挣得的钱物带回家里送给哥哥，说道："钱物用光了还能再挣，做官如果犯了贪赃罪，就会终身被罢黜。"哥哥被他的话所感动，于是成为廉洁的清官。郑均官至尚书，后免官回乡。章帝下诏，褒奖毛义、郑均，各赏赐米谷一千斛。每年八月，地方官员都要去问候他们的日常生活起居，加赐羊肉美酒。

诏除妖恶禁锢者。

诏曰:"往者妖言大狱所及广远,一人犯罪,禁至三属。如有贤才没齿无用,朕甚怜之。诸以前妖恶禁锢者,皆蠲除之。"

乙酉(85) 二年

春正月,诏赐民胎养谷,著为令。

诏曰:"诸怀妊者,赐胎养谷人三斛,复其夫勿算一岁。著为令。"

诏戒俗吏矫饰者。

诏曰:"俗吏矫饰外貌,似是而非,朕甚厌之,甚苦之。安静之吏,恓恓无华,日计不足,月计有余。如襄城令刘方,吏民同声谓之不烦,虽未有他异,斯亦殆近之矣。夫以苛为察,以刻为明,以轻为德,以重为威,四者或兴,则下有怨心。吾诏书数下,冠盖接道,而吏不加治,民或失职,其咎安在?勉思旧令,称朕意焉。"

二月,行《四分历》。

《太初历》施行百有余年,历稍后天。上命编䜣等综校,作《四分历》,施行之。

帝东巡。

帝之为太子也,受《书》于汝南张酺。至是东巡,酺为东郡太守。帝幸东郡,引酺及门生、掾史会庭中。先备弟子之仪,使酺讲《尚书》一篇,然后修君臣之礼。行过任城,幸郑均舍,赐尚书禄,以终其身,时人号为"白衣尚书"。

诏命解除对因妖言惑众罪而受牵连者的禁锢。

章帝的诏书说:"以前犯妖言惑众罪,牵连的面很广,一人犯罪,父族、母族、妻族都要受到禁锢,不准做官。如果有贤才终生受不到重用,朕很为他们感到可惜。现命将以前因妖言惑众罪而受牵连的人一律解除禁锢。"

乙酉(85) 汉章帝元和二年

春正月,诏命赏赐百姓胎养谷,并定为法令。

诏书说:"所有怀孕的妇女,赏赐给每人胎养谷三斛,并免收其丈夫一年的人头税。将此项规定定为法令。"

诏命戒除平庸官吏的矫饰之风。

诏书说:"平庸的官吏说话办事过于做作,似是而非,朕很讨厌他们,也很为他们感到苦恼。踏实稳重的官吏,坦诚且不虚华,按日考察他的劳绩似显不足,若按月考察,就会感到有余。如襄城县令刘方,官民都说他从不烦扰百姓,虽然没有其他特别的功劳,但这也接近了朝廷的要求。如果以苛求为明察,以刻薄为明智,以对犯人从轻处罚为德,以从重处罚为威,这四种想法一旦盛行,下层民众就会产生怨恨。我曾多次发布诏书,奉诏出使的人不绝于道,然而吏治却不见好转,百姓中时常有人不守本分,问题出在哪里?希望官员们记住以往的法令,以称朕意。"

二月,实施《四分历》。

《太初历》实行了一百多年,渐与天象不合,稍微错后。章帝命令编䜣等人综合各种情况,校正误差,编成《四分历》,并予实施。

章帝东巡。

章帝做太子的时候,跟着汝南人张酺学习《尚书》。到这时,章帝前往东方巡视,张酺是东郡太守。章帝来到东郡,带领张酺及其学生,连同郡县官吏,一同在郡府庭院内集会。章帝先行弟子礼,让张酺讲解一篇《尚书》,然后再行君臣之礼。路过任城时,章帝光临郑均家,赐给他尚书俸禄,使他享用终身,当时人称郑均为"白衣尚书"。

耕于定陶，柴告岱宗，宗祀明堂。三月，至鲁，祠孔子。

帝祠孔子及七十二弟子于阙里，作六代之乐，大会孔氏男子六十二人。帝谓孔僖曰："今日之会，宁于卿宗有光荣乎？"对曰："臣闻明王圣主莫不尊师贵道。今陛下亲屈万乘，辱临敝里，此乃崇礼先师，增辉圣德，非臣家之私荣也。"帝大笑曰："非圣者子孙，焉有斯言乎！"拜僖郎中。

至东平，祠献王陵。

帝至东平，追念献王，谓其诸子曰："思其人，至其乡，其处在，其人亡。"因泣下沾襟。遂幸献王陵，祠以太牢，亲拜祠坐，哭泣尽哀。献王之归国也，骠骑府吏丁牧、周栩以王爱贤下士，不忍去，遂为王家大夫数十年，事祖及孙。帝闻之，皆引见，擢为议郎。

夏四月，还宫，假于祖祢。　秋七月，诏定律：无以十一、十二月报囚。

诏曰："《春秋》重'三正'，慎'三微'，其定律：无以十一月、十二月报囚，止用冬初十月而已。"

冬，南单于与北匈奴战，破之。

北匈奴衰耗，党众离畔。南部攻其前，丁零寇其后，鲜卑击其左，西域侵其右，不复自立，乃远引而去。至是，南单于与战于涿邪山，斩获而还。武威太守孟云上言："北虏前既和亲，而南部复往抄掠。北单于谓汉欺之，谋欲犯塞。谓宜还南所掠，以慰安之。"诏百官议。郑弘、第五伦等

在定陶举行耕藉之礼,燃柴祭告泰山,在汶上明堂祭祀五帝。三月,到鲁地,祭祀孔子。

章帝在阙里祭祀孔子以及孔子的七十二位弟子,演奏六代古乐,举行大会,会见孔家男子六十二人。章帝对孔僖说:"今天的大会,对你们家族是不是很荣耀?"孔僖回答说:"臣听说圣君明主没有不尊师重道的。如今,陛下屈驾光临我们卑微的乡里,这是崇敬先师,为您圣明的德行增辉,不只是微臣家族私有的荣耀。"章帝大笑着说:"如果不是圣人的子孙,怎么可能说出这样的话!"于是任命孔僖为郎中。

到东平,祭祀献王刘苍的陵墓。

章帝到了东平,追念献王刘苍,对刘苍的儿子们说:"我思念刘苍,来到了他的故地,他的房舍还在,人却已经死亡。"说着,眼泪流下,沾湿了衣襟。于是驾临献王的陵墓,用牛、羊、猪三牲设祭,并亲自在祠庙祭拜刘苍的牌位,尽情地哭泣,倾诉衷情。当初献王回归封国时,骠骑府吏丁牧、周栩因为献王礼贤下士,不忍离开他,于是做了献王的家臣,历时数十年,侍奉他们祖孙三代。章帝听说后,召见了丁牧和周栩,提拔他们担任议郎。

夏四月,章帝返回洛阳皇宫,到祖庙祭告出巡经过。 **秋七月**,章帝下诏,制定法律:不许在十一、十二月判决罪人。

诏书说:"《春秋》重视天、地、人'三正',而对'三正'之始的'三微'很慎重,现定下法令:每年的十一、十二月不准判决罪人,只准在冬初十月判决。"

冬季,南单于与北匈奴交战,大破北匈奴。

北匈奴日见衰落,众叛亲离。正面有南匈奴进攻,后面有丁零人骚扰,东边有鲜卑人袭击,西边有西域人侵扰,不能再立足本地,只好引兵远去。到这时,南单于与北单于交战于涿邪山,南匈奴杀敌俘虏,得胜而归。武威太守孟云上书说:"北匈奴以前已与汉朝和亲,而南匈奴又前去抢掠。北单于认为汉朝欺弄他,打算进犯边塞。我认为应当让南匈奴把抢来的东西还给北匈奴,以此来安慰他们。"章帝下诏,命群臣商议。郑弘、第五伦等

以为不可,桓虞、袁安等以为当与之。虞廷斥弘,伦亦变色。司隶举奏,弘等皆免冠谢。诏报曰:"事以议从,策由众定。訚訚侃侃,得礼之容,寝嘿抑心,非朝廷福。君何尤而深谢?其各冠履!"帝乃下诏曰:"江海所以能长百川者,以其下之也。今与匈奴君臣分定,贡献累至,岂宜违信自受其曲?其敕度辽及中郎将,倍雇南部所得生口,以还北虏。其南部斩首获生,计功受赏,如常科。"

丙戌(86) 三年

春正月,诏:婴儿无亲属,及有子不能养者,禀给之。帝北巡,耕于怀。

敕侍御史、司空曰:"方春所过,无得有所伐杀。车可以引避引避之,騑马可辍解辍解之。"

三月,还宫。 夏四月,收太尉弘印绶,弘自系狱,出之而卒。

郑弘数陈窦宪权势太盛,奏宪党张林、杨光贪残。吏与光旧,因以告之。宪奏弘漏泄密事。帝诘让弘,收印绶。弘自诣廷尉,诏敕出之。因乞骸骨归,未许。病笃,上书曰:"窦宪奸恶贯天达地,海内疑惑,谓'宪何术以迷主上,近日王氏之祸,晒然可见'。陛下处天子之尊,保万世之祚,而信谗佞之臣,不计存亡之机。臣虽命在暮刻,死不忘忠。

认为不能这样做,桓虞、袁安等则认为应当如此。桓虞当庭怒斥郑弘,第五伦也怒形于色。司隶校尉上疏弹劾他们,郑弘等都脱帽谢罪。章帝下诏答复说:"国事要通过商议决定从违取舍,决策要由众人商定。言辞和气而中正,符合朝廷之礼,而缄默不语,压抑心志,不是朝廷之福。你们有什么错误需要谢罪?都各自戴上帽子、穿上鞋子吧!"章帝于是又下诏说:"江海所以能成为百川的首领,是因为它们地势低下。现在,我朝与匈奴君臣名分已定,北匈奴不断进贡,难道可以背弃信义、自寻理亏吗?现命度辽将军和中郎将,用加倍的价格赎买南匈奴所得俘虏,还给北匈奴。南部匈奴杀敌擒虏,遵照惯例,论功行赏。"

丙戌(86) 汉章帝元和三年

春正月,章帝下诏:没有亲属的孤儿,以及有孩子却没有能力抚养的,均由官府供给粮食。 章帝到北方巡视,在怀县举行耕藉礼。

章帝命令侍御史、司空说:"现在正值春天,凡我所经过的地方,要禁止践踏庄稼。车辆可以绕行就绕行,驾车的边马能够解除就解除。"

三月,章帝返回洛阳皇宫。 夏四月,收回太尉郑弘的印信绶带,郑弘主动投案入狱,赦他出狱后去世。

郑弘多次上奏,指出窦宪权势太盛,又弹劾窦宪的党羽张林、杨光为官贪赃枉法,行为残暴。处理奏书的官吏与杨光有老交情,便把此事告诉了杨光。窦宪上奏,弹劾郑弘泄露机密。章帝因此责怪郑弘,并收回他的印信绶带。郑弘自行前往廷尉府投案待审,章帝诏令将他释放。郑弘借此机会请求退职回乡,章帝没有批准。郑弘病重,上书说:"窦宪的奸恶,上通于天,下达于地,全国民众都感到疑惑,说'窦宪用什么方法迷住了皇上,近世王莽之祸,历历在目'。陛下身居天子的尊位,守护万世长存的帝业,然而却信任擅长谗言的奸臣,不曾考虑这是关系国家存亡的关键。臣虽然已命在旦夕,但临死也没忘掉效忠陛下。

愿陛下诛'四凶'之罪,以厌人鬼愤结之望。"帝省章,遣医视弘病。比至,已薨。

以宋由为太尉。　五月,司空伦罢。

第五伦以老病乞身,赐策罢,以二千石俸终其身。伦奉公尽节,言事无所依违,性质悫,少文采,在位以贞白称。或问伦曰:"公有私乎?"对曰:"昔人有与吾千里马者,吾虽不受,每三公有所选举,心不能忘,而亦终不用也。吾兄子病,一夜十往,退而安寝。吾子有疾,虽不省视,而竟夕不眠。若是者,岂可谓无私乎?"

以袁安为司空。　烧当羌反。

烧当羌迷吾及其弟号吾寇陇西,郡兵追获之。号吾曰:"诚得生归,必不复犯塞。"太守张纡放遣之,羌即解散。

疏勒王忠诈降,班超斩之。

南道遂通。

诏侍中曹褒定汉礼。

博士曹褒请著汉礼,班固以为宜广集诸儒,共议得失。帝曰:"谚言:'作舍道边,三年不成。'会礼之家,名为聚讼,互生疑异,笔不得下。昔尧作《大章》,一夔足矣。"乃拜褒侍中,授以叔孙通《汉仪》十二篇,曰:"此制散略,多不合经,今宜依《礼》条正,使可施行。"

丁亥(87)　章和元年

春三月,护羌校尉傅育击羌,败死。　夏六月,司徒

愿陛下像舜帝除掉'四凶'一样惩治奸臣的罪恶,以满足人鬼共愤的期望。"章帝看了奏章后,派医生为郑弘诊病。等医生赶到郑家时,郑弘已经去世。

任命宋由为太尉。   五月,司空第五伦免官。

第五伦因年老患病请求退休,章帝颁赐策书,将第五伦免职,允许他终身享受二千石俸禄。第五伦奉公尽节,发表意见从不模棱两可,天性质朴诚实,少有文采,为官以清白著称。有人问第五伦说:"您有私心吗?"第五伦回答说:"以前曾经有人要送给我千里马,我虽然没有接受,但每当三公举荐人才的时候,我心中总忘不了这个人,不过最终也没有荐用他。哥哥的孩子病了,我一夜间去看望十次,回来后却能安睡。我自己的孩子病了,我虽然没有前去探视,但却彻夜不眠。像这种情况,难道可以说没有私心吗?"

任命袁安为司空。   羌人烧当部落造反。

烧当部落首领迷吾以及他的弟弟号吾进犯陇西郡边界,郡兵追击,擒获号吾。号吾说:"如果我能够活着回去,今后决不再侵犯边塞。"太守张纡把号吾放回,羌兵随即解散。

疏勒王忠向班超诈降,班超将他斩首。

西域南部的道路从此畅通。

章帝下诏,命侍中曹褒编订汉朝礼仪大典。

博士曹褒请求编制汉朝礼仪大典,班固认为应当召集广大儒家学者,共同探讨得失。章帝说:"俗话说:'路边盖房,三年不成。'集会讨论礼仪问题,各家就会像在一起吵架,争论不定,互相生出各种疑问、分歧,致使难以下笔。古时候,尧帝制作《大章》乐,有夔一个人就够了。"于是,任命曹褒为侍中,并授给他叔孙通所编《汉仪》十二篇,说:"这些规定过于零散、简略,且多与经书不合,现在应当依据《礼经》逐条进行订正,使它可以实施。"

丁亥(87) 汉章帝章和元年
春三月,护羌校尉傅育讨伐羌人,战败被杀。   夏六月,司徒

虞免，以袁安为司徒，任隗为司空。　秋，鲜卑击北匈奴，斩优留单于。　护羌校尉张纡击羌，斩其帅迷吾，其子迷唐据大、小榆谷以叛。　改元。

是时，屡有嘉瑞，言者咸以为美，遂诏改元"章和"。太尉掾何敞独恶之，谓宋由、袁安曰："夫瑞应依德而至，灾异缘政而生。今异鸟翔于殿屋，怪草生于庭际，不可不察。"由、安惧不敢答。

八月晦，日食。　北匈奴五十八部来降。　曹褒奏所撰制度。

曹褒依准旧典，杂以五经谶记之文，撰次天子至于庶人，冠、婚、吉、凶终始制度，凡百五十篇，奏之。帝以众论难一，故但纳之，不复令有司平奏。

班超发诸国兵击莎车，降之。

班超发于阗诸国兵二万人击莎车，龟兹王发温宿等兵合五万人救之。超曰："今兵少不敌，可各散去，须夜鼓声而发。"阴缓所得生口。龟兹王闻之，自以万骑于西界遮超，温宿王将八千骑于东界徼于阗。超知二虏已出，密召诸部勒兵，鸡鸣驰赴莎车营。胡大惊乱奔走，莎车遂降，龟兹等各退散。自是，威震西域。

戊子（88）　二年

春正月，济南王康、中山王焉来朝。

上笃于亲亲，故二王入朝，特加恩宠，及诸昆弟不遣就国。赏赐过度，仓帑为虚。何敞奏记宋由曰："比年水旱，

桓虞免官,任命袁安为司徒,任隗为司空。　秋季,鲜卑人进攻北匈奴,斩杀优留单于。　护羌校尉张纡攻打羌人,斩杀羌人首领迷吾,迷吾的儿子迷唐据守大、小榆谷发动叛乱。　下诏更改年号。

当时,频频出现祥瑞征兆,谈论的人都认为是美事,于是章帝下诏,改年号为"章和"。唯独太尉掾何敞对此表示厌恶,对宋由、袁安说:"祥瑞应该是伴随德政而来,灾异由于恶政而生。如今异鸟飞翔于皇宫殿堂上空,怪草生长于宫廷院内,不可不注意。"宋由、袁安感到恐惧,不敢答对。

八月最后一天,出现日食。　北匈奴五十八个部落归降汉朝。　曹褒奏上所编定的礼仪制度。

曹褒依据旧典,参考五经谶记中的记载,按着从天子到平民的顺序,编成加冠礼、婚礼、吉礼、凶礼等各种礼仪典制,共一百五十篇,奏报给皇帝。章帝鉴于众人的意见很难统一,所以就干脆接受了曹褒所制典章,不再令有关部门议奏。

班超征调西域各国军队进攻莎车,莎车投降。

班超征调于阗等国军队二万人进攻莎车,龟兹王则调集温宿等国军队共五万人前往救援。班超说:"眼下我方兵力不足,打不过敌人,可以各自分散撤离,等到夜半鼓声响起时出击。"又悄悄放走所获俘虏。龟兹王获悉后,自率一万骑兵在西面边界拦截班超,温宿王带八千骑兵在东面边界拦截于阗军队。班超得知龟兹、温宿两国军队已经出动,便秘密集结各路军队,于天亮前奔袭莎车军营。胡人大惊,乱作一团,争相逃奔,莎车遂告投降,龟兹等国军队各自退散。从此,班超威震西域。

戊子(88)　汉章帝章和二年

春正月,济南王刘康、中山王刘焉来京朝见。

章帝重视骨肉亲情,所以济南、中山二王来京朝见时,受到特别优待;对其他的兄弟,也不派他们前往封国。因赏赐过度,国库为之空虚。何敞给宋由上书说:"近年来,连续发生水旱灾害,

公私屈竭,此实损膳节用之时,而赏赉过度,损耗国资。夫公家之用,皆百姓之力。明君赐赉,宜有品制;忠臣受赏,亦应有度。明公位尊任重,责大忧深,宜先正己,以率群下,还所得赐,因陈得失,奏王侯就国,除苑囿之禁,节省浮费,赈恤穷孤,则恩泽下畅,黎庶悦豫矣。"由不能用。尚书宋意上疏曰:"陛下隆宠诸王,礼敬过度。《春秋》之义,诸父昆弟,无所不臣,所以尊尊卑卑,强干弱枝者也。西平王羡等久磐京邑,骄奢僭拟,损上下之序,失君臣之正。宜割情不忍,以义断恩,发遣归藩,以塞众望。"

帝崩。
年三十一。遗诏:"无起寝庙,一如先帝法制。"

太子肇即位。
年十岁。
尊皇后曰皇太后。　三月,葬敬陵。　太后临朝。

窦宪以侍中内干机密,出宣诰命。弟笃、景、瓌,皆在亲要。崔骃以书戒宪曰:"传曰:'生而富者骄,生而贵者傲。'生富贵而能不骄傲者,未之有也。昔冯野王称为贤臣,近阴卫尉克己复礼,终受多福。外戚所以获讥于时,垂愆于后者,盖在满而不挹,位有余而仁不足也。汉兴,外家

公私财力都已枯竭,现在正是减少消耗、节约用度的时候,然而皇上的赏赐超过了限度,损耗了国家的储备。公家的资财,都出自百姓的血汗。圣明的君王进行赏赐,应当有等级制度之分;忠臣接受赏赐,也应该有一定的限度。阁下您地位尊贵,责任重大,忧虑深远,应该首先端正自己,做群下的表率,退还所得的赏赐,并借机向皇上陈述利害得失,奏请遣送各亲王侯爵回封国就位,解除不准百姓在皇家园林耕种的禁令,节省不必要的开支,赈济抚恤穷困孤寡的人,这样一来,朝廷恩泽普降,黎民百姓就会感到喜悦安乐。"宋由没有采用何敞的建议。尚书宋意上疏说:"陛下十分宠爱各位亲王,优待超出了限度。依《春秋》之义,君王的伯父、叔父及兄弟,没有不是臣属的,这是为了使尊贵者受到尊敬,卑微者自守卑位,加强主干而削弱旁枝的缘故。西平王刘羡等长期留居京师,骄横奢侈,超越本分,自比于居上位的君王,这损害了上下尊卑的等级秩序,破坏了君臣间正常的伦理关系。陛下应当忍痛割爱,以大义切断私恩,遣送亲王们回到各自的封国,以满足民众的期望。"

章帝去世。

享年三十一岁。遗诏说:"不要在陵墓上修建祠庙寝殿,一切仿行先帝时的制度。"

太子刘肇即皇帝位。

时年十岁。

尊窦皇后为皇太后。 三月,将章帝安葬于敬陵。 窦太后临朝摄政。

窦宪以侍中身份入宫主持机要,出宫宣布诏命。他的弟弟窦笃、窦景、窦瓌,都在显要的位置上。崔骃上书告诫窦宪说:"古书上说:'生来就富有的人自满,生来就尊贵的人傲慢。'生来就富有尊贵而能做到不自满、不傲慢的人,未曾有过。从前,冯野王被人称为贤臣,近人卫尉阴兴克己守礼,终生享受很多福禄。外戚所以受到时人的讥嘲,为后人所责备,原因在于权势太盛而不知收敛,官位太高而仁德不足。汉朝建立以来,皇后家族

二十,保族全身,四人而已。《书》曰:'鉴于有殷。'可不慎哉!"

以邓彪为太傅,录尚书事,百官总己以听。

窦宪以彪有义让,先帝所敬,而仁厚委随,故尊崇之。其所施为,辄外令彪奏,内白太后,事无不从。彪在位修身而已,不能有所匡正。宪性果急,睚眦之怨,莫不报复。以韩纡尝劾父勋狱,令客斩纡子,以首祭勋冢。

诸王始就国。　夏四月,以遗诏罢盐铁之禁。　旱。
冬十月,侍中窦宪杀都乡侯畅,太后以宪为车骑将军,使击北匈奴以赎罪。

北匈奴饥乱,降南部者,岁数千人。南单于上言:"宜出兵讨伐,破北成南,令汉家长无北念。"太后以示耿秉,秉言可许。太后欲从之。尚书宋意上书曰:"戎狄简贱礼义,无有上下,强者为雄,弱即屈服。汉兴以来,征伐数矣,其所克获,曾不补害。光武皇帝因其来降,羁縻畜养,边民得生,劳役休息,于兹四十余年矣。今鲜卑奉顺,斩获万数,中国坐享大功,而百姓不知其劳。盖鲜卑侵伐匈奴,正是利其抄掠。及归功圣朝,实由贪得重赏。今若听南虏还都北庭,则不得不禁制鲜卑。鲜卑外失暴掠,内无功赏,犲狼贪婪,必为边患。今北虏西遁,请求和亲,宜因其归附,以为外扞。若引兵费赋,以顺南虏,则坐失上略,去安即危矣。"

有二十家,而能保全家族和自身的,不过四人而已。《尚书》说:'要以殷商的覆亡作为鉴戒。'能不谨慎吗!"

任命邓彪为太傅,主管尚书机要,百官各统己职,听命于太傅。

窦宪因邓彪讲仁义,能谦让,受到先帝的敬重,且为人忠厚随和,所以把他推到高位。窦宪每当要有什么行动的时候,就先从外面让邓彪上奏,自己再到宫内向太后解释,这样一来,没有一件事不被批准。邓彪在位,只是修身自好而已,对朝纲政纪,不能有所匡正。窦宪性情暴烈,连瞪他一眼的细小怨恨,都无不报复。由于韩纡曾经审理过窦宪之父窦勋的案件,窦宪便让门客杀害了韩纡的儿子,用他的头祭奠窦勋的坟墓。

诸亲王开始回封国就位。   夏四月,根据章帝遗诏,取消盐铁专卖的禁令。   发生旱灾。   冬十月,侍中窦宪杀死都乡侯刘畅,太后任命窦宪为车骑将军,让他讨伐北匈奴来立功赎罪。

北匈奴因饥荒而发生内乱,每年有数千人向南匈奴投降。南单于上书东汉朝廷说:"现应趁机出兵讨伐,打败北匈奴,成全南匈奴,使汉朝永无北部之忧。"太后把这份奏疏给耿秉看,耿秉说可以同意。太后打算接受这一建议。尚书宋意上书说:"匈奴人轻视礼义,没有君臣上下之分,强大的称雄,弱小的就屈服。汉朝建立以来,已对他们讨伐过很多次,但所得到的收获,并不能抵偿所受的损失。光武皇帝趁匈奴人归降之机,对他们采取了笼络豢养的政策,边地的人民从而获得生机,劳动服役活动得以停息,至今已经四十余年了。现在,鲜卑人归顺汉朝,斩杀俘虏匈奴数万人,汉朝坐享大功,百姓不觉辛劳。鲜卑攻打匈奴,只是因为抢掠对他们有利。而将战功归于汉朝,实际是因为贪图重赏。现在如果听任南匈奴回到北匈奴王庭建都,就不能不限制鲜卑人的行动。鲜卑人在外丧失了抢掠的对象,从朝廷这里又无法因功得到赏赐,以其豺狼般的贪婪,必将成为边疆地区的祸患。现在北匈奴西逃,请求与汉朝和亲,应该趁此机会,使北匈奴成为外藩。如果征调大军,消耗国家的经费,去听从南匈奴的意见,就会坐失上策,使国家由安转危。"

会都乡侯畅来吊国忧,太后数召见之。窦宪惧畅分宫省之权,遣客刺杀畅于屯卫之中,而归罪于畅弟刚。使侍御史与青州刺史杂考之。尚书韩稜以为,贼在京师,不宜舍近问远,恐为奸臣所笑。何敞说宋由曰:"敞备数股肱,职典贼曹,欲亲至发所,以纠其变。而二府执事以为,故事,三公不与盗贼。敞请独奏案之。"于是推举具得事实。太后怒,闭宪于内宫。宪惧诛,因自求击匈奴以赎死。乃以宪为车骑将军,执金吾耿秉为副,发兵伐北匈奴。

以邓训为护羌校尉,击迷唐,破之。

公卿举邓训代张纡。迷唐率兵来,胁小月氏胡。训拥卫胡,令不得战。议者咸以羌胡相攻,县官之利,不宜禁护。训曰:"张纡失信,众羌大动。今因其迫急,以德怀之,庶能有用。"遂开城,悉驱群胡妻子内之,严兵守卫。羌即解去。由是湟中诸胡皆言:"汉家常欲斗我曹,今邓使君待我以恩信,乃是得父母也。"咸欢喜叩头曰:"唯使君所命。"训遂抚养教谕,莫不感悦。赏赂诸羌,使相招诱。号吾将其种人八百户来降,训因发秦、胡、羌兵,掩击迷唐,破之。迷唐乃去大、小榆,众悉离散。

适逢都乡侯刘畅来京祭吊章帝，太后多次召见他。窦宪惧怕刘畅分去自己在内宫的权力，于是派刺客把刘畅杀害于禁卫军中，并将此事归罪于刘畅的弟弟刘刚。太后命侍御史和青州刺史共同审讯刘刚等人。尚书韩棱认为，凶手就在京城，不应舍近问远，否则，恐怕要被奸臣讥笑。何敞对宋由说："我何敞充数为您属下的要员，主管捕审罪犯，打算亲自到判案场所，督察事态的演变。然而，司徒、司空二府的主管官员认为，按照惯例，三公不应参与审理地方上的盗贼案件。我请求单独上奏，以参与审理此案。"于是，经过调查审理，弄清了全部事实真相。窦太后十分恼怒，将窦宪禁闭在皇宫内院。窦宪害怕被杀，便主动请求去攻打匈奴，以赎死罪。于是，窦太后任命窦宪为车骑将军，执金吾耿秉为副统帅，征调大军，讨伐北匈奴。

任命邓训为护羌校尉，攻打迷唐部羌人，将其打败。

公卿推举邓训接替张纡任护羌校尉。迷唐率羌兵来犯，想首先胁迫小月氏部落的胡人臣服于己。邓训保护胡人，使迷唐未能与胡人交战。议论此事的官员都认为，羌胡相斗，这是对汉朝有利的事情，不应该禁止，不应该庇护胡人。邓训说："因张纡失信，致使羌人各部群起反叛。现在，乘胡人受到胁迫的紧急关头，对他们以恩德相待，以期将来能为我所用。"于是打开城门，把胡人的妻子儿女全都接纳进来，并派兵严密守护。羌兵随即撤离。因此，湟中地区的各部胡人都说："汉朝官吏常常希望我们自相争斗，如今邓使君以恩德信义对待我们，我们就如同是得到了父母的庇护。"他们都异常欢喜，向邓训叩头表示："今后我们一切听从您的命令。"邓训便对胡人进行安抚教化，胡人无不心悦诚服。邓训又对羌人各部进行悬赏招降，让已降的羌人去招诱未降的羌人。号吾率领本部落八百户来降，邓训于是征调汉、胡、羌各路军队，袭击迷唐，将他打败。迷唐被迫撤离大、小榆谷，其部众全部离散。

己丑(89)　孝和皇帝永元元年
春,邓训掩击迷唐,大破之。诸羌来降。

迷唐欲复归故地。邓训发湟中六千人,缝革舩置箄上,度河掩击,大破之,一种殆尽。迷唐收余众,西徙千余里。烧当豪帅稽颡归死,余皆款塞纳质。于是训绥接归附,威信大行。遂罢屯兵,唯置弛刑徒二千余人屯田,修坞壁。

下尚书仆射郅寿吏,寿自杀。

窦宪将行,公卿诣朝堂上书谏,以为匈奴不犯边塞,而无故劳师远涉,损费国用,徼功万里,非社稷之计。书连上,辄寝。宋由诸卿稍自引止。唯袁安、任隗免冠固争,前后十上。众皆危惧,安、隗正色自若。侍御史鲁恭上疏曰:"万民者天下所生,天爱其所生,犹父母爱其子。一物有不得其所者,则天气为之舛错,况于人乎? 故爱民者必有天报。夫戎狄者,四方之异气也,与鸟兽无别。是以圣王之制,羁縻不绝而已。今匈奴远藏,去塞数千里,而欲乘其虚耗,利其微弱,是非义之所出也。今始征发,而大司农调度不足,上下相迫,民间之急亦已甚矣。群僚百姓咸曰不可,陛下独奈何以一人之计,弃万人之命,不恤其言乎? 上观天心,下察人志,足以知事之得失。臣恐中国不为中国,

汉和帝

己丑(89)　汉和帝永元元年

春季，邓训袭击迷唐部羌兵，大败敌军。羌人各部纷纷归降。

迷唐打算重新回到故地。邓训调集湟中军队六千人，缝制革船，放在木筏上，乘木筏渡河，袭击迷唐，将他彻底打败，整个部落几乎被消灭干净。迷唐收集残余部众，向西迁移了一千多里。烧当部落首领前来归附，叩头请死，其余的人都到边塞投诚。于是，邓训接纳并安抚归顺的羌人，其威望和信誉广为传诵。接着便撤销驻军，只留下免刑囚徒两千余人，在当地开荒垦田，修缮堡垒壁障。

尚书仆射郅寿被交付官吏审讯，郅寿自杀。

窦宪将出征讨伐匈奴，三公、九卿到朝堂上书劝阻，认为匈奴并未侵犯边塞，而无故劳师远征，耗费国家的资财，求取万里之外的功勋，这不是为国家着想的计策。奏书接连呈上，却都被搁置一边。宋由等诸位官员逐渐自行停止谏阻。唯有袁安、任隗二人脱下官帽，在朝堂力争，先后上书达十次之多。众人都为他们担惊受怕，袁安、任隗却神情自若，镇定如常。侍御史鲁恭上疏说："万民百姓是上天所生，上天爱他所生，就像父母爱他的子女。万物之中，如果有一物没得到它合适的位置，天象就会为此发生错乱，何况对于人呢？因此，爱民的人，上天对他必有回报。戎狄之族，是四方的异气，与鸟兽没什么区别。所以，圣明的君王，历来的做法，只是对他们采取不断笼络和约束的政策而已。如今，匈奴远远躲了起来，距离汉朝边塞数千里，而我们打算趁他们空虚之机，利用他们的微弱疲惫而轻易取胜，这不是合乎仁义的举动。现在刚开始征调军队，而物资已不够大司农调度使用，官府上下互相催迫，百姓也已在叫苦不迭。群臣百姓都说此事不可行，而陛下为何偏偏因为窦宪一人的计虑，去毁弃千万人的性命，不体恤一下他们的呼声呢？上观天心，下察民意，便足以知道事情的得失。臣只怕中国将不再是真正的中国，

岂徒匈奴而已哉!"太后不听。又诏使者为笃、景起邸第。侍御史何敞上疏曰:"今匈奴无逆节之罪,汉朝无可惭之耻,而盛春东作,兴动大役,复为笃、景缮修馆第,弥街绝里,非所以垂令德示无穷也。宜且罢工匠,以忧边恤民。"书奏,不省。

窦宪尝使门生赍书,诣尚书仆射郅寿,有所请托。寿送诏狱。上书陈宪骄恣,引王莽以诫国家。又因朝会,厉音正色,讥宪等以伐匈奴、起第宅事。宪怒,陷寿以诽谤。下吏,当诛。敞上疏曰:"寿机密近臣,匡救为职。若怀默不言,其罪当诛。今寿违众正议以安宗庙,岂其私邪?忠臣尽节,以死为归。臣诚不欲圣朝行诽谤之诛,以杜塞忠直,垂讥无穷。"寿得减死,徙合浦,未行,自杀。

夏六月,窦宪击北匈奴,大破之。登燕然山,刻石勒功而还。

窦宪、耿秉出朔方塞,与北单于战于稽落山,大破之,单于遁走,斩获甚众,降二十余万人。出塞三千余里,登燕然山,命中护军班固刻石勒功,纪汉威德而还。遣司马吴汜奉金帛遗北单于於西海上,以诏致赐。单于稽首拜受。

秋七月,会稽山崩。 九月,以窦宪为大将军。

旧,大将军位在三公下,至是诏宪位次太傅下、三公上。窦氏兄弟骄纵,而景尤甚。奴客夺人财货,篡取罪人,

岂只匈奴不把中国当中国看待而已!"窦太后不听从这些意见。又下诏,命使者为窦笃、窦景兴建宅第。侍御史何敞上疏说:"如今匈奴没有背叛之罪,汉朝也没有值得羞惭的耻辱,而时值盛春,百姓正在耕作,政府却要发动大规模的军事行动,又为窦笃、窦景修建家宅,占满了大街小巷,这不是发扬美德、使后世永远效仿的做法。应当暂且停止修宅工程,以专心考虑边事,体恤人民的困苦。"奏书呈上,未被理睬。

窦宪曾经派门生带信去见尚书仆射郅寿,有私事请托。郅寿把该门生送押诏狱。又上书指陈窦宪骄横恣肆,引用王莽之事来告诫朝廷。还借朝会之机,声色俱厉地抨击窦宪等人兴师讨伐匈奴、大肆修建宅第之事。窦宪大怒,反诬郅寿有诽谤罪。郅寿被交付官吏审讯,当处死罪。何敞上疏说:"郅寿是参与国家机密的近臣,匡正大臣的错误是他的职责。如果明知某人有错而缄默不语,才罪该处死。现在,郅寿敢于违抗众臣的意见,正义直言,以求安定国家,难道是为了他自己吗?忠臣尽节,视死如归。臣实在不愿意看到圣明的朝廷因听到批评而遂行诛杀,从而堵塞忠诚正直之士进言的道路,永为后世讥笑。"郅寿遂得免死,流放合浦,还没动身,他便自杀了。

夏六月,窦宪进攻北匈奴,大败匈奴军。登上燕然山,刻石纪功后返回。

窦宪、耿秉率军出朔方边塞,与北匈奴单于在稽落山交战,大败匈奴军,单于逃走,大批匈奴兵被消灭俘虏,投降的有二十多万人。窦宪等出塞三千余里,登上燕然山,命令中护军班固刻石纪功,记下汉朝的国威与恩德,然后返回。派军司马吴汜到西海之畔送给北单于一些金银财宝和布帛,并以汉朝皇帝的名义进行赏赐。单于叩头接受。

秋七月,会稽山发生山崩。 九月,任命窦宪为大将军。

依旧例,大将军的地位在三公之下,到这时下诏规定窦宪的地位仅次于太傅,在三公之上。窦氏兄弟骄奢放纵,而尤以窦景为甚。他的家奴、门客肆意抢夺他人财物,非法夺取罪犯,

妻略妇女。擅发缘边突骑。袁安劾景"擅发边兵,惊惑吏民,二千石不待符信,辄承景檄,当伏显诛"。又奏:"司隶校尉、河南尹阿附贵戚,不举劾,请免官案罪。"并寝不报。瓌独好经书,节约自修。尚书何敞上封事曰:"爱而不教,终至凶戾,犹饥而食之以毒,适所以害之也。伏见大将军宪兄弟专朝,虐用百姓,奢侈僭偪,诛戮无罪。臣敞区区,诚不欲上令皇太后损文母之号,陛下有誓泉之讥,下使宪等得长保其福祐。驸马都尉瓌比请退身,愿抑家权,可与参谋,听顺其意,诚宗庙至计,窦氏之福。"时济南王康尊贵骄甚,宪乃白出敞为济南太傅。康有违失,敞辄谏争。康虽不能从,然素敬重敞,无所嫌忤焉。

大水。

庚寅(90) 二年

春二月,日食。　窦宪遣兵复取伊吾地,车师遣子入侍。　月氏遣使奉献。

初,月氏求尚公主,班超拒还其使,由是怨恨,遣其副王谢将兵七万攻超。超众少,皆大恐。超曰:"月氏兵虽多,然数千里逾葱岭来,非有运输,何足忧邪?但当收谷坚守,彼饥穷自降,不过数十日决矣。"谢攻不下,钞掠无所得。超度其必从龟兹求食,乃遣兵数百于东界要之。

奸淫掳掠妇女。窦景还擅自征调边疆地区的精锐骑兵。袁安弹劾窦景"擅自征调边疆军队,惊扰欺骗地方官吏和民众,二千石没有等到朝廷调兵的符信,就即刻奉行窦景的一纸文书,应该当众处死"。又上奏说:"司隶校尉、河南尹阿谀攀附皇亲国戚,不检举弹劾他们的罪行,建议将其免官治罪。"这些奏疏全都被搁置起来,得不到答复。只有窦瑰好读儒家经书,能够节制和约束自己,修身自好。尚书何敞呈上一份密封奏疏,写道:"对子女只知宠爱而不加管教,最终会使他们变成凶恶暴戾之人,这就好比饥饿时喂给他们毒药,恰恰是害了他们。我看到大将军窦宪兄弟在朝廷专权,残酷地役使百姓,奢侈腐化,僭越不法,还滥杀无辜。微臣何敞,实在不愿看到上使皇太后的文母美誉受到损害,陛下因有黄泉相见的誓言被人嘲笑,下使窦宪等人长久保持他们的荣华富贵。驸马都尉窦瑰多次请求从高位上退下来,希望抑制窦家的权势,陛下可以跟他商议,顺从他的心意,这才真正是为国家着想的最佳计策,也是窦家的福分。"当时,济南王刘康地位尊贵,十分骄横,窦宪便向太后说明情况,派何敞出任济南国太傅。刘康每有过失,何敞就极力规劝。刘康虽听不进何敞的意见,但他一向敬重何敞,双方没有造成怨恨和冲突。

发生水灾。

庚寅(90) **汉和帝永元二年**
春二月,出现日食。 窦宪派兵重新占领伊吾,车师派遣王子到汉朝充当人质。 月氏国遣使向汉朝进贡。
起初,月氏王请求娶汉朝公主为妻,班超拒绝,并遣返月氏使者,月氏王因此怀恨在心,派副王谢率军七万攻打班超。班超兵力不足,士兵都十分惊慌。班超说:"月氏兵虽多,但他们跋涉数千里,翻越葱岭而来,没有运输补给,有什么可担心的?我们只要把粮食收藏起来,据城固守,敌人饥饿困顿,自会投降,过不了数十天,就见分晓了。"谢久攻不下,又没抢到什么东西。班超估计月氏兵一定会向龟兹求取粮食,于是派兵数百从东边拦截。

谢果遣骑赂龟兹,伏兵遮击,尽杀之,持其首示谢。谢大惊,请罪。由是岁奉贡献。

封齐武王孙无忌为齐王,威为北海王。
初,北海哀王无后,肃宗以齐武王首创大业,遗诏令复二国,至是皆封。

秋七月,窦宪出屯凉州。　九月,北匈奴款塞求朝。冬,窦宪遣使迎之。复遣兵袭击,破之。
北单于遣使款塞称臣,欲入朝见,宪遣班固迎之。会南单于求灭北庭,宪复遣中郎将耿谭将骑出塞,袭击北单于。单于被创,仅而得免。南部党众益盛,领户三万四千,胜兵五万。

辛卯（91）　三年
春正月,帝冠。
始用曹褒新礼,擢褒监羽林左骑。

二月,窦宪遣兵击北匈奴于金微山,大破之,单于走死。

窦宪以北匈奴微弱,欲遂灭之。欲遣左校尉耿夔围北单于于金微山,大破之,获其母阏氏,名王已下五千余级。单于逃走,不知所在。出塞五千余里而还,自汉出师所未尝至也。

窦宪杀尚书仆射乐恢。
窦宪以耿夔、任尚为爪牙,邓叠、郭璜为心腹,班固、傅毅典文章。刺史、守、令多出其门,赋敛吏民,共为赂遗。

谢果然派骑兵前去贿赂龟兹,班超的伏兵迅速出击,将他们全部消灭,并提着人头给谢看。谢大吃一惊,立即派人向班超道歉请罪。从此以后,月氏每年都向汉朝进贡。

封齐武王之孙刘无忌为齐王,刘威为北海王。

当初,北海哀王死后没有继承人,汉章帝以齐武王首创王朝大业有功,临死时下诏,命恢复北海、齐国两个封国,到这时刘无忌、刘威都被封为王。

秋七月,窦宪出京屯驻凉州。 九月,北匈奴派使臣到边塞请求朝见。冬季,窦宪派人前往迎接。又派兵袭击,打败了北匈奴。

北匈奴单于派使臣到边塞,表示臣服汉朝,想要入京朝见,窦宪派班固前去迎接。适逢南匈奴单于请求消灭北匈奴,窦宪于是又派中郎将耿谭率领骑兵出塞,袭击北单于。单于受伤,仅得活命。此时,南匈奴的势力日益强盛,拥有人口三万四千户,兵力达到五万人。

辛卯(91) 汉和帝永元三年

春正月,和帝举行加冠礼。

开始采用曹褒制定的新礼仪,并擢升曹褒为羽林左监,督领羽林左骑。

二月,窦宪派兵与北匈奴交战于金微山,大败北匈奴军队,单于逃走后死亡。

窦宪看到北匈奴力量微弱,于是想灭掉它。派遣左校尉耿夔把北单于包围在金微山,大败北匈奴军队,并抓获了他的母亲阏氏,斩杀名王以下五千余人。单于逃跑,不知去向。汉朝军队出塞五千余里后返还,自汉朝出兵讨伐匈奴以来,还未曾到过这么远的地方。

窦宪逼死尚书仆射乐恢。

窦宪以耿夔、任尚为打手,以邓叠、郭璜为心腹,让班固、傅毅负责为他撰写文章。刺史、太守、县令多由窦氏推荐任命,他们对下层官吏、百姓横征暴敛,共同从事贪污贿赂的罪恶勾当。

袁安、任隗举奏,贬四十余人。窦氏大恨,但安、隗素行高,未有以害之。尚书仆射乐恢上疏曰:"陛下富于春秋,纂承大业,诸舅不宜干正王室,示天下之私。若上能以义自割,下能以谦自引,则四舅可长保爵土之荣,而皇太后永无惭负宗庙之忧矣。"书奏,不省。恢乞骸骨归。宪风州郡迫胁,恢饮药死。于是朝臣震慑,无敢违者。袁安以天子幼弱,外戚擅权,每朝会进见,及与公卿言国家事,未尝不暗鸣流涕,天子大臣皆恃赖之。

冬十月,帝如长安,窦宪来会。

帝幸长安,诏窦宪与车驾会长安。宪至,尚书以下议欲拜之,伏称"万岁"。尚书韩稜正色曰:"夫上交不谄,下交不黩,礼无人臣称万岁之制!"议者皆惭而止。左丞王龙私奏记,上牛酒于宪。稜举奏,论为城旦。

龟兹、姑墨、温宿诸国来降。十二月,以班超为西域都护、骑都尉。 帝还宫。

壬辰(92) 四年
春正月,立北匈奴於除鞬为单于。

初,北单于既亡,其弟於除鞬自立,遣使款塞。窦宪请立为单于,置中郎将领护,如南单于故事。事下公卿议,袁安、任隗以为:"光武招怀南虏,非谓可永安内地,正以权时之算,可得扞御北狄故也。今宜令南单于反北庭,领

经袁安、任隗举奏弹劾,有四十余人被贬官。窦宪兄弟对此十分怨恨,但由于袁安、任隗一向行为高尚,窦氏也没有借口加害他们。尚书仆射乐恢上疏说:"陛下正值年轻有为,承继帝王大业,诸位舅父不应该控制干预朝廷大权,向天下显露私心。如果在上位的能够从大义出发,自行割爱,在下位的能够以谦让的态度,主动引退,那么四位国舅就可以长久保持爵位和封国的荣耀,皇太后也可以永远没有辜负宗庙的忧虑。"奏疏呈上之后,未被理睬。乐恢请求退休回乡。窦宪暗中授意州郡官吏胁迫乐恢,乐恢服毒自杀。于是朝中官员十分惊恐,没有敢于违抗者。袁安见和帝年幼,外戚专权,每当朝会进见之际,以及与朝中官员谈论国家政事时,总禁不住感伤落泪,天子大臣都依靠信赖袁安。

冬十月,和帝前往长安,窦宪奉诏来会面。

和帝来到长安,下诏令窦宪来会面。窦宪一到长安,尚书以下官员有人议论着要去叩拜,并伏身称呼"万岁"。尚书韩棱脸色严肃地说:"与上面的人交往不可谄媚,与下面的人交往不可轻慢,从礼仪上说,没有对人臣称万岁的道理。"倡议者都感到惭愧,遂告作罢。左丞王龙私自向窦宪上奏,并呈献牛肉美酒。韩棱上奏弹劾,王龙被判服苦役。

龟兹、姑墨、温宿等国归降汉朝。十二月,任命班超为西域都护、骑都尉。 和帝返回洛阳皇宫。

壬辰(92) 汉和帝永元四年

春正月,立北匈奴於除鞬为单于。

当初,北匈奴单于逃走后,他的弟弟於除鞬自立为单于,并派使臣到汉朝边塞请求归附。窦宪奏请立於除鞬为单于,设置中郎将进行监护,如同对待南匈奴单于的旧例。此事被交付公卿进行商议,袁安、任隗认为:"光武皇帝招抚南匈奴,并不是说允许他们永远安居内地,而正是一种权宜之计,是为了能够利用他们来抵御北匈奴。现在,应当命令南单于返回北方王庭,统领

降众，无缘复更立於除鞬，以增国费。"安又独上封事曰：
"南单于屯先父举众归德四十余年，屯又首唱大谋，空尽北
虏。辍而弗图，更立新降。以一朝之计，违三世之规，失信
所养，建立无功，百蛮不敢复保誓矣。况乌桓、鲜卑新杀北
单于，今立其弟，岂不怀怨？且汉故事，供给南单于费直岁
一亿九十余万，西域岁七千四百八十万。今北庭弥远，其
费过倍，是乃空尽天下，而非建策之要也。"诏下其议。安
又与宪更相难折。宪负势骄忓，称光武诛韩歆、戴涉故事，
安终不移。然上竟从宪策。

　　初，庐江周荣辟袁安府，安举奏窦景及争立北单于事，
皆荣所具草。窦氏客胁荣曰："窦氏悍士刺客满城中，谨备
之矣！"荣曰："荣江淮孤生，得备宰士，纵为所害，诚所甘
心。"因敕妻子："若卒遇飞祸，无得殡殓，冀以区区腐身，觉
悟朝廷。"

　　**三月，司徒安卒，以丁鸿为司徒。　夏四月，窦宪还京
师。　六月朔，日食。**
　　丁鸿上疏曰："昔诸吕握权，统嗣几移。哀、平之末，
庙不血食。今天下远近，惶怖承旨。背王室，向私门，上
威损，下权盛。人道悖于下，效验见于天。虽有隐谋，神

归降的部众，而没理由再立一个於除鞬为单于，徒然增加国家的经费开支。"袁安又单独呈上密封奏疏，说："南单于屯屠何的父亲，率部众归顺汉朝、蒙受恩德已达四十余年；屯屠何又首先提出征伐北匈奴的方案，并彻底消灭了北匈奴。此时，我们停下来不再进取，还要另立一个新降服的北单于。只为一时考虑，违背三代皇帝的成规，失信于我们所养护的南单于，而去扶植一个无功于我们的北单于，这样一来，其他各个蛮族将不敢再相信汉朝的诺言了。再说，乌桓、鲜卑刚刚斩杀了北单于，现在扶植北单于的弟弟，乌桓、鲜卑怎能不对我汉朝怀恨在心？而且根据汉朝旧制，供给南单于的费用，每年达一亿九十余万，供给西域方面，每年达七千四百八十万。如今北匈奴距离更远，汉朝供给他们的费用势必倍增，这是要把全国的财富耗费一空，而不是正确的决策。"和帝下诏，将此奏章交付群臣讨论。袁安又与窦宪互相争吵辩难。窦宪依仗权势，骄横地对袁安进行人身攻击，并称引光武帝诛杀韩歆、戴涉的旧事相威胁，袁安始终没有动摇。然而，和帝最终却听从了窦宪的建议。

当初，庐江人周荣在袁安府中供职，袁安弹劾窦景以及反对重立北单于的奏章，都是由周荣起草。窦家一门客威胁周荣说："窦家的壮士、刺客遍布城中，你小心防备着点！"周荣说："我周荣只不过是一个生长在江淮地区的孤弱书生，有幸能在司徒府中任职，纵然被窦家谋害，也确实心甘情愿。"于是他告诫妻儿："如果我突然遭遇飞来横祸，不要收敛安葬，希望以此区区遗骨促使朝廷省悟。"

三月，司徒袁安去世，任命丁鸿为司徒。　**夏四月**，窦宪回到京师。　**六月初一日**，出现日食。

丁鸿上疏说："当年吕氏家族专权，皇统几乎移位。哀帝、平帝末年，因外戚之祸，皇家祭庙香火中断。如今，普天之下，无论远近，都对窦宪诚惶诚恐，承旨听命。各级官吏都背对朝廷，面向私门，皇上的威望受到损害，臣下的权力却日盛一日。人间的伦常一旦被打乱，天象就会有所反映。即使有隐秘的图谋，神灵

照其情,垂象见戒,以告人君。禁微则易,救末则难。恩不忍诲,义不忍割,去事之后,未然之明镜也。夫天不可以不刚,不刚则三光不明;王不可以不强,不强则宰牧从横。宜因大变,改正匡失,以塞天意。”

地震。　旱、蝗。　大将军窦宪伏诛。

窦氏父子兄弟并为卿、校,充满朝廷。邓叠及弟磊、母元,与宪婿郭举及父璜,共相交结。举得幸太后,遂谋为逆。帝知其谋,而外臣莫由亲接。以钩盾令郑众谨敏有心儿,不事豪党,遂与众定议诛宪。使清河王庆私求《外戚传》,夜,独内之。明日,幸北宫,诏执金吾、五校尉,勒兵屯卫南、北宫,闭城门,收璜、举、叠、磊,诛之,收宪大将军印绶,更封冠军侯,与笃、景、瓌皆就国,选严能相,迫令自杀。

初,河南尹张酺数以正法绳景。及窦氏败,酺上疏曰:“方宪等宠贵,群臣阿附,唯恐不及。今严威既行,皆言当死,不复顾其前后。臣伏见夏阳侯瓌每存忠善,检敕宾客,未尝犯法。臣闻王政,骨肉之刑,有三宥之义,过厚不过薄。宜加贷宥,以崇厚德。”帝感其言,由是瓌独得全。

窦氏宗族宾客,皆免归故郡,班固死狱中。固尝著《汉书》,尚未就,诏固女弟曹寿妻昭踵成之。

也能洞察实情，以天象示警，来告诫人间的君王。灾祸刚刚显露端倪之时比较容易禁绝，而到了灾祸闹大的时候，就难以挽救了。因恩情太重而不忍心去教诲，仁义太深而不忍心割爱，过去发生过的事情，以后就可以作为尚未发生的事情的借鉴。上天不能不刚直，不刚直，日、月、星三光就不发亮；君王不能不刚强，不刚强，大小官吏就会横暴无理。应当趁着天象示警，纠正过失，以回应天意。"

发生地震。　发生旱灾、蝗灾。　大将军窦宪被迫自杀。

窦氏父子兄弟同时担任卿、校等职，遍布朝廷上下。邓叠及其弟弟邓磊、母亲元，与窦宪的女婿郭举及其父亲郭璜，相互勾结。郭举深得太后宠幸，于是谋划杀害和帝。和帝了解到了他们的阴谋，但当时与外臣无法接近。和帝见钩盾令郑众谨慎机敏且有心计，不巴结豪强，便与他商议，决定诛杀窦宪。和帝命清河王刘庆私下为自己求借《外戚传》，一天深夜，和帝将刘庆单独接入内室。次日，和帝来到北宫，诏命执金吾、五校尉领兵驻守南、北宫，关闭城门，逮捕郭璜、郭举、邓叠、邓磊，处死他们；收回窦宪的大将军印信绶带，改封为冠军侯，与窦笃、窦景、窦瑰都各自前往自己的封国，还选派了严苛干练的国相，迫令窦宪、窦笃、窦景自杀。

当初，河南尹张酺曾多次依法处置过窦景。等到窦家败亡，张酺上疏说："当窦宪等受朝廷宠爱、地位尊贵之时，大小群臣阿谀附从他们，唯恐不及。如今看到朝廷采取严厉的行动，又都说窦宪等人该杀，不再考虑他们的前后表现。臣个人觉得夏阳侯窦瑰忠诚善良，约束管教宾客，不曾违犯法律。臣听说圣明君王的政治，对于亲属执行刑罚，原则上可以赦免三次，宁可过于宽厚，不可过于刻薄。对窦瑰应予宽大处理，以增厚恩德。"和帝为张酺的话所打动，窦瑰于是独得保全性命。

窦氏家族及其宾客，一律被免官，回归故里，班固死在狱中。班固曾经编著《汉书》，尚未完稿，和帝下诏令班固的妹妹、曹寿的妻子班昭接着编撰，完成这部书。

初，窦宪纳妻，郡国皆有礼庆。汉中郡当遣吏，户曹李郃谏曰："窦将军不修德礼，而专权骄恣，危亡可翘足而待。愿明府一心王室，勿与交通。"太守固遣之，郃请自行，遂所在迟留。至扶风而宪就国，凡交通者皆坐免，太守独不与焉。

帝赐清河王庆奴婢、舆马、钱帛、珍宝，充牣其第。庆或时不安，帝朝夕问讯，进膳药，所以垂意甚备。庆亦小心恭孝，自以废黜，尤畏事慎法，故能保其宠禄焉。

以宦者郑众为大长秋。

帝策勋班赏，众每辞多受少，帝由是贤之，常与之议论政事。宦官用权自此始矣。

秋七月，太尉由有罪策免，自杀。

以党于窦氏故也。

八月，司空隗卒。　以尹睦为太尉、录尚书事，刘方为司空。

初，议立北单于，惟方、睦同袁安议。及窦氏败，帝思前议，故策免由，而用方、睦焉。

护羌校尉邓训卒，迷唐复反。

邓训卒，吏民羌胡旦夕临者日数千人。前乌桓吏士皆奔走道路，至空城郭。吏执不听，以状白校尉徐僞，僞叹息曰："此为义也！"乃释之。遂家家为训立祠。聂尚代训为校尉，欲以恩怀诸羌，乃招迷唐，使还居大、小榆谷。迷唐遣祖母诣尚，尚自送至塞下，令译护送之。迷唐遂与

当初,窦宪娶妻的时候,各郡、各封国都来送礼庆贺。汉中郡也要派官员去送礼,户曹李郃规劝说:"窦将军不注意品德礼仪方面的修养,专权骄横,败亡在即。愿阁下一心效忠王室,不要与他交往。"太守坚持要派人送礼,李郃请求让自己前往,每走到一个地方,李郃都要逗留一番。走到扶风时,窦宪被遣返封国,凡是与他有交往的官员都被撤职免官,唯独汉中郡太守除外。

和帝赏赐清河王刘庆奴婢、车马、钱帛、珍宝,装满了他的府第。刘庆身体偶有不适,和帝就派人朝夕探问,送饭送药,关心照顾得十分周到。刘庆也小心谨慎,谦恭孝友,因自己曾被废黜,所以特别怕事,唯恐触犯法律,因此也才能保持住他的荣华富贵。

任命宦官郑众为大长秋。

和帝论功行赏,郑众总是谦让多,接受少,和帝因此认为郑众是一位贤才,经常与他一起讨论国家大事。宦官专权,从此开始。

秋七月,太尉宋由因罪被和帝颁策免职,宋由自杀。

因为宋由与窦氏结党的缘故。

八月,司空任隗去世。　任命尹睦为太尉,主管尚书事务,任命刘方为司空。

当初,打算封立北匈奴单于时,只有刘方、尹睦跟袁安的意见相同。窦氏败亡后,和帝回想前事,遂决定颁策罢免宋由,而起用刘方和尹睦。

护羌校尉邓训去世,羌人迷唐部落再次反叛。

邓训去世后,官吏、百姓、羌人、胡人从早到晚前去哭悼者,每天达数千人。原先邓训担任乌桓校尉属下的官兵们也都上路奔丧,以至城郭为之一空。有关官员虽采取捕人的手段,仍难以阻止,只好向校尉徐傿汇报,徐傿叹息说:"这都是为了仁义啊!"于是把抓起来的人都释放了。家家户户又都为邓训立祠供奉。聂尚接替邓训担任护羌校尉,打算用恩德来怀柔羌人各部,便招来迷唐,让他返回大、小榆谷居住。迷唐派祖母拜见聂尚,聂尚亲自把她送到塞下,又命翻译人员前去护送。迷唐却联合

诸种屠译以盟,复寇金城塞。尚坐免。

癸巳(93) 五年

春正月,太傅彪卒。 陇西地震。 北单于畔,遣兵追斩灭之。

窦宪既立於除鞬为北单于,欲辅归北庭,会宪诛而止,於除鞬自畔还北。诏讨斩之,破灭其众。

鲜卑徙据北匈奴地。

鲜卑既据匈奴故地,匈奴余种十余万落,皆自号鲜卑,鲜卑由此渐盛。

冬十月,太尉睦卒,以张酺为太尉。

酺与尚书张敏等奏:"曹褒制汉礼,乱圣术,宜加刑诛。"帝寝其奏,而汉礼遂不行。

梁王畅有罪,诏削二县。

畅与从官卜忌祠祭求福,忌云:"神言王当为天子。"有司奏请征诣诏狱。帝不许,但削二县。畅上疏,深自刻责,请还爵土。上优诏不听。

护羌校尉贯友攻迷唐,走之。

贯友攻迷唐于大、小榆谷,夹逢留大河筑城坞,作大航,造河桥,欲以度兵。迷唐远徙,依赐支河曲。

南匈奴单于屯屠何死,单于宣弟安国立。

安国初为左贤王,无称誉。及为单于,右谷蠡王师子以次转为左贤王。师子素勇黠多知,数将兵击北庭,受赏赐。国中尽敬师子,而不附安国,安国欲杀之。诸新降胡初在

其他各部杀死汉朝翻译人员,并用鲜血盟誓,再次进犯金城塞。聂尚因此被免官。

癸巳(93)　汉和帝永元五年

春正月,太傅邓彪去世。　陇西发生地震。　北匈奴单于反叛,和帝派兵追击,将他斩杀。

窦宪将於除鞬立为北单于以后,打算护送他返回北部王庭,因遇到窦宪败亡而停止,於除鞬自行叛离,率军北返。和帝下诏,出兵讨伐斩杀了北单于,消灭了他的部众。

鲜卑人辗转迁徙,占据了北匈奴故地。

鲜卑人占据匈奴故地后,匈奴余部十余万户都自称为鲜卑人,鲜卑部落从此渐趋强盛。

冬十月,太尉尹睦去世,任命张酺为太尉。

张酺与尚书张敏等人上奏说:"曹褒擅自制定汉朝礼仪,扰乱了圣人道术,应当判处死刑。"和帝虽然将此奏搁置不议,但曹褒制定的汉礼从此不再施行。

梁王刘畅有罪,诏命削去两个县的封地。

刘畅与从官卞忌一起祭祀求福,卞忌说:"神灵说大王您应当做皇帝。"有关部门奏请将刘畅征召进京,关进大狱。和帝不同意,只削去刘畅两个县的封地。刘畅上疏,深刻自责,并请求交还封土。和帝下诏表示宽大,没有听从他的请求。

护羌校尉贯友攻打迷唐,赶跑了他们。

贯友在大、小榆谷对迷唐发起进攻,并在逢留大河两岸修筑城堡,制造大船,建造跨河大桥,准备派兵渡河。迷唐向远方迁徙,屯驻赐支河曲。

南匈奴单于屯屠何去世,前单于宣的弟弟安国继位。

安国最初是左贤王,没什么声誉。等到做了单于,右谷蠡王师子按顺序转升为左贤王。师子一向勇猛狡黠,足智多谋,多次率兵攻打北匈奴,并受到奖赏。匈奴国里的民众都敬重师子,而不附从安国,安国想要杀掉师子。那些新近降服的胡人,当初在

塞外,数为师子所驱掠,多怨之。安国因是与同谋议。师子觉其谋,乃别居五原界。

甲午(94) 六年

春正月,使匈奴中郎将杜崇等杀安国,立左贤王师子为单于。

安国与崇不相平,上书告崇。崇断其章,因与度辽将军朱徽上言:"安国亲近新降,欲杀左贤王师子,起兵背畔。"下公卿议,皆以为"宜遣有方略使者之单于庭,与崇、徽并力,责其部众为边害者,共平罪诛。若不从命,令为权时方略,亦足以威示百蛮"。帝从之。于是徽、崇遂发兵造其庭。安国惊去,举兵欲诛师子。师子悉将庐落入曼柏城。安国追到城下,徽遣吏晓譬,不听。崇、徽因发诸郡骑追赴之。安国舅喜为等恐并诛,乃杀安国而立师子。

司徒鸿卒,以刘方为司徒,张奋为司空。 秋,旱。

班超发八国兵讨焉耆,斩其王广。

初,龟兹诸国既降,焉耆犹怀二心,至是讨之。于是西域五十余国悉纳质内属,至于海滨,四万里外,皆重译贡献。

北匈奴降者胁立屯屠何子逢侯,叛走出塞。遣将军邓鸿等击之,不及。鸿及杜崇等皆坐诛。

鸿坐逗留,崇及朱徽坐失胡和致胡反,皆征下狱死。

塞外屡次受到师子的袭击掳掠,大多痛恨师子。安国因此便与他们共同密谋定计。师子觉察到安国的阴谋后,就单独迁移到五原郡界居住。

甲午(94) 汉和帝永元六年

春正月,使匈奴中郎将杜崇等人杀死安国,立左贤王师子为单于。

安国与杜崇不和,上书控告杜崇。杜崇截留了安国的奏章,并借机与度辽将军朱徽共同上书说:"安国与新近归降的胡人亲近,企图杀死左贤王师子,起兵反叛汉朝。"和帝将此事交付公卿讨论,官员们都认为"应当派遣有谋略的使者前往单于王庭,与杜崇、朱徽并肩合力,责问单于部众中哪些人常在边境为害,共同评判,论罪诛杀。如果安国拒不从命,就让使臣等随机应变,采取权宜之计,这样也足可以向所有蛮族显示汉朝的国威"。和帝接受了这一建议。于是,朱徽、杜崇便率军直趋匈奴王庭。安国惊慌逃走,随即集结军队,准备诛杀师子。师子率全体部众进入曼柏城。安国追到城下,朱徽派员前去劝解,安国拒不听从。杜崇、朱徽于是调发各郡骑兵快速追击。安国的舅父喜为等担心一并被杀,于是杀死安国,拥立师子为单于。

司徒丁鸿去世,任命刘方为司徒,张奋为司空。 秋季,发生旱灾。 班超调集八个国家的军队讨伐焉耆,斩杀焉耆王广。

当初,龟兹等国都已归顺汉朝,而唯有焉耆仍怀有二心,到这时,班超发兵征讨焉耆。于是,西域五十余国全都派送人质,归附汉朝,远至西海之滨,四万里之外的国家,都经过多重翻译来汉朝进贡。

归降的北匈奴人胁迫拥立屯屠何之子逢侯为单于,反叛汉朝,北逃塞外。朝廷派将军邓鸿等讨伐叛逆,未能追上叛军。邓鸿及杜崇等都被定罪处死。

邓鸿罪在途中逗留,杜崇及朱徽罪在失掉胡人的信任和致使胡人反叛,他们都被征召进京,下狱处死。

以陈宠为廷尉。

宠性仁矜，数议疑狱，每附经典，务从宽恕，刻敝之风于此少衰。

乙未（95） 七年
夏四月朔，日食。 秋七月，易阳地裂。 九月，地震。

丙申（96） 八年
春二月，立贵人阴氏为皇后。 夏，蝗。

丁酉（97） 九年
春三月，陇西地震。 夏六月，旱、蝗，除田租及山泽税。 秋闰八月，皇太后窦氏崩。

初，梁贵人既死，宫省事秘，莫有知帝为梁氏出者。舞阴公主子梁扈奏记三府，求得申议。太尉张酺言状，帝感恸良久。酺因请追上尊号，存录诸舅，帝从之。会贵人姊上书自讼，乃知贵人枉殁之状。三公请奏贬窦太后尊号，不宜合葬先帝。帝手诏曰："窦氏虽不遵法度，而太后常自减损。朕奉事十年，深惟大义。礼，臣子无贬尊上之文。恩不忍离，义不忍亏。其勿复议。"

葬章德皇后。 迷唐寇陇西，遣将军刘尚讨破之。九月，司徒方策免，自杀。 冬十月，追尊梁贵人为恭怀皇太后，葬西陵。 以吕盖为司徒。 司空奋罢，以韩棱为司空。

任命陈宠为廷尉。

陈宠生性仁慈宽厚,曾多次审理疑难案件,他总是引用儒家经典,力求本着宽恕之道断案,刻薄的风气这时稍有好转。

乙未(95)　汉和帝永元七年
夏四月初一日,出现日食。　秋七月,易阳发生地裂。　九月,发生地震。

丙申(96)　汉和帝永元八年
春二月,立阴贵人为皇后。　夏季,发生蝗灾。

丁酉(97)　汉和帝永元九年
春三月,陇西发生地震。　夏六月,发生旱灾、蝗灾,免除田租和山泽税。　秋闰八月,皇太后窦氏去世。

当初,梁贵人死了以后,因宫廷内严守秘密,没有人知道和帝为梁氏所生。这时舞阴公主之子梁扈向太尉、司徒、司空三府上书,请求对此事加以讨论。太尉张酺向和帝说明实情后,和帝哀痛良久。张酺趁机建议为梁贵人追封尊号,并给予各位舅父应有的名分,和帝听从了张酺的意见。适逢梁贵人的姐姐上书自诉,朝廷这才知道了梁贵人枉死的惨状。三公上奏,请求贬去窦太后的尊号,不应让她与先帝合葬。和帝颁下手诏说:"窦氏家族虽然不遵纪守法,不过,窦太后常能自我克制。朕事奉她十年,深思母子大义。按照礼制,做臣子的不应贬斥尊上。从感情上说,不忍心将太后之墓与先帝之墓分开;从大义上说,不忍心让太后受到损害。你们不要再议论这件事了。"

安葬窦太后。　羌人迷唐部进犯陇西郡,朝廷派将军刘尚率兵讨伐,打败迷唐。　九月,司徒刘方被免官,自杀。　冬十月,追尊梁贵人为恭怀皇太后,并改葬到章帝陵墓之西。　任命吕盖为司徒。　司空张奋被罢职,任命韩稜为司空。

戊戌（98） 十年

夏五月，大水。 秋七月，司空棱卒，以巢堪为司空。冬十月，雨水。 十二月，迷唐诣阙贡献。

刘尚坐畏懦免。谒者耿谭设购赏，诸种颇来附。迷唐恐，乃降。

以刘恺为郎。

初，居巢侯刘般薨，子恺当嗣，称父遗意，让其弟宪，遁逃十余岁。有司奏请绝其国，贾逵上书曰："孔子称'能以礼让为国乎，何有'，有司不原乐善之心，而绳以循常之法，非所以长克让之风，成含弘之化也。"诏听宪嗣爵，征恺为郎。

南单于师子死，单于长之子檀立。

己亥（99） 十一年

春二月，遣使循行禀贷。

庚子（100） 十二年

夏四月，秭归山崩。 秋七月朔，日食。 太尉酺免，以张禹为太尉。 迷唐复叛。

迷唐既入朝，其余种人不满二千，饥窘不立，入居金城。帝令还大、小榆谷。迷唐以汉作河桥，兵来无常，故地不可复居，辞不肯出。校尉吴祉等促使出塞。迷唐复叛，寇钞而去。

辛丑（101） 十三年

春正月，帝幸东观。

戊戌（98） 汉和帝永元十年

夏五月，发生水灾。 秋七月，司空韩棱去世，任命巢堪为司空。 冬十月，大雨成灾。 十二月，迷唐到京城朝见进贡。

刘尚因畏惧敌人，怯懦无能被免官。谒者耿谭悬赏招降，羌人各部多来归附。迷唐感到恐慌，于是投降汉朝。

任命刘恺为郎官。

当初，居巢侯刘般去世，他的儿子刘恺本当继承爵位，但刘恺却声称应遵从父亲遗愿，将爵位让给了弟弟刘宪，自己外逃十余年。有关部门奏请取消他的封国，贾逵上书说："孔子说'能够用礼让治国吗？还有什么困难'，有关部门不推究刘恺乐于为善的本心，而用平常的法则来处理这件事，这不是在鼓励礼让的风气，无法成就宽容仁厚的教化。"和帝下诏，准许刘宪继承爵位，并征召刘恺，任命为郎。

南匈奴单于师子去世，前单于长的儿子檀继立为单于。

己亥（99） 汉和帝永元十一年

春二月，和帝派使臣到各地巡视粮食的储存和赈济情况。

庚子（100） 汉和帝永元十二年

夏四月，秭归发生山崩。 秋七月初一日，出现日食。 太尉张酺免职，任命张禹为太尉。 迷唐再度反叛。

迷唐来到洛阳朝见之后，他的余部已不足两千人，饥饿穷困，无法生存，便进入金城居住。和帝命令他们返回大、小榆谷居住。迷唐借口汉朝已经修建了河桥，汉朝军队随时能够进入大、小榆谷，因此不能再回到旧地居住，便推辞不肯退出金城。校尉吴祉等设法催促他们早日退出边塞。迷唐再度反叛，攻杀抢掠后逃走。

辛丑（101） 汉和帝永元十三年

春正月，和帝来到东观。

帝因朝会召见诸儒鲁丕、贾逵、黄香等,相难数事。帝善丕说,特赐衣冠。丕因上疏曰:"说经者传先师之言,非从己出,若规矩权衡之不可枉也。难者必明其据,说者务立其义。浮华无用之言,不陈于前。故精思不劳,而道术愈章。法异者各令自说师法,博观其义,无令幽远独有遗失也。"

秋,迷唐寇金城,郡兵击破之。

迷唐复还赐支河曲,将兵向塞。金城太守侯霸击破迷唐,种人瓦解。迷唐遂弱,远逾赐支河首,依发羌居。久之病死,其子来降,户不满数十。

雨水。　冬,诏边郡举孝廉。

诏曰:"幽、并、凉州户口率少,边役众剧,束脩良吏,进仕路狭。抚接夷狄,以人为本。其令缘边户口十万以上,岁举孝廉一人;不满十万,二岁一人;五万以下,三岁一人。"

鲜卑寇右北平、渔阳。　司徒盖致仕,以鲁恭为司徒。巫蛮反,寇南郡。

巫蛮许圣以郡收税不均,怨恨,遂反。

壬寅(102)　十四年
春,安定羌反,郡兵击灭之,复置西海郡。

安定降羌烧何种反,郡兵击灭之。自是西海及大、小榆谷左右无复羌寇。隃麋相曹凤上言:"烧当种合大、小榆谷,土地肥美,有西海鱼盐之利,阻大河以为固。又近

和帝借朝会的机会召见鲁丕、贾逵、黄香等诸位儒家学者，让他们就儒家经书中的几个难点进行辩论。和帝赞同鲁丕的看法，特别赐给他衣冠。鲁丕趁机上疏说："谈论经书的人都只是传述先师的见解，而不是发表自己的意见，这就好比圆规、方矩、秤锤、尺寸的标准不可随意增减一样。提出疑问的人必须先说清他的根据，解答的人也要先讲明他的立场和基本观点。浮华无用的言辞，无须陈述。因此，不用费什么脑力心思，道理就能够越来越明白。意见分歧时，就让他们各自申述先师的看法，以便全面了解经书的大义，不让那些精微深刻的见解有所遗漏。"

秋季，迷唐进犯金城，郡兵击败了他。

迷唐又回到赐支河曲，率兵逼近汉朝边塞。金城太守侯霸击败迷唐，部落民众瓦解。迷唐从此衰弱下去，越过赐支河源头，逃到很远的地方，投靠到发羌部落定居。过了很久，迷唐病死，他的儿子前来归降，部众只剩下数十户。

大雨成灾。　冬季，诏令边郡推举孝廉。

诏书说："幽州、并州、凉州，户口都很稀少，而边境地区的差役十分繁重，奉公守法的官吏，仕途狭窄。安抚外族，与异国交往，以人才最为重要。现规定：边疆地区，有十万以上人口的郡，每年推举孝廉一人；不满十万的郡，两年推举一人；五万以下的郡，每三年推举一人。"

鲜卑人进犯右北平和渔阳。　司徒吕盖退休，任命鲁恭为司徒。　巫山蛮人造反，攻打南郡。

巫山蛮人许圣因本郡官府收税不均，怀恨在心，于是起兵造反。

壬寅（102）　汉和帝永元十四年

春季，安定郡的羌人叛乱，郡兵消灭了他们，重新设置西海郡。

安定郡原已归降的羌人烧何部落起来反叛，被郡兵击灭。从此以后，西海及大、小榆谷一带不再有羌人侵犯。隃糜国相曹凤上书说："烧当部落居住的大、小榆谷地区，土地肥沃，拥有西海渔业、盐业之利，还有大河可作为固守的屏障。他们又靠近

塞内诸种,故犯法者常从此起。宜及此时,建复西海郡县,规固二榆,广设屯田,隔塞羌胡交关之路,遏绝狂狡窥欲之源。又殖谷富边,省委输之役,国家可以无西方之忧。"上从之,缮修故西海郡,拜凤为金城西部都尉,戍之。增广屯田,列屯夹河,合三十四部。其功垂立,会永初中诸羌叛,乃罢。

夏四月,荆州兵讨巫蛮,大破,降之。　六月,皇后阴氏废死。

阴后妒忌恚恨,有言后挟巫蛊道者,后坐废,以忧死。

大水。　征班超还京师。

班超年老乞归,久之未报。超妹曹大家上书,为超求哀。帝感其言,乃征超还。八月至洛阳,九月卒。任尚代为都护,谓超曰:"小人猥承君后,任重虑浅,宜有以诲之。"超曰:"塞外吏士本非孝子顺孙,皆以罪过徙补边屯。而蛮夷怀鸟兽之心,难养易败。今君性严急,水清无大鱼,察政不得下和。宜荡佚简易,宽小过,总大纲而已。"超去后,尚私谓所亲曰:"我以班君当有奇策,今所言平平耳。"尚后竟失边和,如超言。

冬十月,立贵人邓氏为皇后。

初,邓禹尝谓人曰:"吾将百万之众,未尝妄杀一人,后世必有兴者。"其子有女曰绥,性孝友,好书传,常昼修妇业,

汉朝边境地区的其他各种部落,因此,为非作歹之徒常从这里出现。现在应趁此时机恢复建立西海郡县,规划并控制大、小榆谷地区,广设屯田,切断边塞内外羌人、胡人相互交往的通道,从根本上杜绝狂妄狡黠之徒的觊觎之心。同时广种粮食,使边塞富庶,减少从内地向边塞运送物资的劳役,国家也就可以消除来自西方的忧患。"和帝采纳了曹凤的建议,开始整修原西海郡,任命曹凤为金城西部都尉,驻兵守卫。又扩大垦田面积,屯兵黄河两岸,共计三十四部。大功即将告成时,赶上安帝永初年间羌人各部落叛乱,于是宣告停止。

夏四月,荆州兵讨伐巫山蛮人,大败叛军,迫其投降。 六月,阴皇后被废黜,后死亡。

阴皇后忌妒心很强,有人指控她施行巫蛊邪术,阴皇后因此被废黜,忧郁而死。

发生水灾。 和帝召班超返回京师。

班超因年老请求回国,过了很久,朝廷也没有答复。班超的妹妹曹大家上书,为班超苦苦哀求。和帝被曹大家之言所感动,于是召班超回国。八月,班超抵达洛阳,九月去世。任尚接替班超任西域都护,他对班超说:"鄙人接承您的职务,责任重大,而我却见识短浅,希望得到您的指教。"班超说:"塞外的官吏士卒本来都不是孝子顺孙,都是因为犯了罪过被贬徙到这里戍守边塞的。西域各国,多怀鸟兽之心,很难养护,却很容易叛离。如今,看您的性情严厉急切,要知道,水清无大鱼,明察之政得不到人心。应当采取无所拘束、简单易行的政策,宽恕小的过失,只总揽大纲就可以了。"班超走了以后,任尚私下对自己的亲信说:"我本以为班超会有什么奇策,没想到今天他说的这番话如此平平无奇。"任尚后来终于失掉了西域的和平,一如班超所预言。

冬十月,立邓贵人为皇后。

当初,邓禹曾经对别人说:"我统领百万大军,未曾乱杀过一个人,后代中定会有子孙兴起。"他的儿子邓训有一个女儿叫邓绥,生性孝顺友爱,喜好阅读典籍,常常白天学习妇女的活计,

暮诵经典。选入宫为贵人，恭肃小心，动有法度。承事阴后，接抚同列，常克己以下之。虽宫人隶役，皆加恩借。帝深嘉焉。尝有疾，帝特令其母兄弟入视医药。贵人辞曰："宫禁至重，而使外舍久在内省，上令陛下有私幸之讥，下使贱妾获不知足之谤，上下交损，诚不愿也。"每有宴会，诸姬竞自修饰，贵人独尚质素。其衣有与阴后同色者，即时解易。若并时进见，则不敢正坐离立。每有所问，常逡巡后对。帝数失皇子，贵人数选进才人。及为皇后，郡国贡献，悉令禁绝，岁时但供纸墨而已。帝每欲官爵邓氏，后辄哀请谦让，故兄骘终帝世不过中郎将。

司空堪罢，以徐防为司空。

防上疏以为："汉立博士十有四家，设甲乙科以勉学者。今太学试博士弟子，皆以意说，不修家法，不依章句，妄生穿凿，轻侮道术，浸以成俗，诚非诏书实选本意。改薄从忠，三代常道；专精务本，儒学所先。臣以为博士策试，宜从其家章句，开五十难以试之，解释多者为上第，引文明者为高说。若不依先师，义有相伐，皆正以为非。"上从之。

封郑众为鄋乡侯。

宦者封侯自此始。

晚上诵读儒家经书。后被选入皇宫，做了贵人，她谦恭谨慎，一举一动都合乎法度。无论侍奉阴皇后，还是与其他妃嫔相处，都总是克制自己，甘居人下。即使对那些宫女和干杂活的奴仆，也都施以恩惠，和气相待。和帝对她十分赞赏。邓绥患病时，和帝特别开恩，让她的母亲和兄弟进宫照料医药。邓贵人推辞说："皇宫是最重要的禁地，让我的家人久住在内，上会给陛下带来宠幸私亲的讥讽，下会使贱妾我招致不知足的非议，上下都会受到损害，我实在不愿意这样。"每逢宴会，嫔妃们一个个都争相打扮自己，唯独邓贵人喜欢质朴无华。她的衣服如果有和阴皇后的衣服一样颜色的，就立即脱换下来。如果与阴皇后同时进见，则不敢与皇后并坐并立。和帝每次询问时，她常常恭敬地退后再回答。和帝接连丧子，邓贵人多次挑选才人进献。等到做了皇后，下令禁绝各郡、各封国向她进贡物品，每年只供应纸墨即可。每当和帝要为邓氏家族加官封爵时，邓皇后总是哀求推辞，一再谦让，因此，和帝在位期间，邓后的哥哥邓骘的职务始终没有超过虎贲中郎将。

司空巢堪被罢职，任命徐防为司空。

徐防上疏认为："汉朝设立十四家博士，分甲乙两科，以鼓励学者。如今太学进行博士弟子考试，都是只凭个人的主观见解立论，不尊重各家的标准解释，不依据原书章句，自己妄行发挥，轻视侮辱经典学说，这种情况渐渐成为一种风气，这实在不是陛下诏书中遴选人才的本意。改变浇薄的习气，遵从忠诚之道，这是夏、商、周三代的一贯法则；专注精深研究，致力于根本大道，这是儒家学者的首要任务。臣认为，进行博士策试，应依据各家的标准章句，开列五十个难题来测试他们，解释周详的为上等，引文明确的为优秀。如果不根据先师的学说，或者解释与师承的说法相矛盾，都明确判定为错。"和帝听从了徐防的意见。

封郑众为鄛乡侯。

宦官封侯，由此开始。

癸卯（103） 十五年

夏四月晦，日食。

时帝遵肃宗故事，兄弟皆留京师。有司以日食阴盛，奏遣诸王就国。诏曰："甲子之异，责由一人。诸王幼稚，早离顾复，常有《蓼莪》《凯风》之哀。选懦之恩，知非国典，且复宿留。"

雨水。　冬十月，帝如章陵。十一月，还宫。

时太尉张禹留守，闻车驾当幸江陵，以为不宜冒险远游，驿马上谏。诏报曰："祠谒既讫，当南礼大江，会得君奏，临汉回舆。"

诏太官勿受远国珍羞。

岭南旧献生龙眼、荔枝，十里一置，五里一候，昼夜传送。临武长唐羌上书曰："臣闻上不以滋味为德，下不以贡膳为功。南州炎热，恶虫猛兽不绝于路，献生龙眼、荔枝者，触犯死亡不可胜数。死者不可复生，来者犹可救也。"诏曰："远国珍羞，本以荐奉宗庙，苟有伤害，岂爱民之本？其敕太官勿复受献。"

甲辰（104） 十六年

秋七月，旱。　司徒恭免，以张酺为司徒，八月卒。以徐防为司徒，陈宠为司空。　北匈奴请和亲。

帝以其旧礼不备，未许，而厚加赏赐，不答其使。

癸卯（103） 汉和帝永元十五年

夏四月最后一天，出现日食。

当时，和帝遵循章帝时的旧例，把兄弟们都留在京师。有关部门认为，日食意味着阴气太盛，奏请遣送各位亲王回封国就位。和帝下诏说："甲子那天，天象异常，责任在我一个人身上。各位亲王都还年幼，早早地失去了父母的照顾，常常有《蓼莪》《凯风》诗篇中吟咏的哀伤。手足亲情使我对他们恋恋不舍，明知这样做违反了国家法令，但姑且再一次让他们留住京城。"

大雨成灾。 冬十月，和帝到章陵。十一月，返回洛阳皇宫。

当时，太尉张禹留守京师，听说和帝要到江陵，认为不应当冒险远游，便用驿马传送奏书，进行劝阻。和帝下诏答复说："祭祀完先祖陵庙，本想南下观览长江，现接到您的奏书，我刚到汉水就往回返。"

诏命太官不再接受边远地区的珍奇食品。

岭南一带，以前总是进贡生龙眼和荔枝，十里设一驿站，五里设一个路程标志，昼夜不停地往北传送。临武县长唐羌上书说："臣听说在上位的人不认为享受美味是美德，在下位的人不认为进贡美食是功劳。南部州县天气炎热，恶虫猛兽不绝于路，进贡龙眼、荔枝的人，因遭遇恶虫猛兽侵害而死亡的不可胜数。已死的人不能复生，后来的人还可以挽救。"和帝下诏："边远地区进贡的珍奇食品，本来是用作供奉宗庙的，如果因此给百姓造成伤害，怎么合乎爱民的本意？现命令太官不再接受此类贡品。"

甲辰（104） 汉和帝永元十六年

秋七月，发生旱灾。 司徒鲁恭免职，任命张酺为司徒，八月，张酺去世。任命徐防为司徒，陈宠为司空。 北匈奴请求与汉朝和亲。

和帝认为北匈奴不具备旧日的礼数，没有接受他们的请求，但仍厚加赏赐，没有派使者回访。

乙巳（105） 元兴元年

春，高句丽寇辽东。　冬十二月，帝崩，太子隆即位。

初，帝失皇子十数，后生者辄隐秘养于民间，群臣无知者。及帝崩，皇后乃收皇子于民间。长子胜有痼疾，少子隆生始百余日，迎立以为太子，即位。

尊皇后曰皇太后，太后临朝。　洛阳令王涣卒。

涣居身平正，能以明察发擿奸伏，外猛内慈，人皆悦服。至是卒官，百姓莫不流涕，为立祠，作诗弦歌以祭。太后诏曰："夫忠良之吏，国家所以为治也，求之甚勤，得之至寡。其以涣子石为郎中。"

丙午（106） 孝殇皇帝延平元年

春正月，以张禹为太傅，徐防为太尉，参录尚书事。

太后以帝在襁褓，欲令重臣居禁内。乃诏禹舍宫中，五日一归府。每朝见，特赞，与三公绝席。

封帝兄胜为平原王。　以梁鲔为司徒。　三月，葬慎陵。　清河王庆就国，特加殊礼。

庆子祜年十三，太后以帝幼弱，远虑不虞，留祜与嫡母耿姬居清河邸。姬，况曾孙也。

夏四月，罢祀官不在祀典者。

太后雅不好淫祠。

乙巳(105) 汉和帝元兴元年

春季,高句丽国进犯辽东郡。 冬十二月,和帝去世,太子刘隆继皇帝位。

当初,和帝先后失掉皇子十多人,后来出生的就秘密送到民间抚养,群臣中没有知道这件事的。到和帝去世后,邓皇后才从民间收回皇子。长子刘胜,久病不愈;幼子刘隆,出生才一百多天,迎入宫中,立为太子,继承皇位。

尊邓皇后为皇太后,皇太后临朝摄政。 洛阳令王涣去世。

王涣为人正直,办事公平,能够洞察和揭发暗藏的奸邪,从表面上看,他为政苛猛,而实际上,他内心十分仁慈,人们对他心悦诚服。到这时,王涣在任上去世,百姓无不痛心流涕,并为他建立祠庙,作诗歌颂,祭祀时还奏乐吟唱这些诗篇。邓太后下诏说:"忠良的官吏,是国家治理民众的依靠,朝廷十分殷切地寻求这样的官吏,但却很少得到。现在任命王涣的儿子王石为郎中。"

汉殇帝

丙午(106) 汉殇帝延平元年

春正月,任命张禹为太傅,徐防为太尉,参与主管尚书事务。

邓太后因殇帝尚在襁褓中,打算让重要大臣居住宫内。于是下诏,命张禹留居宫内,每五天回家一次。每次朝见,都首先专门为他唱名,单独坐在上座,不与三公同席。

封殇帝之兄刘胜为平原王。 任命梁鲔为司徒。 三月,将和帝安葬在慎陵。 清河王刘庆前往封国就位,邓太后对他特别优待。

刘庆的儿子刘祜年方十三岁,邓太后因为殇帝幼弱,担心将来发生不测,就让刘祜和他的嫡母耿姬留住在清河王设在京师的官邸。耿姬是耿况的曾孙女。

夏四月,撤销制度规定之外的祀官。

邓太后很不喜欢超出制度规定的祭祀。

鲜卑寇渔阳,太守张显战没。

鲜卑入寇,张显率数百人出塞追之。掾严授谏,不听。进兵,遇虏伏发,士卒悉走,唯授力战而死。主簿卫福、功曹徐咸皆自投赴显,俱殁于陈。

以邓骘为车骑将军、仪同三司。 司空宠卒。 五月,河东垣山崩。 以尹勤为司空。 雨水。减用度,遣宫人。

太后诏减太官、导官、尚方、内署诸服御、珍膳、靡丽难成之物,自非陵庙米不得导择,朝夕一肉饭而已。郡国所贡皆减过半。斥卖上林鹰犬,离宫、别馆储峙米炭,悉令省之。又诏免遣掖庭宫人及宗室没入者,皆为庶民。

秋七月,诏实核伤害,除其田租。

诏曰:“间者水灾害稼,朝廷忧惧。而郡国欲获虚誉,遂多张垦田,竞增户田,掩匿盗贼,贪苛惨毒,延及平民。刺史垂头塞耳,阿私下比,不畏于天,不愧于人。自今以后,将纠其罚。其各实核所伤害,为除田租。”

八月,帝崩。太后迎清河王子祜入即位,太后犹临朝。

后与兄骘定策禁中,迎祜,拜长安侯,立以为和帝嗣。

诏检敕邓氏宾客。

诏司隶校尉、河南尹、南阳太守曰:“每览前代,外戚宾客浊乱奉公,为民患苦,咎在执法怠懈,不辄行其罚故也。

鲜卑部落进犯渔阳,太守张显阵亡。

鲜卑部落来犯,张显率数百人出塞追击。兵马掾严授劝阻,张显不听。汉军向前挺进,遇到鲜卑伏兵袭击,汉军士兵全部逃散,只有严授力战而死。主簿卫福、功曹徐成都自动赶来营救张显,全部阵亡。

任命邓骘为车骑将军、仪同三司。 司空陈宠去世。 五月,河东郡垣县发生山崩。 任命尹勤为司空。 大雨成灾。减少宫廷的消费开支,遣散宫女。

太后下诏,削减太官、导官、尚方、内署的各种服装、车马、珍奇食品,以及那些豪华富丽、精巧难制的物品,除了用于供奉皇陵祠庙的米谷外,其余均不得加工精选,每天从早到晚,只吃一顿肉食。各郡、各封国的贡物,都减去一半以上。将上林苑的猎鹰、猎犬全部卖掉,各地离宫、别馆所储备的粮食、木炭等,也一律下令减免。又下诏,遣散掖庭部分宫女,并将因犯罪而被罚入掖庭当奴婢的皇族成员一律免罪,遣送回家,成为平民百姓。

秋七月,诏令地方官员核实百姓受灾情况,免除他们的田租。

诏书说:"近来,一些地方发生水灾,伤害了庄稼,朝廷为此忧虑不安。而各郡、各封国都想获取丰收的虚名,于是夸大垦田面积,竞相增加户口,掩盖盗贼活动情况,贪婪残酷,祸及无辜平民。刺史低头塞耳,徇私包庇自己的部下,上不畏天,下不愧人。从今以后,将对不法官吏严加处罚。现命各地官员认真核实百姓受灾情况,免除他们的田租。"

八月,殇帝去世。邓太后接清河王的儿子刘祜入宫即皇帝位,邓太后仍临朝摄政。

邓太后与她的哥哥邓骘在宫中商定大计,将刘祜迎入宫内,封为长安侯,立为和帝的后嗣。

诏令检束邓氏家族的宾客。

邓太后下诏给司隶校尉、河南尹、南阳太守说:"每次考察前代史事,总看到皇后家族及其宾客仗势搅乱奉公官吏的正常工作,给人民带来痛苦,问题就在于执法不严,不能立即进行惩罚。

今宗门广大,姻戚不少,宾客奸猾,多干禁宪。其明加检敕,勿相容护。"自是亲属犯罪,无所假贷。

九月,大水。 葬康陵。
以连遭大忧,百姓苦役,方中秘藏及诸工作减十之九。

陨石于陈留。 冬十月,大水,雨雹。 十二月,清河王庆卒。 罢鱼龙曼延戏。 诏举隐逸,选博士。

樊准上疏曰:"臣闻人君不可以不学。光武皇帝受命中兴,不遑启处,然犹投戈讲艺,息马论道。孝明皇帝庶政万机,无不简心,而垂情古典,游意经艺,正坐自讲,诸儒并听。化自圣躬,流及蛮荒。今学者益少,远方尤甚。博士倚席不讲,儒者竞论浮丽。宜博求幽隐,宠进儒雅,以俟圣上讲习之期。"太后深纳其言,诏:"公、卿、中二千石各举隐士、大儒,务取高行,以劝后进。妙简博士,必得其人。"

丁未(107) 孝安皇帝永初元年
春二月,司徒鲔卒。 三月,日食。 夏四月,封邓骘及弟悝、弘、阊皆为列侯,骘辞不受。
自和帝之丧,邓骘兄弟常居禁中。骘不欲久在内,连求还第,太后许之。

如今，邓氏家族十分庞大，亲戚很多，宾客大多奸诈狡猾，冒犯国家的法律禁令。现命令公开加以约束，不许互相包庇袒护。"从此以后，邓氏家族亲属犯罪，官府对他们都不再宽免。

九月，发生水灾。　殇帝葬于康陵。

因国家接连遭遇大丧，百姓已深受劳役之苦，所以，陵墓中的随葬品以及各项工程都减少了十分之九。

陨石坠落于陈留郡。　冬十月，发生水灾、雹灾。　十二月，清河王刘庆去世。　废止鱼龙曼延杂戏。　诏令举荐隐逸之士，选拔博士。

樊准上疏说："臣听说，君主不可以不学习。光武皇帝承受天命，使汉朝中兴，整天顾不上安居休息，但他仍坚持在战事空闲时放下武器，讲论儒家经典；让战马歇息，讨论圣人的道理。孝明皇帝日理万机，事事都要经心，但却爱好古书，留意儒家经典，并正襟危坐，亲自讲解经书，儒生们一同聆听。儒学的影响从圣明的君王身上开始，进而扩展到野蛮荒凉之地。如今学者越来越少，偏远地区的情况更为严重。博士们占着席位，但不再讲学，儒生们则竞相追求华而不实的理论。应当广泛寻访隐居的学者，重视提拔有学识的儒士，等到圣上上学的时候，为他讲解经书。"邓太后十分赞成樊准的意见，完全采纳，并下诏："三公、九卿以及中二千石官员，各自举荐隐士、大儒，所举之人必须具有高尚的德行，以此激励晚生后进。从中精选博士，一定能够得到合适的人选。"

汉安帝

丁未（107）　汉安帝永初元年

春二月，司徒梁鲔去世。　三月，出现日食。　夏四月，封邓骘和他的弟弟邓悝、邓弘、邓阊为侯爵，邓骘推辞，不接受封侯。

自从和帝去世，邓骘兄弟常常留居宫中。邓骘不愿长期如此，一再请求回自己家中，邓太后答应了他的请求。

至是辞让,不获。逃避使者,上疏自陈,至于五六,乃许之。

五月,**以鲁恭为司徒。**

恭言:"旧制,立秋乃行薄刑。自永元以来改用孟夏。上逆时气,下伤农业。案《月令》'孟夏断薄刑'者,谓轻罪已正,不欲久系,故时断之也。孟夏之制,可从此令。其决狱案考,皆以立秋为断。章帝定令,断狱皆以冬至之前。而小吏入十一月得死罪贼,不问曲直,便即格杀,虽有疑罪,不复谳正。可令大辟之科,尽冬月乃断。"从之。

六月,**罢西域都护及伊吾卢、柳中屯田。**

西域都护段禧等保龟兹,道路隔塞,檄书不通。公卿议者以为:"西域阻远,数有背叛。吏士屯田,其费无已。"于是罢之。

诸羌复叛。

诸降羌布在郡县,皆为吏民豪右所徭役,积以为愁怨。及罢都护,发羌数千骑迎之。群羌散叛。诸郡发兵邀遮,或覆其庐落。于是诸种奔溃,大为寇掠,遂断陇道。然归附既久,无复器甲,或持竹竿木枝,或负板案以为楯,或执铜镜以象兵。郡县畏懦不能制,乃赦其罪。

秋九月,**以寇贼、雨水,策免太尉防、司空勤。**

三公以灾异免自此始。

到这时，邓骘辞让封侯，未获批准。他避开朝廷的使者，上书陈述自己的请求，前后竟多达五六次，邓太后这才表示同意。

五月，任命鲁恭为司徒。

鲁恭上奏说："按照以往的规定，立秋之日才开始审理轻刑案件。自永元以来，时间改到了孟夏四月。这样做对上违背了天时，对下伤害了农业。考察《月令》所说'孟夏判决轻刑'，意思是说对罪行轻微并已定案的人，不要长期囚禁，应及时进行判决。今天的孟夏四月判决制度，可据此施行。判决的最后期限，不能超过立秋之日。章帝定下律令，审理判决案件，一律在冬至之前结束。而有些执法小官在十一月间捕得被指控犯有死罪的人后，不问是非曲直便立即处死，即便发现罪状有可疑之处，也不再重加审理。可以考虑对死刑重罪的判决，延长至十二月底截止。"朝廷接受了鲁恭的建议。

六月，撤销西域都护，停止在伊吾卢和柳中屯田。

西域都护段禧等固守龟兹，但通往中国本土的道路已被阻塞，命令、文件无法传递。公卿中议论此事的人认为："西域与内地阻隔重重，距离遥远，又屡次反叛。汉朝的官员军士在那里屯戍垦田，经费消耗无穷无尽。"于是，朝廷撤销西域都护，停止屯田。

羌人各部再度反叛。

归降的各部羌人分散在各个郡县，全都受到地方官吏和豪强的欺凌役使，积下了很深的愁怨。撤销西域都护时，征调数千羌人骑兵前往迎接。羌人趁机逃离反叛。各郡纷纷调兵拦截，有的还捣毁了羌人居住的庐舍。于是，各部落羌人四处奔逃，并大肆抢掠，陇道遂被切断。不过，羌人归附汉朝已久，不再拥有兵器、铠甲，他们有的手持竹竿、树枝，有的拿着木板、桌案作盾牌使用，有的则举着铜镜借日光照射，伪装兵器。当地郡、县官府畏惧怯懦，无法控制局势，朝廷下令赦免羌人的罪行。

秋九月，因盗贼作乱及水灾，颁策罢免太尉徐防、司空尹勤。

三公因灾异而被罢官，由此开始。

诏减黄门鼓吹及厩马半食。　冬十一月,司空周章自杀。

郑众、蔡伦等皆秉势豫政,周章数进直言,太后不能用。初,太后以平原王胜有痼疾,而贪殇帝孩抱,养为己子,故立焉。及殇帝崩,群臣以胜疾非痼,意咸归之。太后恐胜终怨,乃迎帝而立之。周章以众心不附,密谋诛骘兄弟及众、伦等,废太后及帝而立胜。事觉自杀。

十二月,诏邓骘及校尉任尚将兵屯汉阳以备羌。　地震,大水,大风,雨雹。

是岁,郡国十八地震,四十一大水,二十八风、雹。

戊申(108) 二年
春正月,邓骘击钟羌,大败。　以公田赋与贫民,遣使禀贷冀、兖流民。

御史中丞樊准上疏:"请减无事之物,省官吏、作者。被灾之郡,百姓凋残,恐非赈给所能胜赡。可遣使持节慰安,尤困乏者,徙置荆、杨熟郡。"太后从之,悉以公田赋与贫民,即擢准为光禄大夫使冀州,遣议郎吕仓使兖州,禀贷流民,咸得苏息。

夏,旱。五月,太后亲录囚徒。

皇太后幸洛阳寺及若卢狱,录囚徒。洛阳有囚,实不杀人,而被考自诬。羸困舆见,畏吏不敢言。将去,举头若欲

诏令裁减黄门乐队,官马饲料减去一半。 冬十一月,司空周章自杀。

郑众、蔡伦等都依仗权势干预朝政,周章多次直言进谏,邓太后未能接受。当初,邓太后认为平原王刘胜有久治不愈的疾病,而贪图殇帝还是幼孩,便把他抱养为自己的儿子,立为皇帝。等到殇帝去世,群臣认为刘胜的疾病并非久治不愈,都倾向于立他为帝。邓太后惧怕刘胜对自己怀恨在心,于是就把刘祜接来立为皇帝。周章看到众人心怀不平,遂密谋诛杀邓骘兄弟和郑众、蔡伦等,废黜邓太后和安帝,改立刘胜为皇帝。事情泄露,周章自杀。

十二月,诏令邓骘和校尉任尚率兵屯驻汉阳,防备羌人进攻。 发生地震、水灾、风灾、雹灾。

这一年,各郡、各封国中,有十八处发生地震,四十一处遭受水灾,二十八处出现风灾和雹灾。

戊申(108) 汉安帝永初二年

春正月,邓骘进攻钟羌部落,被打败。 将公田交给贫民使用,派使者赈济冀州、兖州的饥饿流民。

御史中丞樊准上疏说:"请下令裁减无用之物,减少政府官员和建筑工匠。受灾各郡,百姓凋零残破,恐怕仅靠官府的赈济还不能拯救他们。可以派遣使者持符节前往灾区进行慰问安抚,将那些特别贫困的灾民迁徙安置到荆州、扬州一带的郡县。"邓太后听从了樊准的建议,将公田全部交给贫民;随即擢升樊准为光禄大夫,并作为使者前往冀州,又派遣议郎吕仓为使者前往兖州,赈济流民,百姓全都得以存活休养。

夏季,发生旱灾。五月,邓太后亲自审讯囚犯。

邓太后来到洛阳官府以及若卢监狱,亲自审讯囚犯。有个洛阳的囚犯,实际上没有杀过人,但被屈打成招,自认有罪。这个人身体瘦弱,伤痕累累,被人抬上来进见,但因为害怕官吏,不敢开口说话。在即将被抬下去的时候,他抬起来头来,好像要

自诉。太后呼还问状,具得枉实。即收令抵罪。行未还宫,澍雨大降。

六月,大水,大风,雨雹。 秋七月,太白入北斗。 冬,任尚与先零羌滇零战,大败。诏遣谒者庞参督诸军屯。

邓骘使任尚与先零别种滇零等战于平襄,尚军大败,羌众遂大盛,朝廷不能制。湟中粟石万钱,死亡不可胜数,而转运难剧。故左校令庞参先坐法,输作若卢,使其子俊上书曰:"万里运粮,远就羌戎,不若总兵养众,以待其疲。邓骘宜且振旅,留任尚使督凉州士民转居三辅,休徭役以助其时,止烦赋以益其财,令男得耕种,女得织纴。然后畜精锐,乘懈沮,出其不意,攻其不备,则边民之仇报,奔北之耻雪矣。"书奏,会樊准上疏荐参,太后即擢参于徒中,召拜谒者,使西督三辅诸军屯。

十一月,征邓骘为大将军。

邓骘在位,颇能推进贤士。荐何熙、李郃等列于朝廷,又辟弘农杨震、巴郡陈禅等置之幕府,天下称之。震孤贫好学,通达博览,诸儒为之语曰:"关西孔子杨伯起。"教授二十余年,不答州郡礼命。众人谓之晚暮,而震志愈笃。骘闻而辟之。时震年已五十余,累迁荆州刺史、东莱太守。当之郡,道经昌邑。故所举荆州茂才王密为令,夜怀金遗震,震曰:"故人知君,君不知故人,何也?"密曰:"暮夜无知者。"震曰:"天知,地知,我知,子知,何谓无知者?"

为自己申诉。太后便把他叫回来询问情况，查清了全部事实真相。当即把洛阳令逮捕入狱，抵偿罪过。太后尚未回到皇宫，就下起了很大的及时雨。

六月，发生水灾、风灾和雹灾。 秋七月，太白星进入北斗星座。 冬季，任尚与滇零所率先零羌军交战，任尚大败。诏命派谒者庞参前去督导各军。

邓骘命任尚与滇零率领的先零羌另一部在平襄交战，任尚的军队大败，羌军于是声势大振，朝廷无法控制其势力。湟中地区的谷价，每石达一万钱，死亡百姓不可胜数，粮食转运十分困难。原左校令庞参因先前因犯法，被罚在若卢监狱做苦工，让他的儿子庞俊上书说："从万里之外运送粮食到遥远的羌人地区，不如收兵休养，等待敌人衰败。邓骘应当暂且整军回朝，留下任尚，让他督导凉州官民迁居到三辅地区，停止征发徭役，使百姓不误农时，免除名目繁多的赋税，增加百姓的资财，让男子能够种地，女子能够纺织。然后养精蓄锐，趁敌人懈怠的机会，出其不意，攻其不备，这样，就可以报边民之仇，雪往日失败之耻了。"奏书呈上，恰好樊准上奏保荐庞参，邓太后当即将庞参由囚徒擢升为谒者，让他西去三辅，督导各路驻军。

十一月，征召邓骘为大将军。

邓骘在大将军位上，颇能荐举贤能人才。他保荐何熙、李郃等进入朝廷任职，又延聘弘农人杨震、巴郡人陈禅等做自己的幕僚，受到天下人称赞。杨震孤单贫困，但喜好读书，思想通达，学识广博，儒生们都称他为"关西孔子杨伯起"。他教授生徒二十余年，不接受州郡政府的延聘征召。人们都说他年纪大了，步入仕途已晚，但他的志向却更加坚定。邓骘听说后征召他。当时，杨震已经五十多岁，接连出任荆州刺史、东莱太守。当他到东莱郡上任时，途经昌邑。他先前所举荐的荆州茂才王密担任昌邑县令，夜里，王密怀揣黄金去送给杨震，杨震说："老朋友了解你，你却不了解老朋友，这是为什么？"王密说："现在是深夜，无人知道。"杨震说："天知，地知，我知，你知，怎么能说无人知道？"

密愧而出。子孙常蔬食步行。故旧或欲令为开产业，震曰："使后世称为清白吏子孙，以此遗之，不亦厚乎？"

滇零僭称天子，寇抄三辅。校尉梁慬破走之。 地震。

己酉（109） 三年
春正月，帝冠。 京师大饥，民相食。 司徒恭罢。

恭再在公位，选辟高第至列卿郡守，而门下耆生或不蒙荐举，有怨望者。恭闻之曰："学之不讲，是吾忧也。"终不借之议论。学者受业，必穷核问难，道成然后谢遣之。

夏四月，令吏民入钱谷得拜官赐爵有差。

从三公之请也。
南匈奴反。
汉人韩琮随单于入朝。既还，说云："关东水潦，人民饥饿死尽，可击也。"单于遂反。

秋九月，海贼张伯路寇滨海九郡。 乌桓、鲜卑、南匈奴合兵寇五原。 冬十一月，南匈奴围中郎将耿种于美稷。遣中郎将庞雄将兵讨之。 十二月，地震。 有星孛于天苑。 雨水。 并、凉大饥，人相食。 诏减遣卫士，勿设戏作乐，减逐疫侲子之半。

王密惭愧地告退。杨震的子孙经常以蔬菜为食,徒步出行。朋友当中有人劝他为子孙置办些产业,杨震却说:"让后世之人称他们为清官的子孙,把这一点留给他们,不是也很丰厚了吗?"

滇零自称天子,率部进犯并抢掠三辅地区。校尉梁慬将他们击败赶走。 发生地震。

己酉(109) 汉安帝永初三年

春正月,安帝举行加冠礼。 京师发生大饥荒,出现人吃人的现象。 司徒鲁恭被罢官。

鲁恭曾两次身居三公高位,由他征选的官吏多升至九卿和郡太守,那些长期跟随他的弟子门生有的因没受到举荐,对他产生了怨恨。鲁恭听到这一情况后说:"学问做不好才是我所操心的事。"最终也没有借此事发表别的议论。学生们跟他学习,他总是穷根究底地不断发问,学成以后,再与他们辞别,让他们离去。

夏四月,让官吏、平民缴纳钱财或粮食,可以获得官爵,根据缴纳数量的多少,决定官爵的等级。

这是朝廷接受了三公的奏请。

南匈奴反叛。

汉人韩琮随同南单于入京朝见。回去以后,他向南单于建议说:"关东发生水灾,人民因饥饿快要死光了,可以出兵发动攻击。"南单于遂起兵反叛。

秋九月,海匪张伯路进犯沿海九郡。 乌桓、鲜卑、南匈奴联兵进攻五原郡。 冬十一月,南匈奴把中郎将耿种包围在美稷。朝廷派中郎将庞雄率兵讨伐南匈奴。 十二月,发生地震。

天苑星座附近出现彗星。 大雨成灾。 并州、凉州发生严重饥荒,出现人吃人的现象。 诏令年终为退役卫士举行宴会时,不再安排游戏作乐,将参加大傩仪式的逐疫童子的数量减少一半。

庚戌（110） 四年

春正月，元会，彻乐，不陈充庭车。 遣御史中丞王宗、青州刺史法雄讨张伯路。 度辽将军梁慬、辽东太守耿夔击南匈奴，破走之。 诏以凉州牧守子弟为郎。

庞参说邓骘：“徙边郡不能自存者入居三辅。”骘然之，欲弃凉州，并力北边。乃会公卿集议。骘曰：“譬若衣败坏，一以相补，犹有所完；若不如此，将两无所保。”公卿皆以为然。郎中虞诩言于太尉张禹曰：“若大将军之策，不可者三：先帝开拓土宇，劳而后定，今惮小费，举而弃之，一也。凉州既弃，即以三辅为塞，园陵单外，二也。谚曰：‘关西出将，关东出相。’烈士武臣多出凉州，土风壮猛，便习兵事。今羌、胡所以不敢入据三辅，为心腹之害者，以凉州在后故也。凉州士民所以推锋执锐，父死子战，无反顾之心者，为臣属于汉故也。今割而弃之，民庶安土重迁，必引领而怨曰：‘中国弃我于夷狄。’如卒然起谋，因天下之饥敝，驱氐、羌以为前锋，席卷而东，则函谷以西，园陵旧京，非复汉有，三也。议者喻以补衣犹有所完，诩恐其疽食侵淫而无限极也。”禹以为然。诩因说禹：“收罗凉土雄杰，引其牧守子弟于朝，外以劝厉答其功勤，内以拘致防其邪计。”禹善其言，更集四府，皆从诩议。于是辟西州豪桀为掾属，拜牧守、长吏子弟为郎，以安慰之。

庚戌（110）　汉安帝永初四年

春正月，在举行元旦朝会时，取消了奏乐，不举行在大庭中陈列御用车辆的仪式。　派御史中丞王宗、青州刺史法雄率兵讨伐张伯路。　度辽将军梁慬、辽东太守耿夔攻打南匈奴，将匈奴兵击败赶走。　诏命将凉州地方官的子弟任命为郎。

庞参向邓骘建议："将边远各郡贫困无法生存的百姓迁到三辅地区居住。"邓骘同意庞参的建议，打算放弃凉州，集中力量对付北方的边患。于是他召集公卿们共同商议。邓骘说："这就好比是两件破烂衣服，如果牺牲一件去补另一件，至少还有一件完好；如果不这样做，那就两件都保不住。"公卿们都认为他说得对。郎中虞诩对太尉张禹说："邓大将军的计策不可行，理由有三：先帝开拓疆土，历尽辛劳才取得了这块土地，而今却因害怕支出少量经费，便把它丢弃。这是其一。放弃凉州之后，就要以三辅地区作为边塞，皇家祖陵就会失去屏障，暴露在外。这是其二。俗话说：'关西出将，关东出相。'猛士、武将大多出在凉州，当地民风雄壮勇猛，惯于从军作战。现今羌人、胡人所以不敢攻占三辅，从而成为汉朝的心腹之害，就是因为有凉州在他们的背后。凉州民众所以能够手持武器，父死子战，没有反顾之心，是因为他们属于汉朝的臣民。如今将凉州割舍丢弃，民众安于乡土而不愿迁移，必定会伸长脖子埋怨说：'朝廷把我们扔给了夷狄。'假如有人突然起事，趁天下饥馑之机，驱使氐人、羌人做前锋，席卷而东，那么函谷关以西，历代帝陵和旧京长安，将不再归汉朝所有。这是其三。倡议者用补衣服作比喻，认为还能保留一件，虞诩我恐怕局势像恶疮一样，不断侵蚀肌肤，日益溃烂，没有止境。"张禹认为这些话很有道理。虞诩进一步向张禹建议："收罗凉州地区的英雄豪杰，将州郡长官的子弟带到朝廷，加以任用，表面看是一种奖励，回报他们的功劳，实际上是把他们控制起来，防止他们叛乱。"张禹很赞赏虞诩的意见，再次召集四府会议，一致同意接受虞诩的建议。于是征辟凉州地区的豪杰之士入朝担任四府属官，将当地官员的子弟任命为郎，以此安抚他们。

以虞诩为朝歌长，讨县境群盗，平之。

邓骘以前议恶虞诩，欲以法中之。会朝歌贼数千人攻杀长吏，屯聚连年，州郡不能禁，乃以诩为朝歌长。故旧皆吊之，诩笑曰："事不避难，臣之职也。不遇盘根错节，无以别利器，此乃吾立功之秋也。"始到，谒河内太守马稜。稜曰："君儒者，当谋谟庙堂，乃在朝歌，甚为君忧之。"诩曰："此贼犬羊相聚，以求温饱耳，愿明府不以为忧。"稜曰："何以言之?"诩曰："朝歌背太行，临黄河，去敖仓不过百里，而青、冀之民流亡万数，贼不知开仓招众，劫库兵，守成皋，断天下右臂，此不足忧也。今其众新盛，难与争锋。兵不厌权，愿宽假辔策，勿令有所拘阂而已。"及到官，设三科以募壮士，掾史以下各举所知，攻劫者为上，伤人偷盗者次之，不事家业者为下，收得百余人。贳其罪，使入贼中，诱令劫掠。乃伏兵以待之，杀数百人。又潜遣贫人能缝者佣作贼衣，以采线缝其裾，有出市里者，吏辄禽之。贼由是骇散，县境皆平。

三月，南匈奴降。

庞雄等连营稍前，单于大恐，让韩琮曰："汝言汉人死尽，今是何等人也!"乃遣使乞降。脱帽徒跣，对雄等拜。于是赦之，遇待如初。

先零羌寇汉中，太守郑勤战死。

任命虞诩为朝歌县长,剿灭县境内的叛匪,将其平定。

邓骘因放弃凉州的计划受挫而讨厌虞诩,准备设法陷害他。适逢朝歌县有叛匪数千人,攻杀官吏,他们屯聚一起,连年作乱,州郡官府无法镇压,邓骘便让虞诩出任朝歌县长。虞诩的亲朋好友都为他感到忧虑,虞诩却笑着说:"做事不避艰难,这是臣子的职责。不遇到盘根错节,就无法识别锋利的刀斧,这正是我建功立业的时机。"他刚一到任,就去拜见河内太守马稜。马稜说:"您是一位儒生,应当在朝廷做谋士,如今却到了朝歌,我很为您担忧。"虞诩说:"朝歌的这群叛匪不过像狗和羊一样聚集在一起,寻求温饱罢了,请阁下不要担忧。"马稜问:"为什么这样讲呢?"虞诩说:"朝歌背靠太行山,面对着黄河,离敖仓不过百里,青州、冀州逃亡的难民数以万计,匪徒却不知道打开敖仓,招揽民众,抢劫军械库中的兵器,据守成皋,斩断天下的右臂,这就说明他们不值得忧虑。如今他们势力正盛,难以用强力取胜。兵不厌诈,请让我放开手脚去对付他们,不要使我受到约束阻碍就行了。"虞诩上任以后,按三个等级招募勇士,命掾史及以下官员就自己所了解的情况进行保举:行凶抢劫的属上等,打架伤人、偷过东西的属中等,不经营家业、不从事生产劳动的属下等,一共罗致了一百余人。虞诩赦免他们的罪行,让他们混入叛匪内部,引诱叛匪进行抢劫。而官府则设下伏兵,等待叛匪出现,杀死叛匪数百人。虞诩还秘密派遣会做衣服的贫民潜入叛匪内部,为叛匪制作服装,这些人用彩线缝制衣服的大襟,叛匪穿上后,在集市街道上一出现,官吏就把他们抓起来。叛匪因此十分害怕,四处逃散,朝歌县境遂告平定。

三月,南匈奴投降。

庞雄等连营行动,逐渐向前推进,单于大为惊恐,责备韩琮说:"你说汉人都死光了,如今这些都是什么人!"于是派使者乞求投降。单于摘下帽子,赤着双脚,向庞雄等人下拜。朝廷遂将他赦免,待遇照旧。

羌人先零部落进犯汉中,太守郑勤战死。

勤战大败，主簿段崇、门下史王宗、原展，以身扞刃，与勤俱死。

地震。　夏，蝗。　张伯路降，复叛入海岛。

王宗、法雄与伯路连战，破走之。会赦到，贼以军未解甲，不敢降。议者皆以为当遂击之，雄曰："不然。兵凶器，战危事，勇不可恃，胜不可必。贼若乘船入岛，攻之未易也。及有赦令，可且罢兵以慰诱其心，势必解散，然后图之，可不战而定也。"宗善其言，即罢兵。贼乃还所略人，而东莱郡兵独未解甲，贼复惊，走海岛上。

秋七月，大水。　九月，地震。　冬十月，太后母新野君卒。

新野君病，太后幸其第，连日宿止。三公上表固争，乃还宫。及薨，邓骘等乞身行服，太后欲不许，曹大家劝后许之。及服除，诏骘复还辅朝政，更授前封。骘等叩头固让，乃止。于是并奉朝请，有大议，与公卿参谋。

辛亥（111）　五年

春正月朔，日食。　地震。　羌寇河内，诏遣兵屯孟津。三月，徙缘边郡县避寇，遣侍御史任尚击羌，破之。

先零羌寇河内，百姓多奔度河。使朱宠将五营士屯孟津，诏魏、赵、常山、中山作坞堠六百所。羌既转盛，而缘边二千

郑勤与羌人交战,大败,主簿段崇、门下史王宗、原展用身躯抵挡兵刃,与郑勤一同战死。

发生地震。 夏季,发生蝗灾。 张伯路投降,后再次叛逃至海岛上。

王宗、法雄与张伯路连续交战,把张伯路击败赶跑。当赦书颁下时,张伯路等因官军尚解除盔甲,不敢投降。议论的人都认为应当继续对叛匪进行攻击,法雄却说:"不应当这样。刀枪是凶恶的工具,战争是危险的行为,不可一味地依仗勇猛,胜利不一定必属于我。叛匪如果乘船入据岛屿,攻击他们就不容易了。趁着朝廷发布赦令的机会,我们应该暂且罢兵,对叛匪进行安抚劝诱,叛匪势必溃散,然后再去收拾他们,就可不战而定。"王宗很赞赏法雄的意见,随即解除了官军的武装。叛匪遂将劫掠的俘虏释放出来,而唯独东莱郡官军没有解去盔甲,叛匪再度受惊,逃到海岛上去了。

秋七月,发生水灾。 九月,发生地震。 冬十月,邓太后的母亲新野君去世。

新野君患病,邓太后来到母亲府中,连住数日。三公上书坚决反对这样做,太后才返回皇宫。到新野君去世后,邓骘等请求辞官服丧,邓太后打算不同意,经曹大家规劝,这才同意。服丧期满,诏命邓骘重新回朝辅政,并授予原来要加封的爵位。邓骘等叩头,坚决表示辞让,邓太后这才罢休。于是邓骘兄弟都被赐予参加朝会的资格,如遇国家大事,便与公卿一道参与讨论。

辛亥(111) 汉安帝永初五年

春正月初一日,出现日食。 发生地震。 羌人进犯河内,诏令派兵驻扎孟津。 三月,将边境郡县政府迁移到安全地带,躲避羌人的侵扰,并派侍御史任尚攻打羌军,打败羌军。

羌人先零部落进犯河内郡,百姓多逃跑渡过黄河。朝廷派遣朱宠率领五个营的士兵驻防孟津,并诏令魏郡、赵国、常山郡、中山郡构筑城堡六百座。羌军声势日盛,而沿边各个郡县的二千

石、令、长多内郡人,无守战意,皆争上徙郡县以避寇。诏皆从之。百娃恋土,遂刈其禾稼,发彻室屋,夷营壁,破积聚。时连旱蝗饥荒,而驱蹙劫掠,流离分散,随道死亡,或弃捐老弱,或为人仆妾,丧其太半。复以任尚为侍御史,击羌于上党羊头山,破之。乃罢孟津屯。

法雄击张伯路,破斩之。　秋,汉阳人杜季贡寇陷上邽。　蝗,雨水。

壬子(112)　六年
春正月,省荐新物二十三种。
诏曰:“凡供荐新味,多非其节,或郁养强孰,或穿掘萌芽,味无所至,而夭折生长,岂所以顺时育物乎？自今皆须时乃上。”凡所省二十三种。

三月,蝗。　夏,诏封建武功臣。　五月,旱。　六月,豫章员溪原山崩。　滇零死,子零昌以杜季贡为将军。

癸丑(113)　七年
春正月,太后率大臣、命妇谒宗庙。　二月,地震。夏四月晦,日食。　秋,蝗。

甲寅(114)　元初元年
春二月,日南地坼。
长百余里。
三月,日食。　遣兵屯河内以备羌。　夏,旱,蝗。　六月,河东地陷。　羌豪号多掠汉中,断陇道。校尉侯霸与战,破之。

石官、县令、县长多属内地人,没有守土抗战的决心,都争相上书请求迁移郡县政府以躲避外敌侵扰。朝廷下诏同意。百姓眷恋乡土,不愿迁走,官府就下令割去庄稼,拆除房屋,铲平营垒,毁掉粮仓。当时接连发生旱灾、蝗灾和饥荒,加上驱赶劫掠,百姓流离四散,沿途不断死亡,有的抛弃老弱家人,有的沦为别人的奴仆婢妾,人口损失大半。朝廷又任命任尚为侍御史,在上党羊头山攻打羌军,并将羌军打败。随后撤销了在孟津的驻兵。

法雄讨伐张伯路,将他击败并斩杀。 秋季,汉阳人杜季贡攻占上邽城。 发生蝗灾,大雨成灾。

壬子(112) 汉安帝永初六年
春正月,减少二十三种进贡的新鲜食物。

诏书说:"各地进贡的新鲜食物,大多违反时令,有的用火熏暖,强使成熟;有的在萌芽时就从土中挖出,还没有长出滋味便已天折;这难道是顺应天时养育万物吗?从今以后,都必须等到成熟时再进献。"省减的食物共有二十三种。

三月,发生蝗灾。 夏季,诏允建武时期功臣的后裔继承封爵。 五月,发生旱灾。 六月,豫章郡员溪原山崩塌。 滇零去世,他的儿子零昌任命杜季贡为将军。

癸丑(113) 汉安帝永初七年
春正月,邓太后率领大臣、命妇到宗庙祭拜祖宗。 二月,发生地震。 夏四月最后一天,出现日食。 秋季,发生蝗灾。

甲寅(114) 汉安帝元初元年
春二月,日南郡发生地裂。

裂缝长一百余里。

三月,出现日食。 派兵驻扎河内郡,防备羌人进攻。 夏季,发生旱灾、蝗灾。 六月,河东郡发生地陷。 羌人首领号多劫掠汉中郡,切断陇道。校尉侯霸与羌军交战,打败羌军。

冬十月朔，日食。 地震。

乙卯（115） 二年

春，号多降。

校尉庞参以恩信招诱诸羌，号多等降。参遣诣阙，赐侯印遣之。参始还治令居，通河西道。

零昌寇益州，遣中郎将尹就讨之。 夏四月，立贵人阎氏为皇后。

后性妒忌，后宫李氏生皇子保，后鸩杀李氏。

五月，旱，蝗。 秋八月，辽东鲜卑围无虑。 是月晦，日食。 校尉班雄等击零昌，大败。

诏班雄屯三辅，司马钧督关中兵，庞参将羌、胡兵，分道并击零昌。参兵至勇士城东，为杜季贡所败，引退。钧等独进，攻拔丁奚城，季贡率众伪逃。钧令仲光收羌禾稼。光等散兵深入，羌设伏要击之，光等兵败并没。

冬，遣中郎将任尚屯三辅。

怀令虞诩说尚曰："兵法：弱不攻强，走不逐飞，自然之势也。今虏皆马骑，日行数百里，来如风雨，去如绝弦，以步追之，势不相及。所以，虽屯兵二十余万，旷日而无功也。为使君计，莫如罢诸郡兵，各令出钱数千，二十人共市一马。以万骑之众，逐数千之虏，追尾掩截，其道自穷。便民利事，大功立矣。"尚即上言，用其计，遣轻骑击杜季贡于丁奚城，破之。

冬十月初一日,出现日食。 发生地震。

乙卯(115) 汉安帝元初二年
春季,号多投降。

校尉庞参用恩德信义招抚引诱各部落羌人,号多等归降。庞参派遣他们到京城朝见,朝廷赐给号多侯爵印信后让他返回。庞参开始把校尉府迁回令居,河西走廊与内地之间的道路从此打通。

零昌进犯益州,朝廷派中郎将尹就讨伐他。 夏四月,立阎贵人为皇后。

阎皇后生性忌妒,宫女李氏因生下皇子刘保,皇后便将李氏毒死。

五月,发生旱灾、蝗灾。 秋八月,辽东郡鲜卑人包围无虑县。 这月最后一天,出现日食。 校尉班雄等攻打零昌,遭到惨败。

诏书命令班雄在三辅驻防,司马钧指挥关中各郡郡兵,庞参率领羌兵、胡兵,分路合击零昌。庞参的部队到达勇士县城东,被杜季贡打败,庞参撤退。司马钧等孤军挺进,攻克丁奚城,杜季贡率众兵假装逃跑。司马钧命令仲光收割羌人的庄稼。仲光等分兵深入,羌兵设下埋伏,拦腰袭击,仲光等全都战败身亡。

冬季,派中郎将任尚驻防三辅。

怀县县令虞诩向任尚建议:"依据兵法,弱小的不去进攻强大的,会跑的不去追赶会飞的,这是自然之势。如今羌人全是骑兵,每天能走数百里,来时像急风暴雨,去时像离弦飞箭,我们靠步兵追击,势必追不上。因此,虽有驻兵二十余万,旷日持久,却没有战功。为阁下考虑,不如让各郡郡兵复员,再让每个人各出钱数千,二十人可合买一匹马。这样就可以用一万骑兵,追逐数千人的羌军,围追堵截,他们自然就走投无路了。既有利于百姓,也有利于战事,大功也就可以建立了。"任尚随即据此上书,朝廷采纳了上述建议,派轻骑兵往丁溪城攻击杜季贡,将他打败。

以虞诩为武都太守,击羌,破之。

太后闻虞诩有将帅之略,以为武都太守。羌众数千遮诩于陈仓崤谷。诩即停军不进,而宣言:"上书请兵,须到当发。"羌闻之,乃分钞傍县。诩因其兵散,日夜进道,兼行百余里。令吏士各作两灶,日增倍之,羌不敢逼。或问曰:"孙膑减灶,而君增之;兵法日行不过三十里,而今日且二百里,何也?"诩曰:"虏众多,吾兵少,徐行则易为所及,速进则彼所不测。虏见吾灶日增,必谓郡兵来迎;众多行速,必惮追我。孙膑见弱,吾今示强,势有不同故也。"

既到,郡兵不满三千,而羌众万余,攻围赤亭数十日。诩乃令军中强弩勿发,而潜发小弩。羌以为矢力弱不能至,并兵急攻。诩于是使二十强弩共射一人,发无不中。羌大震,退。诩因出城奋击,多所伤杀。明日,悉陈其兵众,令从东郭门出,北郭门入,贸易衣服,回转数周。羌不知其数,更相恐动。诩计贼当退,乃潜遣五百余人于浅水设伏,候其走路。虏果大奔,因掩击,大破之,斩获甚众,贼由是败散。诩乃占相地势,筑营壁百八十所,招还流亡,假赈贫民,开通水运。始到郡,谷石千,盐石八千,见户万三千。视事三年,米石八十,盐石四百,民增至四万余户,人足家给,一郡遂安。

任命虞诩为武都郡太守，讨伐羌军，打败他们。

邓太后听说虞诩有将帅的韬略，便将他任命为武都太守。数千羌军在陈仓崤谷拦截虞诩。虞诩立即下令军队停止前进，宣称："我已上书请派援兵，等援军到时当可出发。"羌军闻听这一消息，便分头往邻县劫掠。虞诩趁羌军兵力分散的时机，迅速向前开进，日夜兼程，挺进了一百余里。他让每个人各做两个炉灶，以后每天增加一倍，羌军遂不敢逼近。有人问虞诩："当年，孙膑使用过减灶的计策，如今，您却采取增灶的办法；兵法说每天行军不超过三十里，而如今您却每天行军近二百里，这是什么缘故？"虞诩说："羌军兵多，我军兵少，走得慢容易被他们追上，走得快他们就摸不准我军的底细。羌军发现我军炉灶日增，一定会认为郡兵已来接应；我军人数既多，行动又快，羌军肯定不敢再来追赶。孙膑是要向敌人示弱，我们现在是要故意显示强大，这是因为形势不同的缘故。"

虞诩到达郡府以后，郡兵不足三千人，而羌军却有一万多人，围攻赤亭数十日。虞诩命令部队不许使用强弩，只许暗中使用小弩。羌兵以为汉朝郡兵弓箭力量微弱，遂集中兵力猛烈进攻。虞诩于是让每二十只强弩集中射击一个敌人，射无不中。羌兵大为震惊，纷纷后退。虞诩趁势出城奋力进攻，杀伤很多敌人。次日，虞诩集合全体郡兵，命令他们从东郭门出城，再从北郭门入城，然后更换服装，反复出入多次。羌军弄不清究竟有多少郡兵，于是更加惶恐不安。虞诩估计羌军该要撤退了，便秘密派遣五百余人在河道浅水处设下埋伏，扼守羌军的退路。羌军果然大举逃奔，汉朝伏兵乘机突袭，大败羌军，斩杀无数，并抓获了不少俘虏，羌军从此溃不成军，纷纷逃散。虞诩又查看地势，构筑营垒城堡一百八十处，并招回流亡的百姓，赈济贫民，开通水路运输。刚到郡府上任时，一石米谷要价一千钱，盐每石八千钱，居民仅存一万三千户。任职三年后，米价每石只需八十钱，盐每石四百钱，居民增加到四万多户，家家衣食充裕，生活富足，全郡都很平安。

十一月,地震。　前虎贲中郎将邓弘卒。

弘性俭素,治欧阳《尚书》,授帝禁中。有司奏赠弘骠骑将军,太后追弘雅意,不许,但赐钱布。骘辞不受。将葬,有司复奏发五营轻车骑士,太后不听,但白盖双骑,门生挽送。

丙辰(116)　三年
春,地震。　三月,日食。　夏四月,旱。　度辽将军邓遵率南单于击零昌,破之。任尚又击破之。　冬,初听大臣行三年丧。

旧制:公、卿、二千石、刺史不得行三年丧。司徒刘恺以为非所以师表百姓,宜美风俗。乃诏听大臣行三年丧。

地震。　十二月,任尚击零昌,杀其妻子。

丁巳(117)　四年
春二月朔,日食。　武库灾。　任尚遣羌杀杜季贡。夏四月,策免司空袁敞,敞自杀。

敞廉劲,不阿权贵,失邓氏旨。尚书郎张俊有私书与敞子,怨家封上之。敞坐策免,自杀。

辽西鲜卑入寇,郡兵击破之。　六月,雨雹。　益州刺史张乔讨叛羌,羌皆降散。　秋七月,雨水。　任尚募羌杀零昌。　越巂夷封离等反。　任尚击先零羌狼莫,大破走之。西河虔人种羌降,陇右平。　地震。

十一月,发生地震。　前虎贲中郎将邓弘去世。

邓弘生性节俭朴素,研究欧阳氏注本《尚书》,曾在宫中教授安帝。有关部门奏请追赠邓弘为骠骑将军,邓太后追念邓弘平素的志向,不同意给他追封官爵,只赐给一些钱财、布匹。邓弘的哥哥邓骘推辞不肯接受。即将安葬时,有关部门又奏请征调五个营的轻车骑车护灵,邓太后仍不答应,只允许使用白盖丧车,派两名骑士护卫,由邓弘的学生门徒随车送葬。

丙辰(116)　汉安帝元初三年

春季,发生地震。　三月,出现日食。　夏四月,发生旱灾。度辽将军邓遵率领南匈奴单于攻打零昌,打败了他。任尚再次打败零昌。　冬季,开始允许大臣守丧三年。

按照以往的规定:三公、九卿、二千石、刺史等官,不守三年之丧。司徒刘恺认为,这种做法不能成为百姓的表率,不能用来倡导美好的风俗。于是,朝廷下诏,允许大臣守丧三年。

发生地震。　十二月,任尚进攻零昌,斩杀了零昌的妻子儿女。

丁巳(117)　汉安帝元初四年

春二月初一日,出现日食。　武库发生火灾。　任尚派羌人杀了杜季贡。　夏四月,颁策罢免司空袁敞,袁敞自杀。

袁敞清廉刚直,对权贵不阿谀奉承,得罪了邓氏家族。尚书郎张俊曾给袁敞的儿子写过一封私信,被仇家得到,仇家上书告密。袁敞因此被颁策免官,自杀身亡。

辽西郡鲜卑人入侵边塞,郡兵将他们打败。　六月,发生雹灾。　益州刺史张乔讨伐叛乱羌军,羌军投降,分散瓦解。　秋七月,大雨成灾。　任尚收买羌人杀死零昌。　越巂郡蛮族封离等反叛。　任尚进攻羌人先零部落狼莫部,大败羌军,狼莫逃跑。西河郡羌族虔人部落归降汉朝,陇右地区遂告平定。　发生地震。

戊午（118） 五年

春，旱。 永昌、益州、蜀郡夷叛。

三郡夷叛应封离，众至十余万，破坏二十余县，杀长史，焚掠百姓，骸骨委积，千里无人。

秋八月朔，日食。 冬十月，鲜卑寇上谷。 邓遵募羌杀狼莫。封遵为武阳侯，征任尚弃市。

自羌叛十余年间，军旅之费，凡用二百四十余亿，死者不可胜数，并、凉二州遂至虚耗。及零昌、狼莫死，诸羌瓦解，三辅、益州无复寇警。诏封邓遵为武阳侯。遵以太后从弟，故爵封优大。任尚与遵争功，槛车征弃市。

地震。

己未（119） 六年

春二月，地震。 夏四月，大风，雨雹。 旱。 秋七月，鲜卑寇马城塞，邓遵率南单于击破之。 冬十二月朔，日食，既。 地震。 豫章芝草生。

豫章有芝草生，太守刘祇欲上之，以问郡人唐檀，檀曰："方今外戚豪盛，君道微弱，斯岂嘉瑞乎？"祇乃止。

益州夷降。

益州刺史张乔遣从事杨竦将兵击封离等，大破之，斩首三万余级，封离等乞降，竦厚加慰纳，其余三十六种皆来降附。竦因奏长吏奸猾、侵犯蛮夷者九十人，皆减死论。

戊午(118) 汉安帝元初五年

春季，发生旱灾。 永昌郡、益州郡和蜀郡境内的夷人反叛。

三郡夷人反叛，响应封离，人数多达十余万，一连攻陷二十余县，杀死汉朝官吏，焚烧房屋，劫掠百姓，致使尸骨堆积，千里没有人烟。

秋八月初一日，出现日食。 冬十月，鲜卑人进犯上谷。邓遵收买羌人刺杀狼莫。朝廷封邓遵为武阳侯，又把任尚押回京城斩首，暴尸街头。

自从羌人反叛汉朝，十余年间，军费开支共达二百四十多亿，死亡人数无法计算，并州、凉州竟至空虚衰败。零昌、狼莫死了以后，羌人各部瓦解，三辅、益州不再有战事警报。朝廷下诏，封邓遵为武阳侯。因为邓遵是邓太后的堂弟，所以封赏特别优厚。任尚因与邓遵争功，被用囚车押解回京，在闹市斩首，暴尸街头。

发生地震。

己未(119) 汉安帝元初六年

春二月，发生地震。 夏四月，发生风灾、雹灾。 发生旱灾。 秋七月，鲜卑人攻打马城要塞，邓遵率领南匈奴单于将他们打败。 冬十二月初一日，出现日全食。 发生地震。 豫章郡长出灵芝草。

豫章郡长出灵芝草，太守刘祗打算把它呈献给朝廷，征求本郡人唐檀的意见，唐檀说："如今外戚的权势正盛，君王的权力日见微弱，这怎么能是祥瑞呢？"刘祗这才作罢。

益州夷人投降。

益州刺史张乔派从事杨竦率兵进攻封离等，大败封离及其部众，斩杀三万余人，封离等请求归降，杨竦接受他们来降，并耐心加以安抚，其余的三十六个部落也都来归附汉朝。杨竦上书，举报奸恶狡诈、欺凌蛮夷的地方官吏共九十人，这些人都被判处比死刑轻一等的刑罚。

敦煌遣吏屯伊吾，车师、鄯善复降。

初，西域诸国既绝于汉，北匈奴复以兵威役属之，与共为边寇。敦煌太守曹宗患之，乃上遣行长史索班将千余人屯伊吾，以招抚之。于是车师前王及鄯善王复来降。

庚申（120） 永宁元年
春三月，北匈奴、车师后王共杀汉吏。诏复置都护屯兵。

北匈奴率车师后王军就共杀索班，击走前王，略有北道。曹宗请出兵击匈奴以报之，因复取西域。公卿多以为宜闭玉门关。太后闻军司马班勇有父风，召问之。勇上议曰："昔孝武皇帝开通西域，论者以为夺匈奴府藏，断其右臂。光武中兴，未遑外事，故匈奴驱率诸国，河西城门昼闭。孝明皇帝深惟庙策，命将出征，然后匈奴远遁，边境得安。间者羌乱，西域复绝，北虏遂遣责诸国通租，高其价直，严以期会。鄯善、车师皆怀愤怨，思乐事汉，其路无从。然今曹宗徒欲报雪匈奴，而不寻出兵故事。要功荒外，万无一成，兵连祸结，悔无所及。况今府库未充，师无后继。臣愚以为不可许也。宜于敦煌复置营兵三百人及护西域副校尉，遣长史将五百人屯楼兰，西当焉耆、龟兹径路，南强鄯善、于阗心胆，北扞匈奴，东近敦煌。既为胡虏节度，又禁汉人侵扰，如此诚便。"

敦煌太守派官兵驻扎伊吾,车师前王、鄯善王再度归降。

当初,西域各国与汉朝断绝关系后,北匈奴再次以武力相威胁,驱使西域各国向自己臣服,并跟他们一起进犯汉朝边境。敦煌太守曹宗对此深感忧虑,经奏请朝廷,派遣行长史索班率领一千余人驻扎伊吾,招抚西域各国。于是,车师前王和鄯善王再度前来归降。

庚申(120)　汉安帝永宁元年

春三月,北匈奴、车师后王共同杀死汉朝官吏。朝廷下诏,重新设置西域都护,驻兵防守。

北匈奴率领车师后王军就共同杀死索班,打跑车师前王,控制了西域北道。曹宗请求出兵攻打匈奴,为索班报仇,并乘机重新收回西域。公卿们大多认为应当关闭玉门关。邓太后听说军司马班勇有他父亲班超的风度,便把他召来征询意见。班勇建议道:"从前,孝武皇帝开通西域,议论的人认为这是夺取匈奴的宝藏,切断匈奴的右臂。光武皇帝使大业中兴,未能顾及外部事务,因此,匈奴得以驱使各国服从,致使河西地区白天紧闭城门。孝明皇帝深思熟虑,制定国策,派将领出征西域,匈奴遂向远方逃遁,边境地区得以安宁。最近因羌人叛乱,西域与汉朝的关系再度中断,北匈奴便派使者督责各国缴纳拖欠的贡物,并提高价值,严格规定缴纳期限。鄯善、车师都心怀怨愤,一心想臣属于汉朝,但却找不到途径。如今曹宗只想向匈奴报仇雪恨,而不去研究过去出兵的旧例。在遥远的蛮荒之地建功立业,万一没能成功,导致兵连祸结,则将后悔莫及。况且现今国库还不充裕,军队还缺少后继力量。臣以为不能批准曹宗的请求。应当在敦煌重新部署营兵三百人,重新设置护西域副校尉,派遣长史率领五百人驻扎楼兰,在西边控制焉耆、龟兹的通道,在南边增强鄯善、于阗的信心和胆量,北边可以抵挡匈奴的力量,东边则靠近敦煌。既指挥胡人,调解他们的冲突,又禁阻汉人去侵扰胡人,这样做才真正是上策。"

公卿难曰:"前所以弃西域者,以其无益而难供也。今欲通之,班将能保北虏不为边害乎?"勇对曰:"今置州牧以禁盗贼,若州牧能保盗贼不起者,臣亦愿以要斩保匈奴之不为边害也。今通西域则虏势必弱,为患微矣。孰与归其府藏、续其断臂哉?若弃而不立,则西域望绝,屈就北虏,恐河西城门必须复有昼闭之警矣。今不廓开朝廷之德,而拘屯戍之费,岂安边久长之策哉?"

难者又曰:"西域遣使求索无厌,一旦为匈奴所迫,当复求救,则为役大矣。"勇对曰:"今设以西域归匈奴,而使其恩德大汉,不为钞盗则可矣。如其不然,则是富仇雠之财,增暴夷之势。且西域来者不过禀食,今若拒绝,势归北属。夷虏并力以寇并、凉,则中国之费不止十亿。置之诚便。"

于是从勇议,复营兵,置副校尉,居敦煌。虽以羁縻西域,然亦未能出屯。其后,匈奴果数与车师入寇,河西大被其害。

沈氐、当煎、烧当羌入寇。 夏四月,立子保为皇太子。 校尉马贤讨羌,破之。 秋七月朔,日食。 大水。以杨震为司徒。 辽西鲜卑降。 地震。 免越骑校尉邓康官,遣就国。

太后从弟康以太后久临朝政,宗门盛满,数上书谏,言甚切至。太后不从。康谢病不朝。太后大怒,免康官,遣归国,绝属籍。

公卿中有人提出诘难说："从前朝廷放弃西域的原因,是认为那里对国家无利,又难以供养。如今又要开通与西域的关系,班将军能保证北匈奴不来侵害边疆吗?"班勇回答说："现在朝廷设置州牧来防禁盗贼,如果州牧能保证盗贼不起来作乱,我也愿以腰斩担保匈奴不来侵害边疆。现在如能开通与西域的关系,那么匈奴的势力必定会削弱,他们的危害也就小了。这与归还匈奴的宝藏、接上匈奴的断臂相比,哪个更好呢?假如放弃西域,不设官治理,那么,西域就会绝望,去屈从北匈奴,恐怕河西地区的城门又要有白天紧闭的警报了。如今不推广朝廷的恩德,而吝惜屯戍的费用,难道是维护边疆安定的长久之计吗?"

诘难的人又说："西域各国会不断地派遣使者,没完没了地索求赏赐,一旦他们受到匈奴的逼迫,还会向我们求救,那时就需动用兵力,动静就大了。"班勇回答说："假如我们现在把西域交给匈奴,让匈奴感激汉朝的恩德,使它从此不再侵扰边塞,那么可以这样做。如若不然,那就成了给仇人增加财富,帮横暴的外族增强实力。况且西域若派来使者,不过供给他们一些食物而已,如果现在拒绝他们,他们势必归附北方的匈奴人。他们的力量联合起来,一同进犯并州、凉州,那么,中国的耗资将不止十亿。总之,设置西域校尉确实对汉朝有利。"

于是,朝廷采纳了班勇的建议,重新派遣营兵,设置副校尉,驻守敦煌。朝廷虽以此控制西域,但未能越出边境到西域驻兵。后来,匈奴果然屡次与车师一道进犯内地,河西地区大受其害。

羌人沈氏、当煎、烧当部落进犯边境郡县。 夏四月,立皇子刘保为皇太子。 校尉马贤讨伐羌人,打败了他们。 秋七月初一日,出现日食。 发生水灾。 任命杨震为司徒。 辽西郡的鲜卑人投降。 发生地震。 将越骑校尉邓康免职,遣回封国。

邓太后的堂弟邓康鉴于太后摄政已久,家族权势过盛,多次上书规劝,言辞极为恳切。邓太后拒不听从。邓康称病,不上朝进见。邓太后大怒,命将邓康免官,遣回封国,并取消了他的族籍。

辛酉(121)　建光元年

春三月,皇太后邓氏崩。封邓骘为上蔡侯。葬和熹皇后。

太后自临朝以来,水旱十载,四夷外侵,盗贼内起。每闻民饥,或达旦不寐,躬自减彻以救灾厄。故天下复平,岁还丰穰。尝征济北、河间王子男女五岁以上四十余人,及邓氏近亲子孙三十余人,为开邸第,教以经书,躬自监试。诏从兄豹、康等曰:"末世贵戚,食禄之家,温衣美食,乘坚驱良,而面墙术学,不识臧否,斯故祸败所从来也。"然帝已年长,久不还政,颍川杜根尝上书言之,太后大怒,盛以缣囊,扑杀之,载出城外。得苏逃窜,为宜城山中酒家保,积十五年。平原成翊世亦坐谏太后不归政抵罪。至是,尚书陈忠荐之。帝拜根侍御史,翊世尚书郎。或问根曰:"往者遇祸,何至自苦如此?"根曰:"周旋民间,非绝迹之处,邂逅发露,祸及亲知,故不为也。"

追尊清河孝王曰孝德皇,皇妣曰孝德后。　夏,高句骊、鲜卑寇辽东,太守蔡讽战殁。

掾龙端、公孙酺,以身扞讽,俱没于陈。

尊嫡母耿姬为甘陵大贵人。　**诏举有道之士。**

尚书陈忠以诏书既开谏争,虑言事者必多激切,致不能容,乃上疏豫广帝意曰:"臣闻仁君广山薮之大,纳切直之谋,忠臣尽謇谔之节,不畏逆耳之害。今明诏引咎克躬,

辛酉（121） 汉安帝建光元年

春三月，皇太后邓氏去世。安帝封邓骘为上蔡侯。安葬和熹皇后邓氏。

邓太后自临朝摄政以来，水旱灾害十年不断，外有四方异族的入侵，内有盗匪奸贼的祸患。每当听说民间发生饥荒，邓太后往往彻夜不眠，亲自裁膳撤乐，拯救灾难。因此天下重归安定，恢复了丰收年景。她曾经征召济北王、河间王五岁以上的子女四十余人，以及邓家近亲子孙三十余人，为他们建筑屋舍，教他们学习经书，并亲自进行考试。她下诏给堂兄邓豹、邓康等人说："处于末世的皇亲国戚、食禄之家，穿得好，吃得好，乘坚车，驱良马，而对于学问之事，则如同面对墙壁，目无所见，不懂得善恶得失，这正是灾祸与败亡得以发生的根由。"然而，皇帝已经长大成人，邓太后却久不归政，颍川人杜根曾上书谈及此事，邓太后大怒，命将杜根装入白绢做成的袋子中，当场打死，然后运出城外。杜根苏醒后得以逃走，成为宜城山中一家酒店的佣工，前后长达十五年之久。平原人成翊世也因进谏反对太后不归政皇帝而被判罪。等到邓太后去世后，尚书陈忠举荐杜根、成翊世等人。安帝任命杜根为侍御史，任命成翊世为尚书郎。有人问杜根说："以前你遇到灾祸时，怎么会使自己这样受苦？"杜根说："在民间奔走躲藏，那不是人迹罕至的地方，一旦暴露，就会给亲友带来灾祸，所以我不肯那样做。"

追尊清河孝王为孝德皇，追尊安帝生母为孝德后。 夏季，高句丽、鲜卑进犯辽东郡，太守蔡讽战死。

下属官吏龙端、公孙酺用身体保护蔡讽，全部阵亡。

安帝尊嫡母耿姬为甘陵大贵人。 诏命举荐有道之士。

尚书陈忠看到安帝已下诏征求意见，担心提意见的人言辞过于激烈，以致皇上不能容忍，于是上书，预先开阔安帝的胸襟，书中说："臣听说仁厚的君主，心胸像高山、湖泽一样博大，能够容纳尖锐直率的批评，使忠臣能够尽到正义直言的职责，不担心因讲出逆耳之言而受到迫害。如今陛下颁布诏书，引咎自责，

谘访群吏。言者见杜根、成翊世等新蒙表录，显列二台，必承风响应，争为切直。若嘉谋异策，宜辄纳用。如其管穴，妄有讥刺，虽苦口逆耳，不得事实，且优游宽容，以示圣朝无讳之美。"从之。

以薛包为侍中，不拜。

初，汝南薛包少有至行，父娶后妻而憎包，分出之。包日夜号泣，不能去，至被殴扑。不得已，庐于外，旦入洒扫。父怒，又逐之。乃庐丁里门，昏晨不废。积岁余，父母惭而还之。及父母亡，弟子求分财异居，包不能止，乃中分其财。奴婢引其老者，曰："与我共事久，若不能使也。"田庐取其荒顿者，曰："我少时所治，意所恋也。"器物取朽败者，曰："我素所服食，身口所安也。"弟子数破其产，辄复赈给。帝闻其名，令公车特征。至，拜侍中。包以死自乞，有诏赐告归，加礼如毛义。

徙封邓骘为罗侯，遣就国，骘自杀。贬平原王翼为都乡侯。

帝少号聪明，故邓太后立之。及长，多不德，稍不可太后意。太后征济北、河间王子诣京师，以河间王子翼为平原怀王胜后，留京师。帝乳母王圣虑有废置，常与中黄门李闰、江京候伺左右，共毁短太后，帝每忿惧。及太后崩，宫人有诬告太后兄弟悝、弘、闿谋立平原王。帝怒，令

向官员们征求意见。大家看到杜根、成翊世等新近受到表彰擢用，身居御史台、尚书台的显要位置，必定会闻风响应，争相贡献恳切直率的意见。如果是良谋奇策，应当立即采纳。而如果是狭隘浅陋的管穴之见，甚至对朝廷妄有讥刺，即使说得难听逆耳，不合乎事实，也应姑且大度宽容，以显示圣明朝廷无所禁忌的美德。"安帝接受了陈忠的建议。

任命薛包为侍中，薛包推辞不接受。

当初，汝南人薛包年少时就有突出的孝行，他的父亲娶了后妻之后开始厌恶薛包，让他分出去单独生活。薛包日夜号哭，不肯离开，以至于遭到殴打。薛包不得已，就在家门之外搭建一座小屋居住，早晨回家打扫庭院。父亲发怒，再次把他赶走。薛包又在乡里大门的旁边搭屋居住，每天早晚都回家向父母请安。过了一年多，父母感到惭愧，让他回家居住。等到父母去世后，薛包的侄子要求分割家财搬出去居住，薛包阻止不住，遂将家产分开。薛包专挑出年老的奴婢留下，说："他们与我共事的时间长，你使唤不了。"又选择破旧荒芜的房舍，说："这些是我年轻时经营过的，有依恋之情。"家什器具，他选择朽坏的，并说："这些是我平时所使用的，身口都觉得安适。"侄子屡次破产，薛包一再给予赈济。安帝听说了他的名声，命令公车单独将他征召入京。到京后，任命为侍中。薛包以死请求辞官，安帝便下诏，准许他辞官回乡，对他的礼遇如同章帝时优待毛义的前例。

改封邓骘为罗侯，遣回封国，邓骘自杀。贬平原王刘翼为都乡侯。

安帝年幼时，人们都说他聪明，所以邓太后把他立为皇帝。等到长大后，却有很多不好的品质，渐渐不合太后的心意。太后曾征召济北王、河间王的儿子前来京城，并让河间王的儿子刘翼做平原怀王刘胜的继承人，留在京城。安帝的乳母王圣担心安帝会被废黜，经常与中黄门李闰、江京围在安帝身边，一同诋毁邓太后，安帝常感到怨愤恐惧。到邓太后去世后，有宫人诬告邓太后的兄弟邓悝、邓弘、邓阊图谋改立平原王。安帝大怒，下令

有司奏悝等大逆无道,遂废其子西平侯广宗等为庶人。骘以不与谋,徙封罗侯,遣就国。宗族免官,归故郡,没入赀产。广宗等皆自杀。骘不食而死。征邓康为太仆,贬平原王翼为都乡侯,遣归河间。翼谢绝宾客,闭门自守,由是得免。

诏许邓骘还葬。

初,邓后之立也,三公欲共奏追封后父训,司空陈宠以无故事,不从。故宠子忠不得志于邓氏,数上疏陷成其恶。大司农朱宠痛骘无罪,乃肉袒舆榇上疏曰:"和熹皇后圣善之德,为汉文母。兄弟忠孝,同心忧国。功成身退,让国逊位,历世外戚,无与为比。而利口倾险,反乱国家,遂令骘等罹此酷滥。逆天感人,率土丧气。宜收还冢次,宠树遗孤,奉承血祀,以谢亡灵。"因自致廷尉。忠劾宠免官。众庶多为骘称枉者。帝意颇悟,乃还葬骘等,诸从昆弟皆得归京师。

以耿宝监羽林车骑,封宋杨四子及宦者江京、李闰皆为列侯。

帝以耿贵人兄宝监羽林车骑。宋氏封侯为卿、校、侍中者十余人。阎后兄弟显、景、耀并典禁兵。江京、李闰皆为列侯,与中常侍樊丰、刘安、陈达及王圣、圣女伯荣扇动内外,竞为侈虐。出入宫掖,传通奸赂。司徒杨震上疏曰:"臣闻政以得贤为本,治以去秽为务。方今九德未事,嬖幸充庭。王圣贱微,得奉圣躬,虽有推燥居湿之勤,前后

有关部门弹劾邓悝等大逆不道,于是,将邓悝的儿子西平侯邓广宗等罢黜,贬为平民。邓骘因不曾参与密谋,改封为罗侯,遣送前往封国。邓氏宗族一律免官,返回原郡,并没收财产。邓广宗等都自杀。邓骘绝食而死。安帝征召邓康为太仆,将平原王刘翼贬为都乡侯,遣归河间。刘翼闭门谢客,深居自守,因此得以免罪。

诏允邓骘还葬祖坟。

当初,邓氏立为皇后,三公打算共同奏请追封邓皇后的父亲邓训,司空陈宠认为无此先例,不同意。因此,陈宠的儿子陈忠在邓氏当政时很不得志,后来屡次上疏弹劾,使邓氏家族陷于重罪。大司农朱宠因邓骘无罪遭难而深感痛心,于是脱光上衣,抬着棺材上疏说:"和熹皇后具有圣明善良的品德,是汉朝的文母。她的兄弟十分忠孝,同心忧国。迎立皇上后,功成身退,拒受封国,辞去高位,历代的皇后家族,都不能与他们相比。然而口舌锋利的大臣危言耸听,扰乱国家,竟使邓骘等蒙受这样的惨祸。真是违背天意,震撼人心,使全国各地一片颓丧。应当允许他们的尸骨还葬祖坟,优待保护他们的遗孤,让邓家的宗祠有人祭祀,以告慰亡灵。"朱宠自动前往廷尉投案。陈忠弹劾朱宠,朱宠被免官。民众多为邓骘鸣冤叫屈。安帝有所醒悟,于是允准将邓骘等还葬,邓骘的堂兄们也都得以返回京城。

任用耿宝统领羽林车骑,将宋杨的四个儿子及宦官江京、李闰全部封为列侯。

安帝任命耿贵人的哥哥耿宝统领羽林车骑。宋氏家族中被封为列侯担任卿、校、侍中的有十余人。阎皇后的兄弟阎显、阎景、阎耀共同掌管禁军。江京、李闰都被封为列侯,与中常侍樊丰、刘安、陈达以及王圣和王圣的女儿伯荣内外煽动,竞相做出奢侈暴虐的行为。他们出入皇宫,串通奸恶,传送贿赂。司徒杨震上疏说:"臣听说为政以得贤才为本,治国以除奸恶为务。如今具备九德之人未在朝廷任职,而嬖幸好佞之辈却充斥宫廷。王圣出身微贱,能够侍奉皇上,虽有精心侍奉的辛勤,但先后

赏惠,过报劳苦,而外交属托,损辱清朝。宜速出阿母,令居外舍,断绝伯荣,莫使往来。"帝以疏示圣等,皆忿恚。

而伯荣通故朝阳侯刘护从兄瓌,瓌遂为侍中,得袭护爵。震上疏曰:"经制,父死子继,兄亡弟及,以防篡也。故朝阳侯刘护同产弟威,今犹见在,而以其再从兄瓌袭爵为侯。且天子专封,封有功;诸侯专爵,爵有德。瓌无他功行,但以配阿母女。既位侍中,又至封侯,不稽旧制,不合经义。陛下宜鉴既往,顺帝之则。"

尚书翟酺上疏曰:"昔窦、邓之宠,倾动四方,兼官重绂,盈金积货。及其破坏,头颡堕地,愿为孤豚,岂可得哉?夫致贵无渐失必暴,受爵非道殃必疾。今外戚宠幸,未有等比。禄去公室,政移私门,覆车重寻,宁无摧折!昔文帝躬行节俭,有讥之者,帝曰:'朕为天下守财耳,岂得妄用之哉?'今敛天下之财,积无功之家,帑藏单尽,民物凋伤,卒有不虞,危乱可待。愿陛下勉求忠贞,诛远佞谄,割情欲,罢宴私,心存亡国所以失之,鉴观兴王所以得之,庶灾害可息,丰年可招矣。"书奏,皆不省。

秋八月,烧当羌麻奴入寇,马贤追击,破之。　以刘恺为太尉。
居延都尉范颁犯臧罪,吏议欲增锢二世。刘恺以为:"《春秋》之义,善善及子孙,恶恶止其身,所以进人于善也。

对她的赏赐与恩德,已超过对她劳苦的报答,可她勾结宫外之人,接受请托贿赂,损害并玷污了朝廷。应当尽快让奶娘出宫,让她住在外面,断绝伯荣与宫廷的联系,不许她往来奔走。"安帝将此奏疏拿给王圣等人看,他们都很愤恨。

而伯荣与已故朝阳侯刘护的堂兄刘瓌通奸,刘瓌遂官至侍中,得以继承刘护的爵位。杨震上疏说:"经书上有规定,父死子继,兄亡弟及,这是为了防止篡位。已故朝阳侯刘护的亲弟弟刘威,现在还活着,陛下却让刘护的远房堂兄刘瓌袭封侯爵。况且天子有分封国家的权力,分封有功之人;诸侯有赏爵的权力,赏爵给有德之人。刘瓌并没有别的功劳德行,只不过娶了奶娘的女儿。既官居侍中,又晋封侯爵,与传统制度不符,也与儒家经义不合。陛下应以史为鉴,遵循帝王的法则。"

尚书翟酺上疏说:"以前窦家、邓家的荣宠,倾动四方,他们身兼数官,家中黄金满屋,财物堆积。到他们败亡之时,人头落地,即使想做一只猪仔,难道还能办得到吗?尊贵的身份如果不是逐步达到,定会突然失去;爵位如果不是通过正道获得,灾祸必定很快降临。如今外戚宠幸,无与伦比。禄位不由朝廷掌握,政权转移到私门,重蹈前人的覆车之路,怎么会不危险!从前文帝奉行节俭,受到一些人的讥笑,文帝说:'朕不过是为天下守财罢了,难道可以随意浪费吗?'如今聚敛天下之财,堆积到无功之家,使国库空虚,民生凋敝,一旦出现不测,危险和动乱将会很快到来。愿陛下尽力物色忠贞之臣,惩罚疏远奸佞之辈,割舍情欲的欢娱,放弃宴乐和求得私恩的爱好,不忘亡国之君失败的教训,探究创业之君成功的原因,这样,灾害就可望止息,丰年便可到来。"奏书呈上,安帝均未予理会。

秋八月,烧当羌麻奴进犯边塞,马贤出兵追击,打败了他们。任命刘恺为太尉。

居延都尉范颁犯了贪污罪,官员们打算禁止他子孙两代做官。刘恺认为:"根据《春秋》大义,对善行的报偿应当延及子孙,对恶行的惩罚应当限于罪犯自身,目的是为了引导人们向善。

今以轻从重,惧及善人,非先王详刑之意也。"诏从之。

鲜卑寇居庸关,杀云中太守。 帝幸卫尉冯石府,留
饮十日。

石能取悦当世,故为帝所宠。

雨水。 冬十一月,地震。 复断大臣行三年丧。

尚书令祋讽等奏:"孝文定约礼之制,光武绝告宁之
典,贻则万世,诚不可改,宜复断大臣行三年丧。"陈忠上疏
曰:"高祖创制,大臣有宁告之科。建武之初,政趣简易,
礼义之方,实为凋损。《孟子》有言:'老吾老以及人之老,
幼吾幼以及人之幼,天下可运于掌。'臣愿陛下登高北望,
以甘陵之思揆度臣子之心,则海内咸得其所。"时宦官不便
之,竟寝忠奏。

十二月,高句骊王宫围玄菟,州郡讨破之,宫死。

高句骊王宫死,玄菟太守姚光上言,欲因其丧发兵击
之。陈忠曰:"宫前桀黠,光不能讨,死而击之,非义也。宜
遣使吊问,因责让前罪,赦不加诛,取其后善。"帝从之。

壬戌(122) 延光元年
夏四月,雨雹。
大者如斗。
辽东都尉庞奋承伪诏斩玄菟太守姚光,征抵罪。

如今却以轻从重,让善良无罪之人感到恐惧,这不符合先王慎于用刑的原意。"安帝听从了刘恺的意见。

鲜卑人进犯居庸关,杀死云中太守。　安帝临幸卫尉冯石家,留居宴饮十日。

冯石很会取悦当世,所以受到安帝的宠爱。

大雨成灾。　冬十一月,发生地震。　再次取消大臣守丧三年的规定。

尚书祋讽等上奏说:"孝文帝制订简单的礼仪,光武帝革除官吏告假奔丧的制度,这是给万世留下的法则,实在不可更改,应当重新取消大臣守丧三年的规定。"陈忠上疏说:"高祖立下制度,大臣有告假守丧的规定。建武初年,国政趋于简单易行,礼义方面确实受到了损害。《孟子》中有这样的话:'尊敬我自己的长辈,也尊敬别人的长辈;爱护我自己的幼儿,也爱护别人的幼儿,天下便可运转在手掌之上。'臣愿陛下登高北望,以对甘陵的思念推想臣下的心情,那么,全国人民就能各得其所。"当时,宦官认为守丧三年制度对自己不便,终将陈忠的奏书搁置起来。

十二月,高句丽国王宫包围玄菟郡,州郡官兵击败敌军,宫死。

高句丽国王宫死后,玄菟太守姚光上书,打算乘宫去世的机会发兵进攻高句丽。陈忠说:"原先宫凶悍而狡猾,姚光没能打败高句丽,如今宫已死,我们却乘机进攻,这是不义的举动。应当派使节去吊丧,并借此机会指责他们以往的罪过,予以宽恕,不加惩罚,以便将来取得他们善意的回报。"安帝采纳了陈忠的建议。

壬戌(122)　汉安帝延光元年
夏四月,发生雹灾。
大的冰雹像斗一样大。
辽东郡都尉庞奋根据伪造的诏书斩杀玄菟太守姚光,被征召入京抵罪。

玄菟太守姚光、幽州刺史冯焕，数纠发奸恶，怨者诈作玺书，谴责焕、光，赐以欧刀。又下庞奋，使速行刑。奋即斩光收焕。焕欲自杀，其子绲疑诏文有异，止之。焕乃上书自讼，征奋抵罪。

秋七月，地震。 高句骊王遂成降。
是后，东垂少事。
虔人羌与上郡胡反，边兵击破之。 九月，地震。 冬，鲜卑寇边。
鲜卑既累杀郡守，胆意转盛，控弦数万骑，寇雁门、定襄、太原。
麻奴降。 雨水。 遣宦者及乳母王圣女伯荣诣甘陵。

尚书仆射陈忠上疏曰："窃闻使者所过，威动郡县，王、侯、二千右至为伯荣独拜车下。修道缮亭，征役无度。赂遣仆从，人数百匹。伯荣之威，重于陛下；陛下之柄，在于臣妾。水灾之发，必起于此。昔韩嫣托副车之乘，受驰视之使，江都误为一拜，而嫣受欧刀之诛。臣愿明主严天元之尊，正乾刚之位，不宜复令女使干错万机。"书奏，不省。

时机事专委尚书，而灾变辄免三公。忠上疏曰："汉典旧事，丞相所请，靡有不听。今之三公，虽当其名而无其实，选举诛赏，一由尚书。近以灾异切让三公，臣忠常独不安。尚书决事，多违故典，罪法无例，诋欺为先。宜割而勿听，上顺国典，置方圆于规矩，审轻重于衡石，诚国家之典，万世之法也。"

玄菟太守姚光、幽州刺史冯焕，曾多次检举奸人恶行，仇人便伪造诏书，谴责冯焕、姚光，赐刀让他们自尽。又下令给庞奋，让他迅速行刑。庞奋立即斩杀姚光，逮捕冯焕。冯焕打算自杀，他的儿子冯绲怀疑诏书文字不同寻常，劝阻父亲自杀。冯焕于是上书为自己辩解，朝廷征召庞奋入京抵罪。

　　秋七月，发生地震。　高句丽国王遂成投降。

　　从此以后，东部边境少有事端。

　　羌族虔人部落与上郡的胡人一同反叛，被汉朝边军击败。九月，发生地震。　冬季，鲜卑人进犯边塞。

　　鲜卑人多次杀害汉朝郡太守之后，胆量越来越大，拥有射箭骑兵数万人，进犯雁门、定襄、太原等地。

　　羌人首领麻奴投降。　大雨成灾。　派遣宦官及奶娘王圣的女儿伯荣到甘陵祭祀。

　　尚书仆射陈忠上疏说："我听说使者经过各地时，威风震动郡县，亲王、侯爵及二千石官员甚至在车下向伯荣单独行拜礼。又是筑路，又是修缮驿站，无休止地征发徭役。赠送给使者仆从的缣帛，每人达数百匹。伯荣的威风超过了陛下，陛下的权柄掌握在臣仆婢妾手中。水灾的发生，必定是基于这样的原因。从前，韩嫣乘坐备用御车，领受巡视各地的使命，江都王误认为皇帝驾临而为之下拜，韩嫣因此而被诛杀。臣愿圣明的君主加强天子的尊严，端正君权的位置，不应再让女子做使者干预政务。"奏书呈上，未被理会。

　　当时，机要大事由尚书专门负责，而一旦有灾出现，就要罢免三公。陈忠上疏说："汉朝建立以来，有这么一个传统，丞相提出的建议，皇上无不听从。如今的三公，虽有其名却无其实，选拔、举荐、处罚、奖赏，一概由尚书决定。最近因出现灾异而谴责三公，臣陈忠常常独自不安。尚书决断事务，大多违背原有的制度，定罪判刑不依照律例，一开始就进行诋毁和欺骗。对此应当割弃而不听从，对上遵循国家法典，用圆规方矩确定方圆，依据称砣审度轻重，这才真正是国家的制度、万世的法则。"

汝南黄宪卒。

汝南太守王龚,政崇温和,好才爱士。以袁阆为功曹,引进黄宪、陈蕃等。宪不屈,蕃就吏。阆不修异操,蕃性气高明。宪世贫贱,父为牛医。宪年十四,颍川荀淑遇于逆旅,竦然异之,揖与语,移日不能去,谓曰:"子,吾之师表也。"前见袁阆,未及劳问,逆曰:"子国有颜子,宁识之乎?"阆曰:"见吾叔度耶?"同郡戴良,才高倨傲,而见宪未尝不正容,及归,罔然若有失也。其母问曰:"汝复从牛医儿来邪?"对曰:"良不见叔度,自以为无不及。既睹其人,则瞻之在前,忽然在后,固难得而测矣。"陈蕃、周举常相谓曰:"时月之间,不见黄生,则鄙吝之萌复存乎心矣。"太原郭泰,少游汝南,过阆,不宿而退;从宪,累日乃还。或问之,泰曰:"奉高之器,譬之氿滥,虽清而易挹。叔度汪汪若千顷陂,澄之不清,淆之不浊,不可量也。"宪初举孝廉,又辟公府。友人劝其仕,宪暂到京师即还。年四十八终。

癸亥(123) 二年

夏四月,封王圣为野王君。 以班勇为西域长史,将兵屯柳中。

北匈奴连与车师寇河西,议者欲复闭玉门、阳关以绝其患。敦煌太守张珰上书曰:"臣在京师,亦以为西域宜弃。今亲践其地,乃知弃西域则河西不能自存。谨陈三策:北虏呼衍王常展转蒲类、秦海之间,专制西域,共为寇钞。

汝南人黄宪去世。

汝南太守王龚,为政崇尚温和,喜爱良才贤士。他任命袁阆为功曹,并举荐黄宪、陈蕃等人。黄宪不肯答应,陈蕃却就任官职。袁阆没有什么特殊的操行,陈蕃的性格气质清高爽朗。黄宪家世贫贱,父亲是一名牛医。黄宪十四岁时,与颍川人荀淑在旅店相遇,荀淑对他感到惊异,拱手为礼并与他交谈,很久不肯离去,荀淑对黄宪说:"您就是我的老师。"荀淑前去拜见袁阆,还未来得及寒暄,迎面便问:"贵郡有一位像颜回那样的人,你可认识他?"袁阆说:"你是不是见到了我们的黄叔度?"同郡人戴良,很有才华,生性高傲,但见了黄宪也不曾不恭敬,等回家以后,感到茫然若有所失。他的母亲问道:"你又是从牛医儿子那里回来吗?"戴良回答说:"我没有见到黄叔度时,自以为没有什么地方不如他。等见到他以后,却好像看见他就在前面,却忽然又在后面出现,实在是高深莫测。"陈蕃、周举经常互相议论说:"如果有一段时间见不到黄宪,卑鄙可耻的念头就会重新在内心萌生。"太原人郭泰,年少时游历汝南郡,拜访袁阆,没有留宿便告辞;拜访黄宪,却一连住了几天才返回。有人问其原因,郭泰说:"袁阆的才具,好比是泉水,虽然清澈但容易舀取。而黄宪却像千顷汪洋,无法让它澄清,也无法让它混浊,不可推测估量。"黄宪最初被推举为孝廉,后又受到三公府的征召。朋友劝他去做官,黄宪只是到京城去了一趟,便随即返回。四十八岁时去世。

癸亥(123) 汉安帝延光二年

夏四月,封王圣为野王君。 任命班勇为西域长史,率兵驻扎柳中。

北匈奴接连与车师进犯河西地区,议论此事的人想重新关闭玉门关和阳关,以杜绝外患。敦煌太守张珰上书说:"臣在京城时,也认为应当放弃西域。如今亲自踏上这块土地,才知道放弃西域,河西地区就不能自存。现谨陈上三策:北匈奴呼衍王经常辗转往来于蒲类海、秦海之间,控制西域,与各国共同侵犯汉朝。

今以酒泉属国吏士二千余人集昆仑塞,先击呼衍,绝其根本,因发鄯善兵五千人,胁车师后部,此上计也。置军司马,将士五百人,四郡供其犁牛、谷食,出据柳中,此中计也。弃交河城,收鄯善等,悉使入塞,此下计也。"朝廷下其议。陈忠请于敦煌复置校尉,增四郡屯兵,以抚诸国。于是复以班勇为西域长史,将兵五百人,出屯柳中。

秋七月,丹阳山崩。　　雨水。　　冬,以杨震为太尉。

耿宝荐李闰兄于震曰:"李常侍国家所重,欲令公辟其兄。宝唯传上意耳。"震曰:"如此,则宜有尚书敕。"宝大恨而去。阎显亦荐所亲,震又不从。司空刘授闻而辟之,震益见怨。时诏遣使者大为王圣修第,樊丰、周广、谢恽等倾摇朝廷。震上疏曰:"方今灾患滋甚,百姓空虚,三边震扰,帑藏匮乏,而为阿母起第,为费巨亿。广、恽兄弟依倚近幸,与之分威,属托州郡,倾动大臣;招徕海内贪污之人,受其货赂,复得显用。白黑溷淆,天下諠哗。臣闻师言,上之所取,财尽则怨,力尽则叛,怨叛之人不可复使,惟陛下度之。"上不听。

十二月,地震。　　聘处士周燮、冯良,不至。

陈忠荐汝南周燮、南阳冯良学行深纯,隐居不仕。帝以羔币聘之。燮宗族劝之曰:"夫修德立行,所以为国,君独何为守东冈之陂乎?"燮曰:"夫修道者度时而动,动而不时,焉得亨乎?"与良皆自载至近县,称病而还。

现在可以派酒泉属国的部队二千余人集结于昆仑塞，先攻打呼衍王，除掉祸根，随即征调鄯善兵五千人，威胁车师后部，这是上策。设置军司马，领兵五百，由四郡供给犁牛、粮食，出塞进据柳中，这是中策。放弃交河城，收揽鄯善等国人民，让他们全部进入塞内，这是下策。"朝廷将张珰的意见交付群臣讨论。陈忠建议在敦煌重新设置校尉，增加河西四郡的驻军，以安抚西域各国。于是再次任命班勇为西域长史，率兵五百人出塞屯驻柳中。

秋七月，丹阳郡发生山崩。 大雨成灾。 冬季，任命杨震为太尉。

耿宝向杨震推荐李闰的哥哥说："李常侍受到朝廷的倚重，想让三公征召他的哥哥做官。耿宝我只是传达上面的意思。"杨震说："如果真是这样，就应该有尚书发出的敕令。"耿宝十分恼恨地离去。阎显也推荐自己的亲信，杨震也未听从。司空刘授听说后，征召这两个人做下属，杨震愈发受到怨恨。当时，安帝下诏，派遣使者为王圣大修宅第，樊丰、周广、谢恽等人势倾一时，动摇朝廷。杨震上疏说："如今灾患正日益严重，百姓贫困，边境地区战乱不止，国库空虚，却还要为奶娘兴修宅第，耗资亿万。周广及谢恽兄弟倚靠皇帝身边的得宠之人，与他们一同作威作福，向州郡官府请托，倾动大臣；招揽海内贪污之人，收受贿赂，使他们重新得到重用。黑白混淆，天下人为此大哗。臣听先师说过，在上面的人向人民索取，财富用尽时人民就会怨恨，精力用尽时人民就会背叛，怨恨和背叛的人民难以再供驱使，请陛下三思。"安帝不肯听取杨震的劝告。

十二月，发生地震。 征聘处士周燮、冯良做官，两人没来。

陈忠举荐汝南人周燮、南阳人冯良，称他们学问高深、品行纯正，隐居乡间，不入仕途。安帝用羔皮做礼品，征聘他们做官。周燮的族人劝周燮说："培养道德，砥砺品行，就是为了效力国家，您为什么偏偏要守在东山坡呢？"周燮说："修养道德的人要看准时机而动，动得不是时候，怎么能行得通？"他与冯良都自己坐车到本县县府，声称有病，然后就回家了。

甲子（124）　三年

春正月，班勇击走匈奴田车师者，西域复通。

班勇至楼兰，以鄯善归附，特加三绥。龟兹王白英乃率姑墨、温宿自缚诣勇，因发其兵到车师前王庭，击走匈奴于伊和谷，于是前部始复开通。还，屯田柳中。

二月，帝东巡。三月，还，未入宫，策收太尉震印绶，遣归故郡。震自杀。

樊丰等见杨震连谏不从，无所顾忌，遂诈作诏书，调发司农钱谷、大匠见徒材木，各起冢舍、园池。震复上疏曰：“臣备台辅，不能调和阴阳。去年十二月四日，京师地动，其日戊辰，三者皆土，位在中宫，此中臣、近官持权用事之象也。陛下以边境未宁，躬自菲薄，宫殿垣屋倾倚，枝拄而已。而亲近幸臣，骄溢逾法。唯陛下奋乾刚之德，弃骄奢之臣，以承皇天之戒。”震言转切，帝既不平，而丰等愤怨。会赵腾上书指陈得失，帝发怒，欲诛腾，震救之曰：“殷、周哲王，小人怨詈，则还自敬德。乞全腾命，以诱刍荛舆人之言。”帝不听，竟杀之。及帝东巡，太尉部掾高舒得丰等所诈下诏书，具奏，须行还上之，丰等惶怖。会太史言星变逆行，遂共谮震云：“自赵腾死后，深怀怨怼。且邓氏故吏，有恚恨心。”帝然之。及还京师，便临太学，即其夜遣使者策收震

甲子(124)　汉安帝延光三年

春正月,班勇攻打赶走在车师国土上的匈奴人,西域重新与汉朝建立联系。

班勇抵达楼兰,因鄯善王归附汉朝,特别赐给他三条绶带的印信。龟兹王白英于是也带领姑墨、温宿两国国王,将自己捆绑起来,向班勇投降,班勇乘机征调龟兹等国的军队来到车师前王国王庭,在伊和谷攻打赶走匈奴人,于是车师前王国开始重新与汉朝建立联系。班勇返回,在柳中垦田屯驻。

二月,安帝东巡。三月,返回京师,尚未入宫,颁策收回太尉杨震的印信绶带,遣回原郡。杨震自杀。

樊丰等人见杨震接连上谏都未被采纳,便无所顾忌,伪造诏书,调发大司农的钱粮、大匠的现有徒夫和木材,各自大兴土木,修建豪宅和园林池塘等。杨震再次上疏说:"臣身居三公之位,却不能调和阴阳。去年十二月四日,京城发生地震,那天是戊辰日,地与戊、辰三者都属'土',而'土'的方位在中央,这是宦官、近臣专权用事的征象。陛下因为边境尚不平静,自己十分节俭,皇宫的墙垣殿堂倾斜,只用支柱撑起而已。然而那些亲近幸臣,却骄奢淫逸得超过法律的限度。望陛下振奋帝王的阳刚之德,抛弃那些骄奢之臣,以回应上天的警告。"杨震的话越来越激切,安帝已感到不满,而樊丰等人也都很愤恨。适逢赵腾上书批评朝政得失,安帝十分生气,准备诛杀赵腾,杨震上疏营救,说:"殷、周时代的圣明君王,受到小人的抱怨和诟骂后,反而会自我反省,进一步修养自己的品德。请求保全赵腾的性命,以劝诱草野民众为国进言。"安帝不听劝阻,最终处死了赵腾。等到安帝出宫东巡,太尉部掾高舒得到樊丰等人所伪造下发的诏书,将这些情况详细写成奏疏,准备等安帝回京后呈上,樊丰等人惶恐不安。此时,恰有太史报告星象有变,出现逆行现象,于是樊丰等人便共同诋毁杨震说:"自从赵腾死后,杨震深为不满。而且他是邓氏家族的旧吏,怀有怨恨之心。"安帝相信了这些话。等回到京师,使来到太学休息,随即连夜派使者颁策,收回杨震

太尉印绶。震于是柴门,绝宾客。丰等复恶之,令耿宝奏震怼望。有诏,遣归故郡。至城西几阳亭,乃慷慨谓其诸子、门人曰:"死者,士之常分。吾蒙恩居上司,疾奸臣狡猾而不能诛,恶嬖女倾乱而不能禁,何面目复见日月?身死之日,以杂木为棺,布单被,裁足盖形,勿归冢次,勿设祭礼。"因饮鸩而卒。弘农太守移良留停震丧,露棺道侧,谪震诸子代邮行书。道路皆为陨涕。太仆来历曰:"耿宝倾侧奸臣,伤害忠良,祸将至矣。"

夏四月,阆中山崩。　秋八月,以耿宝为大将军。九月,废太子保为济阴王。

王圣、江京、樊丰等谮太子乳母王男、厨监邴吉等,杀之。太子叹息。京、丰惧,乃与阎后谮太子。帝怒,召公卿议废太子。耿宝等皆以为当废。太仆来历与太常桓焉、廷尉张皓议曰:"经说,年未满十五,过恶不在其身。且男、吉之谋,皇太子容有不知。宜选忠良保傅,辅以礼义。废置事重,此诚圣恩所宜宿留!"不从,遂废太子为济阴王,居德阳殿西钟下。

来历乃要结光禄勋祋讽、宗正刘玮、将作大匠薛皓、侍中闾丘弘、陈光、赵代、施延、太中大夫朱伥等十余人,俱诣鸿都门,证太子无过。帝使中常侍诏曰:"父子一体,天性自然。以义割恩,为天下也。历、讽等不识大典,而共为谔哗,外见忠直,而内希后福。朝廷广开言路,故且一切假贷。若怀迷不反,当显明刑书。"皓先顿首曰:"固宜如

太尉的印信绶带。杨震于是闭门谢客。樊丰等对杨震再次感到厌恶,指使耿宝弹劾杨震心怀怨恨。安帝下诏,将杨震遣返原郡。杨震来到京城西面的几阳亭,满怀悲愤地对他的儿子和门徒们说:"死,这是士人很平常的遭遇。我蒙受皇恩,身居高位,痛恨奸臣狡猾,却不能进行惩罚,厌恶宠妇作乱,却不能加以禁止,还有什么面目再见日月?我死了以后,要用杂木做棺材,用单被包裹,仅够盖住身体就可以了,不要归葬祖坟,也不要祭祀。"于是服毒而死。弘农太守移良留住杨震的丧车,使棺材暴露在路旁,并谪罚杨震的儿子们代替驿吏传递文书。路上的行人都为他们伤心落泪。太仆来历说:"耿宝倒向奸臣,伤害忠良,大祸就要临头了。"

夏四月,阆中县发生山崩。 秋八月,任命耿宝为大将军。九月,废黜太子刘保,贬为济阴王。

王圣、江京、樊丰等人诋毁太子的奶娘王男和厨监邴吉等人,杀害他们。太子为此叹息。江京、樊丰感到恐惧,便与阎皇后一起诬陷太子。安帝发怒,召集三公九卿一起讨论废黜太子之事。耿宝等人都认为应当废黜太子。太仆来历与太常桓焉、廷尉张皓提出异议说:"经书上说,年龄不满十五岁的人,过失与罪恶不由他自身负责。况且王男、邴吉的奸谋,皇太子或许并不知晓。应当为他挑选忠诚贤良之臣做保傅,用礼义加以辅导。废立皇太子是重大事务,这实在是圣恩应该停留持重的地方!"安帝不听他们的意见,便将太子刘保废黜,贬为济阴王,居住在德阳殿西侧钟楼下。

来历约集光禄勋祋讽、宗正刘玮、将作大匠薛皓、侍中闾丘弘、陈光、赵代、施延、太中大夫朱伥等十余人,一同来到鸿都门,证明太子没有过错。安帝让中常侍发布诏命说:"父子一体,本是天性。以大义割断亲情,乃是为了天下。来历、祋讽等人不懂大节,一同鼓噪喧哗,表面上看是忠诚正直,而内心却是希求以后得到好处。朝廷广开言路,所以姑且全部宽恕。如若执迷不返,就要显示刑法的威严。"薛皓率先叩头说:"我们自然应当服从

明诏。"历怫然,廷诘皓曰:"属通谏何言,而今复背之? 大臣乘朝车,处国事,固得辗转若此乎?"乃各稍自引起。历独守阙,连日不肯去。尚书令陈忠劾奏历等。乃免历兄弟官,削国租,黜历母武安公主不得会见。历,歆之孙也。

是月晦,日食。　地震,大水,雨雹。

乙丑(125)　四年
春二月,帝南巡。　三月朔,日食。　帝崩于叶,还宫发丧。

帝崩于乘舆。皇后与阎显兄弟、江京、樊丰等谋,以济阴王在内,恐公卿立之,乃伪云帝疾甚,徙御卧车驰归,四日至洛阳。

尊皇后曰皇太后。太后临朝。以阎显为车骑将军、仪同三司。迎北乡侯懿入即位。

太后欲久专国政,贪立幼年,与显等定策,迎章帝孙济北惠王子北乡侯懿为嗣。济阴王以废黜,不得上殿亲临梓宫,悲号不食。内外群僚莫不哀之。

樊丰等下狱死,耿宝自杀,王圣、伯荣徙雁门。

阎显忌樊丰、耿宝,风有司奏贬宝为亭侯,遣就国。宝自杀。丰及谢恽、周广下狱死,圣母子徙雁门。而以弟景等为卿、校,并处权要,威福自由。

葬恭陵。　秋七月,班勇击斩车师后王军就及匈奴使者。　冬十月,越嶲山崩。　北乡侯薨。

阎显白太后,秘不发丧,而更征诸王子,闭宫门,屯兵自守。

诏命。"来历很气愤,当场诘问薛皓说:"刚才一同进谏时怎么说的?现在怎么又改口了?大臣乘坐朝廷之车,处理国家大事,竟然可以这样反复不定吗?"于是,进谏的官员们逐渐各自起身退下。来历独自一人守在鸿都门下,一连几天不肯离去。尚书令陈忠上奏弹劾来历等人。安帝便将来历兄弟免去官职,削减来历原有的封国租赋收入,贬黜来历的母亲武安公主,不许她入宫晋见。来历是来歙的孙子。

这月最后一天,出现日食。　发生地震、水灾和雹灾。

乙丑(125)　汉安帝延光四年

春三月,安帝南巡。　三月初一日,出现日食。　安帝在叶县去世,返回洛阳皇宫后发丧。

安帝去世在车上。阎皇后与阎显兄弟、江京、樊丰等人密谋,认为济阴王现留在京内,担心公卿们拥立他为帝,于是谎称安帝病重,将尸体抬上卧车,迅速返回,走了四天,抵达洛阳。

尊阎皇后为皇太后。阎太后临朝主政。任命阎显为车骑将军、仪同三司。将北乡侯刘懿迎接入宫,即皇帝位。

太后想长期把持朝政,贪图选立一个年幼的皇帝,于是与阎显等共同定策,将章帝的孙子济北惠王之子北乡侯刘懿迎立为皇帝。济阴王因已被废黜,不得上殿在棺木前哀悼父亲,他悲痛号哭,饮食不进。宫廷内外的官员们无不为之哀伤。

樊丰等人被下狱处死,耿宝自杀,王圣、伯荣被流放雁门。

阎显忌惮樊丰、耿宝,指使有关部门上奏弹劾,将耿宝贬为亭侯,遣回封国。耿宝自杀。樊丰及谢恽、周广被下狱处死,王圣母女流放雁门。阎显任命他的弟弟阎景等人为卿、校官,同居要位,任意作威作福。

将安帝安葬在恭陵。　秋七月,班勇斩杀车师后王军就和匈奴使者。　冬十月,越巂郡发生山崩。　北乡侯去世。

阎显禀告太后,秘不发丧,又征召诸王之子进宫,关闭宫门,驻兵把守。

十一月，地震。　中黄门孙程等迎济阴王保入即位，诛阎显等，迁太后于离宫，封程等十九人为列侯。

初，北乡侯病笃，孙程等十九人谋立济阴王。至是，夜入省门，遇江京、刘安、陈达，斩之。以李闰积为省内所服，胁与俱迎济阴王即皇帝位，时年十一。召尚书令以下从辇幸南宫，登云台，召公卿、百僚，使虎贲、羽林士屯南北宫诸门。阎显时在禁中，忧迫不知所为。小黄门樊登劝显以太后诏召越骑校尉冯诗，将兵屯平朔门，且授之印曰："能得济阴王者，封万户侯。"诗皆许诺，辞以众少。显使与登迎吏士于门外，诗因格杀登，归营屯守。显弟景还外府，收兵。孙程传召诸尚书，使收送廷尉狱，即夜死。明日，遣使者入省，夺得玺绶，乃收显及其弟耀、晏，诛之，家属皆徙比景。迁太后于离宫。又明日，开门，罢屯兵。封程等皆为列侯，是为十九侯。擢程为骑都尉。

初，阎显辟崔瑗为吏，瑗以北乡侯立不以正，知显将败，欲说令收江京，废少帝，而立济阴王。而显日沉醉，不得见。乃告长史陈禅，欲与共求见言之，禅犹豫未敢从。会显败，瑗坐斥。门生苏祇欲上书言状，瑗遽止之。禅谓曰："弟听祇上书，禅请为证。"瑗曰："此譬犹儿妾屏语耳，愿勿复出口。"遂辞归，不复应州郡命。

葬北乡侯。
以诸王礼。

十一月,发生地震。 中黄门孙程等人将济阴王刘保迎接入宫,即皇帝位,诛杀阎显等人,将太后迁往离宫,皇帝封孙程等十九人封为列侯。

起初,北乡侯病重,孙程等十九人密谋立济阴王为帝。到这时,孙程等在夜里进入宫中,遇见江京、刘安、陈达,便将他们斩杀。因李闰长期以来受到宫内之人信服,便胁迫他共同迎接济阴王入宫即皇帝位,当时,济阴王十一岁。命尚书令以下官员随御辇前往南宫,登上云台,召集公卿百官,派遣虎贲、羽林卫士驻守南宫、北宫的所有宫门。阎显当时正在宫中,忧心忡忡,不知所措。小黄门樊登劝阎显用太后诏命征召越骑校尉冯诗,率兵驻守平朔门,并授给他印信说:"谁能拿获济阴王,就封为万户侯。"冯诗等人虽都答应了,但又表示兵力不足。阎显派冯诗等与樊登一起到门外迎接增援将士,冯诗趁机斩杀樊登,回营固守。阎显的弟弟阎景从宫中返回外府,收兵撤退。孙程传令诸尚书,让他们逮捕阎景,押送廷尉狱,当夜,阎景死去。次日,派使者入北宫,夺得皇帝玺印,随后将阎显和他的弟弟阎耀、阎晏逮捕处死,家属全部流放到比景。又将太后迁往离宫。又次日,打开宫门,撤走驻兵。皇帝将孙程等人一律封为列侯,号为十九侯。擢升孙程为骑都尉。

起初,阎显征聘崔瑗为官,崔瑗因北乡侯即位不合正道,预见到阎显将会失败,打算劝说阎显,让他逮捕江京,废黜少帝,改立济阴王为帝。然而,阎显终日沉醉,见不到面。崔瑗便告诉长史陈禅,打算和他一同去求见阎显说这件事,陈禅有所犹豫,未敢听从。正逢阎显败亡,崔瑗因罪免官。他的门生苏祗准备上书说明上述情况,崔瑗急忙阻止。陈禅对崔瑗说:"你尽管让苏祗上书,我愿为你作证。"崔瑗说:"这件事就好比是小孩、妇女私下说着玩一样,望您不要再提它了。"于是告辞还乡,不再接受州郡的征聘。

安葬北乡侯。

用的是诸侯王的礼仪。

司空刘授策免。

以阿附恶逆、举非其人也。

改葬故太尉杨震，祠以中牢。

诏以杨震二子为郎，赠钱百万，以礼改葬。葬日，有大鸟高丈余集震丧前。郡以状上。帝感震忠直，诏复以中牢具祠之。

司空刘授被颁策免官。

因为他阿附叛逆、举荐的人选不当。

改葬前太尉杨震,用中牢祭祀。

下诏任命杨震的两个儿子为郎,赠钱百万,用三公的礼仪改葬杨震。改葬之日,有一只一丈多高的大鸟降落在灵堂前。郡太守将此事呈报朝廷。皇帝为杨震的忠诚刚直所感动,下诏再用中牢进行祭祀。

资治通鉴纲目卷十一

起丙寅(126)汉顺帝永建元年,尽丙午(158)汉桓帝延熹元年。凡四十一年。

丙寅〈126〉 **孝顺皇帝永建元年**
春正月,帝朝太后于东宫。

初,议郎陈禅以为阎太后与帝无母子恩,宜徙别馆,绝朝见。周举谓司徒李郃曰:"瞽瞍常欲杀舜,舜事之逾谨。郑庄公、秦始皇怨母,隔绝,后感颍考叔、茅焦之言,复修子道,书传美之。今太后幽在离宫,若悲愁生疾,一旦不虞,主上将何以令于天下?宜密表请率群臣朝觐。"郃即上疏。帝从之,太后意乃安。

皇太后阎氏崩。 **二月,葬安思皇后。** **陇西钟羌反,马贤击破之。**

战于临洮,斩千余级。请率种人降。自是凉州无事。

秋七月,以来历为车骑将军。 **下司隶校尉虞诩狱,寻赦出之,以为尚书仆射,左雄为尚书。**

司隶校尉虞诩到官数月,奏太傅冯石、太尉刘熹,免之,又劾中常侍程璜、陈秉、孟生、李闰等,百官侧目。三公劾诩

汉顺帝

丙寅（126）　汉顺帝永建元年

春正月，汉顺帝在东宫朝见阎太后。

当初，议郎陈禅认为阎太后对汉顺帝没有母子情义，应该让阎太后迁到别处去住，不要去朝见。周举对司徒李郃说："舜的父亲瞽叟常常要杀死舜，然而舜奉侍他却更加恭谨。郑庄公、秦始皇怨恨母亲，不与相见，后来有感于颍考叔、茅焦的劝说，重新尽到儿子的义务，史书对他们大加称赞。现在太后被幽禁在城外的宫殿，如果因为悲伤愁苦而生病，一旦发生不测，皇上将怎样向天下人交代呢？应该秘密上表请求皇上率领群臣朝见太后。"李郃马上向皇帝上书奏请。汉顺帝听从了他的建议，阎太后的心情才安定下来。

皇太后阎氏去世。　二月，安葬安思皇后阎氏。　陇西钟羌反叛，马贤击败了他们。

在临洮大战，斩杀钟羌一千余人。钟羌部众全部投降。从此以后凉州平安无事。

秋七月，任命来历为车骑将军。　将司隶校尉虞诩逮捕下狱，不久赦免释放，任命他为尚书仆射，左雄为尚书。

司隶校尉虞诩到任几个月，上奏弹劾太傅冯石、太尉刘熹，他们因此被罢官，又上奏章弹劾中常侍程璜、陈秉、孟生、李闰等人，百官都感到畏惧和不满。司徒、司空、太尉一起上奏弹劾虞诩

"盛夏拘系无辜,为吏民患"。诩上书自讼曰:"法禁者,俗之堤防;刑罚者,民之衔辔。今州曰任郡,郡曰任县,更相委远,百姓怨穷。以苟容为贤,尽节为愚。臣所发举,臧罪非一。三府恐为臣所奏,遂加诬罪。臣将从史鱼死,即以尸谏耳!"又案中常侍张防,屡寝不报。诩不胜愤,乃自系廷尉,奏言曰:"昔樊丰几亡社稷,今张防复弄威柄。臣不忍与防同朝,谨自系以闻。"书奏,坐论输左校。二日之中,传考四狱。

浮阳侯孙程等乞见,曰:"陛下始与臣等造事之时,常疾奸臣,知其倾国。今者即位而复自为,何以非先帝乎?虞诩尽忠,更被拘系,张防臧罪明正,反构忠良。今客星守羽林,其占宫中有奸臣。宜急收防送狱,以塞天变。"时防在帝后,程叱防下殿,奏曰:"陛下急收防,无令从阿母求请。"于是防坐徙边,即赦出诩。程复上疏云诩有功,语甚激切。帝感寤,征拜议郎,数日迁仆射。

诩上疏曰:"方今公卿以下,类多拱默,以树恩为贤,尽节为愚,至相戒曰:'白璧不可为,容容多后福。'伏见议郎左雄有王臣蹇蹇之节,宜擢在喉舌之官,必有匡弼之益。"由是拜雄尚书。

遣孙程等十九侯就国。

程等坐怀表上殿争功免官,徙封远县,因遣十九侯就国,促期发遣。司徒掾周举谓司徒朱伥曰:"朝廷非程等不立。

"盛夏拘押无罪的人，是官民的祸害"。虞诩上书为自己申辩说："法令是整齐风俗的堤防，刑罚是驾驭百姓的缰绳和辔头。现今的官府，州一级的推卸给郡，郡一级的推卸给县，互相推卸责任，百姓怨苦而贫困。以苟且容身为贤能，尽忠职守为愚蠢。臣所查办的案件，都是贪赃受贿的案子，罪过各不相同。三公害怕被臣举报，于是先来诬告我。臣将追随古人史鱼而死，用我的尸体劝谏皇上！"又查办中常侍张防，多次请求惩办他，都被搁置，没有回音。虞诩不胜愤慨，就自投廷尉监狱，上奏说："过去樊丰差点使社稷灭亡，现在张防又玩弄权势。臣不忍心与张防同朝共事，谨自投廷尉监狱以上报朝廷。"奏书呈上后，虞诩因而获罪，被遣送左校营罚苦役。两天以内被四次传讯拷打。

浮阳侯孙程等人请求面见顺帝，说："陛下当初和我们起事的时候，常常痛恨奸臣，深知他们会倾覆国家。现在登基以后，又自己做这种事，怎么能责备先帝不对呢？虞诩尽忠报国，却遭拘捕囚禁，张防贪赃枉法，证据确凿，反而能陷害忠良。近来客星进入羽林星群，象征宫中有奸臣。应该马上逮捕张防下狱，以回应上天所降的灾异。"当时张防站在顺帝背后，孙程呵斥张防下殿，对顺帝说："陛下立即下令逮捕张防，不要让他去向您的奶娘求情。"于是张防获罪，被流放到边疆，随即赦免虞诩出狱。孙程又上奏说虞诩有功，言辞很激烈。顺帝感动醒悟，任命虞诩为议郎，几天后擢升为尚书仆射。

虞诩上疏说："现今公卿以下的官员，大多是好好先生，把四处讨好广结善缘视为贤能，把尽忠尽职视作愚蠢，甚至还互相告诫说：'不可做白璧，和气多后福。'我认为议郎左雄具有朝廷大臣的忠直气节，应该提拔为出纳王命的喉舌之官，一定会对朝廷有扶正辅佐的益处。"因此，任命左雄为尚书。

遣送孙程等十九侯前往各自的封国。

孙程等人因为带着奏章上殿争功而被免官，改封到偏远的县，因此遣送十九侯前往各自的封国，限期动身。司徒掾周举对司徒朱伥说："当今皇上如不是孙程等人效力就不能即位为帝。

今忘大德,录小过,如道路夭折,使上有杀功臣之讥。宜急表之。"伥曰:"诏指方怒,言必获谴。"举曰:"明公年逾八十,位居台辅,不于此时竭忠报国,欲以何求? 谏而获罪,犹有忠贞之名。若举言不足采,请从此辞!"伥乃表谏,帝从之,复故爵土。

增置缘边兵屯。

朔方以西,障塞多坏,鲜卑因此数侵南匈奴。单于忧恐,上书乞修复障塞。诏黎阳营兵出屯中山北界,令缘边郡增置步兵,列屯塞下,教习战射。

班勇发诸国兵击匈奴呼衍王,走之。

是后,车师无复虏迹。

丁卯(127) 二年

春二月,鲜卑寇辽东,郡兵击破之。　三月,旱。　夏六月,追尊母李氏为恭愍皇后。

帝母李氏瘗城北,帝初不知,至是左右白之,感悟发哀,亲到瘗所,更以礼殡,葬恭陵北。

遣敦煌太守张朗与班勇讨焉耆,降之。征勇下狱,免。

西域皆服,唯焉耆王元孟未降,班勇奏攻之。于是遣敦煌太守张朗将河西四郡兵与勇发诸国兵,两道击之。朗先有罪,欲徼功自赎,遂先期至爵离关,元孟乞降。朗入,受降而还。勇以后期,征下狱,免。

秋七月朔,日食。　以许敬为司徒。

现在却忘记人家的大功劳，计较他们的小过失，如果他们在前往封国的途中有人死亡，就会使皇上有杀戮功臣的非议。应该迅速奏明皇上，加以劝阻。"朱伥说："皇上正在发怒，如果上奏必定会受到谴责。"周举说："明公您年逾八十，位居宰相高位，不在此时尽忠报国，还想得到什么？因谏诤而获罪，还能留下忠贞的美名。如果我周举的意见不值得采纳，我请求从此告辞！"朱伥因此上表谏阻，顺帝听从了他的建议，恢复孙程等人过去的爵位和封国。

增设沿边的驻军和营垒。

朔方郡以西，障塞多已损坏，鲜卑因此多次侵犯南匈奴。单于忧愁恐惧，上书朝廷请求修复障塞。下诏黎阳营兵到中山北界驻防，令沿边各郡增设步兵，分别驻扎在各边塞，进行军事训练。

班勇调发西域各国的军队进攻匈奴呼衍王，赶走了他们。

从此以后，车师国不再有匈奴人活动。

丁卯（127）　汉顺帝永建二年

春二月，鲜卑进犯辽东，郡兵将他们击败。　三月，发生旱灾。　夏六月，顺帝追尊母亲李氏为恭愍皇后。

顺帝的母亲李氏埋葬在城北边，顺帝原来不知道，直到这时，身边的人将此事禀告，顺帝才明白，为母亲发丧举哀，亲自到埋葬之地，改以皇后的礼仪殡殓，安葬在恭陵的北边。

派遣敦煌太守张朗与班勇讨伐焉耆，降服了焉耆。班勇被征回洛阳，下狱，免官。

西域都已归服汉朝，只有焉耆王元孟还没有投降，班勇上奏，请求出兵讨伐。于是朝廷派遣敦煌太守张朗率领河西四郡的军队，和班勇调发西域诸国的军队，分两路夹攻焉耆。张朗原先有罪，急于立功赎罪，就赶在约定日期以前抵达爵离关，元孟请求投降。张朗进入焉耆城，受降而回。班勇因为迟到被征调回京，逮捕下狱，免去官职。

秋七月初一，发生日食。　任命许敬为司徒。

敬仕于和、安之间，当窦、邓、阎氏之盛，无所屈挠。三家既败，士大夫多染污者，独不及敬，当世以此贵之。

聘处士樊英以为五官中郎将。

初，南阳樊英少有学行，隐于壶山之阳，州郡礼请，公卿举贤良有道，安帝赐策书征，皆不赴。是岁，帝复以策书、玄纁备礼征之，英固辞疾笃。不听，英不得已到京，称疾，强舆入殿，犹不能屈。帝乃设坛，赐几杖，待以师傅之礼，延问得失，拜五官中郎将。数月，英称疾笃，诏以为光禄大夫，赐告归，令在所送谷，以岁时致牛酒。

英初被诏命，众皆以为必不降志。南郡王逸与书劝使就聘。及后应对无奇谋深策，谈者失望。河南张楷谓曰："天下有二道，出与处也。吾前以子之出，能辅是君也，济斯民也。而子始以不訾之身，怒万乘之主，及其享受爵禄，又不闻匡救之术，进退无所据矣。"

以处士杨厚、黄琼为议郎。

时又征杨厚、黄琼。厚至，豫陈汉有三百五十年之厄以为戒，拜议郎。琼将至，李固以书逆遗之曰："伯夷隘，柳下惠不恭。不夷不惠，可否之间，圣贤居身之所珍也。自生民以来，善政少而乱俗多，必待尧舜之君，此为士行其志

许敬在和帝、安帝时期做官，正逢窦氏、邓氏、阎氏权势鼎盛之时，他无所畏惧。三家外戚垮台后，居官在位的人大多沾有污点，唯独许敬清白而不受牵连，因此，当时人都很敬佩他。

聘任隐居之士樊英为五官中郎将。

当初，南阳人樊英少年时就道德学问兼优，隐居在壶山南麓，州郡长官征聘他为官，公卿大臣荐举他为贤良方正有道，安帝赐策书征召他，他都没有出山。这一年，顺帝又用策书和黑色的缯帛以礼征召他，樊英以病重为由坚决推辞。顺帝不听，樊英不得已来到京师洛阳，称病不起，用轿子把他强行抬入宫殿，还是不肯屈从。顺帝特地为他设立讲坛，赏赐给他小桌和手杖，用尊敬老师的礼节来对待他，征询朝廷大政的得失，任命他为五官中郎将。数月之后，樊英声称病重，顺帝下诏任命他为光禄大夫，赐予诰命，准许他回归故里，下令当地官府送谷米，每年四季送给牛肉和酒。

樊英刚接到诏书的时候，大家都认为他一定不会违背自己的志向而去应召。南郡人王逸写信给樊英，劝他接受朝廷的征聘。等到樊英应聘出山后，在应对皇上的提问时，并没有什么奇谋远策，大家都深感失望。河南人张楷对樊英说："天下人只有两条路可选择，即出仕和退隐。我以前认为您应召出仕，能够辅佐君主，拯救百姓。然而您开始时以无量可比之身，去触怒万乘之国的君主，等到享受爵禄以后，却又看不到您有什么匡正补救的措施，这真是进退都没有依据呀。"

任命隐居之士杨厚、黄琼为议郎。

当时，朝廷又征召杨厚、黄琼。杨厚来到洛阳后，预言汉朝到三百五十年左右将会有厄运，以为警告，朝廷任命他为议郎。黄琼将要到达洛阳时，李固派人给他送去一封信，信中说："伯夷心胸狭隘，柳下惠太傲慢。不要效法伯夷的狭隘，也不要效法柳下惠的傲慢，而是选择两者之间，这才是圣贤做人的准则。自从有人类以来，政治清明的很少，而举措乖张的居多，如果定要等到唐尧、虞舜那样的君主，士人才出来推行自己救国救民的理想，

终无时矣。语曰:'峣峣者易缺,皦皦者易污。'盛名之下,其实难副。近鲁阳樊君被征,初至,朝廷设坛席,犹待神明,虽无大异,而言行所守,亦无所缺。而毁谤布流,应时折减者,岂非观听望深,声名太盛乎? 是故俗论皆言:'处士纯盗虚声。'愿先生弘此远谟,令众人叹服,一雪此言耳!"琼至,拜议郎,稍迁尚书仆射。数上疏言事,上颇采用之。

固,郃之子也,少好学,郃为司徒,固改姓名,杖策驱驴,负笈从师,不远千里。每到太学,密入公府定省,不令同业诸生知其为郃子也。

戊辰(128) **三年**
春正月,地震。 夏六月,旱。 秋九月,鲜卑寇渔阳。

己巳(129) **四年**
春正月,帝冠。 夏五月,桂阳献大珠,还之。

诏曰:"海内颇有灾异,修政减膳,珍玩不御,而桂阳太守文砻远献大珠以求幸媚,今以还之。"

雨水。 秋九月,诏复安定、北地、上郡。
虞诩言:"安定、北地、上郡,山川险厄,沃野千里,土宜畜牧,水可溉漕。顷遭羌乱,郡县兵荒二十余年。夫弃沃壤之饶,捐自然之财,不可谓利;离河山之阻,守无险之处,

那就永远也不会有机会。有这样一句话：'山太高了容易崩倒，玉太白了容易污染。'显赫的名声下面，其实质难以相符。近来，鲁阳人樊英被征召，刚到京师时，朝廷专门为他设立讲坛，犹如对待神明，他虽然没能提出什么奇谋异策，但言行谨慎，也没有什么过失。然而，对他的诋毁和诽谤四处流传，他的声望随着时间的推移而日渐降低，这难道不是大家对他的期望太高，他的名声太大的缘故吗？因此，世俗的舆论都说：'隐居之士纯粹是为了盗取虚名。'但愿先生您能够提出深远的谋略，让大家赞叹佩服，以洗刷这种言论！"黄琼来到京城后，被任命为议郎，又逐渐升任为尚书仆射。多次上疏讨论国事，顺帝颇为采用他的建议。

李固是李郃的儿子，自幼喜好学习，李郃官为司徒，李固改易姓名，执鞭赶驴，载着书籍，不远千里，投奔名师。他每次到太学学习，都是秘密地进入三公府，向父母请安，不让同在太学的同学们知道他是李郃的儿子。

戊辰（128）　**汉顺帝永建三年**

　　春正月，发生地震。　夏六月，发生旱灾。　秋九月，鲜卑进犯渔阳郡。

己巳（129）　**汉顺帝永建四年**

　　春正月，顺帝举行加冠礼。　夏五月，桂阳进献大颗珍珠，下诏退还回去。

　　顺帝诏书说："天下很多地方都有灾异，因此朝廷正在整顿朝政，皇上正在减省饮食，不再接触珍玩之物，然而，桂阳太守文砻，从遥远的地方进贡大颗珍珠，以讨好邀宠，今将原物退还。"

　　大雨成灾。　秋九月，下诏恢复安定、北地、上郡三郡。

　　虞诩上奏说："安定、北地、上郡，山川险要，沃野千里，土地适宜畜牧，河水可以灌溉农田和漕运粮食。自从遭受羌人叛乱，郡县历经战乱饥荒二十多年了。舍弃肥沃富饶的土地，抛开自然生长的财富，不能说有利可图；远离山川要隘，守卫在无险之地，

难以为固。今三郡未复,园陵单外,而公卿选懦,计费不图其安。宜开圣听,考行所长。"从之。使谒者督徙者各归本县,缮城郭,置候驿,又浚渠屯田,省费岁一亿计。遂令诸郡储粟周数年。

冬,鲜卑寇朔方。

庚午(130) **五年**
夏四月,旱,蝗。 定远侯班始弃市。
始尚帝姑阴城公主,主骄淫无道,始积忿杀之。坐要斩,同产皆弃市。

辛未(131) **六年**
春二月,以沈景为河间相。
河间王政傲狠不奉法,帝以侍御史沈景有强能,擢为河间相。景到国谒王,王不正服,箕踞殿上。侍郎赞拜,景峙不为礼,问王所在。虎贲曰:"是非王邪?"景曰:"王不正服,常人何别?今相谒王,岂谒无礼者邪?"王惭而更服,景然后拜。出,请王傅责之曰:"前发京师,陛见受诏,以王不恭,使相检督。诸君空受爵禄,曾无训导之义!"因捕诸奸人,奏案其罪,出冤狱百余人。政遂改节,悔过自修。

三月,复置伊吾司马,开屯田。

很难说是守御牢固。现在,这三个郡的旧境还没收复,在长安的皇帝园陵没有屏障,然而公卿大臣怯懦无能,只计算耗费,而不顾国家安全。皇上应当广泛听取意见,采用长远而有效的计策。"顺帝听从了他的这一建议。派遣谒者督促迁往外地的人各自回归本县,修缮城郭,设置哨所和驿站,又修浚河渠,屯田种地,一年之中减省费用一亿钱。于是下令各个郡都储积可供数年食用的粟米。

冬季,鲜卑进犯朔方郡。

庚午(130) 汉顺帝永建五年
夏四月,发生旱灾、蝗灾。 定远侯班始被处死,陈尸示众。

班始娶顺帝的姑姑阴城公主为妻,因公主骄淫无道,班始久积愤怒,杀死了她。因罪被腰斩,他的同母兄弟姊妹,都被处死,陈尸示众。

辛未(131) 汉顺帝永建六年
春二月,任命沈景为河间国相。

河间王刘政傲慢凶恶,不遵守法令,顺帝认为侍御史沈景刚强有才干,提升他为河间国相。沈景到达河间国就任,晋谒河间王刘政,刘政衣冠不整,随意张开双腿坐在殿上。侍郎唱名,让沈景拜见刘政,但是沈景站在那里不行礼,反问:"大王在哪里?"虎贲卫士说:"这不是大王吗?"沈景说:"大王不穿正式的服装,和平常人与什么区别? 现在国相晋谒王爷,难道是晋见无礼之徒吗?"刘政惭愧而更换衣服,沈景这才参拜。 出来后,沈景请出河间王的老师,责备他说:"先前我从京师出发,拜见皇上,接受诏命,因为河间王不守法度,令我检查督责。你们空受朝廷爵禄,一点教导的工作都没做!"因此逮捕一批奸佞之徒,奏请查办他们的罪恶,又释放无辜被害的一百多人。刘政因此改变节操,悔过自新。

三月,恢复设置伊吾司马,开设屯田。

帝以伊吾膏腴,傍近西域,匈奴资之以为钞暴,复令开设屯田,置司马一人。

秋九月,起太学。

初,安帝薄于艺文,博士不复讲习,朋徒怠散,学舍颓敝,鞠为园蔬。将作大匠翟酺上疏请更修缮,诱进后学,帝从之。凡造二百四十房,千八百五十室。

壬申(132) 阳嘉元年

春正月,立贵人梁氏为皇后。

帝欲立后,而贵人有宠者四人,莫知所建,议欲探筹以定。仆射胡广等谏曰:"恃神任筮,不必当贤,就值其人,犹非德选。宜参良家,简求有德,德同以年,年钧以貌。稽之典经,断之圣虑。"帝从之。恭怀皇后弟子乘氏侯商之女,选为贵人,常特被引御,从容辞曰:"夫阳以博施为德,阴以不专为义,愿陛下思云雨之均泽,小妾得免于罪。"帝由是贤之,立以为后。

旱。 三月,扬州妖贼章河等作乱,杀长吏。 夏四月,以梁商为执金吾。 冬,护乌桓校尉耿晔遣乌桓击鲜卑,大获。 立孝廉限年课试法。

尚书令左雄上疏曰:"宁民之道,必在用贤,用贤之道,必存考黜。吏数变易,则下不安业;久于其事,则民服教化。今俗浸凋敝,巧伪滋萌,典城百里,转动无常,各怀一切,莫虑长久。谓聚敛整办为贤能,以治己安民为劣弱,视民如

顺帝认为伊吾那个地方土地肥沃,靠近西域地区,匈奴人一直利用这个地方进行劫掠和骚扰,下令重新开设屯田,设置司马一人。

秋九月,重新修建太学。

当初,安帝轻视典籍和文学,博士不再讲习,门徒学生荒怠离散,太学校舍倒塌破旧,败落成为菜园。将作大匠翟酺上疏,请求重新修缮,以诱导后生求学,顺帝采纳了他的建议。共修造二百四十幢房,一千八百五十间屋。

壬申(132)　汉顺帝阳嘉元年
春正月,封贵人梁氏为皇后。

顺帝打算册立皇后,而贵人中受到宠爱的有四人,不知道选择谁才好,有人建议抽签决定。仆射胡广等人劝谏道:"依仗神灵祷告占卜,未必能得到贤良,即使得到合适人选,也不是依据品德来选定的。应该增选良家女子,从中物色品德最好的;品德一样好,就物色年龄较大的;年龄一般大,就选择外貌美丽的。根据典籍考察,由皇上考虑决定。"顺帝采纳了这一建议。恭怀皇后的侄女,即乘氏侯梁商的女儿被选为贵人,常被召唤侍奉顺帝,她曾经婉言推辞说:"阳刚以广泛施舍为高尚,阴柔以不独自享有为准则,希望陛下想到云雨之恩应该大家均沾,小妾我才能免遭非议。"顺帝因此认为她很贤淑,封她为皇后。

发生旱灾。　三月,扬州妖贼章河等人叛乱,杀害地方官吏。
夏四月,任命梁商为执金吾。　冬季,护乌桓校尉耿晔派遣乌桓进攻鲜卑,大有俘获。　设立荐举孝廉限定年龄及考课制度。

尚书令左雄上奏说:"安抚百姓的办法,在于任用贤才,任用贤才的办法,在于考察而后加以升黜。地方官吏经常调动,属下的百姓就难以安居乐业;任职时间长,百姓就能接受教化。现在世风民俗日渐衰败,奸巧诈伪日益萌生,县级长官经常变更,各人都抱着临时观点,没有人考虑长远。大家都认为搜刮钱财、整肃严办为贤能,认为奉公守法、安定百姓为低劣,把人民看作

寇仇,税之如豺虎。监司项背相望,与同疾疢,见非不举,闻恶不察,观政亭传,责成期月,言善不称德,论功不据实,虚诞者获誉,拘检者离毁。或因罪戾,引高求名,州宰不覆,竞共辟召,使奸猾枉滥,轻忽去就。乡官部吏,职贱禄薄,车马衣服一出于民。拜除如流,送迎烦费,损政伤民,和气未洽,灾眚不消,咎皆在此。臣愚以为守相长吏有显效者,可就增秩,勿移徙,非父母丧不得去官。若被劾奏,亡不就法者,徙家边郡。其乡部亲民之吏,皆用儒生清白任从政者,宽其负算,增其秩禄,吏职满岁乃得辟举。如此,虚伪之端绝,迎送之役损,而民各宁其所矣。"帝诏悉从之。而宦官不便,终不能行。

雄又言:"孔子曰'四十不惑',《礼》称'强仕'。请自今孝廉年不满四十不得察举,皆先诣公府,诸生试家法,文吏课笺奏,副之端门,练其虚实。若有茂才异行,自可不拘年齿。"帝从之。胡广驳曰:"选举因才,无拘定制,前世以来,莫或回革。可宣下百官,参其同异。"帝卒用雄奏,令郡国举孝廉,限年四十以上,诸生通章句,文吏能笺奏,乃得应选。其有茂才异行若颜渊、子奇,不拘年齿。雄亦公直精明,能审核真伪,决志行之。顷之,胡广出为济阴太守,

仇敌,向百姓征收苛捐杂税时有如虎狼。朝廷派出的监察官吏前后相继,他们和贪官污吏同流合污,看到错误不检举,听到邪恶不查办,仅在驿站视察政情,要求官吏一年之内做出实绩,赞扬官吏往往与其品德不相符,褒奖功绩常常没有事实依据,善于弄虚作假的人因而获得声誉,循规蹈矩的人却遭到诋毁。有的人因为罪状明显,就声称轻视富贵弃官而去,州郡长官不加审察,竞相征聘,使奸猾之辈到处充斥,不在乎官职的任免。乡官部吏职位卑微,收入菲薄,他们的车马衣服都出自百姓。官吏的任免像流水一样,送往迎来,花费烦多,损害政事,伤害人民,和气难以融洽,灾异不能消除,原因都在于此。臣以为,太守、国相等地方长官政绩显著的,可以就地增加官秩,不要调走,不是父母去世不得不奔丧的,不许离职。对于受到弹劾的官吏,逃亡而不接受法办的,将他们全家迁往边疆郡县。对于在基层直接管理百姓的官吏,都要用家世清白有能力从政的儒生担任,减免他们应交的算赋,增加他们的俸禄,任职满一年才有资格参加征辟荐举。这样一来,弄虚作假的就会绝迹,送往迎来的差役就会减少,而老百姓就会各得其所了。”顺帝下诏全部采纳他的建议。然而宦官认为对他们不利,到底没能施行。

左雄又说:“孔子说‘四十岁不再迷惑’,《礼记》说‘身体和智力强盛时才出来做官’。请从现在开始,孝廉年龄不满四十岁不可参与荐举,都应该先到司徒府报到,儒生则考试他所师承的那门学问,文吏则考试上奏朝廷的表章,并将副本送至皇宫端门,由尚书检查虚实。如果有优异的才能和品行,当然可以不限年龄。”顺帝采纳了他的建议。胡广反驳说:“选举依据才能,不必拘泥于某种固定的制度,从前世以来,从来都没有改变过。应把这件事交付百官,参考他们的不同意见。”顺帝最终采用了左雄的奏疏,下令郡、国荐举孝廉,限年四十岁以上,儒生必须精通儒家经典,文吏必须能够起草章奏表笺,才能够应选。如有像颜渊和子奇那样优异的才能品行,可不受年龄限制。左雄公正精明,能够分辨真伪,坚决推行自己的主张。不久,胡广出任济阴太守,

与诸郡守十余人皆坐谬举免黜。唯汝南陈蕃、颍川李膺、下邳陈球等三十余人得拜郎中。自是牧守畏栗,莫敢轻举。迄于永嘉,察选清平,多得其人。

闰十二月,恭陵百丈庑灾。

癸酉(133) **二年**

春正月,征郎颛以为郎中,不就。

上召郎颛,问以灾异,颛上章曰:"三公上应台阶,下同元首,政失其道则寒阴反节。今之在位,竞托高虚,纳累钟之奉,亡天下之忧。栖迟偃仰,寝疾自逸,被策文,得赐钱,即起复矣,何疾之易而愈之速?以此消伏灾眚,兴致升平,其可得乎?今选牧守,委任三府,长吏不良,既咎州郡,州郡有失,岂得不归责举者?而陛下崇之弥优,自下慢事愈甚,所谓'大网疏,小网数'也。"

因条便宜七事:一、园陵火灾,宜念百姓之劳,罢缮修之役;二、立春以后阴寒失节,宜采纳良臣以助圣化;三、今年少阳,春旱夏水,宜务节约;四、去年八月,荧惑出入轩辕,宜简出宫女;五、去冬有白气,从西方天苑趋参左足,入玉井,恐有羌寇,宜为备御;六、近者白虹贯日,宜令中外官司,并须立秋然后考事;七、汉兴以来三百三十九岁,于时三期,宜大蠲法令,有所变更。王者之法,譬犹江河,当使易避而难犯。

和其他郡的太守共十多个人都因为荐举不实而被免官降职。被荐举的孝廉中，唯有汝南郡人陈蕃、颍川郡人李膺、下邳人陈球等三十多人被任命为郎中。从此以后，州郡长官深怀恐惧，不敢再轻率荐举人才。一直到永嘉年间，察举选拔清廉公正，国家得到很多人才。

闰十二月，安帝恭陵寝殿百丈庑发生火灾。

癸酉（133）　汉顺帝阳嘉二年

春正月，征召郎颛为郎中，郎觊不来应召。

皇上征召郎颛，向他询问灾异之事，郎颛上疏说："三公上与天上的三台星相应，下与人间君王相比，政治离开正道，就会寒阴违反时节。现在身居三公高位的，争相沽名钓誉，故作清高，享受丰厚的俸禄，却不知忧国忧民。他们养尊处优，无所事事，佯装卧病在床，贪图安逸，一旦接到诏书，或得到皇帝的赐钱，马上就从病床上爬起来重新出来做官，怎么这么容易患病而痊愈又这么迅速呢？用这种人来消除灾异，建立太平盛世，怎么能够做到呢？现在选用州郡长官，委托三公负责，州郡属吏不称职，就责备州郡长官，州郡长官有过失，怎么能够不责备荐举他们的人呢？然而陛下对他们优礼有加，下面的官吏怠慢政事就愈来愈严重，这就是所谓'大网疏，小网密'啊。"

于是向朝廷提出七项建议：一、皇帝陵墓发生火灾，应该体恤百姓的劳苦，停止修缮的差役；二、立春以后，气候寒冷，不合时节，应该选择贤良之臣，辅佐圣上教化；三、今年是少阳之年，春天旱，夏天涝，应该厉行节约；四、去年八月，火星出入轩辕星座，应该挑选宫女释放出宫；五、去年冬季有白色的云气，从西方天苑星座向参宿的左足移动，进入玉井星座，恐怕有羌人进犯，应该严加防备；六、近来白虹穿过太阳，应该下令朝廷内外官府，都要等到立秋以后再审理诉讼；七、汉朝建立以来三百三十九年，已经超过三个周期，应该删减修改法令，有所变革。君王的法令，就像长江大河，应该让百姓容易避开而难以冒犯。

复上书荐黄琼、李固,又言:"自冬涉春,迄无嘉泽,朝廷劳心,广为祷祈。臣闻皇天感物,不为伪动,灾变应人,要在责己。若令雨可请降,水可禳止,则岁无隔并,太平可待。然而灾害不息者,患不在此也。"书奏,特拜郎中,辞病不就。

封乳母宋娥为山阳君。

帝之立也,娥与其谋,故封之,又封梁商子冀为襄邑侯。左雄上封事曰:"高皇帝约,非有功不侯。不宜追录小恩,亏失大典。"帝不听。雄复谏曰:"臣闻人君莫不好忠正而恶谗谀,然而历世之患,莫不以忠正得罪,谗谀蒙幸者,盖听忠难,从谀易也。夫刑罪,人情之所甚恶;贵宠,人情之所甚欲。是以时俗为忠者少,而习谀者多。故令人主数闻其美,稀知其过,迷而不悟,以至于危亡。臣案尚书故事,无乳母爵邑之制,唯先帝时王圣为野王君。圣造生谗贼废立之祸,生为天下所咀嚼,死为海内所欢快。今阿母躬蹈俭约,以身率下,而与圣同爵号,惧违本操。乞如前议,岁以千万给奉阿母,可不为吏民所怪。梁冀之封,事非机急,宜过灾厄之运,然后平议可否。"于是商让还冀封。

夏四月,京师地震,诏公卿直言,举敦朴之士。

左雄复上疏曰:"先帝封野王君,汉阳地震,今封山阳君而京城复震。专政在阴,其灾尤大。臣前后瞽言,封爵至重,

郎颛又上书推荐黄琼、李固，又说："自从去春到今春，一直没有降雨，朝廷忧虑，到处祈祷。臣听说上天爱护万物，不会为虚伪的祈祷所感动，灾害变异是针对人世而降的，重要的是反省自己。如果一祈求就能让天降雨，一祷告就消弭水灾，那就会年年丰收，太平盛世可以坐着等到了。然而灾害不断，是因为病源不在这里。"奏疏呈上后，特地任命郎颛为郎中，郎颛称病不就。

顺帝封乳母宋娥为山阳君。

顺帝被立为皇帝，乳母宋娥曾参与密谋，顺帝便封她为山阳君，又封梁商的儿子梁冀为襄邑侯。左雄上密封奏章说："高祖刘邦曾经约定，不是有功的不许封侯。不应该顾念小恩，而使国家典章受到破坏。"顺帝不听。左雄又进谏说："臣听说君主没有不喜爱忠良正直而厌恶阿谀奉承的，然而，历代的祸患，莫不是忠良正直的获罪，阿谀谄媚的受到宠信，这大概是采纳忠言困难，而听信谀言容易。犯罪服刑，人们从心里感到厌恶；富贵宠荣，人们从心里渴望得到。所以，时俗风气做忠直之士的少，而阿谀奉承的多。因此导致君主经常听到歌功颂德的言辞，很少知道自己的过错，执迷不悟，以至于危亡。臣考查尚书台的成例，没有给乳母封爵食邑的规定，只有先帝时封乳母王圣为野王君。而王圣造谣陷害，酿成了罢黜皇太子的大祸，她活着遭到天下人的诅咒，死后天下人无不欢欣鼓舞。现在乳母宋娥亲身实行节俭，以身作则，如果让她和王圣一样，封爵赐号，恐怕违背她的意愿。请求陛下采纳臣之前的建议，每年给乳母一千万钱，这样做可以不遭到臣民的责怪。梁冀的封爵不是紧急的事情，应该等到渡过这段灾难时期，然后再讨论是否可行。"于是，梁冀的父亲梁商，推辞退还朝廷给梁冀的封爵。

夏四月，京师发生地震，顺帝下诏要求公卿大臣对朝政直言不讳地提出批评，并向朝廷荐举敦厚淳朴之士。

左雄又上疏说："先帝封王圣为野王君，汉阳就发生地震，而今陛下封宋娥为山阳君，京城又发生地震。女人握权，灾害尤其严重。臣前后发表了瞎子一般的妄言，封爵是极重要的事情，

今冀已高让，山阳君亦宜崇其本节。"雄言切至，娥亦畏惧辞让，而帝卒封之。是时大司农刘据以职事被谴，召诣尚书，传呼促步，加以捶扑。雄上言："九卿大臣，行有佩玉之节，孝明皇帝始有扑罚，非古典也。"帝纳之。

京师地拆，诏引敦朴士对策。
洛阳宣德亭地拆八十五丈，帝引公卿所举敦朴士对策。

李固对曰："汉兴以来三百余年，贤圣相继十有八主，岂无阿乳之恩，忘贵爵之宠，然上畏天威，俯案经典，知义不可，故不封也。今宋阿母虽有功勤，但加赏赐，足酬其劳。裂土开国，实乖旧典。闻阿母体性谦虚，必有逊让，陛下宜许其辞国之高，使成万安之福。

"夫妃后之家所以少完全者，岂天性当然？但以爵位尊显，颛总权柄，天道恶盈，不知自损，故至颠仆。今梁氏子弟群从，荣显兼加，永平、建初故事，殆不如此。宜令还居黄门之官，使权去外戚，政归国家。

"又诏书所以禁侍中、尚书、中臣子弟不得为吏、察孝廉者，以其秉威权，容请托故也。而中常侍在日月之侧，声势振天下，子弟禄任曾无限极，谄伪之徒望风进举。今可为设常禁，同之中臣。长水司马武宣，开阳城门候羊迪，无他功德，初拜便真，此虽小失，而渐坏旧章。先圣法度，

现在梁冀已经高姿态地让还封爵,山阳君也应该尊重她原来的节操。"左雄的话极为恳切,宋娥也很畏惧,提出辞让封爵,但是顺帝最终还是封她为山阳君。当时大司农刘据因为工作中出现差错而受到谴责,应召到尚书台,被人吆喝催促快走,并遭到鞭打。左雄上疏说:"九卿属朝廷大臣,行走时享有佩玉的礼节,明帝时才有鞭刑,这不合古制。"顺帝采纳了他的意见。

京师发生地裂,朝廷下诏召集敦厚朴实之士回答皇帝的提问。

洛阳的宣德亭一带地裂八十五丈,顺帝召集公卿大臣所荐举的敦厚朴实之士回答问题。

李固回答说:"自从汉朝建立以来三百多年,圣贤世代相继,共有十八位君主,哪一位没有乳母的恩情,谁不想给乳母尊贵的封爵,然而因为畏惧上天的威严,又考查经典,知道大义上不允许这样做,所以才没有赐封。现在宋阿母虽然有功劳,只要加以赏赐,就足以报答她的劳苦。如果分割土地,建立封国,确实违背过去的传统制度。听说阿母秉性谦虚,必然会辞让,陛下应该同意她辞让封国的高尚举动,使她得以享受万安之福。

"凡是皇后、贵妃之家很少能够保全的原因,难道是他们天性应该如此吗?只不过是因为他们封爵太尊,官位太高,大权握在手中,天道厌恶满盈,而他们却不知道自我克制,以至于倾覆衰败。现在梁氏子弟晚辈,都享有荣耀和显贵,明帝永平和章帝建初年间的旧例,却不是这样的。应该让梁氏回到原来的黄门之官,使权力离开外戚,归还国家。

"再说,诏书之所以禁止侍中、尚书、中朝大臣的子弟不得为吏,不得被荐举为孝廉,是因为他们手中把持着权力,可以私相请托的缘故。而中常侍在皇帝和皇后的身边,他们的声名和威势震动天下,他们的子弟享受俸禄,担任官职,竟然没有任何限度,谄媚诈伪之徒望风举荐他们的子弟。因此,从现在起应该为他们设立禁令,和朝中大臣一样。长水司马武宣、开阳城门候羊迪等,没有什么功劳,刚一任命便实授官职,这虽然是小小的失误,却逐渐破坏了过去的规章。前代圣王制定的法规制度,

所宜坚守,政教一跌,百年不复。

"陛下之有尚书,犹天之有北斗。斗为天喉舌,尚书亦为陛下喉舌。斗斟酌元气,运平四时,尚书出纳王命,赋政四海,权尊势重,责之所归,宜择其人以毗圣政。今与陛下共天下者,外则公卿尚书,内则常侍黄门,譬犹一门之内,一家之事,安则共其福庆,危则通其祸败。刺史、二千石,外统职事,内受法则。夫表曲者景必邪,源清者流必洁,犹叩树本,百枝皆动也。由此言之,本朝号令,岂可蹉跌!

"夫人君之有政,犹水之有堤防。堤防完全,虽遭霖潦,不能为变;政教一立,暂遭凶年,不足为忧。今堤防虽坚,渐有孔穴,譬之一人之身,本朝者心腹也,州郡者四支也,心腹痛则四支不举。故臣之所忧,在心腹之疾,非四支之患也。苟坚堤防,务政教,先安心腹,整理本朝,虽有寇贼水旱之变,不足介意。不然,则虽无水旱之灾,天下固可忧矣。又宜罢退宦官,去其权重,裁置常侍二人方直有德者省事左右,小黄门五人才智闲雅者给事殿中。如此,则论者厌塞,升平可致也。"

扶风功曹马融对曰:"今科条品制,四时禁令,所以承天顺民者备矣悉矣,不可加矣。然而天犹有不平之效,民犹有咨嗟之怨者,百姓屡闻恩泽之声,而未见惠和之实也。古之足民者,非能家赡而人足之,量其财用,为之制度。故嫁娶之礼俭,则婚者以时矣;丧制之礼约,则终者掩藏矣;

应该坚决遵守,政事和教化一旦遭到破坏,就是过一百年也难以恢复。

"陛下您有尚书,就像天上有北斗。北斗是上天的喉舌,尚书也是陛下的喉舌。北斗掌握上天的元气,平衡四个季节的运行,尚书出纳君王的诏命,将政令推行到全国,权尊势重,责任重大,应该选择合适的人,以辅佐君王的圣政。现在和陛下共同治理天下的人,在外廷,则有三公、九卿、尚书,在宫内,则有常侍、黄门,犹如一个大门之内的一家,平安时大家共享幸福,危机时大家共遭祸殃。刺史和太守,对外代表朝廷统理职事,对内受到朝廷法制的约束。标杆如果弯曲,测出的日影必然歪斜;水源如果清澈,河流必然清洁,就像叩击树根,整棵树的枝叶都会摇动。这样说来,朝廷的号令,岂容失误!

"君主妥善地治理天下,就像河流之有堤防。堤防完固,即使遇到暴雨连绵,也不能酿成灾害;政事和教化一经确立,即令突然遇到荒年,也不必忧虑。而今堤防虽然坚固,但已经渐渐出现孔穴,犹如一个人的身体,朝廷是心腹,州郡是四肢,心腹出现病痛,四肢就不能行动。所以臣所忧虑的是心腹的疾病,而不是四肢的毛病。如果能筑牢堤防,致力于政治教化,先安定心腹,整顿朝廷,虽然有盗贼匪寇和水旱灾害,也不足以放在心上。否则,即使没有水旱灾害,天下原本就令人担忧。还有,应该罢黜宦官,削减他们的权力,只要保留品德方正的常侍二人在身边听候驱使,保留聪敏闲雅的小黄门五人在殿中供职。只有这样,批评才会停止,天下才能达到太平。"

扶风功曹马融回答说:"现在,法令规章,四季禁令,用以承受天命、顺应民心的各种措施都已很完善齐全了,不能再增加了。可是,上天仍然有不平的反应,百姓中还有嗟叹抱怨的人,就因为老百姓虽多次听到朝廷要实施善政的声音,却没有得到善政的实惠。古代让人民富足的方法,并不是能做到家给人足,只是根据财富的多少,制定适当的用度。所以,嫁娶的礼节俭省,男女就可以及时婚配;丧葬的礼节简单,死者就可以及时掩埋;

不夺其时,则农夫利矣。夫妻子以累其心,产业以重其志,舍此而为非者,必不多矣。"

太史令张衡对曰:"自初举孝廉,迄今二百岁,皆先孝行,行有余力,始学文法。辛卯诏以能章句、奏案为限,虽有至孝,犹不应科,此弃本而取末也。曾子长于孝,然实鲁钝,文学不若游、夏,政事不若冉、季。今欲使一人兼之,苟外有可观,内必有阙矣。"

上览众对,以李固为第一,即时出阿母还舍,诸常侍悉叩头谢罪,朝廷肃然。以固为议郎,而阿母、宦者皆疾之,诈为飞章以陷其罪。事从中下,大司农黄尚、仆射黄琼救之,久乃得释,出为洛令,弃官归汉中。

衡才高于世,而无骄尚之情,通贯六艺,尤致思于天文、阴阳、历算,作浑天仪,著《灵宪》。性恬憺不慕当世,所居之官辄积年不徙。

阿母后竟坐构奸诬罔,收印绶,还里舍。

秋七月,太尉庞参免。
参在三公中,最名忠直,数为左右所毁。司隶承风案之,参称疾。广汉上计掾段恭上疏曰:"伏见道路行人,农夫织妇,皆曰太尉参竭忠尽节,不能曲心,孤立群邪之间,自处中伤之地。夫以谗佞伤毁忠正,此天地之大禁,人主之至诚也。国以贤治,君以忠安。今天下咸欣陛下有此忠贤,愿卒

不耽误农时,农民就可以取得丰收。既有妻子儿女的牵挂,又有家庭财产的顾虑,抛弃这些而去为非作歹的人,必定不多。"

太史令张衡回答说:"自从创立荐举孝廉之制,迄今已有二百多年,都是以孝行优先,尽了孝道,仍有余力,才去学习法令条文。而去年颁布的诏书,却限于能精通儒家经典、会写上奏皇帝的章疏,即使有大孝行,也不能应选,这是舍本逐末的做法。曾参的长处在于有孝行,然而他实在笨拙迟钝,论文学不如子游、子夏,论政事不如冉有、季路。现在想使一个人兼备这些本领,纵使外表很像回事,内在必有欠缺。"

顺帝看了众人的对策,以李固为第一名,立即命乳母宋娥搬出皇宫,回到自己的家去,各位中常侍都叩头请罪,朝廷内外一片肃然。顺帝任命李固为议郎,然而,乳母宋娥和宦官们都痛恨他,伪造匿名信,罗织罪状,诬陷李固。诏书从宫中直接下达,大司农黄尚、仆射黄琼上疏挽救,过了很久,李固才被释放,调离朝廷担任洛阳县令,李固辞去官职,回到故乡汉中居住。

张衡才华盖世,但毫无骄傲之心,他通晓儒家六艺,尤其致力于天文、阴阳、历法、算术等,曾制造浑天仪,著有《灵宪》一书。性情恬淡,不羡慕世俗所重的荣华富贵,所担任的官职,往往多年不升迁。

后来乳母宋娥因勾结奸佞,诬陷他人而获罪,收缴了她的印信,将她遣送回乡。

秋七月,太尉庞参免官。

太尉庞参在三公当中最为忠直,曾多次遭到皇帝身边之人的诋毁。司隶校尉接受暗示对庞参进行审查,庞参声称有病,在家休养。广汉郡上计掾段恭上疏说:"我看到无论是道路上的行人,还是农夫织妇,都说太尉庞参竭忠尽节,不肯违背自己的意志去逢迎他人,因而孤立于众多奸佞之徒中间,使自己处于被中伤的境地。奸佞陷害忠良,这可是天地间最大的禁忌,君主最重要的戒律。国家因贤才而得到治理,君主因忠臣而得到安全。现在天下人都庆幸陛下有庞参这样的忠臣贤才,希望陛下始终

宠任以安社稷。"书奏,诏遣小黄门视参疾,致羊酒。后参
夫人疾前妻子,杀之,洛阳令奏参罪,竟以灾异免。

鲜卑寇马城。

是后其至鞬死,鲜卑抄盗差稀。

甲戌(134) **三年**
夏四月,车师后部击破北匈奴,获单于母。 五月,旱。

上露坐德阳殿东厢请雨,问尚书周举以消变之术,举
对曰:"臣闻阴阳闭隔,则二气否塞,风雨不时,水旱成灾。
陛下废文帝、光武之法,而循亡秦奢侈之欲,内积怨女,外
有旷夫。自枯旱以来,弥历年岁,未闻陛下改过之效,徒劳
至尊,暴露风尘,诚无益也。宜推信革政,崇道变惑,出后
宫不御之女,除太官重膳之费,慎官人,去贪佞。"帝曰:"贪
佞者为谁乎?"对曰:"臣从下州超备机密,不足以别群臣。
然公卿大臣数有直言者,忠贞也;阿谀苟容者,佞邪也。"

张衡亦言:"前年京师地震土裂。裂者,威分;震者,
民扰也。愿陛下思惟所以稽古率旧,勿令刑德八柄不由天
子。然后神望允塞,灾消不至矣。"衡又以中兴之后,儒者

能宠信他，以此来安定国家。"奏章呈上之后，顺帝下诏派遣小黄门前去问候庞参的病情，并送去羊肉和酒。后来，庞参的夫人忌恨前妻的儿子，杀了他，洛阳令上奏庞参有罪，终因天降灾异将庞参免官。

鲜卑进犯马城。

此后，鲜卑首领其至鞬去世，鲜卑对内地的抢掠和骚扰，比以前稍少了。

甲戌（134）　汉顺帝阳嘉三年

夏四月，车师后部击败北匈奴，俘获了单于的母亲。　五月，发生旱灾。

顺帝露天而坐在德阳殿东厢中，祈求上天降雨，向尚书周举征询消除灾变的方法，周举回答说："臣听说，阴阳闭隔，那么二气必然闭塞不通，所以风雨不按时而至，导致水旱成灾。陛下废弃文帝、光武帝的传统，而因循使秦朝灭亡的奢侈欲望，宫廷内有很多过了婚嫁年龄而不放出宫的怨女，外面却有很多娶不到老婆的男子。自从发生大旱以来，过了整整一年，没有听说陛下有改过的表现，白白地有劳至尊露坐风尘，实在无益。应该诚心诚意地革除弊政，遵守先王制定的典章制度，改变目前奢侈腐败的混乱局面，放出后宫中未曾召幸的宫女，减除宫中多余的膳食费用，慎重地任命官吏，清除贪污和邪佞之臣。"顺帝说："谁是贪污邪佞之人？"周举回答说："臣从下面的州刺史府，被擢升到掌管朝廷机密的尚书台，还没有能力去辨别群臣。然而，在三公、九卿等朝廷大臣中，凡是多次直言谏诤的，都是忠贞之臣；而那些阿谀奉承和随声附和的，都是邪佞之徒。"

张衡也上书说："去年京师发生地震，地面开裂。土地开裂，象征着权威被分割；发生地震，象征着人民受到惊扰。希望陛下考虑遵循古代君主所制定的规章制度的办法，不要让刑罚和奖赏的八种权柄脱离天子之手。然后，神明的期望就会得到满足，灾异就会不再出现了。"张衡又因为东汉王朝建立以来，儒生们

争学图纬,上疏言:"图谶成于哀、平之际,皆虚伪之徒以要世取资,欺罔较然,莫之纠禁。且律历、卦候、九宫、风角,数有微效,世莫肯学,而竞称不占之书,譬犹画工恶图犬马而好作鬼魅,诚以实事难形而虚伪不穷也。宜收藏图谶,一禁绝之,则朱紫无所眩,典籍无瑕玷矣。"

秋七月,钟羌寇陇西、汉阳。　冬十月,校尉马续击破之。　十一月,司徒刘崎、司空孔扶免。

用周举之言也。

乙亥(135)　四年

春二月,初听中官得以养子袭爵。

御史张纲上书曰:"窃寻文、明二帝,德化尤盛,中官常侍不过两人,近幸赏赐裁满数金,惜费重民,故家给人足。而顷者以来,无功小人皆有官爵,非所以爱民重器,承天顺道也。"书奏,不省。

旱。　遣谒者马贤击钟羌,大破之。　夏四月,以梁商为大将军。

商称疾不起且一年,帝遣使举策就第即拜,商乃诣阙受命。商少通经传,谦恭好士,辟李固为从事中郎。固以商柔和自守,不能有所整裁,乃奏记曰:"数年以来,灾怪屡见。孔子曰:'智者见变思形,愚者睹怪讳名。'天道无亲,可为祇畏。诚令王纲一整,道行忠立,明公踵伯成之高,

都争着去学习图谶纬书这种神秘的预言书,上疏说:"图谶之类成书于哀帝、平帝之际,都是虚妄之徒用来欺世盗名和借机利用的,欺骗的意图是显而易见的,但朝廷却没有加以纠察禁止。而且,律历、卦候、九宫、风角所做的预测,曾不断地应验,世人却不肯学习,都争相称赞谶纬之书,正犹如画师不喜欢画狗画马,却喜欢画鬼怪,确实是因为现实的事物很难画好,而虚无缥缈的东西可以信笔乱画。应该把图谶之类的书加以收藏,一律禁绝,这样,朱红的正色才不致被紫色所扰乱,圣人典籍也不至受到玷污。"

秋七月,钟羌进犯陇西和汉阳两郡。　冬十月,校尉马续击败钟羌。　十一月,司徒刘崎、司空孔扶免官。

这是顺帝采纳周举的谏言而采取的措施。

乙亥(135)　汉顺帝阳嘉四年

春二月,首次允许宦官以养子继承爵位。

御史张纲上书说:"据我考察,文帝和明帝德行教化最有成就,而当时中常侍不过二人,对宠爱亲信人员的赏赐,不过黄金数两,珍惜经费,关心人民,所以百姓家家富足。可是近几年来,没有功劳的小人都得到官禄爵位,这不是爱护人民,重视官位,顺应天道的做法。"奏章呈上后,顺帝不理。

发生旱灾。　派遣谒者马贤进攻钟羌,大败钟羌。　夏四月,任命梁商为大将军。

梁商称病不起将近一年,顺帝派遣使者捧着任命策书到梁商家中,拜授他为大将军,梁商这才到皇宫接受任命。梁商自幼通晓儒家经传,谦虚恭谨,喜好人才,延聘李固为从事中郎。李固因梁商为人柔顺温和,能守身自好,但却不能整顿朝纲法纪,于是向梁商上书说:"几年来,灾变怪异不断出现。孔子说:'聪明的人见到灾异,而想到刑罚,愚蠢的人见到怪异,却忌讳其名称。'天道不论亲疏,所以可敬可畏。如果能够整顿朝廷纲纪,使正道通行,忠臣得立,然后您再延续伯成辞官归耕的高尚行为,

全不朽之誉,岂与此外戚凡辈耽荣好位者同日而论哉?"商
不能用。

秋闰八月朔,日食。 冬十月,乌桓寇云中。 十二月,
地震。

丙子(136) 永和元年
冬十二月,以王龚为太尉。

龚疾宦官专权,上书极言其状。诸黄门使客诬奏龚
罪,上命龚诇自实。李固奏记于梁商曰:"王公以坚贞之
操,横为谗佞所构,众人闻知,莫不叹栗。夫三公尊重,无
诣理诉冤之义,纤微感概,辄引分决。是以旧典不有大罪,
不至重问。王公卒有他变,则朝廷获害贤之名,群臣无救
护之节矣。语曰:'善人在患,饥不及餐。'斯其时也。"商即
言之,事乃得释。

以梁冀为河南尹。

冀嗜酒逸游,居职纵暴,商客吕放以告,商让之。冀遣
人杀放,而推疑放之怨仇,捕灭其宗亲宾客百余人。

武陵蛮反。

初,武陵太守言蛮夷率服,可增租赋。虞诩曰:"自古
圣王,不臣异俗。先帝旧典,贡税多少,所由来久矣,今猥
增之,必有怨叛。计其所得,不偿所费,必有后悔。"帝不
从。至是,蛮果争贡布非旧约,遂杀乡吏,举种反。

成全不朽的声誉,哪能跟那些沉湎于荣华富贵、追求高位的一般外戚同日而语呢?"梁商未能采用。

秋闰八月初一,发生日食。　冬十月,乌桓进犯云中郡。十二月,发生地震。

丙子(136)　汉顺帝永和元年

冬十二月,任命王龚为太尉。

王龚痛恨宦官专权,上书极力陈述他们的罪状。宦官们指使门客诬告王龚有罪,顺帝命王龚尽快讲明真实情况。李固上书对梁商说:"王龚具有坚贞的节操,无端遭受奸佞的陷害,大家听到这个消息,无不为之叹息恐惧。三公地位尊崇,没有亲身前往司法部门为自己申辩的道理,即令他对朝廷稍有不满,往往让他自杀。所以,按照惯例,没有大逆不道之罪,不至于审问三公。假如王龚突然发生其他意外,朝廷就会蒙受伤害贤能的恶名,群臣也没有营救和保护忠良的气节。俗话说:'好人正处在患难中,我们再饿也顾不上吃饭。'现在正是这样的时候。"于是,梁商立刻向顺帝进言,事情才告平息。

任命梁冀为河南尹。

梁冀喜好饮酒游乐,任官期间多有暴虐不法的行为,梁商的门客吕放把这一情况报告梁商,梁商责备了梁冀。梁冀派人杀死吕放,而且把犯罪嫌疑推到吕放的仇人身上,捕获、诛杀他的宗亲和宾客一百余人。

武陵蛮反叛。

当初,武陵太守说蛮夷都已归服,可以增加田租赋税。虞诩说:"自古以来,圣明的君王不把风俗习惯与我们相异的其他民族当作自己的臣民。先帝已经制定的规章,明确规定武陵蛮夷应缴纳的数额,时间已经很久了,现在滥行增加,必然引起怨恨和反叛。计算所能得到的,还抵偿不了所耗费的,以后必会后悔。"顺帝没有听从。到这时,蛮人果然因为征收贡布不符合原来规定的数额而起来抗争,于是杀掉征收赋税的乡吏,举族反叛。

丁丑（137） 二年

春，以李进为武陵太守，讨平之。

进简选良吏，抚循蛮夷，郡境遂安。

夏四月，地震。 象林蛮反。

象林蛮区怜等攻县寺，杀长吏，交趾刺史樊演发交趾、九真兵万余人救之。兵士惮远役，反攻其府，府虽击破反者，而蛮势转盛。

冬十月，帝如长安，征处士法真，不至。

扶风法真博通内外学，隐居不仕。帝欲致之，四征不屈。友人郭正称之曰："真名可得闻，身难得见。逃名而名我随，避名而名我追，可谓百世之师者矣。"

地震。

太尉王龚以中常侍张昉等专弄国权，欲奏诛之，宗亲有以杨震事谏之者，龚乃止。

十二月，还宫。

戊寅（138） 三年

春二月，地震，金城、陇西山崩。 夏闰四月，地震。

以祝良为九真太守，张乔为交趾刺史，招降蛮寇，岭外悉平。

侍御史贾昌与州郡讨区怜等，岁余不克。帝召百官，问以方略，皆议遣大将，发荆、扬、兖、豫四万人赴之。

李固驳曰："荆、扬盗贼磐结不散，长沙、桂阳数被征发，如复扰动，必更生患。兖、豫之人，远赴万里，诏书迫促，

丁丑（137） 汉顺帝永和二年

春，任命李进为武陵太守，讨平反叛的蛮人。

李进挑选贤良的官吏，安抚蛮人，郡境方得安宁。

夏四月，发生地震。 象林郡蛮人反叛。

象林郡蛮人区怜等人攻打所在县的官府，杀死地方官吏，交趾刺史樊演征发交趾郡和九真郡兵一万余人前往救援。士兵们害怕远征，反攻太守府，太守府虽然击败了反叛的士兵，然而蛮人的势力反而更加强大了。

冬十月，顺帝前往长安，征召隐居之士法真，法真没有前来。

扶风郡人法真精通儒家的"七纬"内学和"六经"外学，隐居乡里，不肯出来做官。顺帝想请到他，前后四次征召，他不肯屈从。法真的朋友郭正称赞他说："法真的名字可以听到，却很难见到他这个人。他越是逃避名声，名声越是随着他，越是躲开名声，名声越是追着他，真可以说是百世之师了。"

发生地震。

太尉王龚因中常侍张昉等人专擅朝廷大权，打算上奏请求诛杀他们，宗族和亲戚中有人用杨震的遭遇来劝阻，王龚这才作罢。

十二月，顺帝返回洛阳皇宫。

戊寅（138） 汉顺帝永和三年

春二月，发生地震，金城和陇西二郡发生山崩。 夏闰四月，发生地震。 任命祝良为九真太守，张乔为交趾刺史，招降蛮寇，五岭以外地区全部平定。

侍御史贾昌与州郡官兵合力讨伐区怜等人，一年多也没能取胜。顺帝召见百官，征询对策，大家都主张派遣大将，调发荆州、扬州、兖州、豫州等四州兵力共四万人，前去交趾增援。

李固反驳说："荆州和扬州一带的盗贼，犹如磐石一样结合在一起，不肯离散，长沙和桂阳两郡的士兵已经多次被征发，如果再加征发，骚扰百姓，必然会发生新的变乱。兖州、豫州两地的百姓，被征调远赴万里之外，而诏书逼迫和催促急如星火，

必致叛亡。南州温暑,加有瘴气,致死亡者十必四五。远涉万里,士卒疲劳,比至岭南,不复堪斗。军行日三十里,而兖、豫去日南九千余里,三百日乃到,计人禀五升,用米六十万斛,不计将吏驴马之食。设军所在,死亡必众,既不足御敌,当复更发,此为刻割心腹以补四支。九真、日南相去千里,发其吏民犹尚不堪,何况乃苦四州之卒以赴万里之艰哉!

"前中郎将尹就讨益州叛羌,益州谚曰:'虏来尚可,尹来杀我。'后就征还,以兵付刺史张乔,乔因其将吏,旬月之间破殄寇虏。此发将无益之效,州郡可任之验也。宜更选有勇略仁惠任将帅者,以为刺史、太守。徙日南吏民北依交趾,还募蛮夷,使自相攻,转输金帛以为其资。有能反间致头首者,许以封侯列土之赏。故并州刺史祝良性多勇决,张乔前有破虏之功,皆可任用。"

四府悉从固议,即拜良为九真太守,乔为交趾刺史。乔至,开示慰诱,并皆降散。良到九真,单车入贼中,设方略,招以威信,降者数万人,皆为良筑起府寺。岭外复平。

秋九月,诏举武猛任将帅者。
初,左雄荐周举为尚书,至是雄为司隶校尉,举冯直任将帅。直尝坐臧受罪,举以此劾奏雄。雄曰:"诏书使选武猛,不使选清高。"举曰:"诏书使君选武猛,不使君选贪污也。"

必然导致叛乱和逃亡。南方州郡，水土湿热，再加上瘴气，因此而死亡的人必占十分之四五。长途跋涉，行军万里，士卒疲劳不堪，等军队到达岭南时，已不再有战斗能力了。部队每天行军三十里，而兖州、豫州距离日南郡达九千余里，需要行军三百天才能到达，按每人带口粮五升计算，需要用米六十万斛，还不包括将领、文官所乘驴、马的饲料。驻扎军队的地方，死亡的人一定很多，既然抵御不了敌人的进攻，就将再次增调援兵，这就犹如挖割心腹去贴补四肢。九真、日南二郡相隔千里，征发当地的吏民，尚且不堪忍受，更何况征发四州的兵士，让他们忍受万里远征的痛苦呢？

"从前，朝廷派中郎将尹就讨伐益州的叛羌，益州有谚语说：'叛羌来了，还可忍受；尹就来了，必然杀我。'后来把尹就调回京师，把军队交给刺史张乔，张乔依靠原有军队的将领和军吏，一个月之内，便将叛羌击败歼灭。这证明派遣大将没有益处，而州郡地方官吏足以胜任。应该重新选派有勇有谋、仁慈惠爱而又可以胜任将帅的人，任命为州刺史和郡太守。将日南郡的官吏和百姓迁徙到北边的交趾郡，另外招募蛮夷，让他们互相攻击，供给金帛资助他们。如果有能够使用反间计离间敌人斩杀其首领的，朝廷许诺给予封侯赐邑的赏赐。原并州刺史祝良勇敢果断，张乔从前有平定叛羌的功勋，他们都可以任用。"

四府都同意李固的意见，于是顺帝就任命祝良为九真太守，张乔为交趾刺史。张乔到达交趾，对叛蛮开诚布公地进行安抚和诱劝，叛蛮全部投降解散。祝良到达九真以后，单独乘车进入叛军营地，给他们指明生路，用威信进行招抚，投降的有数万人，他们一同为祝良修筑郡太守官舍。五岭以外地区恢复太平。

秋九月，顺帝下诏荐举雄武勇猛可以担任将帅的人才。

当初，左雄推荐周举为尚书，到此时左雄任司隶校尉，推荐冯直有将帅之才。冯直曾犯过贪污罪，周举因此弹劾左雄。左雄说："圣旨让推选勇猛的人才，没让推选品行清廉高洁的人才。"周举说："圣旨让您推选勇猛的人才，不是让您推选贪污犯。"

雄曰："进君,适所以自伐也。"举曰："昔赵宣子任韩厥为司马,而厥戮其仆,宣子谓诸大夫曰:'可贺我矣。'今君不以举之不才误升诸朝,不敢阿君以为君羞。不寤君之意与宣子殊也。"雄悦,谢曰:"是吾过也。"天下益以此贤之。

是时宦官竞卖恩势,唯大长秋良贺清俭退厚。及诏举武猛,贺独无所荐。帝问其故,对曰:"臣生自草茅,长于宫掖,既无知人之明,又未尝交加士类。昔卫鞅因景监以见,有识知其不终。今得臣举者匪荣伊辱,是以不敢。"

冬十月,烧当羌那离寇金城,校尉马贤击破之。十二月朔,日食。

己卯(139) 四年
春正月,中常侍张逵等伏诛。
梁商以小黄门曹节等用事于中,遣冀与交。而中常侍张逵等忌其宠,反共谮商及曹腾、孟贲图废立。帝曰:"必无是,但汝曹共妒之耳。"逵惧,矫诏收缚腾、贲。帝怒,收逵等下狱,伏诛。辞所连染,延及大臣,商上疏曰:"《春秋》之义,功在元帅,罪止首恶。大狱一起,无辜者众,死囚久系,纤微成大,非所以顺迎和气、平政成化也。宜早讫竟,以止逮捕之烦。"帝纳之。

三月,地震。 夏四月,马贤击那离等,斩之。 秋八月,太原旱。

左雄说:"我推荐您,反而受到您的攻击,真是自找麻烦了。"周举说:"从前,赵宣子任命韩厥为司马,韩厥却处死赵宣子的奴仆,赵宣子对各位大夫说:'可以为我祝贺了。'现在,您不嫌弃我周举没有才干,而将我推荐到朝廷,我不敢迎合您,让您蒙羞。然而,想不到您的看法和赵宣子完全不同啊。"左雄很高兴,道歉说:"这是我的过错。"天下人因此对左雄更为尊敬。

这个时候,宦官争卖弄权势,只有大长秋良贺清廉淡泊,谦退敦厚。等到下诏荐举通猛人才时,唯独良贺没有荐举。顺帝问他什么原因,良贺回答说:"臣出生于普通百姓家中,在宫廷中长大,既没有知人之明,也没有和士大夫交朋友。从前,商鞅由景监推荐,有识之士就预见到他没有好结果。现在,能得到我荐举的人,他们不会引以为荣,反倒会感觉是一种耻辱,因此我不敢荐举。"

冬十月,烧当羌人首领那离进犯金城郡,校尉马贤将其打败。　十二月初一,发生日食。

己卯(139)　汉顺帝永和四年
春正月,中常侍张逵等被处死。

梁商因为小黄门曹节等在宫中当权,派遣梁冀和他结交。而中常侍张逵等人忌妒曹节受宠,反而一同向顺帝诬告梁商和曹腾、孟贲图谋废黜皇上,另立新君。顺帝说:"肯定没这么回事,只是你们都忌妒他们罢了。"张逵等人非常恐惧,假传圣旨,在宫中逮捕曹腾和孟贲。顺帝闻讯大怒,逮捕张逵等人,关进监狱,并将他们处死。受口供牵连,涉及朝廷大臣,梁商上疏说:"《春秋》所立的原则,功勋在于元帅,犯罪只诛首恶。一旦兴起大狱,无辜受害的人将会很多,身犯死罪的囚犯长久关押在牢中,细微小事也会变大,这不是顺应和气,治平政事,成就教化的做法。应该及早结案,停止逮捕的烦扰。"顺帝采纳了他的建议。

三月,发生地震。　夏四月,马贤进攻叛羌,将那离斩首。秋八月,太原郡发生旱灾。

庚辰(140) 五年

春二月,地震。 南匈奴吾斯、车纽等反。夏五月,诏度辽将军马续招降之。

南匈奴吾斯、车纽等反,寇西河,招诱右贤王,合兵围美稷,杀长吏。马续等发兵掩击,破之。天子遣使责让单于,单于本不预谋,乃脱帽避帐谢罪。中郎将陈龟以单于不能制下,迫令自杀,降者遂更狐疑,龟坐免。

大将军商曰:"马续素有谋谟,典边日久,深晓兵要。宜令续深沟高壁,以恩信招降,宣示购赏,明为期约。如此,则丑类可服,国家无事矣。"帝乃诏续招降畔虏。商又移书续等曰:"中国安宁,忘战日久。良骑野合,交锋接矢,决胜当时,戎狄之所长,而中国之所短也。强弩乘城,坚营固守,以待其衰,中国之所长,而戎狄之所短也。宜务先所长以观其变,设购开赏,宣示反悔,勿贪小功以乱大谋。"于是右贤王部万三千口,皆诣续降。

是月晦,日食。 且冻、傅难种羌寇三辅,以马贤为征西将军讨之。

初,那离等既平,朝廷以来机、刘秉为并、凉刺史。机等虐刻,多所扰发,羌遂复反。

羌寇武都,烧陇关。 匈奴吾斯立车纽为单于,引乌桓、羌、胡寇边。十二月,遣中郎将张耽将兵击降之。

庚辰（140） 汉顺帝永和五年

春二月，发生地震。　南匈奴吾斯、车纽等反叛。夏五月，诏令度辽将军马续招降反叛的南匈奴部众。

南匈奴吾斯、车纽等反叛，进攻西河郡，引诱右贤王，合兵围攻美稷，杀害地方官吏。马续等人发兵突袭，击败了他们。顺帝派使者责备南匈奴单于，单于原本没有参与反叛，于是摘下帽子，离开营帐，表示认罪。中郎将陈龟认为单于不能控制部下，逼迫单于自杀，因而已经投降的部众，更加狐疑不安，陈龟因此被免职。

大将军梁商说："马续素有谋略，主管边防事务时间已经很长了，深知用兵之法。应该下令马续深挖壕沟，高筑壁垒，用恩德信义招降叛人，公布悬赏条例，明确规定期限。这样，南匈奴就可以归服，朝廷就可以平安无事了。"顺帝下诏令马续招降反叛的匈奴人。梁商又给马续等人写信说："中国境内安宁，忘记战争的时间已经很久。骑好马在原野上肉搏，兵刃相交，放箭射击，当场决出胜负，这是匈奴人的长处，也是中国人的短处。利用强弩，登城守卫，深沟高垒，固守防卫，等待敌人气势衰竭，这是中国人的长处，也是匈奴人的短处。应该先发挥我们的长处，观察敌方的变化，设立赏格，宣布朝廷招降之意，不要贪图建立小功而乱了大的谋略。"于是，右贤王部下一万三千多人，都到马续处投降。

这个月最后一天，发生日食。　且冻种、傅难种羌人进犯三辅地区，任命马贤为征西将军，前去讨伐。

当初，那离等人的反叛被平定后，朝廷任命来机、刘秉为并州和凉州刺史。来机等人暴虐刻薄，多方侵扰和征发，羌人因此再次反叛。

羌人进犯武都郡，烧毁陇关。　南匈奴吾斯拥立车纽为单于，联络乌桓、羌人、胡人进犯边境。十二月，朝廷派遣中郎将张耽进攻和收降了他们。

辛巳（141） 六年

春正月，马贤与羌战，败没。东西羌遂大合。闰月，巩唐羌寇三辅，烧园陵。

初，上命马贤讨西羌，大将军商以为贤老，不如太中大夫宋汉，帝不从。贤到军，稽留不进。武都太守马融上疏曰："今杂种诸羌转相钞盗，宜及其未并，亟遣深入，破其支党，而马贤等处处留滞。羌、胡百里望尘，千里听声，今逃匿避回，漏出其后，则必侵寇三辅，为民大害。臣愿请贤所不可用关东兵五千，裁假部队之号，尽力率厉，埋根行首，以先吏士，三旬之中，必克破之。臣又闻吴起为将，暑不张盖，寒不披裘。今贤野次垂幕，珍肴杂遝，儿子侍妾，事与古反。臣惧贤等专守一城，言攻于西而羌出于东，且将士将不堪命，必有高克溃叛之变也。"安定人皇甫规亦见贤不恤军事，审其必败，上书言状。朝廷皆不从，至是果败。

二月，有星孛于营室。 武都太守赵冲击破巩唐羌，诏冲督河西四郡兵。

安定上计掾皇甫规上疏曰："羌戎溃叛，皆因边将失于绥御。乘常守安则加侵暴，苟竞小利则致大害。微胜则虚张首级，军败则隐匿不言。军士劳怨，困于猾吏，进不得快战以徼功，退不得温饱以全命，饿死沟渠，暴骨中原，徒见

辛巳（141） 汉顺帝永和六年

春正月，马贤与羌人交战，战败而死。于是东羌和西羌大规模汇合。闰正月，巩唐部落的羌人进犯三辅地区，焚烧皇家园陵坟墓。

当初，顺帝命马贤征讨西羌，大将军梁商认为马贤年纪已老，不如任命太中大夫宋汉，顺帝没有听从。马贤到军中上任，逗留不肯前进。武都郡太守马融上疏说："现在诸种羌人部众争相攻劫抢掠，应该趁他们尚未汇合之时，迅速派兵深入叛羌腹地，击破各个支党，可是马贤等人却处处逗留拖延，不肯前进。羌人和胡人，在百里之外就能望见战马扬起的尘土，千里之外就能听到行军的声音，而现在他们避开汉军的锋芒，回避正面交锋，绕到汉军的背后，必然会侵犯三辅地区，给人民带来很大的祸害。臣请求把马贤认为不能作战的关东兵五千人交由臣统领，借用部队的名号，尽力率领和激励他们，誓不后退，身先士卒，在三十天之内，定能打败叛羌。臣又听说，吴起为将，炎暑不张伞盖，寒冬不穿皮衣。而现在马贤在野外宿营，也要垂挂幕帐，珍味佳肴杂陈，儿子、侍妾侍奉身边，这种做法和古代名将完全相反。臣担心马贤等人专门固守一座城池，声称攻打西边，而羌人却出现在东边，使得部下将士疲于奔命，必将有同春秋时郑国将领高克一样溃败反叛的变故发生。"安定郡人皇甫规也发现马贤不关注军事，估计他一定会失败，上书朝廷汇报情况。朝廷都没有听从，到这时，马贤果然战败。

二月，营室星座附近出现彗星。 武都太守赵冲击败巩唐羌人，诏命赵冲督率河西四郡军队。

安定郡上计掾皇甫规上疏说："羌人的反叛，全是因为守边将帅安抚治理不得当。平常趁羌人安分守己，就对他们加以虐待，只贪图小利，终于招致大祸。小获胜利，就向朝廷虚报斩杀的首级数目；打了败仗，就隐瞒实情而不上报。士兵辛苦怨愤，受制于奸猾的官吏，前进不能速战以建立军功，后退不得温饱以保全性命，有的饿死在沟渠里，有的尸骨暴露在原野上，只看见

王师之出,不闻振旅之声。酋豪泣血,惊惧生变,是以安不能久,叛则经年。愿假臣屯列坐食之兵五千,出其不意,与赵冲共相首尾,可不烦方寸之印、尺帛之赐,高可涤患,下可纳降。若谓臣年少官轻,不足用者,凡诸败将,非官爵之不高,年齿之不迈。臣不胜至诚,没死自陈。"帝不能用。

巩唐羌寇北地。　秋八月,大将军梁商卒。

初,商以上巳会宾客,宴于洛水,酒阑,继以《薤露》之歌。周举闻之,叹曰:"此所谓哀乐失时,非其所也,殃将及乎!"至是病笃,敕冀等曰:"吾生无以辅益朝廷,死何可耗费帑藏! 衣衾、饭含、玉匣、珠贝之属何益朽骨? 宜皆辞之。"薨,诸子欲从其诲,朝廷不听。

以梁冀为大将军,不疑为河南尹。　以周举为谏议大夫。

初,梁商疾笃,帝亲临幸,问以遗言,对曰:"臣从事中郎周举清高忠正,可重任也。"由是用之。

九月,诸羌寇武威。　是月晦,日食。　冬十月,徙安定、北地郡。　十一月,遣车骑将军张乔屯三辅。　徙荆州刺史李固为泰山太守。

荆州盗起,弥年不定,以李固为刺史。固到,遣吏劳问境内,赦寇盗前衅,与之更始。于是贼帅自缚归首,固皆原之,遣还相招,半岁间余类悉降。奏南阳太守高赐等臧秽,赐等

朝廷的军队出征,却听不到他们班师凯旋的消息。羌人的酋长悲痛哭泣,震惊惧怕而引发变乱,所以不能保持长久的安定,一发动叛乱就经年累月。臣愿意借拨暂时没有战斗任务的军队五千人,对羌人发动出其不意的攻击,和赵冲前后呼应,用不着一寸见方的印信,也用不着赏赐一尺布帛,最佳的结果是清除祸患,最低限度也能让羌人降服。如果认为臣年轻官小,不足以任用,可那些战败的将帅并不是官爵不高,年龄不老。臣怀着万分的至诚,冒着死罪向陛下陈词。"顺帝未能采纳。

巩唐羌人进犯北地郡。 **秋八月,大将军梁商去世。**

当初,梁商于三月上巳节在洛水之滨大宴宾客,酒席将散,又演奏挽歌《薤露》之歌。周举听说后,感叹道:"这正是所谓的哀乐不合时宜,这不是应该演奏哀乐的场所啊,灾祸将要降临了吧!"到此时,梁商病重,告诫梁冀等人说:"我活着的时候,没能辅佐朝廷,死后怎可耗费国家的资财? 装殓的衣被,放在口中的饭含,用作葬服的金缕玉衣,珠宝贝壳之类的东西,对死人有什么益处? 应该统统予以谢绝。"梁商去世后,他的儿子们准备遵照遗嘱来办理丧事,朝廷不许。

任命梁冀为大将军,梁不疑为河南尹。 **任命周举为谏议大夫。**

当初,梁商病危,顺帝亲自到梁府探视,问他有何遗言,梁商回答说:"臣手下的从事中郎周举清廉正直,可以委以重任。"因此,任用周举为谏议大夫。

九月,各部羌人进犯武威郡。 **这个月最后一天,发生日食。**
冬十月,将安定、北地两郡内迁。 **十一月,派遣车骑将军张乔驻扎在三辅地区。** **将荆州刺史李固调任为泰山郡太守。**

荆州盗贼四起,终年不能平定,朝廷任命李固为荆州刺史。李固到任后,派官吏到境内各地慰问,赦免盗贼之前的罪行,让他们重新做人。于是盗贼首领将自己捆绑起来前来自首,李固一律宽赦他们,让他们回去招降其他人,半年的时间,其余的盗贼全都投降。李固弹劾南阳太守高赐等人贪赃枉法,高赐等人

重赂梁冀,冀为之千里移檄,而固持之愈急,冀遂徙固为泰山太守。时泰山盗贼屯聚历年,郡兵常千人,追讨不能制。固到,悉罢遣归农,但选留任战者百余人,以恩信招诱之。未满岁,贼皆弭散。

壬午(142)　汉安元年
秋八月,吾斯等复反。　遣八使分行州郡。

遣杜乔、周举、周栩、冯羡、栾巴、张纲、郭遵、刘班分行州郡,表贤良,显忠勤。其贪污有罪者,刺史、二千石驿马上之;墨绶以下便辄收举。乔等受命之部,张纲独埋其车轮于洛阳都亭,曰:"豺狼当路,安问狐狸?"遂劾奏大将军冀、河南尹不疑无君之心十五事,京师震竦。帝虽知纲言直,不能用也。他使所劾亦多冀及宦者亲党,事皆寝遏。侍御史种暠疾之,复行案举,乃更考正其罪。

以李固为将作大匠。
杜乔奏李固政为天下第一,故有是命。
以张纲为广陵太守。
梁冀恨张纲,思有以中伤之。时广陵贼张婴寇乱扬、徐间,积十余年,乃以纲为广陵太守。纲单车径诣婴垒门,婴大惊,走闭垒。纲于门外罢遣吏兵,留十余人,以书喻婴,请与相见。婴乃出拜谒,纲延置上坐,譬之曰:"前后二千石

用贵重的礼物贿赂梁冀,梁冀替他们在千里外发出紧急文书,向李固求情,而李固却追查得更加紧急,梁冀因此将李固调任为泰山郡太守。当时,泰山郡的盗贼聚集多年,郡太守经常派上千名郡兵追剿和讨伐,都不能制服。李固到任后,把郡兵全都解散,遣送回乡务农,只选择留下善战的郡兵一百余名,用恩德和威信招降盗贼。不到一年,盗贼全都散去。

壬午(142)　汉顺帝汉安元年

秋八月,吾斯等人再次反叛。　朝廷派遣八位使者分别巡视各州郡。

朝廷派遣杜乔、周举、周栩、冯羡、栾巴、张纲、郭遵、刘班分别到各州郡巡视,表彰有德行和忠于职守的地方官吏。对于贪污受贿,犯有罪行的官吏,刺史、郡太守等二千石以上的,用驿马迅速上奏朝廷;县令以下的,便直接逮捕,就地法办。杜乔等人奉命后就出发前往州郡,唯独张纲把车轮埋在洛阳城的都亭,不肯前往,他说:"豺狼当道,怎么还去管狐狸呢?"于是上书弹劾大将军梁冀、河南尹梁不疑目无君王的十五件大事,京师洛阳为之震惊。顺帝虽然知道张纲说得有理,但不能采纳。其他使者所弹劾的也多是梁冀和宦官的亲友和党羽,所有的弹劾案都被搁置。侍御史种暠对此感到痛愤,再次举报要求查办,顺帝这才命令审查定罪。

任命李固为将作大匠。

杜乔上奏李固政绩为天下第一,所以才有这项任命。

任命张纲为广陵郡太守。

梁冀痛恨张纲,想找个事由陷害他。当时广陵郡盗贼张婴在扬州、徐州一带作乱,已有十多年,于是梁冀任命张纲为广陵郡太守。张纲单独乘车直接来到张婴的营垒大门,张婴大吃一惊,连忙下令关闭营垒大门。张纲在门外将官吏和士兵都打发回去,只留下十多个人,写信告诉张婴,请他出来见面。张婴这才出营拜见,张纲请张婴坐在上座,开导他说:"前后历任郡太守,

多肆贪暴,故致公等怀愤相聚。二千石信有罪矣,然公所为者又非义也。主上仁圣,欲以文德服叛,故遣太守来,今诚转祸为福之时也。若闻义不服,天子震怒,荆、扬、兖、豫大兵云合,身首横分,血嗣俱绝。二者利害,公其深计之。"婴闻,泣下曰:"荒裔愚民,不堪侵枉,相聚偷生,若鱼游釜中,知其不可久,且以喘息须臾间耳。今闻明府之言,乃婴等更生之辰也。"乃辞还营。明日,将所部万余人与妻子面缚归降。纲单车入垒,置酒为乐,散遣部众,任从所之,亲为卜居宅,相田畴,子弟欲为吏者皆引召之。人情悦服,南州晏然。论功当封,梁冀遏之。在郡一岁卒,婴等五百余人,为之制服行丧,送至犍为,负土成坟。

　　时二千石长吏有能政者,有洛阳令任峻、冀州刺史苏章、胶东相吴祐。洛阳令自王涣之后,皆不称职,峻能选用文武,各尽其用,发奸不旋踵,民间不畏吏。其威禁猛于涣,而文理政教不如也。章有故人为清河太守,章行部欲案其奸臧,乃为设酒甚欢。太守喜曰:"人皆有一天,我独有二天。"章曰:"今夕苏孺文与故人饮者,私恩也;明日冀州刺史案事者,公法也。"遂举正其罪,州境肃然。后以摧折权豪坐免。时天下日敝,民多愁苦,论者日夜称章,朝廷不能复用也。祐政崇仁简,民不忍欺。啬夫孙性,私赋

多数都贪婪而又残暴，所以导致你们心怀愤怒，聚众起兵。郡太守的确有罪，然而你们的所作所为也不符合大义。如今皇上仁爱圣明，准备用恩德消除叛乱，所以才派太守我前来，今天确实是转祸为福的大好时机。如果听到这些道理还不肯归附，天子赫然震怒，征调荆州、扬州、兖州、豫州的大军，像云一样聚集，你们就将身首异处，子孙灭绝。二者孰利孰害，请你仔细考虑。"张婴听后，流着眼泪说："我们这些荒野的愚民，因为忍受不了残酷迫害，才聚集在一起苟且偷生，犹如鱼游锅中，知道不能长久，只不过苟延残喘而已。如今听到您的劝导，正是我们再生之时。"于是，告辞回营。次日，率领部众一万余人和妻子儿女，把手臂捆绑在背后，向张纲投降。张纲独自乘车进入张婴的营垒，大摆筵席，饮酒作乐，遣散张婴的部众，听任他们去愿意投奔的地方，张纲还亲自为张婴选择住宅，查看田地，张婴的子孙想当官吏的，他都加以推荐任用。人们都心悦诚服，南方州郡一片和平景象。评定功绩，应当封张纲侯爵，但梁冀从中加以阻挠。张纲在广陵郡任职一年后去世，张婴等五百余人，为他穿上丧服举哀，将他的灵柩送回家乡犍为，为他搬运泥土，筑成坟墓。

当时，有才能和政绩的二千石官员，包括洛阳令任峻、冀州刺史苏章、胶东国相吴祐。自王涣以后，洛阳令都不称职，任峻能够选用文武官吏，使他们各尽其才，举发奸罪非常迅速，转足之间即可破案，民间也不再畏惧官吏。他的威严和震慑能力超过王涣，在文治教化方面则不如王涣。苏章有一位老朋友是清河郡太守，苏章在辖区巡视，打算查办他的贪赃枉法罪行，于是摆下酒宴，畅叙友情，甚为欢洽。太守高兴地说："别人都有一个天，唯独我有两个天。"苏章说："今天晚上，我苏孺文和老朋友喝酒，这是私情；明天冀州刺史调查案情，那是国法。"于是检举和判定他的罪状，全州境内吏治肃然清明。后来苏章因为打击权贵豪强而被免官。当时，天下凋敝，百姓忧愁困苦，议论时事的人不断地上书称颂苏章，但朝廷却不再任用他。吴祐为政崇尚仁爱简约，百姓都不忍心欺骗他。有位啬夫名叫孙性，私自赋敛

民钱,市衣以进其父,父得而怒曰:"有君如是,何忍欺之!"促归伏罪。性惭惧自首,具谈父言,祐曰:"掾以亲故受污秽之名,所谓'观过知仁'矣。"使归谢其父,还以衣遗之。

冬,罕羌降。罢张乔军屯。

癸未(143) 二年
夏四月,以赵冲为护羌校尉,击烧当羌,破之。 冬十一月,使匈奴中郎将马寔遣人刺吾斯,杀之。 地震。

凉州自九月以来,地百八十震,山谷拆裂,坏败城寺,民压死者甚众。
增孝廉为四科。
尚书令黄琼以左雄所上孝廉之选,专用儒学、文吏,于取士之义犹有所遗,乃奏增孝悌及能从政者为四科,帝从之。

甲申(144) 建康元年
春,赵冲讨羌,战殁。
冲追叛羌,遇伏战死,而前后多所斩获,羌由是亦衰耗。

夏四月,马寔击南匈奴左部,破之,胡、羌、乌桓悉降。
立子炳为皇太子。
太子居承光宫,帝使侍御史种暠监其家。中常侍高梵从中单驾出迎太子,时太傅杜乔等疑不欲从而未决,暠乃手剑当车曰:"太子,国之储副,人命所系。今常侍来,

百姓钱财,买衣服送给父亲,父亲得到衣服后大怒道:"你有这样的长官,怎么能忍心欺骗他呢!"催促他回去认罪。孙性怀着惭愧和畏惧的心情到官府自首,并把父亲所说的话全都告诉了吴祐,吴祐说:"你因为想孝敬父亲而蒙受贪污的恶名,真是所谓'看到过失而知道仁义的美德'啊。"让孙性回家向父亲道歉,又把衣服赠给孙性的父亲。

冬季,罕羌归降朝廷。撤销张乔的驻军。

癸未(143) 汉顺帝汉安二年

夏四月,任命赵冲为护羌校尉,进攻烧当部落的羌人,将其击败。 冬十一月,使匈奴中郎将马寔派人刺杀了吾斯。 发生地震。

凉州地区自从九月以来,共发生地震一百八十次,山谷崩裂,城郭和官府房舍遭到毁坏,被压死的老百姓很多。

增加孝廉选举为四科。

尚书令黄琼认为左雄所上奏的关于孝廉选举的建议,只限于推荐精通经学的"儒学"和通晓公文格式的"文吏",对于选拔人才的原则还有遗漏,于是,上奏请求增加"孝悌"和"有能力从政"两种,共四科,顺帝采纳了他的建议。

甲申(144) 汉顺帝建康元年

春季,赵冲讨伐叛羌,战死。

赵冲追击叛羌,遭遇伏击阵亡,然而他前后斩杀和俘获叛羌很多,羌人的势力也从此衰减。

夏四月,马寔进攻南匈奴左部,将其击败,胡人、羌人、乌桓人全都归降。 顺帝立刘炳为皇太子。

太子住在承光宫,顺帝让侍御史种暠监护太子宫。中常侍高梵从内廷乘一辆车出来迎接太子,当时,太傅杜乔等人感到怀疑,不想让高梵把太子接走,又不敢决定,种暠手提宝剑,挡住车辆说:"太子是国家的储君,关系到人民的安危。如今常侍前来,

无诏信，何以知非奸邪？今日有死而已！"梵辞屈，不敢对，驰还奏之。诏报，太子乃得去。乔退而叹息，愧晷临事不惑，帝亦嘉其持重，称善者良久。

秋八月，扬、徐群盗范容等作乱，遣御史中丞冯绲督州兵讨之。　帝崩，太子炳即位。

年二岁。

尊皇后曰皇太后。太后临朝。　以李固为太尉，录尚书事。　九月，葬宪陵。　地震。诏举贤良方正之士策问之。

皇甫规对曰："陛下摄政之初，拔用忠贞，远近翕然望见太平。而灾异不息，寇贼纵横，殆以奸臣权重之所致也。其常侍尤无状者，宜亟黜遣，以答天诫。大将军冀、河南尹不疑，亦宜增修谦节，辅以儒术，省去游娱不急之务，割减庐第无益之饰。夫君者舟也，民者水也，群臣乘舟者也，将军兄弟操楫者也。若能平志毕力以度元元，所谓福也。如其怠弛，将沦波涛，可不慎乎？夫德不称禄，犹凿墉之趾以益其高，岂安固之道哉？凡诸宿猾、酒徒、戏客，皆宜贬斥，以惩不轨。"冀忿之，以规为下第，拜郎中，托疾免归。

扬州刺史尹耀讨范容，败殁。　冬十月，交趾蛮夷复反，刺史夏方降之。　九江盗马勉称帝于当涂。　群盗发宪陵。

乙酉（145）　孝冲皇帝永嘉元年

春正月，帝崩。

没有诏书和符信,怎么能够知道不是奸谋呢?今天,我只有一死而已!"高梵无词以对,不敢回答,急忙驱车回宫奏报。拿来诏书后,太子才得以离去。杜乔退下后叹息不已,自愧不如种暠遇事不乱,顺帝也夸奖种暠谨慎持重,称赞了他很长时间。

秋八月,扬州、徐州的盗贼范容等人叛乱,朝廷派遣御史中丞冯绲督率州郡兵前去讨伐。 顺帝去世,太子刘炳即皇帝位。

年龄只有两岁。

尊梁皇后为皇太后。皇太后临朝主管朝政。 任命李固为太尉,主持尚书事务。 九月,将顺帝安葬在宪陵。 发生地震。下诏荐举贤良方正人才,策问政事。

皇甫规对策道:"陛下刚开始摄政,就选拔任用忠诚坚贞的人才,四方的人民欣然企望看到太平盛世。然而灾异不断发生,盗贼横行,这是奸臣权势太重造成的。常侍中表现特别差的,应该迅速罢黜和遣退,以此来回应上天的警示。大将军梁冀、河南尹梁不疑,也应加强修养谦恭的节操,努力学习儒术,省去娱乐等不急需的开支,削减住宅里无益的装饰。君主是船,人民是水,群臣是坐船的,大将军兄弟是掌舵持桨的。如果能大家齐心协力,普渡众生,这就是福。如果懈怠松弛,势必被波涛吞没,能不慎重吗?如果德行和禄位不相称,就像挖墙脚来增高墙壁一样,难道是追求安定稳固的方法吗?凡是老奸巨猾、酒徒、戏客,都应该贬黜斥退,以此惩罚不轨之徒。"梁冀痛恨皇甫规,将他的对策列为下等,任命为郎中,又借口他有病,将其免职,遣送回乡。

扬州刺史尹耀讨伐范容,战败被杀。 冬十月,交趾蛮夷再次反叛,刺史夏方将他们招降。 九江郡盗贼马勉在当涂自称皇帝。 群盗发掘安葬顺帝的宪陵。

汉冲帝

乙酉(145) 汉冲帝永嘉元年

春正月,冲帝刘炳去世。

梁太后以扬、徐盗贼方盛，欲须所征诸王侯到乃发丧，太尉李固曰："帝虽幼少，犹天下之父，今日崩亡，人神感动，岂有人子反共掩匿乎？秦皇沙丘之谋，近日北乡之事，皆天下大忌，不可之甚者也。"太后从之，即暮发丧。

征清河王蒜及渤海孝王子缵至京师，大将军冀白太后迎缵入，即位，罢蒜归国。

蒜、缵皆章帝曾孙，蒜为人严重，动止有法度，公卿皆归心焉。而缵年八岁，李固谓梁冀曰："立帝宜择长年有德、任亲政事者，愿将军审详大计，察周、霍之立文、宣，戒邓、阎之利幼弱。"冀不从，与太后定策禁中，迎缵入南宫，即皇帝位。蒜罢归国。

葬怀陵。

将卜山陵，李固曰："今处处寇贼，军兴费广，新创宪陵，赋发非一。帝尚幼小，可起陵于宪陵茔内，如康陵制度。"太后从之。太后委政李固，宦官为恶者一皆斥遣，而梁冀尤疾之。初，顺帝时，除官多不以次，固奏免百余人。此等遂作飞章，言固离间近戚，自隆支党。冀以白太后，太后不听。

广陵张婴据郡反。

婴既降，至是复反。

二月，叛羌皆降，陇右复平。

西羌叛乱，积年费用八十余亿。诸将多盗牢禀，货赂左右，

梁太后因扬州、徐州盗贼势力正强盛，打算等受征召的各位王侯到洛阳后再发布冲帝去世的消息，太尉李固说："皇帝虽然年龄幼小，但仍是天下的君父，今天已经去世，人民和神灵无不为之悲痛，做子民的怎能反而共同掩盖君父去世的消息呢？秦始皇死后的沙丘之谋，近来迎立北乡侯之事，都是天下大忌，绝对不能这么做。"梁太后听从他的劝告，便在当天傍晚发丧。

征召清河王刘蒜及渤海孝王刘鸿的儿子刘缵到京师洛阳，大将军梁冀劝说梁太后迎接刘缵入宫，将刘蒜遣回封国。

刘蒜、刘缵都是章帝的曾孙，刘蒜性格严肃庄重，行动举止遵循礼节法令，公卿大臣都从心里归服。然而刘缵年龄只有八岁，李固对梁冀说："确立继位皇帝应该选择年龄大而有道德、能够亲自处理朝廷政务的人，请将军仔细考虑国家的长远利益，体察周勃所以选立文帝、霍光所以选立宣帝的道理，借鉴邓氏、阎氏家族选立幼弱的教训。"梁冀不听，与梁太后在宫中定下决策，迎接刘缵进入南宫，继位为皇帝。刘蒜被遣回封国。

安葬冲帝于怀陵。

朝廷将要为冲帝选择陵地，李固说："如今处处都有盗贼，军事费用浩大，最近才修筑宪陵，征收赋税和调发徭役不是一个小数目。而且皇帝年龄幼小，可以在宪陵内修建一个陵园安葬，依照殇帝康陵的制度。"梁太后听从了。梁太后将朝廷政务交由李固处理，凡是作恶的宦官，一律被排斥和遣退，因而梁冀更加痛恨李固。当初，顺帝在位时，任命官吏大多不按常规次序，李固奏准免职一百多人。这些人因此写匿名信诬告李固，说李固离间皇室和近亲的关系，培植和扩大自己的党羽势力。梁冀把这句话告诉太后，梁太后没有听从。

广陵郡张婴占据郡城反叛。

张婴归降后，到这时再次反叛。

二月，叛羌全部归降，陇右再次恢复安宁。

西羌诸种起兵反叛，朝廷连年支出的军事费用累积达八十多亿。领兵的将领们大多盗取军饷，用珍宝贿赂皇帝身边的近臣，

不恤军事,白骨相望。左冯翊梁并以恩信招诱叛羌,离湳、狐奴等五万余户皆诣并降,陇右复平。

三月,九江都尉滕抚击马勉、范容等,斩之。

太后以徐、扬盗贼益炽,博求将帅。三公举抚有文武才,诏拜九江都尉,助冯绲讨之。广开赏募,钱、邑有差。抚等破斩马勉、范容等,拜抚中郎将,督扬、徐二州事。

诏康陵在恭陵上。

诏曰:"殇帝即位逾年,安帝承袭统业。而前世令恭陵在康陵之上,失其次序,今其正之。"

冬十一月,历阳盗华孟称帝,滕抚进击张婴及孟,皆破斩之,东南悉平。

抚性方直,不交权势,为宦官所恶。后论功当封,太尉胡广承旨奏黜之,遂卒于家。

丙戌(146) 孝质皇帝本初元年

夏四月,诏郡国举明经诣太学,受业者岁满课试,拜官有差。

自是公卿皆遣子受业,游学增盛,至三万余生。

海水溢。 闰六月,大将军冀进毒弑帝,白太后策免太尉固,迎蠡吾侯志入,即位,太后犹临朝。

不注重军事,以致兵民大量死亡,白骨相望。左冯翊梁并用恩德和信义招降叛羌,离湳、狐奴等五万多户全都到梁并处投降,陇右地区再次恢复安宁。

三月,九江郡都尉滕抚进击马勉、范容等盗贼,将他们斩首。

梁太后因徐州、扬州等地盗贼势力日益炽盛,广泛征求将帅之才。三公荐举滕抚有文武全才,下诏任命滕抚为九江郡都尉,协助冯绲征讨群盗。公开悬出赏格,按照剿灭盗贼的功劳赏赐金钱或食邑。滕抚等击败群盗,斩杀马勉、范容等贼首,擢升滕抚为中郎将,都督扬州、徐州二州的事务。

朝廷下诏改康陵排位在恭陵之上。

诏书说:"殇帝即位超过一年,安帝继承皇统帝业。然而前朝却将安帝的恭陵排列在殇帝的康陵之上,次序颠倒,现在加以改正。"

冬十一月,历阳盗贼华孟自称为皇帝,滕抚进攻张婴以及华孟,将他们全都击败并斩首,东南地区全部平定。

滕抚性情方正刚直,不结交权贵和有势力的人,因而被宦官憎恨。后来评定讨伐盗贼的功劳,应该封滕抚为侯,然而太尉胡广秉承权贵的旨意,弹劾滕抚,将他罢黜,于是滕抚死在家里。

汉质帝

丙戌(146)　汉质帝本初元年

夏四月,诏命各郡、各封国荐举通晓经书的儒生到太学进修,受业期满一年后进行考试,根据考试成绩的优劣,授予不同的官职。

从此以后,公卿大臣都送自己的儿子到太学受业,到太学学习的人大大增加,太学生达到三万多人。

海水倒灌。　闰六月,大将军梁冀进毒药杀死质帝,劝说梁太后颁策将太尉李固免职,迎接蠡吾侯刘志入宫,即皇帝位,梁太后依然临朝听政。

帝少而聪慧,尝因朝会目梁冀曰:"此跋扈将军也!"冀深恶之,使左右置毒于煮饼以进。帝苦烦甚,召李固。固入,前问,帝曰:"食煮饼腹闷,得水尚可活。"冀曰:"恐吐,不可饮水。"语未绝而崩。固伏尸号哭,推举侍医。议立嗣,固与司徒胡广、司空赵戒先与冀书曰:"先世废立,未尝不询访公卿,广求群议,令上应天心,下合众望。传曰:'以天下与人易,为天下得人难。'至忧至重,可不熟虑?悠悠万事,唯此为大;国之兴衰,在此一举。"冀乃召百官入议。固、广、戒及大鸿胪杜乔皆以为清河王蒜明德著闻,又属最尊亲,宜立为嗣。而中常侍曹腾尝谒蒜,蒜不为礼,由此恶之。初,平原王翼既贬归河间,其父请分蠡吾县以侯之。翼卒,子志嗣。太后欲以女弟妻志,征到夏门亭。会帝崩,冀欲立之。腾又夜往说冀曰:"将军累世椒房,秉摄万机,宾客纵横,多有过差。清河严明,若果立,则将军受祸矣。不如立蠡吾侯,富贵可长保也。"冀然其言。明日重会公卿,冀意气凶凶,广、戒慑惮,曰:"惟大将军令。"独固、乔坚守本议。冀厉声罢会,说太后策免固,迎蠡吾侯志入南宫即位,时年十五。太后犹临朝政。大将军掾朱穆戒梁冀曰:"愿将军专心公朝,割除私欲,广求贤能,斥远佞恶。

质帝刘缵年纪虽小，却聪明智慧，曾在一次朝会上，眼睛注视着梁冀说："这是跋扈将军！"梁冀听到后，对质帝非常憎恨，让质帝身边的人把毒药放进汤饼中，进献给质帝食用。质帝吃过后，感觉非常难受，传召李固。李固进宫，走到质帝榻前，询问病情，质帝说："我吃过汤饼，觉得腹中堵闷，给我水喝还能活。"梁冀说："恐怕要呕吐，不能饮水。"话还没说完，质帝已经去世。李固伏在质帝的尸体上大声痛哭，并弹劾御医，要追究他们的奸谋。朝廷商议确定继承皇位的人选，李固和司徒胡广、司空赵戒先给梁冀写信说："前代选立皇帝，没有不询问公卿大臣，广泛征求大家意见的，这是为了上合天意，下符众望。经传中说：'把天下送给人是容易的，为天下选得合适的人却很困难。'确立皇帝，是一件最令人忧虑，也是最重大的事情，岂能不深思熟虑？天下万事，唯有此事最重大，国家的兴衰，在此一举。"梁冀这才召集百官入朝商议。李固、胡广、赵戒以及大鸿胪杜乔都认为清河王刘蒜以完美的德行著称，在皇室中地位最尊，血统最近，应该立为皇位继承人。然而中常侍曹腾曾经拜见过刘蒜，刘蒜没有向他施礼，曹腾因此而憎恨他。当初，平原王刘翼被贬逐回河间以后，他的父亲请求分出蠡吾县，将刘翼封为蠡吾侯。刘翼去世后，他的儿子刘志袭封。梁太后想把妹妹嫁给刘志为妻，将刘志征召到洛阳夏门亭。正遇上质帝去世，梁冀想立刘志为帝。曹腾又在夜里去对梁冀说："将军家族几代都是皇亲国戚，亲自掌握朝廷大权，宾客布满天下，这些人有许多过失和差错。清河王刘蒜严厉明察，如果真的立为皇帝，那么将军就会遭受祸害。不如立蠡吾侯刘志为帝，富贵就可以长久保全了。"梁冀认为他的话有道理。次日，重新召集公卿大臣讨论，梁冀气势汹汹，胡广、赵戒慑于压力，说："听大将军的命令。"只有李固、杜乔还坚持原来的主张。梁冀厉声宣布散会，劝说梁太后颁策罢免李固，迎接蠡吾侯刘志进入南宫，即皇帝位，当时刘志的年龄为十五岁。梁太后依然临朝听政。大将军掾朱穆告诫梁冀说："愿将军尽忠朝廷，割舍私欲，广泛征求贤能的人才，排斥和疏远奸佞邪恶的小人。

为皇帝置师傅,宜得小心忠笃之士,与之参劝讲授。"又荐种暠、栾巴等,冀不能用也。

秋七月,葬静陵。 九月,追尊河间孝王为孝穆皇,蠡吾先侯曰孝崇皇。冬十月,尊母匽氏为博园贵人。

丁亥(147) 孝桓皇帝建和元年

春正月朔,日食。 三月,黄龙见谯。 夏四月,地震。六月,以杜乔为太尉。

自李固之废,内外丧气,群臣侧足而立。唯乔正色无所回挠,由是朝野皆倚望焉。

秋,论定策功,益封梁冀万三千户,又封其子弟及宦者刘广等,皆为列侯。

杜乔谏曰:"陛下即位,不急忠贤之礼,而先左右之封,梁氏一门、宦官微孽并带无功之绶,裂劳臣之土,其为乖滥,胡可胜言?苟遂斯道,岂伊伤政为乱而已,丧身亡国,可不慎哉?"书奏,不省。

八月,立皇后梁氏。

初,永昌太守刘君世铸黄金为文蛇以献梁冀,益州刺史种暠纠发其奸。冀恨暠,因以他事陷之。李固上疏伸理,太后赦暠免官,以金蛇输官。冀从大司农杜乔借观,乔不与。冀小女死,令公卿会丧,乔独不往。至是立后,冀欲以

为皇帝安排师傅,应该选择小心谨慎、忠诚笃信的人士,将军与师傅一起参与劝学,讲授经典。"又推荐种暠、栾巴等人,梁冀没能任用他们。

秋七月,将质帝安葬于静陵。 九月,桓帝刘志追尊祖父河间孝王刘开为孝穆皇,父亲蠡吾侯刘翼为孝崇皇。冬十月,尊母亲匽氏为博园贵人。

汉桓帝

丁亥(147) 汉桓帝建和元年

春正月初一,发生日食。 三月,黄龙出现在谯县。 夏四月,发生地震。 六月,任命杜乔为太尉。

自从李固被罢黜后,朝廷内外都感到沮丧,群臣都心怀畏惧,不敢正立。唯独杜乔保持一身正气,不肯屈服,因此,朝廷内外的士人都依赖并寄希望于他。

秋季,评定拥立皇帝的功绩,增封梁冀食邑一万三千户,又封赏梁冀的儿子和兄弟以及宦官刘广等人,都封为列侯。

杜乔上书进谏说:"陛下即位以来,不先去礼敬忠贞贤能之士,而先封赏自己身边的人,梁冀一家以至宦官卑微之辈,都佩带上无功而得到的绶带,分得了只有功臣才应得到的封土,这种乖谬而无节制的滥封,哪里能用语言来形容?如果采用这种办法,其结束岂止伤害政体、混乱朝政而已,甚至还要丧身亡国,能不慎重吗?"奏疏呈上后,桓帝没有理睬。

八月,册封皇后梁氏。

当初,永昌郡太守刘君世用黄金铸成带花纹的金蛇进献给梁冀,益州刺史种暠举报并查办他的罪行。梁冀因此痛恨种暠,用别的事情来陷害他。李固上书替种暠申辩,梁太后赦免了种暠的罪过,仅免去他的官职,把金蛇收入国库。梁冀向大司农杜乔借金蛇看,杜乔不给他。梁冀的小女儿去世,下令公卿大臣都去参加葬礼,唯独杜乔没有前去。到这时,册立皇后,梁冀想用

厚礼迎之,乔又据旧典不听。冀属乔举氾宫为尚书,乔以宫为赃罪不用。由是日忤冀。

九月,地震,策免太尉乔。 冬十一月,贬清河王蒜为尉氏侯,徒桂阳,蒜自杀。下李固、杜乔狱,杀之。

宦者唐衡、左悺等共谮杜乔,帝亦怨之。会刘文等谋共立清河王蒜,劫其相谢暠,杀之。蒜坐贬为尉氏侯,徒桂阳,自杀。梁冀因诬李固、杜乔,云与文交通,收固下狱。门生王调贯械上书,赵承等数十人要铁锧诣阙通诉,太后诏赦固。及出狱,京师市里皆称万岁。冀闻之,大惊,畏其终为己害,乃更奏前事。长史吴祐争之,不从。从事中郎马融为作章表,祐谓曰:"李公之罪,成于卿手。李公若诛,卿何面目视天下人!"冀怒,起,入室,祐亦径去。固遂死狱中。临命,与胡广、赵戒书曰:"梁氏迷谬,公等曲从,汉家衰微,从此始矣。公等受主厚禄,颠而不扶,后之良史,岂有所私?固身已矣,于义得矣,复何言哉!"广、戒悲惭,长叹流涕。冀使人胁杜乔,使自引决,乔不听,收系之,亦死狱中。

冀暴固、乔尸,令:"有敢临者加其罪!"固弟子郭亮未冠,左提章、钺,右秉铁锧,诣阙上书,乞收固尸,不报。与董班俱往临哭不去。乔故掾陈留杨匡,号泣星行至洛,著

厚礼迎亲,杜乔又依据旧有的典章予以反对。梁冀嘱托杜乔推举氾宫为尚书,杜乔因氾宫犯有贪污罪,不肯任用。因此逐渐为梁冀所忌恨。

九月,发生地震,颁策罢免太尉杜乔。 冬十一月,把清河王刘蒜贬为尉氏侯,放逐到桂阳,刘蒜自杀。将李固、杜乔逮捕下狱,并杀死他们。

宦官唐衡、左悺等人一起诬告杜乔,桓帝也对他心生怨恨。正巧此时刘文等人图谋拥立清河王刘蒜,劫持他的国相谢暠,并杀死了他。刘蒜因罪被贬为尉氏侯,放逐桂阳,自杀而死。梁冀借机诬陷李固、杜乔,说他们与刘文相勾结,将李固逮捕下狱。李固的门生王调身戴刑具上书鸣冤,赵承等数十人也腰系刑具到宫门上诉,梁太后下诏赦免李固。等到李固出狱时,京城洛阳的大街小巷都呼喊万岁。梁冀听说后,大为惊骇,害怕李固最终会对自己不利,于是重新劾奏李固和刘文相勾结的旧案。梁冀的长史吴祐反复劝谏,梁冀不听。从事中郎马融替梁冀起草奏章,吴祐对他说:"李固的罪状,是你一手罗织起来的。李固如果被杀,你还有什么脸面去见天下人!"梁冀一怒而起,进入内室,吴祐也径自离去。李固终于死在狱中。临死时,李固写信给胡广、赵戒说:"梁氏荒谬迷乱,你们曲意顺从,汉室江山的衰落,从此开始了。你们享受帝王赐予的丰厚俸禄,眼看朝廷倾危而不肯扶持,后代的优秀史官,难道会有所偏袒而不加记载吗?我李固的生命是要完了,但是我尽到了道义上的责任,还有什么可说的呢!"胡广、赵戒既悲伤,又惭愧,喟然长叹,老泪纵横。梁冀派人威胁杜乔,让他自我了断,杜乔不接受,于是将杜乔逮捕下狱,也死在狱中。

梁冀把李固、杜乔的尸体放在街上示众,下令:"有敢来吊丧的,严加惩治!"李固的学生郭亮,年龄不足二十岁,左手提着奏章和斧子,右手抱着刑具,到宫门上书,乞求为李固收尸,没有得到批准。和董班一起去吊丧哭泣,守着尸体不走。杜乔过去的属吏陈留人杨匡,悲号哭泣,星夜赶往洛阳,穿上旧官服,头戴

故赤帻,托为夏门亭吏,守护尸丧积十二日。诣阙上书,并
乞二公骸骨,太后许之。匡送乔丧还家,葬讫,行服,遂与
亮、班皆隐匿,终身不仕。吴祐亦自免归,卒于家。

　　戊子（148）　二年
　　春正月,帝冠。　　三月,白马羌寇广汉。　　夏五月,北
宫火,帝徙居南宫。　　改清河为甘陵。
　　梁冀恶清河名,乃改焉。
　　秋,大水。

　　己丑（149）　三年
　　夏四月晦,日食。　　秋八月,有星孛于天市。　　大水。
九月,地再震,山崩。　　前朗陵侯相荀淑卒。

　　淑少博学有高行,李固、李膺等皆师宗之。尝举贤良,
对策讥刺贵幸,梁冀忌之,出为朗陵相。莅事明治,称为神
君。有子八人,俭、绲、靖、焘、汪、爽、肃、旉,并有名称,时
人谓之“八龙”。颍阴令苑康更命其里曰高阳里。

　　膺性简亢,唯以淑为师,以同郡陈寔为友。爽尝谒膺,
因为其御,既还,喜曰:“今日乃得御李君矣。”

　　寔出单微,同郡钟皓以笃行称,九辟公府,年辈远在寔
前,引与为友。皓为郡功曹,辟司徒府,太守高伦问:“谁可代
卿者?”皓曰:“明府欲必得其人,西门亭长陈寔可。”伦从之。

束发的旧红头巾,假称是夏门亭吏,在杜乔的尸体旁护丧达十二天之久。到宫门上书,请求收葬李固、杜乔二人的尸骨,梁太后批准了。杨匡将杜乔的灵柩护送回家乡,安葬完毕,又为他服丧,于是和郭亮、董班都藏匿起来,终身不出来做官。吴祐也自己辞官归乡,后在家中去世。

戊子(148)　汉桓帝建和二年
春正月,桓帝举行成年加冠礼。　三月,白马种羌进犯广汉。夏五月,北宫失火,桓帝迁居南宫。　改清河国为甘陵国。

梁冀厌恶清河国的名称,于是加以更改。

秋季,发生水灾。

己丑(149)　汉桓帝建和三年
夏四月最后一天,发生日食。　秋八月,天市星附近出现彗星。　发生水灾。　九月,发生两次地震,出现山崩。　前朗陵侯国相荀淑去世。

荀淑年轻时就学问广博,德行高尚,李固、李膺等人都像对待老师一样崇敬他。荀淑曾经被举荐为贤良之士,在对策时讽刺权贵近幸,梁冀因此忌恨他,外放为朗陵侯国相。他到任后,治理政事明快果断,被人们称为神君。荀淑有八个儿子:荀俭、荀绲、荀靖、荀焘、荀汪、荀爽、荀肃、荀专,都享有盛名,当时人称他们为"八龙"。颍阴县令苑康将他们居住的里名改为高阳里。

李膺性格简朴高洁,只把荀淑当作老师,和同郡人陈寔为朋友。荀爽曾经去拜见李膺,因而得以为李膺驾车,回来后,高兴地说:"今天,我才得到替李君驾车的机会。"

陈寔出身贫贱,同郡人钟皓以德行笃厚著称,前后九次被公府征辟,年龄和辈分都远在陈寔之上,却把陈寔当作朋友。钟皓原来担任郡功曹,后来被征辟到司徒府去任职,郡太守高伦问他:"谁可以接替你的职务?"钟皓说:"如果太守您一定要得到合适的人选,那么西门亭长陈寔可以胜任。"高伦听从了他的建议。

中常侍侯览托伦用吏，寔怀檄请见，曰："此人不宜用，而览不可违，寔乞从外署，不足以尘明德。"于是乡论怪其非举，寔终无所言。伦后被征，乃谓人曰："吾前为侯常侍用吏，陈君密持教还，而于外白署。陈君可谓'善则称君，过则称己'者也。"寔固自引愆，由是天下服其德。后为太丘长，修德清静，百姓以安。邻县民归附者，寔辄训导令还。司官行部，吏虑民有讼者，白欲禁之，寔曰："讼以求直，禁之，理将何申？"亦竟无讼者。以沛相赋敛违法，解印绶去，吏民追思之。

皓素与淑齐名，膺常叹曰："荀君清识难尚，钟君至德可师。"皓兄子瑾好学慕古，有退让风，与膺同年，俱有声名。其母，膺之姑也，膺祖太尉修常言："瑾似我家性，'邦有道，不废；邦无道，免于刑戮'。"复以膺妹妻之。膺谓瑾曰："弟何太无皂白邪？"瑾以白皓，皓曰："国武子好招人过以致怨恶，今岂其时邪？必欲保身全家，尔道为贵。"

庚寅（150） 和平元年

春正月，太后归政。二月，崩。 三月，帝还北宫。葬顺烈皇后。 封大将军冀妻孙寿为襄城君。

中常侍侯览嘱托高伦任用自己推荐的人为吏,陈寔怀揣檄书求见,对高伦说:"这个人不可任用,但是侯览的意旨也不可违抗,请由我来签署任命,没必要玷污您完美的品德。"因此,乡里的舆论都奇怪陈寔怎么会任用这样的人,陈寔却始终不做辩解。高伦后来被征召到京城,才对别人说:"我从前把侯常侍推荐的人任用为吏,陈寔却把我签署的任命书秘密送还,而改由他从外面来任用。陈寔可以称得上是'把善行归于主君,把过失归于自己'的人啊。"陈寔仍然坚持是自己的过失,因此,天下的人都佩服他的品德。后来他担任太丘县长,修饬德教,无为而治,百姓因而安居乐业。邻县的百姓前来归附,陈寔总是加以开导和解释,让他们返回本县。上级官员前来视察,县吏担心百姓上诉,请求陈寔加以禁止,陈寔说:"上诉的目的是为了求得公平,如果加以禁止,百姓如何申诉冤案呢?"然而最终也没有人上诉。因为沛国相征收赋税违反法度,他愤然离职而去,官吏和百姓都很怀念他。

钟皓一向与荀淑齐名,李膺经常感叹道:"荀君的清明见识很难学习,钟君的高贵品德可为人师表。"钟皓的侄子钟瑾,喜爱读书,效法古人,有退让的风度,和李膺同岁,都有名声。他的母亲是李膺的姑妈,李膺的祖父太尉李修曾经说过:"钟瑾像我们李家人的性格,'国家有道,不会久居人下;国家无道,不会受到诛杀'。"于是,又把李膺的妹妹嫁给钟瑾为妻。李膺对钟瑾说:"弟弟你为何太不分黑白呢?"钟瑾把这话告诉了钟皓,钟皓说:"齐国的国佐专好挑剔别人的过错,以致招来怨恨,现在哪里是黑白分明的时代呢?如果一定想保全自己的身家性命,还是你的处世哲学高明。"

庚寅(150)　**汉桓帝和平元年**

春正月,梁太后将朝政大权归还给桓帝。二月,梁太后去世。　三月,桓帝迁回北宫居住。　安葬顺烈皇后梁氏。　封大将军梁冀妻孙寿为襄城君。

　　寿善为妖态,冀宠惮之。冀爱监奴秦宫,出入寿所,刺史、二千石皆谒辞之。冀、寿对街为宅,殚极土木,互相夸竞。起兔苑,亘数十里,移檄调生兔,刻毛为识,人有犯者罪至死。冀用寿言,多斥夺诸梁在位者,外以示谦让。而孙氏宗亲为侍中、卿、校、郡守者十余人,皆贪饕凶淫,所在怨毒。

　　侍御史朱穆奏记曰:"将相大臣,均体元首,共舆而驰,同舟而济,舆倾舟覆,患实共之。岂可以去明即昧,履危自安,主孤时困而莫之恤乎? 宜时易宰守非其人者,减省第宅园池之费,拒绝郡国诸所奉送,内以自明,外解人惑。使挟奸之吏无所依托,司察之臣得尽耳目。宪度既张,远迩清一,则将军身尊事显,德耀无穷矣。"冀不纳。冀虽专朝,而犹交结宦官,任其子弟以为要职,欲以自固。穆又奏记极谏,冀报书云:"如此,仆亦无一可邪!"冀遣书诣乐安太守陈蕃请托,不得通。使者诈称他客,蕃笞杀之,坐左转修武令。

　　夏五月,尊博园匽贵人曰孝崇后。　秋七月,梓潼山崩。

辛卯(151)　**元嘉元年**
春正月朔,尚书张陵劾大将军冀罪,诏以俸赎。

孙寿善于做出各种妖媚的姿态来迷惑梁冀，梁冀既宠爱又畏惧她。梁冀喜爱管家奴秦宫，秦宫因而得以出入孙寿的住所，势力很大，刺史、郡太守等二千石以上的官吏在赴任以前都要向秦宫辞行。梁冀和孙寿分别在街道两旁兴建宅院，建筑工程极尽奢华，互相夸耀竞争。修建兔苑，绵延数十里，发布文书，征调活兔，每只兔子都剃掉一撮毛，作为标志，若有人猎取苑兔，甚至要判处死刑。梁冀采用孙寿的建议，罢免了许多梁家人的官职，表面上显示梁冀的谦让。然而，孙氏家族中担任侍中、卿、校、郡守的有十多人，全都贪得无厌，凶狠淫荡，所到之处，激起怨恨。

侍御史朱穆上书给梁冀说："将相大臣，跟君主同为一体，共乘一辆车奔走，同坐一条船渡河，一旦车船倾覆，大家实际是患难与共的。怎么能够抛弃光明投向黑暗，走在危险的路上还自认为安全呢？又怎么能够在君主孤单、时局艰难的时候，却毫不在意呢？应该及时撤换那些不称职的州牧和太守，减省兴建宅第和园林池塘的费用，拒绝各郡和各封国奉送的礼物，对内表明自己的心迹，对外解除人民的疑惑。让仗势为恶的奸吏无所依靠，负责监察的官员得以尽职。法纪得到伸张，远近一片清平，那么将军的地位会就更尊贵，事业就更显赫，美德的光辉将永垂后世。"梁冀没有采纳。梁冀虽然垄断朝政，专横跋扈，却仍交结皇帝身边的宦官，任命他们的子弟担任要职，想通过这种举措来巩固自己的地位。朱穆又向梁冀上书极力劝谏，梁冀回信说："照你的说法，我也一无是处了！"梁冀写信给乐安太守陈蕃，托他替自己办事，但陈蕃拒绝会见梁冀派来的使者。使者冒充是其他客人，陈蕃将使者鞭打至死，因此获罪，被贬为修武县令。

夏五月，桓帝尊其母博园匽贵人为孝崇后。　秋七月，梓潼县发生山崩。

辛卯（151）　汉桓帝元嘉元年

春正月初一，尚书张陵上章弹劾大将军梁冀的罪状，桓帝下诏让梁冀用俸禄赎罪。

群臣朝贺,大将军冀带剑入省。尚书张陵叱出,敕羽林、虎贲夺剑。冀跪谢,陵不应,即劾奏冀,请廷尉论罪。有诏以一岁俸赎,百僚肃然。河南尹不疑尝举陵孝廉,谓曰:"举君,适所以自罚也。"陵曰:"明府不以陵不肖,误见擢序,今申公宪以报私恩。"不疑有愧色。不疑好经书,喜待士,冀疾之,转为光禄勋,以其子胤为河南尹。胤年十六,容貌甚陋,不胜冠带。不疑自耻兄弟有隙,遂让位归第,与弟蒙闭门自守。冀不欲令与宾客交通,阴使人变服至门,记往来者。南郡太守马融初除,过谒不疑,冀讽有司奏融贪浊,髡笞徙朔方。

夏四月,帝微行至河南尹梁胤府舍。是日大风拔树,昼昏。

尚书杨秉上疏曰:"臣闻瑞由德至,灾应事生,天不言语,以灾异谴告。王者至尊,出入有常,警跸而行,静室而止。自非郊庙之事,则銮旗不驾。故诸侯入诸臣之家,《春秋》尚列其诫,况于以先王法服而私出盘游?降乱尊卑,等威无序,侍卫守空宫,玺绶委女妾,设有非常之变、任章之谋,上负先帝,下悔靡及!"帝不纳。秉,震之子也。

京师旱。任城、梁国饥,民相食。　北匈奴寇伊吾。冬十一月,地震。诏举独行之士。

群臣举行朝贺礼,大将军梁冀身佩宝剑,进入宫禁。尚书张陵厉声斥责,让他退出,并命令羽林、虎贲卫士夺下他的佩剑。梁冀跪下认错,张陵没有答理,立即上书弹劾梁冀,请廷尉治罪。桓帝下诏,罚梁冀一年俸禄赎罪,因此,文武百官都恭敬严肃。河南尹梁不疑曾经举荐张陵为孝廉,对张陵说:"举荐你,正好用来惩罚我们梁家自己了!"张陵说:"明府您不认为我张陵没有才能,错误地提拔任用我,我今天伸张朝廷法度,正是为了报答您的私恩。"梁不疑面有愧色。梁不疑喜好读经书,乐于接待有学问的人士,梁冀对此很憎恶,把他调任为光禄勋,而任命自己的儿子梁胤为河南尹。梁胤才十六岁,相貌丑陋,连官服都穿不上。梁不疑认为兄弟之间有嫌隙,对自己是一种耻辱,于是辞去官职,回到自己的宅第,和弟弟梁蒙闭门谢客,读书自娱。梁冀不想让他们再与外面的宾客交往,暗地里派人更换服装,到梁不疑大门前,记下来往的人。南郡太守马融刚被任命,前来晋见梁不疑,梁冀便授意有关部门弹劾马融贪污受贿,处以髡刑和杖刑,放逐到朔方郡。

夏四月,桓帝微服私行到河南尹梁胤府第。这天,大风吹拔树木,白昼一片昏暗。

尚书杨秉上书说:"臣听说祥瑞由修德而至,灾异因错事而生,上天不会说话,用灾异来谴责告诫君主。帝王至为尊贵,出入都有常规,凡是出行,前后都要有警戒保卫,凡是歇宿,都要先派人清查,然后才能居住。如果不是郊天、祭庙等大事,君王的銮旗御车从不出宫。所以诸侯入臣属之家,《春秋》尚且列为鉴戒,何况是穿着先王规定的朝服,私自出游呢?尊贵和卑贱混乱不分,威仪失去等级秩序,侍卫守护空宫,天子的玺绶交由妇女掌管,万一发生异常的变故,出现任章之类的谋反事件,上则辜负先帝,下则后悔莫及!"桓帝未加采纳。杨秉是杨震的儿子。

京师洛阳发生旱灾。任城郡、梁国发生饥荒,出现人吃人的现象。　北匈奴进犯伊吾地区。　冬十一月,发生地震。下诏荐举志节高尚的"独行"人才。

涿郡崔寔以独行举,诣公车,称病,不对策,退而论世事,名曰《政论》。其辞曰:"凡天下所以不治者,常出人主承平日久,俗渐敝而不悟,政浸衰而不改,习乱安危,怢不自睹。或荒耽耆欲,不恤万机;或耳蔽箴诲,厌伪忽真;或犹豫岐路,莫适所从;或见信之佐,括囊守禄;或疏远之臣,言以贱废。是以王纲纵弛于上,智士郁伊于下。悲夫!

"自汉兴以来,三百五十余岁矣,政令垢玩,上下怠懈,百姓嚣然,咸复思中兴之救矣。且济时拯世之术,在于补绽决坏,枝拄邪倾,随形裁割,要措斯世于安宁之域而已。故圣人执权,遭时定制。俗人拘文牵古,不达权制,奇伟所闻,简忽所见,乌可与论国家之大事哉?

"凡为天下者,自非上德,严之则治,宽之则乱。何以明其然也?近孝宣皇帝明于君人之道,审于为政之理,故严刑峻法,破奸轨之胆,海内清肃,天下密如,算计见效,优于孝文。及元帝即位,多行宽政,卒以堕损,威权始夺,遂为汉室基祸之主。政道得失,于斯可鉴。故圣人能与世推移,而俗士苦不知变,以为结绳之约,可复治乱秦之绪;干戚之舞,足以解平城之围。

涿郡人崔寔被举荐为"独行"人才，到洛阳负责接待的公车衙门时，声称有病，没有回答皇帝的策问，回乡后，撰写了评论当世政事的著作，名叫《政论》。书中说："大凡天下所以不能治理，通常都是由于人主继承太平盛世为时太久，风俗已经逐渐凋敝，却还不知道，政治已经逐渐衰败，却不改弦更张，习于混乱，安于危困，熟视而无睹。有的沉溺于酒色，不忧虑国事；有的听不进规劝，爱听假话而听不进真话；有的在歧路上徘徊，不知向何处去；于是，有些受信任的辅佐大臣，害怕得罪奸邪，闭口不言，只为保全自己的俸禄；而有的疏远小臣，虽然敢说真话，但因为地位卑微，意见不受重视和采用。因此，朝廷的法度在上面遭到破坏，才智之士在下面受到压抑，感到无可奈何，真是可悲啊。

　　"自从汉朝兴起以来，已经三百五十余年了，政令已经严重荒废，上下松懈怠惰，百姓怨声载道，都盼望复兴以挽救目前的危局。而且，拯救时世的办法，在于把裂缝补好，把斜倾支住，根据实际情况，采取相应措施，关键是要把国家引入安宁的境地而已。所以，圣人因时而异，根据当时的情况，制定相应的制度和措施。而庸俗的人，只知道固守常规，不懂得通权达变的道理，只看重古书上的记载，而忽略眼前的现实，怎么能和这种人讨论国家的大事呢？

　　"凡是治理天下的人，如果不是具有高尚的品德而深孚众望，那么采取严厉的手段，就能够治理，采用宽纵的政策，就会导致混乱。何以知道会是这样的呢？近代孝宣皇帝明白统治民众的道理，知道为政的真谛，所以采用严刑峻法，使奸邪之徒心胆俱裂，海内清平，天下安宁，总结他的政绩成效，比文帝还要好。等到元帝即位，多采用宽纵的政策，最终使朝政衰败，皇帝的威权开始下降，于是为汉王朝埋下灾祸的根基。为政之道的得失，从这里就可以看得很清楚。所以圣人能够与世推移，而庸俗之士却不懂得随时变化，认为结绳记事的办法，可以治理纷乱如麻的秦朝乱世；认为手持古代的盾和斧的干戚之舞，可以解除汉高祖的平城之围。

"盖为国之法,有似治身,平则致养,疾则攻焉。夫刑罚者,治乱之药石也;德教者,兴平之粱肉也。夫以德教除残,是以粱肉治疾也;以刑罚治平,是以药石供养也。自数世以来,政多恩贷,驭委其辔,马骄其衔,四牡横奔,皇路险倾,方将拑勒鞴靷以救之,岂暇鸣和銮、清节奏哉?昔文帝虽除肉刑,当斩右趾者弃市,笞者往往至死。是文帝以严致平,非以宽致平也。"

寔,瑗之子也。山阳仲长统尝见其书,叹曰:"凡为人主,宜写一通,置之坐侧。"

诏加大将军冀殊礼,增封四县,赐以甲第。

帝欲褒崇梁冀,使议其礼。胡广等咸称冀勋德,宜比周公,锡之山川、土田、附庸。司空黄琼独曰:"可比邓禹,合食四县。"于是有司奏冀入朝不趋,剑履上殿,谒赞不名,礼仪比萧何;增封四县,比邓禹;赏赐金钱、奴婢、彩帛、车马、衣服、甲第,比霍光。每朝会,与三公绝席。十日一入,平尚书事。冀犹以所奏礼薄,意不悦。

壬辰(152) 二年
春正月,西域长史王敬杀于阗王建,于阗攻敬,杀之。

"治理国家的方法，和养生治病有类似之处，平时注意营养和保护，有病就使用药物来治疗。刑罚是治理乱世的药物，教化是治理太平之世的佳肴。如果用教化去铲除凶残，那就像是用佳肴去治病；如果用刑罚来治理太平之世，就像是用药物来养生。自从最近几代以来，政令大多宽容，就像驾车的人松开缰绳，马匹卸去了衔勒，四匹马拉着车横冲直撞，前面的道路十分凶险，这时候应该紧急勒马刹车，加以挽救，哪里还有闲暇去听和谐而又有节奏的车铃声呢？过去，汉文帝虽然废除了肉刑，然而却将应当砍掉右脚趾的罪犯改判为斩首示众，受笞刑的罪犯也往往被鞭打至死。所以说汉文帝是靠严厉而不是靠宽纵的政策来实现天下太平的。"

　　崔寔是崔瑗的儿子。山阳郡人仲长统曾经看过这部书，叹息道："凡是作为君主的人，都应该抄写一本，放在座位旁边，作为座右铭。"

　　桓帝下诏增加大将军梁冀的特殊礼遇，加封食邑四县，赐给他上等住宅。

　　桓帝想褒奖和尊崇梁冀，让朝廷大臣讨论有关礼仪。胡广等人都称颂梁冀的功德，应该比拟周公，赐给他山川、土地及附属于他的小封国。唯独司空黄琼说："可以比拟邓禹，赏赐给他合计四个县的食邑。"于是，有关官吏上奏议定礼仪：梁冀入朝之时可以不必小步疾行，可以带剑穿鞋上殿，拜见皇上时，礼宾官只称他的官衔，不报姓名，礼仪比照萧何；加封四县食邑，比照邓禹；赏赐金钱、奴婢、彩帛、车马、衣服、上等住宅，比照霍光。每次朝见皇帝，梁冀不与三公同席，另设一专席。每隔十天，入朝一次，处理尚书台事务。梁冀还认为有关官吏所上奏的礼仪太轻，心里很不高兴。

壬辰（152）　汉桓帝元嘉二年

　　春正月，西域长史王敬杀死于阗国王建，于阗国人攻打王敬，杀死了他。

初,西域长史赵评在于阗,病痈死。拘弥王成国与于阗王建素有隙,谓评子曰:"于阗王令胡医持毒药著创中,故致死耳。"评子以告敦煌太守马达。会敬代为长史,马达令敬隐核于阗事。敬贪立功名,前到于阗,设供请建。坐定,建起行酒,敬叱左右执之。吏士并无杀建意,独成国主簿秦牧持刀出,前斩建。于阗侯、将输僰等遂会兵攻敬,斩之,而自立为王,国人杀之。马达闻之,欲击于阗,帝不听,以宋亮代达。亮到,开募于阗,令自斩输僰。时输僰已死,乃断死人头送敦煌。亮后知其诈,而竟不能讨也。

地震。　夏四月,孝崇皇后匽氏崩。
以帝弟平原王石为丧主,敛送制度比恭怀皇后。

五月,葬博陵。　秋七月,日食。　冬十月,地震。

癸巳(153)　永兴元年
秋七月,蝗。　河溢。民饥。以朱穆为冀州刺史,寻征下狱,输作左校。
冀州民饥,流亡数十万户,诏以朱穆为刺史。令长闻穆济河,解印绶去者四十余人。及到,奏劾诸郡贪污者,有至自杀,或死狱中。宦者赵忠丧父归葬,僭为玉匣,穆下郡案验,吏发墓剖棺出之。帝闻,大怒,征穆诣廷尉,输作左校。

起初，西域长史赵评在于阗，因生恶性脓疮而死。拘弥国王成国与于阗国王建一向有矛盾，对赵评的儿子说："于阗王让胡人医生把毒药放在伤口上，所以才导致令尊死亡。"赵评的儿子把这些话转告给敦煌太守马达。正逢王敬接任西域长史一职，马达命令王敬暗地里调查核实赵评死于于阗之事。王敬贪图建立功名，前去于阗，设宴邀请于阗王建。宾主坐定后，于阗国王建起身敬酒，王敬喝令手下的人将他逮捕。官吏和卫士们都没有杀于阗王建的意思，只有拘弥王成国的主簿秦牧持刀而出，上前把于阗王建杀死。于阗辅国侯、将军输僰等集合士兵攻打王敬，把王敬杀死，而输僰自立为于阗国王，于阗国人把他杀了。马达听到这一消息，想要进攻于阗国，桓帝没有批准，并任命宋亮代替马达。宋亮到达敦煌，开导和招募于阗人，命他们自己杀死输僰。当时输僰已经被杀死，于阗人就把死人的头砍下，送到敦煌。宋亮后来知道其中有诈，但到底也没能出兵征讨。

发生地震。　夏四月，孝崇皇后匽氏去世。

桓帝让自己的弟弟平原王刘石主持丧事，装殓和送葬的规格比照和帝的母亲恭怀皇后。

五月，安葬孝崇皇后于博陵。　秋七月，发生日食。　冬十月，发生地震。

癸巳（153）　汉桓帝永兴元年

秋七月，发生蝗灾。　黄河泛滥。百姓遭遇饥荒。任命朱穆为冀州刺史，不久，征召朱穆，逮捕下狱，判他到左校营罚苦役。

冀州百姓遭受饥荒，流亡的达数十万户，桓帝下诏任命朱穆为刺史。冀州地方官听说朱穆渡过黄河，解下印信绶带而逃走的有四十多人。及至到任，朱穆上奏弹劾各郡贪污受贿的官员，这些人有的甚至自杀，有的死在狱中。宦官赵忠的父亲死后运回家乡安葬，超越制度规定，用玉衣装殓，朱穆到郡中调查核实，官吏挖开墓穴，劈开棺木，把尸体抬出来查验。桓帝得知这一消息，大怒，征召朱穆到廷尉衙门问罪，判他到左校营罚苦役。

　　太学生刘陶等数千人诣阙上书讼穆曰："中官近习,窃持国柄,手握王爵,口含天宪,运赏则使饿隶富于季孙,呼嗡则令伊、颜化为桀、跖。而穆独亢然不顾身害,非恶荣而好辱,恶生而好死也,徒感王纲之不摄,惧天纲之久失,故竭心怀忧,为上深计。臣愿黥首系趾,代穆输作。"帝乃赦之。

　　陶又上疏曰："夫天之与帝,帝之与民,犹头之与足,相须而行也。陛下目不视鸣条之事,耳不闻檀车之声,天灾不有痛于肌肤,震食不即损于圣体,故蔑三光之谬,轻上天之怒。使群丑刑隶,芟刈小民,死者悲于窀穸,生者戚于朝野,是愚臣所为咨嗟、长怀叹息者也。臣闻危非仁不扶,乱非智不救,窃见朱穆、李膺,履正清平,贞高绝俗,斯实中兴之良佐,国家之柱臣,宜还本朝,挟辅王室。"书奏,不省。

　　甲午(154)　二年
　　春二月,复听刺史、二千石行三年丧。　地震。　夏,蝗。　东海朐山崩。　封乳母马惠子初为列侯。　秋九月朔,日食。　冬十一月,帝校猎上林苑,遂至函谷关。泰山、琅邪盗起。

太学生刘陶等数千人到宫门上书,为朱穆辩冤说:"宦官等皇上身边的亲信,窃据国家的权力,手中掌握着生杀予夺的大权,他们说的话,就等于王法,颁赏可以让饥饿的奴隶比季孙还富有,呼吸之间就能把伊尹、颜回变成夏桀和盗跖。但是,唯独朱穆昂然不计自身的祸殃,与他们斗争,并不是因为朱穆憎恶荣耀而喜欢受辱,不愿活着而愿意死亡,只是深感朝廷的纲纪不振,畏惧国家的法令长久地丧失权威,所以他才竭尽忠心,忧国忧民,为皇上深谋远虑。臣愿意在脸刺字,脚戴铁镣,代替朱穆罚苦役。"桓帝这才把朱穆释放。

刘陶又上疏说:"上天和皇帝之间,皇帝与臣民之间,就像头和脚的关系,必须互相配合才能行动。陛下的眼里没有看过商汤和夏桀鸣条之战的经过,耳朵也没有听过周武王伐商纣时战车厮杀的声响,天灾没有伤害到您的肌肉和皮肤,地震、日食也不会直接损害陛下的身体,所以,轻视日月星辰的变异,不在乎上天的发怒。让一群丑恶的宦官,任意宰割小民,已死的人在坟墓里悲号,活着人在朝野上下愁苦悲哀,这是愚臣我所以长期嗟惋叹息的原因。臣听说,危难之际没有仁爱长者就无法扶持,变乱之时没有智慧之人就不能拯救,我认为朱穆、李膺遵行正道,清廉公平,忠贞高尚,与众不同,真正是国家中兴的优良辅佐,朝廷中的栋梁之臣,应该把他们召回朝廷任职,共同辅佐王室。"奏章呈上后,桓帝没有理会。

甲午(154)　汉桓帝永兴二年

春二月,再次允许刺史和郡太守等官秩在二千石以上的官员为父母服丧三年。　发生地震。　夏季,发生蝗灾。　东海朐山发生山崩。　桓帝封乳母马惠的儿子初为列侯。　秋九月初一,发生日食。　冬十一月,桓帝在上林苑打猎,于是来到函谷关。　泰山、琅邪二郡盗贼四起。

乙未（155） 永寿元年

春二月，司隶、冀州饥，人相食。 夏，南阳大水。 巴、益郡山崩。 秋，南匈奴左薁鞬台耆等反，属国都尉张奂击，破降之。

南匈奴左薁鞬台耆等反，东羌复举种应之。安定属国都尉张奂初到职，壁中唯有二百许人，闻之，即勒兵出。军吏叩头争止之，不听，遂进屯长城。收兵，遣将王卫招诱东羌，因据龟兹县，使匈奴不得交通。东羌诸豪遂相率与奂共击薁鞬等，破降之。羌豪遗奂马二十匹，金镮八枚。奂以酒酹地曰："使马如羊，不以入厩；使金如粟，不以入怀。"悉以还之。前此八都尉率好财货，为羌所患苦，及奂正身洁己，无不悦服，威化大行。

丙申（156） 二年

春三月，蜀郡属国夷反。 秋，鲜卑檀石槐寇云中，以李膺为度辽将军。

初，鲜卑檀石槐勇健有智略，部落畏服，施法禁，平曲直，无敢犯者，遂推以为大人。立庭于弹汗山，去高柳北三百余里，东西部大人皆归焉。因南抄缘边，北拒丁零，东却夫余，西击乌孙，尽据匈奴故地，东西万四千余里。至是入寇。以故乌桓校尉李膺为度辽将军。膺到边，羌、胡皆望风畏服，先所掠男女，悉诣塞下送还之。

以韩韶为嬴长。

乙未（155）　汉桓帝永寿元年

春二月，司隶、冀州发生饥荒，出现人吃人的现象。　夏季，南阳郡发生水灾。　巴郡和益州郡发生山崩。　秋季，南匈奴左奠鞬台耆等人反叛，安定属国都尉张奂出兵攻打，将他们降服。

南匈奴左奠鞬台耆等人反叛，东羌诸种全体起来响应他们。安定属国都尉张奂刚刚到任，军垒中只有二百余人，听到这一消息，张奂立即集合军士出击。军中属吏都叩着头争相劝阻，张奂没有听从，于是进兵屯守长城要塞。征集兵士，派遣将领王卫招诱东羌诸种，因而进据龟兹县，使南匈奴和东羌人不能往来。东羌诸种的首长于是相继率兵与张奂一道进攻左奠鞬等，将他们击败和降服。羌人首领赠送给张奂二十四战马，八枚金耳环。张奂以酒洒地发誓说："即使马匹像羊群一样多，我也绝不牵入马厩；即使金子多如粟米，我也绝不装进自己的腰包。"把赠送的东西全部退还。在此之前，八任都尉大都贪图财物，羌人深感愁苦，及至张奂继任，持身廉洁，羌人无不心悦诚服，政令教化因而畅通无阻。

丙申（156）　汉桓帝永寿二年

春三月，蜀郡属国的夷人反叛。　秋季，鲜卑人檀石槐进犯云中郡，朝廷任命李膺为度辽将军。

当初，鲜卑人檀石槐勇敢健壮而又有智谋，各部落都对他敬畏和信服，他实施法令，公平地审理诉讼，没有人敢于违抗，于是被推举为部落首领。檀石槐在弹汗山建立王庭，位于高柳以北三百余里，东部和西部的部落首领都归附于他。因此，鲜卑人向南边劫掠汉朝沿边地区，抗拒北方的丁零人，在东边击退扶余人，在西边攻击乌孙人，完全占据匈奴的故土，东西达一万四千余里。到了这时开始进犯。朝廷任命原任乌桓校尉李膺为度辽将军。李膺到达边境以后，羌人、胡人都望风敬畏归服，把原先掠夺的男女俘虏全都送到边塞归还。

任命韩韶为嬴县长。

公孙举等聚众至三万人,寇青、兖、徐州,讨之,连年不克。尚书选能治剧者,以韶为嬴长。贼闻其贤,相戒不入境。流民万余户入县界,韶开仓赈之。主者争不可,韶曰:"长活沟壑之人,而以此伏罪,含笑入地矣。"韶与同郡荀淑、钟皓、陈寔皆尝为县长,以德政称,时人谓之"颍川四长"。

遣中郎将段颎击泰山、琅邪群盗,平之。

初,鲜卑寇辽东,属国都尉段颎率所领驰赴之。既而恐贼惊去,乃使驿骑诈赍玺书召颎,颎伪退设伏。虏入追,颎因大纵兵,悉斩获之。至是,诏选将帅有文武材者,司徒尹颂荐颎,拜中郎将。击二郡贼,大破之,斩其帅公孙举、东郭窦,获首万余级,余党降。封颎为列侯。

冬十二月,地震。

丁酉(157) **三年**
夏四月,九真蛮夷反,讨破之。 闰月晦,日食。 蝗。

或言民贫,宜铸大钱,事下四府群僚及太学能言之士议之。刘陶曰:"当今之忧,不在于货,在乎民饥。盖民可百年无货,不可一朝有饥。议者不达农殖之本,多言铸冶之便。盖万人铸之,一人夺之,犹不能给,况今一人铸之,则万人夺之乎?虽以阴阳为炭,万物为铜,役不食之民,

公孙举等聚集部众达三万余人,在青州、兖州、徐州打家劫舍,朝廷连年进行讨伐,都不能取胜。尚书台挑选能够胜任处理繁难事务的官员,任命韩韶为嬴县长。盗贼听说他很贤能,互相告诫不要进入嬴县境内。流民一万余户进入嬴县界,韩韶打开粮仓赈济他们。主管粮仓的官吏认为不能这样做,韩韶说:"我作为嬴县之长,能够救活可能要死在沟壑中的饥民,即便因此被处死,我也会含笑入土的。"韩韶与同郡荀淑、钟皓、陈寔都曾担任过县长,都以实行德政著称,当时人称他们为"颍川四长"。

朝廷派中郎将段颎进攻泰山、琅邪的盗贼,讨平了他们。

当初,鲜卑人进犯辽东,属国都尉段颎率领所统辖的军队迅速前去迎战。随后他担心鲜卑人惊慌逃走,就让驿骑假装送来皇帝诏书,征召段颎回朝,段颎假装退走,设下埋伏。鲜卑人信以为真,深入追击段颎,段颎趁势纵兵大战,把鲜卑人全都斩杀、俘虏。到这时,桓帝下诏选拔将帅中文武双全的人才,司徒尹颂推荐段颎,任命他为中郎将。段颎前去进攻泰山、琅邪二郡的盗贼,把他们打得大败,斩杀他们的首领公孙举、东郭窦,斩获首级一万多,其余的党徒都投降。封段颎为列侯。

冬十二月,发生地震。

丁酉(157)　汉桓帝永寿三年

夏四月,九真郡蛮夷反叛,讨伐并击败了他们。　闰四月最后一天,发生日食。　发生蝗灾。

有人上书说,老百姓贫穷,应该改铸大钱,这件事交给大将军、太尉、司徒、司空四府的官员以及太学中有见解的学生加以讨论。刘陶说:"当今面临的忧患,不在于钱币,而在于人民在忍饥挨饿。人民可以一百年没有钱币,却不能一天没有吃的。建议改铸钱币的人,不了解农业生产是国家的根本,却侈谈改铸钱币的好处。但即使一万个人铸钱,一个人掠夺,都不够抢的,何况现在是一个人铸钱,而有一万人去掠夺呢? 就是把天地间的阴阳二气当作炭火,把天下万物都当作铜矿,驱使不吃饭的百姓,

使不饥之士,犹不能足无厌之求也。夫欲民殷财阜,要在止役禁夺,则百姓不劳而足。愿陛下宽锲薄之禁,后冶铸之议,听民庶之谣吟,瞰三光之文耀,天下之心,国家大事,粲然皆见,无有遗惑者矣。今地广而不得耕,民众而无所食,群小竞进,吞噬无厌。诚恐卒有役夫穷匠投斤远呼,使愁怨之民响应云合,虽方尺之钱,何能有救其危也?”遂不改钱。

长沙蛮反。

戊戌(158) **延熹元年**

夏五月晦,日食。

太史令陈授陈“日食之变,咎在梁冀”。冀收考授,死于狱中。帝由是怒冀。

蝗。 大雩。 秋七月,太尉黄琼免。 冬十月,帝校猎广成,遂至上林苑。 十二月,南匈奴、乌桓、鲜卑入寇,以陈龟为度辽将军,除并、凉一年租赋。

龟临行上疏曰:“臣闻三辰不轨,擢士为相;蛮夷不恭,拔卒为将。臣无文武之才,而忝鹰扬之任,虽殁躯体,无所云补。西州地瘠民贫,数更寇虏,屡被灾荒,虽含生气,实同枯朽。陛下以百姓为子,焉可不垂抚循之恩哉?牧守不良,招致灾害,胡虏凶悍,因衰缘隙。而将帅不忠,聚奸玩寇,使仓库单竭,功业无效。宜改任牧守,去斥奸残,更

使用不饥饿的役夫,也不能满足永无止境的欲求。要想让人民富裕,财富充足,最重要的是停止征役,禁止掠夺,那么老百姓不必辛劳而自然富足。希望陛下放宽刻薄的禁令,暂缓实行铸造钱币的建议,倾听百姓的歌谣和谚语,观察日月星辰的变异,那么,天下人民的心愿,国家急需办理的大事,就都能清楚地看到,没有遗漏和疑惑的地方。当今田地虽然宽广却得不到耕种,民众虽然很多却得不到食物,小人们争相抢夺官爵,贪得无厌。我实在是担心役夫和穷困的工匠会突然抛开斧子向远方大喊,使忧愁怨恨的百姓起来响应,犹如云朵一样纷纷集合,到那时,即使有一尺见方的钱币,又哪里能挽救危亡呢?"于是不再改铸钱币。

长沙郡蛮人反叛。

戊戌(158) 汉桓帝延熹元年

夏五月最后一天,发生日食。

太史令陈授奏称"发生日食的灾异,罪过在于梁冀"。梁冀授意逮捕和拷打陈授,陈授死在狱中。桓帝因此恼恨梁冀。

发生蝗灾。 举行祈雨的大雩祭礼。 秋七月,太尉黄琼免官。 **冬十月,**桓帝在广成苑打猎,随后来到上林苑。 **十二月,**南匈奴、乌桓、鲜卑进犯,任命陈龟为度辽将军,免除并州、凉州一年的田租和更赋。

陈龟临行前上疏说:"臣听说,日月星辰不沿着轨道运行,应该选拔士人为相;蛮夷不恭顺朝廷,应该挑选士卒为将。臣没有文韬武略之才,却担当统帅大军的重任,即使身死,也难以报答。西部州郡土地贫瘠,百姓穷困,多次遭受侵略灾荒,虽然还有一口气,实际上如同枯骨朽尸。陛下把百姓当作子女,怎能不施抚养的恩惠呢?刺史、郡守不贤良,就会招来祸害,外族凶猛强悍,趁着衰败之机,利用缝隙而起兵反叛。但是,由于将帅不忠诚,贪官污吏聚敛财富,不抵御敌寇,致使国库空虚,征战毫无功效。应该更换不称职的刺史和郡守,罢斥邪恶残暴的贪官污吏,重新

选将校,简练文武,除并、凉今年租更,宽赦罪隶,扫除更始。则善吏知奉公之祐,恶者觉营私之祸,胡马可不窥长城,塞下无候望之患矣。"帝乃更选幽、并刺史、太守,下诏"为陈将军除并、凉一年租赋"。龟到职,州郡震栗,省息经用,岁以亿计。

以张奂为北中郎将。

匈奴、乌桓烧军门,屯赤坑,烟火相望,兵众大恐。奂安坐帷中,讲诵自若。潜诱乌桓,使斩匈奴、屠各渠帅,袭破其众,诸胡悉降。

征陈龟还,龟不食而卒。

梁冀与陈龟素有隙,征还代之。冀暴虐日甚,龟上疏请诛之,不肯,遂不食而死。

以种暠为度辽将军。

暠到营所,先宣恩信,不服,然后加讨。羌虏质郡县者,悉遣还之。诚心怀抚,信赏分明,由是羌胡皆来顺服。乃去烽燧,除候望,边方晏然无警。

己亥(159) 二年

春二月,鲜卑寇雁门。 蜀郡夷寇蚕陵。 三月,复断刺史、二千石行三年丧。 夏,大水。 秋七月,皇后梁氏崩。

梁后恃姊、兄势,奢靡妒忌,宠衰,无子,宫人孕育鲜

选拔将校,挑选训练文武兼备的人才,免除并州、凉州今年的田租和更赋,宽大赦免罪犯,给他们改过自新的机会。这样一来,善吏知道奉公守法带来的福气,恶吏知道营私舞弊招致的祸害,胡人的骑兵就不会再暗中窥伺长城,边塞也将不再有候望烽火的忧患了。"于是,桓帝重新任命幽州和并州刺史以及郡太守,下诏书称"为了陈将军免除并州、凉州一年的田租和更赋"。陈龟到任后,州郡官吏大为震惊和畏惧,省下的经费,每年以亿计。

任命张奂为北中郎将。

匈奴、乌桓焚烧度辽将军府大门,屯驻在赤坑,烟火互相看得很清楚,边防兵士很惊恐。张奂却安坐在军帐中,讲解和诵读经书,就像什么事也没发生一样。他秘密派遣使者劝说乌桓,让乌桓斩杀匈奴和匈奴旁支屠各的首领,袭击并打败匈奴部众,胡人各部全都投降。

征召陈龟还朝,陈龟绝食而死。

梁冀和陈龟之间一向有矛盾,因此将陈龟征召回朝,并派人代替他。梁冀的暴虐行为一天比一天厉害,陈龟上奏疏请求诛杀他,桓帝不同意,于是,陈龟绝食而死。

任命种暠为度辽将军。

种暠来到军营以后,首先宣布朝廷的恩德和威信,劝诱胡人归降,有不归降的,然后再加以讨伐。在各郡县做人质的羌人,种暠将他们全都遣送回家。种暠诚心诚意地加以怀柔和安抚,赏罚分明,因此羌人、胡人都前来归顺。种暠下令拆除烽火台,撤去瞭望台,边境地区一片安宁,再无警报。

己亥(159) 汉桓帝延熹二年

春二月,鲜卑进犯雁门郡。 蜀郡夷人攻打蚕陵县。 **三月**,再次取消刺史和二千石以上的官吏为父母服丧三年的规定。**夏季**,发生水灾。 **秋七月**,皇后梁氏去世。

梁皇后依仗姐姐梁太后和哥哥梁冀的势力,生活奢侈,嫉妒成性,桓帝对她的宠爱衰减,自己无子,其他嫔妃怀孕生子很少

得全者。帝益疏之，忧恚而崩。

葬懿献皇后于懿陵。 八月，大将军梁冀伏诛。太尉胡广、司徒韩缜、司空孙朗皆以罪免为庶人。

梁氏七侯、三后、六贵人、二大将军，卿、将、尹、校五十七人。冀专擅威柄，凶恣日积，宫卫近侍，并树所亲，禁省起居，纤微必知。四方贡献，皆先输上第于冀，乘舆乃其次焉。百官迁召，皆先到门谢恩，然后敢诣尚书。吴树为宛令，之官辞冀，冀以宾客为托，树曰："小人奸蠹，比屋可诛。明将军处上将之位，宜崇贤善以补朝阙。自侍坐以来，未闻称一长者，而多托非人，非树所敢闻也。"到县，遂诛冀客数十人。后还谒冀，冀鸩之，出，死车上。安帝嫡母耿贵人薨，冀从其从子求珍玩，不得，怒，族其家。崔琦作《外戚箴》以风，冀怒。琦曰："管仲乐闻讥谏之言，萧何乃设书过之吏。今将军不能结纳贞良，以救祸败，反欲钳士口，蔽主听，使马鹿易形乎？"冀杀之。冀秉政几二十年，以私憾杀人甚众，威行内外，天子拱手。

邓香妻宣生女猛，香卒，宣更适孙寿舅梁纪。寿引猛入掖庭为贵人，冀因认为己女。遣客杀宣，登屋欲入，宣家觉之，驰入白帝。帝大怒，因如厕，独呼小黄门史唐衡，问："左右与外舍不相得者，谁乎？"衡对："单超、左悺与梁氏有隙，

能得到保全。桓帝对她更加疏远，她忧愁愤恨而死。

安葬懿献皇后梁氏于懿陵。　　八月，大将军梁冀被处死。太尉胡广、司徒韩缜、司空孙朗都因有罪被免去官职，贬为平民。

梁氏家族共有七个侯、三个皇后、六个贵人、两个大将军，担任卿、将、尹、校等官职的有五十七人。梁冀把持朝廷大权，凶暴放肆，日甚一日，宫廷侍卫和皇帝的随从中，都有他的亲信，皇帝的行动起居，他了如指掌。四方向朝廷进贡的物品，都先将上等的呈送给梁冀，皇帝还得排在他后面。文武百官升迁或被征召，都先到梁府谢恩，然后才敢到尚书台去接受指示。吴树被任命为宛县县令，上任时辞别梁冀，梁冀托吴树照顾自己的宾客，吴树说："邪恶小人是残害百姓的蠹虫，即使是邻居，也应该杀死。将军您高居上将的官位，应该崇敬贤能来弥补朝廷的缺失。自从我陪着您坐下以来，没有听到您称颂一位长者，却嘱托我照顾很多不得当的人，这不是我吴树所敢听的。"吴树到县上任后，便将梁冀的宾客数十人诛杀。后来吴树回来谒见梁冀，梁冀请他喝下毒酒，吴树走出梁府后，死在车上。安帝的嫡母耿贵人去世，梁冀向她的侄儿索要珍宝玩物，没能得到，因而恼羞成怒，将其家族的人都处死。崔琦作《外戚箴》来讽劝梁冀，梁冀大怒。崔琦说："管仲喜欢听讥刺和规劝的话，萧何专门设置记录自己过失的官吏。现在，将军不能够结交忠贞贤良之人来拯救大祸，反而想要堵住士人的嘴巴，蒙蔽皇上的耳目，指鹿为马吗？"梁冀把他杀死。梁冀把持朝政将近二十年，因为私仇杀了很多人，威势震动朝廷内外，桓帝也只好拱手退让。

邓香的妻子宣，生下女儿邓猛，邓香去世后，宣改嫁给梁纪，梁纪是梁冀之妻孙寿的舅舅。孙寿把邓猛送进皇宫，被封为贵人，梁冀因而把邓猛认作自己的女儿。梁冀派刺客前去刺杀邓猛的母亲宣，刺客爬上屋顶，准备进入宣家时，被宣家人发现，宣急忙跑进皇宫向桓帝报告。桓帝勃然大怒，趁着上厕所的时候，单独招呼小黄门唐衡，问道："我身边的人，跟皇后娘家关系不好的，有哪些人？"唐衡回答说："单超、左悺和梁氏家族有矛盾，

徐璜、具瑗亦忿疾之。”于是帝呼超、悺入室，定议，帝啮超臂出血为盟。冀心疑之，使中黄门张恽入宿，以防其变。瑗收恽，请帝御前殿，使尚书令尹勋持节勒丞、郎以下皆操兵守省阁。敛诸符节送省中，使瑗将厩驺、虎贲、羽林、都候剑戟士合千余人，与司隶张彪共围冀第，收大将军印绶。冀、寿皆自杀，悉收梁氏、孙氏，无长少皆弃市。

胡广、韩缜、孙朗皆坐阿附，减死免为庶人。故吏、宾客免黜者三百余人，朝廷为空。百姓称庆。收冀财货，县官斥卖，合三十余万万，以充王府用，减天下税租之半。散其苑囿，以业穷民。

立贵人邓氏为皇后，追废梁后为贵人。　封宦者单超等五人为列侯。

世谓之“五侯”。

以黄琼为太尉。

时新诛梁冀，天下想望异政。琼首居公位，乃举奏州郡贪污，死徙十余人。辟汝南范滂。滂少厉清节，尝为清诏使，案察冀州，登车揽辔，慨然有澄清天下之志。守令臧污者皆望风解印绶去。奏权豪之党二十余人，尚书责滂所劾猥多，对曰：“臣之所举，自非叨秽奸暴，深为民害，岂以污简札哉？间以会日迫促，故先举所急，其未审者方更参实。臣闻农夫去草，嘉谷必茂，忠臣除奸，王道以清。若臣言

徐璜、具瑗也愤恨他们。"于是,桓帝把单超、左悺叫进内室,共同商定计谋,桓帝将单超的手臂咬破出血,以此盟誓。梁冀心中产生猜疑,派中黄门张恽入宫住宿,以防范意外变故。具瑗逮捕了张恽,请桓帝登上前殿,桓帝让尚书令尹勋手持符节,统率丞、郎以下的官吏,都手持兵器,守卫禁宫宫门。收罗各种符节送往禁中,让具瑗带领御厩的骑士、虎贲、羽林、都候剑戟士共一千余人,与司隶校尉张彪一起包围梁冀府第,收缴了大将军印信。梁冀、孙寿双双自杀,将梁氏和孙氏家族的所有成员全都逮捕,不论男女老幼全部斩首示众。

胡广、韩缜、孙朗都因阿附梁冀获罪,以减死罪一等论处,免去官职,贬为平民。梁氏旧时属吏和宾客被免官罢黜的有三百多人,朝廷为之一空。老百姓无不举手称快。没收梁冀的家财,由官府变卖,收入合计三十多亿,全都上缴国库,减免全国租税的一半。将梁氏的园林拆掉,分散给贫民耕种。

册立贵人邓氏为皇后,将梁皇后贬称为贵人。 封宦官单超等五人为列侯。

当世称他们为"五侯"。

任命黄琼为太尉。

当时刚刚诛杀梁冀,天下人都希望能看到政治有所改观。黄琼刚位居三公,便检举劾奏州郡的贪官污吏,有十余人被处死或流放。征辟汝南人范滂。范滂自幼便磨砺清高的节操,曾经担任清诏使,到冀州巡视考察,出发时,他登上车,手揽缰绳,慷慨激昂,大有澄清天下吏治的雄心壮志。郡守县令中那些贪赃枉法的官员听说范滂要来巡视,都自动解下印信绶带,离职而去。范滂上奏弹劾权贵党羽二十多人,尚书责备他弹劾得太多太滥,范滂回答说:"臣所举发劾奏的官吏,如果不是贪赃枉法、奸邪暴戾,给百姓造成重大伤害的,怎么会让他们来玷污我的奏章呢?再加上朝会的日期临近,所以先检举急待处治的,那些尚未调查核实的等今后再行弹劾。臣听说,农夫除去杂草,庄稼才能长得茂盛,忠臣铲除奸佞,王道才能变得清平。如果臣的弹章

有贰，甘受显戮。"尚书不能诘。

征处士徐稚、姜肱、袁闳、韦著、李昙，皆不至。

尚书令陈蕃荐五处士，以安车、玄𬘬征之，不至。

稚，豫章人，家贫，常自耕稼，非其力不食，恭俭义让，所居服其德。屡辟不起。蕃为太守，以礼请署功曹，稚既谒而退。蕃性方峻，不接宾客，稚来，特设一榻，去则县之。后举有道，家拜太原太守，皆不就。稚虽不应诸公之辟，然闻其死丧，辄负笈赴吊。常豫炙一鸡，以酒渍绵一两，暴干裹之。到冢隧外，以水渍绵，白茅藉饭，以鸡置前，酹毕留谒，不见丧主而行。

肱，彭城人，与二弟仲海、季江俱以孝友著闻，常同被而寝。尝俱诣郡，夜遇盗，欲杀之，肱曰："弟年幼，父母所怜，又未聘娶，愿杀身济弟。"季江曰："兄年德在前，家之珍宝，国之英俊，乞自受戮，以代兄命。"盗两释焉，但掠夺衣资而已。既至，郡中见肱无衣服，怪问其故，肱托以他辞，终不言盗。盗闻而感悔，就肱叩头谢罪，还所略物。肱不受，劳以酒食而遣之。既征，不至，诏图其形状。肱卧于幽暗，以被韬面，言眩疾畏风，工竟不得见。

有差错,甘愿被处死。"尚书无法反驳。

征聘隐居之士徐稚、姜肱、袁闳、韦著、李昙,他们都不肯应聘。

尚书令陈蕃推荐五位隐居之士,朝廷用一匹马拉的安车和玄𬖿征聘他们,他们都不来应聘。

徐稚是豫章郡人,家里贫穷,经常亲自耕种,不是自己劳动得来的食物不吃,谦恭节俭,待人礼让,当地人都佩服他的品德。官府多次征聘,他都没答应。陈蕃担任豫章太守,礼敬地请他担任功曹,徐稚在晋见陈蕃后,即行告退。陈蕃性格方正严峻,从不接见宾客,只有徐稚来,特地设一张坐榻,徐稚走后,就把坐榻悬挂起来。后来徐稚被荐举为"有道"之士,在家中被任命为太原太守,他都不肯就任。徐稚虽然不肯接受诸公的征聘,但是听到他们的死讯,便背着箱子前往吊丧。通常在家中预先烤好一只鸡,用酒浸泡一两丝棉,晒干后包裹烤鸡。来到死者坟墓的隧道之外,用水将丝棉泡湿,准备好米饭,以白茅草为垫,把鸡放在坟墓前,将酒洒在地上进行祭奠,留下自己的名帖,不会见主丧的人就离开。

姜肱是彭城人,和他的两个弟弟姜仲海、姜季江,都以孝敬父母、友爱兄弟著称,经常同盖一条被子睡觉。有一次,姜肱和弟弟姜季江一道去郡城,夜间遇上强盗,强盗要杀他俩,姜肱说:"我的弟弟年龄小,受到父母怜爱,又没有成亲,希望你杀死我,保全我弟弟的性命。"姜季江说:"我哥哥年龄和品德都在我之上,是家庭的珍宝,国家的英才,请让我受死,来换取哥哥的性命。"强盗把两人都释放了,只是把他们的衣服和财物抢走而已。来到郡城后,郡中人看到姜肱没穿衣服,觉得奇怪,问他是什么原因,姜肱用别的原因敷衍一番,始终没有说强盗抢劫之事。强盗听到这个消息,深感愧悔,到姜肱的住处叩头请罪,把抢夺的衣服财物奉还。姜肱不肯接受,用酒饭款待他,并把他送走。受到征召后,不肯前来,桓帝下诏画出姜肱的肖像。姜肱躺卧在光线幽暗的房间,用被子蒙住脸,声称患有昏眩病,怕受风,画工最终没能见到姜肱的真实面貌。

闳,汝南人,安之玄孙也。苦身修节,以耕学为业。著,京兆人,隐居讲授。昙,颍川人,继母酷烈,昙奉之谨。

帝又征安阳魏桓,其乡人劝之行,桓曰:"夫干禄求进,所以行其志也。今后宫千数,其可损乎?厩马万匹,其可减乎?左右权豪,其可去乎?"皆对曰:"不可。"桓乃慨然叹曰:"使桓生行死归,于诸子何有哉!"遂隐身不出。

封皇后兄了邓康、宦者侯览等为列侯。杀白马令李云、弘农掾杜众。

帝既诛梁冀,故旧恩私,多受封爵。封后兄子康、秉皆为列侯,宗族皆列校、郎将,赏赐巨万。侯览上缣五千匹,封高乡侯。又封小黄门八人为乡侯。自是,权势专归宦官矣。五侯尤贪纵,倾动内外。

时灾异数见,白马令李云露布上书,移副三府,曰:"梁冀虽持权专擅,虐流天下,今以罪行诛,犹召家臣扼杀之耳。而猥封谋臣万户以上,高祖闻之,得无见非?西北列将,得无解体?帝者,谛也。今官位错乱,小人谄进,财货公行,政化日损,是帝欲不谛乎?"帝怒,逮云送狱,使管霸考之。弘农掾杜众伤云以忠谏获罪,上书愿与云同死。帝愈怒,并下之狱。大鸿胪陈蕃、太常杨秉、洛阳市长沐茂、郎中上官资并上疏为请,皆坐免黜。管霸亦言:"云、众狂戆,不足加罪。"帝曰:"'帝欲不谛',是何等语,而常侍欲原之邪?"遂皆死狱中。

袁闳是汝南郡人,是袁安的玄孙。他刻苦修养节操,把耕种庄稼、学习经书作为自己的职业。韦著是京兆人,隐居山林,讲授经书。李昙是颍川郡人,他的继母非常凶暴,李昙对她却十分恭谨。

　　桓帝又征召安阳人魏桓,魏桓的乡亲们都劝他前往应聘,魏桓说:"接受朝廷的俸禄,追求升迁高级职位,目的是为了实现自己的抱负。可是现在后宫的美女数以千计,能减少吗?皇家马厩有骏马万匹,能减少吗?皇帝身边的权贵豪门,能驱除吗?"大家都说:"不能"。魏桓这才慨然长叹说:"让我活着去应聘,死后再被送回,对你们有什么好处呢!"于是隐居不出。

**　　封皇后哥哥的儿子邓康、宦官侯览等人为列侯。杀死白马县令李云、弘农郡掾吏杜众。**

　　桓帝在诛杀梁冀以后,跟他有旧交私情的人,大多都被授予封爵。封皇后哥哥的儿子邓康、邓秉都为列侯,邓氏宗族都被授予列校或郎将,赏赐以亿万计。侯览进献缣帛五千匹,赐封为高乡侯。桓帝又封小黄门八人为乡侯。从此以后,朝廷大权全都归宦官掌握。五侯尤其贪婪放肆,权势震动朝廷内外。

　　当时屡次出现灾异,白马县令李云公开上疏,并将副本呈送太尉、司徒、司空三府,疏中说:"梁冀虽然把持权势,独断专行,残害天下,如今论罪处死,不过就像召来家奴掐死他一样。然而却滥封参与密谋的臣子,赏赐他们万户以上的食邑,如果高祖知道了,能不责备吗?西北边疆的各位将领听说此事,能不军心动摇吗?帝就是审谛的意思。如今官位错乱,小人依靠谄媚追求升迁,贿赂公行,政令和教化日益败坏,是皇帝不打算审谛吗?"桓帝大怒,下令逮捕李云送监狱,让管霸拷问他。弘农郡掾吏杜众为李云因忠心进谏而遭到惩罚深感痛心,上书朝廷,表示愿意和李云一同受死。桓帝更加生气,将他和李云一道关进监狱。大鸿胪陈蕃、太常杨秉、洛阳市长沐茂、郎中上官资一并上书请求赦免李云,都因此被免官。管霸也说:"李云、杜众狂妄愚昧,不足以给予惩罚。"桓帝说:"'皇帝不打算审谛',这是什么话?常侍你还想宽恕他吗?"于是,李云、杜众都死在监狱中。

黄琼称疾不起,上疏曰:"陛下即位以来,未有胜政,诸梁秉权,竖宦充朝,李固、杜乔既以忠言横见残灭,李云、杜众复以直道继踵受诛。海内伤惧,益以怨结,朝野之人,以忠为讳。尚书周永,素事梁冀,黄门与冀共构奸轨,临冀当诛,乃阳毁示忠,以要爵赏,复与忠臣并时显封。四方闻之,莫不愤叹。"书奏,不省。

冬十月,以宦者单超为车骑将军。 烧当羌反,校尉段颎击破之。 以陈蕃为光禄勋。

时封赏逾制,内宠猥盛,蕃上疏曰:"夫诸侯上象四七,藩屏上国。而左右以无功传赏,至乃一门之内,侯者数人,故纬象失度,阴阳谬序。又采女数千,食肉衣绮,脂油粉黛,不可赀计。鄙谚言'盗不过五女门',以女贫家也。今后宫之女,岂不贫国乎?"帝颇采其言,为出宫女五百余人,封侯者降为乡侯。

以杨秉为河南尹,寻坐论作左校。

单超兄子匡为济阴太守,负势贪放。兖州刺史第五种使从事卫羽案之,得臧五六千万,奏并劾超。匡赂客刺羽,羽觉之,捕系洛阳。匡密令突狱亡走。尚书诘秉,对曰:"乞槛车征匡,考核其事,则奸慝踪绪,必可立得。"秉竟坐论作左校,种亦以他罪徙朔方。种,伦之曾孙也。

黄琼声称有病,卧床不起,上疏说:"陛下即位以来,没有显著的善政,梁氏家族的几个人掌握朝廷大权,宦官小人充斥朝廷,李固、杜乔因为进陈忠言已经惨遭杀害,李云、杜众又因为直言劝谏相继被处死。四海之内伤心恐惧,日益怨恨,朝廷内外,都把尽忠视为忌讳。尚书周永,一向讨好梁冀,宫廷内的黄门宦官和梁冀一道图谋不轨,到了梁冀将要被诛杀的时候,他们假装揭发和攻击梁冀以显示自己的忠诚,以此来求得封爵赏赐,他们又和忠臣一同受到显赫的封赏。四方的人士听到这一消息,无不愤恨叹息。"奏章呈上后,桓帝没有理睬。

冬十月,任命宦官单超为车骑将军。 烧当羌人反叛,校尉段颎将他们击败。 任命陈蕃为光禄勋。

当时,封爵和赏赐超出正常的制度,后宫中受宠的宫女非常多,陈蕃上疏说:"封国的诸侯就像天上的二十八宿,拱卫着朝廷。但是皇上身边的人都没有功劳而得到赏赐,有的竟然一家之内被封为侯爵的有数人,所以天象失去常度,阴阳秩序错乱。还有,后宫中有几千采女,她们吃的是肉,穿的是绫罗绸缎,用的是胭脂粉黛,花费难以计算。民间谣谚说'盗贼都不去有五个女儿的人家',因为女儿多会使一家贫穷。现在后宫有这么多女人,难道不会让国家贫穷吗?"桓帝对陈蕃的建议颇加采纳,因此释放宫女五百多人,封侯的降为乡侯。

任命杨秉为河南尹,不久,杨秉因事获罪,被送到左校营罚苦役。

单超哥哥的儿子单匡担任济阴太守,依仗权势贪污放纵。兖州刺史第五种让从事卫羽立案调查,查出赃款五六千万,第五种上奏告发,并且弹劾单超。单匡买通刺客前去行刺卫羽,卫羽发觉,将刺客抓获,囚禁在洛阳监狱。单匡暗中命令刺客越狱逃走。尚书责备杨秉,杨秉回答说:"请用囚车把单匡押解到京城,当面审查这件事,那么他们作奸犯科的罪状,肯定能立刻查清。"然而杨秉竟因此获罪,被送到左校营罚苦役,第五种也因为其他罪名被流放到朔方郡。第五种是第五伦的曾孙。

以爰延为五官中郎将。

帝问侍中爰延:"朕何如主?"对曰:"陛下为汉中主。"帝曰:"何以言之?"对曰:"尚书令陈蕃任事则治,中常侍、黄门与政则乱。是以知陛下可与为善,可与为非。"帝曰:"敬闻阙矣。"拜五官中郎将。会客星经帝座,帝密以问延,延曰:"天子动静以礼,则星辰顺序,意有邪僻,则晷度错违。陛下以邓万世有龙潜之旧,封侯引见,与之对博,上下媟黩,有亏尊严。夫爱之则不觉其过,恶之则不知其善。故王者赏必酬功,爵必甄德。善人同处,则日闻嘉训;恶人从游,则日生邪情。邪臣惑君,乱妾危主,惟陛下远谗谀之人,纳謇謇之士,则灾变可除。"帝不能用。延称病,免归。

庚子(160) **三年**

春正月,诏求故太尉李固后。

初,固知不免,遣子基、兹、燮归乡里。燮年十三,姊文姬为同郡赵伯英妻,密与二兄谋,豫匿燮,托言还京师,人不之觉。有顷难作,州郡收基、兹,皆死狱中。文姬乃告父门生王成曰:"君执义先公,有古人之节,今委君以六尺之孤。李氏存灭,其在君矣。"成乃将燮乘江东下,入徐州界,变姓名为酒家佣,而成卖卜于市。各为异人,阴相往来。

任命爰延为五官中郎将。

桓帝问侍中爰延说："朕是什么样的君主?"爰延回答说:"陛下是汉王朝的中等君主。"桓帝说:"为什么这么说呢?"爰延答道:"尚书令陈蕃管事时,国家就得到治理;而中常侍和黄门参与朝政,国家就混乱。所以说,可以辅佐陛下实施善政,也可以引导陛下做错事。"桓帝说:"朕知道自己的缺点了。"任命爰延为五官中郎将。正遇上一颗异常的星经过帝座星座,桓帝秘密征询爰延的意见,爰延说:"天子的一举一动都符合礼仪,那么,日月星辰就会按秩序运行,如果有歪门邪道的心思,那么星象就会发生混乱。陛下因为邓万世是自己未登上皇位前的旧友,于是就封他为侯,经常召见,和他玩博塞游戏,上下亲昵而不讲礼仪,有损至尊的威严。人们往往喜欢一个人就难以发现他的过失,讨厌一个人就不会了解他的优点。所以君王颁赏一定要与功劳的大小相联系,赐爵一定要和德行的高低相对应。和善人交朋友,就能每天听到有益的训勉;和恶人相来往,只会每天都产生邪恶之情。奸邪之臣迷惑君主,淫乱之妾危害主人,但愿陛下疏远阿谀奉承的小人,接纳直言敢谏的正士,那么灾变就可以消除。"桓帝没能采用他的意见。爰延便声称有病,被免去官职,回归故乡。

庚子(160)　汉桓帝延熹三年
春正月,桓帝下诏寻求已故太尉李固的后裔。

当初,李固知道自己难免一死,就把三个儿子李基、李兹、李燮送回故乡。当时李燮十三岁,他姐姐李文姬是同郡人赵伯英的妻子,偷偷跟两个哥哥商量,先把李燮藏起来,假称他已返回京师洛阳,人们都没察觉。不久,灾难降临,州郡官府逮捕李基、李兹,二人都死在狱中。于是李文姬拜托父亲的学生王成说:"您为我的父亲坚持正义,有古人的节操,今天我把六尺高的孤儿托付给您。李氏家族是存是亡,全在您的身上了。"王成便带着李燮乘船沿长江东下,进入徐州境内,改名换姓在酒店里做佣工,王成则在街头占卦算命。二人假装不认识,暗地里往来。

积十余年,梁冀既诛,燮乃还乡里,追行丧服。姊弟相见,悲感傍人。姊戒燮曰:"吾家血食将绝,弟幸而得济,岂非天邪? 宜杜绝众人,勿妄往来,慎无一言加于梁氏。加梁氏则连主上,祸重至矣,唯引咎而已。"燮谨从其诲。后成卒,燮以礼葬之,每四节为设上宾之位而祠焉。

单超卒。

赐超东园秘器、棺中玉具。及葬,发五营骑士,将作大匠起冢茔。其后四侯转横,天下为之语曰:"左回天,具独坐,徐卧虎,唐雨堕。"皆竞起第宅,以华侈相尚。兄弟姻戚,宰州临郡,辜较百姓,与盗无异,虐遍天下。民不堪命,故多为盗贼焉。左悺兄为河东太守,皮氏长京兆赵岐耻之,即日弃官西归。唐衡兄玹为京兆尹,收岐家属宗亲,陷以重法,尽杀之。岐逃难四方,自匿姓名,卖饼北海市中。安丘孙嵩见而异之,载与俱归,藏于复壁中。及诸唐死,遇赦,乃敢出。

闰月,西羌寇张掖,段颎破降之。

羌晨薄段颎军,颎下马大战,至日中,刀折矢尽,虏亦引退。颎追之,且斗且行,昼夜相攻,割肉食雪四十余日,遂至积石山,出塞二手余里,斩烧何大帅,降其余众而还。

夏五月,汉中山崩。   秋七月,长沙、零陵蛮反。   冬十一月,九真余寇复反,以夏方为交趾刺史,降之。

过了十多年之后，梁冀被诛杀，李燮才返回家乡，再行服丧守孝。姐弟二人相见，十分悲伤，旁边人无不感动。姐姐告诫李燮说："我们李家的祭祀差点断绝，弟弟你侥幸逃得活命，这难道不是天意吗？你应该闭门自守，不要随便和别人往来，千万不要对梁家有一言评论。评论梁家就会牵连皇上，大祸就会重新降临，只要引咎自责就行了。"李燮牢记姐姐的教诲。后来王成去世，李燮按照礼节安葬了他，每年的春夏秋冬四季都把王成的牌位摆放在上宾之位，加以祭祀。

单超去世。

赐给单超东园秘器以及棺木中的玉衣。等下葬时，征发五营骑士，由将作大匠为单超修筑坟墓。从此以后，剩下的"四侯"更加骄横，天下百姓流传着歌谣说："左悺有回天之力，具瑗是唯我独尊，徐璜像卧虎拦路，唐衡如大雨落地。"他们竞相修建宅第，追求豪华奢侈。他们的亲戚姻党，有的担任州郡长官，鱼肉百姓，和强盗没有什么区别，暴虐毒害遍及全国各地。民不聊生，所以很多人去做盗贼。左悺的哥哥为河东太守，所属皮氏县长京兆人赵岐对此感到耻辱，当天就辞官，西归故乡。唐衡的哥哥唐玹为京兆尹，逮捕赵岐的家属亲戚，扣上重大的罪名，全部加以诛杀。赵岐只身外逃，流浪四方，隐姓埋名，在北海的街市上卖饼为生。安丘人孙嵩见他相貌不凡，带着他一同乘车回家，把他藏在夹壁中。等到唐衡兄弟死后，遇到赦令，才敢出来。

闰正月，西羌进犯张掖，段颎击败并招降了他们。

早晨，羌人逼近段颎的军营，段颎下马大战，打到中午，战刀折断，箭头射尽，羌人也向后退却。段颎率军追击，一边搏斗，一边前进，昼夜不停地攻击，割马肉充饥，饮雪水止渴，历时四十多天，终于追击到积石山，追出塞外二千多里，斩杀烧何种羌的首领，接受其残部投降，班师而还。

夏五月，汉中郡发生山崩。　秋七月，长沙郡、零陵郡蛮人反叛。　冬十一月，九真郡残余盗贼再次反叛，朝廷任命夏方为交趾刺史，盗贼向夏方投降。

方威惠素著,贼相率降。

泰山贼杀都尉,以皇甫规为太守,讨平之。

辛丑(161) 四年

春正月,南宫嘉德殿火。 大疫。 二月,武库火。
夏,以刘矩为太尉。

初,矩为雍丘令,以礼化民,民皆感悟自革。有讼者常
引之于前,提耳训告,以为忿恚可忍,县官不可入,使归更
思。讼者感之,辄各罢去。

五月,有星孛于心。 雨雹。 六月,地震。 岱山
及博尤来山裂。 秋七月,减百官奉,贷王侯半租,卖关内
侯以下官。 九月,以刘宠为司空。

宠尝为会稽太守,除烦苛,禁非法,郡中大治。被征,
有五六老叟,自若邪山谷间出,人赍百钱送宠曰:"山谷鄙
生,未尝识郡朝。他守时,吏发求民间,至夜不绝,或狗吠
竟夕,民不得安。自明府下车以来,狗不夜吠,民不见吏。
年老遭值圣明,今闻当见弃去,故自扶奉送。"宠曰:"吾政
何能及公言邪?勤苦父老。"为人选一大钱受之。

冬,诸羌复反,征段颎下狱,遣中郎将皇甫规击破降之。

羌寇并、凉,段颎将湟中义从讨之。凉州刺史郭闳
贪共其功,稽固颎军,使不得进,义从役久叛归。闳归罪

夏方一向以威严和恩惠著称,盗贼相继投降。

泰山贼寇杀死都尉,朝廷任命皇甫规为太守,讨平盗贼。

辛丑(161)　汉桓帝延熹四年

春正月,南宫嘉德殿发生火灾。　发生大瘟疫。　二月,兵器库发生火灾。　夏季,任命刘矩为太尉。

当初,刘矩为雍丘县令,用礼义教化百姓,因此,百姓们都受到感化,努力革除自身的恶习。有人来告状,他经常把告状人带到跟前,耳提面命地训告他们,让他们知道愤怒是可以忍耐的,但是县衙不要进,让他们回去重新考虑。告状人被他的话所感动,往往各自作罢离去。

五月,心宿星座附近出现彗星。　发生雹灾。　六月,发生地震。　岱山及博县尤来山发生崩裂。　秋七月,削减百官的俸禄,向各封国的王、侯借贷他们所食租税的一半,出卖关内侯以下的官爵。　九月,任命刘宠为司空。

刘宠曾经担任会稽太守,在任期间,消除烦琐的苛捐杂税,禁止官吏的非法行为,郡内大治。桓帝征召他去朝廷任职,山阴县有五六位老人从若邪山谷中出来,每人带着一百钱送给刘宠,说:"我们都是山谷中的鄙陋小民,从来没有见过郡太守。其他太守在任时,官吏到民间征发赋税徭役,到夜晚还络绎不绝,有时犬吠之声通宵不停,百姓不得安宁。自从明府您就任以来,夜间听不到犬吠之声,百姓也看不到官吏的影子。我们在年老之时遇到圣明的太守,今天听到您要离开我们,所以,才互相扶持为您送行。"刘宠说:"我的政绩哪有你们夸奖的那样好呢?各位父老辛苦了。"在他们送来的钱中每人选一枚大钱收下。

冬季,羌人诸部再次反叛,将段颎征回洛阳,关进监狱,派遣中郎将皇甫规前去征讨,击败并招降了羌人。

羌人进攻并州、凉州,段颎率领湟中志愿从行的胡人前往讨伐。凉州刺史郭闳贪图共享功劳,故意滞留段颎的部队,使他们无法前进,志愿从行的胡人因为服役太久,叛逃回家。郭闳归罪

于颍，颍坐征下狱，输作左校。羌遂陆梁，寇患转盛。皇甫规上疏曰："臣生长邠岐，年五十九，昔为郡吏，再更叛羌，豫筹其事，有误中之言。愿乞冗官，备单车一介之使，劳来三辅，宣国威泽，以所习地形兵势佐助诸军。且臣穷居孤危，坐观郡将已数十年矣。力求猛敌，不如清平；勤明孙、吴，未若奉法。前变未远，臣诚戚之，是以越职尽其区区。"诏以规为中郎将，持节监关西兵击羌，破之。羌慕规威信，相劝降者十余万。

壬寅（162） 五年

春三月，皇甫规讨沈氐羌，降之。

沈氐羌寇张掖、酒泉，皇甫规发先零诸种羌共讨陇右，而道路隔绝，军中大疫，死者十三四。规亲入庵庐，巡视将士，三军感悦。东羌遂降，凉州复通。规条奏牧守贪暴杀降、老不任职、倚恃权贵者数人，或免或诛。羌人闻之，翕然反善，十余万口，皆诣规降。

夏，零陵贼入桂阳，艾县贼攻长沙。 地震。 冬十月，武陵蛮反。

蛮寇江陵，南郡太守李肃走，主簿胡爽扣马谏曰："蛮夷见郡无备，故敢乘间而进。明府为国大臣，连城千里，举旗

于段颎，段颎因而被征回洛阳，关进监狱，送往左校营罚苦役。羌人因此横行无阻，祸患更加严重。皇甫规上书说："臣生长在邠山、岐山一带，年龄五十九岁，过去曾做过郡吏，经历过两次羌人叛乱，曾经事先筹划平乱，不幸而言中。我希望朝廷给我一个无职事的官阶，准备一辆车，让我作为朝廷的使者，到三辅地区进行招抚和慰问，宣扬朝廷的声威和恩德，用我所熟悉的地理知识和用兵谋略来帮助各部队。臣处在孤单危险的境地之中，静观郡太守已经数十年了。与其到处寻求勇猛的将额，不如施行清平的政治；与其精通孙子和吴起的兵法，不如使官吏奉公守法。上次羌人叛乱距离现在并没有多久，臣的确为此深感忧虑，所以超越自己的职责范围，上书陈言，以尽忠心。"桓帝下诏，任命皇甫规为中郎将，手持符节，督率函谷关以西的军队进攻羌人，将其击败。羌人敬慕皇甫规的威信，互相规劝，归降的有十多万人。

壬寅（162）　汉桓帝延熹五年
春三月，皇甫规讨伐沈氏种羌，羌人向皇甫规投降。

沈氏种羌进攻张掖、酒泉两郡，皇甫规征发先零等羌人部落，共同讨伐陇右地区的沈氏种羌，然而，因为道路不通，军中发生大瘟疫，死亡的人数达十分之三四。皇甫规亲自到营帐中巡视和慰问三军将士，全军将士深受感动。东羌派人前来请求投降，通往凉州的道路再度打通。皇甫规上奏弹劾了州牧、太守等地方官吏中有贪污暴虐、滥杀降人、年老不能胜任、依仗朝廷权贵等情况的几个人，这些人有的被免职，有的被处死。羌人听到这个消息，都改变态度，归服朝廷，有十多万人到皇甫规处投降。

夏季，零陵郡盗贼攻入桂阳郡，艾县的盗贼攻打长沙郡。发生地震。　冬十月，武陵郡蛮族反叛。

武陵郡蛮族攻打江陵，南郡太守李肃逃跑，主簿胡爽拉住他的马劝阻说："蛮夷看到郡城没有防备，所以才敢乘机进攻。太守您身为国家大臣，管辖的城镇连接达千里，只要您高举大旗，

鸣鼓,应声十万。奈何委符守之重而为捕逃之人乎?"肃杀爽而走。征肃,弃市,复爽门间,拜家一人为郎。

以冯绲为车骑将军讨诸蛮,降之。

先是,所遣将帅,宦官多陷以折耗军资,往往抵罪。绲请中常侍一人监军财费,尚书朱穆奏绲以财自嫌,失大臣节。有诏勿劾。绲请前武陵太守应奉与俱。十一月,至长沙,贼悉降。进击武陵蛮夷,斩首四千,受降十余万,荆州平定。绲推功于奉,荐以为司隶校尉。

以杨秉为太尉。　下皇甫规狱,论输左校。

皇甫规还督乡里,既无私惠,而多所举奏,又恶绝宦官,不与交通。于是遂共诬规货赂群羌,令其文降,玺书诮让。规上疏自讼曰:"臣前奏李翕等五臣,支党半国,所连及者复有百余。吏托报将之怨,子思复父之耻,交构豪门,竞流谤蓜,云臣私报诸羌,雠以钱货。若臣以私财,则家无担石;如物出于官,则文簿易考。就臣愚惑,信如言者,前世尚遗匈奴以宫姬,镇乌孙以公主,今臣但费千万以怀叛羌,何罪之有?自永初以来,将出不少,覆军有五,动资巨亿,有旋车完封,写之权门,而名成功立,厚加爵封。今臣还督

擂响战鼓,应声而来的必将有十万之众。怎么能够抛弃剖符守土的重任,而甘作临阵脱逃的罪人呢?"李肃杀死胡爽而逃走。朝廷征召李肃回京,在街头斩首示众,免除胡爽全家的赋税和徭役,并任命胡爽家中一人为郎官。

任命冯绲为车骑将军,征讨各部蛮夷,蛮夷向冯绲投降。

此前,朝廷所派遣的将帅,大多都被宦官以损耗军用物资为名加以陷害,往往受到处罚。冯绲请求派遣中常侍一人监督军队的开支,尚书朱穆上奏说冯绲躲避财物方面的嫌疑,有失大臣的节操。桓帝下发诏书,不许弹劾。冯绲请求前任武陵郡太守应奉和自己一同前去讨伐。十一月,冯绲到达长沙,盗贼全部投降。于是率领军队进攻武陵郡蛮族,斩杀四千多人,接受投降十余万人,荆州得以平定。冯绲把功劳推让给应奉,推荐他担任司隶校尉。

任命杨秉为太尉。 把皇甫规关进监狱,判他到左校营罚苦役。

皇甫规回到家乡,督率军政,并没有树立私恩,反而多有检举弹劾,又对宦官深恶痛绝,不和他们往来。因此,这些人一同诬陷皇甫规用财货贿赂诸种羌人,让他们假装投降,桓帝下诏谴责皇甫规。皇甫规上书替自己辩白说:"臣先前弹劾李翕等五人,他们的党羽遍布朝廷内外,和他们有牵连的还有一百多人。属吏借口为长官报仇,儿子一心想为父亲雪耻,交结有权势的豪门,竞相散布谣言,说是臣私下里贿赂诸种羌人,用财物酬谢他们。如果臣用自己的私财,那么臣家里没有一担以上的存粮;如果臣用官府的财物,那么有文书账簿,很容易查考。尤其让臣疑惑不解的是,即使他们所说的都是真话,那么,前朝还曾把宫女赐给匈奴,把公主嫁给乌孙,如今臣只是花费一千万钱来安抚反叛的羌人,这有什么罪过呢? 自从安帝永初年间以来,朝廷派出征伐羌人的将帅不少,其中全军覆没的有五位,动用资财多达亿万,有的将领班师回京之时,将钱币的封条都没打开就直接送进权贵的家门,他们却因此功成名就,加官晋爵。而今臣返回

本土,纠举诸郡,绝交离亲,戮辱旧故,众谤阴害,固其宜也。"帝乃征规还,拜议郎。

论功当封,而徐璜、左悺欲从规求货,规终不答,璜等陷以前事,下吏。官属欲赋敛请谢,规誓而不听,遂论输左校。诸公及太学生张凤等三百余人诣阙讼之,会赦归家。

癸卯(163) 六年
夏五月,鲜卑寇辽东。 秋,武陵蛮复反,郡兵讨平之,冯绲坐免。

七月,武陵蛮复反,宦官素恶冯绲,以军还盗贼复发,免之。

冬十月,帝校猎广成,遂至上林苑。

陈蕃上疏谏曰:"安平之时,游畋宜有节,况今有三空之厄哉!田野空,朝廷空,仓库空,加之兵戎未戢,四方离散,是陛下焦心毁颜,坐以待旦之时也,岂宜扬旗耀武,骋心舆马之观乎?又前秋多雨,民始种麦,今失其劝种之时,而令给驱禽除路之役,非贤圣恤民之意也。"书奏,不省。

十二月,以周景为司空。

时宦官方炽,任人充塞列位。景与太尉杨秉上言:"内外吏职,多非其人。旧典,中臣子弟不得居位,请皆斥罢。"帝从之。

故乡,负责督察和弹劾各郡地方官,因此断绝了朋友和亲戚的关系,得罪和侮辱了过去的老朋友,于是招来了众人的诽谤和暗害,确实是不可避免的。"于是,桓帝征召皇甫规回到京城,任命他为议郎。

按照皇甫规的功绩,应该加封侯爵,然而中常侍徐璜、左悺等人打算从皇甫规那里勒索财物,皇甫规始终不肯搭理他们,徐璜等人重提前事加以诬陷,因此将皇甫规交付有关官吏审问治罪。皇甫规的属下想收集钱物向徐璜等人道歉,皇甫规誓不听从,因此被判处到左校营罚苦役。三公大臣以及太学生张凤等三百多人前往宫门前为皇甫规诉冤,正遇到朝廷颁布赦令,皇甫规才回到家乡。

癸卯(163) 汉桓帝延熹六年

夏五月,鲜卑族攻打辽东。 秋季,武陵郡蛮人再度反叛,郡兵将其讨平,冯绲因此事而被免官。

七月,武陵郡蛮人再度反叛,宦官一向憎恨冯绲,借口班师后盗贼再次反叛而将其免职。

冬十月,桓帝去广成苑打猎,随后来到上林苑。

陈蕃上书进谏说:"即使是安定太平的时期,游猎也要有节制,何况现在有'三空'的灾难呢! 田野空,朝廷空,仓库空,再加上战争没有停止,四方人民逃亡,这正是陛下您焦心劳神、彻夜不寐的时候,怎么能够扬旗耀武,把心思用到乘坐车马观光上呢? 而且前段时间秋季下雨太多,农民才开始种麦,而今让他们失去耕种时机,命令他们承担驱赶禽兽、修筑道路的劳役,这不是圣贤君主体恤百姓的做法。"奏章呈上,桓帝没有采纳。

十二月,任命周景为司空。

这时宦官的势力正盛,他们提拔任用的人遍布各级官府。周景和太尉杨秉上书说:"朝廷内外的官吏,有很多都不是合适的人选。按照过去的典章制度,宦官子弟不得担任官职,请求陛下将这些人统统予以斥退和罢黜。"桓帝听从了他们的建议。

于是条奏牧守以下五十余人，或死或免，天下肃然。

以张奂为度辽将军，皇甫规为使匈奴中郎将。

初，张奂坐梁冀故吏，免官禁锢，凡诸交旧莫敢为言，唯规荐举，前后七上。及规为度辽将军，到营数月，上书荐奂才略兼优，宜正元帅，自乞冗官以为奂副。从之。

以段颎为护羌校尉。

西州吏民守阙为段颎讼冤诸甚众，会羌益炽，凉州几亡，乃复以颎为校尉。

尚书朱穆卒。

朱穆疾宦官恣横，上疏曰："按汉故事，中常侍参选士人，建武以后，乃悉用宦者。自延平以来，浸益贵盛，权倾海内，宠贵无极，放滥骄溢，渔食百姓。臣以为可悉罢省，更选海内清淳之士明达国体者，以补其处。"不纳。

后复口陈曰："臣闻汉家旧典，置侍中、中常侍各一人，省尚书事，黄门侍郎一人，传发书奏，皆用姓族。自和熹太后以女主称制，不接公卿，乃以阉人为常侍、小黄门，通命两宫。自此以来，权倾人主，穷困天下。宜皆罢遣，博选耆儒宿德，与参政事。"帝怒，不应。穆伏不肯起，左右传出，良久，乃趋而去。自此中官数因事称诏诋毁之，穆素刚，愤懑发疽卒。

于是,他们弹劾州牧、太守以下的官吏五十余人,这些人有的被处死,有的被免官,天下无不恐惧。

任命张奂为度辽将军,皇甫规为使匈奴中郎将。

当初,张奂因为是梁冀的旧属而被免职,并终身禁止再做官,他的故交老友没有一人敢替他说话,只有皇甫规向朝廷推荐张奂,前后呈递了七次奏章。等到皇甫规担任度辽将军,到军营仅数月,就向朝廷推荐张奂才能谋略兼优,应担任大军统帅,自己请求做个散官,担任张奂的副手。朝廷采纳了他的建议。

任命段颎为护羌校尉。

西部州郡的官吏百姓守在皇宫门前为段颎申诉冤情的人很多,正遇上羌人势力更加强盛,凉州几乎沦亡,于是朝廷重新任命段颎为护羌校尉。

尚书朱穆去世。

朱穆痛恨宦官放肆专横,上疏说:"按照汉朝的传统制度,中常侍也选用士人,从光武帝建武年间以后,才全部任用宦官。自从殇帝延平年间以来,宦官的地位越来越尊贵,势力越来越大,权力倾动全国,宠信和尊贵达到极点,他们肆意骄纵专横,鱼肉百姓。臣认为应该把他们全都裁减和罢黜,重新选择天下通晓国家制度的清廉高洁之士,来补充空出的职位。"桓帝没有采纳。

后来,朱穆又口头向桓帝陈述说:"臣听说汉朝过去的典章制度,设置侍中、常侍各一人,负责尚书台事务,设置黄门侍郎一人,负责传达皇帝的命令和收受臣下的奏章,全都选用名姓大族人士担任。自从和熹太后以女主的身份主持朝政以后,不接触三公九卿,于是用太监为常侍和小黄门,奔走于皇宫和后宫之间。从此以后,宦官的权力倾动君主,致使天下穷困。应该把他们都罢黜遣散,广泛选拔年老博学而又有德望的儒者参与朝廷政事的处理。"桓帝阅奏大怒,不作回应。朱穆趴在地上不肯起身,桓帝左右的人传命让他出去,过了很久,朱穆才快步离去。从此以后,宦官多次借故用皇帝的名义诋毁朱穆,朱穆一向性格刚烈,因愤恨而生毒疮,疮发身死。

甲辰（164）　七年

春二月，邡乡侯黄琼卒。

琼薨，谥曰忠，四方名士会其葬者六七千人。

初，琼教授于家，徐稚从之，咨访大义。及琼贵，稚绝
不复交。至是往吊，进酹，哀哭而去，人莫知者。诸名士
曰："必徐孺子也。"于是选能言者陈留茅容轻骑追及，为沽
酒市肉，稚为饮食。容问国家事，稚不答，更问稼穑，稚乃
答之。容还，以语诸人，或曰："可与言而不与言，孺子其失
人乎？"太原郭泰曰："不然。孺子之为人，清洁高廉，饥不
可得食，寒不可得衣，而为季伟饮食，此为已知季伟之贤故
也。所以不答国事者，是其智可及，其愚不可及也。"

泰博学，善谈论，初游洛阳，时人莫识。陈留符融一见
嗟异，因以介于河南尹李膺，膺与为友。反归乡里，诸儒送
至河上，车数千两，膺唯与泰同舟而济。泰性明知人，好奖
训士类。茅容年四十余，耕于野，与等辈避雨树下，众皆
夷踞，容独危坐。泰见而异之，因请寓宿。旦日，容杀鸡食
母，余半度置，自以草蔬与客同饭。泰曰："卿贤哉远矣，郭
林宗犹减三牲之具以供宾旅，而卿如此，乃我友也。"起，对
之揖，劝令从学。钜鹿孟敏荷甑堕地，不顾而去。泰见问之，

甲辰(164) 汉桓帝延熹七年

春二月,邴乡侯黄琼去世。

黄琼去世,朝廷赠给他的谥号为忠,四方知名人士前来吊丧的有六七千人。

当初,黄琼在家中教授经书,徐稚跟随他学习,询问学问要旨。等黄琼地位尊贵以后,徐稚就和黄琼绝交,不再往来。到了这时,徐稚前往吊丧,以酒洒地祭奠一番,然后放声痛哭而去,别人都不知道他是谁。名士们说:"肯定是徐稚。"于是选派善于言辞的陈留人茅容骑上快马追赶徐稚,茅容沽酒买肉,请徐稚一道进食。茅容问及国家大事,徐稚闭口不答,改问耕种和收获庄稼的事,徐稚这才回答。茅容返回,把这些告诉大家,有人说:"遇上可以交谈的人却不与他交谈,徐稚岂不是有失于人吗?"太原人郭泰说:"不是这样。徐稚的为人,清高廉洁,饥饿时不会接受别人的食物,寒冷时不会穿别人的衣服,而他答应茅容的邀请一起饮酒食肉,这是因为他已经知道茅容贤能的缘故。所以不回答国家大事,是因为他的智慧我们能赶得上,而他的故作愚昧我们却赶不上。"

郭泰学问渊博,善于言辞谈论,刚到洛阳时,当时人们并不认识他。陈留人符融一见到他就赞叹惊异,因而将他介绍给河南尹李膺,李膺和他结为好友。后来郭泰准备返回家乡,很多儒生送他到黄河渡口,车子多达数千辆,只有李膺和郭泰同船渡河。郭泰性格明达,善于识别人的贤愚,喜欢奖励和教导读书人。茅容年龄四十多岁,在田野中耕作,和一群同伴到树下避雨,大家都随便坐在地上,只有茅容正襟危坐。郭泰见到后大为惊异,因而请求借宿。第二天,茅容杀鸡侍奉母亲,将余下的半只鸡收藏在阁橱中,自己拿粗劣的蔬菜和客人一同食用。郭泰说:"你的贤良远远超过常人,我郭泰还只是用低于祭祀祖先的规格来款待客人,而你却是这样,真是我的好友。"于是站起身来,向茅容作揖,劝他读书学习。钜鹿人孟敏肩上扛的瓦罐掉到地上,都不回头看一眼就走开了。郭泰看到后问他为什么这样,

对曰："甑已破矣，视之何益？"泰以为有分决，亦劝令游学。陈留申屠蟠为漆工，鄢陵庾乘为门士，泰奇之，后皆为名士。自余或出于屠沽、卒伍，因泰奖进成名者甚众。或问范滂曰："郭林宗何如人？"滂曰："隐不违亲，贞不绝俗，天子不得臣，诸侯不得友，吾不知其他。"泰举有道不就，或劝之仕，泰曰："吾夜观乾象，昼察人事，天之所废，不可支也，吾将优游卒岁而已。"然犹周旋京师，诲诱不息。徐稚以书戒之曰："夫大木将颠，非一绳所维，何为栖栖不遑宁处？"泰感寤曰："谨拜斯言，以为师表。"

济阴黄允以隽才知名，泰见而谓曰："卿高才绝人，足成伟器。然当深自匡持，不然，将失之矣。"后司徒袁隗欲为从女求姻，见允叹曰："得婿如是，足矣。"允闻而黜遣其妻。妻请大会宗亲，数允隐匿而去，允由是废。初，允与汉中晋文经恃其才智，征辟不就，托言疗病京师，不通宾客。公卿大夫遣门生问疾，郎吏杂坐其门。三公辟召，辄以访之。符融谓李膺曰："二子行业无闻，以豪桀自置，遂使公卿问疾，王臣坐门。融恐其小道破义，空誉违实，特宜察焉。"膺然之。后并以罪废。

孟敏说:"瓦罐已经破了,看了又有什么用处呢?"郭泰认为他有决断能力,也劝他外出求学。陈留人申屠蟠是个漆工,鄢陵人庾乘是个门卒,郭泰对他们另眼相看,后来他们都成为名士。其他人,有的是屠夫,有的是酒保,有的是士卒,因受到郭泰奖励和引进而成名的很多。有人问范滂说:"郭泰是什么样的人?"范滂说:"隐居而不离开双亲,坚贞而不隔绝世俗,天子不能让他做臣子,诸侯不能跟他做朋友,除了这些,我不知道还有别的。"郭泰被推荐为"有道"人才,他不肯接受,有人劝他出来做官,郭泰说:"我夜间观看天象,白天考察人事,上天要灭亡的,人力不能支持,我只想悠闲度过一生罢了。"然而,他还是经常到京师洛阳,不停地教诲和劝诱人们读书求学。徐稚写信告诫他说:"大树将要倒下,不是一根绳子所能拴住的,你为什么还奔波忙碌而不安定下来呢?"郭泰有所感悟地说:"恭敬地拜受您的教诲,可以当作老师的指教。"

济阴人黄允以才智过人而知名,郭泰见到他时,对他说:"你才能高超,超过一般人,一定会成就大事业。然而,你应当严格要求自己,不然就会丧失声名。"后来,司徒袁隗想为侄女选择丈夫,见到黄允,赞叹道:"能得到这样的女婿,就心满意足了。"黄允听到这个消息后,就将自己的妻子休掉,遣送回娘家。他的妻子召集所有亲属和宗族会面,当着大家的面揭发数落黄允的隐私而离去,黄允因此而名声扫地。当初,黄允和汉中人晋文经依仗自己的才能智慧,官府征辟他们出来做官,他们都不去应聘,假托在京城治疗疾病,拒绝来访的宾客。三公九卿和大臣派遣门生前去探问病情,郎吏错杂挤坐门房,难见其面。三公府征聘官吏,往往前去征询他俩的意见。符融告诉李膺说:"他俩的操行和事业都没有突出的地方,却以豪杰自居,以致三公九卿派人前去探病,朝廷官员坐在门房等候召见。我符融担心他们的小道术会破坏儒家大义,徒具虚名而与实际不相符合,特别应该留意考察。"李膺赞同他的意见。后来黄允和晋文经都因为有罪而终身不准做官。

　　陈留仇香至行纯嘿，乡党无知者。年四十，为蒲亭长。劝人生业，为制科令，令子弟就学，赈恤穷寡，期年大化。民有陈元，独与母居，母诣香告元不孝，香惊曰："吾近日过元舍，庐落整顿，耕耘以时，此非恶人，当是教化未至耳。母守寡养孤，苦身投老，奈何以一旦之忿，弃历年之勤乎？且母养人遗孤，不能成济，若死者有知，百岁之后，当何以见亡者？"母涕泣而起。香乃亲到元家，为陈人伦，譬以祸福，元感悟，卒为孝子。考城令王奂署香主簿，谓之曰："闻在蒲亭，陈元不罚而化，得无少鹰鹯之志邪？"香曰："以为鹰鹯不若鸾凤，故不为也。"奂曰："枳棘非鸾凤所集，百里非大贤之路。"乃以一月奉资香，使入太学。与符融比宇，融宾客盈室，香常自守。融谓之曰："今英雄四集，志士交结之秋。"香正色曰："天子设太学，岂但使人游谈其中邪？"高揖而去。融以告郭泰，因就房谒之。泰嗟叹，起，拜床下曰："君，泰之师，非泰之友也。"香虽宴居，必正衣服，妻子事之若严君。妻子有过，免冠自责，妻子庭谢思过，香冠，妻子乃敢升堂，终不见其喜怒声色之异。不应征辟，卒于家。

陈留人仇香德行高尚,沉默寡言,乡里无人知道他。四十岁时担任蒲亭亭长。劝导老百姓积极从事农业生产,并制定规章条令,让百姓的子女上学读书,赈济穷人,优恤孤寡老人,经过一年,教化大行。有个叫陈元的百姓,一个人和母亲同住,而他的母亲到仇香处控告陈元不孝,仇香吃惊地说:"我最近经过陈元的住宅,看到院落整理得干干净净,耕作及时,他绝不是恶人,应该是没有受到教化,不知道如何做的缘故。您守寡多年,抚养这个父亲早逝的孩子,劳苦一生,直到年老,怎么能为了一时的恼怒,抛弃多年的勤劳辛苦呢? 而且,您抚养丈夫留下的孤儿,不能让他有出息,如果死者地下有知,您百年之后,到地下怎么与死去的丈夫相见呢?"陈元的母亲哭泣着起身告辞。仇香便亲自来到陈元家,向陈元讲述伦理孝道,讲解祸福的道理,陈元感动省悟,终于成为一位孝子。考城县令王奂任命仇香为主簿,对他说:"听说你在蒲亭时,对陈元未加惩罚而加以感化,是否少了些苍鹰搏击的志气呢?"仇香说:"我认为苍鹰搏击不如鸾凤和鸣,所以不愿那样做。"王奂说:"荆棘的丛林不是鸾凤栖息之地,百里的小县不是大贤用武之区。"于是用自己一个月的俸禄资助仇香,让他进入太学学习。仇香来到太学后,学舍和符融相邻,符融处经常是宾客满堂,而仇香经常是自己一个人安静地学习。符融对他说:"如今英雄豪杰汇聚洛阳,正是仁人志士广交天下英雄的时候。"仇香一脸严肃地说:"天子设立太学,难道仅仅是让人在这里面高谈阔论吗?"说完双手抱拳高举过头作揖后离去。符融把这件事告诉郭泰,他们两人来到学舍谒见仇香。郭泰赞叹不已,起身,拜伏在仇香床下,说:"您是我郭泰的老师,而不是我的朋友。"仇香就是在闲暇无事时,也一定是衣装整齐,妻子和儿女对待他就像对待严肃的主君一样。妻子和儿女有了过失,仇香就摘下帽子,责备自己,妻子和儿子在庭院中道歉悔过,等仇香戴上帽子,妻子和儿女才敢进入堂屋,平时从来也看不到仇香因事喜怒或者声音脸色有何变化。他从不接受官府征聘,后来死于家中。

三月,陨石于鄠。　　夏五月,雨雹。　　荆州刺史度尚击桂阳、艾县贼,平之。

度尚募诸蛮夷击艾县贼,大破之,降者数万。桂阳宿贼卜阳、潘鸿等逃入深山,尚破其三屯,多获珍宝。欲遂击之,而士卒骄富,莫有斗志。尚乃宣言兵少未可进,当须诸郡所发悉至,乃并力攻之。申令军中,恣听射猎,兵喜,皆出。尚乃密使人焚其营,猎者来还,莫不泣涕。人人慰劳,深自咎责,因曰:"阳等财宝,足富数世,诸卿但不并力耳。所亡少少,何足介意!"众咸愤踊。尚敕令秣马蓐食,明旦,径赴贼屯。阳等自以深固,不复设备,吏士乘锐,遂破平之。尚出兵三年,群寇悉平,封右乡侯。

冬十月,帝如章陵。

时公卿贵戚车骑万计,征求费役,不可胜极。护驾从事胡腾言:"天子无外,乘舆所幸,即为京师。臣请以荆州刺史比司隶校尉,臣自同都官从事。"帝从之。自是肃然,莫敢干扰。诏书多除人为郎,太尉杨秉上疏曰:"太微积星,名为郎位,入奉宿卫,出牧百姓。宜割不忍之恩,以断求欲之路。"于是乃止。

段颎击当煎羌,破之。　　十二月,还宫。

三月,鄂县发现坠落陨石。　夏五月,发生雹灾。　荆州刺史度尚进攻桂阳、艾县的盗贼,将其讨平。

度尚招募各种蛮夷进攻艾县盗贼,将他们打得大败,投降的有数万人。桂阳郡贼帅卜阳、潘鸿等人逃入深山,度尚攻破他们的三座屯堡,抢获大量珍宝。度尚打算乘胜进攻,然而士卒既骄傲又富有,没有斗志。于是度尚宣称兵力单薄,不可轻率前进,应该等各郡的兵马全都赶到,才能合力进攻。向军队发布命令,准许将士们自由打猎,士兵们听说后,都很喜悦,全都出去打猎取乐。度尚便秘密派人纵火焚烧军营,打猎的将士回来,见此情景,无不哭泣流泪。度尚一方面一个个安慰他们,一方面深深地责备自己对火灾疏于防备,然后激励大家说:"卜阳等人积聚的财宝,足够我们用几辈子,只怕你们不肯齐心尽力啊。这次被焚烧的那点东西算什么,何必放在心上!"将士们都发愤踊跃,请求进击。度尚下令喂饱战马,吃饱晚饭,第二天拂晓直接攻打盗贼屯堡。卜阳等人自以为山寨防守坚固,没有戒备,军吏士卒乘着锐气,将盗贼一举剿灭。度尚出兵三年,将盗贼全部讨平,被封为右乡侯。

冬十月,桓帝前往章陵。

当时公卿和皇亲国戚随行的车辆马匹以万计,征发各种费用和差役不可胜数。护驾从事胡腾上书说:"天子没有内外之分,皇上所到之处,即是京师。臣请求让荆州刺史比照司隶校尉,臣自然等同都官从事。"桓帝批准了他的建议。从此以后,纪律严肃,没有人敢于妄自扰乱地方官府。下发的诏书任命很多人为郎官,太尉杨秉上书说:"太微星座积聚着二十五星,名叫郎位,郎官入朝则在宫中值宿,担任警卫,出外则在地方担任长官,管理百姓。陛下应该割舍不忍拒绝的恩惠,以断绝谋取奸利的道路。"因此这件事才停止。

段颎进攻当煎种羌,将其击败。　十二月,桓帝返回洛阳皇宫。

乙巳(165) 八年

春正月,遣中常侍左悺之苦县祠老子。 是月晦,日食。诏举贤良方正。 中常侍侯览免,左悺自杀,贬具瑗为都乡侯。

侯览弟参为益州刺史,残暴贪婪,累赃亿计。杨秉奏槛车征参,于道自杀,秉因奏曰:"臣案旧典,宦官本任给使省闼,司昏守夜。而今猥受过宠,执政操权。中常侍侯览弟参,贪残元恶,自取祸灭。览知衅重,必有自疑之意。臣愚以为览宜急屏斥,送归本郡。"书奏,尚书召秉掾属诘之曰:"三公统外,御史察内,今越奏近官,经典、汉制,何所依据? 其开公具对。"秉使对曰:"《春秋传》曰:'除君之恶,唯力是视。'邓通懈慢,申屠嘉召诘责之。汉世故事,三公之职,无所不统。"尚书不能诘,帝不得已,免览官。司隶韩缜因奏左悺罪恶,及其兄太仆称,皆自杀。又奏具瑗兄恭赃罪,瑗贬都乡侯。

废皇后邓氏,幽杀之。

帝多内宠,邓氏骄忌,废送暴室,以忧死。

诏李膺、冯绲、刘祐输作左校。

宛陵羊元群罢北海郡,赃污狼藉,郡舍溷轩有奇巧,亦载以归。河南尹李膺表按其罪,元群行赂宦官,膺竟反坐。单超弟迁为山阳太守,以罪系狱,廷尉冯绲考致其死,中官飞章诬绲以罪。中常侍苏康、管霸固天下良田美业,州郡不敢诘,

乙巳（165） 汉桓帝延熹八年

春正月，桓帝派遣中常侍左悺到苦县祭祀老子。 这个月最后一天，发生日食。桓帝下诏荐举贤良方正之士。 中常侍侯览被免官，左悺自杀，把具瑗贬封为都乡侯。

侯览的弟弟侯参担任益州刺史，残暴贪婪，累计赃款以亿计。杨秉上奏弹劾，朝廷用囚车押解侯参回京，侯参在半道自杀身死，杨秉因此上书说："臣考察过去的典章，宦官原本只是在皇宫内听候差遣，负责早晚看守门户。而现在却受到过分的宠信，掌握朝廷大权。中常侍侯览的弟弟侯参，贪婪残暴，凶恶异常，自取灾祸。侯览深知罪孽深重，必定会自己产生疑惧。臣愚昧地认为，应该把侯览急速斥退，送回本郡。"奏疏呈上后，尚书召见杨秉的属吏，责问道："三公管理外朝政务，御史负责监察内朝，而今超越职权，弹劾内官，这么做，在经书典籍，或在汉朝制度方面，有什么依据？请公开做具体的答复。"杨秉派人答复说："《春秋左传》上记载：'为君王排除奸恶，要使出全部的力量。'邓通懈怠轻慢，申屠嘉召见邓通加以责问。按照汉朝的传统制度，三公的职责，没有什么事不可以过问的。"尚书无法反驳，桓帝不得已，将侯览免职。司隶校尉韩缤乘机弹劾左悺的罪恶，左悺和他的哥哥左称，都自杀身死。韩缤又弹劾具瑗的哥哥具恭贪赃枉法的罪行，具瑗被贬封为都乡侯。

废黜皇后邓氏，邓氏被幽禁而死。

桓帝有许多宠爱的嫔妃，邓皇后依仗自己尊贵的地位骄傲忌妒，因而被废黜，送往暴室幽禁，忧愤而死。

桓帝下诏将李膺、冯绲、刘祐送往左校营罚苦役。

宛陵人羊元群在北海郡太守任上被罢免，贪赃枉法，声名狼藉，郡府中厕所里有精巧的设备，他也载运回家。河南尹李膺上奏请求查办他的罪行，羊元群贿赂宦官，李膺竟然反而被治罪。单超的弟弟单迁担任山阳郡太守，因为犯罪被关进监狱，廷尉冯绲将他拷打致死，宦官们起草匿名信，诬告冯绲有罪。中常侍苏康、管霸强买天下各地的良田美业，州郡地方官员都不敢过问，

大司农刘祐移书所在,依科品没入之。帝大怒,三人俱坐输作左校。

诏坏诸淫祀。

特留洛阳王涣、密县卓茂二祠。

夏五月,太尉秉卒。以刘瑜为议郎。

秉清白寡欲,尝称"我有三不惑:酒、色、财也。"秉既没,所举贤良刘瑜乃至,上书言:"中官不当裂土传爵。嬖女冗食,伤生费国。第舍增多,穷极奇巧,掘山攻石,促以严刑。州郡考事,公行赂赂。民愁郁结,去入贼党,官辄诛讨。贫民或卖首级以要赏,父兄相代残身,妻孥相视分裂。陛下又好微行近习之家,宾客市买,因此暴纵。惟陛下开广谏道,博观前古,远佞邪之人,放郑、卫之声,则政致和平矣。"诏问灾咎之征,执政者欲令瑜依违其辞,乃更策以他事,瑜对愈切。拜为议郎。

桂阳贼攻零陵,度尚击斩之。

桂阳贼胡兰等攻零陵,太守陈球固守,掾史白球遣家避难,球怒曰:"太守分国虎符,受任一邦,岂顾妻孥而沮国威乎?复言者斩!"乃弦大木为弓,羽矛为矢,引机发之,多所杀伤。贼激流灌城,球辄于内因地势反决水淹贼,相拒十余日,不能下。时度尚征还,诏以为中郎将,讨击斩之,复以尚为荆州刺史。余党南走苍梧,交趾刺史张磐击破之,贼复还入荆州。尚惧为己负,乃伪言苍梧贼入州界,

大司农刘祐向各地发出公文,依照法令,予以没收。桓帝得知后大为震怒,三人都被送往左校营罚苦役。

下诏毁坏滥设的祠庙。

特地保留洛阳王涣和密县卓茂这两处祠庙。

夏五月,太尉杨秉去世。任命刘瑜为议郎。

杨秉为人清白,很少欲求,曾经自称"我有三不惑:美酒、女色、钱财"。杨秉去世后,他所荐举的贤良之士刘瑜才到京师,上书说:"宦官不应当裂土分封,传爵子孙。多余的宫女无事坐食空宫,既伤害民生,又耗费国家资财。宅第房舍不断增多,奇巧无比,挖山刻石,用严刑峻法逼迫百姓营造。州郡官吏查办案件,公开收受贿赂。老百姓愁苦郁闷,被迫加入盗贼行列,官府就调动军队加以征讨。贫穷的百姓有的甚至出卖自己的人头去向官府领取赏银,父亲和兄长相互替代杀身,妻子和儿女眼看着亲人死去。陛下又喜欢微服私访身边亲近的人家,他们的宾客因此恣意横行,无所顾忌。希望陛下广开言路,广泛观察古代的经验和教训,疏远奸佞的小人,不听郑、卫之地的淫荡乐声,则政治就可以达到和平。"桓帝下诏询问灾异的征兆,执政大臣想让刘瑜含糊其词地回答,于是改问别的事情,刘瑜的回答却更为激烈。任命刘瑜为议郎。

桂阳郡盗贼进攻零陵郡,度尚打败贼军,并将贼首斩杀。

桂阳郡盗贼胡兰等人进攻零陵郡,太守陈球率众固守,属吏建议陈球把家属送走避难,陈球发怒说:"我身为郡太守,掌握国家的兵符,负责一郡的安全,怎么能只顾妻子儿女而败坏国家的声威呢?再提此事的人,斩!"于是,用大木做弓弦,在矛上粘羽毛作为箭,用机械发射,杀伤了很多盗贼。盗贼堵塞河流,用大水灌城,陈球就在城内顺应地势反过来决水去淹盗贼,抵抗了十多天,盗贼没能攻下。当时度尚已被征召回朝,桓帝下诏任命他为中郎将前去征讨斩杀盗贼,又任命度尚为荆州刺史。盗贼余部南逃苍梧郡,交趾刺史张磐将其击败,盗贼又返回荆州境内。度尚害怕成为自己的过失,就谎称苍梧郡盗贼进入荆州境内,

于是征磐下廷尉。会赦,磐不肯出,曰:"磐实不辜,赦无所除。如以苟免,永受侵辱。"乃征尚面对,辞穷,受罪,以先有功原之。

段颎击西羌,破之。

段颎击破西羌,进兵穷追,展转山谷,自春及秋,无日不战,虏遂败散。斩首二万,获数万人,降万余落,封都乡侯。

秋七月,以陈蕃为太尉。

蕃让于太常胡广、议郎王畅、弛刑徒李膺,不许。畅,龚之子也,尝为南阳太守,奋厉威猛,大姓有犯,或使吏发屋伐树,埋井夷灶。功曹张敞谏曰:"发屋伐树,将为严烈,虽欲惩恶,难以闻远。恳恳用刑,不如行恩;孳孳求奸,未若礼贤。舜举皋陶,不仁者远。化人在德,不在用刑。"畅深纳其言,更崇宽政,教化大行。

八月,初敛田亩税钱。 九月,地震。 立贵人窦氏为皇后。

采女田圣有宠,帝将立以为后。时窦融之玄孙武有女,亦为贵人,陈蕃及司隶应奉皆以田氏卑微,窦氏良家,争之甚固。帝不得已,立窦氏,拜武为特进,封槐里侯。

以李膺为司隶校尉。

陈蕃数言李膺、冯绲、刘祐之枉,请加原宥,诚辞恳切,以至流涕。帝不听。应奉上疏曰:"夫忠贤武将,国之心膂。立政之要,记功忘失。绲前讨蛮荆,均吉甫之功;

于是朝廷将张磐征召回京，关进廷尉监狱。遇上大赦，张磐不肯出狱，说："我张磐实在没有犯罪，赦令与我无关。如果我只求免除眼前的痛苦，就要遭受永久的耻辱。"于是朝廷征召度尚回朝，当面对质，度尚理屈词穷，承认有罪，但因为他先前有功，免予治罪。

段颎进攻西羌，将其击败。

段颎击败西羌，乘胜追击，辗转奋战在山谷之间，从春季直到秋季，没有一天不作战，反叛的羌人终于溃败逃散。段颎共计斩杀二万人，俘获数万人，投降的有一万余落，被封为都乡侯。

秋七月，任命陈蕃为太尉。

陈蕃提出将太尉之职让给太常胡广、议郎王畅、弛刑徒李膺，桓帝没有答应。王畅是王龚的儿子，曾经担任南阳郡太守，政令严肃，雷厉风行，大姓豪族犯法，有时派官吏摧毁他们的房屋，砍伐树木，填平水井，铲平厨房炉灶。郡功曹张敞劝谏道："摧毁房舍，砍伐树木，实在太严厉酷烈，虽然意在惩治奸恶，却难以美名远扬。与其急切地用刑惩治，不如推行恩德；与其孜孜不倦地缉拿奸恶，不如礼敬贤能。虞舜任用皋陶，奸恶之徒自然离去。教化百姓，靠的是德政，不是靠严刑峻法。"王畅诚恳地接受了他的建议，改为崇尚宽厚的德政，因而教化得以广泛推行。

八月，开始征收田亩税钱。　九月，发生地震。　桓帝册立贵人窦氏为皇后。

采女田圣深受桓帝的宠爱，桓帝准备册立她为皇后。当时窦融的玄孙窦武有个女儿，也是桓帝的贵人，陈蕃和司隶校尉应奉都认为田氏出身卑微，窦氏为良家妇女，因而竭力争辩。桓帝不得已，册立窦氏，任命窦武为特进，封为槐里侯。

任命李膺为司隶校尉。

陈蕃多次陈述李膺、冯绲、刘祐的冤枉，请求桓帝加以宽宥，言辞诚恳，甚至流泪。桓帝没有听从。应奉上书说："忠臣良将，是国家的心腹。处理政务的关键，在于记住臣下的功劳而忘掉他们的过失。冯绲先前征讨荆州叛蛮，建立了和尹吉甫同等的功劳；

祐数临督司，有不吐茹之节；膺著威幽、并，遗爱度辽。今
三垂蠢动，王旅未振，乞原膺等，以备不虞。"书奏，乃悉免
其刑。

久之，李膺复拜司隶校尉。时小黄门张让弟朔为野王
令，贪残无道，畏膺威严，逃还京师，匿于兄家合柱中。膺
率吏卒破柱取朔付狱，受辞毕，即杀之。让诉冤，帝召膺诘
之。对曰："昔仲尼为鲁司寇，七日而诛少正卯。今臣到
官已积一旬，私惧以稽留为愆，不意获速疾之罪。自知衅
责，死不旋踵，乞留五日，克殄元恶，退就鼎镬，始生之愿
也。"帝顾让曰："汝弟之罪，司隶何愆？"自此诸宦官皆鞠躬
屏气，休沐不敢出宫省。帝问其故，并叩头泣曰："畏李校
尉。"时朝廷日乱，纪纲颓弛，而膺独持风裁，以声名自高，
士有被其容接者，名为"登龙门"云。

以刘宽为尚书令。

宽历典三郡，温仁多恕，虽在仓卒，未尝疾言遽色。吏
民有过，但用蒲鞭罚之，示辱而已，终不加苦。有功善推之
于下，有灾则引躬自责。每见父老，慰以农里之言，少年，
勉以孝弟之训，人皆悦而化之。

刘祐多次主持司法，有仲山甫那样不畏强暴和不欺侮柔弱的气节；李膺的声威震动幽、并二州，在度辽将军任上留下仁爱恩泽。现在，三面边境战事不断，朝廷军队未能振旅而还，请求陛下宽恕李膺等人，以防备发生意料不到的变化。"奏疏呈上，桓帝才下令免除三人的刑罚。

过了很久，李膺被重新任命为司隶校尉。当时，小黄门张让的弟弟张朔担任野王县令，贪婪暴虐，不遵法度，畏惧李膺威严，逃回京师洛阳，藏匿在哥哥张让家的合柱中。李膺率领吏卒破开合柱，将张朔逮捕，送进监狱，听完供词，就立即处死。张让向桓帝诉冤，桓帝召见李膺责问。李膺回答道："过去孔子担任鲁国的司寇，七天便诛杀了正卯。而现在臣上任已经十天了，私下里担心因拖延时间而造成过失，没想到竟会因为行动太快而获罪。自己知道罪责严重，死期临近，请求陛下让我在任上再停留五天，一定拿获元凶归案，然后再受责罚，这是我此生的一点愿望。"桓帝看着张让说："这都是你弟弟的罪过，司隶校尉有什么过失？"从此以后，宦官们都谨慎恭敬，不敢大声呼吸，甚至连休假日也不敢走出皇宫。桓帝问他们是什么缘故，大家一起叩头哭泣说："害怕李校尉。"当时朝廷政治一天比一天混乱，法令制度松弛败坏，然而李膺却依然严厉维护朝廷纲纪，注重维护和提高自己的声望，凡是能够被他容纳和接见的士人，都被称之为"登龙门"。

任命刘宽为尚书令。

刘宽曾任担任过三个郡的太守，温和仁爱，多所宽恕，即便在仓促之间，也从没有疾言厉色。官吏和百姓有了过失，只是用蒲草做的鞭子惩罚他，仅仅让他感到耻辱而已，始终不肯增加肉体上的痛苦。有了功劳总是让给属下，发生灾害却把责任揽到自己身上。每次会见地方父老，总是鼓励他们努力从事农耕，对年轻人则训勉他们孝敬父母，友爱兄弟，人们都很高兴地受到教化。

丙午(166) **九年**

春正月朔,日食。诏举至孝。

太常赵典所举至孝荀爽对策曰:"昔者圣人建天地之中,而谓之礼。礼者,所以兴福祥之本,止祸乱之源也。众礼之中,昏礼为首。阳性纯而能施,阴体顺而能化,以礼济乐,节宣其气,故能丰子孙之祥,致老寿之福。及三代之季,淫而无节,阳竭于上,阴隔于下,故周公之戒曰:'时亦罔或克寿。'传曰:'截趾适履,孰云其愚? 何与斯人,追欲丧躯。'诚可痛也。臣窃闻后宫采女六千,侍使复在其外。空赋不辜之民,以供无用之女,百姓困穷于外,阴阳隔塞于内,故感动和气,灾异屡臻。臣愚以为诸未幸御者,一皆遣出,使成妃合,此诚国家之大福也。"诏拜郎中。

司隶、豫州饥。

死者什四五。

以皇甫规为度辽将军。

规欲求退,数上病,不见听。会友人丧至,规越界迎之,因令客密告并州刺史胡芳,言规擅远军营,当急举奏。芳曰:"威明欲避第仕涂,故激发我耳。吾当为朝廷爱才,何能中此子计邪?"遂无所问。

夏四月,河水清。 帝亲祠老子于濯龙宫。

以文罽为坛,饰淳金钿器,设华盖之坐,用郊天乐。

六月,南匈奴、乌桓、鲜卑寇掠九郡。 秋七月,诸羌

丙午（166） 汉桓帝延熹九年

春正月初一，发生日食。下诏举荐"至孝"之士。

太常赵典所荐举的"至孝"之士荀爽回答策问说："过去，圣人考察天地之间的中道法则而设立礼。礼是招来幸福吉祥的根本，制止灾异祸乱的源泉。在各种礼之中，婚礼是第一位的。阳性刚纯而能施舍，阴性柔顺而能消化，用礼来补充乐，调和生气，所以能够得到子孙繁衍的吉祥，享受延年益寿的幸福。到了三代末世，淫乱而没节制，阳气枯竭在上，阴气阻隔在下，因而周公告诫道：'这样做有时也会减少寿命。'经传上说：'有人为了穿鞋而截掉脚趾，谁说他愚蠢？还有比他更愚蠢的人，为追求淫欲，不惜丧失性命。'这实在令人痛惜啊。臣私下里听说皇宫中有采女六千人，而侍从的女官、宫女还在此之外。徒然赋敛无罪的百姓，来供养无用的女子，百姓在外贫穷困苦，阴阳在内隔绝不通，所以，破坏了和谐之气，导致不断出现灾害和异常天象。臣愚昧地认为，应该把那些没有召幸过的女子，一律遣送出宫，让她们婚配嫁人，这才真正是国家的大福。"桓帝下诏任命荀爽为郎中。

司隶、豫州发生饥荒。

十分之四五的百姓饿死。

任命皇甫规为度辽将军。

皇甫规想退隐，多次上书称病，朝廷没有批准。正好有朋友灵柩运回故乡安葬，皇甫规故意越过辖区边界迎接，因而派宾客秘密报告并州刺史胡芳，说皇甫规擅自远离军营，应该马上向朝廷举报。胡芳说："皇甫规想早日脱离官场，所以才对我采取这种做法。我应该为朝廷爱惜人才，怎么能中他的计呢？"于是不闻不问。

夏四月，黄河河水澄清。　桓帝亲自在濯龙宫祭祀老子。

用毛毡作为祭坛的装饰，陈列纯金镶边的祭器，座位上设置豪华的伞盖，演奏祭天大典所用的乐曲。

六月，南匈奴、乌桓、鲜卑侵掠沿边九郡。　秋七月，羌人诸部

复反。　复以张奂为护匈奴中郎将,督幽、并、凉州。　杀南阳太守成瑨、太原太守刘瓆,捕司隶校尉李膺、太仆杜密,部党二百余人下狱,遂策免太尉蕃。

初,帝为蠡吾侯,受学于甘陵周福,及即位,擢福为尚书。时同郡房植有名当朝,乡人为之谣曰:"天下规矩房伯武,因师获印周仲进。"二家宾客互相讥揣,遂成尤隙。由是甘陵有南北部,党人之议自此始矣。

汝南太守宗资以范滂为功曹,南阳太守成瑨以岑晊为功曹,皆委心听任,使之褒善纠违,肃清朝府。滂尤刚劲,疾恶如仇。滂甥李颂素无行,唐衡以属资用为吏,滂不召。资捶书佐朱零,零仰曰:"范滂清裁,零宁受笞而死,滂不可违。"资乃止。于是二郡为谣曰:"汝南太守范孟博,南阳宗资主画诺;南阳太守岑公孝,弘农成瑨但坐啸。"

太学诸生三万余人,郭泰、贾彪为其冠,与李膺、陈蕃、王畅更相褒重。学中语曰:"天下模楷李元礼,不畏强御陈仲举,天下俊秀王叔茂。"于是中外承风,竞以臧否相尚,自公卿以下,莫不畏其贬议,屣履到门。

宛有富贾张汎,恃后宫中官,用势纵横。岑晊劝瑨收捕,既而遇赦,瑨竟诛之,后乃奏闻。小黄门晋阳赵律贪横放恣,太原太守刘瓆亦于赦后杀之。于是侯览使汎妻上书讼冤,宦官因缘谮诉瑨、瓆。帝大怒,征下狱,有司承旨,奏当弃市。

再次反叛。 重新任命张奂为护匈奴中郎将,督察幽州、并州、凉州三州。 诛杀南阳郡太守成瑨、太原郡太守刘瓆,逮捕司隶校尉李膺、太仆杜密,连同他们的部属党徒二百余人都送进监狱,于是颁策罢免太尉陈蕃。

当初,桓帝还是蠡吾侯时,受教于甘陵人周福,等当皇帝后,提拔周福担任尚书。当时,和周福同郡的房植在朝廷很有名望,乡里人编了首民谣说:"为人正直,堪称天下师表的是房植,因为当了老师而做官的是周福。"两家宾客互相讥笑攻击,于是结下怨仇。从此以后,甘陵分成两部,关于党人的议论从此开始。

汝南郡太守宗资任命范滂为功曹,南阳郡太守成瑨任命岑旺为功曹,都非常信任他们,让他们奖励善良,惩罚邪恶,整顿郡府吏治。范滂尤其刚毅强劲,疾恶如仇。范滂的外甥李颂一向没有德行,唐衡嘱托宗资用为官吏,范滂不肯召用。宗资迁怒他人,笞打书佐朱零,朱零抬头看着宗资说:"范滂的裁决没错,我朱零宁愿受笞打而死,也不违背范滂的决定。"宗资这才作罢。于是,两个郡传出民谣说:"汝南郡的太守是范滂,南阳郡人宗资只不过负责在文书上签字画押;南阳郡的太守是岑旺,弘农郡人成瑨只是闲坐着长啸吟咏。"

太学里有学生三万多人,郭泰、贾彪是他们的领袖,他俩和李膺、陈蕃、王畅互相褒扬标榜。学生中有这样一段话:"天下楷模是李膺,不畏强暴数陈蕃,才智盖世推王畅。"因此,朝廷内外都受到此风影响,竞相以褒贬人物为时尚,自三公九卿以下的大臣没有人不害怕受到非议,都争先恐后地登门和他们结交。

宛县有一位富商张汜,依仗后宫和宦官的权势,横行霸道。岑旺劝说成瑨将他逮捕,不久遇到大赦,成瑨竟然不顾,将张汜诛杀,然后才奏报朝廷。小黄门晋阳人赵津贪横放肆,太原郡太守刘瓆也在大赦后把他杀死。于是侯览指使张汜的妻子上书鸣冤,宦官趁机诬陷成瑨、刘瓆。桓帝勃然大怒,把成瑨、刘瓆征召到京师,关进监狱,有关官吏秉承宦官的旨意,上奏应当把他们绑赴街头,斩首示众。

山阳太守翟超以张俭为督邮，侯览家在防东，残暴百姓，大起茔冢。俭举奏览，破其冢宅，藉没资财。徐璜兄子宣为下邳令，求故汝南太守李暠女不得，遂将吏卒至暠家，载其女归，射杀之。东海相黄浮收宣家属，无少长悉案，弃市。于是宦官诉冤，帝大怒，超、浮并坐髡钳输作。

陈蕃与司空刘茂共谏请四人罪，帝不悦。茂不敢复言，蕃乃独上疏曰：'今寇贼在外，四支之疾；内政不理，心腹之患。臣寝不能寐，食不能饱，实忧左右日亲，忠言日疏，内患渐积，外难方深。小家畜产百万之资，子孙尚耻失其先业，况乃产兼天下，受之先帝而欲懈怠以自轻忽？诚不爱己，不当念先帝得之勤苦邪？刘瓆、成瑨诚心去恶，而令伏欧刀；翟超、黄浮奉公不挠，并蒙刑坐。昔申屠嘉召责邓通，董宣折辱公主，文帝从而请之，光武加以重赏，未闻二臣有专命之诛。陛下深宜割塞近习与政之源，引纳尚书朝省之士，简练清高，斥黜佞邪，则天和于上，地洽于下矣。"帝不纳。宦官由此疾蕃弥甚，选举奏议辄以中诏谴却，长史已下多至抵罪。

平原襄楷上疏曰："臣闻皇天不言，以象设教。臣窃见太微天庭五帝之坐，而金火罚星扬光其中。于占，天子凶。又俱入房、心，法无继嗣。前冬大寒，竹柏伤枯，臣闻于师曰：

山阳郡太守翟超任命张俭担任督邮，侯览家在防东县，残害虐待当地百姓，大肆兴建坟墓。张俭弹劾侯览的罪行，摧毁他们家的坟墓和住宅，没收他们的物资财产。徐璜的侄子徐宣担任下邳县令，想娶前汝南郡太守李暠的女儿，没能达到目的，于是率领吏卒冲进李暠的家中，把李暠的女儿用车子拉回家，用箭把她射死。东海国相黄浮把徐宣的家属逮捕下狱，无论男女老少一律严刑拷问，将徐宣在街市上斩首示众。于是宦官向桓帝诉冤，桓帝大怒，翟超、黄浮二人都判处髡刑，罚做苦役。

陈蕃与司空刘茂一起劝说桓帝，请求宽赦四人的罪行，桓帝不高兴。刘茂不敢再说话，陈蕃仍单独上疏说："现在，盗贼在外面，只是四肢的毛病；内政不能治理，才是心腹大患。臣寝不能安，食不能饱，实在是担心您左右的近臣日益受亲近，忠正言论日益被疏远，内部的祸患渐渐累积，外部的灾难就越发深重。小民之家积蓄百万家财，子孙后代尚且以败坏祖先产业为羞耻，何况陛下家产兼有整个天下，承受先帝的重托，还能松懈怠惰而自我轻忽吗？即使不爱惜自己，不应该顾念先帝创业的辛勤劳苦吗？刘瓆、成瑨诚心诚意诛除奸恶，而将他们处死；翟超、黄浮秉公执法，不屈从权贵干扰，却都遭到惩罚。过去申屠嘉召见责问邓通，董宣侮辱公主，文帝出面请求宽恕，光武帝加以重重赏赐，没有听说这两位大臣因专擅被责罚。陛下应该切断和堵塞宦官参与朝政的根源，任用尚书和朝廷大臣，挑选清廉高洁的人士，斥退和罢黜奸佞邪恶的小人。如此，天地就会和谐融洽了。"桓帝没有采纳。宦官因此更加痛恨陈蕃，凡是陈蕃呈上的有关选举贤能的奏章，都借皇上的诏令严加谴责，予以退回。长史以下的官属，大多都被判罪。

平原人襄楷上书说："臣听说，上天不会说话，只是用天象来显示它的旨意。我私下里观察太微星群，看到天庭五方帝王的星座上，有金、火罚星在其中闪烁。根据占卜，这是天子的凶象。而且又都进入房、心两个星宿之中，预示天子没有继承人。前年冬天气候寒冷，竹林和柏树枝叶枯萎，臣听我的老师说：

'柏伤竹枯，不出三年，天子当之。'今春夏霜雹大雨雷电，臣作威作福，刑罚急刻之所感也。刘瓆、成瑨志除奸邪，而远加考逮，三公乞哀而严被谴让。汉兴以来，未有拒谏诛贤、用刑太深如今者也。案春秋以来，及古帝王，未有河清。臣以为河者，诸侯位也，清者属阳，浊者属阴。河当浊而反清者，阴欲为阳，侯欲为帝也。唯京房《易传》曰：'河水清，天下平。'今天垂异，地吐妖，人疠疫，三者并时，而有河清，犹春秋麟不当见而见，孔子书之以为异也。愿赐清闲，极尽所言。"书奏，不省。

复上书曰："黄门、常侍，天刑之人，陛下爱待，兼倍常宠，係嗣未兆，岂不为此？又闻宫中立黄老、浮屠之祠。黄老清虚，贵尚无为，好生恶杀，省欲去奢。浮屠不三宿桑下，不欲久生恩爱，精之至也。其守一如此，乃能成道。今陛下淫女艳妇，极天下之丽；甘肥饮美，单天下之味。耆欲不去，杀罚过理，奈何欲如黄老、浮屠乎？"尚书奏楷违经诬上，司寇论刑。自永平以来，臣民虽有习浮屠术者，而天子未之好。至帝始笃好之，常躬自祷祠，由是其法浸盛，故楷言及之。

瑨、瓆竟死狱中。瑨、瓆素刚直，有经术，知名当时，天下惜之。岑晊逃窜，亲友竞匿之，贾彪独闭门不纳，曰："传

'柏树受伤，竹叶枯死，不出三年，后果就要在天子身上应验。'今年春季和夏季，不断发生降霜、降雹、暴雨、雷电，这都是因为臣子作威作福，刑罚苛刻所致。刘瓆、成瑨志在铲除奸邪，却被逮回京城，严加拷打，三公哀求皇上宽免，却被严词谴责。自从汉朝建立以来，从没有拒绝规劝，诛杀贤能，用刑苛刻像今天这样严重的。考察春秋时代以来，包括远古的帝王时代，黄河的水一直没有澄清过。臣认为，黄河象征着诸侯封君，河水清属于阳，河水浊属于阴。黄河应当浑浊，反而变清，表明阴要变成阳，王国封君想夺取帝位。只有京房的《易传》说：'河水澄清，天下太平。'现在上天降下灾异，地上出现妖怪，人间发生瘟疫，三者同时发生，而又出现黄河澄清，这就好比春秋时代，麒麟本来不该出现，却出现了，所以，孔子记录它认为是怪诞之事。如果承蒙陛下有空闲的时间召见我，我一定详尽地陈述我的观点。"奏章呈上，桓帝没有理睬。

襄楷再次上书说："黄门、常侍都是被上天谴责受过阉割的人，陛下宠爱他们，超过普通人数倍，陛下所以无子，难道不是这个原因吗？又听说皇宫中建立黄帝老子和佛教的庙宇。黄帝老子之学主张清心寡欲，崇尚清静无为，喜爱生命，厌恶杀戮，克制欲望，除去奢侈。佛教徒不在一棵桑树下连住三夜，为的是避免住久了生出爱恋之心，道理至为精密。只有这样始终如一地坚持，才能成佛得道。现在陛下拥有的美女艳妇，极尽天下的绝色；吃喝饮用，极尽天下的美味。不去掉自身的嗜好和欲望，超过限度地惩罚和杀人，这样做怎么能和黄帝老子、佛祖一样呢？"尚书上奏说襄楷违背经典，诬蔑皇上，交付司寇判处两年徒刑。自从明帝永平年间以来，官吏和百姓虽然有人崇信和传习佛教，然而皇帝并未喜好它。到了桓帝时，才开始笃信佛教，经常亲自去祭祀和祈祷，从此以后，佛教渐渐盛行，所以襄楷才在上书中谈到它。

成瑨、刘瓆最终死在狱中。成瑨、刘瓆一向刚毅正直，通晓经学，在当时是知名人士，所以天下人无不为之惋惜。岑晊四处逃亡，亲戚朋友竞相藏匿，只有贾彪闭门不肯接纳，说："《左传》上

言:'相时而动,无累后人。'公孝以要君致衅,自遗其咎,吾可容隐之乎?"晊竟获免。彪尝为新息长,小民困贫,多不养子。彪严为其制,与杀人同罪。城南有盗劫害人者,北有妇人杀子者,彪出案验,掾吏欲引南,彪怒曰:"贼寇害人,此则常理;母子相残,逆天违道。"遂驱车北行,案致其罪。贼闻之,亦面缚自首。数年间,人养子者以千数,曰:"此贾父所生也。"皆名之为贾。

河内张成者,善风角,推占当赦,教子杀人。李膺收捕,逢宥,竟案杀之。宦官教成弟子牢脩上书告"膺等养太学游士,共为部党,诽讪朝廷,疑乱风俗"。于是天子震怒,班下郡国,逮捕党人,布告天下,使同忿疾。案经三府,陈蕃却之,曰:"今所案者,皆海内人誉,忧国忠公之臣,此等犹将十世宥也,岂有罪名不章而致收掠者乎?"不肯平署。帝愈怒,遂下膺等北寺狱。辞连太仆杜密及陈寔、范滂之徒二百余人,或逃遁不获,皆悬金购募,使者四出。寔曰:"吾不就狱,众无所恃。"乃往请囚。陈蕃复上书极谏,帝讳其言切,托以辟召非人,策免之。

时党狱所染,皆天下名贤,皇甫规自以西州豪桀,耻不得与,乃自上言:"臣前荐故大司农张奂,是附党也。太学生张凤等上书讼臣,是为党人之所附也。臣宜坐之。"朝廷不问。

说：'选择合适的时机行动，不要连累别人。'岑旺胁迫他的长官，闯出大祸，是自找麻烦，我怎么能接纳隐匿他呢?"岑旺最终得到赦免。贾彪曾经担任新息县长，老百姓贫穷困苦，生下儿女多不养育。贾彪制定严厉的禁令，把杀婴和杀人处以同等的惩罚。城南发生了强盗抢劫杀人的案件，城北发生了妇女杀死孩子的案件，贾彪亲自前往查验审理，属吏打算把他引到城南，贾彪发怒说："强盗杀人，这是常理;母亲杀害孩子，违背天道。"于是驱车前往城北，审查判决杀子之罪。强盗听到这一消息，也反绑双手，前去官府自首。数年之间，百姓养育儿子的以千计，都说："这是贾父让他们存活的。"都用"贾"作为名字。

河内郡人张成，精通风角之术，推算朝廷将要颁布大赦令，就叫他的儿子去杀人。李膺逮捕了他们，正遇上颁布大赦，李膺不顾，竟将张成父子斩首。宦官指使张成的徒弟牢脩上书，控告"李膺等人蓄养太学的游士，结成朋党，诽谤朝廷，迷惑和扰乱风俗"。于是，桓帝大怒，下诏各郡、各封国，逮捕党人，布告天下，让大家同仇敌忾。公文经过三公府，陈蕃将诏书退回，说："这次所要查办的，都是海内享有盛名的人士，都是忧于国事忠于朝廷的大臣，这些人即使犯罪，也应该宽恕十世，怎么能罪名暧昧不明，就遭到逮捕拷打的呢?"拒绝在文书上签名。桓帝更加生气，便把李膺等人关进黄门北寺监狱。供词牵连到太仆杜密以及陈寔、范滂等二百余人，有的人逃亡，未能抓获，朝廷就悬赏缉拿，派出使者到处搜捕党人。陈寔说："我不到监狱去，大家都没有依靠。"于是，自己前去请求被囚禁。陈蕃再次上书极力规劝，桓帝忌讳陈蕃言辞激切，借口陈蕃推荐的官员不称职，颁策罢免了陈蕃的官职。

当时，因为党人的案件所牵连的都是天下知名的贤士，皇甫规自认为是西部州郡的豪杰，耻于没有被牵连，于是自己上书说："臣先前荐举原大司农张奂，是阿附党人。太学生张凤等人曾经替我申诉辩护，这说明我曾被党人依附。臣应该受到惩治。"朝廷不予追究。

密素与李膺名行相次,时人谓之"李杜"。尝为北海相,行春到高密,见郑玄为乡啬夫,知其异器,即署郡职,遣就学,卒成大儒。去官还家,每谒守令,多所陈托。同郡刘胜亦自蜀郡告归乡里,闭门扫轨,无所干及。太守王昱谓曰:"刘季陵清高士,公卿多举之者。"密对曰:"刘胜位为大夫,见礼上宾,而知善不荐,闻恶无言,隐情惜己,自同寒蝉,此罪人也。今志义力行之贤而密达之,违道失节之士而密纠之,使明府赏刑得中,令问休扬,不亦万分之一乎?"昱惭服,待之弥厚。

以窦武为城门校尉。

武在位,多辟名士,清身疾恶,礼赂不通。妻子衣食,裁足而已,得两宫赏赐,悉散与太学诸生及匄施贫民,由是众誉归之。

匈奴、乌桓降,鲜卑走出塞。

匈奴、乌桓闻张奂至,皆相率还降。奂诛其首恶,慰纳之,唯鲜卑出塞去。朝廷患檀石槐不能制,遗使持印绶封为王,欲与和亲。檀石槐不肯受,而寇抄滋甚。自分其地为三部,从右北平以东至辽东,接夫余、涉貊为东部,从右北平以西至上谷为中部,从上谷以西至乌孙为西部,各置大人领之。

杜密一向和李膺操行声名相当,当时人称之为"李杜"。杜密曾经担任北海国相,在一次春季例行的劝农耕作的巡视中,来到高密县,遇见担任乡啬夫的郑玄,知道郑玄是一个不平凡的人,马上就聘请他担任郡职,选派他去太学求学,终于成为大学问家。杜密辞官还乡后,每次晋见郡守或县令,大多都要请托一些事情。同郡人刘胜也从蜀郡离职回乡,却闭门与外界隔绝,对地方事务从不打扰。太守王昱对杜密说:"刘胜是一位清廉高洁之士,三公九卿中有很多人举荐他。"杜密回答说:"刘胜位居大夫之列,太守待他敬若上宾,可是他知道善良的人而不举荐,听到邪恶的事也不言语,隐瞒真情,保护自己,闭口不言就像寒蝉一般,这是国家的罪人。而今有志道义身体力行的贤才,我杜密竭力推举;违反正道丧失节操的士人,我杜密纠查检举,使明府您的赏罚得当,美名远扬,我不也尽到了万分之一的微薄力量了吗?"王昱惭愧佩服,对待杜密越发优厚。

任命窦武为城门校尉。

窦武在任,多方征聘知名人士,洁身自爱,疾恶如仇,不收受贿赂。他妻子儿女的衣服饮食费用,刚刚够用罢了,得到皇帝和皇后两宫的赏赐,全都发散给太学的学生们,或者施舍给贫穷的百姓,因而受到众人的一致赞誉。

匈奴、乌桓投降,鲜卑逃出边塞。

匈奴、乌桓听说张奂来到,都相继归附投降。张奂诛杀煽动反叛的首恶,安慰并接纳了其他人,只有鲜卑部落逃出边塞离去。朝廷担心檀石槐不受控制,派遣使者带着印信,封他为王,并且想跟他和亲。檀石槐不肯接受,对沿边地区的侵扰抢掠更为厉害。他把自己占领的地区划分为三部,从右北平以东至辽东郡,连接夫余、涉貊等,为东部;从右北平以西至上谷郡,为中部;从上谷郡以西,直至乌孙,为西部,每部各置大人一员统领。